KB197794

제 2 판

의료법 주석서

MEDICAL LAW

한국의료변호사협회

박영사

발간사 ··

국내 유일한 의료전문 변호사단체인 한국의료변호사협회가 출범한 지 2년이 되었습니다. 한국의료변호사협회의 전신인 '의료문제를 생각하는 변호사 모임'에서 2020년 10월 의료법 주석서를 발간한 이후 어느덧 4년의 시간이 흘렀고, 그사이 의료법 개정 등 우리나라의 의료환경에 많은 변화가 있었습니다. 한국의료변호사협회는 이와 같은 의료법 개정 및 최근 판결 내용 등을 반영한 의료법 주석서 개정작업을 시작하였고, 이제 개정판이 세상에 나오게 되었습니다.

의료법 주석서 초판 발행 후 금고 이상의 실형을 선고받고 그 집행이 끝나거나 그 집행을 받지 아니하기로 확정된 후 5년이 지나지 아니한 자 등은 의료인이 될 수 없도록 의료인의 자격요건을 강화하고, 수술실 내부에 폐쇄회로 텔레비전을 설치하도록 하는 등 주요한 개정이 이루어졌습니다. 많은 고민과 논란 끝에 이루어진 개정내용이지만, 의료인과 환자 사이에 신뢰가 점차 사라져가는 현실을 반영하는 것같아 안타까운 마음을 금할 길이 없습니다.

의료법 주석서 개정판에는 의변의 현직 이사들이 모두 참여하였고, 이와 함께 학술적으로 보다 충실할 수 있도록 대학에 계신 교수님들을 외부 저자로 모셨습니다. 독자 여러분들께 더 큰 도움이 될 수 있을 것입니다.

바쁘신 와중에 흔쾌히 주석서 개정작업에 참여해주신 인하대학교 법학
전문대학원 백경희 교수님, 같은 대학원 장연화 교수님, 전북대학교 법학
전문대학원 박태신 교수님께 감사드리고, 한국의료변호사협회의 모든 이
사님들, 전직 의변 대표이신 김성수, 이인재 고문님, 편집위원장이신 정혜
승 변호사님, 편집위원으로 활동해주신 박호균 부대표님, 이미영 의약품
의료기기안전위원회 위원장님, 이정민 재무이사님, 조우선 법률구조위원
회 부위원장님, 주익철 법령제도개선위원회 위원장님께 감사드립니다.

의료법 주석서가 의료관련 전문변호사들은 물론 의료분야에 종사하시
는 여러 직역의 분들께 도움이 되기를 바라며, 특히 의료법에 대한 이해
부족으로 생기는 여러 오해들을 불식시킴으로써 의료현장의 신뢰가 회복
되는데 조금이라도 기여하기를 바랍니다.

2025. 2.

한국의료변호사협회 대표 유 현 정

집필진 인사 ······································

김성수

의료법 주석서 개정작업에 동참할 수 있게 되어 기쁘고 영광입니다. 의료환경
이 변화함에 따라 의료법의 해석 및 적용에 관한 법원의 입장도 현실에 적합하
도록 변하고 있고 새로운 법령 규정도 다양하게 등장하고 있습니다. 이번 개정
판에서는 초판 발행이후 판례와 법령의 변화를 최대한 반영하고자 했습니다.
개정 작업에 함께 한 모든 분들에게 깊이 감사드리며 앞으로도 이 책이 현실에
적합한 주석서가 될 수 있도록 더욱 노력하겠습니다.

김유현

의료현장에서 뛰는 많은 의료인과 관련 업무를 수행하시는 법조인 여러분들에
게 조금이나마 도움이 되었으면 하는 마음으로 개정작업에 참여하였습니다. 최
신 판례와 생활 속에서 접할 수 있는 여러 의료 사건들을 통하여 의료법에 관
한 이해의 폭을 넓히고 업무에 적용하실 수 있다면 좋겠습니다. 그리고 저에게
개정작업 참여의 기회를 주신 한국의료변호사협회의 회장님, 이사님, 변호사님
들께 감사인사를 올리며, 마지막으로 항상 저를 응원해주시는 양가 부모님과
배우자와 가족 그리고 딸 효담이에게 고마운 마음을 전합니다.

남민지

의료법 주석서 개정판을 집필하면서 독자분들게 실질적인 도움이 될 수 있도
록 최신 판례를 반영하는데 가장 신경을 썼습니다. 이 책을 통하여 앞으로 더

욱 많은 분들이 의료법에 관심을 가져주셔서 국내 의료법과 의료환경의 발전에 기여하기를 희망합니다.

박노민
다양한 분야의 의료 관련 사건 경험이 풍부한 한국의료변호사협회(의변)의 이사들이 힘을 합쳐 의료법 전체를 망라하는 의료법 주석서를 펴낸 것에 큰 자부심을 느끼며, 미약하나마 저의 실무상 경험과 연구를 독자분들과 나눌 수 있게 되어 영광입니다. 이 책이 의료계 및 법조계 실무자들이 의료법을 이해하고 해석하는 데에 많은 도움이 되기를 바랍니다.

박석홍
처음 출간한 이래 4년의 시간이 흘렀고 위 기간 동안 다수의 법개정과 판례 변경이 있었습니다. 법개정 작업에 다시 함께 하게 되어 영광이며 저희 모임에서 이러한 개정판을 통해 실무진들에게 도움이 되기를 바라며 궁극적으로 의료진과 환자들 모두 보다 더 풍요롭고 행복한 생활을 할 수 있기를 기원합니다.

박소민
여러 의료 전문 변호사님들의 노력과 경험이 한 권의 책으로 결실을 맺게 되었습니다. 의료법 관련 종사자들에게 유용한 책이 될 것이라 확신합니다. 의미 있는 일에 함께 할 수 있음이 영광이었습니다.

박태신
의료법 주석서 개정판이 의료법을 둘러싼 논의와 변화하는 의료현실 및 제도 개선에 도움이 되기를 바랍니다. 여러 집필자들의 노고에 감사드립니다.

박호균(편집위원)
모든 국민이 수준 높은 의료혜택을 받을 수 있도록 하자는 의료법의 입법 목적이 실현되기를 기원하며, 향후 의료법 개정 논의가 있을 경우 본 주석서가 적절히 활용되기를 희망합니다.

백경희

의료법 주석서 개정판은 의료법 조문별로 해석과 함께 판례를 유형별로 정리한 것인만큼 의료법에 대한 전반적인 이해를 높이는 데에 많은 도움을 줄 것입니다. 개인적으로도 법조 실무에서 법학전문대학원으로 자리를 옮긴 이후에, 의료 전문 변호사님들과 함께 의료법을 해설하는 유의미한 작업에 참여할 수 있게 해주셔서 감사드립니다.

변창우

이번 의료법 주석서 개정작업에 애를 많이 써주신 의료변호사협회 집필진과 정혜승 변호사님 이하 집필위원회 위원님들 노고에 진심으로 감사의 말씀을 전합니다. 독자분들이 의료법을 전반적으로 이해하는데 큰 도움이 되길 바랍니다

성용배

시시각각 변화해 가는 의료업의 현실에 대처할 수 있는 실용적인 의료법 해설서가 많지 않은 상황에서 본 주석서가 의사, 간호사, 의료기사 등 보건의료인, 의료법 관련 자문과 소송을 수행하는 법조인 및 관련 업계 종사자 여러분께 정확하고 유익한 길잡이가 되기를 기대합니다.

오지은

한국의료법학회의 의료관련 전문 변호사님들께서 다양한 사건과 연구 등을 통해 의료와 법이 교차하는 지점에서 많은 고민과 경험을 반영해 주신 해설서 개정작업에 참여하게 되어 영광입니다. 의료현장의 특수성에 더하여 여러 가지 이슈들이 많은 중차대한 시기에 의료계 종사자, 법률전문가, 의료서비스를 이용하는 국민 모두에게 도움이 될 수 있기를 바라겠습니다.

유현정(편집위원)

의료법 해설서가 개정판을 내게 되었습니다. 초판 발간 후 변경된 법령과 판결들을 보완하였습니다. 의료소송을 전문으로 하는 한국의료변호사협회 소속 변호사들이 실무경험과 의료법, 의료법시행령, 의료관계 행정처분 규칙 등의 개

정사항 및 최신 판례와 유권해석을 망라하여 서술한 매우 의미 있는 책입니다. 의료인은 물론 의료법에 관심이 있는 모든 분들에게 좋은 길잡이가 될 것으로 생각합니다.

윤동욱

안녕하세요, 의변에서 회원이사를 맡고 있는 윤동욱 변호사입니다. 모든 국민이 수준 높은 의료 혜택을 받을 수 있게끔 하는 의료법 해설서의 한 역할을 담당하였습니다. 본 해설서가 의료업에 종사하는 분들을 비롯하여 환자, 일반 국민 모두에게 도움이 되었으면 하는 바람입니다.

윤기상

한국의료변호사회의 법제이사를 맡고 있는 윤기상 변호사입니다. 의료법 주석서의 집필을 맡아 기쁜 마음과 무거운 책임으로 집필에 임하였습니다. 앞으로도 한국의료변호사회의 활동이 우리사회에 더욱 보탬이 되도록 많은 관심 부탁드립니다.

이미영(편집위원)

의료법 주석서 출간 이후 다시 여러 정성과 힘을 모아 법개정과 판례를 반영하여 개정판을 발간하게 되었습니다. 이러한 지속적인 노력에 힘입어 의료법 주석서가 의료법 관련 실무와 학문적 연구에 도움이 되는 책으로 자리잡게 되길 기대합니다.

이인재

의료법 주석서 출간 이후 4년만에 개정판 집필진으로 함께 할 수 있어서 너무나 감사를 드립니다. 많이 부족하겠지만, 의료법이라는 특수한 분야의 주석서가 향후 법조인과 의료인들의 업무에 조금이나마 보탬이 되고, 나아가 시민과 함께 하는 의료법 학교 수강생들에게도 도움이 되기를 진심으로 고대합니다.

이정민(편집위원)

의료법 해설서 개정판 집필에 참여하게 되어 영광으로 생각합니다. 본 해설서가 의료 관련 종사자, 법조인 등 많은 이들에게 도움이 되기를 바랍니다.

장연화

의료법 주석서 개정판 집필에 참여하게 되어 기쁘고 보람찼습니다. 책을 접하시는 분들께 도움이 되었으면 하는 마음이 고이 전해졌으면 합니다.

정혜승(편집위원장)

의료법 주석서 초판 집필 당시에는 의료법령의 내용을 골고루 담는 것에 중점을 두어, 각 분야별 필수적인 판례와 행정해석까지만 수록하였습니다. 이번 개정판에서는 그간 변화한 의료법령의 내용을 반영함과 더불어 가급적 분야별 판례와 행정해석을 풍부하게 담았습니다. 개정판이 발간되기까지 각 저자들의 노력 및 편집위원들의 치열한 고민이 있었습니다. 힘써 주신 모든 분들께 감사드립니다.

조우선(편집위원)

복잡하고 이해하기 어려운 의료법을 가장 가까이에서 접하는 변호사의 시선에서 해설할 수 있어서 보람찬 시간이었습니다. 의료법을 탐구하시는 분들께 이 책이 도움이 될 수 있기를 진심으로 희망합니다.

주익철(편집위원)

의료법 분야의 전문 변호사님들과 함께 작업할 수 있어서 영광스럽게 생각하며, 이 책으로 보건의료 분야의 발전에 조금이나마 기여할 수 있기를 희망합니다.

최청희

평소 존경하는 변호사님들이 많이 활동하고 있는 의변에서 이렇게 의료법 해설서를 발간하고, 미력하나마 집필에 참여할 수 있어 영광으로 생각하며, 고생하신 의변 이사진 변호사님께 감사드립니다. 그간 실무를 하면서 의료법 해설서의 필요성을 절감하고 있었는데, 아무쪼록 의료법 해설서가 실무에서 많이 활용되길 기대합니다.

한진

존경하는 한국의료변호사협회 변호사님들과 함께 이번 의료법 주석서 집필에 참여하게 되어 영광으로 생각합니다. 본 주석서가 의료계 종사자와 의료 관련 실무를 수행하는 전문가들, 나아가 일반 국민들에게까지 큰 도움이 되리라 확신합니다.

황다연

의료법 주석서 출판은 쉽지 않은 과정이었습니다. 의료법은 개정이 빈번하고 그 적용이 복잡한 영역이기에, 매 조항마다 치열한 논의와 꼼꼼한 검토가 필요했습니다. 이번 개정판 작업은 지난 초판에서 다루지 못했던 판례 변화를 반영하며, 의료법의 발전과 의료 현장에서의 법적 요구를 더욱 충실히 담아내기 위해 더 고심을 거듭했습니다.

이 모든 과정을 함께한 의변 소속 변호사님들의 열정과 헌신 덕분에 이번 개정판도 더욱 완성도 높은 결과물로 탄생할 수 있었습니다. 바쁜 일정 속에서도 끊임없이 조언을 아끼지 않으신 동료 변호사님들께 진심으로 감사드립니다.

또한, 의료 현장에서 이 책의 필요성을 제안하고 귀중한 의견을 보내주신 의료인, 법조인 여러분께도 깊은 감사를 드립니다. 의료법 주석서가 의료 현장과 법률 실무에서 더욱 유용한 길잡이가 되기를 바라며, 앞으로도 법률과 의료 분야의 소통과 협력에 기여할 수 있기를 희망합니다.

황성하

법률가와 의료인을 비롯하여 국민 전반의 의료법에 대한 이해를 도울 수 있기를 희망합니다. 집필과 출간으로 고생해주신 변호사님들께 깊은 감사의 말씀을 드립니다.

차 례 ···

제 1 장 총 칙 ◆ 1

제 4 장 의료광고 ◆ 399

제 5 장 감 독 ◆ 443

제1장 ─────────────────────────────

총 칙

Medical Law

제 1 장

총 칙

1. 목적 (제1조)

(1) 조문

◇ 제1조(목적) 이 법은 모든 국민이 수준 높은 의료 혜택을 받을 수 있도록 국민 의료에 필요한 사항을 규정함으로써 국민의 건강을 보호하고 증진하는 데에 목적이 있다.

(2) 조문해설

의료법은 수차례 개정을 거쳤고 현재 의료법은 총 제9장 제93조까지로 구성되어 있다. 구체적으로 제1장(총칙)에서는 의료법의 목적, 의료인, 의료기관 등 기본적 사항, 제2장(의료인)에서는 자격과 면허, 권리와 의무, 의료행위의 제한, 의료인 단체에 관한 사항, 제3장(의료기관)에서는 의료기관의 개설, 의료법인, 의료기관 단체에 관한 사항, 제4장(신의료기술평가)에서는 신의료기술의 평가, 신의료기술평가위원회의 설치 등에 관한 사항, 제5장(의료광고)에서는 의료광고의 금지, 광고의 심의에 관한 사항, 제6장(감독)에서는 의료기관 인증, 시정명령, 개설허가취소, 면허취소와 재교부, 자격정지, 과징금 등에 관한 사항, 제8장(보칙)에서는 전문의, 전문간호사, 간호조무사, 의료유사업자 등에 관한 사항, 제9장(벌칙)에

서는 의료법 위반행위에 대한 구체적 벌칙 및 과태료 등에 관한 사항을 각 규정하고 있다.[1]

의료법은 의료인이나 의료기관에 관한 사항뿐 아니라 국민의료에 필요한 전반적 사항에 대하여 규율하고 있으며, '궁극적으로 국민의 건강을 보호하고 증진'하는 데 그 목적이 있다. 따라서 의료법을 해석하거나 의료정책을 결정할 때에는 이러한 목적에 부합하도록 하여야 할 것이다.[2] 한편, 의료법의 궁극적인 목적이 국민의 건강 보호와 증진이라는 점에서 국민의 재산과 관련된 민사적인 법률관계는 의료법의 범위에 포함되지 않는다.[3]

2. 의료인

가. 의료인의 종류와 업무(제2조)

(1) 조문

◇ 제2조(의료인)
① 이 법에서 "의료인"이란 보건복지부장관의 면허를 받은 의사·치과의사·한
   의사·조산사 및 간호사를 말한다. <개정 2008. 2. 29., 2010. 1. 18.>
② 의료인은 종별에 따라 다음 각 호의 임무를 수행하여 국민보건 향상을 이루
   고 국민의 건강한 생활 확보에 이바지할 사명을 가진다. <개정 2015. 12.
   29., 2019. 4. 23.>
   1. 의사는 의료와 보건지도를 임무로 한다.
   2. 치과의사는 치과 의료와 구강 보건지도를 임무로 한다.
   3. 한의사는 한방 의료와 한방 보건지도를 임무로 한다.
   4. 조산사는 조산(助産)과 임산부 및 신생아에 대한 보건과 양호지도를 임무

---

1) 구 의료법(2011. 4. 7. 법률 제10565호로 개정되기 전의 것) 제7장(분쟁의 조정)에서는 분
   쟁조정 관련 절차 등에 관한 사항을 규정하고 있었으나, 「의료사고 피해구제 및 의료분쟁
   조정 등에 관한 법률」 제정에 따라 구 의료법의 분쟁조정기구인 의료심사조정위원회 관련
   조문(제70조부터 제76조까지)이 2011. 4. 7. 개정 의료법부터 삭제되었다.
2) 대한의사협회, 의료법원론, 법문사, 2008, 5면.
3) 홍영균, 의료법해설, 군자출판사, 2017, 18면.

로 한다.
5. 간호사는 다음 각 목의 업무를 임무로 한다.
　가. 환자의 간호요구에 대한 관찰, 자료수집, 간호판단 및 요양을 위한 간호
　나. 의사, 치과의사, 한의사의 지도하에 시행하는 진료의 보조
　다. 간호 요구자에 대한 교육·상담 및 건강증진을 위한 활동의 기획과 수행, 그 밖의 대통령령으로 정하는 보건활동
　라. 제80조에 따른 간호조무사가 수행하는 가목부터 다목까지의 업무보조에 대한 지도

(2) 의료인의 종류

　의료법 제2조 제1항은 "의료인의 종류"에 관한 규정으로서 의료인의 종류를 5종(의사, 치과의사, 한의사, 조산사, 간호사)으로 한정하였다. 의료인의 면허에 대해서는 의료법 제5조~제7조(본 서 해당 부분 참조)에 기술되어 있다.
　의료법으로 의료인의 종류를 정한 이유는 국가가 의료인력의 양성과 수급을 관리 내지 통제할 필요가 있기 때문이다.[4] 의료행위는 의학적 전문지식을 기초로 하는 경험과 기능으로 진찰, 검안, 처방, 투약 또는 외과적 시술을 시행하여 하는 질병의 예방 또는 치료행위 및 그 밖에 의료인이 행하지 아니하면 보건위생상 위해가 생길 우려가 있는 행위이다.[5] 즉 의료행위는 의학적 전문지식으로 질병의 진찰, 검안, 처방, 투약 및 외과적 시술을 시행하여 질병의 예방이나 치료행위를 하는 일련의 행위를 의미하므로 이를 담당하는 의료인은 이러한 일련의 과정을 자신의 책임으로 그리고 독자적으로 수행할 수 있는 지적·실무적 능력을 갖출 것이 요구된다. 그러므로 국가가 의사면허 등 의료면허를 부여함에 있어서는 공정하고 객관적인 절차와 기준에 따라 의료인으로서의 능력을 갖추었다고 판단하는 경우에만 이를 부여하도록 하였다.[6]
　의료법 제2조는 '의사, 치과의사, 한의사, 조산사, 간호사'에 한하여 의료인으로 정하고 있으므로, 다음은 의료인이 아니다. ① 수의사(수의사법), ② 약사(약사

---

4) 헌법재판소 2006. 4. 27.자 2005헌마406 전원합의체 결정.
5) 대법원 2012. 7. 5. 선고 2007도8924 판결.
6) 헌법재판소 2022. 3. 31.자 2017헌마1343 전원합의체 결정.

법 참조), ③ 의료기사(임상병리사·방사선사·물리치료사·작업치료사·치과기공사·치과
위생사), 보건의료정보관리사, 안경사(의료기사 등에 관한 법률), ④ 간호조무사(의료
법 제80조), 의료유사업자(접골사, 침사, 구사, 의료법 제81조), 안마사(의료법 제82조),
⑤ 요양보호사(노인복지법), ⑥ 응급구조사(응급의료에 관한 법률), ⑦ 그 외 카이로
프랙터(CHIROPRACTOR), 언어재활치료사, 심리상담사 등은 의료인에 해당하지
않는다. 다만 보건의료기본법[7]에 따라 보건의료인에 해당할 수 있으며, 이 경우
에는 보건의료기본법[8]을 준수해야 한다.

(3) 의료인의 업무

의료법 제2조 제2항은 각 의료인의 종류에 따른 임무를 정하였다. 의료인이
아닌 사람이 의료행위를 하거나 의료인이라고 할지라도 법에서 규정한 각각의
업무범위를 일탈하여 의료행위를 한 경우에는 의료법 제27조 제1항에 의하여 무
면허의료행위에 해당하고,[9] 의료법 제27조를 위반하여 영리를 목적으로 의사가
아닌 사람이 의료행위를 업으로, 치과의사가 아닌 사람이 치과의료행위를 업으
로, 한의사가 아닌 사람이 한방의료행위를 업으로 한 행위는 보건범죄 단속에 관
한 특별조치법 위반에 해당한다. 무면허의료행위에 대해서는 제27조(본 서 해당
부분 참조)에 기술되어 있다.

의사는 의료와 보건지도를 임무로 한다. 일반적으로 의료란 인간의 생명에
관련된 건강과 질병을 대상으로 하는 의학의 사회적 적용[10]을 말하고, 보건지도
는 국민의 건강을 보호하고 증진시킬 목적으로 가르치거나 이끄는 활동을 의미
하고, 치과의사와 한의사의 보건지도와 개념이 같다.[11] 치과의사는 치과 의료와
구강 보건지도를 임무로 한다. 구강 보건지도는 국민의 구강 건강을 보호하고 증

---

7) 보건의료기본법 제3조 제3호 등.
8) 보건의료기본법은 보건의료인에 해당하는 직업을 나열하지 않았다. 참고로 한국보건의료인
   국가시험원법에 따른 보건의료인 국가시험은 의사, 치과의사, 한의사, 조산사, 간호사, 약사,
   한약사, 영양사, 의료기사, 응급구조사, 의지·보조기 기사 및 언어재활사, 보건교육사, 요양
   보호사, 간호조무사가 있다.
9) 대한의사협회, 의료법원론, 법문사, 2008, 6~7면.
10) 김기영, 의료와 인권, 대한의학협회지 제23권 제3호, 1980, 177면
11) 홍영균, 의료법해설, 군자출판사, 2017, 20면.

진시킬 목적으로 가르치거나 이끄는 활동을 의미하고, 구강이 치과와 동일 개념이 아니라는 점에서 구강을 치과로 개정할 필요성이 있다고 한다.[12] 한의사는 한방 의료와 한방 보건지도를 임무로 하고, 한방 보건지도는 한의학적인 건강을 보호하고 증진시킬 목적으로 가르치거나 이끄는 활동을 의미한다.[13] 조산사는 조산(助産)과 임부(姙婦)·해산부(解産婦)·산욕부(産褥婦) 및 신생아에 대한 보건과 양호지도를 임무로 한다. 보건과 양호지도는 이들의 건강을 보호하고 증진시킬 목적으로 돌보아주고 가르치거나 이끄는 활동을 의미한다.[14] 간호사는 ① 환자의 간호요구에 대한 관찰, 자료수집, 간호판단 및 요양을 위한 간호, ② 의사, 치과의사, 한의사의 지도하에 시행하는 진료의 보조, ③ 간호 요구자에 대한 교육·상담 및 건강증진을 위한 활동의 기획과 수행, 그 밖의 대통령령으로 정하는 보건활동 및 ④ 의료법 제80조에 따른 간호조무사가 수행하는 가목부터 다목까지의 업무보조에 대한 지도를 임무로 한다. 간호는 모든 개인, 가정, 지역사회를 대상으로 건강의 회복, 질병의 예방, 건강의 유지와 그 증진에 필요한 지식, 기력, 의지와 자원을 갖추도록 직접 도와주는 활동으로 정의한다.[15]

나. 전문의 (제77조)

(1) 조문

◇ 제77조(전문의)
① 의사·치과의사 또는 한의사로서 전문의가 되려는 자는 대통령령으로 정하는 수련을 거쳐 보건복지부장관에게 자격 인정을 받아야 한다. <개정 2008. 2. 29., 2010. 1. 18.>
② 제1항에 따라 전문의 자격을 인정받은 자가 아니면 전문과목을 표시하지 못한다. 다만, 보건복지부장관은 의료체계를 효율적으로 운영하기 위하여 전문의 자격을 인정받은 치과의사와 한의사에 대하여 종합병원·치과병원·한방

12) 홍영균, 의료법해설, 군자출판사, 2017, 22면.
13) 홍영균, 의료법해설, 군자출판사, 2017, 23면.
14) 홍영균, 의료법해설, 군자출판사, 2017, 24면.
15) https://www.koreanursing.or.kr/about_KNA/definition.php (대한간호협회) (2024. 1. 5. 방문)

병원 중 보건복지부령으로 정하는 의료기관에 한하여 전문과목을 표시하도록 할 수 있다. <개정 2008. 2. 29., 2009. 1. 30., 2010. 1. 18.>
③ 삭제 <2016. 12. 20.>
④ 전문의 자격 인정과 전문과목에 관한 사항은 대통령령으로 정한다. <개정 2011. 4. 28.>
[법률 제9386호(2009. 1. 30.) 제77조제2항 단서의 개정규정 중 치과의사에 대한 부분은 같은 법 부칙 제2조의 규정에 의하여 2013년 12월 31일까지, 제77조제2항 단서의 개정규정 중 한의사에 대한 부분은 같은 법 부칙 제2조의 규정에 의하여 2009년 12월 31일까지 유효함]
[2016. 12. 20. 법률 제14438호에 의하여 2015. 5. 28. 헌법재판소에서 위헌 결정된 이 조 제3항을 삭제함.]

◇ 벌칙
— 제77조 제2항을 위반한 자: 500만원 이하의 벌금(제90조)

◇ 행정처분
— 제77조 제2항을 위반하여 전문의 자격인정을 받지 아니한 자가 전문과목을 표시한 경우: 경고

(2) 조문해설

(가) 자격인정(제77조 제1항)

전문의란 의사·치과의사 또는 한의사로서 대통령령으로 정하는 수련을 거쳐 보건복지부장관에게 자격 인정을 받은 사람이며(제77조 제1항), 전문의만 전문과목을 표시할 수 있다(제77조 제2항). 참고로 전문병원의 요건에 관해서는 제3조의5에 규정되어 있다. 여기서 대통령령이란 「전문의의 수련 및 자격 인정 등에 관한 규정」, 「치과의사전문의의 수련 및 자격 인정 등에 관한 규정」, 「한의사전문의의 수련 및 자격 인정 등에 관한 규정」을 말한다. 의료인 '면허'와 전문의 '자격'은 별개의 개념이다. 즉 전문의는 의사 면허를 받은 후 특정 진료과목에 대한

전문의 자격을 취득한 자로서 자신의 전문과목 외의 진료과목에 대한 진료를 제한받지 않는다. 예를 들어 산부인과 전문의나, 전문의 자격이 없는 의사가 피부과 진료를 할 수 있다. 이 경우에 산부인과 전문의나 전문의 자격이 없는 의사는 피부과를 전문과목으로 표시하지 못할 뿐이다.

전문의의 전문과목은 내과, 신경과, 정신건강의학과, 외과, 정형외과, 신경외과, 심장혈관흉부외과, 성형외과, 마취통증의학과, 산부인과, 소아청소년과, 안과, 이비인후과, 피부과, 비뇨의학과, 영상의학과, 방사선종양학과, 병리과, 진단검사의학과, 결핵과, 재활의학과, 예방의학과, 가정의학과, 응급의학과, 핵의학 및 직업환경의학과이다(전문의의 수련 및 자격 인정 등에 관한 규정 제3조, 2022. 11. 22.개정). 치과의사전문의의 전문과목은 구강악안면외과, 치과보철과, 치과교정과, 소아치과, 치주과, 치과보존과, 구강내과, 영상치의학과, 구강병리과, 예방치과 및 통합치의학과이다(치과의사전문의의 수련 및 자격 인정 등에 관한 규정 제3조, 2016. 12. 5. 개정). 한의사전문의의 전문과목은 한방내과, 한방부인과, 한방소아과, 한방신경정신과, 침구과, 한방안·이비인후·피부과, 한방재활의학과 및 사상체질과이다(한의사전문의의 수련 및 자격 인정 등에 관한 규정 제3조). 참고로 "진료과목"의 종류는 의료법 시행규칙 제41조(2022. 11. 22. 개정)에 명시되어 있고 "전문과목"의 종류와 동일하다.

의사로서 전문의의 자격인정을 받기 위해서는 "1) 의사로서 전문의의 수련 및 자격 인정 등에 관한 규정에 의한 수련과정을 이수한 자, 2) 의사로서 보건복지가족부장관이 인정하는 외국의 의료기관에서 소정의 인턴 및 레지던트과정을 이수한 자, 3) 전문의의 수련 및 자격 인정 등에 관한 규정 제3조 제3항의 규정에 의하여 의사로서 보건복지가족부장관이 수련을 마친 자로 인정한 자"로서 전문의 자격시험에 합격하여야 한다(전문의의 수련 및 자격 인정 등에 관한 규정 제18조).

한편 '전문의'의 자격을 취득하기 위하여 수련을 받는 인턴 및 레지던트를 "전공의"라고 한다(전문의의 수련 및 자격 인정 등에 관한 규정 제2조). 전공의의 수련기간은 인턴 1년, 레지던트 4년(가정의학과의 경우 인턴과정 없이 레지던트 3년)이나 군의 의무장교, 공중보건의사, 여성 전공의가 수련기간 중 출산한 경우를 포함하여 보건복지부령에 따라 수련기간을 연장하거나 단축할 수 있다(전문의의 수련 및 자격 인정 등에 관한 규정 제5조).[16] 전공의는 원칙적으로 의료기관을 개설하거나 다른 의료기관 또는 보건관계 기관에 근무할 수 없다(전문의의 수련 및 자격 인정 등에 관한 규정 제14조). 다만 위 규정 제13조에 따라 해당 전공의의 수련병원 또는 수련기관이 변경되는 과정에서 다른 수련병원이나 수련기관에 임용된 경우, 보건복지부장관이 감염병 등 재난이 발생하여 긴급하게 의료인력을 확보할 필요가 있다고 인정하는 의료기관 또는 보건관계 기관에 겸직하는 경우는 허용된다[17](전문의의 수련 및 자격 인정 등에 관한 규정 제14조).[18] 「치과의사전문의의 수련 및 자격 인정 등에 관한 규정」과 「한의사전문의의 수련 및 자격 인정 등에 관한 규정」도 유사하다.

(나) 전문과목 표시(제77조 제2항)

전문의 자격을 인정받은 자가 아니면 전문과목을 표시하지 못한다. 전문의는 진료과목 표시판에 진료과목 외에 '전문과목'이라는 글자와 전문과목의 명칭을 표시할 수 있다(전문의의 수련 및 자격 인정 등에 관한 규정 제20조). 병원·한방병원·치과병원·의원·한의원 또는 치과의원의 개설자가 전문의인 경우에는 그 의료기관의 고유명칭 앞에 전문과목 및 전문의를 함께 표시하거나 의료기관의 고유명칭과 의료기관의 종류 명칭 사이에 인정받은 전문과목을 삽입하여 표시할 수 있다. 이 경우 전문과목에 "치과"가 포함된 치과병원·치과의원의 경우에는 제1호 전단에도 불구하고 의료기관의 종류 명칭에서 "치과"를 생략할 수 있다(의료법 시행규칙 제40조 제4호). 전문의가 아니면서 전문과목을 표시하면 500만 원 이하의 벌금에 처해질 수 있다(법 제90조). 참고로 의료기관의 명칭 표시는 의료법 제42조, 진료과목 표시는 의료법 시행규칙 제41조를 따른다.

판례는 국제미용성형외과전문의협회(IACS, International Academy of Cosmetic Surgery)가 해당 교육과정을 이수하고 '자격증' 혹은 '수료증'을 받은 사람이 병원 명칭을 ○○원이라고 하고, 홈페이지와 병원입구, 병원 내부 진료실 수료증에

---

16) 이에 따라 규정된 전문의의 수련 및 자격 인정 등에 관한 규정 시행규칙 제4조 제1항에 따라 내과, 외과, 소아청소년과, 결핵과 및 예방의학과의 레지던트 수련기간은 3년이다.
17) 2021. 3. 2. 개정
18) 홍영균, 의료법해설, 군자출판사, 2017, 252-254면.

"국제성형외과 전문의"라고 기재한 문구를 각 게시한 사건을 의료법 제77조 제2항 위반으로 판단하고 벌금 300만원을 확정하였다(대법원 2014. 1. 23. 선고 2013도10471 판결). 또한 피부과 전문의 또는 성형외과 전문의가 아닌 자가 옥외 광고간판 및 출입문, 건물유리, 인터넷 홈페이지에 의료기관 명칭 및 진료과목을 '○○피부과 의원, 성형외과 피부과 의원, 피부과 성형외과 전문의'라고 기재한 사안을 의료법 제56조 제3항(의료광고의 금지), 제77조 제2항(전문의) 위반으로 판단하고 벌금 100만 원을 확정하였다(대법원 2016. 12. 15. 선고 2016도15509 판결).

종래에는 제77조 제2항 단서에 따르면 치과의사와 한의사는 종합병원·치과병원·한방병원 중 보건복지부령으로 정하는 의료기관에 한하여 전문과목을 표시할 수 있도록 되어 있어, 치과의원과 한의원은 전문과목을 표시할 수 없었다. 그러나 법률 제9386호 부칙 제2조에서 위 제77조 제2항의 적용을 한의사의 경우 2009년 12월 31일까지, 치과의사의 경우 2013년 12월 31일까지만 유효하도록 규정하여 현재는 치과의원과 한의원 모두 전문과목의 표시가 가능하다.

구 의료법(2016. 12. 20. 법률 제14438호로 개정되기 전의 것) 제77조 제3항에 따르면 의료인이 진료나 조산 요청을 받으면 정당한 사유 없이 거부하지 못함(제15조 제1항)에도 불구하고, 전문과목을 표시한 치과의원은 자신이 표시한 전문과목에 해당하는 환자만을 진료하여야 했다. 예컨대 구강악안면외과를 전문과목으로 표시한 치과의원은 교정진료를 할 수 없는 셈이었다. 그러나 이 법률조항에 대하여 헌법재판소가 2015. 5. 28. 2013헌마799 결정으로 위헌확인을 하였고, 현재 의료법에서는 위 조항이 삭제되었다.[19][20]

(3) 관련 법령

(가) 전문의의 수련 및 자격 인정 등에 관한 규정

◇ 제2조(정의) 이 영에서 사용하는 용어의 뜻은 다음 각 호와 같다.

1. "전공의(專攻醫)"란 수련병원이나 수련기관에서 전문의(專門醫)의 자격을 취

---

19) 헌법재판소 2015. 5. 28. 2013헌마799 결정.
20) 2016. 12. 20. 법률 제14438호에 의하여 2015. 5. 28. 헌법재판소에서 위헌 결정된 제77조 제3항을 삭제함.

득하기 위하여 수련을 받는 인턴 및 레지던트를 말한다.

2. "인턴"이란 의사 면허를 받은 사람으로서 일정한 수련병원에 전속(專屬)되어 임상 각 과목의 실기를 수련하는 사람을 말한다.

3. "레지던트"란 인턴과정을 이수한 사람(가정의학과의 경우에는 의사 면허를 받은 사람) 또는 보건복지부장관이 이와 동등하다고 인정한 사람으로서 일정한 수련병원 또는 수련기관에 전속되어 전문과목 중 1과목을 전공으로 수련하는 사람을 말한다.

◇ 제3조(전문의의 전문과목) 전문의의 전문과목은 내과, 신경과, 정신건강의학과, 외과, 정형외과, 신경외과, 흉부외과, 성형외과, 마취통증의학과, 산부인과, 소아청소년과, 안과, 이비인후과, 피부과, 비뇨의학과, 영상의학과, 방사선종양학과, 병리과, 진단검사의학과, 결핵과, 재활의학과, 예방의학과, 가정의학과, 응급의학과, 핵의학 및 직업환경의학과로 한다.

◇ 제5조(수련기간) ① 전공의의 수련기간은 인턴 1년, 레지던트 4년(가정의학과의 경우 인턴과정 없이 레지던트 3년)으로 한다. 다만, 다음 각 호의 어느 하나에 해당하는 경우 전공의의 수련기간은 다음 각 호의 구분에 따른 기간으로 한다.

1. 군의 의무장교(醫務將校)로서 현역복무를 마치고 예비역 병적에 편입된 사람이 해당 전역연도에 수련을 받으려는 경우: 인턴 또는 레지던트 수련기간에서 2개월을 제외한 기간

2. 「농어촌 등 보건의료를 위한 특별조치법」에 따른 공중보건의사의 의무를 이행한 사람이 의무이행 완료연도에 수련을 받으려는 경우: 인턴 또는 레지던트 수련기간에서 2개월을 제외한 기간

3. 여성 전공의가 수련기간 중에 출산한 경우: 인턴 또는 레지던트 수련기간에서 3개월을 제외한 기간

(나) 치과의사전문의의 수련 및 자격 인정 등에 관한 규정

◇ 제2조(정의) 이 영에서 사용하는 용어의 뜻은 다음 각 호와 같다.

1. "치과의사전공의"란 수련치과병원 또는 수련기관에서 치과의사 전문의 자격을 취득하기 위하여 수련을 받는 인턴 및 레지던트를 말한다.
2. "인턴"이란 치과의사 면허를 받은 사람으로서 일정한 수련치과병원에 소속되어 임상 각 과목의 실기를 수련하는 사람을 말한다.
3. "레지던트"란 인턴과정을 이수한 사람(통합치의학과의 경우에는 치과의사 면허를 받은 사람을 말한다) 또는 보건복지부장관이 이와 동등하다고 인정한 사람으로서 일정한 수련치과병원 또는 수련기관에 소속되어 전문과목 중 1과목을 전문적으로 수련하는 사람을 말한다.

◇ 제3조(전문과목) 치과의사전문의의 전문과목은 구강악안면외과, 치과보철과, 치과교정과, 소아치과, 치주과, 치과보존과, 구강내과, 영상치의학과, 구강병리과, 예방치과 및 통합치의학과로 한다.

◇ 제5조(수련기간) ① 치과의사전공의의 수련기간은 인턴(통합치의학과는 제외한다)은 1년, 레지던트는 3년으로 한다. 다만, 다음 각 호의 어느 하나에 해당하는 경우 치과의사전공의의 수련기간은 인턴(통합치의학과는 제외한다) 10개월, 레지던트 2년 10개월로 한다.

1. 군(軍)의 의무장교(醫務將校)로서 현역복무를 마치고 예비역 병적에 편입된 사람이 해당 전역연도에 수련을 받으려는 경우
2. 「농어촌 등 보건의료를 위한 특별조치법」에 따른 공중보건의사의 의무를 이행한 사람이 의무이행 완료연도에 수련을 받으려는 경우

(다) 한의사전문의의 수련 및 자격 인정 등에 관한 규정

◇ 제2조(정의) 이 영에서 사용하는 용어의 뜻은 다음 각 호와 같다.

1. "한방전공의"(韓方專攻醫)란 수련한방병원에서 한의사전문의(韓醫師專門醫)의

자격을 취득하기 위하여 수련을 받는 일반수련의 및 전문수련의를 말한다.

2. "일반수련의"란 한의사의 면허를 받은 사람으로서 일정한 수련한방병원에 소속되어 임상 각 과목의 실기를 수련하는 사람을 말한다.

3. "전문수련의"란 일반수련의 과정을 마친 사람으로서 일정한 수련한방병원에 소속되어 전문과목 중 1과목을 전문적으로 수련하는 사람을 말한다.

◇ 제3조(전문과목) 한의사전문의의 전문과목은 한방내과, 한방부인과, 한방소아과, 한방신경정신과, 침구과, 한방안·이비인후·피부과, 한방재활의학과 및 사상체질과로 한다.

◇ 제5조(수련기간) ① 한방전공의의 수련기간은 일반수련의는 1년, 전문수련의는 3년으로 한다. 다만, 다음 각 호의 어느 하나에 해당하는 경우에는 일반수련의 수련기간은 10개월로, 전문수련의 수련기간은 2년 10개월로 한다.

1. 군의 의무장교(醫務將校)로서 현역복무를 마치고 예비역 병적에 편입된 사람이 해당 전역연도에 수련을 받으려는 경우

2. 「농어촌 등 보건의료를 위한 특별조치법」에 따른 공중보건의사의 의무를 이행한 사람이 의무이행 완료연도에 수련을 받으려는 경우

다. 전문간호사 (제78조)

(1) 조문

◇ 제78조(전문간호사)

① 보건복지부장관은 간호사에게 간호사 면허 외에 전문간호사 자격을 인정할 수 있다. <개정 2008. 2. 29., 2010. 1. 18.>

② 전문간호사가 되려는 사람은 다음 각 호의 어느 하나에 해당하는 사람으로서 보건복지부장관이 실시하는 전문간호사 자격시험에 합격한 후 보건복지부장관의 자격인정을 받아야 한다. <개정 2018. 3. 27.>

1. 보건복지부령으로 정하는 전문간호사 교육과정을 이수한 자

2. 보건복지부장관이 인정하는 외국의 해당 분야 전문간호사 자격이 있는 자
③ 전문간호사는 제2항에 따라 자격을 인정받은 해당 분야에서 간호 업무를 수행하여야 한다. <신설 2018. 3. 27.>
④ 전문간호사의 자격 구분, 자격 기준, 자격 시험, 자격증, 업무 범위, 그 밖에 필요한 사항은 보건복지부령으로 정한다. <신설 2018. 3. 27.>

(2) 조문해설

간호사는 보건복지부령이 정하는 전문간호사 교육과정을 이수하거나 보건복지부장관이 인정하는 외국의 해당분야 전문간호사 자격이 있을 때에 전문간호사 자격시험에 합격하여 전문간호사 자격을 인정받을 수 있다(제78조 제2항). 의사·치과의사·한의사의 전문의 자격과 마찬가지로 전문간호사는 '면허'와 구별되는 '자격'이다. 전문간호사는 간호서비스의 질적 수준 향상과 의료자원 배분의 효율성 제고를 위하여 2000. 1. 12.자 의료법 개정으로 도입되었다. 전문간호사의 자격 구분, 자격 기준, 자격증, 그 밖에 필요한 사항은 보건복지부령(전문간호사 자격인정 등에 관한 규칙)으로 정한다. 전문간호사 자격은 보건·마취·정신·가정[21]·감염관리·산업·응급·노인·중환자·호스피스·종양·임상 및 아동분야로 구분되며(위 규칙 제2조), 각 전문간호사의 업무범위는 전문간호사 자격인정 등에 관한 규칙 제3조에 상세히 기술되어 있다(2022. 4. 19. 개정). 전문간호사 교육과정을 신청할 수 있는 자는 교육을 받기 전 10년 이내에 해당분야의 기관에서 3년 이상 간호사로서의 실무경력이 있는 자로 하고, 전문간호사 교육과정은 보건복지부장관이 지정하는 전문간호사 교육기관이 실시하고 그 교육기간은 2년 이상으로 한다(위 규칙 제4조).

전문간호사 자격인정 등에 관한 규칙 제3조는 의료법 제78조 제3항에 따라 전문간호사를 다음과 같이 13가지 분야로 구분한 다음 분야별 업무범위에 해당하는 업무를 기술한다(2022. 4. 19. 개정). 전문간호사 제도가 의료법에 도입된지 약 24여년이 경과하였고, 2021. 9. 기준 보건복지부 인증 전문가로 배출된 숫자

---

21) 방문간호사는 노인장기요양보험법 제23조에 따른 업무를 말하며, 전문간호사인 가정간호사와 다르다.

는 "가정 6,602명, 감염관리 488명, 노인 2,519명, 마취 640명, 보건 2,052명, 산업 183명, 아동 130명, 임상 345명, 응급 352명, 정신 642명, 종양 1,054명, 중환자 793명, 호스피스 662명" 등 총 1만 6,462명에 달한다. 그러나 임상실무에서 체감할 수 있는 변화는 거의 없는 실정이다. 의료전문가, 정부 부처, 관련 단체와의 적극적인 협의를 통해 간호서비스의 질적 수준 향상과 효율적인 의료자원 배분을 위하여 전문간호사 제도를 국내에 정립할 필요성이 높다.[22]

〈전문간호사 분야별 업무범위〉

① 보건

가. 처치·주사 등 보건 진료에 필요한 업무 중 의사, 치과의사 또는 한의사의 지도하에 수행하는 업무

나. 보건전문간호 제공을 위한 협력과 조정

다. 보건전문간호 분야의 교육, 상담, 관리 및 연구 등 전문성 향상

라. 그 밖에 지역사회 질병 예방, 보건교육, 건강 증진을 위한 활동 등 보건전문간호에 필요한 업무

② 마취

가. 처치·주사 등 마취환자 진료에 필요한 업무 중 의사 또는 치과의사의 지도하에 수행하는 업무

나. 마취전문간호 제공을 위한 협력과 조정

다. 마취전문간호 분야의 교육, 상담, 관리 및 연구 등 전문성 향상

라. 그 밖에 마취 준비, 마취 후 회복 관리 등 마취전문간호에 필요한 업무

③ 정신

가. 처치·주사 등 정신질환자 진료에 필요한 업무 중 의사 또는 한의사의 지도하에 수행하는 업무

나. 정신전문간호 제공을 위한 협력과 조정

---

22) https://www.kaapn.or.kr (한국전문간호사협회 홈페이지) (2024. 1. 5. 방문)

다. 정신전문간호 분야의 교육, 상담, 관리 및 연구 등 전문성 향상
라. 그 밖에 정신질환자 등에 대한 간호, 환자·가족·지역사회 등의 정신건강
   증진을 위한 활동 등 정신전문간호에 필요한 업무

④ 가정
가. 「의료법 시행규칙」 제24조에 따른 가정간호
나. 가정전문간호 제공을 위한 협력과 조정
다. 가정전문간호 분야의 교육, 상담, 관리 및 연구 등 전문성 향상
라. 그 밖에 환자의 간호요구에 대한 관찰 등 가정전문간호에 필요한 업무

⑤ 감염관리
가. 처치·주사 등 감염관리 진료에 필요한 업무 중 의사, 치과의사 또는 한
   의사의 지도하에 수행하는 업무
나. 감염관리전문간호 제공을 위한 협력과 조정
다. 감염관리전문간호 분야의 교육, 상담, 관리 및 연구 등 전문성 향상
라. 그 밖에 감염 예방·감시·관리, 감염관리 교육 등 감염관리전문간호에 필
   요한 업무

⑥ 산업
가. 처치·주사 등 산업보건 진료에 필요한 업무 중 의사, 치과의사 또는 한
   의사의 지도하에 수행하는 업무
나. 산업전문간호 제공을 위한 협력과 조정
다. 산업전문간호 분야의 교육, 상담, 관리 및 연구 등 전문성 향상
라. 그 밖에 근로자 건강관리, 산업재해 예방, 작업환경 개선 등 산업전문간
   호에 필요한 업무

⑦ 응급
가. 처치·주사 등 응급환자 진료에 필요한 업무 중 의사의 지도하에 수행하
   는 업무

나. 응급전문간호 제공을 위한 협력과 조정

다. 응급전문간호 분야의 교육, 상담, 관리 및 연구 등 전문성 향상

라. 그 밖에 응급환자 중증도 분류, 응급환자에 대한 처치·관리 등 응급전문간호에 필요한 업무

⑧ 노인

가. 처치·주사 등 노인환자 진료에 필요한 업무 중 의사, 치과의사 또는 한의사의 지도하에 수행하는 업무

나. 노인전문간호 제공을 위한 협력과 조정

다. 노인전문간호 분야의 교육, 상담, 관리 및 연구 등 전문성 향상

라. 그 밖에 노인 질환 관리 및 건강 증진에 필요한 활동 등 노인전문간호에 필요한 업무

⑨ 중환자

가. 처치·주사 등 중환자 진료에 필요한 업무 중 의사의 지도하에 수행하는 업무

나. 중환자전문간호 제공을 위한 협력과 조정

다. 중환자전문간호 분야의 교육, 상담, 관리 및 연구 등 전문성 향상

라. 그 밖에 중환자 상태 변화의 감시 등 중환자전문간호에 필요한 업무

⑩ 호스피스

가. 처치·주사 등 호스피스 진료에 필요한 업무 중 의사 또는 한의사의 지도하에 수행하는 업무

나. 호스피스전문간호 제공을 위한 협력과 조정

다. 호스피스전문간호 분야의 교육, 상담, 관리 및 연구 등 전문성 향상

라. 그 밖에 호스피스 전환기 환자 관리 및 임종 간호, 환자 가족을 위한 상담 등 호스피스전문간호에 필요한 업무

⑪ 종양

가. 처치·주사 등 종양환자 진료에 필요한 업무 중 의사, 치과의사 또는 한 의사의 지도하에 수행하는 업무

나. 종양전문간호 제공을 위한 협력과 조정

다. 종양전문간호 분야의 교육, 상담, 관리 및 연구 등 전문성 향상

라. 그 밖에 종양 환자의 증상 관리, 암 생존자 관리 등 종양전문 간호에 필 요한 업무

⑫ 임상

가. 처치·주사 등 임상 진료에 필요한 업무 중 의사, 치과의사 또는 한의사 의 지도하에 수행하는 업무

나. 임상전문간호 제공을 위한 협력과 조정

다. 임상전문간호 분야의 교육, 상담, 관리 및 연구 등 전문성 향상

라. 그 밖에 질환·합병증 등 임상증상 수집, 치료를 위한 간호 등 임상전문 간호에 필요한 업무

⑬ 아동

가. 처치·주사 등 아동 환자 진료에 필요한 업무 중 의사, 치과의사 또는 한 의사의 지도하에 수행하는 업무

나. 아동전문간호 제공을 위한 협력과 조정

다. 아동전문간호 분야의 교육, 상담, 관리 및 연구 등 전문성 향상

라. 그 밖에 아동·가족의 건강력 수집, 아동의 건강문제 관리 및 건강증진을 위한 간호 등 아동전문간호에 필요한 업무

(3) 판례·행정해석

◇ 마취전문간호사의 업무범위 및 마취전문간호사가 실시한 척추마취(대법원 2010. 3. 25. 선고 2008도590 판결)

― 의사가 간호사에게 진료의 보조행위를 하도록 지시하거나 위임할 수는 있

으나, 고도의 지식과 기술을 요하여 반드시 의사만이 할 수 있는 의료행위 자체를 하도록 지시하거나 위임하는 것은 허용될 수 없으므로, 간호사가 의사의 지시나 위임을 받고 그와 같은 행위를 하였다고 하더라도 구 의료법 제25조 제1항에서 금지하는 무면허의료행위에 해당함.

- 원심은, 마취액을 직접 주사하여 척수마취를 시행하는 행위는 약제의 선택이나 용법, 투약부위, 환자의 체질이나 투약 당시의 신체 상태, 응급상황이 발생할 경우 대처능력 등에 따라 환자의 생명이나 신체에 중대한 영향을 미칠 수 있는 행위로서 고도의 전문적인 지식과 경험을 요하므로 의사만이 할 수 있는 의료행위이고 마취전문간호사가 할 수 있는 진료 보조 행위의 범위를 넘어서는 것이므로, 피고인의 행위는 구 의료법 제25조 제1항에서 금지하는 무면허 의료행위에 해당한다고 판시함.

◇ 마취간호사의 업무범위에 관한 행정해석

- 마취간호사는 단독으로 마취시술을 할 수 없으므로 진료기록은 의사 책임 하에 작성, 보존하여야하는 것임. … 수술을 집도하는 의사는 자신이 직접 마취시술을 할 수 없다고 판단한 때에는 마취전문의 또는 마취간호사를 초빙하여 수술하여야 할 것이며 수술중 일어나는 마취사고에 대하여는 마취전문의가 있는 때에는 마취전문의가, 마취전문의가 없는 때에는 수술집도의가 1차적인 책임을 져야 할 것이나 그 책임의 한계는 구체적인 사안에 따라 판단되어야 할것임.…마취시술에 있어 마취제의 종류, 양, 산소공급정도, 기계조작 등은 마취전문의가 있는 경우에는 마취전문의가, 마취전문의가 없는 경우에는 수술집도의가 결정하여야 할 사항임(94. 3. 22. 의정 65501 – 324).[23]

- 마취간호사는 의사의 지시에 따라 의료행위(마취)를 보조하는 자로서 의사의 지시가 없이는 마취행위를 할 수 없음. 마취지시를 한 의사는 반드시 마취행위가 이루어지는 장소에 있거나 필요한 경우 마취장소에 즉시 도달할 수 있는 위치에 있어야 함. 정형외과 전문의라도 진료상 필요한 경우에는 마취간호사에게 마취행위를 지시할 수 있음(88. 8. 12, 의제 01254 – 10878).[24]

---

23) 대한의사협회, 의료법원론, 법문사, 2008, 296면.

라. 한지 의료인 (제79조)

(1) 조문

◇ 제79조(한지 의료인)

① 이 법이 시행되기 전의 규정에 따라 면허를 받은 한지 의사(限地 醫師), 한지 치과의사 및 한지 한의사는 허가받은 지역에서 의료업무에 종사하는 경우 의료인으로 본다.

② 보건복지부장관은 제1항에 따른 의료인이 허가받은 지역 밖에서 의료행위를 하는 경우에는 그 면허를 취소할 수 있다. <개정 2008. 2. 29., 2010. 1. 18.>

③ 제1항에 따른 의료인의 허가지역 변경, 그 밖에 필요한 사항은 보건복지부령으로 정한다. <개정 2008. 2. 29., 2010. 1. 18.>

④ 한지 의사, 한지 치과의사, 한지 한의사로서 허가받은 지역에서 10년 이상 의료업무에 종사한 경력이 있는 자 또는 이 법 시행 당시 의료업무에 종사하고 있는 자 중 경력이 5년 이상인 자에게는 제5조에도 불구하고 보건복지부령으로 정하는 바에 따라 의사, 치과의사 또는 한의사의 면허를 줄 수 있다. <개정 2008. 2. 29., 2010. 1. 18.>

(2) 조문해설

의료법이 1962. 3. 20. 제정되기 전의 규정에 따라 면허를 받은 한지 의사(限地醫師), 한지 치과의사 및 한지 한의사는 허가받은 지역에서 의료업무에 종사하는 경우 의료인으로 본다(제79조 제1항). 한지 의료란 의료서비스 제공이 어려운 일부 지역에서, 그 제한된 지역 내에서만 예외적으로 의료행위를 허용하는 제도인데 현재는 그 존재 의의가 미미하다. 보건복지부장관은 한지 의료인이 허가받은 지역 밖에서 의료행위를 하는 경우에는 그 면허를 취소할 수 있다(제79조 제2항).[25]

---

24) 대한의사협회, 의료법원론, 법문사, 2008, 296면.
25) 홍영균, 의료법해설, 군자출판사, 2017, 255면.

3. 의료보조 및 의료유사업자

가. 간호조무사 (제80조, 제80조의2·3)

(1) 조문

◇ 제80조(간호조무사 자격)

① 간호조무사가 되려는 사람은 다음 각 호의 어느 하나에 해당하는 사람으로서 보건복지부령으로 정하는 교육과정을 이수하고 간호조무사 국가시험에 합격한 후 보건복지부장관의 자격인정을 받아야 한다. 이 경우 자격시험의 제한에 관하여는 제10조를 준용한다. <개정 2019. 8. 27.>

1. 초·중등교육법령에 따른 특성화고등학교의 간호 관련 학과를 졸업한 사람(간호조무사 국가시험 응시일로부터 6개월 이내에 졸업이 예정된 사람을 포함한다)

2. 「초·중등교육법」 제2조에 따른 고등학교 졸업자(간호조무사 국가시험 응시일로부터 6개월 이내에 졸업이 예정된 사람을 포함한다) 또는 초·중등교육법령에 따라 같은 수준의 학력이 있다고 인정되는 사람(이하 이 조에서 "고등학교 졸업학력 인정자"라 한다)으로서 보건복지부령으로 정하는 국·공립 간호조무사양성소의 교육을 이수한 사람

3. 고등학교 졸업학력 인정자로서 평생교육법령에 따른 평생교육시설에서 고등학교 교과 과정에 상응하는 교육과정 중 간호 관련 학과를 졸업한 사람(간호조무사 국가시험 응시일로부터 6개월 이내에 졸업이 예정된 사람을 포함한다)

4. 고등학교 졸업학력 인정자로서 「학원의 설립·운영 및 과외교습에 관한 법률」 제2조의2제2항에 따른 학원의 간호조무사 교습과정을 이수한 사람

5. 고등학교 졸업학력 인정자로서 외국의 간호조무사 교육과정(보건복지부장관이 정하여 고시하는 인정기준에 해당하는 교육과정을 말한다)을 이수하고 해당 국가의 간호조무사 자격을 취득한 사람

6. 제7조제1항제1호 또는 제2호에 해당하는 사람

② 제1항제1호부터 제4호까지에 따른 간호조무사 교육훈련기관은 보건복지부장관의 지정·평가를 받아야 한다. 이 경우 보건복지부장관은 간호조무사 교육훈련기관의 지정을 위한 평가업무를 대통령령으로 정하는 절차·방식에 따라

관계 전문기관에 위탁할 수 있다.

③ 보건복지부장관은 제2항에 따른 간호조무사 교육훈련기관이 거짓이나 그 밖의 부정한 방법으로 지정받는 등 대통령령으로 정하는 사유에 해당하는 경우에는 그 지정을 취소할 수 있다.

④ 간호조무사는 최초로 자격을 받은 후부터 3년마다 그 실태와 취업상황 등을 보건복지부장관에게 신고하여야 한다.

⑤ 제1항에 따른 간호조무사의 국가시험·자격인정, 제2항에 따른 간호조무사 교육훈련기관의 지정·평가, 제4항에 따른 자격신고 및 간호조무사의 보수교육 등에 관하여 필요한 사항은 보건복지부령으로 정한다.

[전문개정 2015. 12. 29.]

◇ 제80조의2(간호조무사 업무)

① 간호조무사는 제27조에도 불구하고 간호사를 보조하여 제2조제2항제5호가목부터 다목까지의 업무를 수행할 수 있다.

② 제1항에도 불구하고 간호조무사는 제3조제2항에 따른 의원급 의료기관에 한하여 의사, 치과의사, 한의사의 지도하에 환자의 요양을 위한 간호 및 진료의 보조를 수행할 수 있다.

③ 제1항 및 제2항에 따른 구체적인 업무의 범위와 한계에 대하여 필요한 사항은 보건복지부령으로 정한다.

[본조신설 2015. 12. 29.]

◇ 제80조의3(준용규정)

간호조무사에 대하여는 제8조, 제9조, 제12조, 제16조, 제19조, 제20조, 제22조, 제23조, 제59조제1항, 제61조, 제65조, 제66조, 제68조, 제83조제1항, 제84조, 제85조, 제87조, 제87조의2, 제88조, 제88조의2 및 제91조를 준용하며, 이 경우 "면허"는 "자격"으로, "면허증"은 "자격증"으로 본다. <개정 2016. 12. 20., 2019. 8. 27.>

[본조신설 2015. 12. 29.]

(2) 조문해설

의료인으로 인정받을 수 없지만 의료유사업을 하거나 보조행위를 하는 자들에 대한 행위를 규율할 필요가 있어 '간호조무사 및 의료유사업자에 관한 규칙'을 제정하여 구체적 내용을 규정하고 있다.[26]

간호조무사제도는 1963. 7. 31. 제정된 의료보조원법(법률 제1380호)에 근거하여 1966. 7. 25. 개정된 의료보조원법시행령(대통령령 제2665호) 제1조에 의거 현행의 의료기사제도와 더불어 시행되었으며, 1973. 2. 16. 의료법을 전면 개정하면서 제57조에 규정하게 되었다(의료보조원법은 1973. 2. 16. 별도의 의료기사법을 제정하면서 폐지함). 이에 따라 1973. 10. 31. "간호보조원·의료유사업자및안마사에 관한규칙"(보사부령 제 428호)이 제정되었으며 1984. 10. 15. 동 규칙 중 안마사를 분리하고 "간호보조원 및 의료유사업자에 관한 규칙"으로 개정하여 지금에 이르고 있다. '간호보조원'의 명칭은 1987. 11. 28. 의료법을 개정하면서 '간호조무사'로 변경되었다.[27]

간호조무사의 자격인정을 받기 위해서는 간호조무사국가시험에 합격해야 하는데, 응시자격은 보건복지부장관의 지정을 받은 간호조무사 교육훈련기관에서 실시하는 740시간 이상의 이론교육 과정, 간호조무사 교육훈련기관의 장이 실습교육을 위탁한 의료기관(조산원은 제외한다) 또는 보건소에서 실시하는 780시간 이상의 실습교육 과정(이 경우 의료법 제3조제2항제3호에 따른 병원이나 종합병원에서의 실습교육 과정이 400시간 이상이어야 한다)을 모두 이수하여야 한다(간호조무사 및 의료유사업자에 관한 규칙 제4조). 다만 「재난 및 안전관리 기본법」 제38조에 따른 주의 이상의 재난 위기경보 발령으로 교육을 정상적으로 실시하는 것이 현저히 곤란한 경우에는 보건복지부장관이 정하여 고시하는 바에 따라 제1항에 따른 교육 과정의 일부를 달리 운영할 수 있다(신설 2022. 4. 8.).

간호조무사는 간호사를 보조하여 간호사의 업무 중 일부(환자의 간호요구에 대한 관찰, 자료수집, 간호판단 및 요양을 위한 간호, 의사, 치과의사, 한의사의 지도하에 시행하는 진료의 보조, 간호 요구자에 대한 교육·상담 및 건강증진을 위한 활동의 기획과 수

---

26) 대한의사협회, 의료법원론, 법문사, 2008, 298면.
27) 대한의사협회, 의료법원론, 법문사, 2008, 299면.

행, 그 밖의 대통령령으로 정하는 보건활동)를 수행할 수 있다(제80조의2, 제1항). 다만 간호조무사는 의원급 의료기관에 한하여 의사, 치과의사, 한의사의 지도하에 환자의 요양을 위한 간호 및 진료의 보조를 수행할 수 있다(제80조의2, 제2항).

제80조의2와 3은 의료계와 개원가의 현실을 반영하여 2015. 12. 29.자 개정으로 신설되었다. 간호조무사는 그 자격기준, 취득요건, 교육과정 등이 의료인인 간호사와 매우 다르지만, 의원급 의료기관에서는 간호조무사가 간호사의 보조자가 아니라 직접 환자의 간호 및 진료의 보조를 수행하기 때문에 문제가 될 소지가 있다. 간호조무사의 구체적인 업무의 범위와 한계에 대하여 필요한 사항은 보건복지부령으로 정한다(제80조의2 제3항).[28]

(3) 행정해석 · 판례

◇ 간호조무사의 자격 취득 및 간호조무사 실습교육 중인 자의 의료행위 가능 여부(대법원 2005. 12. 9. 선고 2005도5652 판결)
  - 의료법의 입법 목적이 국민의료에 관하여 필요한 사항을 규정함으로써 의료의 적정을 기하여 국민의 건강을 보호·증진함에 있는 점, 의료법의 규정상, 보건복지부장관으로부터 면허를 받은 의료인만이 의료행위를 할 수 있고 의료인이라고 하더라도 면허받은 의료행위 이외의 의료행위를 할 수 없는 등 의료행위를 할 수 있는 자의 범위가 엄격히 제한되어 있는 점, 의료법 제25조 단서의 규정은 위와 같은 원칙에 대한 예외를 규정하고 있는 조항이므로 이를 엄격하게 해석하여야 한다는 점 등에 비추어 보면, 간호조무사 자격시험에 응시하기 위하여 국·공립 간호조무사 양성소 또는 '학원의 설립·운영 및 과외교습에 관한 법률'의 규정에 의한 간호조무사 양성학원에서 학과교육을 받고 있거나 간호조무사 양성학원장 등의 위탁에 따라 의료기관에서 실습교육을 받고 있는 사람은 의료법 제25조 제1항 단서 제3호에서 규정하고 있는 '의학·치과의학·한방의학 또는 간호학을 전공하는 학교의 학생'이라고 볼 수 없음.

---

28) 홍영균, 의료법해설, 군자출판사, 2017, 258면.

- 따라서 설령 공소외인이 간호조무사 양성학원에서 학과교육을 받은 후 학원장의 위탁에 따라 피고인이 경영하는 (병원 명칭 생략)의원에서 실습교육을 받고 있는 지위에 있었고, 의료인인 피고인의 지시·감독을 받았다고 하더라도 공소외인은 의료행위인 주사행위를 할 수 없음.

◇ 간호조무사의 진료보조행위의 범위(대법원 2011. 7. 14. 선고 2010도1444 판결)

- 의료법 제80조(2007. 4. 11. 법률 제8366호로 전부 개정되기 전의 제58조) 및 그 위임에 따른 「간호조무사 및 의료유사업자에 관한 규칙」 제2조에 의하면 간호조무사는 의료인이 아님에도 간호보조와 진료보조의 업무에 종사할 수 있는데, 이때 말하는 진료의 보조는 어디까지나 의사가 주체가 되어 진료행위를 함에 있어서 그의 지시에 따라 종속적인 지위에서 조력하는 것을 가리키므로, 의사가 환자를 전혀 진찰하지 않은 상태에서 간호조무사가 단독으로 진료행위를 하는 것은 진료보조행위에 해당한다고 볼 수 없음.
- 간호조무사가 무통주사와 수액주사 및 내진을 시행한 사건임.

◇ 간호조무사가 실시한 물사마귀를 제거하는 시술은 진료보조행위(대법원 2019. 8. 14. 선고 2019도7082 판결)

- 의사가 환자(만 3세의 아동)을 진찰하여 전염성 연속종(일명 물사마귀)로 진단하고 간호조무사에게 이를 제거하는 시술을 지시하였는데, 이 시술은 성격상 진료보조행위의 일환으로 의료법 위반에 해당하지 아니하거나 사회상규에 위배되지 아니하는 정당행위로서 위법성이 조각됨(무죄).

◇ 간호조무사가 실시한 치아 본뜨기는 의료법 위반(대전지방법원 2015. 5. 28. 선고 2014노3568 판결)

- 치과의사가 간호조무사에게 환자의 '치아 본뜨기'를 지시하였는데, 치아본뜨기는 간호조무사의 진료보조행위에 포함되지 않아 무면허의료행위에 해당함(유죄).

나. 의료유사업자 (제81조)

(1) 조문

◇ 제81조(의료유사업자)

① 이 법이 시행되기 전의 규정에 따라 자격을 받은 접골사(接骨士), 침사(鍼
士), 구사(灸士)(이하 "의료유사업자"라 한다)는 제27조에도 불구하고 각 해
당 시술소에서 시술(施術)을 업(業)으로 할 수 있다.

② 의료유사업자에 대하여는 이 법 중 의료인과 의료기관에 관한 규정을 준용
한다. 이 경우 "의료인"은 "의료유사업자"로, "면허"는 "자격"으로, "면허증"
은 "자격증"으로, "의료기관"은 "시술소"로 한다.

③ 의료유사업자의 시술행위, 시술업무의 한계 및 시술소의 기준 등에 관한 사
항은 보건복지부령으로 정한다. <개정 2008. 2. 29., 2010. 1. 18.>

(2) 조문해설

의료법 시행 전 종전의 규정에 의하여 자격을 받아 각 시술소에서 시술행위
를 해왔던 접골사(接骨士)·침사(鍼士) 및 구사(灸士)(이하 '의료유사업자'라 함)의 경
우 의료인이 아니다. 다만 그 동안의 시술행위에 대한 신뢰보호를 위하여 의료법
상 무면허의료행위의 금지 규정에도 불구하고 이들에 한하여 의료유사행위를 허
용하였다.[29]

접골사는 뼈가 부러지거나 관절이 삐거나 겹질린 환자의 환부(患部)를 조정
(調整)하고 회복시키는 응급처치 등 접골 시술행위(施術行爲)를 하는 것을 업무로
하고, 침사는 환자의 경혈(經穴)에 침 시술행위를 하는 것을 업무로 하며, 구사는
환자의 경혈에 구(灸 : 뜸질) 시술행위를 하는 것을 업무로 한다. 다만 접골사, 침
사, 구사("의료유사업자")는 환자에 대하여 외과수술을 하거나 약품을 투여하여서
는 아니 된다(간호조무사 및 의료유사업자에 관한 규칙 제2조).

의료법이 시행되기 전의 규정에 따라 자격을 받은 접골사, 침사, 구사는 의료
인이 아니면 누구든지 의료행위를 할 수 없음(제27조)에도 불구하고 각 해당 시

---

29) 대한의사협회, 의료법원론, 법문사, 2008, 303면.

술소에서 시술을 업으로 할 수 있다(제81조 제1항). 접골사는 외과적 수술을 하지 않고 주로 부목, 안마, 석고 붕대 따위의 방법으로 골절 따위를 치료하는 것을 전문적으로 하는 사람이다. 침사는 침으로, 구사는 뜸으로 치료하는 것을 전문적으로 하는 사람으로서 보통 침구사라 칭한다. 침구사 제도는 일제강점기 초기인 1914년 10월 29일 '안마술(按摩術), 침술(鍼術), 구술영업취체규칙(灸術營業聯規則)'이 제정되면서 태동되었다. 의료유사업자에게 신규자격을 부여할 수 있었던 근거 조항인 국민의료법 제59조가 1962. 3. 20.자 개정으로 삭제되어 유사의료업자는 없어지고 기존에 면허를 취득한 기득권자만을 인정하였다.[30]

의료유사업자에 대하여는 의료법 중 의료인과 의료기관에 관한 규정을 준용한다. 이 경우 '의료인'은 '의료유사업자'로, '면허'는 '자격'으로, '면허증'은 '자격증'으로, '의료기관'은 '시술소'로 한다(제81조 제2항). 의료인과 의료기관에 준하는 의료법상의 책임과 권리를 규정하는 내용이다. 의료유사업자의 시술행위, 시술업무의 한계 및 시술소의 기준 등에 관한 사항은 보건복지부령으로 정한다(제81조 제3항).[31]

(3) 판례 · 행정해석

◇ 면허 또는 자격 없이 침술행위를 한 경우 사회상규에 위배되지 아니하는 행위에 해당하기 위한 요건(대법원 2002. 12. 26. 선고 2002도5077 판결)

– 일반적으로 면허 또는 자격 없이 침술행위를 하는 것은 의료법 제25조의 무면허 의료행위(한방의료행위)에 해당되어 같은 법 제66조에 의하여 처벌되어야 하는 것이며, 그 침술행위가 광범위하고 보편화된 민간요법이고 그 시술로 인한 위험성이 적다는 사정만으로 그것이 바로 사회상규에 위배되지 아니하는 행위에 해당한다고 보기는 어렵다 할 것이고, 다만 개별적인 경우에 그 침술행위의 위험성의 정도, 일반인들의 시각, 시술자의 시술의 동기, 목적, 방법, 횟수, 시술에 대한 지식수준, 시술경력, 피시술자의 나이, 체질, 건강상태, 시술행위로 인한 부작용 내지 위험발생 가능성 등을 종합

30) 홍영균, 의료법해설, 군자출판사, 2017, 261–262면.
31) 홍영균, 의료법해설, 군자출판사, 2017, 261–262면.

적으로 고려하여 법질서 전체의 정신이나 그 배후에 놓여 있는 사회윤리 내지 사회통념에 비추어 용인될 수 있는 행위에 해당한다고 인정되는 경우에만 사회상규에 위배되지 아니하는 행위로서 위법성이 조각됨.

◇ 의사인 피고인이 침을 사용한 한방 의료행위를 하여 의료법 위반으로 기소되었는데 피고인은 자신이 실시한 IMS 시술(Intramuscular Stimulation, 근육내 자극 치료법)은 침이라는 치료수단을 사용하였으나 한방 의료행위인 침술은 아니라고 주장한 사안은 하급심에서 무죄 판결을 선고받았으나 대법원이 파기환송하였고, 이후 파기환송심에서 다시 무죄가 선고되었으며 대법원이 또다시 파기환송하여 현재 부산지방법원에서 계속 중임.[32]

◇ A에서 발급한 침구사 자격증을 취득한 민간전문자격자인 피고인이 좌측 무릎 통증을 호소하는 사람에게 석호침 1개로 2군데 침을 놓은 사례는 의료법 위반에 해당하여 벌금 300만원 선고가 확정됨(대법원 2016. 12. 29. 선고 2016도16364 판결).

◇ 중국의 의료인(중의사) 면허를 소지한 자가 추나요법을 실시한 사례는 의료법 위반에 해당(대법원 2007. 9. 21. 선고 2007도2461 판결).

다. 안마사(제82조)

(1) 조문

◇ 제82조(안마사)
① 안마사는 「장애인복지법」에 따른 시각장애인 중 다음 각 호의 어느 하나에

---

[32] 사건의 경과: 부산지방법원 동부지원 2013. 11. 25. 선고 2013고정1371 판결(무죄) → 부산지방법원 2014. 2. 14. 선고 2013노4053 판결(무죄) → 대법원 2014. 10. 30. 선고 2014도3285 판결(파기환송) → 부산지방법원 2015. 12. 24. 선고 2014노3865 판결(무죄) → 대법원 2021. 12. 30. 선고 2016도928 판결(파기환송) → 현재(2024. 8. 5. 기준) 부산지방법원 2022노92 사건으로 진행 중.

해당하는 자로서 시·도지사에게 자격인정을 받아야 한다. <개정 2008. 2. 29., 2010. 1. 18.>

1. 「초·중등교육법」 제2조제5호에 따른 특수학교 중 고등학교에 준한 교육을 하는 학교에서 제4항에 따른 안마사의 업무한계에 따라 물리적 시술에 관한 교육과정을 마친 자
2. 중학교 과정 이상의 교육을 받고 보건복지부장관이 지정하는 안마수련기관에서 2년 이상의 안마수련과정을 마친 자

② 제1항의 안마사는 제27조에도 불구하고 안마업무를 할 수 있다.

③ 안마사에 대하여는 이 법 중 제8조, 제25조, 제28조부터 제32조까지, 제33조제2항제1호·제3항·제5항·제8항 본문, 제36조, 제40조, 제59조제1항, 제61조, 제63조(제36조를 위반한 경우만을 말한다), 제64조부터 제66조까지, 제68조, 제83조, 제84조를 준용한다. 이 경우 "의료인"은 "안마사"로, "면허"는 "자격"으로, "면허증"은 "자격증"으로, "의료기관"은 "안마시술소 또는 안마원"으로, "해당 의료관계단체의 장"은 "안마사회장"으로 한다. <개정 2009. 1. 30.>

④ 제3항에도 불구하고 국가나 지방자치단체가 관계 법령에 따라 시행하는 장애인일자리 사업 등을 수행하는 자로서 보건복지부령으로 정하는 자가 그 사업 수행과정에서 안마사를 고용하는 경우에는 제66조제1항제2호를 준용하지 아니한다. <신설 2023. 10. 31.>

⑤ 안마사의 업무한계, 안마시술소나 안마원의 시설 기준 등에 관한 사항은 보건복지부령으로 정한다. <개정 2008. 2. 29., 2010. 1. 18., 2023. 10. 31.>

(2) 조문해설

안마행위도 일종의 의료행위에 해당할 수 있다. 다만 '장애인복지법'에 따른 시각장애인 중에서 안마사 자격을 인정받으면 안마업무에 종사할 수 있다. 안마사는 구체적으로 "안마, 마사지 또는 지압등 각종 수기요법에 의하거나 전기기구의 사용 그 밖의 자극요법에 의하여 인체에 대한 물리적 시술행위"를 하는 것을 업무로 한다(안마사에관한규칙 제2조).[33]

---

33) 대한의사협회, 의료법원론, 법문사, 2008, 304면.

의료법상 안마는 '국민의 건강 증진을 목적으로 손이나 특수한 기구로 몸을 주무르거나 누르거나 잡아당기거나 두드리거나 하는 등의 안마·마사지 또는 지압 등 각종 수기요법과 전기기구의 사용 그 밖의 자극 요법에 의하여 인체에 대한 물리적 시술을 하여 혈액의 순환을 촉진시킴으로써 뭉쳐진 근육을 풀어주는 등에 이를 정도의 행위'이고 반드시 보건위생상 위해가 생길 우려가 있는 행위만으로 한정되지 않는다.[34] 따라서 보건위생상 위해가 생길 우려가 없는 안마행위라 하더라도 안마사의 자격이 없는 자가 수행할 수는 없다. 한편, 안마나 지압이 단순한 피로회복을 위하여 시술하는 데 그치는 것이 아니라 신체에 대하여 상당한 물리적인 충격을 가하는 방법으로 어떤 질병의 치료행위에까지 이른다면 이는 보건위생상 위해가 생길 우려가 있는 행위, 즉 의료행위에 해당[35]하므로 그러한 행위는 안마사가 아닌 의료인만이 시행할 수 있게 된다. 그리고 제88조의 '영리를 목적으로 한 안마행위'는 영리를 목적으로 한 행위가 '안마행위' 그 자체이거나 적어도 '안마행위'가 주된 행위이다. 따라서 마사지업소에서 종업원이 대기를 받고 손님들의 몸을 손으로 문지르는 등의 행위는 사실관계 등에 비추어 윤락행위를 위하여 성적 흥분을 일으키게 하는 행위이지 의료법 제88조의 '영리를 목적으로 한 안마행위'에 해당하지 않는다.

안마사는 장애인복지법에 따른 시각장애인 중 초·중등교육법 제2조 제5호에 따른 특수학교 중 고등학교에 준한 교육을 하는 학교에서 제4항에 따른 안마사의 업무한계에 따라 물리적 시술에 관한 교육과정을 마쳤거나 중학교 과정 이상의 교육을 받고 보건복지부장관이 지정하는 안마수련기관에서 2년 이상의 안마수련과정을 마친 사람으로서 시·도지사에게 자격인정을 받아야 하며(제82조 제1항), 의료인이 아니면 누구든지 의료행위를 할 수 없음(제27조)에도 불구하고 안마업무를 할 수 있다(제82조 제2항). 시각장애인에 한하여 안마사 자격인정을 받을 수 있도록 하는, 이른바 비맹제외기준은 과거 대통령령인 구 안마사에 관한 규칙 제3조로 규정되어 있었다. 그러나 시각장애인에 한하여 안마사라는 직업을 수행할 수 있도록 하는 것은 시각장애인이 아닌 자들의 직업선택의 자유를 제한함에도 불구하고 기본권 제한의 근거가 법률이 아닌 대통령령에 규정되어 있는

---

34) 대법원 2009. 5. 14. 선고 2007도5531 판결.
35) 대법원 2004. 1. 15. 선고 2001도298 판결.

것이 법률유보원칙 및 과잉금지원칙에 위배된다는 헌법재판소의 위헌 결정[36])이 있었고 2006. 9. 27.자 의료법 개정을 통하여 현재와 같은 의료법 규정이 신설되었다.

안마사에 대하여는 이 법 중 제8조(결격사유 등), 제25조(신고), 제28조(중앙회와 지부)부터 제32조(감독)까지, 제33조(개설 등) 제2항 제1호·제3항·제5항·제8항 본문, 제36조(준수사항), 제40조(폐업·휴업 신고와 진료기록부등의 이관), 제59조(지도와 명령) 제1항, 제61조(보고와 업무검사 등), 제63조(시정 명령 등, 제36조를 위반한 경우만을 말한다), 제64조(개설 허가 취소 등)부터 제66조(자격정지 등)까지, 제68조(행정처분의 기준), 제83조(경비 보조 등), 제84조(청문)를 준용한다. 이 경우 '의료인'은 '안마사'로, '면허'는 '자격'으로, '면허증'은 '자격증'으로, '의료기관'은 '안마시술소 또는 안마원'으로, '해당 의료관계단체의 장'은 '안마사회장'으로 한다 (제82조 제3항). 제87조 제1항 제1호와 제90조가 준용되지 않으므로 자격증을 대여하거나 안마시술소 또는 안마원을 개설 할 수 없는 사람에게 고용되어 안마를 하는 경우는 불법이다.[37])

---

36) 안마사에관한규칙(2000. 6. 16. 보건복지부령 제153호로 개정된 것) 제3조 제1항 제1호와 제2호 중 각 "앞을 보지 못하는" 부분(이하 '이 사건 규칙조항'이라 한다)이 법률유보원칙이나 과잉금지원칙에 위배하여 일반인의 직업선택의 자유를 침해하는지 여부와 관련하여, 이 사건 규칙조항은 안마사의 자격인정을 받을 수 있는 자를 일정한 범위의 "앞을 보지 못하는" 사람으로 한정하는, 이른바 비맹제외기준(非盲除外基準)을 설정함으로써 시각장애인이 아닌 일반인으로 하여금 안마사 자격을 받을 수 없도록 규정하고 있다. 이는 시각장애인이 아닌 일반인이 안마사 직업을 선택할 수 있는 자유를 원천적으로 제한하는 것으로서, 아래에서 보는 바와 같이 기본권 제한에 관한 법률유보원칙이나 과잉금지원칙에 위배하여 일반인의 직업선택의 자유를 침해하고 있으므로 헌법에 위반된다(헌법재판소 2006. 5. 25. 2003헌마715, 2006헌마368(병합) 결정).

37) 홍영균, 의료법해설, 군자출판사, 2017, 263-264면.

(3) 판례·행정해석

◇ 피고인이 시술한 스포츠마사지가 단순한 피로회복을 위한 시술을 넘어 질병의 치료행위에까지 이른 것으로서 의료행위에 해당한다고 한 사례(대법원 2004. 1. 15. 선고 2001도298 판결)

– 의료행위라 함은 의학적 전문지식을 기초로 하는 경험과 기능으로 진찰, 검안, 처방, 투약 또는 외과적 시술을 시행하여 하는 질병의 예방 또는 치료행위 및 그 밖에 의료인이 행하지 아니하면 보건위생상 위해가 생길 우려가 있는 행위를 의미한다 할 것이고, 안마나 지압이 의료행위에 해당하는지에 대해서는 그것이 단순한 피로회복을 위하여 시술하는 데 그치는 것이 아니라 신체에 대하여 상당한 물리적인 충격을 가하는 방법으로 어떤 질병의 치료행위에까지 이른다면 이는 보건위생상 위해가 생길 우려가 있는 행위, 즉 의료행위에 해당한다고 보아야 함.

– 의료인이 아닌 피고인의 사무실에는 인체의 해부도, 질병 및 증상에 따른 인체의 시술 위치를 정리한 게시판, 신체 모형, 인간 골격 모형 등이 비치되어 있고, 피고인은 두통, 생리통, 척추디스크 등을 호소하며 찾아온 사람들을 상대로 증상과 통증 부위, 치료경력 등을 확인한 다음 회원카드에 이를 기재하여 관리하여 왔으며, 피고인은 손님의 질병 종류에 따라 손을 이용하거나 누워 있는 손님 위에 올라가 발로 특정 환부를 집중적으로 누르거나 주무르거나 두드리는 방법으로 길게는 1개월 이상 시술을 하고 그 대가로 일정한 금액을 받았음을 알 수 있는바, 사실관계가 이와 같다면, 피고인의 이러한 행위는 단순한 피로회복을 위한 시술을 넘어 질병의 치료행위에까지 이른 것으로 그 부작용을 우려하지 않을 수 없어 의료인이 행하지 아니하면 보건위생상의 위해가 생길 우려가 있는 의료행위에 해당할 뿐만 아니라 영리를 목적으로 한 행위로 보아야 함.

– 피고인이 대학교에서 활법지도자 과정과 수기지압·척추교정술 과정을 수료하여 수료증을 취득하였고 의료기구를 사용하지 않고 시술하였다고 하더라도 그것만으로 자신의 행위가 무면허 의료행위에 해당되지 아니하여 죄가 되지 않는다고 믿은 데 정당한 사유가 있었다고 할 수 없다. 따라서

같은 취지의 원심의 판단은 정당하고, 거기에 상고이유의 주장과 같은 잘못이 있다고 할 수 없음.

◇ 구 의료법 제61조에서 말하는 '안마'의 의미 및 그 범위가 보건위생상 위해가 생길 우려가 있는 행위로 한정되는지 여부(소극), 구 의료법 제67조에 정한 '영리 목적'의 의미 및 안마행위자가 반드시 그 경제적 이익의 귀속자나 경영 주체와 일치해야 하는지 여부(소극)(대법원 2009. 5. 14. 선고 2007도5531 판결)

- 구 의료법 제61조에 규정된 안마는 '국민의 건강증진을 목적으로 손이나 특수한 기구로 몸을 주무르거나, 누르거나, 잡아당기거나, 두드리거나 하는 등의 안마·마사지 또는 지압 등 각종 수기요법과 전기기구의 사용, 그 밖의 자극요법에 의하여 인체에 대한 물리적 시술을 하여 혈액의 순환을 촉진시킴으로써 뭉쳐진 근육을 풀어주는 등에 이를 정도의 행위'라고 풀이하여야 하므로 이는 보건위생상 위해가 생길 우려가 있는 행위만으로 한정되지 않음.

- 피고인들은 중국한약국 건물 1층에서 내원한 환자들에게 한약을 조제해 주면서 3층에서 활기도기공맛사지 치료를 받고 갈 것을 권유하고, 안마사 자격인정을 받지 아니한 피고인들이 환자들을 침대에 엎드리게 한 다음 손바닥으로 어깨, 등, 목 등의 환부를 문지르고, 손가락을 이용해 뼈와 뼈 사이를 누르면서 지압을 하거나, 팔꿈치, 무릎, 다리를 이용하여 전신을 폈다 오므렸다가 하는 등의 방법으로 물리적 시술을 한 사실, 피고인들의 무료 활기도기공맛사지 시술은 중국한약국의 매출 증진이라는 영리와 직접적으로 결부되어 있었던 사실을 인정한 다음, 피고인들의 이러한 행위가 구 의료법 제67조, 제61조 제1항, 제70조에 위반되어 처벌대상이 된다고 판단함.

4. 의료기관

가. 의료기관의 종류 (제3조 제1항, 제2항)

(1) 조문

◇ 제3조(의료기관)

① 이 법에서 "의료기관"이란 의료인이 공중(公衆) 또는 특정 다수인을 위하여 의료·조산의 업(이하 "의료업"이라 한다)을 하는 곳을 말한다.

② 의료기관은 다음 각 호와 같이 구분한다. <개정 2009. 1. 30., 2011. 6. 7., 2016. 5. 29., 2019. 4. 23., 2020. 3. 4.>

1. 의원급 의료기관: 의사, 치과의사 또는 한의사가 주로 외래환자를 대상으로 각각 그 의료행위를 하는 의료기관으로서 그 종류는 다음 각 목과 같다.

　가. 의원

　나. 치과의원

　다. 한의원

2. 조산원: 조산사가 조산과 임산부 및 신생아를 대상으로 보건활동과 교육·상담을 하는 의료기관을 말한다.

3. 병원급 의료기관: 의사, 치과의사 또는 한의사가 주로 입원환자를 대상으로 의료행위를 하는 의료기관으로서 그 종류는 다음 각 목과 같다.

　가. 병원

　나. 치과병원

　다. 한방병원

　라. 요양병원(「장애인복지법」 제58조제1항제4호에 따른 의료재활시설로서 제3조의2의 요건을 갖춘 의료기관을 포함한다. 이하 같다)

　마. 정신병원

　바. 종합병원

(2) 조문해설

의료법 제3조에서는 의료기관의 종류에 대해 규정하고 있다. 의료기관이란 의료인이 공중 또는 특정 다수인을 위하여 의료업(의료·조산의 업)을 하는 곳을 말한다. 의료법상 의료기관은 입원 가능한 환자의 수와 해당의료의 목적에 따라 의원급 의료기관, 조산원, 병원급 의료기관으로 분류된다.[38] 의원급 의료기관은 의사, 치과의사 또는 한의사가 주로 외래환자를 대상으로 각각 그 의료행위를 하는 의료기관으로서, 의원, 치과의원, 한의원으로 구분되며, 병원급 의료기관은 의사, 치과의사 또는 한의사가 주로 입원환자를 대상으로 의료행위를 하는 의료기관으로서, 병원, 치과병원, 한방병원, 요양병원, 정신병원, 종합병원으로 구분된다. 조산원은 조산사가 조산과 임부·해산부(출산하는 산부)·산욕부(출산 후 회복시까지 조리하는 산부) 및 신생아를 대상으로 보건활동과 교육·상담을 하는 의료기관을 말하며, 조산사는 조산원만을 개설할 수 있다(의료법 제33조 제2항).

나. 의료기관별 표준업무 (제3조 제3항)

(1) 조문

◇ 제3조(의료기관)
③ 보건복지부장관은 보건의료정책에 필요하다고 인정하는 경우에는 제2항제1호부터 제3호까지의 규정에 따른 의료기관의 종류별 표준업무를 정하여 고시할 수 있다. <개정 2009. 1. 30., 2010. 1. 18.>

(2) 조문해설

의료법 제3조 제3항에 따라 보건복지부장관은 의료기관의 종류별 표준업무규정[39]을 고시하고 있으며, 동 고시내용에 따르면 의원의 표준업무, 병원 및 종합병원의 표준업무, 상급종합병원의 표준업무를 각각 규정하고 있다.

(가) 의원의 표준업무

의원은 주로 외래환자를 대상으로 하며 그 표준업무는, 1. 간단하고 흔한 질

---

38) 이상돈·김나경, 의료법강의, 법문사, 제5판, 89면.
39) 보건복지부고시 제2020-140호.

병에 대한 외래진료, 2. 질병의 예방 및 상담 등 포괄적인 의료서비스, 3. 지역사
회 주민의 건강 보호와 증진을 위한 건강관리, 4. 장기 치료가 필요한 만성질환
을 가진 환자로서 입원할 필요가 없는 환자의 진료, 5. 간단한 외과적 수술이나
처치 등 그 밖의 통원치료가 가능한 환자의 진료, 6. 다른 의원급 의료기관으로
부터 의뢰받은 환자의 진료, 7. 병원, 종합병원, 상급종합병원의 표준업무에 부합
하는 진료를 마친 후 회송받은 환자의 진료를 그 내용으로 하고 있다.[40]

(나) 병원과 종합병원의 표준업무

병원과 종합병원은 주로 입원환자를 대상으로 하며 그 표준업무는, 1. 일반적
인 입원, 수술 진료, 2. 분야별로 보다 전문적인 관리가 필요한 환자의 진료, 3.
장기 치료가 필요한 만성질환을 가진 환자로서 입원할 필요가 있는 환자의 진료,
4. 당해 의료기관에 입원하였던 환자로서 퇴원 후 당해 의료기관에서 직접 경과
의 관찰이 필요한 환자의 진료, 5. 의원 또는 다른 병원, 종합병원으로부터 의뢰
받은 환자의 진료, 6. 제5조 각 호에 해당하나 합병증 등 다른 질환을 동반하여
당해 의료기관에서 입원, 수술 등이 필요한 환자의 진료, 7. 상급종합병원으로부
터 회송받은 환자의 진료, 8. 장기입원이 필요한 환자의 진료를 그 내용으로 하
고 있다.[41]

(다) 상급종합병원의 표준업무

상급종합병원은 주로 중증질환자를 대상으로 하며 그 표준업무는, 1. 수술,
시술 등 고난이도의 치료기술을 필요로 하는 중한 질병의 진료, 2. 치사율이 높
고 합병증 발생 가능성이 높은 질환을 가진 환자의 진료, 3. 다수 진료과목의 진
료와 특수 시설·장비의 이용이 필요한 환자의 진료, 4. 희귀·난치성 질환을 가
진 환자의 진료, 5. 중증질환에 대한 전문진료 분야별 전문진료센터의 운영, 6.
당해 의료기관에 입원하였던 환자로서 퇴원 후 당해 의료기관에서 직접 경과의
관찰이 필요한 환자의 진료, 7. 의원, 병원, 종합병원 또는 다른 상급종합병원으
로부터 의뢰받은 환자의 진료, 8. 제5조(의원의 표준업무) 및 제6조(병원과 종합병원

40) 의료기관의 종류별 표준업무규정 제5조.
41) 의료기관의 종류별 표준업무규정 제6조.

의 표준업무) 각 호에 해당하나 합병증 등 다른 질환을 동반하여 당해 의료기관에서 입원, 수술 등이 필요한 환자의 진료, 9. 의료인 교육, 의료에 관한 연구와 개발 등 의료의 발전과 확산을 그 내용으로 하고 있다.[42]

다. 병원등 (제3조의2)

(1) 조문

◇ 제3조의2(병원등)
— 병원·치과병원·한방병원 및 요양병원(이하 "병원등"이라 한다)은 30개 이상의 병상(병원·한방병원만 해당한다) 또는 요양병상(요양병원만 해당하며, 장기입원이 필요한 환자를 대상으로 의료행위를 하기 위하여 설치한 병상을 말한다)을 갖추어야 한다.
[본조신설 2009. 1. 30.]

(2) 조문해설

병원·한방병원은 30개 이상의 병상을 갖추어야 하며, 치과병원에 대해서는 별도의 병상 요건에 대한 규정을 두고 있지 않다. 요양병원은 노인성질환·만성질환자 등 주로 장기입원이 필요한 환자를 대상으로 의료행위를 하는 곳으로 요양병상(장기입원이 필요한 환자를 대상으로 의료행위를 하기 위하여 설치한 병상)을 갖추어야 한다. 요양병원은 「정신건강증진 및 정신질환자복지서비스 지원에 관한 법률」 제3조 제5호에 따른 정신의료기관 중 정신병원과 「장애인복지법」 제58조 제1항 제2호에 따른 의료재활시설로서 제3조의2의 요건을 갖춘 의료기관을 포함하고, 의사와 한의사 모두 개설할 수 있다(의료법 제33조 제2항).[43]

---

42) 의료기관의 종류별 표준업무규정 제7조.
43) 오성일, 한국의료법의 해설, 집현재, 2019, 16면.

다. 종합병원 (제3조의3)

(1) 조문

◇ 제3조의3(종합병원)

① 종합병원은 다음 각 호의 요건을 갖추어야 한다. <개정 2011. 8. 4.>

  1. 100개 이상의 병상을 갖출 것

  2. 100병상 이상 300병상 이하인 경우에는 내과·외과·소아청소년과·산부인과 중 3개 진료과목, 영상의학과, 마취통증의학과와 진단검사의학과 또는 병리과를 포함한 7개 이상의 진료과목을 갖추고 각 진료과목마다 전속하는 전문의를 둘 것

  3. 300병상을 초과하는 경우에는 내과, 외과, 소아청소년과, 산부인과, 영상의학과, 마취통증의학과, 진단검사의학과 또는 병리과, 정신건강의학과 및 치과를 포함한 9개 이상의 진료과목을 갖추고 각 진료과목마다 전속하는 전문의를 둘 것

② 종합병원은 제1항제2호 또는 제3호에 따른 진료과목(이하 이 항에서 "필수진료과목"이라 한다) 외에 필요하면 추가로 진료과목을 설치·운영할 수 있다. 이 경우 필수진료과목 외의 진료과목에 대하여는 해당 의료기관에 전속하지 아니한 전문의를 둘 수 있다.

[본조신설 2009. 1. 30.]

◇ 행정처분

－ 종합병원·상급종합병원·전문병원이 각각 법 제3조의3제1항, 법 제3조의4제1항 및 법 제3조의5 제2항에 따른 요건에 해당하지 아니하게 된 경우: 시정명령 (의료법 제63조 제1항)

(2) 조문해설

    종합병원은 ① 100개 이상의 병상을 갖출 것, ② 100병상 이상 300병상 이하인 경우에는 내과·외과·소아청소년과·산부인과 중 3개 진료과목, 영상의학과, 마취통증의학과와 진단검사의학과 또는 병리과를 포함한 7개 이상의 진료과목[44)

을 갖추고 각 진료과목마다 전속하는 전문의[45]를 둘 것, ③ 300병상을 초과하는 경우에는 내과, 외과, 소아청소년과, 산부인과, 영상의학과, 마취통증의학과, 진단검사의학과 또는 병리과, 정신건강의학과 및 치과를 포함한 9개 이상의 진료과목을 갖추고 각 진료과목마다 전속하는 전문의를 둘 것의 요건을 갖춘 경우에 설립할 수 있다. 종합병원은 위 ②항, ③항에 따른 진료과목(필수진료과목) 외에 필요하면 추가로 진료과목을 설치·운영할 수 있다. 이 경우 필수진료과목 외의 진료과목에 대하여는 해당 의료기관에 전속하지 아니한 전문의를 둘 수 있다. 종합병원 중 일정한 요건을 충족한 경우에는 보건복지부장관에게 상급종합병원지정을 신청할 수 있다.

라. 상급종합병원 (제3조의4)

(1) 조문

◇ 제3조의4(상급종합병원의 지정)
① 보건복지부장관은 다음 각 호의 요건을 갖춘 종합병원 중에서 중증질환에 대하여 난이도가 높은 의료행위를 전문적으로 하는 종합병원을 상급종합병원으로 지정할 수 있다. <개정 2010. 1. 18.>
  1. 보건복지부령으로 정하는 20개 이상의 진료과목을 갖추고 각 진료과목마다 전속하는 전문의를 둘 것
  2. 제77조제1항에 따라 전문의가 되려는 자를 수련시키는 기관일 것
  3. 보건복지부령으로 정하는 인력·시설·장비 등을 갖출 것
  4. 질병군별(疾病群別) 환자구성 비율이 보건복지부령으로 정하는 기준에 해당할 것
② 보건복지부장관은 제1항에 따른 지정을 하는 경우 제1항 각 호의 사항 및 전문성 등에 대하여 평가를 실시하여야 한다. <개정 2010. 1. 18.>

---

44) 7개 이상의 진료과목 중 영상의학과, 마취통증의학과는 필수이며, 진단검사의학과와 병리과는 선택적으로 1개 이상 있으면 된다.
45) 전속전문의는 타 의료기관에 소속되거나 근무하지 않고 해당 의료기관에서 해당 진료과목만 진료하는 전문의여야 한다. 오성일, 한국의료법의 해설, 집현재, 2019, 16면.

③ 보건복지부장관은 제1항에 따라 상급종합병원으로 지정받은 종합병원에 대하여 3년마다 제2항에 따른 평가를 실시하여 재지정하거나 지정을 취소할 수 있다. <개정 2010. 1. 18.>

④ 보건복지부장관은 제2항 및 제3항에 따른 평가업무를 관계 전문기관 또는 단체에 위탁할 수 있다. <개정 2010. 1. 18.>

⑤ 상급종합병원 지정·재지정의 기준·절차 및 평가업무의 위탁 절차 등에 관하여 필요한 사항은 보건복지부령으로 정한다. <개정 2010. 1. 18.>

[본조신설 2009. 1. 30.]

◇ 행정처분
- 종합병원·상급종합병원·전문병원이 각각 법 제3조의3 제1항, 법 제3조의4 제1항 및 법 제3조의5제2항에 따른 요건에 해당하지 아니하게 된 경우: 시정명령(의료법 제63조 제1항)

(2) 조문해설

종합병원 중에서 중증질환에 대한 난이도가 높은 의료행위를 전문적으로 하는 종합병원을 상급종합병원으로 보건복지부장관이 3년마다 지정하며, 지정되기 위해서는, 1. 보건복지부령으로 정하는 20개 이상의 진료과목을 갖추고 각 진료과목마다 전속하는 전문의를 둬야 하고, 2. 전문의가 되려는 자를 수련시키는 기관이어야 하며, 3. 보건복지부령으로 정하는 인력·시설·장비 등을 갖추어야 하고, 4. 질병군별 환자구성 비율이 보건복지부령으로 정하는 기준에 해당하여야 한다. 상급종합병원 관련 세부사항은 「상급종합병원의 지정 및 평가에 관한 규칙」(보건복지부령)[46]에서 정하고 있다. 해당 의료기관이 상급종합병원으로 지정될 경우 요양급여 행위수가에 관하여 종별 가산의 혜택을 받을 수 있는 실익이 있다. 상급종합병원으로 지정되면 종합병원 대비 5%p 많은 30%의 가산수가를 적용받아 건강보험 요양급여상의 혜택을 받을 수 있다.[47]

---

46) 보건복지부령 제738호.
47) 권형원, 의료법령5분대기조, 좋은땅, 2021, 28면.

(3) 판례·행정해석

◇ 상급종합병원의 전문성 존중(대법원 2018. 11. 9. 선고 2018두47431 판결)

— 국가보훈처장은 고엽제후유증환자 등록신청이 있으면 원칙적으로 보훈병원장에게 관련 자료를 보내 그 신청인이 고엽제후유증환자인지를 검진하게 하여 그 검진 결과를 토대로 결정하여야 하며, 이는 고엽제후유증환자 등의 결정기준을 고엽제후유증의 진단 및 진료에 전문성을 가진 보훈병원의 검진 결과에 의하도록 함으로써 그 객관성과 일관성을 갖추도록 하기 위한 것임. 국가보훈처장은 신청인이 상급종합병원의 최종진단서를 제출한 경우에는 예외적으로 그 검진을 생략하고 최종진단서를 토대로 결정할 수 있는데, 이는 상급종합병원의 전문성을 존중함과 동시에 신청인으로 하여금 불필요하게 중복된 절차를 거치지 않도록 하기 위한 것임. 따라서 상급종합병원의 최종진단과 보훈병원의 검진 결과가 상이한 경우, 이는 고엽제법 제4조 제7항에서 정하고 있는 '고엽제후유증에 해당하는지의 여부가 불분명하여 의학적인 검토가 필요하다고 인정되는 경우'에 해당한다고 보아야 함.

— 고엽제법은 이러한 경우에 국가보훈처장은 보훈심사위원회의 심의·의결을 거쳐 등록에 관한 결정을 하도록 규정하고 있는데, 고엽제후유증환자의 등록신청 및 결정에 관한 고엽제법 각 규정의 문언내용과 체계, 입법취지 및 국가유공자법이 보훈심사위원회를 설치한 취지 등에 비추어 볼 때 이러한 절차는 국가보훈처장이 그 결정을 하기에 앞서 반드시 거쳐야 할 필요적 절차라고 보는 것이 타당하며, 그럼에도 불구하고 피고는 이러한 절차를 거치지 않은 채 보훈병원장의 검진 결과만을 토대로 고엽제후유증환자 비해당 결정을 하고 말았으니, 국가보훈처장의 이 사건 비해당 결정은 고엽제법 제4조 제7항이 정한 절차를 거치지 않은 하자가 있어 위법함.

마. 전문병원 (제3조의5)

(1) 조문

◇ 제3조의5(전문병원의 지정)

① 보건복지부장관은 병원급 의료기관 중에서 특정 진료과목이나 특정 질환 등에 대하여 난이도가 높은 의료행위를 하는 병원을 전문병원으로 지정할 수 있다. <개정 2010. 1. 18.>

② 제1항에 따른 전문병원은 다음 각 호의 요건을 갖추어야 한다. <개정 2010. 1. 18.>

　1. 특정 질환별·진료과목별 환자의 구성비율 등이 보건복지부령으로 정하는 기준에 해당할 것

　2. 보건복지부령으로 정하는 수 이상의 진료과목을 갖추고 각 진료과목마다 전속하는 전문의를 둘 것

③ 보건복지부장관은 제1항에 따라 전문병원으로 지정하는 경우 제2항 각 호의 사항 및 진료의 난이도 등에 대하여 평가를 실시하여야 한다. <개정 2010. 1. 18.>

④ 보건복지부장관은 제1항에 따라 전문병원으로 지정받은 의료기관에 대하여 3년마다 제3항에 따른 평가를 실시하여 전문병원으로 재지정할 수 있다. <개정 2010. 1. 18., 2015. 1. 28.>

⑤ 보건복지부장관은 제1항 또는 제4항에 따라 지정받거나 재지정받은 전문병원이 다음 각 호의 어느 하나에 해당하는 경우에는 그 지정 또는 재지정을 취소할 수 있다. 다만, 제1호에 해당하는 경우에는 그 지정 또는 재지정을 취소하여야 한다. <신설 2015. 1. 28.>

　1. 거짓이나 그 밖의 부정한 방법으로 지정 또는 재지정을 받은 경우

　2. 지정 또는 재지정의 취소를 원하는 경우

　3. 제4항에 따른 평가 결과 제2항 각 호의 요건을 갖추지 못한 것으로 확인된 경우

⑥ 보건복지부장관은 제3항 및 제4항에 따른 평가업무를 관계 전문기관 또는 단체에 위탁할 수 있다. <개정 2010. 1. 18., 2015. 1. 28.>

⑦ 전문병원 지정·재지정의 기준·절차 및 평가업무의 위탁 절차 등에 관하

여 필요한 사항은 보건복지부령으로 정한다. <개정 2010. 1. 18., 2015. 1. 28.>

[본조신설 2009. 1. 30.]

◇ 행정처분
- 종합병원·상급종합병원·전문병원이 각각 법 제3조의3 제1항, 법 제3조의4 제1항 및 법 제3조의5 제2항에 따른 요건에 해당하지 아니하게 된 경우: 시정명령 (의료법 제63조 제1항)

(2) 조문해설

전문병원은 양질의 의료서비스를 제공하고 대형병원에 환자가 쏠리는 것을 완화하기 위해 병원급 의료기관 중에서 특정 진료과목이나 특정 질환 등에 대하여 난이도가 높은 의료행위를 하는 병원을 보건복지부장관이 지정할 수 있다. 전문병원으로 지정받으면 3년간 '보건복지부 지정 전문병원' 명칭을 사용할 수 있으며, 전문병원으로 지정받지 아니한 의료기관에서는 전문병원이라는 명칭을 사용할 수 없고 이를 위반하여 전문병원 명칭을 사용할 경우 의료법 제56조 제2항 제3호의 '거짓된 내용을 표시하는 광고'에 해당되어 1년 이하의 징역 또는 1,000만원 이하의 벌금에 처해질 수 있으며, 1개월의 업무정지처분도 받을 수 있다. 전문병원으로 지정받으려면, 1. 특정 질환별·진료과목별 환자의 구성비율 등이 보건복지부령으로 정하는 기준에 해당하고, 2. 보건복지부령으로 정하는 수 이상의 진료과목을 갖추고 각 진료과목마다 전속하는 전문의가 있어야 한다. 전문병원 관련 세부사항은 「전문병원의 지정 및 평가 등에 관한 규칙」(보건복지부령)에서 정하고 있다. 이 제도는 시범기간을 거쳐 2011년에 시행되어, 지난 제1기 99개 전문병원 지정을 시작으로, 제2기(2015~2017, 111개소, 질환별 71, 진료과목 40), 제3기(2018~2020, 108개소, 질환별 71, 진료과목 37), 제4기 제1차년도(2021~2023)에는 10개 질환별 66곳, 5개 진료과목별 26곳, 한방 9곳 모두 101개소 의료기관을 지정하여 운영하고 있는데, 전문병원 활성화를 위해 제4기부터는 전문병원 모집 주기를 3년에서 1년으로 단축해, 매년 신청을 받아 전문병원을 지정할 계획이다.[48]

바. 간호간병 통합서비스 제공 (제4조의2)

(1) 조문

◇ 제4조의2(간호 · 간병 통합서비스 제공 등)

① 간호 · 간병통합서비스란 보건복지부령으로 정하는 입원 환자를 대상으로 보호자 등이 상주하지 아니하고 간호사, 제80조에 따른 간호조무사 및 그 밖에 간병지원인력(이하 이 조에서 "간호 · 간병통합서비스 제공인력"이라 한다)에 의하여 포괄적으로 제공되는 입원서비스를 말한다.

② 보건복지부령으로 정하는 병원급 의료기관은 간호 · 간병통합서비스를 제공할 수 있도록 노력하여야 한다.

③ 제2항에 따라 간호 · 간병통합서비스를 제공하는 병원급 의료기관(이하 이 조에서 "간호 · 간병통합서비스 제공기관"이라 한다)은 보건복지부령으로 정하는 인력, 시설, 운영 등의 기준을 준수하여야 한다.

④ 「공공보건의료에 관한 법률」 제2조제3호에 따른 공공보건의료기관 중 보건복지부령으로 정하는 병원급 의료기관은 간호 · 간병통합서비스를 제공하여야 한다. 이 경우 국가 및 지방자치단체는 필요한 비용의 전부 또는 일부를 지원할 수 있다.

⑤ 간호 · 간병통합서비스 제공기관은 보호자 등의 입원실 내 상주를 제한하고 환자 병문안에 관한 기준을 마련하는 등 안전관리를 위하여 노력하여야 한다.

⑥ 간호 · 간병통합서비스 제공기관은 간호 · 간병통합서비스 제공인력의 근무환경 및 처우 개선을 위하여 필요한 지원을 하여야 한다.

⑦ 국가 및 지방자치단체는 간호 · 간병통합서비스의 제공 · 확대, 간호 · 간병통합서비스 제공인력의 원활한 수급 및 근무환경 개선을 위하여 필요한 시책을 수립하고 그에 따른 지원을 하여야 한다.

[본조신설 2015. 12. 29.]

---

48) 권형원, 의료법령5분대기조, 좋은땅, 2021, 35면.

(2) 조문해설

간호·간병통합서비스란 보건복지부령으로 정하는 입원환자[49]를 대상으로 보호자 등이 상주하지 아니하고 간호사, 간호조무사 및 그 밖에 간병지원인력에 의하여 포괄적으로 제공되는 입원서비스로서, 간호사 및 간호조무사가 환자 회복에 필요한 전문 간호를 포함하여 개인위생, 식사보조, 체위변경 등을 수행하여 간병인을 두거나 보호자가 환자를 돌보지 않고도 입원 생활을 편안하게 유지할 수 있도록 하는 보호자 없는 병원 서비스를 말한다.[50] 일반적으로 이루어지는 식사수발, 위생보조, 이동지원 등의 간병은 의료행위로 볼 수 없어 의료법 규율대상이 아니지만, 체위변경 등의 경우 보건위생상 위해 가능성이 있어 비전문가가 행하기에 부적절한 간호행위로 볼 소지가 있는바, 간호·간병통합서비스는 이를 통합하여 제공한다.[51]

간호·간병통합서비스를 제공하는 의료기관[52]은 일정한 수준의 인력기준, 시설기준, 운영기준을 충족해야 하며, 구체적인 세부사항은 의료법 시행규칙 [별표 1의 2]에 규정되어 있다. 상세내용은 다음과 같다.

---

49) 의료법 시행규칙 제1조의4(간호·간병통합서비스의 제공 환자 및 제공 기관) ① 법 제4조의2제1항에서 "보건복지부령으로 정하는 입원 환자"란 다음 각 호의 어느 하나에 해당하는 입원 환자를 말한다.
   1. 환자에 대한 진료 성격이나 질병 특성상 보호자 등의 간병을 제한할 필요가 있는 입원 환자
   2. 환자의 생활 여건이나 경제 상황 등에 비추어 보호자 등의 간병이 현저히 곤란하다고 인정되는 입원 환자
   3. 그 밖에 환자에 대한 의료관리상 의사·치과의사 또는 한의사가 간호·간병통합서비스가 필요하다고 인정하는 입원 환자
50) 권형원, 의료법령5분대기조, 좋은땅, 2021, 49면.
51) 오성일, 한국의료법의 해설, 집현재, 2019, 34면.
52) 병원, 치과병원, 한방병원 및 종합병원을 말한다(의료법 시행규칙 제1조의4 제2항).

간호 · 간병통합서비스 제공기관의 인력, 시설, 운영 등 기준(제1조의4 제3항 관련)

1. 인력기준: 간호 · 간병통합서비스 제공 병동에 다음 각 목의 구분에 따른 인력을 배치한다.

   가. 간호사: 다음의 구분에 따라 배치할 것

      1) 상급종합병원: 간호 · 간병통합서비스 제공 병동의 병상 7개당 간호사 1명 이상. 다만, 7개당의 병상 수를 계산한 후 남은 병상이 7개 미만인 경우에는 1명을 배치한다.

      2) 종합병원: 간호 · 간병통합서비스 제공 병동의 병상 12개당 간호사 1명 이상. 다만 12개당의 병상 수를 계산한 후 남은 병상이 12개 미만인 경우에는 1명을 배치한다.

      3) 병원: 간호 · 간병통합서비스 제공 병동의 병상 14개당 간호사 1명 이상. 다만 14개당의 병상 수를 계산한 후 남은 병상이 14개 미만인 경우에는 1명을 배치한다.

   나. 간호조무사: 간호 · 간병통합서비스 제공 병동의 병상 40개당 1명 이상. 다만 40개당의 병상 수를 계산한 후 남은 병상이 40개 미만인 경우에는 1명을 배치한다.

   다. 간병지원인력: 1명 이상. 다만, 2명 이상인 경우에는 진료과목 또는 업무 성격 등에 따라 병동지원인력, 재활지원인력으로 구분하여 배치할 수 있다.

2. 시설기준: 다음 각 목의 기준에 따라 설치한다.

   가. 간호 · 간병통합서비스를 제공하는 병동은 다른 병동과 구별되도록 설치할 것

   나. 간호 · 간병통합서비스 병동 내 시설 및 장비는 다음의 기준에 따를 것

구분	설치 기준
간호사실	• 병동의 각 층마다 1개 이상 설치할 것
입원실 및 복도	• 입원실 및 복도에는 문턱이 없을 것. 다만, 불가피한 사유로 문턱을 두는 경우에는 환자가 쉽게 이동할 수 있도록 경사로를 설치한다.
목욕실	• 목욕실에는 문턱이 없을 것. 다만, 불가피한 사유로 문턱을 두는 경우에는 환자가 쉽게 이동할 수 있도록 경사로를 설치한다. • 목욕실 바닥은 미끄럼 방지 처리를 할 것.

화장실	• 입원실 내에 설치할 것. 다만, 부득이한 사유로 입원실 내 설치가 곤란한 경우에는 해당 병동의 각 층에 별도로 설치한다. • 화장실 바닥은 미끄럼 방지 처리를 할 것. • 화장실에는 문턱이 없을 것. 다만, 불가피한 사유로 문턱을 두는 경우에는 환자가 쉽게 이동할 수 있도록 경사로를 설치한다.
비상연락장치	• 병상, 목욕실, 화장실 및 휴게실 등에 각각 설치할 것
안전손잡이	• 복도, 계단, 화장실, 목욕실 및 휴게실 등에 각각 설치할 것
욕창방지용품	• 운영 병상의 100분의5 이상(소수점 이하의 수는 올려 계산한다) 구비할 것

3. 운영기준: 다음 각 목의 기준에 따라 운영한다.

　가. 간호 · 간병통합서비스 병동에 배치된 인력은 해당 서비스를 제공하는 업무에만 종사할 것

　나. 간호 · 간병통합서비스 제공 병동의 운영기준을 작성 · 비치할 것

　다. 안전사고 관리지침을 작성 · 비치할 것

　라. 제2호나목에 따른 비상연락장치는 매일 정상 가동 여부를 점검할 것

비고

위 표 제1호부터 제3호까지의 규정에 따른 인력기준, 시설기준 또는 운영기준에 필요한 세부 사항은 보건복지부장관이 정하여 고시한다.

의료인과
의료기관

Medical Law

제 2 장

의료인과 의료기관

제1절 의료인의 자격과 면허

1. 의료인의 종류별 자격과 면허 (제5조 내지 제7조)

(1) 조문

◇ 제5조(의사 · 치과의사 및 한의사 면허)

① 의사 · 치과의사 또는 한의사가 되려는 자는 다음 각 호의 어느 하나에 해당하는 자격을 가진 자로서 제9조에 따른 의사 · 치과의사 또는 한의사 국가시험에 합격한 후 보건복지부장관의 면허를 받아야 한다. <개정 2010. 1. 18., 2012. 2. 1., 2019. 8. 27.>

  1. 「고등교육법」 제11조의2에 따른 인정기관(이하 "평가인증기구"라 한다)의 인증(이하 "평가인증기구의 인증"이라 한다)을 받은 의학 · 치의학 또는 한의학을 전공하는 대학을 졸업하고 의학사 · 치의학사 또는 한의학사 학위를 받은 자

  2. 평가인증기구의 인증을 받은 의학 · 치의학 또는 한의학을 전공하는 전문대학원을 졸업하고 석사학위 또는 박사학위를 받은 자

  3. 외국의 제1호나 제2호에 해당하는 학교(보건복지부장관이 정하여 고시하는 인정기준에 해당하는 학교를 말한다)를 졸업하고 외국의 의사 · 치과의사 또는 한의사 면허를 받은 자로서 제9조에 따른 예비시험에 합격한 자

② 평가인증기구의 인증을 받은 의학 · 치의학 또는 한의학을 전공하는 대학 또는

전문대학원을 6개월 이내에 졸업하고 해당 학위를 받을 것으로 예정된 자는 제1항제1호 및 제2호의 자격을 가진 자로 본다. 다만, 그 졸업예정시기에 졸업하고 해당 학위를 받아야 면허를 받을 수 있다. <개정 2012. 2. 1.>

③ 제1항에도 불구하고 입학 당시 평가인증기구의 인증을 받은 의학·치의학 또는 한의학을 전공하는 대학 또는 전문대학원에 입학한 사람으로서 그 대학 또는 전문대학원을 졸업하고 해당 학위를 받은 사람은 같은 항 제1호 및 제2호의 자격을 가진 사람으로 본다. <신설 2012. 2. 1.>

[전문개정 2008. 10. 14.]

◇ 제6조(조산사 면허)

조산사가 되려는 자는 다음 각 호의 어느 하나에 해당하는 자로서 제9조에 따른 조산사 국가시험에 합격한 후 보건복지부장관의 면허를 받아야 한다. <개정 2008. 2. 29., 2010. 1. 18., 2019. 8. 27.>

1. 간호사 면허를 가지고 보건복지부장관이 인정하는 의료기관에서 1년간 조산 수습과정을 마친 자

2. 외국의 조산사 면허(보건복지부장관이 정하여 고시하는 인정기준에 해당하는 면허를 말한다)를 받은 자

◇ 제7조(간호사 면허)

① 간호사가 되려는 자는 다음 각 호의 어느 하나에 해당하는 자로서 제9조에 따른 간호사 국가시험에 합격한 후 보건복지부장관의 면허를 받아야 한다. <개정 2008. 2. 29., 2010. 1. 18., 2012. 2. 1., 2019. 8. 27.>

1. 평가인증기구의 인증을 받은 간호학을 전공하는 대학이나 전문대학[구제(舊制) 전문학교와 간호학교를 포함한다]을 졸업한 자

2. 외국의 제1호에 해당하는 학교(보건복지부장관이 정하여 고시하는 인정기준에 해당하는 학교를 말한다)를 졸업하고 외국의 간호사 면허를 받은 자

② 제1항에도 불구하고 입학 당시 평가인증기구의 인증을 받은 간호학을 전공하는 대학 또는 전문대학에 입학한 사람으로서 그 대학 또는 전문대학을 졸업하고 해당 학위를 받은 사람은 같은 항 제1호에 해당하는 사람으로 본다. <신설 2012. 2. 1.>

(2) 조문해설

의료행위를 하기 위해서는 일정한 자격을 가진 자로서 보건복지부장관의 면허를 받아야 한다. 따라서 아무리 의료기술이 뛰어나다고 하더라도 이러한 자격 및 면허 등의 요건을 충족하지 않으면 무면허의료행위에 해당하고 의료법 제27조 등에 의하여 처벌받을 수 있고, 영리를 목적으로 무면허의료행위를 하는 경우에는 보건범죄 단속에 관한 특별조치법 제5조에 의거하여 가중 처벌될 수 있다. 이는 국민의 건강을 보호, 증진하고 국민의 생명을 보호하기 위하여 국가의 개입이 필요하기 때문이다.[1]

의사·치과의사 또는 한의사가 되려는 자는 의학·치의학 또는 한의학을 전공하는 대학을 졸업하고 의학사·치의학사 또는 한의학사 학위를 받아 의사·치과의사 또는 한의사 국가시험에 합격한 후 보건복지부장관의 면허를 받아야 한다(제5조 제1항 제1호). 학제 개편으로 평가인증기구의 인증을 받은 의학·치의학 또는 한의학을 전공하는 전문대학원을 졸업하고 석사학위 또는 박사학위를 받은 자도 국가시험에 응시하여 면허를 받을 수 있다(제5조 제1항 제2호). 보건복지부장관이 정하여 고시하는 외국의 학교를 졸업하고 외국의 의사·치과의사 또는 한의사 면허를 받은 자로서 예비시험에 합격한 자도 국가시험에 응시하여 면허를 받을 수 있다(제5조 제1항 제3호). 다만 입학 당시 평가인증기구의 인증을 받은 의학·치의학 또는 한의학을 전공하는 대학 또는 전문대학원에 입학한 사람으로서 그 대학 또는 전문대학원을 졸업하고 해당 학위를 받은 사람은 제5조 제1항 제1호 및 제2호의 자격을 가진 사람으로 본다(제5조 제3항).[2]

2002. 3. 30. 의료법 개정으로 2005년부터 예비시험제가 시행되고 있는데, 예비시험이란 외국의 보건의료대학(의학, 치의학 또는 한의과대학) 졸업자들의 상당수가 우리나라에 비해 교육수준이 열악한 나라 등에서 수학한 자이므로 이들이 수학한 수준 정도의 능력과 자질이 있음을 예비시험을 통하여 검증한 후, 면허국가시험에 응시하도록 함으로써 외국 수학 의료인력의 질적수준을 제고하고,

---

1) 대한의사협회, 의료법원론, 법문사, 2008, 36−37면.
2) 2012. 2. 1. 신설 규정인데, 당시 개정 이유에 의하면, '의료인 면허 시험에 응시할 수 있는 자격을 정부가 인정한 평가인증기구로부터 인증받은 대학을 졸업한 자 등으로 제한함으로써 의료의 질적 보장과 사회 및 환자 보호를 도모'한다는 것이다.

질병양상, 보건의료환경 등이 전혀 다른 나라에서 수학한 것을 보완하여 우리나라의 지역적 특수성에 맞는 지식 등을 예비시험을 통해 습득하도록 하려는 것이라고 한다.[3]

조산사가 되어 조산행위를 하기 위해서는 간호사 면허를 가지고 보건복지부장관이 인정하는 의료기관에서 1년간 조산 수습과정을 마쳤거나, 보건복지부장관이 정하여 고시하는 외국의 조산사 면허를 받은 경우로서 제9조에 따른 조산사 국가시험에 합격한 후 보건복지부장관의 면허를 받아야 한다(제6조).

간호사가 되어 간호행위를 하기 위해서는 평가인증기구의 인증을 받은 간호학을 전공하는 대학이나 전문대학[구제(舊制) 전문학교와 간호학교를 포함한다]을 졸업하였거나, 보건복지부장관이 정하여 고시하는 외국의 전문대학에 해당하는 학교를 졸업하고 외국의 간호사 면허를 받은 사람으로서 제9조에 따른 간호사 국가시험에 합격한 후 보건복지부장관의 면허를 받아야 한다(제7조 제1항). 다만, 입학 당시 평가인증기구의 인증을 받은 간호학을 전공하는 대학 또는 전문대학에 입학한 사람으로서 그 대학 또는 전문대학을 졸업하고 해당 학위를 받은 사람은 제7조 제1항 제1호에 해당하는 사람으로 본다(제7조 제2항).[4]

의료법상 결격사유에 해당하는 자는 의사 · 치과의사 또는 한의사, 조산사, 간호사 등 이 되기 위하여 국가시험에 응시할 수 없다(제8조, 제10조 제1항).

(3) 판례 · 행정해석

◇ 한의사가 진단용 의료기기를 사용하는 것이 한의사의 '면허된 것 이외의 의료행위'에 해당하는지 판단하는 기준 및 한의사가 초음파 진단기기를 한의학적 진단의 보조수단으로 사용하는 것이 한의사의 '면허된 것 이외의 의료행위'에 해당하는지 여부를 판단할 때 죄형법정주의적 관점에서 진단용 의료기기가 한의학적 의료행위 원리와 관련 없음이 명백한 경우인지 여부에 따라 판단하여야 한다는 사례(대법원 2022. 12. 22. 선고 2016도21314 전원합의체 판결)

– 한의사가 의료공학 및 그 근간이 되는 과학기술의 발전에 따라 개발 · 제

---

3) 대한의사협회, 의료법원론, 법문사, 2008, 39면.
4) 홍영균, 의료법해설, 군자출판사, 2017, 41면.

작된 진단용 의료기기를 사용하는 것이 한의사의 '면허된 것 이외의 의료행위'에 해당하는지는 관련 법령에 한의사의 해당 의료기기 사용을 금지하는 규정이 있는지, 해당 진단용 의료기기의 특성과 그 사용에 필요한 기본적·전문적 지식과 기술 수준에 비추어 한의사가 진단의 보조수단으로 사용하게 되면 의료행위에 통상적으로 수반되는 수준을 넘어서는 보건위생상 위해가 생길 우려가 있는지, 전체 의료행위의 경위·목적·태양에 비추어 한의사가 그 진단용 의료기기를 사용하는 것이 한의학적 의료행위의 원리에 입각하여 이를 적용 내지 응용하는 행위와 무관한 것임이 명백한지 등을 종합적으로 고려하여 사회통념에 따라 합리적으로 판단하여야 하며, 이는 대법원 2014. 2. 13. 선고 2010도10352 판결의 '종전 판단 기준'과 달리, 한방의료행위의 의미가 수범자인 한의사의 입장에서 명확하고 엄격하게 해석되어야 한다는 죄형법정주의 관점에서, 진단용 의료기기가 한의학적 의료행위 원리와 관련 없음이 명백한 경우가 아닌 한 형사처벌 대상에서 제외됨을 의미함.

◇ 분만과정에서 조산사가 부담하는 주의의무의 내용(대법원 2010. 5. 27. 선고 2006다79520 판결)

- 병원에서 조산사가 분만을 관장하여 출생한 신생아가 뇌성마비 상태가 된 사안에서, 분만과정에 태변착색 등 이상 징후를 발견하였음에도 산부인과 전문의 등에게 보고를 지연하여 응급조치의 기회를 상실시켰을 뿐만 아니라 마스크와 백을 이용한 인공호흡 등 조산사 스스로 가능한 범위 내의 심폐소생술도 제대로 하지 않은 조산사에게 의료과실이 있다고 본 사례.

◇ 조산사가 할 수 있는 의료행위인 '조산'의 의미 및 조산사의 '조산' 외 의료행위가 무면허의료행위에 해당하는지 여부(대법원 2007. 9. 6. 선고 2005도9670 판결)

- 조산사가 산모의 분만 과정 중 별다른 응급상황이 없음에도 독자적 판단으로 산모에게 포도당이나 옥시토신을 투여한 행위에 대하여 의료법 위반죄를 인정한 사례.

2. 의료인의 결격사유 (제8조)

(1) 조문

◇ 제8조(결격사유 등)

다음 각 호의 어느 하나에 해당하는 자는 의료인이 될 수 없다. <개정 2007. 10. 17., 2018. 3. 27., 2018. 8. 14., 2020. 4. 7., 2023. 5. 19.>

1. 「정신건강증진 및 정신질환자 복지서비스 지원에 관한 법률」 제3조제1호에 따른 정신질환자. 다만, 전문의가 의료인으로서 적합하다고 인정하는 사람은 그러하지 아니하다.
2. 마약·대마·향정신성의약품 중독자
3. 피성년후견인·피한정후견인
4. 금고 이상의 실형을 선고받고 그 집행이 끝나거나 그 집행을 받지 아니하기로 확정된 후 5년이 지나지 아니한 자
5. 금고 이상의 형의 집행유예를 선고받고 그 유예기간이 지난 후 2년이 지나지 아니한 자
6. 금고 이상의 형의 선고유예를 받고 그 유예기간 중에 있는 자

(2) 조문해설

(가) 결격사유 1호 – 정신질환자

정신질환자의 여부는 시험당시를 기준으로 하며 정신질환자의 경우에는 의료인의 면허를 받을 수 없다. 또한 의료인의 면허를 받은 자가 정신질환자가 되었다면 의료법 제65조 제1호에 따라 면허를 취소하여야 한다.[5] "정신질환자"란 망상, 환각, 사고(思考)나 기분의 장애 능으로 인하여 독립적으로 일상생활을 영위하는 데 중대한 제약이 있는 사람을 말한다(정신건강증진 및 정신질환자 복지서비스 지원에 관한 법률 제3조 제1호). 국가시험에 합격한 사람은 합격자 발표 후 정신질환자가 아님을 증명하는 의사의 진단서 또는 법 제8조 제1호 단서에 해당하는 사람임을 증명하는 전문의의 진단서를 첨부하여 보건복지부장관에게 면허증 발

---

5) 의료법원론, 대한의사협회, 2008, 49면.

급을 신청한다(의료법 시행령 제8조 제1항, 의료법 시행규칙 제4조 제1항 제2호).

(나) 결격사유 2호 – 마약 · 대마 · 향정신성의약품 중독자

마약 · 대마 · 향정신성의약품 중독자도 결격사유로 규정되어 있다(제8조 제2호). 국가시험에 합격한 사람은 합격자 발표 후 마약 · 대마 · 향정신성의약품 중독자가 아님을 증명하는 의사의 진단서를 첨부하여 보건복지부장관에게 면허증 발급을 신청한다(의료법 시행령 제8조 제1항, 의료법 시행규칙 제4조 제1항 제3호).

(다) 결격사유 3호 – 피성년후견인 · 피한정후견인

종래의 의료법[6]은 의사의 결격사유로 금치산자, 한정치산자인 경우를 규정하고 있었으나, 민법에서 성년후견 제도를 도입한 후 의사의 결격사유 역시 개정되었다. 「민법」 개정 전에는 행위무능력자로서 금치산자 및 한정치산자가 있었으나, 「민법」이 개정됨에 따라 금치산자 및 한정치산자가 피성년후견인 및 피한정후견인으로 변경되었으므로, 의료인의 결격사유로 규정된 금치산자 및 한정치산자를 개정된 제도에 맞추어 피성년후견인과 피한정후견인으로 변경한 것이다. 엄격하게는 종래의 금치산자나 한정치산자를 피성년후견인 · 피한정후견인과 동일하게 볼 수 없으나, 특정 자격 · 면허의 취득 요건을 규정하고 있는 대부분의 많은 법률 개정에서 이와 같이 개정이 이루어지고 있다.

민법상 성년후견은 '질병, 장애, 노령, 그 밖의 사유로 인한 정신적 제약으로

---

6) 구 의료법(법률 제 19421호로 개정되기 전의 것) 제8조(결격사유)

다음 각 호의 어느 하나에 해당하는 자는 의료인이 될 수 없다.

1. 「정신건강증진 및 정신질환자 복지서비스 지원에 관한 법률」 제3조제1호에 따른 정신질환자. 다만, 전문의가 의료인으로서 적합하다고 인정하는 사람은 그러하지 아니하다.
2. 마약 · 대마 · 향정신성의약품 중독자
3. 피성년후견인 · 피한정후견인
4. 이 법 또는 「형법」 제233조, 제234조, 제269조, 제270조, 제317조 제1항 및 제347조(허위로 진료비를 청구하여 환자나 진료비를 지급하는 기관이나 단체를 속인 경우만을 말한다), 「보건범죄단속에 관한 특별조치법」, 「지역보건법」, 「후천성면역결핍증 예방법」, 「응급의료에 관한 법률」, 「농어촌 등 보건의료를 위한 특별 조치법」, 「시체해부 및 보존에 관한 법률」, 「혈액관리법」, 「마약류관리에 관한 법률」, 「약사법」, 「모자보건법」, 그 밖에 대통령령으로 정하는 의료 관련 법령을 위반하여 금고 이상의 형을 선고받고 그 형의 집행이 종료되지 아니하였거나 집행을 받지 아니하기로 확정되지 아니한 자

사무를 처리할 능력이 지속적으로 결여된 사람'(민법 제9조)에 대해 개시될 수 있다. 성년후견에서 피성년후견인은 가정법원이 달리 정하지 않는 한 원칙적으로 종국적·확정적으로 유효한 법률행위를 할 수 없고, 그의 법률행위는 취소할 수 있다(민법 제10조 제1항).[7] 한정후견은 '질병, 장애, 노령, 그 밖의 사유로 인한 정신적 제약으로 사무를 처리할 능력이 부족한 사람'(민법 제12조)에 대해 개시될 수 있다. 가정법원은 한정후견의 심판에서 일정 법률행위를 할 때에는 한정후견인의 동의를 받도록 정할 수 있으며, 그러한 경우 한정후견인의 동의가 없는 피한정후견인의 법률행위는 취소할 수 있도록 한다(민법 제13조).[8]

　구 의료법(2018. 3. 27. 법률 제15540호로 개정되기 전의 것)에서는 금치산자 또는 한정치산자를 결격사유로 규정하고 있었는데(구 의료법 제8조 제3호), 금치산자란 심신상실(心身喪失)의 상태에 있어 자기행위의 결과를 합리적으로 판단할 능력(의사능력)이 없는 사람으로서 본인 배우자·사촌 이내의 친족·후견인·검사의 청구에 의하여 가정법원으로부터 금치산의 선고를 받은 사람을 말한다(민법 제9조). 한정치산자란 심신박약 또는 재산 낭비자로서 자기나 가족의 생활을 궁박하게 할 염려가 있는 사람에 대하여 본인·배우자, 4촌 이내의 친족·후견인 또는 검사의 청구에 의하여 가정법원으로부터 한정치산선고를 받은 사람이다(민법 제9조).[9]

(라) 결격사유 4호부터 6호

　개정 의료법(시행 2023. 11. 20., 법률 제19421호, 2023. 5. 19., 일부개정) 제8조 제1호 내지 제6호 사유에 해당하는 사람은 의료인이 될 수 없고, 의료인 면허를 받은 이후에 면허 기간 중 제8조 각 호 사유에 해당하거나 거짓이나 그 밖의 부정한 방법으로 의료인 면허 발급 요건을 취득하거나 국가시험에 합격한 경우 면허가 취소된다(필요적 취소, 제65조 제1항 단서). 위 개정 의료법은 구 의료법의 제8조 제4호 결격사유(의료관련 범죄에 한해 결격사유로 규정하는 방식)를 폐지하고, 제4호부터 제6호까지를 신설하면서 일반 형사범죄로 결격사유를 확대하였다. 다만 의료행위 중 형법 제268조(업무상과실·중과실 치사상)의 죄를 범하여 제8조 제4호

---

7) 김형석, 민법 개정안에 따른 성년후견법제, 가족법연구(제24권 제2호), 2010, 117면.
8) 김형석, 민법 개정안에 따른 성년후견법제, 가족법연구(제24권 제2호), 2010, 118면.
9) 홍영균, 의료법해설, 군자출판사, 2017, 44면.

부터 제6호까지의 어느 하나에 해당하더라도 면허를 취소할 수 없도록 예외를 두었다(제65조 제1항 제1호 단서).

개정 의료법에서 가장 크게 변경된 부분인데, 구 의료법에서 의료법 또는 보건의료 관련 법령 위반에 한정되던 결격사유를 일반적인 범죄로 확대하여, 금고 이상의 실형을 선고받고 그 집행이 끝나거나 그 집행을 받지 아니하기로 확정된 후 5년이 지나지 아니한 자(제4호), 금고 이상의 형의 집행유예를 선고받고 그 유예기간이 지난 후 2년이 지나지 아니한 자(제5호), 또한 금고 이상의 형의 선고유예를 받고 그 유예기간 중에 있는 자(제6호)를 결격사유로 규정하고 있다.

형법 제41조는 형의 종류를 무거운 순서대로 규정하고 있다(① 사형, ② 징역, ③ 금고, ④ 자격상실, ⑤ 자격정지, ⑥ 벌금, ⑦ 구류, ⑧ 과료, ⑨ 몰수). 따라서 '금고 이상의 형'이란 사형, (무기)징역, (무기)금고를 말하며 벌금형은 해당되지 않는다. 따라서 형사범죄를 저질러 금고이상의 형의 집행유예가 선고되어도 이는 형을 선고받은 경우에 해당되므로 의사의 결격 사유 또는 면허 취소 사유에 해당되고, 금고 이상의 형의 선고유예를 받아 유예기간 중인 경우 역시 의사의 결격사유 또는 취소 사유에 해당된다. 반면 기소유예는 검사의 불기소처분 중 일부이므로 형의 선고를 받은 경우가 아니므로 결격사유나 취소 사유에 해당되지 않으나, 자격정지 처분을 할 수 있는 범죄에 대해 기소유예 처분을 받은 경우 면허정지 사유에는 해당될 수 있다.[10]

우리나라 대부분의 전문직의 경우 형사적으로 금고 이상의 형의 선고를 받는 경우 전문직과 관련한 등록이나 자격이 취소되는 형태의 법률 규정을 두고 있으나(변호사, 공인회계사, 세무사, 변리사, 국립대학 및 사립대학 교수, 공무원 등), 구 의료법상 의사와 같은 의료인의 경우 보건의료 관련 형사범죄가 아닌 일반 형사범죄(횡령, 배임, 절도, 강간, 업무상과실치사상 등)나 일반 특별법위반 등으로 금고 이상의 형사처벌을 받더라도 의사의 면허에 영향이 없는 법률 형태를 유지하고 있는 차이점이 있었다. 그래서 의사가 진료과정 중에 사망한 환자의 사체를 유기하거나 심지어 살인죄를 범하더라도 의사의 면허를 취소할 수 있는 법률적 근거가 없었다.[11] 다만 개정 의료법에 의하더라도 의료인이 의료행위 중 형법 제268조

10) 의료법 제68조, 의료관계 행정처분 규칙 제4조, [별표] 행정처분기준, 1.라.1) 참조.
11) 의료법원론, 대한의사협회, 2008, 50면.

(업무상과실·중과실 치사상)의 죄를 범하여 제8조 제4호부터 제6호까지의 어느 하나에 해당하는 경우에는 의사면허가 취소되지 않는 예외를 두었기 때문에(제65조 제1항 제1호 단서), 과거와 마찬가지로 의료인이 의료행위를 하다가 업무상 주의의무를 위반하여 과실행위로 여러 명의 환자를 죽음에 이르게 하여 업무상과실치사죄로 금고형을 선고받더라도 해당 의료인의 면허는 취소되지 않아 별다른 영향이 없어 진료행위를 계속 할 수 있다.[12] 즉, 현행 의료법에 따르면 특정 의료인이 의료사고로 많은 환자에게 사상의 결과를 발생시키더라도 해당 의료인의 면허에 지장이 없어 일반 국민들로서는 해당 의료인에게 의료사고가 빈발하였는지 여부를 알고 진료를 회피할 수 있는 방법이 없다. 이 때문에 보건복지부는 2018년경 성범죄 등 의료인들의 중대한 법 위반을 공개하는 방안을 추진하였으나 실현되지 않은 바 있다.[13]

또한 변호사, 공인회계사, 변리사, 법무사, 세무사, 공무원, 교수 등 많은 전문직역의 경우, 파산선고를 받은 자의 전문자격을 제한하고 있으나(파산선고를 받은 자의 자격을 제한하는 법률이 200여 개에 이른다고 함),[14] 개정 의료법에서도 파산선고를 받은 경우를 의사의 결격사유로 규정하고 있지 않아, 의료인은 파산선고를 받더라도 의료인의 자격에 영향을 받지 않는다.

한편, 의료법 부칙(법률 제19421호, 2023. 5. 19.) 제1조에 따르면 이 법은 공포후 6개월이 경과한 날부터 시행되나, 동 부칙 제2조는 '이 법 시행 전에 저지른 범죄로 금고 이상의 실형이나 형의 집행유예 또는 선고유예를 받은 경우에는 제8조 제4호부터 제6호까지의 개정규정에도 불구하고 종전의 규정에 따른다.'고 규정하였다. 따라서 형사범죄 관련 필요적 면허취소 사유(제65조 제1항 각 호 외의 부분 단서 및 같은 항 제1호, 제8조 제4호부터 제6호까지의 규정) 적용 시점 관련, 형사범죄의 발생시점이 위 개정 의료법 시행일인 2023. 11. 20. 이후인 경우에는 범죄의 종류를 구별하지 않고 금고이상의 형인지 여부에 따라 면허취소 여부가 결정되지만, 2023. 11. 19. 이전에 발생한 형사범죄는 의료법의 개정에도 불구하고

---

12) 조선일보, '신해철 의료소송'에서 드러난 맹점들, 2017. 2. 23. http://news.chosun.com/site/data/html_dir/2017/02/22/2017022203604.html (2018. 12. 6. 방문)

13) JTBC 뉴스, 범죄 전력 의료인 '징계 정보' 공개 추진…의협 강한 반발, 2018. 7. 6. http://news.jtbc.joins.com/html/756/NB11665756.html (2018. 12. 7. 방문)

14) 서울중앙지방법원 파산부 실무연구회, 개인파산·회생실무, 2015, 17면.

종전의 규정에 따라 범죄의 유형(의료 관련 범죄 여부)과 형의 종류가 금고이상의 형의 집행유예 이상인지 여부에 따라 면허취소 여부가 결정된다.

(3) 판례·행정해석

◇ 의료법 제8조 제1항 제5호 소정의 '금고 이상의 형의 선고를 받고 그 집행을 받지 아니하기로 확정되지 아니한 자'의 범위 및 의료인이 의료관계 법령 위반 이외의 일반 범죄로 징역형의 집행유예를 선고받고 그 유예기간이 종료되지 아니한 경우, 면허취소사유 해당 여부(대법원 1998. 2. 13. 선고 97누18042 판결)

- 의료법 제8조 제1항 제5호의 금고 이상의 형의 선고를 받고 그 집행을 받지 아니하기로 확정되지 아니한 자에는 금고 이상의 형의 선고를 받은 자로서 형의 시효에 의하여 형의 집행이 면제될 때까지 사이의 자, 일반사면 또는 특별사면에 의하여 형의 선고의 효력을 상실하거나 형의 집행이 면제되기까지 사이의 자, 집행유예의 선고를 받은 경우에는 그 선고의 실효 또는 취소됨이 없이 유예기간을 경과하여 형의 선고의 효력이 잃게 되기까지 사이의 자 등이 포함됨.

3. 의료법상 의료인 면허 규제 (제65조, 제66조, 제66조의2, 제84조 제6호)

(1) 조문

◇ 제65조(면허 취소와 재교부)
① 보건복지부장관은 의료인이 다음 각 호의 어느 하나에 해당할 경우에는 그 면허를 취소할 수 있다. 다만, 제1호·제8호의 경우에는 면허를 취소하여야 한다. <개정 2008. 2. 29., 2009. 1. 30., 2009. 12. 31., 2010. 1. 18., 2015. 12. 29., 2016. 5. 29., 2020. 3. 4., 2020. 12. 29., 2023. 5. 19.>
   1. 제8조 각 호의 어느 하나에 해당하게 된 경우. 다만, 의료행위 중 「형법」 제268조의 죄를 범하여 제8조제4호부터 제6호까지의 어느 하나에 해당하

게 된 경우에는 그러하지 아니하다.

2. 제66조에 따른 자격 정지 처분 기간 중에 의료행위를 하거나 3회 이상 자격 정지 처분을 받은 경우

2의2. 제2항에 따라 면허를 재교부받은 사람이 제66조제1항 각 호의 어느 하나에 해당하는 경우

3. 제11조제1항에 따른 면허 조건을 이행하지 아니한 경우

4. 제4조의3제1항을 위반하여 면허를 대여한 경우

5. 삭제 <2016. 12. 20.>

6. 제4조제6항을 위반하여 사람의 생명 또는 신체에 중대한 위해를 발생하게 한 경우

7. 제27조제5항을 위반하여 사람의 생명 또는 신체에 중대한 위해를 발생하게 할 우려가 있는 수술, 수혈, 전신마취를 의료인 아닌 자에게 하게 하거나 의료인에게 면허 사항 외로 하게 한 경우

8. 거짓이나 그 밖의 부정한 방법으로 제5조부터 제7조까지에 따른 의료인 면허 발급 요건을 취득하거나 제9조에 따른 국가시험에 합격한 경우

② 보건복지부장관은 제1항에 따라 면허가 취소된 자라도 취소의 원인이 된 사유가 없어지거나 개전(改悛)의 정이 뚜렷하다고 인정되고 대통령령으로 정하는 교육프로그램을 이수한 경우에는 면허를 재교부할 수 있다. 다만, 제1항제3호에 따라 면허가 취소된 경우에는 취소된 날부터 1년 이내, 제1항제2호·제2호의2에 따라 면허가 취소된 경우에는 취소된 날부터 2년 이내, 제1항제4호·제6호·제7호 또는 제8조제4호부터 제6호까지에 따른 사유로 면허가 취소된 경우에는 취소된 날부터 3년 이내, 제8조제4호에 따른 사유로 면허가 취소된 사람이 다시 제8조제4호에 따른 사유로 면허가 취소된 경우에는 취소된 날부터 10년 이내에는 재교부하지 못하고, 제1항제8호에 따라 면허가 취소된 경우에는 재교부할 수 없다. <개정 2007. 7. 27., 2008. 2. 29., 2010. 1. 18., 2016. 5. 29., 2016. 12. 20., 2019. 8. 27., 2020. 12. 29., 2023. 5. 19.>

◇ 제66조(자격정지 등)

① 보건복지부장관은 의료인이 다음 각 호의 어느 하나에 해당하면(제65조제1항제2호의2에 해당하는 경우는 제외한다) 1년의 범위에서 면허자격을 정지시킬 수 있다. 이 경우 의료기술과 관련한 판단이 필요한 사항에 관하여는

관계 전문가의 의견을 들어 결정할 수 있다. <개정 2008. 2. 29., 2009. 12. 31., 2010. 1. 18., 2010. 5. 27., 2011. 4. 7., 2011. 8. 4., 2016. 5. 29., 2016. 12. 20., 2019. 4. 23., 2019. 8. 27., 2023. 5. 19.>

1. 의료인의 품위를 심하게 손상시키는 행위를 한 때
2. 의료기관 개설자가 될 수 없는 자에게 고용되어 의료행위를 한 때
2의2. 제4조제6항을 위반한 때
3. 제17조제1항 및 제2항에 따른 진단서·검안서 또는 증명서를 거짓으로 작성하여 내주거나 제22조제1항에 따른 진료기록부등을 거짓으로 작성하거나 고의로 사실과 다르게 추가기재·수정한 때
4. 제20조를 위반한 경우
5. 삭제 <2020. 12. 29.>
6. 의료기사가 아닌 자에게 의료기사의 업무를 하게 하거나 의료기사에게 그 업무 범위를 벗어나게 한 때
7. 관련 서류를 위조·변조하거나 속임수 등 부정한 방법으로 진료비를 거짓 청구한 때
8. 삭제 <2011. 8. 4.>
9. 제23조의5를 위반하여 경제적 이익등을 제공받은 때
10. 그 밖에 이 법 또는 이 법에 따른 명령을 위반한 때

② 제1항제1호에 따른 행위의 범위는 대통령령으로 정한다.
③ 의료기관은 그 의료기관 개설자가 제1항제7호에 따라 자격정지 처분을 받은 경우에는 그 자격정지 기간 중 의료업을 할 수 없다. <개정 2010. 7. 23.>
④ 보건복지부장관은 의료인이 제25조에 따른 신고를 하지 아니한 때에는 신고할 때까지 면허의 효력을 정지할 수 있다. <신설 2011. 4. 28.>
⑤ 제1항제2호를 위반한 의료인이 자진하여 그 사실을 신고한 경우에는 제1항에도 불구하고 보건복지부령으로 정하는 바에 따라 그 처분을 감경하거나 면제할 수 있다. <신설 2012. 2. 1.>
⑥ 제1항에 따른 자격정지처분은 그 사유가 발생한 날부터 5년(제1항제5호·제7호에 따른 자격정지처분의 경우에는 7년으로 한다)이 지나면 하지 못한다. 다만, 그 사유에 대하여 「형사소송법」 제246조에 따른 공소가 제기된 경우에는 공소가 제기된 날부터 해당 사건의 재판이 확정된 날까지의 기간은 시효 기간에 산입하지 아니 한다. <신설 2016. 5. 29.>

◇ 제66조의2(중앙회의 자격정지 처분 요구 등)

제66조의2(중앙회의 자격정지 처분 요구 등) 각 중앙회의 장은 의료인이 제66
조제1항제1호에 해당하는 경우에는 각 중앙회의 윤리위원회의 심의·의결을 거
쳐 보건복지부장관에게 자격정지 처분을 요구할 수 있다.
[본조신설 2011. 4. 28.]

◇ 제84조(청문)

보건복지부장관, 시·도지사 또는 시장·군수·구청장은 다음 각 호의 어느 하나
에 해당하는 처분을 하려면 청문을 실시하여야 한다. <개정 2008. 2. 29.,
2010. 1. 18., 2010. 7. 23., 2016. 12. 20., 2020. 3. 4.>
　　1. ~ 5. 생략
　　6. 제65조제1항에 따른 면허의 취소

(2) 조문해설

(가) 필요적 면허취소 사유

　　면허를 받을 당시에 2023. 5. 19. 개정 의료법 제8조 제1호 내지 제6호 사유
에 해당하는 사람은 의료인이 될 수 없고, 적법하게 의료인 면허를 받은 이후에
면허 기간 중 제8조 각 호 사유에 해당하게 되거나 거짓이나 그 밖의 부정한 방
법으로 의료인 면허 발급 요건을 취득하거나 국가시험에 합격한 경우 면허가 취
소된다(필요적 취소, 제65조 제1항 단서). 위 개정 의료법은 구 의료법의 제8조 제4
호 결격사유(의료 관련 범죄에 한해 결격사유로 규정하는 방식)를 폐지하고, 제8조 제
4호를 개정하며 제5호부터 제6호까지를 신설하면서 일반 형사범죄를 범한 경우
로 결격사유를 확대하였다. 구 의료법 제8조 제4호의 경우, 보건의료와 관련되지
않는 범죄를 범한 경우에는 금고 이상의 형사처벌을 받더라도 의료인의 면허에
영향이 없도록 규정하고 있었다. 심지어 의료인이 진료과정에서 사체를 유기하거
나 살인죄 등 강력 범죄를 범하더라도, 면허를 취소할 수 있는 법률적 근거가 없
었다. 그러나 위 개정 의료법에 따라 범죄의 종류를 구별하지 않고 금고 이상의
형을 선고받고(실형, 집행유예, 선고유예 포함) 일정한 기간이 경과하지 아니한 자에

대해서는 면허를 필요적으로 취소하도록 개정되었다.

다만 의료인 면허를 받은 이후 의료행위 중 형법 제268조(업무상과실·중과실 치사상)의 죄를 범하여 제8조 제4호부터 제6호까지의 어느 하나에 해당하더라도 면허를 취소할 수 없도록 예외를 두었다. 이에 따라 결격사유나 필요적 면허취소 사유에서 의료인의 가장 대표적인 직무관련 범죄에 해당할 뿐만 아니라 국민의 건강, 생명과 밀접한 의료사고에서 문제될 수 있는 '형법 제268조(업무상과실치사 상)[15]의 죄를 범한 경우가 제외'되었고, 이 때문에 업무상 과실행위로 여러 명의 환자를 죽음에 이르게 하거나 상해의 피해를 주어 금고형을 선고받는 의료인의 면허를 규제할 수 없는 상황은 계속될 것으로 보인다.

위 개정 의료법은 거짓이나 그 밖의 부정한 방법으로 의료인 면허 발급 요건 을 취득하거나 국가시험에 합격한 경우를 필요적 면허취소 사유로 신설하였는데 (제65조 제1항 제8호), 부정한 방법으로 의료인 면허를 위한 전문대학원 학위를 취 득하는 등의 의료인 면허를 받기 위해 필요한 대학이나 전문대학원 졸업이 취소 된 사안이 사회적으로 이슈가 되면서[16] 의료법에 도입되었다. 또한 이 경우에는 면허가 취소되면 재교부할 수 없는 규정도 함께 도입되면서 의료법에 그동안 없 었던 영구제명 제도가 사실상 도입되었다(의료법 제65조 제2항 단서).

한편, 의료법 부칙(법률 제19421호, 2023. 5. 19.) 제1조에 따르면 이 법은 공포 후 6개월이 경과한 날부터 시행되나, 동 부칙 제2조는 '이 법 시행 전에 저지른 범죄로 금고 이상의 실형이나 형의 집행유예 또는 선고유예를 받은 경우에는 제 8조 제4호부터 제6호까지의 개정규정에도 불구하고 종전의 규정에 따른다.'고 규 정하되, 필요적 면허취소 사유 중 거짓이나 그 밖의 부정한 방법으로 의료인 면 허 발급 요건을 취득한 경우 등(제65조 제1항 각 호 외의 부분 단서 및 같은 항 제8호 의 개정규정)은 공포한 날부터 시행하며, 같은 개정규정 시행 전에 거짓이나 그

---

15) 형법 제268조(업무상과실·중과실 치사상) 업무상과실 또는 중대한 과실로 인하여 사람을 사상에 이르게 한 자는 5년 이하의 금고 또는 2천만원 이하의 벌금에 처한다.
16) 손덕호·김지환, '의전원 입학취소는 정당' 판결에 조민 "항소"···의사면허 취소 미뤄져(종합), 조선일보, 2023. 4. 6.자 기사, https://biz.chosun.com/topics/topics_social/2023/04/06/ YGAVG25JQVDNJFYQLGYZ5Y5QGY/ (2024. 1. 7. 방문); 권지담, 복지부 "조민 의사면허 취소 절차중", 한겨레, 2022. 4. 8.자 기사, https://www.hani.co.kr/arti/society/rights/ 1038170.html (2024. 1. 7. 방문)

밖의 부정한 방법으로 의료인 면허 발급 요건을 취득하거나 국가시험에 합격한 경우에 대하여도 적용하는 것으로 규정하였다(위 부칙 제1조 본문 및 같은 부칙 제3조 제2항).

따라서 형사범죄 관련 필요적 면허취소 사유(제65조 제1항 각 호 외의 부분 단서 및 같은 항 제1호, 제8조 제4호부터 제6호까지의 규정) 적용 시점 관련, 형사범죄의 발생시점이 위 개정 의료법 시행일인 2023. 11. 20. 이후인 경우에는 범죄의 종류를 구별하지 않고 금고이상의 형인지 여부에 따라 면허취소 여부가 결정되지만, 2023. 11. 19. 이전에 발생한 형사범죄는 의료법의 개정에도 불구하고 종전의 규정에 따라 범죄의 유형(의료 관련 범죄 여부)와 형의 종류가 금고이상의 형의 집행유예 이상인지 여부에 따라 면허취소 여부가 결정된다.

반면 필요적 면허취소 사유 중 거짓이나 그 밖의 부정한 방법으로 의료인 면허 발급 요건을 취득한 경우 등(제65조 제1항 각 호 외의 부분 단서 및 같은 항 제8호의 개정규정)은 위 개정 의료법의 공포일(2023. 5. 19.)부터 시행하며 위 개정 의료법의 공포일 이전의 사유에 대해서도 소급적으로 면허를 취소하도록 규정하였다. 이와 관련하여 의과대학이나 전문대학원을 거짓이나 그 밖의 부정한 방법으로 졸업한 입시비리가 사후적으로라도 확인될 경우 향후 개정 의료법 및 부칙 조항에 따라 면허가 필요적으로 취소되고, 재교부도 허용하지 않기 때문에 사실상 영구제명이 될 수 있다(제65조 제2항 단서).

보건복지부장관은 필요적 면허취소 처분을 하려면 청문을 실시하여야 한다(제84조 제6호).

(나) 임의적 면허취소 사유

임의적 면허취소 사유는, 의료법 제65조 제1항 제2호 내지 제7호이다. 의료인이 자격 정지 기간 중에 의료행위를 하거나 3회 이상 자격 정지 처분을 받은 경우에는 면허를 취소할 수 있다(제2호).

면허를 재교부받은 사람이 자격정지 사유(제66조 제1항 각 호의 어느 하나)에 해당하는 경우 면허를 취소할 수 있다(제2의2호). 이 규정은 개정 의료법[17]에서 신

---

17) 법률 제19421호, 2023. 5. 19., 일부개정

설되었고, 의료법 부칙(법률 제19421호 2023. 5. 19.) 제3조에 따라 같은 개정 의료법 시행(2023. 11. 20.) 이후 면허를 재교부받은 사람에 대해 적용한다. 제11조 제1항에 따라 3년 이내의 기간을 정하여 특정 지역이나 특정 업무에 종사할 것을 면허의 조건으로 붙인 경우 이 조건을 이행하지 않아도 면허를 취소할 수 있다(제3호). 또한, 의료인의 면허 대여 금지 규정을 위반하여 면허증을 빌려준 경우에도 해당 의료인의 면허를 취소할 수 있다(제4호). 일회용 의료기기(한 번 사용할 목적으로 제작되거나 한 번의 의료행위에서 한 환자에게 사용하여야 하는 의료기기로서 보건복지부령으로 정하는 의료기기를 말함)를 한 번 사용한 후 다시 사용하여 사람의 생명 또는 신체에 중대한 위해를 발생하게 한 경우에도 면허를 취소할 수 있다(제6호). 무면허 의료행위 금지 규정을 위반하여 사람의 생명 또는 신체에 중대한 위해를 발생하게 할 우려가 있는 수술, 수혈, 전신마취를 의료인 아닌 자에게 하게 하거나 의료인에게 면허 사항 외로 하게 한 경우 면허를 취소할 수 있다(제7호).

(다) 면허취소 후 면허의 재교부

보건복지부장관은 필요적 혹은 임의적으로 면허가 취소된 자라도 취소의 원인이 된 사유가 없어지거나 개전(改悛)의 정이 뚜렷하다고 인정되고 대통령령으로 정하는 교육프로그램을 이수한 경우에는 면허를 재교부할 수 있다(제65조 제2항 본문). 구 의료법과 비교하여 개정 의료법(시행 2023. 11. 20., 법률 제19421호, 2023. 5. 19., 일부개정)에서 추가적으로 대통령령으로 정하는 교육프로그램을 이수하도록 재교부 요건을 강화하였다. 종래 개전(改悛)의 정이 뚜렷한 경우에 대한 기준이 정립되지 않아 재교부 기준이 모호하다는 점과 재교부율이 높다는 점이 문제로 지적되면서 이를 반영한 것으로 보인다. 현재 대통령령으로 정하는 교육프로그램의 교육 내용은 환자의 권리의 이해, 의료인의 역할과 윤리, 의료 관련 법령의 이해, 그 밖에 보건·의료 질서의 유지를 위하여 필요한 내용으로서 보건복지부장관이 고시하는 내용이 포함되고, 교육 시간은 40시간 이상으로 하며, 교육 시행 기관으로 한국보건복지인재원, 의료법에 따른 해당 의료인 단체(의사회·치과의사회·한의사회·조산사회 및 간호사회), 그 밖에 보건 윤리 또는 의료 윤리와 관련된 교육기관으로서 보건복지부장관이 지정하여 고시하는 기관 또는 단체를 예를 들고 있다. 교육프로그램의 실시에 드는 비용은 교육프로그램을 이수하는 사람이 부담하도록 하되, 교육프로그램 실시기관의 장은 교육프로그램을 이수한 사람에게 이수증을 발급하고, 교육프로그램 종료일부터 1개월 이내에 교육프로그램의 실시 결과를 보건복지부장관에게 제출하도록 하였다(의료법 시행령 제31조의8). 위 개정 규정(제65조 제2항 본문)은 법 시행 이후 면허를 재교부하는 경우부터 적용한다(부칙 제3조 제3항).

위 개정 의료법에 따르면 면허 재교부를 위해 교육프로그램 이수를 추가 조건으로 하였는데, 해당 의료인 단체에 교육을 일임하여 형식적으로 교육이 이루어질 경우 개정 의료법의 취지가 몰각될 수 있을 것으로 보인다. 결국 구 의료법과 같이 사실상 개전(改悛)의 정 유무를 기준으로 재교부 여부를 결정해야 할 것인데, 종래의 문제점(대부분 재교부를 하는 관행)에 대한 비판이 지속될 수 있다.

재교부 관련하여 구 의료법에서는 보건복지부장관은 면허가 취소된 자라도 취소의 원인이 된 사유가 없어지거나 개전(改悛)의 정이 뚜렷하다고 인정되면 면허를 재교부할 수 있는 것으로 규정하고 있었고(1년~3년이 경과하면 재교부 가능),[18] 보건복지부가 2016. 제출한 '의료인 면허 취소 후 재교부 현황' 국정감사 자료를 분석한 결과 10년 간 의료인의 면허 재교부 신청은 총 94건이었고 전부 승인되었다.[19] 현행 의료법도 위 구 의료법과 마찬가지로 취소사유에 따라 재교부가 가능한 기간을 달리 정하면서 일부 사유에서 10년 동안 재교부 금지 및 영구적으로 재교부할 수 없는 규정을 신설하는 등 재교부 요건을 강화하였다.

면허의 조건을 이행하지 않아 면허가 취소된 경우(제65조 제1항 제3호)에는 취소된 날부터 1년 이내, 의료인이 자격 정지 기간 중에 의료행위를 하거나 3회 이상 자격 정지 처분을 받은 사유로 면허가 취소된 경우(제65조 제1항 제2호)와 면허를 재교부받은 사람이 자격정지 사유(제66조 제1항 각 호의 어느 하나)에 해당하여 면허가 취소된 경우(제65조 제1항 제2의2호)에는 취소된 날부터 2년 이내, 면허 대여 금지 규정 위반으로 면허가 취소된 경우(제65조 제1항 제4호), 일회용 의료기기 사용 방법 위반으로 면허가 취소된 경우(제65조 제1항 제6호), 무면허 의료행위 금지 규정 위반으로 면허가 취소된 경우(제65조 제1항 제7호) 또는 형사범죄 관련

---

18) 구 의료법, 법률 제19421호로 개정되기 전의 것 제65조 제2항
19) 2016. 10. 16.자 인재근 의원실 보도자료

필요적 면허취소 사유(제65조 제1항 각 호 외의 부분 단서 및 같은 항 제1호, 제8조 제4호부터 제6호까지의 규정)로 면허가 취소된 경우에는 취소된 날부터 3년 이내, 형사범죄 관련 필요적 면허취소 사유 중 금고 이상의 실형을 선고받은 경우에 해당하여 면허가 취소된 사람(제65조 제1항 각 호 외의 부분 단서 및 같은 항 제1호, 제8조 제4호)이 다시 제8조 제4호에 따른 사유로 면허가 취소된 경우에는 취소된 날부터 10년 이내에는 재교부하지 못하고,[20] 필요적 면허취소 사유 중 거짓이나 그 밖의 부정한 방법으로 의료인 면허 발급 요건을 취득한 경우 등(제65조 제1항 각 호 외의 부분 단서 및 같은 항 제8호)에 따라 면허가 취소된 경우에는 재교부할 수 없다.

위 개정 의료법에서 거짓이나 그 밖의 부정한 방법으로 의료인 면허 발급 요건을 취득하거나 국가시험에 합격한 경우를 필요적 면허취소 사유로 신설하였는데(제65조 제1항 제8호), 의료인 면허를 받기 위해 필요한 대학이나 전문대학원 졸업이 취소된 사안이 사회적으로 이슈가 되면서[21] 의료법에 도입되었고, 이 경우에는 면허가 취소되면 재교부할 수 없는 규정도 함께 도입되면서 의료법에 그동안 없었던 영구제명 제도가 사실상 도입되었다(의료법 제65조 제2항 단서). 필요적 면허취소 사유 중 거짓이나 그 밖의 부정한 방법으로 의료인 면허 발급 요건을 취득한 경우에 관한 규정(제65조 제1항 각 호 외의 부분 단서 및 같은 항 제8호)은 위 개정 의료법의 공포일(2023. 5. 19.)부터 시행하며, 위 개정 의료법의 공포일 이전의 사유에 대해서도 소급적으로 면허를 취소하도록 규정하였다(개정 의료법 부칙 제1조 및 제3조 제2항). 이와 관련하여 의과대학이나 전문대학원을 거짓이나 그 밖의 부정한 방법으로 졸업한 입시비리가 사후적으로라도 확인될 경우 향후 개정 의료법 및 부칙 조항에 따라 면허가 필요적으로 취소되고, 재교부도 허용되지 않기 때문에 사실상 영구제명 제도가 도입된 것이다(제65조 제2항 단서).

---

20) 다만 제65조 제2항 단서의 개정규정(제8조 제4호에 따른 사유로 면허가 취소된 사람이 다시 제8조 제4호에 따른 사유로 면허가 취소된 경우에 관한 개정 부분만 해당한다)은 이 법 시행 이후 저지른 범죄로 금고 이상의 실형을 선고받는 경우부터 적용한다(부칙 제3조 제4항)

21) 손덕호·김지환, '의전원 입학취소는 정당' 판결에 조민 "항소"…의사면허 취소 미뤄져(종합), 조선일보, 2023. 4. 6.자 기사, https://biz.chosun.com/topics/topics_social/2023/04/06/YGAVG25JQVDNJFYQLGYZ5Y5QGY/ (2024. 1. 7. 방문); 권지담, 복지부 "조민 의사면허 취소 절차중", 한겨레, 2022. 4. 8.자 기사, https://www.hani.co.kr/arti/society/rights/1038170.html (2024. 1. 7. 방문)

보건복지부장관은 임의적 면허취소 처분을 하려면 청문을 실시하여야 한다 (제84조 제6호).

(라) 면허자격 정지 사유

보건복지부장관은 제66조 제1항의 각 호의 사유에 해당하는 경우, 의료인의 면허자격을 1년의 범위에서 정지시킬 수 있다.

제66조 제1항 제1호 '품위 손상'의 행위의 범위는 대통령령으로 정하는데 '학문적으로 인정되지 아니하는 진료행위, 비도덕적 진료행위, 거짓 또는 과대 광고행위, 불필요한 검사를 시행하거나 부당하게 많은 진료비를 요구하는 행위, 금품을 수수하는 행위, 환자 유인행위, 약국개설자와 담합하는 행위' 정도가 규정되어 있다.[22] 그러나 정작 살인죄, 강간죄, 성범죄, 폭력행위등처벌에관한법률위반 등

---

22) 의료법 시행령 제32조(의료인의 품위 손상 행위의 범위)
   ① 법 제66조제2항에 따른 의료인의 품위 손상 행위의 범위는 다음 각 호와 같다.
   1. 학문적으로 인정되지 아니하는 진료행위(조산 업무와 간호 업무를 포함한다.)
   2. 비도덕적 진료행위
   3. 거짓 또는 과대 광고행위
   3의2.「방송법」제2조제1호에 따른 방송,「신문 등의 진흥에 관한 법률」제2조제1호·제2호에 따른 신문·인터넷신문,「잡지 등 정기간행물의 진흥에 관한 법률」제2조제1호에 따른 정기간행물 또는 제24조제1항 각 호의 인터넷 매체[이동통신단말장치에서 사용되는 애플리케이션(Application)을 포함한다]에서 다음 각 목의 건강·의료정보(의학, 치의학, 한의학, 조산학 및 간호학의 정보를 말한다.)에 대하여 거짓 또는 과장하여 제공하는 행위
      가.「식품위생법」제2조제1호에 따른 식품에 대한 건강·의학정보
      나.「건강기능식품에 관한 법률」제3조제1호에 따른 건강기능식품에 대한 건강·의학정보
      다.「약사법」제2조제4호부터 제7호까지의 규정에 따른 의약품, 한약, 한약제제 또는 의약외품에 대한 건강·의학정보
      라.「의료기기법」제2조제1항에 따른 의료기기에 대한 건강·의학정보
      마.「화장품법」제2조제1호부터 제3호까지의 규정에 따른 화장품, 기능성화장품 또는 유기농화장품에 대한 건강·의학정보
   4. 불필요한 검사·투약(投藥)·수술 등 지나친 진료행위를 하거나 부당하게 많은 진료비를 요구하는 행위
   5. 전공의(專攻醫)의 선발 등 직무와 관련하여 부당하게 금품을 수수하는 행위
   6. 다른 의료기관을 이용하려는 환자를 영리를 목적으로 자신이 종사하거나 개설한 의료기관으로 유인하거나 유인하게 하는 행위

일반적인 형사범죄가 누락되어 있어, 면허정지와 같은 최소한의 규제도 하기 어렵다. 개정 의료법에서 일반 형사범죄로 금고이상의 형을 선고 받는 경우에 면허를 필요적으로 취소하도록 개정되었으므로, 일반 형사범죄로 금고형에 미치지 못하는 벌금형 이하의 형을 선고 받는 경우에 대하여 품위 손상 행위 정도로 보아 시행령에 면허자격 정지 처분 사유로 규정하는 것이 개정 의료법의 취지에 부합할 것으로 보인다.

그 외에도 다음 경우에 의료인의 면허자격을 정지할 수 있다. 의료기관 개설자가 될 수 없는 자에게 고용되어 의료행위를 한 때(제66조 제1항 제2호), 일회용 주사용품(주사침, 주사기, 수액용기와 연결줄 등을 포함하는 수액세트 및 그 밖에 이에 준하는 의료용품)을 한 번 사용한 후 다시 사용한 경우(제66조 제1항 제2호의2), 제17조 제1항 및 제2항에 따른 진단서, 검안서 또는 증명서를 거짓으로 작성하여 내주거나 제22조 제1항에 따른 진료기록부등을 거짓으로 작성하거나 고의로 사실과 다르게 추가 기재·수정한 때(제66조 제1항 제3호), 태아 성 감별 목적으로 임부를 진찰하거나 검사하는 경우나 같은 목적을 위한 다른 사람의 행위를 돕는 경우, 임신 32주 이전에 태아나 임부를 진찰하거나 검사하면서 알게 된 태아의 성(性)을 임부, 임부의 가족, 그 밖의 다른 사람이 알게 하는 경우(제66조 제1항 제4호), 의료기사가 아닌 자에게 의료기사의 업무를 하게 하거나 의료기사에게 그 업무 범위를 벗어나게 한 때(제66조 제1항 제6호), 관련 서류를 위조·변조하거나 속임수 등 부정한 방법으로 진료비를 거짓 청구한 때(제66조 제1항 제7호), 부당한 경제적 이익 등의 취득 금지 규정을 위반하여 경제적 이익 등을 제공 받은 때(제66조 제1항 제9호)에 해당할 경우 의료인의 면허 자격을 정지할 수 있다.

그 밖에 의료법 또는 의료법에 따른 명령을 위반한 때(제66조 제1항 제10호)에 해당할 경우 면허자격을 정지할 수 있다. 이와 관련하여 2024년 전공의 집단사직으로 인해 대학병원의 진료 공백이 발생하였을 때 정부에서 전공의들에게 법률적 불이익을 경고하였는데, 제10호는 주요 근거 조항이 되었던 것으로 보인다.[23] 즉 의료인 및 의료기관 개설자가 정당한 사유 없이 업무개시명령에 응하

7. 자신이 처방전을 발급하여 준 환자를 영리를 목적으로 특정 약국에 유치하기 위하여 약국개설자나 약국에 종사하는 자와 담합하는 행위

② 삭제

지 않으면 3년 이하 징역 혹은 3천만 원 이하 벌금형(형사처벌 규정)이 규정되어 있고(제88조, 제59조 제3항), 행정처분으로는 의료기관에 대해 업무정지 15일을 처분할 수 있는 것으로 규정되어 있다(의료관계행정처분규칙 2. 개별기준, 나. 25.). 그런데 의료인에 대한 면허정지 처분 규정에 대해서는 의료관계행정처분규칙(보건복지부령)상 명확히 규정하고 있지 않은 것으로 보이나, 모법인 의료법 제66조 제1항 제10호에서, 의료법 또는 의료법에 따른 명령을 거부할 때, 1년의 범위에서 면허자격을 정지할 수 있는 것으로 규정하고 있으므로, 복지부에서 업무개시 명령에 응하지 않은 의료인에 대해서 자격정지 처분이 가능하다.

면허자격 정지 사유 중에서 관련 서류를 위조ㆍ변조하거나 속임수 등 부정한 방법으로 진료비를 거짓 청구한 때(제66조 제1항 제7호)에 해당하여 자격정지 처분을 받은 경우에, 다른 사유와 달리, 해당 의료인이 개설자로 있는 의료기관은 그 자격정지 기간 중 의료업을 할 수 없다(제66조 제3항).

의료인은 최초로 면허를 받은 후부터 3년마다 그 실태와 취업상황 등을 보건복지부장관에게 신고해야 하는데, 보건복지부장관은 이 같은 신고를 하지 아니한 의료인에 대하여 신고할 때까지 면허의 효력을 정지할 수 있다(제66조 제4항).

면허자격 정지 사유 중에서 의료기관 개설자가 될 수 없는 자에게 고용되어 의료행위를 한 때(제66조 제1항 제2호)에 해당하더라도, 해당 의료인이 자진하여 그 사실을 신고한 경우에는 그 처분을 감경하거나 면제할 수 있다(제66조 제5항).

면허자격 정지 처분은 그 사유가 발생한 날부터 5년, 관련 서류를 위조ㆍ변조하거나 속임수 등 부정한 방법으로 진료비를 거짓 청구한 때(제66조 제1항 제7호)에 해당하는 경우에는 7년이 지나면 하지 못한다. 다만, 그 사유에 대하여 「형사소송법」 제246조에 따른 공소가 제기된 경우에는 공소가 제기된 날부터 해당 사건의 재판이 확정된 날까지의 기간은 시효 기간에 산입하지 아니 한다(제66조 제6항).

대한의사협회 등 의료인 단체의 중앙회의 장은 의료인이 면허자격 정지 사유 중 의료인의 품위를 심하게 손상시키는 행위를 한 때(제66조 제1항 제1호)에 해당

---

23) 연합뉴스, 의협 비대위 간부 3개월 면허정지…"전공의 처분도 곧 도래"(종합2보), 2024. 3. 18. 자 기사(https://www.yna.co.kr/view/AKR20240318136852530?section=search) (2024. 4. 29. 방문)

하는 경우에는 각 중앙회의 윤리위원회의 심의·의결을 거쳐 보건복지부장관에게 자격정지 처분을 요구할 수 있도록 하였다(제66조의2).

(3) 판례·행정해석

◇ 의료인이 '불법 리베이트 수수에 대한 처벌 조항'에 따른 의료법 위반죄와 형법상 배임수재죄에 대하여 상상적 경합범에 관한 형법 제40조가 적용되어 하나의 금고 이상의 형을 선고받은 경우, 의료법 제65조 제1항 제1호, 제8조 제4호에 정한 의료인 면허취소사유에 해당하는지 여부(대법원 2022. 2. 10. 선고 2020두32364 판결)

- 의료법은 제8조 제4호에서 '의료 관련 법령을 위반하여 금고 이상의 형을 선고받고 그 형의 집행이 종료되지 아니하였거나 그 집행을 받지 아니하기로 확정되지 아니한 자'는 의료인이 될 수 없다고 정하고(의료인 결격사유), 제65조 제1항 제1호에서 의료인이 제8조 각호의 어느 하나에 해당하게 된 경우 보건복지부장관이 그 면허를 취소하여야 한다고 정하고 있음(의료인 면허취소사유).

- 의료인이 '불법 리베이트 수수에 대한 처벌 조항'(의료법 제23조의5, 제88조 제2호)에 따른 의료법 위반죄와 형법상 배임수재죄에 대하여 상상적 경합범에 관한 형법 제40조가 적용되어 하나의 금고 이상의 형을 선고받은 경우 의료법 제65조 제1항 제1호, 제8조 제4호에 정한 의료인 면허취소사유에 해당함.

◇ 의사면허자격정지처분취소

- 의사 甲은 처남 乙이 깊은 잠을 이루지 못한다는 말을 듣고 자신이 처방받아 보관하고 있던 향정신성의약품인 졸피뎀을 처방전에 따르지 아니하고 乙에게 제공하여 마약류 관리에 관한 법률을 위반하였다는 범죄사실로 유죄의 확정판결을 받았는데, 위 위반행위를 이유로 보건복지부장관으로부터 의사면허 자격정지 1개월의 처분을 받게 되자 그 취소를 구한 사안에서, 甲이 乙에게 졸피뎀을 제공한 행위는 의료법 시행령 제32조 제1항 제2호에서 말하는 '비도덕적 진료행위'에 해당하고, 위 처분이 재량권을

일탈·남용하지 않았다는 등의 이유로, 甲의 청구를 기각한 사례(서울고등
법원 2022. 12. 23. 선고 2022누41210 판결, 서울행법 2022. 4. 14. 선고 2021구
합63495 판결)

◇ 의사 집단행동 관련 사안

－ 2014년 원격의료 허용에 반발한 총파업 사건과 관련하여, 법원은 의협회
장이 휴업에 참여할지 여부에 관하여 의사들에게 직·간접적으로 강요하
거나 휴업 불참에 따른 불이익이나 징계를 사전에 고지한 바도 없을 뿐만
아니라 사후에도 휴업 불참에 따른 불이익이나 징계를 가하였다고 볼만한
사정이 보이지 않는 점 등을 들어, 휴업의 구체적 실행은 의사들의 자율
적 판단에 의한 것이라고 보아 위법한 집단행동으로 인정하지 않음(서울중
앙지방법원 2020. 3. 12. 선고 2014고단9920, 2015고단196 판결, 서울중앙지방법
원 2021. 10. 26. 선고 2020노900 판결 각 참조).

－ 반면, 2005년경 의약분업 실시에 반대한 의료계 집단폐업 사태와 관련하
여 법원은, 당시 의사협회 및 산하 위원회가 수회에 걸쳐 휴업에 동참하
라는 공문과 투쟁지침을 보내는 등 참여를 독려하고, 일부 지역에서는 휴
업 동참 여부에 관한 서명을 회람 형식으로 받은 점, 당시 위 산하 위원
회가 전국적 규모로 규찰대를 조직하여 휴업에 불참하는 의사들을 감시하
려고 계획하였으며 실제로 일부 지역에서 규찰대가 조직되어 활동한 점,
선후배간 위계질서나 동료간의 유대의식이 강한 의사 사회의 특성상 휴업
에 불참할 경우 반역자로 몰리게 되는 등 심리적 압박이 심하여 일부 의
사들은 마지못해 휴업에 동참하였고, 일부 불참한 의사들이 다른 의사들
로부터 협박 및 폭언을 당하였던 점 등을 들어 의사협회가 강요행위로서
진료를 계속하고자 하는 다른 의사들의 사업활동을 제한하였다고 판단함
(서울중앙지방법원 2002. 7. 24. 선고 2001노7816 판결, 대법원 2005. 9. 29. 선고
2002도4317 판결 각 참조).

(4) 의료인의 형사 범죄와 면허규제 관련 개정 연혁[24]

구 의료법[25] 제8조(결격사유 등)에 해당하면 의료인이 될 수 없고, 의료인에게 결격사유가 발생하면 필수적으로 면허를 취소하여야 하는 것으로 규정되어 있었지만(의료법 제65조), 제4호의 경우, 일반 형사범죄(횡령, 배임, 절도, 강간, 업무상과실치사상 등)나 일반 특별법위반 등으로 금고 이상의 형사처벌을 받더라도 의사의 면허에 영향이 없는 법률 형태였다. 심지어 사체를 유기하거나 살인죄 등 강력범죄를 범하더라도, 의사의 면허를 취소할 수 있는 법률적 근거가 부족하였다. 그나마 위 구 의료법 제8조 제4호에서는, 다른 의료 관련 법령을 위반한 경우를 대통령령에 위임하여 규제하도록 규정되어 있으나, 위임에 따라 규정된 의료관련 법령이 없었다. 이 때문에 대표적으로 「정신건강증진 및 정신질환자 복지서비스 지원에 관한 법률(구 정신보건법)」이나 「장기등 이식에 관한 법률」은 의료관련 법령임에 틀림이 없으나 해당 법령을 위반하더라도 의료인의 면허에는 영향이 없었다. 이처럼 의료인의 결격사유 혹은 면허취소 사유와 같은 중요한 사항을 대통령령에 위임하는 법률 형태는 바람직하지 못하고, 법률에 분명하게 규정할 필요가 있다는 비판이 있었다.

이와 관련한 법조계의 인식과 관련하여, 신해철의 사망과 관련한 형사 제1심 재판부는, 2016. 11. 25. 판결 선고일에 많은 기자들이 착석한 가운데, 피고인에 대한 양형 이유를 설명하면서(업무상과실치사 유죄 판단), "과실의 정도라든지, 중대한 피해 정도를 고려해보면 이 사건은 결코 가볍게 다룰 수 없다, 피고인에 대해서 의사직을 계속 유지할 수 있는 가벼운 형을 내리는 건 적절하지 않다, 피고인에 대해 금고형을 선고하기로 한다"고 설명하였다.[26] 비록 최종 판결문에서는, 이 같은 문구가 설시되지 않았지만 해당 재판부는 '피고인에 대해 금고형을 선택하면 의사직 유지 불가(면허 취소 등의 행정처분), 벌금형을 선택하면 의사직 유지'

---

24) 상세 내용은, 의료법 주석서, 의료문제를 생각하는 변호사 모임, 박호균 집필 부분, [보론] 의료인의 면허규제 현황과 제문제, 2020, 59면 이하; 박호균, 의료인의 형사범죄와 면허 규제의 문제점 및 개선방향(입법적 측면을 중심으로), 의사의 형사범죄와 면허 규제의 문제점 및 개선방향 심포지엄, 국회의원회 남인순, 국회의원 권미혁, 대한변호사협회 주최, 2018. 4. 27.
25) 법률 제19421호로 개정되기 전의 것
26) 의약뉴스, 故신해철 집도의 실형 모면, 의사직은 '불가', 2016. 11. 26.

(행정처분 없음)라는, 정확하지 못한 의료법 지식을 전제로 피고인에 대한 양형 판단을 하였음을 추단할 수 있다. 이 때문에 위 판결 선고 직후 보도된 기사에서 "故신해철 집도의 실형 모면, 의사직은 '불가', 서울동부지방법원…금고 10월에 집행유예 2년 선고"라는 '오보'가 나오기도 하였고, 고소인 및 고소인의 대리인 측에서, 판결 선고 직후 '반대취지의 보도자료를 제공'하여 실제로 반대 취지의 기사가 나오기도 하였다.[27]

의료법 개정 전 국회에서 논의된 대표적인 개정안들이나 개정 논의들을 살펴보면 다음과 같다. 2018. 4. 27. 의료법 개정 관련 국회의원 남인순, 국회의원 권미혁, 대한변호사협회 공동 주최로 심포지움이 진행되었다. 특이사항으로 심포지움 전에 전문가 패널 토론자 섭외시 공식적으로 대한의사협회, 치과의사협회, 한의사협회, 대한병원협회에 토론자 추천을 요청하였고, 대한의사협회의 경우 사전에 토론자 섭외를 위해 더욱 노력한 바 있으나, 의료계에서 공식적으로 토론에 참여하지 않았다.[28]

"의사의 형사범죄와 면허 규제의 문제점 및 개선방향 심포지엄" 이후 대한의사협회에서 1,000명 규모로 심포지엄에 대한 항의 집회를 추진하려고 하였는데, 이에 2018. 5. 4. 대한변호사협회와 의사협회 임원진 간담회가 진행되었고 이후 의협신문에서 "의사 형사처벌 시 면허규제는 '변협 공식입장' 아니다"라는 기사를 보도하여, 조선일보·법률신문 등에서 동 상황에 대한 기사를 보도하였고, 이번에는 한국환자단체연합회에서 변협은 공식입장을 밝히라는 성명서를 내는 등 혼선이 있었다. 전문가 단체인 대한변호사협회는 이후 공식입장을 내놓지는 못하였으나, 이후 국회의원실에서 위 심포지움의 취지를 고려한 의료법개정안이 제출되었다.[29][30]

---

27) 청년의사, 고 신해철 집도의 유죄 선고…의사 면허는 유지, 2016. 11. 26.
28) 의사의 형사범죄와 면허 규제의 문제점 및 개선방향 심포지엄, 국회의원 남인순, 국회의원 권미혁, 대한변호사협회 주최, 2018. 4. 27.
29) 메디게이트뉴스, "의사가 성범죄·폭행 등 금고 이상 선고받으면 면허취소·5년간 면허 재교부 금지", 2018. 10. 18. http://www.medigatenews.com/news/3111331608 (2018. 12. 7. 방문)
30) 의료법 일부개정법률안(손금주의원 대표발의, 의안번호 15987), 발의연월일: 2018. 10. 16.

남인순 국회의원 등은 2018. 11. 8. 의료법 일부 개정법률안을 발의하였는데, 제안이유 및 주요 내용 등은 다음과 같다.

제안이유 및 주요 내용

현행법은 의료인의 결격사유의 하나로 이 법 또는 보건의료 관련 법령을 위반하여 금고 이상의 형을 선고받고 그 집행이 종료되지 않은 경우를 규정하고 있고, 의료인 면허를 가진 사람이 결격사유에 해당하게 되면 의무적으로 면허를 취소하도록 하고 있음. 그런데 최근 의료사고로 환자를 사망하게 하거나, 환자에게 성범죄를 저지르는 등 심각한 범죄행위로 인하여 유죄판결을 받은 의사가 계속하여 의사 면허를 가지고 진료행위를 하는 것에 대한 비판이 제기되고 있는데, 이는 현행법이 「변호사법」, 「공인회계사법」, 「세무사법」 등 다른 전문자격 관련 법률과는 달리 **일반 형사 범죄로 처벌받은 경우를 의료인의 결격사유나 면허 취소 사유로 규정하고 있지 않은 점**에 그 원인이 있음. 이에 범죄행위로 인한 의료인의 결격사유를 보건의료 관련 범죄로 금고 이상의 형을 선고받은 경우에서 모든 범죄로 금고 이상의 형을 선고받거나 선고유예를 받은 경우로 강화하려는 것임(안 제8조).

의료법 일부개정법률안

의료법 일부를 다음과 같이 개정한다.
제8조제4호를 다음과 같이 하고, 같은 조에 제5호 및 제6호를 각각 다음과 같이 신설한다.

4. 금고 이상의 실형을 선고받고 그 집행이 끝나거나(집행이 끝난 것으로 보는 경우를 포함한다) 집행이 면제된 날부터 3년이 지나지 아니한 자
5. 금고 이상의 형의 집행유예를 선고받고 그 유예기간이 끝난 날부터 1년이 지나지 아니한 자
6. 금고 이상의 형의 선고유예를 받고 그 유예기간 중에 있는 자
   제65조제2항 단서 중 "제1항제6호 또는 제8조제4호"를 "제1항제6호, 제8조제4호 또는 같은 조 제5호"로 한다.

손금주 국회의원 등은 2018. 10. 16. 의료법 일부 개정법률안을 발의하였는데, 제안이유 및 주요 내용 등은 다음과 같다.

제안이유 및 주요 내용

최근 환자 성폭행, 대리수술 등 납득하기 어려운 의료계 사고가 이어지면서 범죄를 저지른 의사들의 면허취소 기준에 대한 논란이 일고 있음. 성범죄·폭행·살인 등의 범죄를 저지른 자가 환자를 진료하는 행위는 환자 안전에 심각한 위해를 초래할 우려가 있어 사람의 생명을 다루는 의사는 일반인에 비해 엄격한 도덕적 잣대가 적용되어야 함. 그러나 **현행법상 의사 면허 취소 기준을 「의료법」위반에만 한정**하고 있어 중대한 범죄 및 비윤리적 행위를 저지른다 할지라도 이를 제재할 방법이 전무한 실정임. 이에 「의료법」위반뿐만 아니라 **모든 범죄에 대해 금고 이상의 형·집행유예를 선고받거나 선고유예를 받은 경우 면허를 취소하고,** 취소된 날부터 5년 이내에 면허를 재교부하지 못하도록 함(안 제8조제4호, 제65조제2항).

의료법 일부개정법률안

의료법 일부를 다음과 같이 개정한다.

제8조제4호 중 "이 법 또는 「형법」 제233조, 제234조, 제269조, 제270조, 제317조제1항 및 제347조(허위로 진료비를 청구하여 환자나 진료비를 지급하는 기관이나 단체를 속인 경우만을 말한다), 「보건범죄단속에 관한 특별조치법」, 「지역보건법」, 「후천성면역결핍증 예방법」, 「응급의료에 관한 법률」, 「농어촌 등 보건의료를 위한 특별 조치법」, 「시체해부 및 보존에 관한 법률」, 「혈액관리법」, 「마약류관리에 관한 법률」, 「약사법」, 「모자보건법」, 그 밖에 대통령령으로 정하는 의료 관련 법령을 위반하여 금고 이상의 형을 선고받고"를 "금고 이상의 형·집행유예를 선고받거나 선고유예를 받고"로 한다. 제65조제2항 단서 중 "3년 이내에는"을 "5년 이내(집행유예의 경우 유예기간이 지난 후 2년 이내, 선고유예의 경우 유예기간 중)에는"으로 한다.

우리나라 대부분의 전문직의 경우 형사적으로 금고 이상의 형의 선고를 받는 경우 전문직과 관련한 등록이나 자격이 취소되는 형태의 법률 규정을 두고 있으나(변호사, 공인회계사, 세무사, 변리사, 국립대학 및 사립대학 교수, 공무원 등), 그동안

의사와 같은 의료인의 경우 일반 형사범죄(횡령, 배임, 절도, 강간, 업무상과실치사상 등)나 일반 특별법위반 등으로 금고 이상의 형사처벌을 받더라도 의사의 면허에 영향이 없는 법률 형태를 유지하고 있는 차이점이 있었다.[31] 또한 파산선고를 받으면 대부분의 다른 직역에서는 공무원, 교수, 변호사, 공인회계사, 변리사, 법무사, 세무사 등의 자격을 제한하고 있으나(파산선고를 받은 자의 자격을 제한하는 법률이 200여 개에 이른다고 함),[32] 의료인은 파산선고를 받더라도 의료인의 자격에 영향을 주지 않는다.

앞서 본 바와 같이, 최근 법률개정으로 의료인이 업무상과실치사상을 제외하고 일반 형사범죄로 금고 이상의 형사처벌을 받게 되면, 필요적으로 면허가 취소되도록 의료법이 개정되었다.[33]

---

31) 지금부터 20여 년 전인 2000년 이전의 우리나라 의료법에서는, 의사가 업무상과실치사와 같은 범죄로 금고 이상의 형사 처벌을 받을 경우, 면허를 취소할 수 있도록 규정하고 있었다.
32) 서울중앙지방법원 파산부 실무연구회, 개인파산·회생실무, 2015, 17면.
33) 의료법(시행 2024. 5. 20., 법률 제19421호, 2023. 5. 19., 일부개정)
   ◇ 개정이유 및 주요내용
   금고 이상의 실형을 선고받고 그 집행이 끝나거나 그 집행을 받지 아니하기로 확정된 후 5년이 지나지 아니한 자 등은 의료인이 될 수 없도록 하고, 의료인이 결격사유에 해당하면 그 면허를 취소하도록 하되, 의료행위 중 업무상과실치사상죄를 범하여 금고 이상의 실형을 선고받는 등의 경우에는 그 면허를 취소하지 아니하도록 하며, 면허 취소 후 재교부받은 의료인이 자격정지 사유에 해당하는 행위를 한 경우에는 면허를 취소할 수 있도록 하는 한편, 거짓이나 그 밖의 부정한 방법으로 의료인 면허 발급 요건을 취득하거나 국가시험에 합격한 경우 면허를 취소할 수 있도록 하면서 면허를 재교부할 수 없도록 하고, 면허가 취소된 의료인에 대한 면허 재교부 요건으로 일정한 교육프로그램 이수를 추가하며, 병원급 의료기관에 일정한 자격을 갖춘 교육전담간호사를 배치하도록 의무화하고, 국가는 교육전담간호사 운영에 필요한 비용의 전부 또는 일부를 지원할 수 있도록 하는 등 현행 제도의 운영상 나타난 일부 미비점을 개선·보완함.

◇ 신구조문대비표

의료법 [법률 제18468호, 2021. 9. 24., 일부개정]	의료법 [법률 제19421호, 2023. 5. 19., 일부개정]
제8조(결격사유 등) 다음 각 호의 어느 하나에 해당하는 자는 의료인이 될 수 없다.	제8조(결격사유 등) 다음 각 호의 어느 하나에 해당하는 자는 의료인이 될 수 없다.
1. ~ 3. (생 략)	1. ~ 3. (현행과 같음)
4. 이 법 또는 「형법」 제233조, 제234조, 제269조, 제270조, 제317조제1항 및 제347조(허위로 진료비를 청구하여 환자나 진료비를 지급하는 기관이나 단체를 속인 경우만을 말한다), 「보건범죄단속에 관한 특별조치법」, 「지역보건법」, 「후천성면역결핍증 예방법」, 「응급의료에 관한 법률」, 「농어촌 등 보건의료를 위한 특별조치법」, 「시체 해부 및 보존 등에 관한 법률」, 「혈액관리법」, 「마약류관리에 관한 법률」, 「약사법」, 「모자보건법」, 그 밖에 대통령령으로 정하는 의료 관련 법령을 위반하여 금고 이상의 형을 선고받고 그 형의 집행이 종료되지 아니하였거나 집행을 받지 아니하기로 확정되지 아니한 자	4. 금고 이상의 실형을 선고받고 그 집행이 끝나거나 그 집행을 받지 아니하기로 확정된 후 5년이 지나지 아니한 자
<신 설>	5. 금고 이상의 형의 집행유예를 선고받고 그 유예기간이 지난 후 2년이 지나지 아니한 자
<신 설>	6. 금고 이상의 형의 선고유예를 받고 그 유예기간 중에 있는 자
제65조(면허 취소와 재교부) ① 보건복지부장관은 의료인이 다음 각 호의 어느 하나에 해당할 경우에는 그 면허를 취소할 수 있다. 다만, 제1호의 경우에는 면허를 취소하여야 한다.	제65조(면허 취소와 재교부) ① 보건복지부장관은 의료인이 다음 각 호의 어느 하나에 해당할 경우에는 그 면허를 취소할 수 있다. 다만, 제1호ㆍ제8호의 경우에는 면허를 취소하여야 한다.
1. 제8조 각 호의 어느 하나에 해당하게 된 경우 <단서 신설>	1. 제8조 각 호의 어느 하나에 해당하게 된 경우. 다만, 의료행위 중 「형법」 제268조의 죄를 범하여 제8조제4호부터 제6호까지의 어느 하나에 해당하게 된 경우에

	는 그러하지 아니하다.
2. (생 략)	2. (현행과 같음)
<신 설>	2의2. 제2항에 따라 면허를 재교부받은 사람이 제66조제1항 각 호의 어느 하나에 해당하는 경우
3. ~ 7. (생 략)	3. ~ 7. (현행과 같음)
<신 설>	8. 거짓이나 그 밖의 부정한 방법으로 제5조부터 제7조까지에 따른 의료인 면허 발급 요건을 취득하거나 제9조에 따른 국가시험에 합격한 경우
② 보건복지부장관은 제1항에 따라 면허가 취소된 자라도 취소의 원인이 된 사유가 없어지거나 개전(改悛)의 정이 뚜렷하다고 인정되면 면허를 재교부할 수 있다. 다만, 제1항제3호에 따라 면허가 취소된 경우에는 취소된 날부터 1년 이내, 제1항제2호에 따라 면허가 취소된 경우에는 취소된 날부터 2년 이내, 제1항제4호·제6호·제7호 또는 제8조제4호에 따른 사유로 면허가 취소된 경우에는 취소된 날부터 3년 이내에는 재교부하지 못한다.	② 보건복지부장관은 제1항에 따라 면허가 취소된 자라도 취소의 원인이 된 사유가 없어지거나 개전(改悛)의 정이 뚜렷하다고 인정되고 대통령령으로 정하는 교육프로그램을 이수한 경우에는 면허를 재교부할 수 있다. 다만, 제1항제3호에 따라 면허가 취소된 경우에는 취소된 날부터 1년 이내, 제1항제2호·제2호의2에 따라 면허가 취소된 경우에는 취소된 날부터 2년 이내, 제1항제4호·제6호·제7호 또는 제8조제4호부터 제6호까지에 따른 사유로 면허가 취소된 경우에는 취소된 날부터 3년 이내, 제8조제4호에 따른 사유로 면허가 취소된 사람이 다시 제8조제4호에 따른 사유로 면허가 취소된 경우에는 취소된 날부터 10년 이내에는 재교부하지 못하고, 제1항제8호에 따라 면허가 취소된 경우에는 재교부할 수 없다.

　다만 반복적인 의료사고로 다수의 환자를 사상케 한 의료인에 대해서는 개정법에서도 면허와는 관련 없는 종전의 법률 내용을 유지하였는데, 향후 이에 대해서도 면허 정지 또는 취소가 가능하도록 개정 논의가 있을 것으로 예상된다.

　2023. 5. 19. 개정 의료법(법률 제19421호) 제8조 제1호 내지 제6호 사유에 해당하는 사람은 의료인이 될 수 없고, 의료인 면허를 받은 이후에 면허 기간 중 제8조 각 호 사유에 해당하거나 거짓이나 그 밖의 부정한 방법으로 의료인 면허

발급 요건을 취득하거나 국가시험에 합격한 경우 면허가 취소된다(필요적 취소, 제65조 제1항 단서). 위 개정 의료법은 구 의료법의 제8조 제4호 결격사유(의료 관련 범죄에 한해 결격사유로 규정하는 방식)를 폐지하고, 제8조 제4호를 개정하며 제5호부터 제6호까지를 신설하면서 일반 형사범죄를 범한 경우로 결격사유를 확대하였다.

한편, 위 개정 의료법에서 거짓이나 그 밖의 부정한 방법으로 의료인 면허 발급 요건을 취득하거나 국가시험에 합격한 경우도 필요적 면허취소 사유로 신설하였는데(제65조 제1항 제8호), 의료인 면허를 받기 위해 필요한 대학이나 전문대학원 졸업이 취소된 사안이 사회적으로 이슈가 되면서[34] 의료법에 도입되었다. 또한 이 경우에는 면허가 취소되면 재교부할 수 없는 규정도 함께 도입되면서 의료법에 그동안 없었던 영구제명 제도가 사실상 도입되었다(의료법 제65조 제2항 단서).

일본의 경우, 의사에 대해 벌금 이상의 형사처벌이 이루어질 경우, 면허취소 또는 (3년 이내) 의료업 정지처분을 규정하고 있다. 따라서 일본에서 '벌금형 이상의 형사처벌'을 받을 경우, '해당 의사는 면허취소 혹은 3년 이내의 의료업 정지처분'을 받을 수 있다.[35] 이는 우리나라의 경우 의사가 일반 형사범죄로 설령 실

---

34) 손덕호·김지환, '의전원 입학취소는 정당' 판결에 조민 "항소"…의사면허 취소 미뤄져(종합), 조선일보, 2023. 4. 6.자 기사, https://biz.chosun.com/topics/topics_social/2023/04/06/YGAVG25JQVDNJFYQLGYZ5Y5QGY/ (2024. 1. 7. 방문); 권지담, 복지부 "조민 의사 면허 취소 절차중", 한겨레, 2022. 4. 8.자 기사, https://www.hani.co.kr/arti/society/rights/1038170.html (2024. 1. 7. 방문)

35) 일본 의사법(医師法)(쇼와 23년 7월 31일 법률 제201호)
최종 개정 일자 : 헤세이 26년(2014년) 6월 13일 법률 제69호
제3조
미성년자, 피성년후견인 또는 피보좌인은 면허를 주지 않는다.
제4조
다음 각 호의 어느 하나에 해당하는 자에게는 면허를 주지 않을 수 있다.
1. 심신의 장애로 인하여 의사의 업무를 적정하게 수행할 수 없는 사람으로서 후생노동성령으로 정하는 것
2. 마약, 대마 또는 아편 중독자
3. 벌금 이상의 형에 처해진 사람
4. 제3호에 해당 하는 자를 제외하고는 의학 분야 관련 범죄 또는 부정행위가 있는 자
제7조

형을 선고 받더라도, 의사의 자격에 영향이 없었던 것과 큰 차이를 보인다. 독일의 경우 의사가 형사범죄와 관련이 될 경우, 일반 형사처벌과 별도로 보안처분으로서 직업금지 명령이 가능하고,36) 이외에도 의사의 직무를 수행하는 데에 의사

의사가 제3조에 해당하는 때에는 후생노동장관은 그 면허를 취소한다.

2 의사가 제4조 각 호의 어느 하나에 해당하거나 의사로서의 품위를 손상시키는 행위가 있을 때에는 후생노동장관은 다음 각호의 처분을 할 수있다.

1. 계고
2. 3년 이내의 의료업 정지
3. 면허의 취소

◆医師法◆

(昭和二十三年七月三十日法律第二百一号)

最終改正年月日:平成二六年六月一三日法律第六九号

第二章　免許

第三条

未成年者´成年被後見人又は被保佐人には´免許を与えない。

第四条

次の各号のいずれかに該当する者には´免許を与えないことがある。

一　心身の障害により医師の業務を適正に行うことができない者として厚生労働省令で定るもの

二　麻薬´大麻又はあへんの中毒者

三　罰金以上の刑に処せられた者

四　前号に該当する者を除くほか´医事に関し犯罪又は不正の行為のあつた者

第七条

医師が´第三条に該当するときは´厚生労働大臣は´その免許を取り消す。

2　医師が第四条各号のいずれかに該当し´又は医師としての品位を損するような行為のあつたときは´厚生労働大臣は´次に掲げる処分をすることができる。

一　戒告

二　三年以内の医業の停止

三　免許の取消し

36) 독일형법 제70조 [직업금지명령] 제1항에서 '자신의 직업과 관련된 의무를 위반한 위법행위로 인하여 유죄선고를 받는 경우, 법원은 행위자와 행위에 대한 종합평가를 통해 직업, 직업 일부, 영업 혹은 영업 일부의 계속되는 수행 중에 규정된 유형의 현저한 위법행위를 범할 위험이 있는 것으로 인정된다면 그에게 1년 이상 5년 이하 동안 직업, 직업 일부, 영업 또는 영업 일부의 수행을 금지할 수 있다. 법정 상한이 행위자로부터 예상되는 위험의 방지를 위하여 충분하지 않은 것으로 예상되는 경우에는 직업금지를 영구히 명할 수 있다.'고 규정하고 있다(Strafgesetzbuch § 70 (1) 참조){Strafgesetzbuch (StGB), Berufsverbot, § 70 Anordnung des Berufsverbots, (1) Wird jemand wegen einer rechtswidrigen Tat, die er unter Mißbrauch seines Berufs oder Gewerbes oder unter grober Verletzung der mit ihnen verbundenen Pflichten begangen hat, verurteilt oder nur deshalb nicht

의 형법위반에 대해서 확정판결 혹은 법원명령에 따라 의사의 직무수행에 부적합하거나 의심이 있다고 판단된다면 면허의 취소나 사전정지가 가능하다(연방의사법 제5조 제1항, 제2항, 제6조 제1항 제1호).[37]

미국에서는, 예외 없이, 면허를 교부 받기 위해서는, 선량한 도덕적 성격이 필요하고, 형사사건에서 유죄 전력은 면허 교부 자체가 불허되는 중요한 이유이며, 심지어 유죄 판결의 근거가 된 범죄가 의료행위와 관련이 없다고 하더라도 마찬가지로 알려져 있다.[38][39]

의료법 및 면허 규제는, 의료인들만의 문제가 아니라, 일반 국민들의 생명과 직결되는 중대한 사안이고, 일반 형사범죄나 특별법 위반 등 형사처벌을 받게 된 의료인에 대해 의사면허 취소·정지와 같은 행정처분을 규정한 의료법 개정을 통해, 우리 사회에서 대표적 전문직인 의료인의 직업윤리가 바로 설 수 있도록 법률적, 제도적으로 뒷받침할 필요가 있고,[40] 최근 의료법 개정은 이를 명문화 한 것이다.

---

verurteilt, weil seine Schuldunfähigkeit erwiesen oder nicht auszuschließen ist, so kann ihm das Gericht die Ausübung des Berufs, Berufszweiges, Gewerbes oder Gewerbezweiges für die Dauer von einem Jahr bis zu fünf Jahren verbieten, wenn die Gesamtwürdigung des Täters und der Tat die Gefahr erkennen läßt, daß er bei weiterer Ausübung des Berufs, Berufszweiges, Gewerbes oder Gewerbezweiges erhebliche rechtswidrige Taten der bezeichneten Art begehen wird. Das Berufsverbot kann für immer angeordnet werden, wenn zu erwarten ist, daß die gesetzliche Höchstfrist zur Abwehr der von dem Täter drohenden Gefahr nicht ausreicht}.

직무관련 범죄가 인정되는 경우에 직업금지는 독일에서는 형법상 일반적인 형사제재의 하나이고, 법원의 재판을 통하여 이루어진다는 점에서 차이가 있다(이석배, 독일에서 의료영역의 리베이트와 형법, 법학논총 제33권 제2호, 2013, 24−25면 참조).

37) 이석배, 의사의 범죄와 직무금지, −독일의 적용례를 중심으로−, 의사의 형사범죄와 면허 규제의 문제점 및 개선방향 심포지엄, 국회의원회 남인순, 국회의원 권미혁, 대한변호사협회 주최, 2018. 4. 27.
38) Invariably, "good moral character" is required for licensure. A typical reason for denying a license on that ground is a prior criminal conviction, even if the crime on which the conviction was based has no obvious connection with the practice of medicine(American College of Legal Medicine Textbook Committee, Legal Medicine, 7th ed, 2007, 11면).
39) 정규원, 미국의 의료체계와 의료법체계, 법과 정책연구, 제3권 제1호, 2003, 15면.
40) 박호균, 의료인의 형사범죄와 면허 규제의 문제점 및 개선방향(입법적 측면을 중심으로), 의사의 형사범죄와 면허 규제의 문제점 및 개선방향 심포지엄, 국회의원회 남인순, 국회의원 권미혁, 대한변호사협회 주최, 2018. 4. 27.

4. 의료인 면허 국가시험 (제9조, 제10조, 제85조 제1항·2항)

(1) 조문

◇ 제9조(국가시험 등)

① 의사·치과의사·한의사·조산사 또는 간호사 국가시험과 의사·치과의사·한의사 예비시험(이하 "국가시험등"이라 한다)은 매년 보건복지부장관이 시행한다. <개정 2008. 2. 29., 2010. 1. 18.>

② 보건복지부장관은 국가시험등의 관리를 대통령령으로 정하는 바에 따라 「한국보건의료인국가시험원법」에 따른 한국보건의료인국가시험원에 맡길 수 있다. <개정 2008. 2. 29., 2010. 1. 18., 2015. 6. 22.>

③ 보건복지부장관은 제2항에 따라 국가시험등의 관리를 맡긴 때에는 그 관리에 필요한 예산을 보조할 수 있다. <개정 2008. 2. 29., 2010. 1. 18.>

④ 국가시험등에 필요한 사항은 대통령령으로 정한다.

◇ 제10조(응시자격 제한 등)

① 제8조 각 호의 어느 하나에 해당하는 자는 국가시험등에 응시할 수 없다. <개정 2009. 1. 30.>

② 부정한 방법으로 국가시험등에 응시한 자나 국가시험등에 관하여 부정행위를 한 자는 그 수험을 정지시키거나 합격을 무효로 한다.

③ 보건복지부장관은 제2항에 따라 수험이 정지되거나 합격이 무효가 된 사람에 대하여 처분의 사유와 위반 정도 등을 고려하여 대통령령으로 정하는 바에 따라 그 다음에 치러지는 이 법에 따른 국가시험등의 응시를 3회의 범위에서 제한할 수 있다. <개정 2016. 12. 20.>

◇ 제85조(수수료)

① 이 법에 따른 의료인의 면허나 면허증을 재교부 받으려는 자, 국가시험등에 응시하려는 자, 진단용 방사선 발생 장치의 검사를 받으려는 자, 진단용 방사선 발생장치 안전관리책임자 교육을 받으려는 자는 보건복지부령으로 정하는 바에 따라 수수료를 내야 한다. <개정 2008. 2. 29., 2010. 1. 18., 2020. 12. 29.>

② 제9조제2항에 따른 한국보건의료인국가시험원은 제1항에 따라 납부받은 국가시험등의 응시수수료를 보건복지부장관의 승인을 받아 시험 관리에 필요한 경비에 직접 충당할 수 있다. <개정 2008. 2. 29., 2010. 1. 18., 2015. 6. 22.>

(2) 조문내용

의사 · 치과의사 한의사 · 조산사 또는 간호사 국가시험과 의사 · 치과의사 한의사 예비시험은 매년 보건복지부장관이 시행한다(제9조 제1항). 보건복지부장관은 국가시험 등의 관리를 대통령령으로 정하는 바에 따라 한국보건의료인국가시험원법에 따른 한국보건의료인국가시험원에 맡길 수 있고(제9조 제2항) 그 관리에 필요한 예산을 보조할 수 있다(제9조 제3항). 국가시험 등에 필요한 사항은 대통령령으로 정한다. 시험과목은 의료법 시행령 제5조에 따라 보건복지부령으로 정하는데, 의료법 시행규칙 제2조, 별표 1의3에 의료법이 공통 과목인 보건의약관계법규의 한 과목으로 포함된다.[41]

예비시험 관련 의료법 제5조 제1항 제3호의 규정에 의한 외국학교의 인정은 모든 외국의대에 대하여 인정되는 것이 아니라 그 인정을 받고자 하는 본인의 신청에 의하여 보건복지가족부장관이 심의 · 결정하여 인정되었다. 즉 인정을 받고자 하는 자가 외국학교인정승인신청서에 보건복지가족부장관이 심의할 수 있는 자료(해당 대학의 교육부 인가증 사본, 해당국의 학제 및 면허제도 설명서, 해당 대학 교과과정 등)를 첨부하여 인정을 신청하면 보건복지가족부장관은 해당 대학이 정규대학인지의 여부, 학제 및 교과과정, 입학자격과 졸업제도, 면허제도 등이 우리나라와 동등 이상인지의 여부를 심사하여 인정 여부를 결정한다.[42]

의료법상 제8조 각 호의 의료인 결격사유에 해당하는 자는 국가시험등에 응시할 수 없다(제10조 제1항). 그리고 부정한 방법으로 국가시험등에 응시한 자나 국가시험등에 관하여 부정행위를 한 자는 그 수험을 정지시키거나 합격을 무효로 한다. 이에 따라 수험이 정지되거나 합격이 무효가 된 사람에 대하여 처분의 사유

---

41) 홍영균, 의료법해설, 군자출판사, 2017, 41-42면.
42) 대한의사협회, 의료법원론, 법문사, 2008, 39면.

와 위반 정도 등을 고려하여 대통령령으로 정하는 바에 따라 그 다음에 치러지는 국가시험등의 응시를 3회의 범위에서 제한할 수 있다(제10조 제2항 및 제3항).

의료법에 따른 의료인의 면허나 면허증을 재교부 받으려는 자, 국가시험등에 응시하려는 자, 진단용 방사선 발생 장치의 검사를 받으려는 자는 보건복지부령으로 정하는 바에 따라 수수료를 내야 한다(제85조 제1항). 한국보건의료인국가시험원은 납부받은 국가시험등의 응시수수료를 보건복지부장관의 승인을 받아 시험 관리에 필요한 경비에 직접 충당할 수 있다(제85조 제2항).

(3) 판례·행정해석

◇ 의료법 제10조 제2항 "부정행위"의 의미(대법원 1991. 12. 24. 선고 91누 2184 판결)

- 의료법 제 10조 제2항 소정의 '부정행위'란 국가시험의 공정성을 해하거나 해할 우려가 있는 시험에 관한 일체의 부정행위를 통틀어 지칭하는 것임.
- 한의사 국가시험에 응시함에 있어 비밀표시요령을 지시하고 위 시험의 채점위원으로 위촉된 같은 대학 교수에게 위 비밀표시사실을 알려주어 채점상의 유리한 평가를 부탁한 행위는 '부정행위'에 해당되며 이와 같은 부정행위가 있음에도 합격처분을 하였다면 이는 하자있는 행정처분이고 이를 취소하지 않으면 안될 공익상의 필요가 있다고 보아야 할 것이므로 부정행위를 한 주관식시험의 점수를 제외하더라도 합격점수에 달한다는 등의 사정만으로는 위와 같은 부정행위를 이유로 한 합격처분무효처분에 재량권 일탈 내지 남용 등의 위법이 없음.

5. 의료인 면허 조건과 등록 (제11조)

(1) 조문

◇ 제11조(면허 조건과 등록)
① 보건복지부장관은 보건의료 시책에 필요하다고 인정하면 제5조에서 제7조까

지의 규정에 따른 면허를 내줄 때 3년 이내의 기간을 정하여 특정 지역이나 특정 업무에 종사할 것을 면허의 조건으로 붙일 수 있다. <개정 2008. 2. 29., 2010. 1. 18.>

② 보건복지부장관은 제5조부터 제7조까지의 규정에 따른 면허를 내줄 때에는 그 면허에 관한 사항을 등록대장에 등록하고 면허증을 내주어야 한다. <개정 2008. 2. 29., 2010. 1. 18.>

③ 제2항의 등록대장은 의료인의 종별로 따로 작성·비치하여야 한다.

④ 면허등록과 면허증에 필요한 사항은 보건복지부령으로 정한다. <개정 2008. 2. 29., 2010. 1. 18.>

(2) 조문해설

제11조[43]가 규정한 "특정지역"이라 함은 보건복지부장관이 정하는 보건의료 취약지를 말하고, "특정업무"라 함은 국·공립의 보건의료기관의 업무와 국·공·사립의 보건의학연구기관의 기초의학분야에 속하는 업무를 말한다. 이 규정에 의하여 특정지역 또는 특정업무에 종사하는 의료인에게는 예산의 범위 안에서 수당을 지급하도록 규정하고 있다(의료법 시행령 제 10조).[44] 제11조 제1항에 따른 면허의 조건을 이행하지 않으면 면허가 취소될 수 있다(임의적 취소, 제65조 제1항 제3호). 법령 규정만 놓고 보면, 비록 향후 면허를 취득하는 의료인의 이의제기가 있을 수 있지만, 최근 문제되는 지역의료, 필수의료 등 공공의료의 취약성을 보완하기 위하여 보건복지부가 의사 등 의료인에게 면허를 내줄 때 3년 이내의 기간을 정하여 의료취약 지역의 필수의료 업무에 종사할 것을 면허의 조건으로 붙일 수 있을 것으로 보인다.

의료인 면허는 행정행위(처분, 허가)이므로 신청인에게 도달(수령)되어야 효력이 발생한다. 다만, 이 경우에도 신청인이 면허(허가)행위를 현실적으로 알고 있

---

43) 제11조(면허 조건과 등록) 규정은 1973.경 신설된 것으로 보이는데(시행 1973. 8. 17., 법률 제2533호, 1973. 2. 16., 전부개정), 당시 입법이유에 의하면, '의료기관의 편중, 응급환자의 진료거부, 의료밀수의 부적정등 의료에 관한 여러 가지 사회적 문제를 야기시킴으로써 국민의료를 저해하는 중요한 요인이 되고 있으므로 변화된 현실에 부응'하도록 하기 위하여 '의료인의 면허를 하는 경우에 특정한 조건을 붙일 수 있도록 함'이라는 것이다.

44) 대한의사협회, 의료법원론, 법문사, 2008, 47면.

을 필요는 없고 다만 알 수 있는 상태에 있는 것으로 충분하다. 의료인 면허증에
기재된 교부일자를 기준으로 그 이전에 무면허 의료행위를 하지 않도록 주의하
여야 한다.[45)]

6. 면허의 보수 및 신고 (제25조, 제30조)

(1) 조문

◇ 제25조(신고)
① 의료인은 대통령령으로 정하는 바에 따라 최초로 면허를 받은 후부터 3년마
   다 그 실태와 취업상황 등을 보건복지부장관에게 신고하여야 한다. <개정
   2008. 2. 29., 2010. 1. 18., 2011. 4. 28.>
② 보건복지부장관은 제30조제3항의 보수교육을 이수하지 아니한 의료인에 대
   하여 제1항에 따른 신고를 반려할 수 있다. <신설 2011. 4. 28.>
③ 보건복지부장관은 제1항에 따른 신고 수리 업무를 대통령령으로 정하는 바
   에 따라 관련 단체 등에 위탁할 수 있다. <신설 2011. 4. 28.>

◇ 제30조(협조 의무)
① 중앙회는 보건복지부장관으로부터 의료와 국민보건 향상에 관한 협조 요청
   을 받으면 협조하여야 한다. <개정 2008. 2. 29., 2010. 1. 18.>
② 중앙회는 보건복지부령으로 정하는 바에 따라 회원의 자질 향상을 위하여
   필요한 보수(補修)교육을 실시하여야 한다. <개정 2008. 2. 29., 2010.
   1. 18.>
③ 의료인은 제2항에 따른 보수교육을 받아야 한다.

---

45) 홍영균, 의료법해설, 군자출판사, 2017, 42-43면.

(2) 조문해설

의료인은 그 실태와 취업상황 등을 제8조 또는 제65조에 따라 면허증을 발급 또는 재발급 받은 날부터 매 3년이 되는 해의 12월 31일까지 보건복지부장관에게 신고하여야 한다(의료법 시행령 제11조). 보건복지부장관은 이 같은 신고를 하지 아니한 의료인에 대하여 신고할 때까지 면허의 효력을 정지할 수 있다(제66조 제4항).

보건복지부장관은 신고 수리 업무를 대통령령으로 정하는 바에 따라 관련 단체 등에 위탁할 수 있는데(제25조 제3항), 의료법 시행령 제11조 제2항에 따라 의료법 제28조에 따른 의사회·치과의사회·한의사회·조산사회 및 간호사회(이하 '중앙회'라 한다)에 위탁한다. 중앙회는 보건복지부령으로 정하는 바에 따라 회원의 자질 향상을 위하여 필요한 보수(補修)교육을 실시하여야 하고, 의료인은 중앙회의 보수교육을 받아야 한다(제30조). 의료인이 보수교육을 받지 않으면 보건복지부장관은 이 의료인에 대하여 의료법 제25조 제1항에 따른 신고를 반려할 수 있다(제25조 제2항).[46]

제2절 권리와 의무

1. 의료행위에 대한 보호

가. 의료기술 등에 대한 보호 (제12조)

(1) 조문

◇ 제12조(의료기술 등에 대한 보호)
① 의료인이 하는 의료·조산·간호 등 의료기술의 시행(이하 "의료행위"라 한다)에 대하여는 이 법이나 다른 법령에 따로 규정된 경우 외에는 누구든지 간섭하지 못한다.
② 누구든지 의료기관의 의료용 시설·기재·약품, 그 밖의 기물 등을 파괴·손

---

46) 홍영균, 의료법해설, 군자출판사, 2017, 100면.

상하거나 의료기관을 점거하여 진료를 방해하여서는 아니 되며, 이를 교사하거나 방조하여서는 아니 된다.

③ 누구든지 의료행위가 이루어지는 장소에서 의료행위를 행하는 의료인, 제80조에 따른 간호조무사 및 「의료기사 등에 관한 법률」 제2조에 따른 의료기사 또는 의료행위를 받는 사람을 폭행·협박하여서는 아니 된다. <신설 2016. 5. 29.>

◇ 벌칙
- 제12조 제3항을 위반한 죄를 범하여 사람을 중상해에 이르게 한 경우: 3년 이상 10년 이하의 징역(제87조의2 제1항)
- 제12조 제3항을 위반한 죄를 범하여 사람을 사망에 이르게 한 경우: 무기 또는 5년 이상의 징역(제87조의2 제1항)
- 제12조 제3항을 위반한 죄를 범하여 사람을 상해에 이르게 한 경우: 7년 이하의 징역 또는 1천만원 이상 7천만원 이하의 벌금(제87조의2 제1항)
- 제12조 제2항을 위반한 경우: 5년 이하의 징역 또는 5천만원 이하의 벌금(제87조의2 제2항 제2호)
- 제12조 제3항을 위반하여 사람을 폭행 또는 협박한 경우: 5년 이하의 징역 또는 5천만원 이하의 벌금(제87조의2 제2항 제2호), 다만, 피해자의 명시한 의사에 반하여 공소를 제기할 수 없음

◇ 형법상 감경규정에 관한 특례
- 음주로 인한 심신장애 상태에서 제12조 제3항을 위반하는 죄를 범한 때에는 형법 제10조 제1항(심신미약에 따른 감경규정)을 적용하지 아니할 수 있음(제90조의2)

(2) 조문해설

의료법 제12조는 의료행위의 전문성을 보호하는 한편, 의료행위에 종사 중인 자를 보호함으로써 환자를 보호하기 위한 규정이다. 의료법 제12조 제1항은 의료행위에 대해서 누구든지 간섭할 수 없다고 규정하는 한편, 의료법 제12조 제2

항과 제3항에서는 구체적으로 금지되는 간섭행위를 예시하고 있다.

누구든지 의료기관의 의료용 시설, 기재, 약품 등 기물을 파괴, 손상하거나 의료기관을 점거하여 진료를 방해하여서는 아니 된다(제12조 제2항). 이와 같은 행위는 형법상 손괴죄 및 주거침입죄(혹은 퇴거불응죄)에도 해당될 수 있겠으나 의료법에 따라 보다 가중하여 처벌하도록 정하고 있는 것이다. 다만, 기물을 파괴, 손상하거나 의료기관을 점거하기만 하여도 위와 같은 죄가 성립하는 것은 아니다. 파괴, 손상 또는 점거행위로 인하여 진료가 방해되는 결과가 있어야 한다. 이러한 방해행위를 교사 또는 방조한 자에게도 방해행위자와 동일한 처벌조항이 적용된다.

누구든지 의료행위가 이루어지는 장소에서 의료행위를 행하는 의료인, 간호조무사 및 의료기사 또는 의료행위를 받는 사람을 폭행, 협박하여서는 아니 된다(제12조 제3항). 폭행 및 협박행위만 하여도 5년 이하의 징역에 처할 수 있으나 피해자가 처벌을 원하지 않는 등의 의사를 표시한 경우에는 공소를 제기하지 아니할 수 있다. 또한, 폭행 및 협박행위의 결과로 사람이 상해, 중상해 또는 사망에 이른 경우 각 가중처벌이 가능하다. 이때에는 피해자가 가해자의 처벌을 원치 않더라도 공소제기가 가능하다. 한편, 형법은 제10조 제1항에서 심신미약 상태에서 죄를 범한 경우 형을 감경할 수 있다고 규정하고 있으나, 의료행위가 이루어지는 장소에서 의료인등을 폭행, 협박한 경우에는 위 감경규정을 적용하지 않을 수 있다. 여기서 의료행위가 이루어지는 장소란 비단 의료기관 내부만을 의미하지 않는 것으로 해석된다. 의료인등에 대한 폭행, 협박 및 이로 인한 상해와 사망의 결과에 대해서도 기존의 형법으로 처벌이 가능했다. 그러나 의료인등의 의료행위는 사람의 생명과 직결되는 것이므로 이 과정의 폭행, 협박에 대해서는 더욱 중하게 처벌하도록 하고자 의료법에 가중된 처벌조항이 규정되었다.

(3) 판례 · 행정해석

◇ 의료법 제12조 제2항에서 정한 '의료기관을 점거하여 진료를 방해하는 행위'의 의미(대법원 2008. 11. 27. 선고 2008도7567 판결)

– 구 의료법 제12조는 '누구든지 의료기관의 의료용 시설, 기재 · 약품 기타

의 기물 등을 파괴·손상하거나 의료기관을 점거하여 진료를 방해하여서
는 아니 되며, 이를 교사 또는 방조하여서는 아니 된다'고 규정(현행 의료
법 제12조 제2항과 동일)하고 있는바, 위 규정이 진료를 방해하는 행위의 태
양으로 의료기관의 '점거'를 규정하고 있는 점 및 그 처벌규정을 둔 입법
취지에 비추어 볼 때, '의료기관을 점거하여 진료를 방해하는 행위'란, 반
드시 의료기관을 완전히 점거할 것을 요하는 것은 아니라고 하더라도, 진
료실이나 병실을 어느 정도 사실상 지배하여 의료인의 진료를 방해할 수
있는 정도의 물리적 지배를 함으로써 진료행위를 방해하는 행위를 의미한
다고 볼 것이므로(대법원 1980. 9. 24. 선고 79도1387 판결 참조), 단지 의료
행위에 지장을 초래할 수도 있는 행위가 병실이나 진료실에서 이루어진
것일 뿐, 진료실이나 병실을 어느 정도 사실상 지배하여 물리적 지배를
하였다고 볼 수 없는 경우라면, 의료기관을 '점거'하여 진료를 방해한 것
으로서 위 규정에 위반되는 것이라고 볼 수는 없음.

- 위 대법원 판례 사안은 경영권 분쟁 중인 산부인과에서 사실상 병원장인
피고인이 고용의사인 피해자의 진료를 방해하였다고 기소된 사건으로, 피
고인은 피해자가 환자를 진료할 때에는 진료실 밖에 나와서 기다렸다가
진료가 끝나자 진료실 안으로 들어가 병원 열쇠를 반납할 것을 요구하였
고, 피해자가 이에 불응하자 피고인이 직원들을 데리고 피해자가 진료를
하고 있지 아니한 때에 진료실에 들어가서 피해자가 병원 열쇠를 반납하
지 않고 거부하는 모습을 캠코더로 촬영하고 경고장을 수령하도록 종용하
였던 사안으로, 원심은 피고인이 위 병원의 실질적인 병원장으로서 위 병
원을 운영하는 경영자이면서 피해자의 고용인으로서 피해자에게 정당한
업무지시를 할 권리가 있는 점, 피해자가 진료 중이 아닐 때에만 진료실
에 들어갔던 점(피해자가 환자를 진료할 시간이 되자 피고인은 밖에 나와서 진료
가 끝날 때까지 기다렸다), 피고인이 진료실에서 머문 시간이 수분에 불과하
였던 점 등을 고려하여 피고인의 행위가 '진료 중인 진료실 또는 병실을
사실상 지배하여 의료기관을 점거하는 행위'라고 보기 어렵다는 이유로
무죄를 선고하였고, 대법원 역시 같은 판단을 하였음.

◇ 간호사에 대한 폭행·협박 행위에 대하여 의료법 제12조 제3항 위반을 인정한 사례(대구지방법원 2023. 5. 3. 선고 2022고정1028 판결)

- 피고인이 코로나19 감염으로 인해 대구 소재 병원에서 격리 치료를 받던 중 병원 식사가 마음에 들지 않고 배달음식도 반입되지 않는다는 이유로 병원 밖으로 나가려는 것을 간호사가 제지하자 이에 화가 나 간호사에게 욕설을 하며 오른손을 들어 간호사의 얼굴을 때릴 듯한 태도를 보이며 위협하였던 행위 및 간호사실 유리문을 두드리며 손을 들어 때릴 듯한 태도를 보이며 위협하였던 행위에 대하여 의료법 제12조 제3항 위반을 이유로 기소된 사안.

- 피고인은 병원 밖으로 나가려는 것을 간호사가 제지하였던 것이 의료행위에 해당하지 아니한다고 주장하였으나, 법원은 "의료법 제12조 제3항은 안정적인 의료 환경을 조성하고 의료인의 진료권 및 환자건강권을 보호하기 위한 것으로 '의료행위가 이루어지는 장소'에서 '의료행위 중인 의료인 등'을 대상으로 하는 것이고, 피고인을 포함한 모든 환자들에 대한 간호요구에 대한 관찰, 자료수집, 간호판단 등 업무를 보던 간호사는 의료행위 중인 의료인이라고 볼 수 있는바, 간호실에서 대기 중이던 간호사 역시 위와 같은 업무를 보고 있었던 이상 의료행위 중이라고 볼 수 있으며, 또한 환자인 피고인으로 하여금 병원을 이탈하지 못하도록 제지하는 것 또한 간호사의 업무로 환자의 간호요구에 대한 관찰 등 행위에 포함된다고 볼 수 있다"고 판단함.

나. 의료기재 압류 금지 및 기구 등 우선공급 (제13조, 제14조)

(1) 조문

◇ 제13조(의료기재 압류 금지)
의료인의 의료 업무에 필요한 기구·약품, 그 밖의 재료는 압류하지 못한다.

◇ 제14조(기구 등 우선공급)

① 의료인은 의료행위에 필요한 기구·약품, 그 밖의 시설 및 재료를 우선적으로 공급받을 권리가 있다.

② 의료인은 제1항의 권리에 부수(附隨)되는 물품, 노력, 교통수단에 대하여서도 제1항과 같은 권리가 있다.

(2) 조문해설

의료인 또는 의료기관의 채무불이행으로 말미암아 의료 업무에 필요한 기구, 약품 등 유체동산이 압류된다면 해당 의료 업무가 정상적으로 수행되기 어렵게 되고, 그로인한 불이익은 의료인뿐만 아니라 결국 환자에게도 전가될 수 밖에 없다. 때문에 의료법 제13조는 의료 업무의 공공성을 확보하기 위하여 의료 업무에 필요한 기구, 약품 그 밖의 재료를 압류하지 못하도록 정하고 있다. 만약 위 규정에도 불구하고 강제집행이 개시된다면 집행법원에 집행에 관한 이의신청을 통하여 구제가 가능하다.

의료인은 의료행위에 필요한 기구, 약품, 시설 및 재료를 우선적으로 공급받을 수 있고, 이러한 공급받을 권리에 부수되는 물품, 노력, 교통수단에 대해서도 우선하여 제공받을 권리가 있다(제14조). 다만, 이 조항은 공급자에게 이행을 강제할 수 있는 근거규정을 두고 있지 아니할 뿐만 아니라, 의료행위에 필요한 기구, 약품, 시설 및 재료의 범위를 어디까지로 볼 것인지도 불명확하고, 이에 부수되는 물품, 노력, 교통수단까지 범위를 확장할 경우 지나치게 광범위하여 다른 법률 규정과 충돌을 피할 수 없어 현재로서는 선언적 의미에 그칠 뿐 구체적인 청구권 근거규정으로 역할을 하지 못하고 있다.

2. 의료인과 의료기관의 의무 일반

가. 기본의무 · 환자권리 게시의무 · 명찰패용의무 (제4조 제1, 3, 5항) (변창우)

(1) 조문

◇ 제4조(의료인과 의료기관의 장의 의무)

① 의료인과 의료기관의 장은 의료의 질을 높이고 의료관련감염(의료기관 내에서 환자, 환자의 보호자, 의료인 또는 의료기관 종사자 등에게 발생하는 감염을 말한다. 이하 같다)을 예방하며 의료기술을 발전시키는 등 환자에게 최선의 의료서비스를 제공하기 위하여 노력하여야 한다. <개정 2012. 2. 1., 2020. 3. 4.>

③ 의료기관의 장은 「보건의료기본법」 제6조·제12조 및 제13조에 따른 환자의 권리 등 보건복지부령으로 정하는 사항을 환자가 쉽게 볼 수 있도록 의료기관 내에 게시하여야 한다. 이 경우 게시 방법, 게시 장소 등 게시에 필요한 사항은 보건복지부령으로 정한다. <신설 2012. 2. 1.>

⑤ 의료기관의 장은 환자와 보호자가 의료행위를 하는 사람의 신분을 알 수 있도록 의료인, 제27조제1항 각 호 외의 부분 단서에 따라 의료행위를 하는 같은 항 제3호에 따른 학생, 제80조에 따른 간호조무사 및 「의료기사 등에 관한 법률」 제2조에 따른 의료기사에게 의료기관 내에서 대통령령으로 정하는 바에 따라 명찰을 달도록 지시·감독하여야 한다. 다만, 응급의료상황, 수술실 내인 경우, 의료행위를 하지 아니할 때, 그 밖에 대통령령으로 정하는 경우에는 명찰을 달지 아니하도록 할 수 있다. <신설 2016. 5. 29.>

◇ 과태료
- 제4조 제3항에 따라 환자의 권리 등을 게시하지 아니한 자: 100만원 이하의 과태료
- 제4조 제5항을 위반하여 그 위반행위에 내려진 시정명령을 따르지 아니한 자: 100만원 이하의 과태료

◇ 행정처분
- 제4조 제5항 위반: 시정명령

(2) 조문해설

의료인과 의료기관의 장은 의료의 질을 높이고 의료기관 내에서 환자, 환자의 보호자, 의료인 또는 의료기관 종사자 등에게 발생하는 감염을 예방하며 의료기술을 발전시키는 등 환자에게 최선의 의료서비스를 제공하기 위하여 노력하여야 한다. 이 의무는 의료인에게만 주어지는 것이 아니라 의료인이 아닌 의료기관의 장에게도 부과된다. 이 조항에 근거하여 의료인 또는 의료기관이 객관적으로 시행 가능한 최선의 의료를 제공하였는지 여부가 과실판단의 근거가 되기도 한다.

의료기관의 장은 환자의 권리를 환자가 쉽게 볼 수 있도록 의료기관 내에 게시해야 한다. 게시해야하는 내용은 의료법 시행규칙 제1조의3 별표 1로 규정되어 있다. 주요 내용은 진료 받을 권리, 알권리 및 자기결정권, 비밀을 보호받을 권리, 의료분쟁 발생 시 한국의료분쟁조정중재원에 상담·조정을 신청할 권리, 의료인에 대한 신뢰·존중 의무, 타인의 명의를 도용하는 등 부정한 방법으로 진료를 받지 않을 의무 등이다. 의료기관의 장은 위와 같은 내용을 기재하여 접수창구나 대기실 등 환자나 환자의 보호자가 쉽게 볼 수 있는 장소에 게시하여야 한다.

의료기관의 장은 환자와 보호자가 의료행위를 하는 사람의 신분을 알 수 있도록 의료인, 실습 중인 학생, 간호조무사, 의료기사에게 의료기관 내에서 명찰을 달도록 지시 및 감독하여야 한다. 명찰에는 의료인의 종류별 명칭 및 성명, 학생인 경우 학생의 전공분야 명칭 및 성명, 간호조무사의 명칭 및 성명, 의료기사의 종류별 명칭 및 성명이 기재되어야 한다. 명찰은 의복에 표시 또는 부착하거나 목에 거는 방식 그 밖에 이에 준하는 방식으로 표시되어야 하며, 명찰은 인쇄, 각인, 부착, 자수 또는 이에 준하는 방법으로 만들어야 한다. 또한 명찰의 표시 내용을 분명하게 알 수 있는 정도의 규격과 색상을 사용해야 한다(의료법 시행령 제2조의 2 제1항). 명찰의 표시내용, 표시방법, 제작방법 및 명찰의 규격, 색상 등에 필요한 세부 사항은 보건복지부장관의 고시인 의료인 등의 명찰표시내용 등에 관한 기준에 상세히 규정되어 있다.

다만, 응급의료상황, 수술실 내인 경우, 의료행위를 하지 아니할 때와 격리병실, 무균치료실, 중환자실에서는 명찰을 달지 아니하도록 할 수 있다(의료법 시행령 제2조의 2 제3항).

나. 명의대여금지의무 (제4조 제2항, 제4조의3)

(1) 조문

◇ 제4조(의료인과 의료기관의 장의 의무)
② 의료인은 다른 의료인 또는 의료법인 등의 명의로 의료기관을 개설하거나 운영할 수 없다. <신설 2012. 2. 1., 2019. 8. 27.>

◇ 제4조의3(의료인의 면허 대여 금지 등)
① 의료인은 제5조(의사·치과의사 및 한의사를 말한다), 제6조(조산사를 말한다) 및 제7조(간호사를 말한다)에 따라 받은 면허를 다른 사람에게 대여하여서는 아니 된다.
② 누구든지 제5조부터 제7조까지에 따라 받은 면허를 대여받아서는 아니 되며, 면허 대여를 알선하여서도 아니 된다.
[본조신설 2020. 3. 4.]

◇ 벌칙
- 제4조의3 제1항을 위반하여 면허를 대여한 사람: 5년 이하의 징역 또는 5천만원 이하의 벌금(제87조의2 제2항 제1호)
- 제4조의3 제2항을 위반하여 면허를 대여받거나 면허 대여를 알선한 사람: 5년 이하의 징역 또는 5천만원 이하의 벌금(제87조의2 제2항 제1의 2호)

◇ 행정처분
면허증을 빌려준 경우: 면허 취소

(2) 조문해설

의료인은 다른 의료인 또는 의료법인 등의 명의로 의료기관을 개설하거나 운영할 수 없다. 제4조 제2항은 제33조 제8항에 대응하여 규정된 조항이다. 제33조 제8항에서는 의료인은 어떠한 명목으로도 두 개 이상의 의료기관을 개설 및 운영할 수 없도록 규정하고 있고 이를 위반하는 경우에도 의료법 제33조 제2항 위반의 경우와 마찬가지로 5년 이하의 징역 또는 5천만원 이하의 벌금에 처할 수 있다(제87조 제2항 제2호). 의료인이 2개 이상의 의료기관을 개설 또는 운영하려면 필연적으로 다른 의료인의 명의를 빌려야 하기 때문에 제4조 제2항과 같이 규정하고 있는 것이다. 그러나 의료인이 의료인 개인의 명의를 빌리는 것뿐 아니라 의료법인의 명의를 빌려 의료기관을 개설 및 운영하는 사례가 나타나자 2019년 의료법 개정을 통하여 의료법인의 명의도 빌려서는 아니 된다는 내용을 추가하였다. 다만, 제4조 제2항을 위반한 것 자체에 대한 형사처벌 조항은 없다. 대법원은 제4조 제2항을 위반하여 의료기관을 개설·운영하는 의료인에게 고용되어 의료행위를 한 자에 대하여 별도의 처벌규정을 두지 아니한 것은 의료법 제4조 제2항을 위반하여 개설·운영되는 의료기관도 의료기관 개설이 허용되는 의료인에 의해 개설되었다는 점에서 제4조 제2항이 준수된 경우와 본질적인 차이가 있다고 볼 수 없다는 점을 고려한 것으로 보인다고 판시한 바 있다.[47]

의료법 제4조의3이 신설되기 이전에는 구 의료법(2020. 3. 4. 법률 제17069호로 개정되기 전의 것) 제4조 제4항에서 '의료인은 발급받은 면허증을 다른 사람에게 빌려주어서는 아니된다'라고만 규정하여 면허증의 '대여행위'만을 금지하고 있었다. 그러나 위 제4조의3의 신설로 제1항에서는 면허증의 '대여행위'를 금지하고, 제2항에서는 면허증을 '대여받거나 대여를 알선하는 행위'까지 금지하게 되었고, 이에 대한 처벌조항도 신설되어 2020. 6. 5.부터 시행되고 있다.

'면허증의 대여'란 다른 사람이 그 면허증을 이용하여 그 면허증의 명의자인 의사인 것처럼 행세하면서 의료행위를 하려는 것을 알면서도 면허증을 빌려 주는 것'을 의미하며, 이러한 면허증의 대여는 상대방이 무자격자인 경우뿐만 아니라 자격 있는 의료인인 경우도 포함한다.[48]

한편, 2019. 개정된 의료관계 행정처분 규칙에서는 의료법에 위반하여 면허증을 빌려준 경우라 하더라도 위반행위가 발각되기 전에 수사기관 또는 감독청에 위반행위를 자진하여 신고하고, 관련된 조사, 소송 등에서 진술, 증언하거나 자료를 제공하는 경우, 1차 위반 시 행정처분(면허취소)을 면제하고, 2차 위반 시 6개월 이상의 자격정지처분을 할 수 있도록 하여 공익제보자의 면허대여 사실

---

47) 대법원 2019. 5. 30. 선고 2019도1839 판결
48) 대법원 2005. 7. 22. 선고 2005도3468 판결 등

제보를 장려하는 기준을 신설하였다.[49]

(3) 판례 · 행정해석

◇ 무자격자에게 의료인 면허증을 대여하는 것의 의미(대법원 1994. 12. 23. 선고 94도1937 판결)

– 의료의 적정을 기하여 국민의 건강을 보호증진하는 것을 목적으로 하는 의료법의 입법취지나, 이러한 목적을 달성하기 위하여 의료인의 자격에 관하여 엄격한 요건을 정하여 두는 한편 의료인이 아니면 의료행위를 할 수 없다는 것을 그 본질적·핵심적 내용으로 하는 의료법 관계규정의 내용 및 면허증이란 "의료인으로서의 자격이 있음을 증명하는 증명서"인 점 등에 비추어 보면, 의료법에서 금지하고 있는 "면허증 대여"라 함은 "타인이 그 면허증을 이용하여 의료인으로 행세하면서 의료행위를 하려는 것을 알면서도 면허증 자체를 빌려 주는 것"이라고 해석함이 상당함.

– 의료인이 무자격자가 자금을 투자하여 시설을 갖추고 그 의료인 명의로 의료기관 개설신고를 하는 데에 자신의 면허증을 이용하도록 하였다고 하더라도 그 개설 후 의료인 자신이 그 의료기관에서 의료행위를 할 의사로 그리하였고, 또 실제로 개설 후 의료인이 의료행위를 계속하여 왔으며 무자격자가 의료행위를 한 바 없다면, 면허증을 대여한 것으로 볼 수 없음.

◇ 의사가 다른 의사의 면허증을 대여받아 의료기관을 개설한 것으로 볼 수 없는 경우(대법원 2003. 10. 23. 선고 2003도256 판결)

– 자신의 명의로 의료기관을 개설하고 있는 의사가 다른 의사의 명의로 또 다른 의료기관을 개설하여 그 소속의 직원들을 직접 채용하여 급료를 지급하고 그 영업에 따라 발생하는 이익을 취하는 등 새로 개설한 의료기관의 경영에 직접 관여한 점만으로는 다른 의사의 면허증을 대여받아 실질적으로 별도의 의료기관을 개설한 것이라고 볼 수 없음.

---

49) 의료관계 행정처분 규칙 별표 행정처분기준(제4조 관련) 1.공통기준 라. 4) 나)

◇ 의료법 제4조 제2항을 위반하여 개설·운영된 의료기관이라도 국민건강보험법상 요양급여비용을 청구할 수 있는 요양기관에서 제외되지는 않음(대법원 2019. 5. 30. 선고 2019도1839 판결)

− 의료인으로서 자격과 면허를 보유한 사람이 의료법에 따라 의료기관을 개설하여 건강보험의 가입자 또는 피부양자에게 국민건강보험법에서 정한 요양급여를 실시하여 국민건강보험공단으로부터 요양급여비용을 지급받았다면, 설령 그 의료기관이 다른 의료인의 명의로 개설·운영되어 의료법 제4조 제2항을 위반하였다 하더라도 그 자체만으로는 국민건강보험법상 요양급여비용을 청구할 수 있는 요양기관에서 제외되지 아니하므로, 달리 요양급여비용을 적법하게 지급받을 수 있는 자격 내지 요건이 흠결되지 않는 한 국민건강보험공단을 피해자로 하는 사기죄를 구성한다고 할 수 없음.

다. 일회용 의료기기 재사용 금지의무 (제4조 제6항)

(1) 조문

◇ 제4조(의료인과 의료기관의 장의 의무)

⑥ 의료인은 일회용 의료기기(한 번 사용할 목적으로 제작되거나 한 번의 의료행위에서 한 환자에게 사용하여야 하는 의료기기로서 보건복지부령으로 정하는 의료기기를 말한다. 이하 같다)를 한 번 사용한 후 다시 사용하여서는 아니 된다. <신설 2016. 5. 29., 2020. 3. 4.>

◇ 행정처분

− 제4조 제6항을 위반하여 일회용 주사 의료용품을 한번 사용한 후 다시 사용하여 사람의 생명 또는 신체에 중대한 위해를 발생하게 한 경우: 면허 취소

− 제4조 제6항을 위반하여 일회용 주사 의료용품을 한 번 사용한 후 다시 사용한 경우: 자격정지 6개월

(2) 조문해설

특정 의원에서 1회용 주사기를 재사용하여 환자들이 C형 간염에 집단적으로 감염되는 사건이 발생한 이후 주사기 재사용이 국민의 건강에 위해를 가져온다는 점이 지적되어 규정된 조항이다. 의료인의 병원감염 예방의무를 구체화한 조항이며 일회용 의료기기를 재사용하여서는 아니된다는 점을 확인하는 의미의 규정이기도 하다. 다만, 1회용품을 재사용하더라도 이를 처벌하는 규정은 없으며, 1회용 주사기의 사용에 대해서만 행정처분 기준을 두고 있다. 1회용 주사기의 단순 사용만으로 6개월의 의사 면허 자격 정지 처분이 가능하고, 1회용 주사기의 재사용으로 사람의 생명·신체에 중대한 위해가 발생한 경우에는 의사 면허를 취소할 수 있다. 여기에서 사람의 생명·신체에 중대한 위해가 발생한 경우라 함은 형법상 업무상 과실 치사상죄의 성립이 가능한 경우를 의미할 것으로 판단된다.

의료법 제4조 제6항에서는 재사용이 금지되는 일회용 의료기기의 범위를 의료법 시행규칙에서 정하도록 위임하였고 그에 따라 의료법 시행규칙 제3조의2 제1호에서는 '사람의 신체에 의약품, 혈액, 지방 등을 투여·채취하기 위하여 사용하는 주사침, 주사기, 수액용기와 연결줄 등을 포함하는 수액세트', 제2호에서는 '제1호에 준하는 의료기기로서 감염 또는 손상의 위험이 매우 높아 보건복지부장관이 재사용을 금지할 필요가 있다고 인정하는 의료기기'라고 재사용이 금지되는 일회용 의료기기의 범위를 정하였다.

의료법 시행규칙 제3조의2 제2호에 따라 보건복지부장관이 재사용을 금지할 필요가 있다고 인정하는 의료기기에 대하여 보건복지부장관은 2022. 5. 23. 그 목록을 아래와 같이 공고하였다. 이 목록은 추가 연구 등을 통해 추가 또는 삭제될 수 있다.

재사용이 금지되는 일회용 의료기기 목록

1 의료법 시행규칙 제3조의2에 따라 감염 또는 손상의 위험이 매우 높아 재사용이 금지되는 의료기기는 다음과 같다.
   ① 무균조직에 삽입하는 카테터류(예: EPIDURAL CATHETER 등)
   ② 혈관 내로 삽입하는 카테터류(예: CENTRAL VEIN CATHETER 등)

③ 혈액 및 체액 등이 배출되는 카테터 및 배액 용기(예: CHEST TUBE, HEMOVAC 등)
④ 이식형 의료기기(예: SCREW, PLATE, 인공심박동기, 임플란트 등)
⑤ 크로이츠펠트－야콥병이 의심 또는 확진된 환자에게 사용한 의료기기 (단, 관련 지침50)에 따라 고압멸균법, 화학적 처리방법을 이용하여 오염을 제거한 내열성 기구 제외)
⑥ 기타 감염 집단발생의 역학적 요인으로 의심되는 의료기기51)

라. 진료거부 금지 (제15조)

(1) 조문

◇ 제15조(진료거부 금지 등)
① 의료인 또는 의료기관 개설자는 진료나 조산 요청을 받으면 정당한 사유 없이 거부하지 못한다. <개정 2016. 12. 20.>
② 의료인은 응급환자에게 「응급의료에 관한 법률」에서 정하는 바에 따라 최선의 처치를 하여야 한다.

◇ 벌칙
- 제15조 제1항 위반: 1년 이하의 징역 또는 1천만 원 이하의 벌금(제89조 제1호)
- 양벌규정 적용(제91조)

<hr>

50) 질병관리청 '2022년 크로이츠펠트－야콥병 관리 지침'
51) 감염병의예방및관리에관한법률 제18조 규정에 따라 질병관리청장, 시·도지사 또는 시장·군수·구청장이 감염병 발생 우려 또는 발생원인 조사를 위해 시행하는 역학조사 등 실시 결과 '감염 집단 발생의 역학적 요인으로 의심되는 의료기기 품목이 확인되는 경우'에 해당함. 이러한 품목이 확인되면 질병관리청장, 보건복지부장관, 시·도지사, 시장·군수·구청장 등이 공문 등을 통해 발표함.

◇ 행정처분
- 제15조 제1항을 위반하여 정당한 사유없이 진료나 조산요청을 거부한 경우: 시정명령
- 제15조 제1항을 위반하여 정당한 사유없이 진료 또는 조산의 요청을 거부하거나 응급환자에 대한 응급조치를 하지 아니한 경우: 자격정지 1개월

(2) 조문해설

(가) 서설

환자와 의료인의 관계는 진료계약이라는 사적자치의 원칙에 의해 규율되어 민법상 위임계약에 해당되며 위임계약은 각 당사자가 언제든지 해지할 수 있다. 그러나 환자의 생명과 신체의 건강이라는 기본권을 보호해야 할 특수성이 있으므로 의료인의 진료의무가 강제될 필요성이 있다.

(나) 진료거부금지(제15조 제1항)

의료인 또는 의료기관 개설자는 환자로부터 진료나 조산 요청을 받으면 정당한 사유 없이 거부하지 못한다. 의료인 등이 이를 위반한 경우에는 1년 이하의 징역이나 1천만원 이하의 벌금에 처하도록 되어 있고, 행정처분으로 자격정지 1개월에 처해진다. 진료의무의 주체는 진료 또는 조산의 요구를 받은 의료인이나 의료기관 개설자이다. 따라서 진료 또는 조산의 요구를 받지 않으면 위 구성요건에 해당되지 않으며 의료인이 아닌 침술사는 이에 해당되지 않는다.

일반적으로 '진료거부'라고 함은 의료기관 또는 의료인이 환자를 진료할 수 있는 필요한 시설과 인력 등을 갖추고 있는데도 불구하고 정당한 이유없이 진료를 거부하거나 진료하지 않는 행위를 뜻한다 할 수 있다.[52] 의료인 또는 의료기관 개설자는 정당한 사유가 있는 때에는 환자의 진료를 거부할 수 있으므로 여기에서 어떠한 경우에 정당한 사유가 있는지 여부가 중요하다. '정당한 사유'란 의료행위를 정상적으로 수행할 수 없는 불가피한 사정이 있는 때를 말하며, ①

---

52) 보건복지가족부 의료정책팀-675(2007. 2. 15.)

진료시설과 진료과목이 없는 경우, ② 의사의 건강상 이유, ③ 입원실 만원, ④ 마취전문의 지원불가능, ⑤ 환자의 의사지시 불응, ⑥ 법령에 저촉되는 의료행위, ⑦ 환자 수술동의를 받을 수 없는 경우(구급환자는 필요한 최소한 응급조치), ⑧ 의학적 양심상 받아들일 수 없는 경우, ⑨ 고령, 일시적 음주, 건강상 이유, ⑩ 진료비지불능력이 있음에도 불구하고 진료비 지불 회피 환자(구급환자가 아닌 환자) 등을 들 수 있다.53) 의사가 부재중이거나 신병으로 인하여 진료를 행할 수 없는 상황인 경우, 또는 특정인이 해당 의료인에 대하여 모욕죄, 명예훼손죄, 폭행죄, 업무방해죄에 해당될 수 있는 상황을 형성하여 의료인이 정상적인 의료행위를 행할 수 없도록 하는 경우도 이에 해당한다.54)55)

(다) 응급의료의무(제15조 제2항)

응급의료기관등에서 근무하는 응급의료종사자는 업무 중에 응급의료를 요청받거나 응급환자를 발견하면 즉시 응급의료를 하여야 하며 정당한 사유 없이 이를 거부하거나 기피하지 못한다(응급의료에 관한 법률 제6조 제2항). 이를 위반한 경우, 응급의료법에 따라 3년 이하의 징역 또는 3천만원 이하의 벌금에 처하도록 되어 있어 의료법에 비해 가중처벌 받는다(응급의료에 관한 법률 제60조 제2항 제1

---

53) 하태영, 우리들 의료법, 행인출판사, 2018, 제58면.
54) 보건복지가족부 의료정책팀-5167(2006. 12. 28)
55) 보건복지가족부 의료자원과(2010. 2. 4.) 민원회신에서는 진료거부의 정당한 사유를 예시하고 있으며, 의사가 부재중이거나 신병으로 인하여 진료를 행할 수 없는 상황인 경우, 병상, 의료인력, 의약품, 치료재료 등 시설 및 인력 등이 부족하여 새로운 환자를 받아들일 수 없는 경우, 의원 또는 외래진료실에서 예약환자 진료 일정 때문에 당일 방문 환자에게 타 의료기관 이용을 권유할 수밖에 없는 경우, 의사가 타 전문과목 영역 또는 고난이도의 진료를 수행할 전문지식 또는 경험이 부족한 경우, 타 의료인이 환자에게 기 시행한 치료(투약, 시술, 수술 등) 사항을 명확히 알 수 없는 등 의학적 특수성 등으로 인하여 새로운 치료가 어려운 경우, 환자가 의료인의 치료방침에 따를 수 없음을 천명하여 특정 치료의 수행이 불가하거나, 환자가 의료인으로서의 양심과 전문지식에 반하는 치료방법을 의료인에게 요구하는 경우, 환자 또는 보호자 등이 해당 의료인에 대하여 모욕죄, 명예훼손죄, 폭행죄, 업무방해죄에 해당될 수 있는 상황을 형성하여 의료인이 정상적인 의료행위를 행할 수 없도록 한 경우, 더 이상의 입원치료가 불필요함 또는 대학병원급 의료기관에서의 입원치료는 필요치 아니함을 의학적으로 명백히 판단할 수 있는 상황에서, 환자에게 가정요양 또는 요양병원·1차의료기관·요양시설 등의 이용을 충분한 설명과 함께 권유하고 퇴원을 지시하는 경우 등이 이에 해당한다.

호). 또한 응급의료종사자의 면허·자격 정지 등과 관련하여 그 면허 또는 자격을 취소하거나 6개월 이내의 기간을 정하여 그 면허 또는 자격을 정지시킬 수 있도록 규정하고 있고(응급의료에 관한 법률 제55조 제1항 제1호), 구체적으로 행정처분의 기준에서는 1차 위반 시 면허 또는 자격정지 2개월, 2차 위반 시 면허 또는 자격정지 3개월, 3차 이상 위반 시 면허 또는 자격취소에 처할 수 있도록 규정하고 있다(응급의료에 관한 법률 시행규칙 제45조 별표 18).

'응급의료'란 응급환자가 발생한 때부터 생명의 위험에서 회복되거나 심신상의 중대한 위해가 제거되기까지의 과정에서 응급환자를 위하여 하는 상담·구조(救助)·이송·응급처치 및 진료 등의 조치를 말하고(응급의료에 관한 법률 제2조 제2호), '응급환자'란 질병, 분만, 각종 사고 및 재해로 인한 부상이나 그 밖의 위급한 상태로 인하여 즉시 필요한 응급처치를 받지 아니하면 생명을 보존할 수 없거나 심신에 중대한 위해(危害)가 발생할 가능성이 있는 환자 또는 이에 준하는 사람으로서 보건복지부령으로 정하는 사람을 말한다(응급의료에 관한 법률 제2조 제1호). 여기서 '보건복지부령으로 정하는 자'는 '응급증상 및 응급증상에 준하는 증상, 응급증상으로 진행될 가능성이 있다고 응급의료종사자가 판단하는 증상이 있는 자'를 말한다(응급의료에관한법률 시행규칙 제2조). 응급증상은 신경학적 응급증상(급성의식장애, 급성신경학적 이상, 구토 및 의식장애 등의 증상이 있는 두부손상), 심혈관계 응급증상(심폐소생술이 필요한 증상, 급성호흡곤란, 심장질환으로 인한 급성흉통, 심계항진, 박동이상 및 쇼크), 중독 및 대사장애(심한 탈수, 약물 및 알콜 또는 기타 물질의 과다복용이나 중독, 급성대사장애), 외과적 응급증상(개복술을 요하는 급성복증, 광범위한 외상, 관통상, 개방성 및 다발성 골절, 대퇴부 척추의 골절, 사지를 절단할 우려가 있는 혈관손상, 전신마취하에 응급수술을 요하는 증상, 다발성 외상), 출혈(계속되는 각혈, 지혈이 안되는 출혈, 급성 위장관 출혈), 안과적 응급증상(화학물질에 의한 눈의 손상과 급성 시력손실), 알러지(얼굴부종을 동반한 알러지 반응), 소아과적 응급증상(소아경련성장애), 정신과적 응급증상(자신 또는 다른 사람을 해할 우려가 있는 정신장애)으로 구분되고, 응급증상에 준하는 증상은 신경학적 응급증상(의식장애, 현훈), 심혈관계 응급증상(호흡곤란, 과호흡), 외과적 응급증상(화상, 급성복증을 포함한 배의 전반적인 이상증상, 골절 및 외상 또는 탈골, 그 밖에 응급수술을 요하는 증상, 배뇨장애), 출혈(혈관손상), 소아과적 응급증상(소아경련, 38도 이상인 소아 고열), 산부인

과적 응급증상(분만 또는 성폭력으로 인한 산부인과적 검사 또는 처치가 필요한 증상),
이물에 의한 응급증상(귀, 눈, 코, 항문 등에 이물이 들어가 제거술이 필요한 환자)으로
구분된다(응급의료에관한법률 시행규칙 제2조 제1호 관련 별표 1).

　　의료법 제89조, 제15조 제1항의 진료거부로 인한 의료법위반죄와 응급의료에
관한 법률 제60조 제2항, 제6조 제2항의 응급조치불이행으로 인한 응급의료에
관한 법률 위반죄는 그 규제내용이나 관계 규정에 비추어 포괄일죄의 관계가 아
니라 상상적 경합관계에 있다.[56)]

(라) 관련문제: 연명의료의 중단

　　응급환자나 임종과정에 있는 환자의 경우 환자의 보호자가 치료를 중단하는
사례가 있었다. 보라매병원에서 환자의 보호자 및 의료인이 처벌을 받은 바 있
고, 환자의 보호자가 연명치료 중단을 요구한 사안에서 법원은 일정한 요건 하에
이를 인정해준 바 있다. 연명의료에 대한 기본원칙, 연명의료결정의 관리 체계,
연명의료중단 등 결정 및 그 이행에 필요한 사항을 규정하여 환자의 최선의 이
익을 보장하고 자기결정을 존중하여 인간으로서의 존엄과 가치를 보호하는 것을
목적으로 하는 "호스피스·완화의료 및 임종과정에 있는 환자의 연명의료결정에
관한 법률"이 2016. 2. 3. 제정되어 2017. 8. 4. 시행되고 있다.

(3) 판례·행정해석

◇ 입원환자 퇴거(서울중앙지방법원 2009. 1. 14. 선고 2007가합59573 판결)[57)]
－ 3차 의료기관인 대학병원이 뇌수술을 받은 후 발생한 뇌출혈 합병증으로
　　의식저하와 좌측반신마비장애를 입은 환자에게 입원치료의 종결을 이유로
　　퇴원을 요구한 사례이며, 이에 대해 법원은 환자 상태가 반드시 3차 의료
　　기관에서 진료를 받아야 할 정도는 아니나 현재 받고 있는 진료는 환자
　　증상개선을 위한 것인 동시에 현상 유지와 증상의 악화방지를 위한 것이

---

56) 대법원 1993. 9. 14. 선고 93도1790 판결.
57) 위 사건은 원고가 패소하여 항소를 하였으나 항소취하로 종결되었음(서울고등법원 2009나
　　12094 사건).

고 이러한 치료를 받기 위해 통원하는 것이 불편한 경우 입원 필요성도
있으므로 병원치료가 모두 종결되었다고 볼 수 없다고 판단한 다음 환자
가 입원 중인 병원을 상대로 의료소송을 제기한 후 진료비를 지급하지 않
자 병원이 불법점유를 이유로 퇴거를 요구한 경우 환자 병실 점유를 불법
점유라 할 수 없고 또한 이를 불법점유로 보아 퇴거시키면 환자의 상계기
회를 박탈하는 것이 되어 부당하다고 판단함.

◇ 연명치료 중단의 허용기준(대법원 2009. 5. 21. 선고 2009다17417 전원합
의체 판결[58])

– 연명치료 중단의 요건으로서 환자가 회복불가능한 사망의 단계에 진입하
였고 연명치료 중단을 구하는 환자의 의사를 추정할 수 있다고 한 사례.
– [다수의견] (가) 의학적으로 환자가 의식의 회복가능성이 없고 생명과 관
련된 중요한 생체기능의 상실을 회복할 수 없으며 환자의 신체상태에 비
추어 짧은 시간 내에 사망에 이를 수 있음이 명백한 경우(이하 '회복불가능
한 사망의 단계'라 한다)에 이루어지는 진료행위(이하 '연명치료'라 한다)는, 원
인이 되는 질병의 호전을 목적으로 하는 것이 아니라 질병의 호전을 사실
상 포기한 상태에서 오로지 현 상태를 유지하기 위하여 이루어지는 치료
에 불과하므로, 그에 이르지 아니한 경우와는 다른 기준으로 진료중단 허
용 가능성을 판단하여야 한다. 이미 의식의 회복가능성을 상실하여 더 이
상 인격체로서의 활동을 기대할 수 없고 자연적으로는 이미 죽음의 과정
이 시작되었다고 볼 수 있는 회복불가능한 사망의 단계에 이른 후에는,
의학적으로 무의미한 신체 침해 행위에 해당하는 연명치료를 환자에게 강
요하는 것이 오히려 인간의 존엄과 가치를 해하게 되므로, 이와 같은 예
외적인 상황에서 죽음을 맞이하려는 환자의 의사결정을 존중하여 환자의
인간으로서의 존엄과 가치 및 행복추구권을 보호하는 것이 사회상규에 부
합되고 헌법정신에도 어긋나지 아니한다. 그러므로 회복불가능한 사망의
단계에 이른 후에 환자가 인간으로서의 존엄과 가치 및 행복추구권에 기

58) 1심(원고 승소): 서울서부지방법원 2008가합6977, 2심(항소 기각): 서울고등법원 2008나116869.

초하여 자기결정권을 행사하는 것으로 인정되는 경우에는 특별한 사정이 없는 한 연명치료의 중단이 허용될 수 있다. 한편, 환자가 회복불가능한 사망의 단계에 이르렀는지 여부는 주치의의 소견뿐 아니라 사실조회, 진료기록 감정 등에 나타난 다른 전문의사의 의학적 소견을 종합하여 신중하게 판단하여야 한다.

(나) 환자가 회복불가능한 사망의 단계에 이르렀을 경우에 대비하여 미리 의료인에게 자신의 연명치료 거부 내지 중단에 관한 의사를 밝힌 경우(이하 '사전의료지시'라 한다)에는, 비록 진료 중단 시점에서 자기결정권을 행사한 것은 아니지만 사전의료지시를 한 후 환자의 의사가 바뀌었다고 볼 만한 특별한 사정이 없는 한 사전의료지시에 의하여 자기결정권을 행사한 것으로 인정할 수 있다. 다만, 이러한 사전의료지시는 진정한 자기결정권 행사로 볼 수 있을 정도의 요건을 갖추어야 하므로 의사결정능력이 있는 환자가 의료인으로부터 직접 충분한 의학적 정보를 제공받은 후 그 의학적 정보를 바탕으로 자신의 고유한 가치관에 따라 진지하게 구체적인 진료행위에 관한 의사를 결정하여야 하며, 이와 같은 의사결정 과정이 환자 자신이 직접 의료인을 상대방으로 하여 작성한 서면이나 의료인이 환자를 진료하는 과정에서 위와 같은 의사결정 내용을 기재한 진료기록 등에 의하여 진료 중단 시점에서 명확하게 입증될 수 있어야 비로소 사전의료지시로서의 효력을 인정할 수 있다.

(다) 한편, 환자의 사전의료지시가 없는 상태에서 회복불가능한 사망의 단계에 진입한 경우에는 환자에게 의식의 회복가능성이 없으므로 더 이상 환자 자신이 자기결정권을 행사하여 진료행위의 내용 변경이나 중단을 요구하는 의사를 표시할 것을 기대할 수 없다. 그러나 환자의 평소 가치관이나 신념 등에 비추어 연명치료를 중단하는 것이 객관적으로 환자의 최선의 이익에 부합한다고 인정되어 환자에게 자기결정권을 행사할 수 있는 기회가 주어지더라도 연명치료의 중단을 선택하였을 것이라고 볼 수 있는 경우에는, 그 연명치료 중단에 관한 환자의 의사를 추정할 수 있다고 인정하는 것이 합리적이고 사회상규에 부합된다. 이러한 환자의 의사 추정은 객관적으로 이루어져야 한다. 따라서 환자의 의사를 확인할 수 있는

객관적인 자료가 있는 경우에는 반드시 이를 참고하여야 하고, 환자가 평소 일상생활을 통하여 가족, 친구 등에 대하여 한 의사표현, 타인에 대한 치료를 보고 환자가 보인 반응, 환자의 종교, 평소의 생활 태도 등을 환자의 나이, 치료의 부작용, 환자가 고통을 겪을 가능성, 회복불가능한 사망의 단계에 이르기까지의 치료 과정, 질병의 정도, 현재의 환자 상태 등 객관적인 사정과 종합하여, 환자가 현재의 신체상태에서 의학적으로 충분한 정보를 제공받는 경우 연명치료 중단을 선택하였을 것이라고 인정되는 경우라야 그 의사를 추정할 수 있다.

(라) 환자 측이 직접 법원에 소를 제기한 경우가 아니라면, 환자가 회복불가능한 사망의 단계에 이르렀는지 여부에 관하여는 전문의사 등으로 구성된 위원회 등의 판단을 거치는 것이 바람직하다.

− [반대의견59)] 생명에 직결되는 진료에서 환자의 자기결정권은 소극적으로 그 진료 내지 치료를 거부하는 방법으로는 행사될 수 있어도 이미 환자의 신체에 삽입, 장착되어 있는 인공호흡기 등의 생명유지장치를 제거하는 방법으로 치료를 중단하는 것과 같이 적극적인 방법으로 행사되는 것은 허용되지 아니한다. 환자가 인위적으로 생명을 유지, 연장하기 위한 생명유지장치의 삽입 또는 장착을 거부하는 경우, 특별한 사정이 없는 한, 비록 환자의 결정이 일반인의 관점에서는 비합리적인 것으로 보이더라도 의료인은 환자의 결정에 따라야 하고 일반적인 가치평가를 이유로 환자의 자기결정에 따른 명시적인 선택에 후견적으로 간섭하거나 개입하여서는 아니 된다. 그러나 이와는 달리, 이미 생명유지장치가 삽입 또는 장착되어 있는 환자로부터 생명유지장치를 제거하고 그 장치에 의한 치료를 중단하는 것은 환자의 현재 상태에 인위적인 변경을 가하여 사망을 초래하거나 사망시간을 앞당기는 것이므로, 이미 삽입 또는 장착되어 있는 생명유지장치를 제거하거나 그 장치에 의한 치료를 중단하라는 환자의 요구는 특별한 사정이 없는 한 자살로 평가되어야 하고, 이와 같은 환자의 요구에 응하여 생명유지장치를 제거하고 치료를 중단하는 것은 자살에 관여하는

---

59) 대법관 이홍훈, 김능환.

것으로서 원칙적으로 허용되지 않는다. 다만, 생명유지장치가 삽입, 장착되어 있는 상태에서도 환자가 몇 시간 또는 며칠 내와 같이 비교적 아주 짧은 기간 내에 사망할 것으로 예측, 판단되는 경우에는, 환자가 이미 돌이킬 수 없는 사망의 과정에 진입하였고 생명유지장치에 의한 치료는 더 이상 의학적으로 의미가 없으며 생명의 유지, 보전에 아무런 도움도 주지 못하는 것이므로, 이 때에는 생명유지장치를 제거하고 치료를 중단하는 것이 허용된다.

— [별개의견60)] 환자의 사전의료지시가 없는 상태에서 회복불가능한 사망의 단계에 진입한 경우, 이러한 상태에 있는 환자는 법적으로 심신상실의 상태에 있는 자로 보아야 한다. 민법상 심신상실의 상태에 있는 자에 대하여는 금치산을 선고할 수 있으며 금치산이 선고된 경우에는 후견인을 두게 되는데, 그 후견인은 금치산자의 법정대리인이 되며 금치산자의 재산관리에 관한 사무를 처리하는 외에 금치산자의 요양, 감호에 관하여 일상의 주의를 기울여야 하는 의무를 부담한다. 따라서 후견인은 금치산자의 요양을 위하여 금치산자를 대리하여 의사와 의료계약을 체결할 수 있음은 당연하며, 그 의료계약 과정에서 이루어지는 수술 등 신체를 침해하는 행위에 관하여는 의사로부터 설명을 듣고 금치산자를 위한 동의 여부에 관한 의사를 표시할 수 있고, 마찬가지로 진료행위가 개시된 후라도 금치산자의 최선의 이익을 위하여 필요하다고 인정되는 범위 내에서는 그 진료행위의 중단 등 의료계약 내용의 변경을 요구하는 행위를 할 수 있다. 다만, 진료행위가 금치산자 본인의 생명과 직결되는 경우에는 그 중단에 관한 환자 본인의 자기결정권이 제한되는 것과 마찬가지로 후견인의 행위는 제한되어야 하고, 환자의 자기결정권에 의한 연명치료 중단이 허용될 수 있는 경우라고 하더라도 후견인이 금치산자의 생명에 관한 자기결정권 자체를 대리할 수는 없으므로 후견인의 의사만으로 그 연명치료의 중단이 허용된다고 할 수 없다. 그렇다면 회복불가능한 사망의 단계에 이른 경우에 이루어지는 연명치료의 계속이 금치산자인 환자 본인에게 무익하고 오

---

60) 대법관 김지형, 박일환.

히려 인간으로서의 존엄과 가치를 해칠 염려가 있어 이를 중단하는 것이 환자 본인의 이익을 보호하는 것이라고 하더라도, 이는 항상 금치산자인 환자 본인의 생명 보호에 관한 법익 제한의 문제를 낳을 우려가 있으므로, 민법 제947조 제2항을 유추적용하여 후견인은 의료인에게 연명치료의 중단을 요구하는 것이 금치산자의 자기결정권을 실질적으로 보장할 수 있는 최선의 판단인지 여부에 관하여 법원의 허가를 받아야 하고, 이에 관하여는 가사소송법, 가사소송규칙, 비송사건절차법 등의 규정에 따라 가사비송절차에 의하여 심리·판단을 받을 수 있다. 한편, 이와 같이 비송절차에 의하여 연명치료 중단에 관한 법원의 허가를 받는 것이 가능하다고 하더라도, 환자 측이 반드시 비송절차에 따른 허가를 받아야 하는 것은 아니고 소송절차에 의하여 기판력 있는 판결을 구하는 것도 가능하다.

◇ 보건복지가족부 의료정책팀-140(2008. 1. 15.)
− 안과의원에서 내원한 9세 어린이 환자를 진료 중 의사 자신의 지시에 잘 따르지 않는다는 이유로 진료를 중단하고 환자는 내쫓는 행위는 환자에게 최선의 의료서비스를 제공하기 위하여 노력하여야 하는 의료인의 자세가 아니며 이는 정당한 사유가 될 수 없는 진료거부행위에 해당된다고 해석함.

◇ 보건복지가족부 의료정책팀-2199(2007. 5. 3.)
− 한밤중 응급의료기관이 아닌 병원에 승용차를 타고 내원하여 차내에 있는 환자의 상황을 병원 당직자가 보고 자신의 의료기관에서 응급 처치할 수 없음으로 판단하여, 응급의료장비가 잘 구비된 인근 종합병원으로 안내하였으나 이송 중 사망한 사건과 관련하여, 정확한 것은 수사 등 사건의 전·후사실의 구체적인 확인에 의하여 판단될 수 있을 것이지만, 이와 같은 행위를 무면허의료행위 또는 진료를 거부한 것이라고 보기는 어려울 것으로 사료됨.

◇ 보건복지가족부 의료정책팀-4579(2007. 10. 30.)

－ 타 치과의원에서 1차 시술을 받고 내원한 환자의 상태를 보고 1차 시술 받
　은 치과의원에서 계속 치료받는 것이 치료에 효과적이라며 권유한 경우 일
　단 진료한 환자의 상태를 보아 의사가 의학적인 판단에 따라 퇴원 또는 타
　의료기관 진료(전원)를 권유하는 행위는 진료거부로 볼 수 없다고 해석함.

◇ 보건복지가족부 의료정책팀-3246(2006. 8. 14.)

－ 의료기관에서 환자와 의료기관 종사자간에 다툼이 발생하였다하여 특정
　환자의 진료를 거부하는 행위는 정당한 이유에 해당되지 아니하며 해당
　환자가 진료받기를 원할 경우 의료인은 진료행위를 하여야 할 것으로 사
　료된다고 해석함.

◇ 보건복지가족부 의료자원과(2011. 1. 19.)

－ 의료기관에 입원수술이 필요한 상황인데도 연대보증인이 없다는 이유만으
　로 진료를 거부할 경우에는 정당한 사유에 해당되지 않는다고 해석함.

(4) 관련 법령

❑ 응급의료에 관한 법률

◇ 제6조(응급의료의 거부금지 등)

① 응급의료기관등에서 근무하는 응급의료종사자는 응급환자를 항상 진료할
　수 있도록 응급의료업무에 성실히 종사하여야 한다.

② 응급의료종사자는 업무 중에 응급의료를 요청받거나 응급환자를 발견하면
　즉시 응급의료를 하여야 하며 정당한 사유 없이 이를 거부하거나 기피하
　지 못한다.

◇ 제55조(응급의료종사자의 면허 · 자격 정지 등)

① 보건복지부장관은 응급의료종사자가 다음 각 호의 어느 하나에 해당하는

경우에는 그 면허 또는 자격을 취소하거나 6개월 이내의 기간을 정하여 그 면허 또는 자격을 정지시킬 수 있다.

1. 제6조 제2항을 위반한 경우

◇ 제60조(벌칙)

③ 다음 각 호의 어느 하나에 해당하는 사람은 3년 이하의 징역 또는 3천만원 이하의 벌금에 처한다.

1. 제6조제2항을 위반하여 응급의료를 거부 또는 기피한 응급의료종사자

마. 세탁물 처리(제16조)

(1) 조문

◇ 제16조(세탁물 처리)

① 의료기관에서 나오는 세탁물은 의료인·의료기관 또는 특별자치시장·특별자치도지사·시장·군수·구청장(자치구의 구청장을 말한다. 이하 같다)에게 신고한 자가 아니면 처리할 수 없다. <개정 2015. 1. 28.>

② 제1항에 따라 세탁물을 처리하는 자는 보건복지부령으로 정하는 바에 따라 위생적으로 보관·운반·처리하여야 한다. <개정 2008. 2. 29., 2010. 1. 18.>

③ 의료기관의 개설자와 제1항에 따라 의료기관세탁물처리업 신고를 한 자(이하 이 조에서 "세탁물처리업자"라 한다)는 제1항에 따른 세탁물의 처리업무에 종사하는 사람에게 보건복지부령으로 정하는 바에 따라 감염 예방에 관한 교육을 실시하고 그 결과를 기록하고 유지하여야 한다. <신설 2015. 1. 28.>

④ 세탁물처리업자가 보건복지부령으로 정하는 신고사항을 변경하거나 그 영업의 휴업(1개월 이상의 휴업을 말한다)·폐업 또는 재개업을 하려는 경우에는 보건복지부령으로 정하는 바에 따라 특별자치시장·특별자치도지사·시장·군수·구청장에게 신고하여야 한다. <신설 2015. 1. 28.>

⑤ 제1항에 따른 세탁물을 처리하는 자의 시설·장비 기준, 신고 절차 및 지도·감독, 그 밖에 관리에 필요한 사항은 보건복지부령으로 정한다. <개정 2008. 2. 29., 2010. 1. 18., 2015. 1. 28.>

◇ 벌칙
- 제16조 제1항·제2항 위반: 500만원 이하의 벌금(제90조)
- 양벌규정 적용(제91조)

◇ 행정처분
- 제16조 제2항을 위반하여 세탁물을 적법하게 처리하지 아니한 경우: 시정명령
- 제16조 제3항에 따른 교육을 실시하지 아니한 자: 300만원 이하의 과태료
- 제16조 제3항에 따른 기록 및 유지를 하지 아니한 자: 100만원 이하의 과태료
- 제16조 제4항에 따른 변경이나 휴업·폐업 또는 재개업을 신고하지 아니한 자: 100만원 이하의 과태료

(2) 조문해설

의료기관에서 나오는 세탁물의 처리는 의료인·의료기관 또는 특별자치시장·특별자치도지사·시장·군수·구청장(자치구의 구청장을 말한다. 이하 같다)에게 신고한 자만이 할 수 있다. 제1항에 따라 세탁물을 처리하는 자는 보건복지부령으로 정하는 바에 따라 위생적으로 보관·운반·처리하여야 하며, 이를 위반하여 세탁물을 적법하게 처리하지 아니한 경우 시정명령을 받게 되며 시정명령을 위반하거나 그 명령을 이행하지 아니한 경우 업무정지 15일의 행정처분을 받게 된다.

의료기관의 개설자와 제1항에 따라 의료기관세탁물처리업 신고를 한 자(이하 이 조에서 "세탁물처리업자"라 한다)는 제1항에 따른 세탁물의 처리업무에 종사하는 사람에게 보건복지부령으로 정하는 바에 따라 감염 예방에 관한 교육을 실시하고 그 결과를 기록하고 유지하여야 한다.

바. 정보 누설 금지 (제19조)

(1) 조문

◇ 제19조(정보 누설 금지)
① 의료인이나 의료기관 종사자는 이 법이나 다른 법령에 특별히 규정된 경우

외에는 의료·조산 또는 간호업무나 제17조에 따른 진단서·검안서·증명서 작성·교부 업무, 제18조에 따른 처방전 작성·교부 업무, 제21조에 따른 진료기록 열람·사본 교부 업무, 제22조제2항에 따른 진료기록부등 보존 업무 및 제23조에 따른 전자의무기록 작성·보관·관리 업무를 하면서 알게 된 다른 사람의 정보를 누설하거나 발표하지 못한다. <개정 2016. 5. 29.>

② 제58조제2항에 따라 의료기관 인증에 관한 업무에 종사하는 자 또는 종사하였던 자는 그 업무를 하면서 알게 된 정보를 다른 사람에게 누설하거나 부당한 목적으로 사용하여서는 아니 된다. <신설 2016. 5. 29.>

[제목개정 2016. 5. 29.]

◇ 벌칙
- 제19조 위반 : 3년 이하의 징역이나 3천만원 이하의 벌금(제88조 제1호)
- 다만, 제19조 위반한 자에 대한 공소는 고소가 있어야 함(친고죄)

◇ 행정처분
- 법 제19조를 위반하여 의료·조산 또는 간호를 하면서 알게 된 다른 사람의 비밀을 누설하거나 발표하여 선고유예의 판결을 받거나 벌금형의 선고를 받은 경우: 자격정지 2개월

(2) 조문해설

의료인이나 의료기관 종사자는 이 법이나 다른 법령에 특별히 규정된 경우 외에는 의료·조산 또는 간호업무나 의료법 제17조에 따른 진단서·검안서·증명서 작성·교부 업무, 의료법 제18조에 따른 처방전 작성·교부 업무, 의료법 제21조에 따른 진료기록 열람·사본 교부 업무, 의료법 제22조 제2항에 따른 진료기록부등 보존 업무 및 의료법 제23조에 따른 전자의무기록 작성·보관·관리 업무를 하면서 알게 된 다른 사람의 정보를 누설하거나 발표하지 못한다.

의료법 제58조 제2항에 따라 의료기관 인증에 관한 업무에 종사하는 자 또는 종사하였던 자는 그 업무를 하면서 알게 된 정보를 다른 사람에게 누설하거나 부당한 목적으로 사용하여서는 아니 된다. 형법 제317조 업무상 비밀 누설죄와

대비되는 규정이나 실무상 의료법 위반으로 형사처벌하는 경우가 대부분이다.

의료법 제19조 위반죄의 주체는 의료인, 의료기관 종사자, 의료법 제58조 제2
항에 따라 의료기관 인증에 관한 업무에 종사하는 자 또는 종사하였던 자이다. 의
료법 제19조 위반죄의 객체는 의료·조산 또는 간호업무나 의료법 제17조에 따른
진단서 검안서증명서 작성교부 업무, 의료법 제18조에 따른 처방전 작성교부업무,
의료법 제21조에 따른 진료기록열람 사본 교본 업무, 의료법 제22조 제2항에 따
른 진료기록부 등 보존업무 및 의료법 제23조에 따른 전자의무기록 작성보관관리
업무를 하면서 알게 된 다른 사람의 정보 또는 의료법 제58조 제2항에 따라 의료
기관 인증에 관한 업무를 하면서 알게 된 정보이다. 다른 사람에는 자연인뿐만 아
니라 법인 또는 법인격 있는 단체도 포함되며 사망한 사람도 포함된다.[61]

의료법 제19조 위반죄의 행위는 정보를 누설, 발표 또는 부당한 목적으로 사
용하는 것이다. 누설은 정보를 모르는 사람에게 정보를 알게 하는 행위이고, 발
표는 정보를 세상에 널리 드러내어 알리는 행위이고, 부당한 목적으로 사용하는
것은 목적 외 사용과 부당한 목적성을 결합한 개념이다.[62]

한편, 의료법 제19조는 피해자의 고소가 있어야 공소를 제기할 수 있는 친고
죄이다.

(3) 판례 · 행정해석

◇ 의료인의 비밀누설금지의무의 대상에 사망한 사람도 포함된다고 한 사례(대법
원 2018. 5. 11. 선고 2018도2844 판결)[63]
- 의료인의 의무 중 하나인 비밀누설 금지의무는 의학적 전문지식을 기초로
  사람의 생명, 신체나 공중위생에 위해를 발생시킬 우려가 있는 의료행위
  를 하는 의료인에 대하여 법이 정한 엄격한 자격요건과 함께 의료과정에
  서 알게 된 다른 사람의 비밀을 누설하거나 발표하지 못한다는 법적 의무

---

61) 홍영균, 의료법해설, 군자출판사, 69면.
62) 홍영균, 의료법해설, 군자출판사, 69－70면.
63) 1심(무죄): 서울동부지방법원 2015고합203, 2심(유죄. 징역 1년): 서울고등법원 20163983,
   3심(유죄, 상고기각): 대법원 2018도2944.

를 부과한 것이다. 그 취지는 의료인과 환자 사이의 신뢰관계 형성과 함께 이에 대한 국민의 의료인에 대한 신뢰를 높임으로써 수준 높은 의료행위를 통하여 국민의 건강을 보호하고 증진하는 데 있다. 따라서 의료인의 비밀누설 금지의무는 개인의 비밀을 보호하는 것뿐만 아니라 비밀유지에 관한 공중의 신뢰라는 공공의 이익도 보호하고 있다고 보아야 함.

- 이러한 관점에서 보면, 의료인과 환자 사이에 형성된 신뢰관계와 이에 기초한 의료인의 비밀누설 금지의무는 환자가 사망한 후에도 그 본질적인 내용이 변한다고 볼 수 없다. 구 의료법 제19조에서 누설을 금지하고 있는 '다른 사람의 비밀'은 당사자의 동의 없이는 원칙적으로 공개되어서는 안 되는 비밀영역으로 보호되어야 한다. 이러한 보호의 필요성은 환자가 나중에 사망하더라도 소멸하지 않음.

- 구 의료법 제21조 제1항은 환자가 사망하였는지를 묻지 않고 환자가 아닌 다른 사람에게 환자에 관한 기록을 열람하게 하거나 사본을 내주는 등 내용을 확인할 수 있게 해서는 안 된다고 정하고 있는데, 이 점을 보더라도 환자가 사망했다고 해서 보호 범위에서 제외된다고 볼 수 없다. 헌법 제10조는 인간의 존엄과 가치를 선언하고 있고, 헌법 제17조는 사생활의 비밀과 자유를 보장하고 있다. 따라서 모든 국민은 자신에 관한 정보를 스스로 통제할 수 있는 자기결정권과 사생활이 함부로 공개되지 않고 사적 영역의 평온과 비밀을 요구할 수 있는 권리를 갖는다. 이와 같은 개인의 인격적 이익을 보호할 필요성은 그의 사망으로 없어지는 것이 아니다. 사람의 사망 후에 사적 영역이 무분별하게 폭로되고 그의 생활상이 왜곡된다면 살아있는 동안 인간의 존엄과 가치를 보장하는 것이 무의미해질 수 있다. 사람은 적어도 사망 후에 인격이 중대하게 훼손되거나 자신의 생활상이 심각하게 왜곡되지 않을 것이라고 신뢰하고 그러한 기대 속에서 살 수 있는 경우에만 인간으로서의 존엄과 가치가 실효성 있게 보장되고 있다고 말할 수 있다. 형벌법규 해석에 관한 일반적인 법리, 의료법의 입법 취지, 구 의료법 제19조의 문언·내용·체계·목적 등에 비추어 보면, 구 의료법 제19조에서 정한 '다른 사람'에는 생존하는 개인 이외에 이미 사망한 사람도 포함된다고 보아야 함.

◇ 의료법 상 규정된 타인의 비밀(서울동부지방법원 2004. 5. 13. 선고 2003고단2941 판결)[64]

- 의료법에 의하여 보호되는 비밀이란, 의사가 환자의 신뢰를 바탕으로 하여 진료 과정에서 알게된 사실로서, 객관적으로 보아 환자에게 이익이 되거나 또는 환자가 특별히 누설을 금하여 실질적으로 그것을 비밀로서 보호할 가치가 있다고 인정되는 사실을 말함.

- 의사가 법원에 제출한 사실조회서에 기재한 내용을 보충 설명하는 취지의 진술서를 작성하여 제3자에게 교부한 경우, 그 진술서의 내용상 단순한 용어설명의 정도를 넘어서 환자의 신뢰를 토대로 직접 진료한 의사가 아니면 덧붙여 밝힐 수 없는 구체적이고도 상세한 내용과 그에 대한 의학적 소견 등 새로운 사항들을 담고 있다면, 이는 의료상 비밀을 누설하는 행위에 해당한다고 한 사례.

- 의사가 성폭행 피해자를 진찰한 결과 알게 된 '처녀막이 파열되지 않았고 정충이 발견되지 않았다'는 내용을 가해자측에게 알려준 경우, 이는 피해자가 의학적 소견으로 보아 건강하며 별 이상이 없다는 취지여서 그 사실이 다른 사람에게 알려지더라도 피해자측의 사회적 또는 인격적 이익이 침해된다고 볼 수 없어 의료상 비밀에 해당하지 않는다고 한 사례.

◇ 보건복지부 의료정책팀(2006. 12. 4.)
- 의료기관에서 환자의 진료내역이나 질환명이 아닌 단순한 내원일과 진료여부, 진료비 액수정도라 하여 이유없이 누설하여서는 아니됨.

◇ 보건복지부 의료정책팀 65507-1269(1994. 10. 24.)
- 의료인은 환자 또는 보호자의 동의 없이 가해자·보험회사 또는 택시·버스 공제조합 직원에게 진단서를 발행하여서는 아니됨.

◇ 보건복지부 의료정책팀 65507-200(1994. 3. 2.)
- 혈중알콜농도 측정을 위한 채혈행위는 의료행위로서 이는 환자의 치료행위

---

64) 항소, 상고 후 파기환송심을 거쳐 최종적으로 확정.

를 위하여 의사가 판단하여야 할 사항이며 의사가 환자의 승낙 없이 그 측
정결과를 발표하는 것은 의료법 제19조에 위반됨.

사. 태아 성 감별 행위 등 금지 (제20조)

(1) 조문

◇ 제20조(태아 성 감별 행위 등 금지)
① 의료인은 태아 성 감별을 목적으로 임부를 진찰하거나 검사하여서는 아니
되며, 같은 목적을 위한 다른 사람의 행위를 도와서도 아니 된다.
② 의료인은 임신 32주 이전에 태아나 임부를 진찰하거나 검사하면서 알게 된
태아의 성(性)을 임부, 임부의 가족, 그 밖의 다른 사람이 알게 하여서는 아
니 된다. <개정 2009. 12. 31.>
[2009. 12. 31. 법률 제9906호에 의하여 2008. 7. 31. 헌법재판소에서 헌법
불합치 결정된 이 조 제2항을 개정함.]
[단순위헌, 2022헌마356, 2024.2.28, 의료법(2009. 12. 31. 법률 제9906호로
개정된 것) 제20조 제2항은 헌법에 위반된다.]

◇ 벌칙
– 제20조 위반: 2년 이하의 징역이나 2천만원 이하의 벌금(제88조의2)

◇ 행정처분
– 법 제20조를 위반하여 태아의 성 감별 행위 등을 한 경우: 자격정지 3개월

(2) 조문해설

의료인은 태아 성 감별을 목적으로 임부를 진찰하거나 검사하여서는 아니 되
며, 같은 목적을 위한 다른 사람의 행위를 도와서도 아니 된다. 한편, 제20조 제
2항은 본래 '의료인은 태아나 임부를 진찰하거나 검사하면서 알게 된 태아의 성

(性)을 임부, 임부의 가족, 그 밖의 다른 사람이 알게 하여서는 아니 된다'는 조항으로서 전 임신기간 중 태아의 성을 임부, 임부의 가족 등에게 알려주어서는 아니된다는 내용이었는데 이에 대하여 헌법재판소가 2008. 7. 31. 헌법불합치 결정을[65]을 함에 따라 "임신 32주 이전에"라는 부분이 2009. 12. 31. 개정으로 추가되어 임신 32주 이후에는 임부 등에게 태아의 성별을 알려주는 것이 가능해졌다. 한편, 헌법재판소는 2024. 2. 28. 위 제20조 제2항에 대하여 단순위헌결정을 하여 이제는 임신기간 내내 태아의 성별을 임부 등에게 알려주는 것이 가능해졌다. 헌법재판소는 남아선호사항이 확연히 쇠퇴하고 있고, 심판대상조항이 사문화되었음에도 불구하고 출생성비가 자연성비의 정상범위 내이므로 심판대상조항은 더 이상 태아의 성별을 이유로 한 낙태를 방지하기 위한 목적을 달성하는 데에 적합하고 실효성 있는 수단이라고 보기 어렵다고 판단하였다.[66]

(3) 판례 · 행정해석

◇ 태아 성 감별 전면 금지 위헌확인(헌법재판소 2008. 7. 31. 2004헌마1010 결정)

- 심판대상: 구 의료법(1987. 11. 28. 법률 제3948호로 개정되고, 2007. 4. 11. 법률 제8366호로 전부 개정되기 전의 것, 이하 구 의료법이라 함) 제19조 제2항 의료인은 태아나 임부를 진찰하거나 검사하면서 알게 된 태아의 성(性)을 임부, 임부의 가족, 그 밖의 다른 사람이 알게 하여서는 아니 된다.

- 이 사건 규정의 태아 성별 고지 금지는 낙태, 특히 성별을 이유로 한 낙태를 방지함으로써 성비의 불균형을 해소하고 태아의 생명권을 보호하기 위해 입법된 것임. 그런데 임신 기간이 통상 40주라고 할 때, 낙태가 비교적 자유롭게 행해질 수 있는 시기가 있는 반면, 낙태를 할 경우 태아는 물론, 산모의 생명이나 건강에 중대한 위험을 초래하여 낙태가 거의 불가능하게 되는 시기도 있는데, 성별을 이유로 하는 낙태가 임신 기간의 전 기간에 걸쳐 이루어질 것이라는 전제 하에, 이 사건 규정이 낙태가 사실상 불가

---

65) 헌법재판소 2008. 7. 31. 2004헌마1010, 2005헌바90 결정.
66) 헌법재판소 2024. 3. 28. 2022헌마256, 2023헌마189 · 1305(병합) 결정.

능하게 되는 임신 후반기에 이르러서도 태아에 대한 성별 정보를 태아의 부모에게 알려 주지 못하게 하는 것은 최소침해성 원칙을 위반하는 것이고, 이와 같이 임신후반기 공익에 대한 보호의 필요성이 거의 제기되지 않는 낙태 불가능 시기 이후에도 의사가 자유롭게 직업수행을 하는 자유를 제한하고, 임부나 그 가족의 태아 성별 정보에 대한 접근을 방해하는 것은 기본권 제한의 법익 균형성 요건도 갖추지 못한 것이다. 따라서 이 사건 규정은 헌법에 위반됨.

◇ 임신 32주 이전에 태아의 성별 고지를 금지하는 의료법 제20조 제2항의 위헌 여부(헌법재판소 2024. 2. 28. 2022헌마356. 2023헌마189 · 1305(병합) 결정)
－ 심판대상: 의료법(2009. 12. 31. 법률 제9906호로 개정된 것) 제20조 제2항
－ 심판대상조항은 성별을 이유로 한 낙태를 방지함으로써 성비의 불균형을 해소하고 태아의 생명을 보호하기 위해 입법된 것으로 목적의 정당성이 인정된다. 그러나 남아선호사상이 확연히 쇠퇴하고 있고, 심판대상조항이 사문화되었음에도 불구하고 출생성비가 자연성비의 정상범위 내이므로, 심판대상조항은 더 이상 태아의 성별을 이유로 한 낙태를 방지하기 위한 목적을 달성하는 데에 적합하고 실효성 있는 수단이라고 보기 어렵고, 입법수단으로서도 현저하게 불합리하고 불공정하다. 태아의 생명 보호를 위해 국가가 개입하여 규제해야 할 단계는 성별고지가 아니라 낙태행위인데, 심판대상조항은 낙태로 나아갈 의도가 없는 부모까지 규제하여 기본권을 제한하는 과도한 입법으로 침해의 최소성에 반하고, 법익의 균형성도 상실하였다. 따라서 심판대상조항은 과잉금지원칙을 위반하여 부모가 태아의 성별 정보에 대한 접근을 방해받지 않을 권리를 침해함.

아. 변사체 신고의무 (제26조)

(1) 조문

◇ 제26조(변사체 신고)
의사 · 치과의사 · 한의사 및 조산사는 사체를 검안하여 변사(變死)한 것으로 의심되는 때에는 사체의 소재지를 관할하는 경찰서장에게 신고하여야 한다.

◇ 벌칙
― 제26조 위반: 500만원 이하의 벌금(제90조)

◇ 행정처분
― 제26조를 위반하여 변사체를 신고하지 아니한 경우: 경고

(2) 조문해설

의사 · 치과의사 · 한의사 및 조산사는 사체를 검안하여 변사(變死)한 것으로 의심되는 때에는 사체의 소재지를 관할하는 경찰서장에게 신고하여야 한다. 사체란 사람의 죽은 육체이고 변사란 자연사 또는 통상의 병사가 아닌 죽음을 말한다. 사체를 검안한 경우이므로 이미 사망한 사체를 검안한 경우뿐만 아니라 치료하던 환자가 사망하여 사망의 진단을 하는 경우를 포함한다.[67] 변사의 의심이란 사인에 관한 병리학적 관점에서 그러한 의심이 있는 것을 의미하는 것이 아니라 법의학적인 관점에서 의심이 있는 경우를 가리킨다고 해석되고 따라서 이를 판단함에 있어서는 사체 자체로부터 인식할 수 있는 이상뿐만 아니라 사체가 발견된 경위, 장소, 상황, 성별 등 제반 사정까지 고려하여야 한다.[68]

의료인이 변사체를 신고하지 않으면 500만원 이하의 벌금에 처해지며, 행정처분으로는 행정처분규칙 별표 2. 개별기준 가. 18)에 의거 경고의 대상이 된다.

---

67) 대법원 2001. 3. 23. 선고 2000도4464 판결.
68) 대법원 2001. 3. 23. 선고 2000도4464 판결, 홍영균, 의료법해설, 군자출판사, 101면.

(3) 판례 · 행정해석

◇ 사망진단서에 사망의 종류란에 외인사가 아닌 병사로 기재한 사례(전주지방법원 2021. 4. 30. 선고 2020고단2223 판결)

- 타 노인요양원의 요양보호사 등 노조원들의 파업으로 입원 중인 피해자를 피고인 운영 병원으로 전원하는 과정에서 노인요양병원의 관리소홀로 피고인 병원 주차장 승합차에서 피해자를 약 25시간 방치하여 열사병으로 사망케 한 사안에서 피고인은 이러한 사정을 알고 있음에도 피해자의 사망진단서에 사망의 종류란에 '외인사'가 아닌 '병사'로 기재한 사례에서 변사체신고의무위반에 해당된다고 판시함.

◇ 낙상사고 및 그와 관련 있다고 보이는 두개골골절, 뇌출혈 등을 기재하지 않은 사망진단서를 작성하여 발급한 사례(서울중앙지방법원 2020. 8. 11. 선고 2020노743 판결)

- 피고인 B와 F는 2016. 8. 11. 08:38경 낙상 사고를 당하여 두정골 골절, 경막외 출혈, 두혈종 등의 상해를 입은 이 사건 아기를 함께 치료하다가 같은 날 14:51경 이 사건 아기가 사망하여 F가 퇴원요약지 초안에 이 사건 아기의 뇌초음파 검사 결과를 포함하여 작성하고, 사망진단서 초안에 이 사건 아기의 뇌내출혈을 사인으로 기재하는 등 법의학적인 관점에서 변사의 의심이 있었음에도 경찰서장에게 신고하지 아니하였다.'고 기소된 사안에서 재판부는 '피고인 B가 이 사건 아기에 대하여 낙상사고 및 그와 관련 있다고 보이는 두개골골절, 뇌출혈 등을 기재하지 않은 사망진단서를 작성하여 발급할 당시 이것이 허위진단서작성 및 동행사죄에 해당한다는 점에 대한 인식 및 이 사건 아기의 사망이 단순 병사가 아니라 낙상으로 인한 의료사고로 인한 것일 수 있다는 점에 대한 인식이 있었다고 인정되는바, 이에 관한 피고인의 주장은 받아들이지 않는다'고 판시함.

◇ 프로포폴 투여 후 사망한 자에 대한 관할경찰서에 신고하지 않은 사건(창원지
방법원 통영지원 2017. 12. 20. 선고 2017고단1133 판결)

－ 피고인은 2017. 7. 4. 15:00경 위 M의원 2층 수액실에서 N에게 프로포폴
12㎖를 투약한 후 6㎖씩 추가로 2차례 더 투약하던 중 N이 갑자기 사망
한 사실을 의사로서의 의학적 지식 등을 통해 확인하였음에도 이를 관할
하는 경찰서에 신고하지 아니하였다'고 기소되어 유죄 판결을 선고받은
사례.

자. 공중보건의사 등의 고용금지 (제36조의2)

(1) 조문

◇ 제36조의2(공중보건의사 등의 고용금지)

① 의료기관 개설자는 「농어촌 등 보건의료를 위한 특별조치법」 제5조의2에 따
른 배치기관 및 배치시설이나 같은 법 제6조의2에 따른 파견근무기관 및 시
설이 아니면 같은 법 제2조제1호의 공중보건의사에게 의료행위를 하게 하거
나, 제41조제1항에 따른 당직의료인으로 두어서는 아니 된다. ＜개정 2016.
12. 20., 2018. 3. 27.＞

② 의료기관 개설자는 「병역법」 제34조의2제2항에 따라 군병원 또는 병무청장이
지정하는 병원에서 직무와 관련된 수련을 실시하는 경우가 아니면 같은 법
제2조제14호의 병역판정검사전담의사에게 의료행위를 하게 하거나 제41조제1
항에 따른 당직의료인으로 두어서는 아니 된다. ＜신설 2018. 3. 27.＞

[본조신설 2015. 12. 29.]

[제목개정 2018. 3. 27.]

◇ 행정처분

－ 제36조의2를 위반한 때: 시정명령(제63조 제1항)

－ 시정명령을 이행하지 아니한 때 개설허가 취소 또는 의료기관 폐쇄명령 내
지 1년 이내 범위 의료업 정지(제64조 제1항 제6호)

(2) 조문해설

2015. 12. 29. 의료법 개정으로 의료기관 개설자는 공중보건의가 근무할 수 있는 기관이 아니면 공중보건의사에게 의료행위를 하게 하여서는 아니 되었다(제36조의2 신설) 이후 2018. 3. 27. 의료법 일부개정으로 공중보건의사와 유사하게 의사나 치과의사 자격을 가지고 보충역으로 편입되어 병역판정에 필요한 신체검사업무를 이행하는 병역판정검사전담의사 역시 의료기관 고용 금지를 명시하여 공중보건의사 등 고용금지 제도의 미비점을 보완하였다.

"공중보건의사"란 공중보건업무에 종사하게 하기 위하여 병역법 제34조 제1항에 따라 공중보건의사에 편입된 의사ㆍ치과의사 또는 한의사로서 보건복지부장관으로부터 공중보건업무에 종사할 것을 명령받은 사람을 말한다. "공중보건업무"란 농어촌 등 보건의료를 위한 특별조치법 제5조의2 제1항 각 호에 따른 기관 또는 시설에서 수행하는 보건의료업무를 말하는 것으로, ① 보건소 또는 보건지소, ② 국가ㆍ지방자치단체 또는 공공단체가 설립ㆍ운영하는 병원으로서 보건복지부장관이 정하는 병원(이하 이 조에서 "공공병원"이라 한다), ③ 공공보건의료연구기관, ④ 공중보건사업의 위탁사업을 수행하는 기관 또는 단체, ⑤ 보건의료정책을 수행할 때에 공중보건의사의 배치가 필요한 기관 또는 시설로 대통령령으로 정하는 기관 또는 시설 등에서 수행하는 보건의료업무를 말한다.

의료기관 개설자는 농어촌 등 보건의료를 위한 특별조치법 제5조의2에 따른 배치기관 및 배치시설이나 같은 법 제6조의2에 따른 파견근무기관 및 시설이 아니면 같은 법 제2조 제1호의 공중보건의사에게 의료행위를 하게 하거나, 의료법 제41조제1항에 따른 당직의료인으로 두어서는 아니 된다. 또한 의료기관 개설자는 병역법 제34조의2 제2항에 따라 군병원 또는 병무청장이 지정하는 병원에서 직무와 관련된 수련을 실시하는 경우가 아니면 같은 법 제2조 제14호의 병역판정검사전담의사에게 의료행위를 하게 하거나 의료법 제41조 제1항에 따른 당직의료인으로 두어서는 아니 된다.

이를 위반할 경우 일정한 기간을 정하여 그 시설장비 등의 전부 또는 일부의 사용을 제한 또는 금지하거나 위반한 사항을 시정하도록 명할 수 있고(제63조), 위 시정명령을 이행하지 아니한 때에는 그 의료업을 1년의 범위에서 정지시키거나 개설 허가를 취소하거나 의료기관 폐쇄를 명할 수 있다(제64조). 또한 의료업무정지처분에 갈음하여 5천만원 이하의 과징금을 부과할 수 있으며 이 경우 과징금은 3회까지만 부과할 수 있도록 규정하고 있다(제65조). 다만 의료관계 행정처분 규칙 제4조 별표 2. 개별기준 나. 목에는 제36조만 규정되어 있고 법 제36조의2 조항이 누락되어 있어 추후 이를 보완 반영하여야 할 것으로 보인다. 실무적으로는 보건복지부장관은 요양기관이 속임수나 그 밖의 부당한 방법으로 국민건강보험공단에 요양급여비용을 부담하게 한 경우로 보아 국민건강보험법 및 동법 시행령에 의거 해당 의료기관 개설자에 대하여 업무정지처분 및 과징금을 부과하고 있다.[69]

(3) 판례 · 행정해석

◇ 공중보건의사 복무기간 연장처분 취소(대법원 1999. 3. 9. 선고 98두19339 판결)

- 공중보건업무 외에 타의료기관 진료행위를 한 공중보건의사에 대한 의무위반일수의 5배에 해당하는 기간의 근무기간연장처분이 재량권을 일탈·남용한 것이 아니라고 본 사례.
- 공중보건의사의 제도적 취지나 그 공중보건업무의 내용 등에 비추어 볼 때 농어촌 등 보건의료취약지역의 주민 등에게 보건의료를 효율적으로 제공하기 위하여 공중보건의사가 그 본연의 업무를 충실히 수행하여야 할 직무상의 의무를 위반하여 잘못된 관행 등 때문에 근무지역을 이탈하거나 공중보건업무 외의 다른 업무에 종사하는 것을 방지하여야 할 공익상의 필요가 매우 크다고 할 것이므로, 위와 같은 의무위반사유로 들어 근무기간연장처분을 함에 있어서는 그로 인하여 입게 되는 당사자의 불이익보다도 위와 같은 의무위반행위의 방지라는 일반 예방적 측면을 더욱 강조할 필요가 있다고 할 것인바, 이러한 공익상의 필요와 기록에 나타난 여러

---

69) 원고가 근무의사 인력으로 신고되지 않은 서울병무지청 소속의 병역판정검사전담의사를 당직의사로 채용하여 환자를 진료하도록 하여 의료법위반으로 형사처벌되었고 이후 과징금처분을 받은 사례(서울행정법원 2023. 7. 6. 선고 2022구합67920 과징금부과처분취소).

사정에 비추어 보면, 원심이 설시하고 있는 원고의 위 방문 진료의 경위 및 동기, 그로 인하여 수령한 대가의 액수와 그 사용용도, 이 사건 처분으로 인하여 원고가 입게 되는 불이익 등의 사정을 감안하더라도 이 사건 처분으로 인하여 달성하고자 하는 공익목적이 그로 인하여 원고가 입게 되는 불이익보다 가볍다고 보기 어렵다 할 것이므로, 이 사건 처분은 재량권의 범위 내에서 이루어진 적법한 처분임.

◇ 공중보건의사 복무기간 연장처분 취소(서울고등법원 2013. 5. 31. 선고 2012 누23961 판결)[70]

– 원고가 공중보건의사로서 근무지가 아닌 병원에서 284일간 야간당직근무를 하여 114,430,000원의 수입을 얻었고, 그 위반 일수 284일 중 181일이 그 다음 날 근무지에 출근하여야 하는 날인 사실을 인정할 수 있으나,한편 위와 같은 사정만 가지고 이 사건 위반행위로 말미암아 원고의 본연의 업무인 공중보건업무에 중대한 지장을 초래하였다고 단정하기 어렵고 달리 이를 인정할 만한 객관적인 증거가 없으며, 오히려 원고가 근무시간 중에는 공중보건업무에 종사한 것으로 보이고, 이 사건 처분 당시 3년간의 의무복무기간을 거의 마친 점(나아가 원고는 이 사건 처분에 대한 집행정지 결정을 받을 때까지 138일간 추가복무를 하였다) 등 제1심 판결 이유에서 들고 있는 여러 사정을 종합하면, 피고가 주장하는 위와 같은 사정을 고려하더라도 의무복무기간을 다시 3년간 연장하는 이 사건 처분은 그 공익상의 필요에 비하여 사회통념상 타당성을 잃은 위법한 처분임.

◇ 공중보건의사 복무기간 연장처분 취소(서울행정법원 2019. 5. 31. 선고 2018 구합811288 판결)[71]

– 원고가 경북 B보건소에 공중보건의사로 발령받아 의무복무 중 준강간 혐의로 기소되어 형사사건 재판에서 2016. 9. 9. 실형을 선고받아 법정구속되었고 이후 항소심에서 2017. 4. 28. 무죄선고를 받아 석방된 시점까지

---

70) 위 판결은 항소인(피고) 보건복지부장관이 상고를 하지 않아 확정되었다.
71) 위 판결은 원고가 항소를 하지 않아 확정되었다.

근무를 할 수 없었던 상황에서, 보건복지부장관은 원고가 위 기간 동안 보건소에서 무단이탈 등을 하였다는 이유로 원고의 공중보건의사 복무기간을 연장하는 내용의 처분을 하였는데, 위 재판부는 농어촌의료법의 취지, 문언과 규정체계 등을 종합하여 보면 공중보건의사가 '직무 외의 사유'로 근무하지 못한 데에 정당한 사유가 있었는지 여부를 불문하고 농어촌 등 보건의료취약지역의 의료 공백을 방지하고 주민 등에게 보건의료를 효율적으로 제공하기 위하여 그 근무하지 못한 기간 동안 만큼 농어촌의료법 제9조 제4항에 따른 복무기간 연장처분이 가능하다고 봄이 상당하다고 판시함.

(4) 관련 법령

❑ 공중보건의사제도 운영지침(2019년도)

공중보건의사가 타 의료기관에서 당직근무 등 진료행위 등 공중보건업무외의 종사한 경우에는 아래와 같은 처분을 받도록 규정함.

처분	처분기관
• 경고조치 • 처분이 결정된 날의 익월부터 복무만료 일까지 업무활동장려금 지급중지	• 시·도지사, 시장·군수·구청장 또는 보건복지부장관이 정한 중앙배치기관의 장
• 업무에 종사한 일수의 5배수 기간 연장 근무	• 보건복지부장관
• 도서지역 등으로 전출 가능	• 시·도지사, 시장·군수·구청장, 보건복지부장관

3. 진단서등 작성과 교부 (제17조)

(1) 조문

◇ 제17조(진단서 등)

① 의료업에 종사하고 직접 진찰하거나 검안(檢案)한 의사[이하 이 항에서는 검안서에 한하여 검시(檢屍)업무를 담당하는 국가기관에 종사하는 의사를 포함한다], 치과의사, 한의사가 아니면 진단서·검안서·증명서를 작성하여 환자(환자가 사망하거나 의식이 없는 경우에는 직계존속·비속, 배우자 또는 배우자의 직계존속을 말하며, 환자가 사망하거나 의식이 없는 경우로서 환자의 직계존속·비속, 배우자 및 배우자의 직계존속이 모두 없는 경우에는 형제자매를 말한다) 또는 「형사소송법」 제222조제1항에 따라 검시(檢屍)를 하는 지방검찰청검사(검안서에 한한다)에게 교부하지 못한다. 다만, 진료 중이던 환자가 최종 진료 시부터 48시간 이내에 사망한 경우에는 다시 진료하지 아니하더라도 진단서나 증명서를 내줄 수 있으며, 환자 또는 사망자를 직접 진찰하거나 검안한 의사·치과의사 또는 한의사가 부득이한 사유로 진단서·검안서 또는 증명서를 내줄 수 없으면 같은 의료기관에 종사하는 다른 의사·치과의사 또는 한의사가 환자의 진료기록부 등에 따라 내줄 수 있다. <개정 2009. 1. 30., 2016. 5. 29., 2019. 8. 27.>

② 의료업에 종사하고 직접 조산한 의사·한의사 또는 조산사가 아니면 출생·사망 또는 사산 증명서를 내주지 못한다. 다만, 직접 조산한 의사·한의사 또는 조산사가 부득이한 사유로 증명서를 내줄 수 없으면 같은 의료기관에 종사하는 다른 의사·한의사 또는 조산사가 진료기록부 등에 따라 증명서를 내줄 수 있다.

③ 의사·치과의사 또는 한의사는 자신이 진찰하거나 검안한 자에 대한 진단서·검안서 또는 증명서 교부를 요구받은 때에는 정당한 사유 없이 거부하지 못한다.

④ 의사·한의사 또는 조산사는 자신이 조산(助産)한 것에 대한 출생·사망 또는 사산 증명서 교부를 요구받은 때에는 정당한 사유 없이 거부하지 못한다.

⑤ 제1항부터 제4항까지의 규정에 따른 진단서, 증명서의 서식·기재사항, 그 밖에 필요한 사항은 보건복지부령으로 정한다. <신설 2007. 7. 27., 2008. 2. 29., 2010. 1. 18.>

◇ 벌칙
- 제17조 제1항, 제2항 위반(제1항 단서 후단과 제2항 단서는 제외한다): 1년 이하의 징역 또는 1천만원 이하의 벌금(제89조 제1호)

◇ 행정처분
- 제17조제1항 또는 제2항을 위반하여 진단서·검안서·증명서 또는 처방전을 발급한 경우: 자격정지 2개월
- 제17조제1항 또는 제2항에 따른 진단서·검안서 또는 증명서를 거짓으로 작성하여 발급한 경우: 자격정지 3개월
- 제17조제3항 또는 제4항을 위반하여 정당한 이유 없이 진단서·검안서 또는 증명서의 발급 요구를 거절한 경우: 자격정지 1개월

(2) 조문해설

(가) 제17조 개관

의료법 제17조 제1항 본문은 '의료업에 종사하고 직접 진찰하거나 검안한 의사, 치과의사, 한의사(이하 '의사 등'이라 한다)가 아니면 진단서·검안서·증명서를 작성하여 환자(환자가 사망한 경우에는 배우자, 직계존비속 또는 배우자의 직계존속을 말한다) 또는 형사소송법 제222조 제1항에 따라 검시를 하는 지방검찰청 검사(검안서에 한한다)에게 교부하지 못한다'고 규정하고 있다. 의료법 제89조는 의료법 제17조 제1항을 위반한 자를 처벌하도록 규정한다.

이는 진단서·검안서·증명서가 의사 등이 환자를 직접 진찰하거나 검안한 결과를 바탕으로 의료인으로서의 판단을 표시하는 것으로서 사람의 건강상태 등을 증명하고 민·형사책임을 판단하는 증거가 되는 등 중요한 사회적 기능을 담당하고 있어 그 정확성과 신뢰성을 담보하기 위하여 직접 진찰·검안한 의사 등만이 이를 작성·교부할 수 있도록 하는 데 그 취지가 있는 것이다. 다만, 환자 또는 사망자를 직접 진찰하거나 검안한 의사, 치과의사 또는 한의사가 부득이한 사유로 진단서·검안서 또는 증명서를 내줄 수 없으면 같은 의료기관에 종사하는 다른 의사·치과의사 또는 한의사가 환자의 진료기록부 등에 따라 내줄 수 있다는

예외규정을 두고 있다(동조 제1항 단서).

또한, 의료업에 종사하고 직접 조산한 의사·한의사 또는 조산사가 아니면 출생·사망 또는 사산 증명서를 내주지 못한다고 규정하며, 이들이 부득이한 사유로 증명서를 내줄 수 없는 경우에는 같은 의료기관에 종사하는 다른 의사·한의사 또는 조산사가 증명서를 내줄 수 있다(동조 제2항). 그리고 의사·치과의사·한의사 또는 조산사는 위와 같은 진단서·검안서 또는 증명서의 교부를 요구 받은 때에는 정당한 이유 없이 이를 거절할 수 없다(동조 제3항, 제4항).

2019. 8. 27. 시행 법률 제16555호, 2019. 1. 15. 일부개정된 의료법에서 제17조의2(처방전)를 신설하기 전까지는 위 제17조 제1항에서 "진단서·검안서·증명서 및 처방전"을 포함하여 규정하였으나, 위 개정법 시행으로 환자를 직접 진찰한 의사 등만이 환자에게 처방전을 발행할 수 있다는 내용은 제17조의2에서 규정하게 되었다. 이에 대해서는 항을 바꾸어 설명한다.

4. 처방전 제17조의2, 제18조, 제18조의2 (황다연)

가. 처방전의 작성과 교부 (제17조의2, 제18조 제1, 2항)

(1) 조문

◇ 제17조의2(처방전)

① 의료업에 종사하고 직접 진찰한 의사, 치과의사 또는 한의사가 아니면 처방전[의사나 치과의사가 「전자서명법」에 따른 전자서명이 기재된 전자문서 형태로 작성한 처방전(이하 "전자처방전"이라 한다)을 포함한다. 이하 같다]을 작성하여 환자에게 교부하거나 발송(전자처방전에 한정한다. 이하 이 조에서 같다)하지 못하며, 의사, 치과의사 또는 한의사에게 직접 진찰을 받은 환자가 아니면 누구든지 그 의사, 치과의사 또는 한의사가 작성한 처방전을 수령하지 못한다.

② 제1항에도 불구하고 의사, 치과의사 또는 한의사는 다음 각 호의 어느 하나에 해당하는 경우로서 해당 환자 및 의약품에 대한 안전성을 인정하는 경우

에는 환자의 직계존속·비속, 배우자 및 배우자의 직계존속, 형제자매 또는 「노인복지법」 제34조에 따른 노인의료복지시설에서 근무하는 사람 등 대통령령으로 정하는 사람(이하 이 조에서 "대리수령자"라 한다)에게 처방전을 교부하거나 발송할 수 있으며 대리수령자는 환자를 대리하여 그 처방전을 수령할 수 있다.

1. 환자의 의식이 없는 경우
2. 환자의 거동이 현저히 곤란하고 동일한 상병(傷病)에 대하여 장기간 동일한 처방이 이루어지는 경우
③ 처방전의 발급 방법·절차 등에 필요한 사항은 보건복지부령으로 정한다.
[본조신설 2019. 8. 27.]

◇ 제18조(처방전 작성과 교부)
① 의사나 치과의사는 환자에게 의약품을 투여할 필요가 있다고 인정하면 「약사법」에 따라 자신이 직접 의약품을 조제할 수 있는 경우가 아니면 보건복지부령으로 정하는 바에 따라 처방전을 작성하여 환자에게 내주거나 발송(전자처방전만 해당된다)하여야 한다. <개정 2008. 2. 29., 2010. 1. 18.>
② 제1항에 따른 처방전의 서식, 기재사항, 보존, 그 밖에 필요한 사항은 보건복지부령으로 정한다. <개정 2008. 2. 29., 2010. 1. 18.>

◇ 벌칙
- 제17조의2 제1항, 제2항을 위반하여 처방전을 교부하거나 발송한 경우: 1년 이하의 징역이나 1천만원 이하의 벌금(제89조 제1호)
- 제17조의 2 제1항, 제2항을 위반하여 처방전을 수령한 경우: 500만원 이하의 벌금(제90조)

◇ 행정처분
- 제18조를 위반하여 처방전을 환자에게 발급하지 아니한 경우: 1차 위반 자격정지 15일, 2차 위반(1차 처분일부터 2년 이내에 다시 위반한 경우에만 해당한다) 자격정지 1개월

(2) 조문해설

의사나 치과의사는 환자에게 의약품을 투여할 필요가 있다고 인정하면 약사법에 따라 자신이 직접 의약품을 조제할 수 있는 경우가 아니면 보건복지부령으로 정하는 바에 따라 처방전을 작성하여 환자에게 내주거나 발송(전자처방전만 해당된다)하여야 한다(제18조 제1항). 동조 제1항에 따른 처방전의 서식, 기재사항, 보존, 그 밖에 필요한 사항은 보건복지부령으로 하는데 다음의 사항을 적은 후 서명(전자서명법에 따른 공인전자서명을 포함한다)하거나 도장을 찍어야 한다. 다만, 질병분류기호는 환자가 요구한 경우에는 적지 아니한다(제18조 제2항, 의료법 시행규칙 제12조 제1항).

처방전 기재사항으로는, 환자의 성명 및 주민등록번호, 의료기관의 명칭, 전화번호 및 팩스번호, 질병분류기호, 의료인의 성명·면허종류 및 번호, 처방 의약품의 명칭(일반명칭, 제품명이나 약사법 제51조에 따른 대한민국약전에서 정한 명칭을 말다)·분량·용법 및 용량, 처방전 발급 연월일 및 사용기간, 의약품 조제시 참고사항, 국민건강보험법 시행령 별표 2에 따라 건강보험 가입자 또는 피부양자가 요양급여 비용의 일부를 부담하는 행위·약제 및 치료재료에 대하여 보건복지부장관이 정하여 고시하는 본인부담 구분기호, 의료급여법 시행령 별표 1 및 의료급여법 시행규칙 별표 1의2에 따라 수급자가 의료급여 비용의 전부 또는 일부를 부담하는 행위·약제 및 치료재료에 대하여 보건복지부장관이 정하여 고시하는 본인부담 구분기호가 있다.

한편, 2019. 8. 27. 법률 제16555호로 개정된 의료법에서는 제17조의2를 신설하여 개정 전 의료법 제17조 제1항에 규정되어 있던 직접 진찰한 의사, 치과의사 또는 한의사가 아니면 처방전을 교부하거나 발송하지 못한다는 내용을 이 조항에 옮겨 규정하였다(동조 제1항). 한편, 의사, 치과의사 또는 한의사에게 직접 진찰을 받은 환자가 아니면 누구든지 그 의사, 치과의사 또는 한의사가 작성한 처방전을 수령하지 못한다는 내용도 규정되었다(동조 제1항). 다만, 위 제1항에도 불구하고 의사, 치과의사, 한의사는 환자의 거동이 현저히 곤란하고 동일한 상병에 대하여 장기간 동일한 처방이 이루어지는 경우로서 해당 환자 및 의약품에 대한 안전성이 인정되는 경우에는 환자 가족 등의 대리수령자에게 처방전을 교부할 수 있도록 하였다(동조 제2항).

그런데 정보통신기술의 발달로 전화, 인터넷 등 기타 매체로 진찰한 후 처방전을 발행한 경우 '직접진찰'에 해당하는지 여부가 종종 문제되었다. 의사 A는 자신이 운영하는 정신과 의원에서 전화 통화를 통하여 환자를 진료한 뒤 처방전을 발급했음에도 환자가 직접 내원해 진찰한 것처럼 요양급여비용을 청구한 혐의로 기소되었다. 본 사안에서 대법원은 "의료법이 금지하는 것은 스스로 진찰을 하지 않고 처방전을 발급하는 행위를 금지하는 것일 뿐, 대면진찰을 하지 않은 상태에서 처방전을 발급하는 행위 일반을 금지하는 조항이 아니"라며 "전화나 화상 등을 이용해 진찰하였다는 사정만으로는 직접 진찰을 한 것이 아니라고 볼 수 없다"고 판시하여 전화진찰도 의료법 제17조 제1항의 '직접 진찰'에 포함된다고 보았다. 다만, 대법원은 A가 전화진찰을 하였음에도 내원진찰한 것처럼 요양급여비용을 청구한 점은 사기죄에 해당한다고 판단하였다. A는, 보건복지부장관이 고시한 요양급여의 대상에 내원진찰만이 포함되고 전화진찰은 빠져 있기 때문에, 내원진찰을 한 것처럼 꾸며 요양급여비용을 청구하였던 것인데, 대법원은 "피고인 A가 전화로 진찰하였음을 명시적으로 밝히면서 그에 따른 요양급여비용 청구를 시도하거나 구 '국민건강보험 요양급여의 기준에 관한 규칙'에서 정한 신청절차를 통하여 전화진찰이 요양급여대상으로 포섭될 수 있도록 하는 것은 별론으로 하고, 이 사건에서와 같이 전화진찰을 요양급여대상으로 되어 있던 내원진찰인 것으로 하여 요양급여비용을 청구한 것은 기망행위로서 사기죄를 구성하고 피고인 A의 불법이득의 의사 또한 인정된다"고 판시하였다. 즉, 전화진찰 후 처방전을 발행할 수는 있으나, 전화진찰을 하고도 내원진찰을 한 것처럼 요양급여비용을 청구하면 사기죄에 해당한다고 보는 것이다.[72]

그러나 '직접진찰'의 의미에 대하여 헌법재판소에서는 대법원과는 다른 판시를 하고 있다. 직접 진찰한 의료인이 아니면 진단서 등을 교부 또는 발송하지 못하도록 규정한 구 의료법 제89조 중 제17조 제1항 본문의 '직접 진찰한' 부분(이하 '이 사건 법률조항'이라 한다)이 죄형법정주의의 명확성원칙에 위배되는지 여부가 문제된 사례에서,[73] 일부 헌법재판소 재판관은 '직접 진찰'이란 문구가 반드시

---

72) 대법원 2013. 4. 26. 선고 2011도10797 판결.
73) A는 산부인과 전문의로, '2006. 1. 4.부터 2007. 5. 18.까지 총 672회에 걸쳐 자신의 병원에

'대면 진찰'을 의미하는 것으로 볼 수도 없다고 판시하였으나, 헌법재판소 다수의 견은 이 사건 법률조항 중 '직접'의 사전적 의미, 이 사건 법률조항의 입법연혁, 의료법 관련 규정들을 종합적으로 고려하면, 이 사건 법률조항에서 말하는 '직접 진찰한'은 의료인이 '대면하여 진료를 한'으로 해석되는 외에는 달리 해석의 여지가 없다고 판시하였다.[74]

(3) 판례 · 행정해석

◇ '직접 진찰한' 부분의 의미 및 이 부분이 죄형법정주의의 명확성 원칙에 위배되는지 여부(헌법재판소 2012. 3. 29. 2010헌바83 결정)

- 직접 진찰한 의료인이 아니면 진단서 등을 교부 또는 발송하지 못하도록 규정한 구 의료법(2007. 4. 11. 법률 제8366호로 개정되고, 2009. 1. 30. 법률 제9386호로 개정되기 전의 것) 제89조 중 제17조 제1항 본문의 '직접 진찰한' 부분(이하 '이 사건 법률조항'이라 한다)이 죄형법정주의의 명확성원칙에 위배되는지 여부(소극).

- 이 사건 법률조항은 직접 진찰을 하지 아니하고 진단서 등을 작성하여 환자에게 교부하거나 발송한 자를 처벌하도록 함으로써, '직접 진찰한'이라는 다소 추상적인 내용을 가진 용어를 구성요건 요소로 사용하고 있으므로, 이에 대하여 다의적인 해석이 가능한지 여부에 따라 죄형법정주의의 명확성 원칙에 위배되는지 여부가 결정됨.

- 먼저, 사전적인 의미로 '직접'은 '중간에 제3자나 매개물이 없이 바로 연결되는 관계' 또는 '중간에 아무것도 게재시키지 아니하고 바로'를 의미하는 바, 이 사건 법률조항에서의 '직접 진찰한'은 '의료인과 환자 사이에 인적·물적 매개물이 없이 바로 연결되어 진찰한' 즉, '대면하여 진료한'을 의미한

서 환자를 직접 진찰하지 아니하고 전화로 통화한 다음 처방전을 작성하여 환자가 위임하는 약사에게 교부하였고, 의료법 제17조 제1항을 위반하였다는 혐의로 벌금형이 선고되었는데, 이에 '직접 진찰한'이라는 구성요건이 의료인이 반드시 대면하여 환자를 진료하는 것에 한정되는지, 아니면 환자와 대면하지 않고 전화, 인터넷 및 기타 매체를 통하여 환자를 진료하는 것도 포함되는지 여부도 명백하지 아니하다는 이유로 헌법소원을 청구하였다.

74) 헌법재판소 2012. 3. 29. 2010헌바83 전원재판부 결정.

다 할 것임.

- 다음으로, 이 사건 법률규정은 의료법이 2007. 4. 11. 법률 제8366호로 개정되면서 종전의 '자신이 진찰한'을 '직접 진찰한'으로 대체하였는바, 진찰의 방법과 진단서 등의 발급주체를 동일한 조항에서 규정하는 것이 입법기술상 불가능하거나 내용상 서로 양립 불가능한 것이 아닌 이상, '직접 진찰한'이 진단서 등의 발급주체를 의미하는 것일 뿐, 진찰의 방법을 대면진료로 한정하는 것이 아니라고 한다면, 이는 종전의 '자신이 진찰한'이라는 문구만으로도 충분하고, 구태여 위와 같이 대체할 필요가 없다 할 것임.

- 따라서 이 사건 법률조항은 대면진료가 아닌 형태의 진료를 금지하는 것을 분명히 한 것이라고 봄이 상당하고, 또한 '직접 진찰한'은 '자신이 진찰한'을 전제로 하는 것이므로, 결국 이 사건 법률규정은 '대면진료 의무'와 '진단서 등의 발급주체'의 양자를 모두 규율하고 있다 할 것임.

- 의료법의 관련규정들을 살펴보면, 의료인은 환자나 보호자의 요청에 따라 진료하는 등 예외적인 경우가 아닌 한 그 의료기관 내에서 의료업을 하여야 하고(제33조 제1항), 일정한 시설과 장비를 갖춘 경우에 정보통신기술을 활용하여 먼 곳에 있는 다른 의료인에 한하여 의료지식이나 기술을 지원하는 원격의료를 할 수 있을 뿐이며(제34조 제1항), 원격의료를 하는 자도 환자를 직접 대면하여 진료하는 경우와 같은 책임을 진다고 규정하여(제34조 제3항), 직접 대면진료를 원격의료의 상대개념으로 하고 있음.

- 위와 같은 입법의 연혁이나 의료법의 규정들을 종합하여 보면, 이 사건 법률조항에서 말하는 '직접 진찰한'은 의료인이 의료기관 내에서 '대면하여 진료를 한'을 의미한다고 해석할 수밖에 없음.

◇ 전화 진찰을 한 것이 '자신이 진찰'하거나 '직접 진찰'한 것으로 판단되기 위한 요건(대법원 2020. 5. 14. 선고 2014도9607 판결)

- 구 의료법(2016. 5. 29. 법률 제14220호로 개정되기 전의 것, 이하 같다) 제17조 제1항은 의료업에 종사하고 직접 진찰한 의사가 아니면 처방전 등을 작성하여 환자에게 교부하지 못한다고 규정하고 있음. 여기서 '직접'이란 '스스로'를 의미하므로 전화 통화 등을 이용하여 비대면으로 이루어진 경우에

도 의사가 스스로 진찰을 하였다면 직접 진찰을 한 것으로 볼 수는 있음.

- 한편 '진찰'이란 환자의 용태를 듣고 관찰하여 병상 및 병명을 규명하고 판단하는 것으로서, 진단방법으로는 문진, 시진, 청진, 타진, 촉진 기타 각종의 과학적 방법을 써서 검사하는 등 여러 가지가 있음.

- 이러한 진찰의 개념 및 진찰이 치료에 선행하는 행위인 점, 진단서와 처방전 등의 객관성과 정확성을 담보하고자 하는 구 의료법 제17조 제1항의 목적 등을 고려하면, 현대 의학 측면에서 보아 신뢰할 만한 환자의 상태를 토대로 특정 진단이나 처방 등을 내릴 수 있을 정도의 행위가 있어야 '진찰'이 이루어졌다고 볼 수 있고, 그러한 행위가 전화 통화만으로 이루어지는 경우에는 최소한 그 이전에 의사가 환자를 대면하고 진찰하여 환자의 특성이나 상태 등에 대해 이미 알고 있다는 사정 등이 전제되어야 함.

◇ 환자 아닌 제3자를 진찰한 후 환자의 성명을 기재하여 처방전을 작성·교부한 경우(대법원 2013. 4. 11. 선고 2011도14690 판결)

- 의사 등이 처방전에 환자로 기재한 사람이 아닌 제3자를 진찰하고도 환자의 성명 및 주민등록번호를 허위로 기재하여 처방전을 작성·교부한 행위가 의료법 제17조 제1항에 위배되는지 여부(적극).

- 의사나 치과의사(이하 '의사 등'이라고 한다)와 약사 사이의 분업 내지 협업을 통한 환자의 치료행위는 의사 등에 의하여 진료를 받은 환자와 약사에 의한 의약품 조제와 복약지도의 상대방이 되는 환자의 동일성을 필수적 전제로 하며, 그 동일성은 의사 등이 최초로 작성한 처방전의 기재를 통하여 담보될 수밖에 없으므로, 의사 등이 의료법 제18조에 따라 작성하는 처방전의 기재사항 중 의료법 시행규칙 제12조 제1항 제1호에서 정한 '환자의 성명 및 주민등록번호'는 치료행위의 대상을 특정하는 요소로서 중요한 의미를 가진다고 보아야 함.

- 따라서 의사 등이 의료법 제17조 제1항에 따라 직접 진찰하여야 할 상대방은 처방전에 환자로 기재된 사람을 가리키고, 만일 의사 등이 처방전에 환자로 기재한 사람이 아닌 제3자를 진찰하고도 환자의 성명 및 주민등록번호를 허위로 기재하여 처방전을 작성·교부하였다면, 그러한 행위는 의

료법 제17조 제1항에 위배된다고 보아야 함.

◇ 환자를 직접 진찰한 의사가 다른 사람의 이름으로 처방전을 작성하여 교부할
수 있는지 여부가 문제된 사례(대법원 2010. 9. 30. 선고 2010두8959 판결)

− 甲 안과의원을 개설하여 운영하고 있는 乙이 매주 화·목요일 오후와 토
  요일에 丙안과의원을 개설하여 운영하고 있는 丁으로 하여금 甲 안과의원
  을 내원한 환자를 일률적으로 진료하도록 하고 乙의 이름으로 원외처방전
  을 발행하도록 한 것은 국민건강보험법 제85조 제1항 제1호에서 정한 '속
  임수나 그 밖의 부당한 방법으로 보험자·가입자 및 피부양자에게 요양급
  여비용을 부담하게 한 때'에 해당한다고 한 원심판단을 수긍한 사례.

− 의료법 제33조 제1항에서 의료인은 당해 의료기관 내에서 의료업을 하여
  야 한다는 원칙을 규정하는 한편, 제39조 제2항에서 환자에 대한 최적의
  진료를 하도록 하기 위하여 필요한 경우 해당 의료기관에 소속되지 않은
  전문성이 뛰어난 의료인을 초빙하여 진료하도록 허용한 것이라고 해석하
  여야 하므로, 의료법 제39조 제2항에 따른 진료는 그러한 범위 내에서 허
  용되고, 해당 의료기관에 소속되지 아니한 의료인이 사실상 그 의료기관
  에서 의료업을 하는 정도에 이르거나 해당 의료기관에 소속되지 아니한
  의료인에게 진료하도록 할 필요성에 대한 구체적인 판단 없이 반복하여
  특정 시기에 내원하는 환자를 일률적으로 진료하도록 하는 행위는 의료법
  제39조 제2항에 의하여 허용되는 행위라고 볼 수 없음.

− 의료법 제17조 제1항 본문에 의료업에 종사하고 직접 진찰한 의사 등이
  아니면 처방전 등을 작성하여 환자 등에게 교부하지 못한다고 규정하고,
  구 의료법 시행규칙(2008. 4. 11. 보건복지가족부령 제11호로 전부 개정되기 전
  의 것) 제15조 제1항에 의하면 처방전을 교부하는 경우에는 처방전에 의
  료인의 성명·면허종류 및 번호 등을 기재한 후 서명 또는 날인하여야 한
  다고 규정하고 있으므로, 환자를 직접 진찰한 의사 등이 자신의 이름으로
  처방전을 작성하여 교부하여야 하고 환자를 직접 진찰한 의사라고 하더라
  도 다른 사람의 이름으로 처방전을 작성하여 교부하는 것은 이러한 규정
  에 위배되는 것임.

- 안과의원을 개설하여 운영하고 있는 안과 전문의 乙이 매주 화·목요일 오후와 토요일에 丙 안과의원을 개설하여 운영하고 있는 丁으로 하여금 甲 의원에 내원한 환자를 일률적으로 진료하도록 하고 乙의 이름으로 원 외처방전을 발행하도록 한 것은 의료법 제39조 제2항에 의하여 허용되는 한계를 벗어나 위법하고 처방전 작성 및 교부에 관한 규정에도 위배되는 것으로서 국민건강보험법 제85조 제1항 제1호에서 규정하는 '속임수나 그 밖의 부당한 방법으로 보험자·가입자 및 피부양자에게 요양급여비용을 부담하게 한 때'에 해당한다고 본 원심판단을 수긍한 사례.

◇ 산모 출입 힘든 상황에서 조리원 직원에 아기 처방전 준 의사에 대한 자격정지 처분이 정당하다고 본 사례(서울행정법원 2022. 6. 9. 선고 2021구합82588 판결)

- 산부인과 의사 甲은 바이러스의 감염우려로 신생아뿐만 아니라 산모 역시 격리되어 외부출입이 통제되어, 산모가 처방전을 가지고 약국을 방문하기 어렵고 인근 약국이 문을 닫아 상당히 멀리 약을 사러 가야 할 상황에서 간호사 자격증이 있는 조리원 감염관리 책임자에게 처방전을 발급함.
- '의료법 18조를 위반하여 처방전을 환자에게 발급하지 아니하였다'는 사유로 의료법 제66조 제1항 제10호, 제18조, 구 의료관계 행정처분 규칙(2019. 8. 30. 보건복지부령 제 669호로 개정되기 전의 것) 제4조 [별표] 2. 가. 7)에 근거하여 15일의 의사 면허자격 정지 처분을 한 것이 정당하다고 한 사례.

나. 전자처방전에 저장된 개인정보의 탐지·누출·변조 또는 훼손 금지의무 (제18조 제3항)

(1) 조문

◇ 제18조(처방전 작성과 교부)
③ 누구든지 정당한 사유 없이 전자처방전에 저장된 개인정보를 탐지하거나 누출·변조 또는 훼손하여서는 아니 된다.

◇ 벌칙
- 제18조 제3항 위반: 5년 이하의 징역 또는 5천만원 이하의 벌금(제87조의2 제2항 제2호)

(2) 조문해설

누구든지 정당한 사유 없이 전자처방전에 저장된 개인정보를 탐지하거나 누출·변조 또는 훼손하여서는 아니 된다(제18조 제3항). 정보통신기술의 발달에 따라 의사·치과의사 또는 한의사는 전자처방전을 교부할 수 있도록 하고, 진료기록을 전자문서로 작성·보관할 수 있도록 의료법을 개정하였는데, 전산상의 정보를 탐지하거나 누출·변조 또는 훼손한 경우에도 처벌하기 위하여 규정된 조항이다.

(3) 판례·행정해석

◇ 전자처방전 서비스를 제공하면서 그 과정에서 환자 처방정보 데이터를 취급한 甲이 병·의원으로부터 전송되는 처방정보를 암호화된 상태로 일시 보관하다가 약국에 전송한 것이 의료법 제18조 제3항의 '탐지' 또는 '누출'에 해당하는지 여부가 문제된 사례(서울고등법원 2020. 9. 24. 선고 2020노544 판결)
- 의료법에서는 전자처방전에 저장된 개인정보를 탐지하는 행위를 범죄로 규정하면서도 그 구성요건의 주된 요소인 탐지 행위에 대한 정의규정을 별도로 두고 있지 않으므로 그 의미를 위와 같은 죄형법정주의의 틀 안에서 밝혀야 함. 일반적인 법률 해석의 외연은 문리해석이고, 이는 대개 처벌규정의 수범자들인 일반인들이 일상생활에서 말의 의미를 찾는 국어사전의 정의에서 출발하는데, 이에 의할 경우 탐지(探知)의 사전적 의미는 보통 "드러나지 않은 사실이나 물건 따위를 더듬어 찾아 알아냄"으로 풀이됨.
- '탐지'의 의미에 관한 사전적 의미, 국가보안법 등 다른 법률의 문언, 탐지가 '지득(知得)', 즉 그 내용을 알아낼 필요가 있다고 판단한 대법원의 해석(대법원 1982. 2. 23. 선고 81도3063 판결 등) 등을 피고인에게 불리하게 성

문규정이 표현하는 본래의 의미와 다른 내용으로 유추해석하거나 확장해석하는 것을 금지하는 죄형법정주의 법리에 비추어 보면, 의료법 제18조 제3항의 "탐지"라 함은 전자처방전의 개인정보를 찾아 그 내용을 알아내는 행위를 의미한다고 보아야 함.

- 피고인 甲 측이 병·의원으로부터 전송되는 처방정보를 암호화된 상태로 일시 보관하다가 그대로 약국에 전송하였을 뿐 그 내용을 지득하지 못한 경우, 피고인 甲이 전자처방전에 담긴 개인정보를 탐지하였다고 단정하기 어렵고, 환자가 종이처방전을 제시한 약국으로 피고인 D이 전송한 처방정보는, 이미 환자가 약국에 제시한 종이처방전에 기재된 것과 동일한 내용이므로, 피고인이 약국에서 이미 보유하고 있는 종이처방전의 내용과 동일한 처방정보를 단지 전자적 방식으로 약국에 전송한 행위를 전자처방전에 담긴 개인정보를 누출한 것이라고 단정하기 어렵다고 한 사례.75)

다. 약사와 한약사의 문의에 대한 대응 (제18조 제4항)

(1) 조문

◇ 제18조(처방전 작성과 교부)

④ 제1항에 따라 처방전을 발행한 의사 또는 치과의사(처방전을 발행한 한의사를 포함한다)는 처방전에 따라 의약품을 조제하는 약사 또는 한약사가 「약사법」 제26조제2항에 따라 문의한 때 즉시 이에 응하여야 한다. 다만, 다음 각 호의 어느 하나에 해당하는 사유로 약사 또는 한약사의 문의에 응할 수 없는 경우 사유가 종료된 때 즉시 이에 응하여야 한다. <신설 2007. 7. 27.>

1. 「응급의료에 관한 법률」 제2조제1호에 따른 응급환자를 진료 중인 경우
2. 환자를 수술 또는 처치 중인 경우
3. 그 밖에 약사의 문의에 응할 수 없는 정당한 사유가 있는 경우

---

75) 이 사건은 2020. 10. 검사의 상소로 2024. 1. 현재 대법원에 계속 중임.

◇ 벌칙

‒ 제18조 제4항 위반: 500만원 이하의 벌금(제90조)

(2) 조문해설

약사 또는 한약사는 처방전에 표시된 의약품의 명칭·분량·용법 및 용량 등이 식품의약품안전처장이 의약품의 안정성·유효성 문제로 의약품 품목 허가 또는 신고를 취소한 의약품이 기재된 경우, 의약품의 제품명 또는 성분명을 확인할 수 없는 경우, 식품의약품안전처장이 병용금기, 특정연령대 금기 또는 임부금기 성분으로 고시한 의약품이 기재된 경우(다만, 의사 또는 치과의사가 의료법 제18조의2제1항에 따라 정보시스템을 활용하여 그 사유를 기재하거나, 처방전에 그 사유를 기재한 경우 등 보건복지부령으로 정하는 경우는 제외) 처방전을 발행한 의사·치과의사·한의사 또는 수의사에게 전화 및 팩스를 이용하거나 정보통신망 이용촉진 및 정보보호 등에 관한 법률 제2조 제1항 제1호에 따른 정보통신망을 통하여 의심스러운 점을 확인한 후가 아니면 조제를 하여서는 아니 된다(약사법 제26조 제2항).

처방전을 발행한 의사 또는 치과의사(처방전을 발행한 한의사를 포함한다)는 처방전에 따라 의약품을 조제하는 약사 또는 한약사가 위와 같이 약사법 제26조 제2항에 따라 문의한 때 즉시 이에 응하여야 한다. 다만, 응급의료에 관한 법률 제2조 제1호에 따른 응급환자를 진료 중인 경우, 환자를 수술 또는 처치 중인 경우, 그 밖에 약사의 문의에 응할 수 없는 정당한 사유가 있는 경우에는 그 사유가 종료된 때 즉시 이에 응하여야 한다.

라. 약제의 용기 또는 포장 기재 의무 (제18조 제5항)

(1) 조문

◇ 제18조(처방전 작성과 교부)
⑤ 의사, 치과의사 또는 한의사가 「약사법」에 따라 자신이 직접 의약품을 조제하여 환자에게 그 의약품을 내어주는 경우에는 그 약제의 용기 또는 포장에

환자의 이름, 용법 및 용량, 그 밖에 보건복지부령으로 정하는 사항을 적어야 한다. 다만, 급박한 응급의료상황 등 환자의 진료 상황이나 의약품의 성질상 그 약제의 용기 또는 포장에 적는 것이 어려운 경우로서 보건복지부령으로 정하는 경우에는 그러하지 아니하다. <신설 2016. 5. 29.>

(2) 조문해설

의사, 치과의사 또는 한의사가 약사법에 따라 자신이 직접 의약품을 조제하여 환자에게 그 의약품을 내어주는 경우에는 그 약제의 용기 또는 포장에 환자의 이름, 용법 및 용량, 그 밖에 보건복지부령으로 정하는 사항을 적어야 한다. 의료법 제18조 제5항 본문에서 "보건복지부령으로 정하는 약제용기 등의 기재사항은 약제의 내용·외용의 구분에 관한 사항, 조제자의 면허 종류 및 성명, 조제 연월일, 조제자가 근무하는 의료기관의 명칭·소재지를 말한다(의료법 시행규칙 제13조 제1항). 다만, 급박한 응급의료상황 등 환자의 진료 상황이나 의약품의 성질상 그 약제의 용기 또는 포장에 적는 것이 어려운 경우로서 보건복지부령으로 정하는 경우에는 그러하지 아니한다. "보건복지부령으로 정하는 경우"란 급박한 응급의료상황으로서 환자에 대한 신속한 약제 사용이 필요한 경우, 주사제의 주사 등 해당 약제의 성질상 환자에 대한 즉각적 사용이 이루어지는 경우를 의미한다(의료법 시행규칙 제13조 제2항).

마. 의약품정보의 확인 (제18조의2)

(1) 조문

◇ 제18조의2(의약품정보의 확인)
① 의사 및 치과의사는 제18조에 따른 처방전을 작성하거나 「약사법」 제23조제4항에 따라 의약품을 자신이 직접 조제하는 경우에는 다음 각 호의 정보(이하 "의약품정보"라 한다)를 미리 확인하여야 한다.
  1. 환자에게 처방 또는 투여되고 있는 의약품과 동일한 성분의 의약품인지 여부

2. 식품의약품안전처장이 병용금기, 특정연령대 금기 또는 임부금기 등으로 고시한 성분이 포함되는지 여부

3. 그 밖에 보건복지부령으로 정하는 정보

② 제1항에도 불구하고 의사 및 치과의사는 급박한 응급의료상황 등 의약품정보를 확인할 수 없는 정당한 사유가 있을 때에는 이를 확인하지 아니할 수 있다.

③ 제1항에 따른 의약품정보의 확인방법·절차, 제2항에 따른 의약품정보를 확인할 수 없는 정당한 사유 등은 보건복지부령으로 정한다.

[본조신설 2015. 12. 29.]

(2) 조문해설

의사 및 치과의사는 제18조에 따른 처방전을 작성하거나 약사법 제23조제4항에 따라 의약품을 자신이 직접 조제하는 경우에는 "의약품정보"를 미리 확인하여야 한다(제18조의2 제1항). 의약품 정보는 환자에게 처방 또는 투여되고 있는 의약품과 동일한 성분의 의약품인지 여부, 식품의약품안전처장이 병용금기, 특정연령대 금기 또는 임부금기 등으로 고시한 성분이 포함되는지 여부, 약사법 제39조 및 제71조에 따른 회수 또는 폐기 등의 대상이 되는 의약품인지 여부, 의약품 등의 안전에 관한 규칙 별표 제4의3 제14호에 따라 안전성 속보 또는 안전성 서한을 전파한 의약품인지 여부, 그밖에 이에 준하는 의약품으로서 보건복지부장관 또는 식품의약품안전처장이 의약품의 안전한 사용을 위하여 그 확인이 필요하다고 공고한 의약품인지 여부를 의미한다(의료법 시행규칙 제13조의2 제1항).

다만, 의사 및 치과의사는 급박한 응급의료상황 등 의약품정보를 확인할 수 없는 정당한 사유가 있을 때에는 이를 확인하지 아니할 수 있다. 의약품정보의 확인방법·절차, 제2항에 따른 의약품정보를 확인할 수 없는 정당한 사유 등은 보건복지부령으로 정하며, 그 구체적 내용은 의약품정보를 확인하지 아니할 수 있는 경우는 급박한 응급의료상황인 경우, 긴급한 재해구호상황인 경우, 그 밖에 이에 준하는 경우로서 보건복지부장관이 정하여 고시하는 경우이다(의료법 시행규칙 제13조의2 제3항).

5. 진료기록

가. 진료기록부 등의 종류 및 작성·보존의무(제22조)

(1) 조문

◇ 제22조(진료기록부 등)

① 의료인은 각각 진료기록부, 조산기록부, 간호기록부, 그 밖의 진료에 관한 기록(이하 "진료기록부등"이라 한다)을 갖추어 두고 환자의 주된 증상, 진단 및 치료 내용 등 보건복지부령으로 정하는 의료행위에 관한 사항과 의견을 상세히 기록하고 서명하여야 한다. <개정 2013. 4. 5.>

② 의료인이나 의료기관 개설자는 진료기록부등[제23조제1항에 따른 전자의무기록(電子醫務記錄)을 포함하며, 추가기재·수정된 경우 추가기재·수정된 진료기록부등 및 추가기재·수정 전의 원본을 모두 포함한다. 이하 같다]을 보건복지부령으로 정하는 바에 따라 보존하여야 한다. <개정 2008. 2. 29., 2010. 1. 18., 2018. 3. 27.>

③ 의료인은 진료기록부등을 거짓으로 작성하거나 고의로 사실과 다르게 추가기재·수정하여서는 아니 된다. <신설 2011. 4. 7.>

④ 보건복지부장관은 의료인이 진료기록부등에 기록하는 질병명, 검사명, 약제명 등 의학용어와 진료기록부등의 서식 및 세부내용에 관한 표준을 마련하여 고시하고 의료인 또는 의료기관 개설자에게 그 준수를 권고할 수 있다. <신설 2019. 8. 27.>

◇ 벌칙

- 제22조 제3항 위반 시 3년 이하 징역 또는 3천만원 이하 벌금
- 제22조 제1항 또는 제2항 위반 시 500만원 이하 벌금

◇ 행정처분기준

- 제22조 제1항을 위반하여 진료기록부등을 기록하지 아니한 경우: 자격 정지 15일
- 제22조 제1항을 위반하여 진료기록부등에 서명하지 아니한 경우: 경고
- 제22조를 위반하여 진료기록부등을 거짓으로 작성하거나 고의로 사실과 다

르게 추가기재·수정한 경우 또는 진료기록부등을 보존하지 아니한 경우: 자격정지 1개월

(2) 조문해설

(가) 서설

의료법은 환자의 진료기록부 열람, 사본 교부권을 실질적으로 보장하기 위하여 의료인에게 진료기록부 등을 상세히 기록할 의무와 서명의무, 보존의무를 부과하고 있다. 환자가 호소한 증상이나 검사 및 처치내용에 대한 자세한 기재가 없다면, 의사 자신도 환자의 상태와 치료의 경과를 잘 알 수가 없게 되고, 다른 의료관련 종사자들도 그 환자에 대한 정보를 잘 알 수가 없으며, 의료행위가 종료된 이후에 의료행위의 적정성에 대한 평가도 곤란하다. 특히 의료소송에서 진료기록은 중요한 증거방법이 되지만, 이것이 모두 의사측에 편재하고 있기 때문에 정보편재의 문제점을 해결하기 위해서는 의사의 진료기록에 대한 환자의 실제법적 열람청구권을 보장할 필요가 있다. 이하에서는 진료기록부 작성 주체, 의료법상 진료기록과 의무기록이라는 각 용어의 구체적인 의미, 진료기록부 기재내용, 진료기록부 작성 시기 및 방법, 진료기록부 작성 취지, 진료기록부 서명 및 보존의무, 허위기재 금지에 대한 내용을 차례로 살펴본다.

(나) 진료기록부 작성 취지

의사가 환자를 진료하는 경우에는 의료법 제22조 제1항에 의하여 그 의료행위에 관한 사항과 소견을 상세히 기록하고 서명한 진료기록부를 작성하여야 하며, 진료기록부를 작성하지 않은 자는 같은 법 제90조에 의하여 처벌하도록 되어 있다. 이와 같이 의사에게 진료기록부를 작성하도록 한 취지는 진료를 담당하는 의사로 하여금 환자의 상태와 치료의 경과에 관한 정보를 빠뜨리지 않고 정확하게 기록하여 이를 그 이후 계속되는 환자치료에 이용하도록 함과 아울러 다른 의료 관련 종사자들에게도 그 정보를 제공하여 환자로 하여금 적정한 의료를 제공받을 수 있도록 하고, 의료행위가 종료된 이후에는 그 의료행위의 적정성을 판

단하는 자료로 사용할 수 있도록 하고자 함에 있으므로, 비록 의료법이 진료기록부의 작성방법에 관하여 구체적인 규정을 두고 있지 아니하므로 의사에게는 스스로 효과적이라고 판단하는 방법에 의하여 진료기록부를 작성할 수 있는 재량이 인정된다고 할 것이지만, 어떠한 방법을 선택하든지 환자의 계속적 치료에 이용하고, 다른 의료인들에게 정보를 제공하며, 의료행위의 적정성 여부를 판단하기에 충분할 정도로 상세하게 기재하여야 한다(대법원 1998. 1. 23. 선고 97도2124 판결 참조).

즉 의료인으로 하여금 진료기록을 작성하게 하는 취지는 ① 진료를 담당하는 의료인 자신으로 하여금 환자의 상태와 치료의 경과에 관한 정보를 빠뜨리지 않고 정확하게 기록하여 이를 그 이후 계속되는 환자치료에 이용하도록 하고, ② 다른 의료관련 종사자들에게도 그 정보를 제공하여 환자로 하여금 적정한 의료를 제공받을 수 있도록 하며, ③ 의료행위가 종료된 이후에는 그 의료행위의 적정성을 판단하는 자료로 사용할 수 있도록 하고자 함이다.

간호사에게 간호기록부를 작성하게 한 취지 역시 이와 같은 목적에 덧붙여 담당 의사의 지시에 따른 정확한 처치가 이루어지는 것을 담보하는 데 있다.

(다) 진료기록과 의무기록의 의의

진료는 진단과 치료의 준말이다. 따라서 진료기록을 좁게 보면, 진단과 치료에 관한 기록을 말한다. 의료법상 의료인은 진료기록부, 조산기록부, 간호기록부, 그 밖에 진료에 관한 기록을 갖추어 둔다고 하여, 의사 및 치과의사, 한의사는 진료기록부를, 조산사는 조산기록부를, 간호사는 간호기록부를 각 작성하는 것으로 되어 있다. 그 밖에 진료에 관한 기록은 경과기록, 수술기록 등 의료인이 작성하는 진료기록을 말한다.

법률상 작성이 요구되는 진료기록부는 의사가 의료를 행함에 있어서 기초자료로서 흠결해서는 아니되는 것인데, 이것만으로 현대 복잡 다기하고 고도로 과학적인 의료행위를 행함에는 부족하기 때문에 일반적으로 의사 또는 의사 이외의 자가 기재 작성하는 다종다양한 진료보조기록(혈액검사기록, 심전도기록, 영상판독기록, 간호가 작성하는 활력징후기록, 심폐기사가 작성하는 심폐기록지 등)이 합쳐져 이용되고 있다. 이러한 진료보조기록은 진료기록부에 준하여 취급되어야 한다.76)

의료법 제23조에는 '의료인이나 의료기관 개설자는 진료기록부등을 「전자서명
법」에 따른 전자서명이 기재된 전자문서(이하 "전자의무기록"이라 한다)로 작성·보
관할 수 있다'고 하여, 전자진료기록이라는 표현 대신 전자의무기록이라는 표현을
사용하고 있다. 진료기록부 등을 전자로 작성하기 전에는 의무기록이라는 표현이
없었지만, 의료법상 진료기록을 전산으로 기록할 수 있게 됨에 따라 전자의무기록
이라는 용어가 사용되었다. 의무기록은 진료기록보다 상위개념으로 진료기록부와
진료보조기록을 전부 포함한 개념이다. 의료인뿐만 아니라 의료인이 아닌 물리치
료사 등 의료기사가 작성하는 서류 등도 의료기관 내에 환자의 진료와 관련이 있
는 내용을 담고 있는 서류이며, 광의의 의무기록의 범위에 포함된다.

(라) 진료기록부 작성주체

의료인이 환자를 진료한 경우 환자의 주된 증상, 진단 및 치료내용 등 보건복
지부령으로 정하는 의료행위에 관한 사항과 의견을 상세히 기록하고 서명을 해
야 할 의무가 있다. 의료법상 의료인은 보건복지부장관으로부터 면허를 받은 의
사, 치과의사, 한의사, 조산사, 간호사를 말한다(의료법 제2조 제1항). 의사, 치과의
사, 한의사는 각 진료기록부를, 조산사는 조산기록부를, 간호사는 간호기록부를
각 작성할 의무가 있는 것이다.[77]

진료기록부 등을 작성하도록 하는 작위의무가 부여된 의무주체는 구체적인
의료행위에 있어서 그 환자를 담당하여 진료를 행하거나 처치를 지시하는 등 당
해 의료행위를 직접 행한 의사에 한한다. 따라서, 아무런 진료행위가 없었던 경
우에는 비록 주치의라 할지라도, 근무시간 이후 다른 당직의에 의하여 행해진 의
료행위에 대해서까지 그 사항과 소견을 진료기록부 등에 기록할 의무를 부담하
는 것은 아니다.[78]

진료기록부의 작성권자가 아닌 자는 작성권자 즉 환자를 담당하여 진료를 하
거나 처치를 한 의사와 공모하여 진료기록부를 거짓으로 작성한 사실이 증명되지

---

76) 의료소송의 절차상 제문제, 권광중, 재판자료 제27집, 1985년, 법원행정처.
77) 의료인 등은 의사, 치과의사, 한의사, 조산사, 간호사를 말하고, 진료기록부 등이라 함은 진
    료기록부, 조산기록부, 간호기록부를 말한다.
78) 대법원 1997. 11. 14. 선고 97도2156 판결.

않는 한, 진료기록부를 거짓으로 작성하였더라도 의료법 제88조 제22조 제3항의 처벌대상이 되는 것은 아니므로, 간호사가 무면허의료행위를 한 경우라도 의사가 작성권한을 가지는 진료기록을 사실대로 작성할 의무가 부과된다고 볼 수 없다.[79] 이는 간호사의 경우 간호기록부 작성주체는 되지만, 진료기록부 작성 주체는 될 수 없으므로 간호사가 의사와 공모해서 진료기록부를 거짓으로 작성하지 않는 한, 간호사에게 진료기록부 허위기재의 책임을 물을 수는 없다는 취지다.

간호조무사의 경우 의료법 제27조에도 불구하고 간호사를 보조하여 진료보조 및 간호업무를 수행할 수 있고(의료법 제80조의2 제1항), 의원급 의료기관에 한하여 의사, 치과의사, 한의사의 지도하에 환자의 요양을 위한 간호 및 진료의 보조를 수행할 수 있으므로(의료법 제80조의2 제2항) 간호기록부를 작성할 의무가 있다.[80]

의료기사의 경우 의료기사 등에 관한 법률에 기록작성의무에 관한 규정이 없으나 의료기사란 의사 또는 치과의사의 지도 아래 진료나 의화학적 검사에 종사하는 사람을 의미하므로(의료기사등에관한법률 제2조 제1호), 의사 또는 치과의사의 지도하에 진료업무에 종사한 경우라면 진료기록부에 관련 내용을 기록할 의무가 있다고 해석할 필요가 있다. 예를 들어, 물리치료사의 경우 신체적, 정신적 기능장애를 회복시키기 위한 작업요법적 치료를 하는 것이 업무이므로(의료기사등에관한법률 제2조 제1항 제3호) 의사의 지도하에 물리치료를 시행하고, 그 물리치료내용을 물리치료 대장에 기록하도록 하는 것이 바람직하다. 한편, 국민건강보험법 시행규칙 제46조 제1항에서는 '요양급여비용 산정에 필요한 서류 및 이를 증명하는 서류'를 5년간 보관하도록 규정하고 있고, 동법 제84조 제2항에서는 보건복지부 소속 공무원이 보험급여와 관련한 서류의 제출을 요청할 수 있도록 규정하고 있으므로 의료기관에서는 물리치료대장 등을 비치하고 물리치료사로 하여금 이를 작성하도록 지도하여 추후 물리치료가 시행된 사실을 증명할 필요가 있다.

(마) 진료기록부 기재사항

구 의료법(2013. 4. 5., 법률 제11748호로 개정되기 전)에서는 의료인은 진료기록부를 비치하여 그 의료행위에 관한 사항과 소견을 상세히 기록하고 서명해야 한

---

[79] 청주지방법원 2016. 8. 12. 선고 2015노1204 판결.
[80] 서울중앙지방법원 1997. 9. 9. 선고 97노212 판결.

다고 규정하여, 진료기록부에 기재해야 할 내용에 대해서 구체적으로 규정하지 않았지만, 2013. 4. 5., 법률 제11748호로 개정된 의료법에서는 진료기록부의 기재사항으로 ① 환자의 주된 증상과 ② 진단 및 치료 내용 등 보건복지부령으로 정하는 의료행위에 관한 사항과 의견을 진료기록부에 기재하도록 특정하였다.

여기서 "환자의 주된 증상"은 "chief complain"에 해당하는 것으로 환자가 의료기관에 내원한 동기를 말한다. 예를 들어, 배가 아프다, 가슴에 통증이 있다, 두통이 심하다 등 환자가 호소하는 주관적인 증상을 말한다. 다음으로 "진단 및 치료 내용 등 보건복지부령으로 정하는 의료행위에 관한 사항과 의견"은 다음 표에 기재된 것과 같다(의료법 시행규칙 제14조 제1항 참조).

의료인	장부명	기재사항(의료행위에 관한 사항과 의견)
의사 치과의사 한의사	진료기록부	가. 진료를 받은 사람의 주소·성명·연락처·주민등록번호 등 인적사항 나. 주된 증상. 이 경우 의사가 필요하다고 인정하면 주된 증상과 관련한 병력(病歷)·가족력(家族歷)을 추가로 기록할 수 있다. 다. 진단결과 또는 진단명 라. 진료경과(외래환자는 재진환자로서 증상·상태, 치료내용이 변동되어 의사가 그 변동을 기록할 필요가 있다고 인정하는 환자만 해당한다) 마. 치료 내용(주사·투약·처치 등) 바. 진료 일시(日時)
조산사	조산기록부	가. 조산을 받은 자의 주소·성명·연락처·주민등록번호 등 인적사항 나. 생·사산별(生·死産別) 분만 횟수 다. 임신 후의 경과와 그에 대한 소견 라. 임신 중 의사에 의한 건강진단의 유무(결핵·성병에 관한 검사를 포함한다) 마. 분만 장소 및 분만 연월일시분(年月日時分) 바. 분만의 경과 및 그 처치 사. 산아(産兒) 수와 그 성별 및 생·사의 구별 아. 산아와 태아부속물에 대한 소견 자. 삭제 <2013.10.4.> 차. 산후의 의사의 건강진단 유무

간호사	간호기록부	가. 간호를 받는 사람의 성명 나. 체온·맥박·호흡·혈압에 관한 사항 다. 투약에 관한 사항 라. 섭취 및 배설물에 관한 사항 마. 처치와 간호에 관한 사항 바. 간호 일시(日時)

(바) 진료기록부 작성 시기 및 방법

의료법상 진료기록부를 작성하는 시기 및 방법에 대해서는 구체적인 규정이 없다. 통상 하나의 의료행위가 종료된 다음 서명을 하도록 되어 있으므로 의료행위가 종료된 시점에 진료기록부를 작성하는 것이 원칙이다. 그러나, 임상에서 호흡정지나 심정지 등 응급상황이 발생한 경우 응급처치를 한 직후 진료기록을 기록하는 것은 현실적으로 어렵다. 대부분은 당해 의료행위의 내용과 환자의 치료경과 등에 비추어 그 기록의 정확성을 담보할 수 있는 시점까지 기록을 하는 것이 타당하다. 응급상황이 종료되고 나서 하루 정도가 아닌 이틀, 사흘만에 기록하는 것은 진료기록을 기재하기 어려운 정당한 사유가 없는 한, 기록의 정확성이 담보되기 어렵다고 보아야 할 것이다.

진료기록부를 작성하는 방법에 관해, 의료인은 진료기록을 작성할 때 한글로 기록하도록 노력해야 한다(의료법 시행규칙 제14조 제2항). 시행규칙에 이러한 규정이 있는 것은 통상 의료인이 진료기록부를 작성함에 있어서 한글이 아닌 영어나 약어, 심지어 자신만이 알아볼 수 있는 흘림체로 기록하여, 다른 의료인이나 환자가 그 내용을 제대로 확인하기 곤란한 경우가 있기 때문이다.

다만 대법원은 "의사가 의료행위에 관한 사항과 소견을 목적에 따라 사용할 수 있도록 기재한 것이라면, 그 명칭의 여하를 불문하고 위 법조에서 말하는 진료기록부에 해당하는 것이고, 그 작성의 구체적인 시기 및 방법은 당해 의료행위의 내용과 환자의 치료경과 등에 비추어 그 기록의 정확성을 담보할 수 있는 범위 내에서 당해 의사의 합리적인 재량에 맡겨져 있다"고 판시하여 기록과 관련하여 의료인에게 폭넓은 재량을 인정하고 있다.[81] 즉, 대법원은 진료기록부에 기

---

81) 대법원 1997. 8. 29. 선고 97도1234 판결.

록해야 할 의료행위에 관한 사항과 의견에 대한 규정을 예시규정으로 보는 것으로 판단되며, 반드시 시행규칙 기재사항을 전부 기재해야 하는 것은 아니고 기록의 정확성을 담보할 수 있는 범위 내에서 재량을 부여하고 있는 것이다.

간호기록부 작성의무와 관련하여 헌법재판소는, "의료법에는 간호기록의무만을 규정하고 있고, 간호기록부의 종류나 작성방법에 관하여 아무런 규정이 없고, 달리 하위법규인 대통령령이나 부령에 위임한바도 없다. 따라서, 구 의료법 시행규칙 제17조는 새로운 의무를 부과하는 위임명령이 아니라 집행명령에 불과하고, 간호기록미기재죄의 성립여부는 간호행위 및 그 소견을 정확하게 모두 기재하였느냐 여부만으로 판단해야 하고, 의료법 제21조 및 동법 시행규칙 제17조가 말하는 간호기록부는 투약 및 처치기록부만을 의미하는 것은 아니다"라고 판단하여 의료법 시행규칙상 기재사항을 예시규정으로 보고 있다.[82]

의료인이 어떤 방법으로 진료기록부를 작성해야 하는지에 대해서는 의료법상 규정이 없고, 단지 상세히 기록하라고 규정되어 있다. 여기서 '상세히'란 용어는 그 판단기준이 모호하다. 대법원은 "의료법에서 진료기록부의 작성방법에 관하여 구체적인 규정을 두고 있지 아니하므로, 의사는 의료행위의 내용과 치료의 경과 등에 비추어 효과적이라고 판단하는 방법에 의하여 진료기록부를 작성할 수 있다. 따라서, 의사는 이른바 문제중심의무기록 작성방법(Problem Oriented Medical Record), 단기의무기록 작성방법, 또는 기타의 다른 방법 중에서 재량에 따른 선택에 의하여 진료기록부를 작성할 수 있을 것이지만, 어떠한 방법에 의하여 진료기록부를 작성하든지 의료행위에 관한 사항과 소견은 반드시 상세히 기록하여야 한다"라고 판시하고 있다.[83]

진료기록부 작성방법과 관련하여, 하급심은 "피고인이 분실되거나 훼손될 가능성이 높은 포스트잇(메모지)에 의료행위에 관한 사항을 약어로 기록하여 진료기록부에 붙인 것을 두고, 의료법 소정의 진료기록부를 적합하게 작성한 것이라고 볼 수 없다"고 판시하여 메모지에 의료행위에 관한 사항을 약어로 기록하여 진료기록에 붙인 행위는 진료기록부 기재행위로 볼 수 없다고 하였다.[84]

---

82) 헌법재판소 2001. 2. 22. 2000헌마604 결정.
83) 대법원 1998. 1. 23. 선고 97도2124 판결.
84) 서울남부지방법원 2013. 2. 7. 선고 2012고단1232 판결.

(사) 진료기록부 서명 및 보존의무

의료인은 해당 의료행위를 종료하고, 진료기록부를 기록한 경우 서명을 해야 한다. 서명을 하게 하는 이유는 해당 의료행위를 누가 했는지 그 의료행위 주체를 분명하게 하기 위한 것이다. 의료인이 진료기록부에 해당 의료행위를 기재하였지만, 서명하지 않은 경우 500만원 이하의 벌금과 경고에 해당하는 행정처분을 받게 된다.

법원은 "진료기록부 작성을 법으로 강제하고 있는 취지에 비추어 여기에서의 '서명'이라 함은 본인 고유의 필체로 자신의 이름을 제3자가 알아볼 수 있도록 하는 것으로서 의료인이 실제로 해당 진료기록부를 작성하였는지를 식별할 수 있는 정도에 이르러야 한다고 볼 것이다. 기록에 의하면, 피고인은 환자에 대한 2015. 7. 29.자 진료기록부에는 의료행위에 관한 기재사항 말미에 기재된, 약물복용을 의미하는 약자인 "P"와 연결하여 "_" 형상을 그려 놓았고, 2015. 8. 3.자 진료기록부에는 중간 부분에 기재된 위와 같은 의미의 "P"와 연결하여 "_" 형상을 그려 놓은 사실이 인정되는데, 그 위치 및 형상에 비추어 위 "_" 기재는 "P"자를 길게 늘여 쓴 것으로 보일 뿐 피고인이 자신만의 독특한 방법으로 그 기재사항을 자신이 기재한 것임을 나타낸 것으로 보이지 아니하여 피고인이 주장하는 바와 같이 약식 싸인을 한 것으로 보기도 어렵다(나아가 위와 같은 표기를 약식 싸인이라고 보더라도 이는 피고인이 실제로 해당 진료기록부를 작성하였는지를 식별할 수 있는 정도에 이르지 않으므로 의료법이 강제하고 있는 서명을 한 것으로 볼 수 없다고 할 것이다)"라고 판시하여 의료법이 강제하는 진료기록 서명은 약식으로는 아니되고, 실제 진료기록부를 작성하였는지 식별할 수 있는 정도에 이르게 해야 한다고 판시하였다.[85]

의료법상 의료인이나 의료기관 개설자는 진료기록부 등을 보건복지부령이 정하는 바에 따라 보존해야 한다(제22조 제2항). 이를 위반하는 경우 500만원 이하 벌금과 1개월의 면허자격정지의 행정처분을 받게 된다. 의료법상 진료기록을 보관해야 하는 장소적 규정은 없지만 의료기관 내 적당한 장소에 보관하면 되고,

---

85) 수원지방법원 2016. 2. 4. 선고 2015고정3158 판결.

의료기관이 폐업을 하는 경우 관할 보건소에 보관하게 하거나 진료기록의 목록, 보관장소, 보관책임자 등을 기재한 진료기록보관계획서를 제출하고 자체보관 할 수도 있다. 보존연한은 시행규칙에 위임하고 있으며 다음 표와 같다(의료법 시행규칙 제15조 제1항 각호 참조). 다만, 계속적인 진료를 위하여 필요한 경우 1회에 한정하여 각 보존년한 범위에서 그 기간을 연장하여 보존할 수 있다(시행규칙 제15조 제1항 참조).

보존연한	의무기록 종류
2년	처방전
3년	진단서 등의 부본(진단서, 사망진단서 및 시체검안서 등을 따로 구분하여 보존할 것)
5년	환자명부, 검사내용 및 검사소견기록, 방사선 사진(영상물을 포함) 및 그 소견서, 간호기록부, 조산기록부
10년	진료기록부, 수술기록

위 기록들은 마이크로 필름이나 광디스크 등(이하 '필름'이라 함)에 원본대로 수록하여 보존할 수 있다(의료법 시행규칙 제15조 제2항). 필름 등에 보존하는 경우 필름촬영 책임자가 필름의 표지에 촬영일시와 본인의 성명을 적고, 서명 또는 날인해야 한다(의료법 시행규칙 제15조 제3항 참조). 한편, 마취기록지에 대한 규정은 없지만, 마취기록지는 의사가 작성하는 것이므로 진료기록부로 보고 10년간 보존하는 것이 타당하다.

의학기술 발달 및 의료소비자의 알권리가 증가함에 따라 최근 문제가 되는 것은 산부인과 영역에서 NST기록지, 응급실 등 병원내 CCTV 영상, 혈관조영술이나 내시경 등 시술 동영상이 진료기록에 해당하는지, 해당한다면 언제까지 보존해야 하는지 여부이다. 이에 대하여 빠른 시일 내에 입법을 통화여 명확히 규정할 필요가 있다.

의료인이 진료기록을 추가로 기재하거나 수정한 경우 추가기재 또는 수정한 진료기록부뿐만 아니라 추가기재 전, 수정 전 진료기록부 원본도 함께 보존해야 한다. 진료기록부를 수기(手記)로 할 경우 진료기록이 수정되거나 추가기재될 경우 육안으로도 식별이 가능하지만, 전자의무기록의 경우 진료기록을 수정하거나 추가기재할 경우 그 사실을 알기 어렵다. 특히 의료사고 등이 발생한 이후 의료인이나 의료기관개설자가 진료기록 내용을 수정하거나 추가기재한다면 해당 의료행위의 적절성을 평가하기 어려워질 수 있다. 의료법은 환자의 알권리를 보장하고, 진료기록 기재의 신빙성을 보장하기 위해 수정 전후 진료기록 전부를 보관하도록 규정하였다.

(아) 진료기록부 허위기재 금지

의료인은 진료기록부 등을 작성함에 있어서 사실대로 작성해야 하고 거짓으로 작성해서는 안된다. 뿐만 아니라 고의로 사실과 다르게 추가기재나 수정을 해서도 안된다(의료법 제22조 제3항). 2011. 4. 7. 법률 제10565호로 의료법이 개정되기 전에는 의료인이 진료기록부의 기재내용을 허위로 작성하거나 사실과 달리 추가기재, 수정하더라도 이를 형사처벌할 법적인 근거가 없었고 의료관계 행정처분 규칙에 의하여 1개월 자격정지처분만 가능할 뿐이었다. 위 의료법 개정으로 제22조 제3항이 개정되어 진료기록부 허위기재 등의 경우 형사처벌이 가능하게 되었다. 의료법상 진료기록을 허위로 기재한 경우 3년 이하 징역이나 3천만원 이하 벌금(제88조 제1호)형에 처해지고, 면허자격정지 1개월의 행정처분이 가능하다.

(자) 진료기록부 미기재 및 부실기재

의료법 제22조 제1항은 진료기록부 등에 그 의료행위에 관한 사항과 의견을 상세하게 기록하고 서명하여야 한다고 규정하여, 의사에게 진료기록부의 기재의무를 부과하고 있다. 이는 의사 사이에 또는 의료기관 사이에서 협업을 가능하게 하고, 환자의 정확한 상태를 파악하여 적절한 조치를 취하는 데 필요한 것으로 그 자체로 완결성을 가져야 하므로 다른 자료에 의하여 보충될 수 없고, 의료법 제22조 제1항의 미기재에 대한 처벌규정은 의무를 해태한 것에 대한 처벌이며, 그 해태의 이유나 목적은 묻지 않는다.[86]

법원은 의사가 환자의 초진기록지만 작성하였을 뿐, 혈액을 채취하여 검사의

---

[86] 서울중앙지방법원 2012. 8. 16. 선고 2010고단5255 판결.

뢰를 하는 등 의료행위를 하고도 그 치료내용, 진료 일시, 처치에 관한 사항을 진료기록부에 기재하지 않은 사안에서 위 초진기록은 증상과 이에 대한 치료방법 등을 설명하는 메모로 보일 뿐 이를 진료기록부 기재로 보기 어렵다고 판시하여 초진기록만으로 진료기록 기재를 다 한 것으로 볼 수 없다고 판단하였다.[87]

또한, 법원은 분만 중 아기에게 낙상사고가 발생한 사례에서 산부인과 소속 의사는 제왕절개 수술 기록에 아기의 낙상사고 발생사실을 기록할 의무가 있고, 아기의 치료를 담당한 소아청소년과 소속 의사는 낙상사고로 인한 상해발생 여부를 확인하기 위해 시행된 뇌초음파 검사의 실시사실 및 그 결과를 의무기록에 기재하여야 할 의무가 있다고 판단하였다.[88]

한편, 의료인이 진료기록을 기재하였고 그것이 허위는 아니지만 다소 부실하여 진료기록부 작성 취지가 몰각된 경우, 이를 진료기록부 미기재 행위로 평가할 수 있는지가 문제된다. 예컨대 의료인이 진료기록부를 작성하며 환자의 주된 증상을 기록하지 않거나, 의료법 시행규칙에 규정된 기재사항을 기재하지 않은 경우, 검사나 주사, 처치내용 중 일부를 기재하지 않은 경우 등이다. 의료법 시행규칙에 규정된 기재사항을 전부 기재하지 아니하였다고 진료기록부 미기재에 해당하는 것은 아니지만, 환자의 주된 증상이나 의료법상 반드시 기재하도록 규정된 '진단 및 치료내용'의 경우 이를 기재하지 않은 경우에는 진료기록부 미기재 행위에 해당한다고 봄이 타당하다.

의사는 그 진료기록부를 작성함에 있어서 최선을 다하여 그 의료행위에 관한 사항과 소견을 알기 쉽고 신속·정확하게 기록할 수 있는 시기와 방법을 택하여야 할 것이나, 의료법이 진료기록부의 작성 시기와 방법에 관하여 구체적인 규정을 두고 있지 아니하므로, 의사가 의료행위에 관한 사항과 소견을 위와 같은 목적에 따라 사용할 수 있도록 기재한 것이면 그 명칭의 여하를 불문하고 진료기록부에 해당하는 것이고, 그 작성의 구체적인 시기와 방법은 당해 의료행위의 내용과 환자의 치료경과 등에 비추어 그 기록의 정확성을 담보할 수 있는 범위 내에서 당해 의사의 합리적인 재량에 맡겨져 있다고 보아야 하므로,[89] 진료기록의

---

87) 서울중앙지방법원 2018. 1. 18. 선고 2017고단3331 판결.
88) 서울중앙지방법원 2020. 8. 11. 선고 2020노743 판결.
89) 대법원 1997. 8. 29. 선고 97도1234 판결.

부실기재 사실만으로 의료과실의 증명책임이 전환되거나 진료기록부의 부실기재 사실 그 자체를 이유로 의사의 의료행위에 과실이 있다고 추정할 수는 없다. 그러나 의료인이 진료기록을 성실하게 작성하지 않음으로 인하여 진료경과가 불분명하게 된 데 따른 불이익을 환자 측에게 부담시키고 그와 같은 상황을 초래한 의료인 측이 유리한 취급을 받아서는 아니 될 것인바, 진료기록을 성실하게 작성할 주의의무 위반의 정도가 일반인의 처지에서 보아 수인한도를 넘어설 만큼 현저하게 불성실하다고 평가될 정도에 이른 경우라면, 그 자체로서 불법행위를 구성하여 그로 말미암아 환자나 그 가족이 입은 정신적 고통에 대한 위자료 배상을 명할 수 있다고 보아야 한다.[90]

(차) 보건복지부 표준안 고시 및 권고

보건복지부장관은 의료인이 진료기록부 등에 기록하는 질병명, 검사명, 약제명 등 의학용어와 진료기록부등의 서식 및 세부내용에 관한 표준을 마련하여 고시하고 의료인 또는 의료기관 개설자에게 그 준수를 권고할 수 있다.

진료기록부 등은 이를 작성하는 의료인의 주체, 의료기관의 종별, 진료과목 등에 따라서 그 형식이 각양각색이다. 그리하여 보건복지부는 최소한 질병명, 검사명, 약제명에 대한 의학용어와 진료기록부 서식에 관한 표준안을 마련해서 고시하고 이를 준수하도록 하고 있다. 그러나, 임상 현장에서는 여전히 의료기관 종별에 따라, 진료과목에 따라 의학용어 및 진료기록부 서식이 통일되지 않고 있다.

나. 전자의무기록(제23조, 제23조의2, 제23조의3, 제23조의4)

(1) 조문

◇ 제23조(전자의무기록)
① 의료인이나 의료기관 개설자는 제22조의 규정에도 불구하고 진료기록부등을 「전자서명법」에 따른 전자서명이 기재된 전자문서(이하 "전자의무기록"이라 한다)로 작성·보관할 수 있다.

---

90) 대법원 2018. 12. 13. 선고 2018다10562 판결.

② 의료인이나 의료기관 개설자는 보건복지부령으로 정하는 바에 따라 전자의
무기록을 안전하게 관리·보존하는 데에 필요한 시설과 장비를 갖추어야 한
다. <개정 2008. 2. 29., 2010. 1. 18.>

③ 누구든지 정당한 사유 없이 전자의무기록에 저장된 개인정보를 탐지하거나
누출·변조 또는 훼손하여서는 아니 된다.

④ 의료인이나 의료기관 개설자는 전자의무기록에 추가기재·수정을 한 경우 보
건복지부령으로 정하는 바에 따라 접속기록을 별도로 보관하여야 한다.
<신설 2018. 3. 27.>

◇ 제23조의2(전자의무기록의 표준화 등)

① 보건복지부장관은 전자의무기록이 효율적이고 통일적으로 관리·활용될 수
있도록 기록의 작성, 관리 및 보존에 필요한 전산정보처리시스템(이하 이 조
에서 "전자의무기록시스템"이라 한다), 시설, 장비 및 기록 서식 등에 관한
표준을 정하여 고시하고 전자의무기록시스템을 제조·공급하는 자, 의료인
또는 의료기관 개설자에게 그 준수를 권고할 수 있다.

② 보건복지부장관은 전자의무기록시스템이 제1항에 따른 표준, 전자의무기록시
스템 간 호환성, 정보 보안 등 대통령령으로 정하는 인증 기준에 적합한 경
우에는 인증을 할 수 있다.

③ 제2항에 따라 인증을 받은 자는 대통령령으로 정하는 바에 따라 인증의 내
용을 표시할 수 있다. 이 경우 인증을 받지 아니한 자는 인증의 표시 또는
이와 유사한 표시를 하여서는 아니 된다.

④ 보건복지부장관은 다음 각 호의 어느 하나에 해당하는 경우에는 제2항에 따
른 인증을 취소할 수 있다. 다만, 제1호에 해당하는 경우에는 인증을 취소하
여야 한다.

1. 거짓이나 그 밖의 부정한 방법으로 인증을 받은 경우

2. 제2항에 따른 인증 기준에 미달하게 된 경우

⑤ 보건복지부장관은 전자의무기록시스템의 기술 개발 및 활용을 촉진하기 위
한 사업을 할 수 있다.

⑥ 제1항에 따른 표준의 대상, 제2항에 따른 인증의 방법·절차 등에 필요한 사
항은 대통령령으로 정한다.

[본조신설 2016. 12. 20.]

[종전 제23조의2는 제23조의3으로 이동 <2016. 12. 20.>]

◇ 제23조의3(진료정보 침해사고의 통지)

① 의료인 또는 의료기관 개설자는 전자의무기록에 대한 전자적 침해행위로 진료정보가 유출되거나 의료기관의 업무가 교란·마비되는 등 대통령령으로 정하는 사고(이하 "진료정보 침해사고"라 한다)가 발생한 때에는 보건복지부장관에게 즉시 그 사실을 통지하여야 한다.

② 보건복지부장관은 제1항에 따라 진료정보 침해사고의 통지를 받거나 진료정보 침해사고가 발생한 사실을 알게 되면 이를 관계 행정기관에 통보하여야 한다.

[본조신설 2019. 8. 27.]

[종전 제23조의3은 제23조의5로 이동 <2019. 8. 27.>]

◇ 제23조의4(진료정보 침해사고의 예방 및 대응 등)

① 보건복지부장관은 진료정보 침해사고의 예방 및 대응을 위하여 다음 각 호의 업무를 수행한다.

  1. 진료정보 침해사고에 관한 정보의 수집·전파

  2. 진료정보 침해사고의 예보·경보

  3. 진료정보 침해사고에 대한 긴급조치

  4. 전자의무기록에 대한 전자적 침해행위의 탐지·분석

  5. 그 밖에 진료정보 침해사고 예방 및 대응을 위하여 대통령령으로 정하는 사항

② 보건복지부장관은 제1항에 따른 업무의 전부 또는 일부를 전문기관에 위탁할 수 있다.

③ 제1항에 따른 업무를 수행하는 데 필요한 절차 및 방법, 제2항에 따른 업무의 위탁 절차 등에 필요한 사항은 보건복지부령으로 정한다.

[본조신설 2019. 8. 27.]

◇ 벌칙

─ 제23조 제3항 위반 시 5년 이하 징역이나 5천만원 이하 벌금

─ 제23조의2 제3항 위반시 1년 이하의 징역이나 1천만원 이하의 벌금

─ 제23조 제4항 위반 시 500만원 이하의 벌금

◇ 행정처분기준
- 제22조 제2항을 위반하여 시설과 장비를 갖추지 않은 경우: 시정명령

(2) 조문해설

(가) 입법배경

전자의무기록 관련조항은 2002. 3. 30. 의료법 개정(법률 제6686호)으로 처음 도입되었다. 전자의무기록제도가 도입된 취지는 의료기관에서 진료내용을 전자 의무기록에 기록한 후 이를 다시 종이로 출력해서 보관하는 번거로움을 없애기 위해서다. 의료인이나 의료기관 개설자는 전자의무기록으로 작성, 보관하기 위해 서는 보건복지부령으로 정하는 바에 따라 전자의무기록을 안전하게 관리·보존 하는 데에 필요한 시설과 장비를 갖추어야 한다. 이로써 종래 문서 형태로 한정 되던 진료기록부 등을 전자의무기록으로 대체할 수 있게 되었다. 그런데 진료기 록부 등과 전자의무기록(이하 통칭하여 '의무기록'이라 한다)에는 앞서 본 바와 같이 환자에 관한 다양한 정보가 기재되는데, 전자의무기록의 경우 전자문서의 속성상 진료기록부 등에 비하여 이들 정보가 손쉽게 위·변조되거나 대량으로 유출될 수 있는 위험성이 크다. 이에 따라 위 의료법 개정 당시 전자의무기록에 관한 규정 을 신설하면서 작성권자로 하여금 전자서명법에 따른 전자서명을 하도록 하는 한편 전자의무기록에 저장된 개인정보를 탐지, 누출, 변조 또는 훼손하는 행위를 금지하는 이 사건 규정을 신설하였다.

의무기록은 의사의 환자에 대한 진단·치료·처방 등에 관한 종합적인 의료기 록으로서 이후의 계속되는 환자치료에 이용됨과 아울러 다른 의료종사자에게 제 공되어 그 환자로 하여금 적정한 의료를 제공받을 수 있도록 하고, 의료행위가 종료된 이후에는 그 의료행위의 적정성을 판단하는 자료로 사용되는 중요한 기 능을 수행한다. 그런데 종래의 의료법은 직접적으로 의무기록의 허위작성을 금지 하는 규정을 두지 아니한 채 단순히 의료인의 면허자격정지사유 중 하나로 '진료 기록부 등을 허위로 작성한 때'(제66조 제1항 제3호)를 규정하고 있었을 뿐이었고, 그 결과 의료분쟁이 발생하는 경우 의무기록을 허위작성하거나 거짓으로 추가기

재·수정하는 사례가 드물지 아니하였다. 이에 따라 2011. 4. 7. 법률 제10565호로 개정된 의료법에서 허위작성 금지규정을 신설하였다.

(나) 개인정보의 의미

법령 자체에 그 법령에서 사용하는 용어의 정의나 포섭의 구체적인 범위가 명확히 규정되어 있지 아니한 경우, 그 용어가 사용된 법령 조항의 해석은 그 법령의 전반적인 체계와 취지·목적, 당해 조항의 규정 형식과 내용 및 관련 법령을 종합적으로 고려하여 해석하여야 한다. 이러한 법리를 앞서 본 의료법의 개정 연혁, 내용 및 취지, 관련 법령의 규정, 의무기록에 기재된 정보와 사생활의 비밀 및 자유와의 관계 등에 비추어 보면, 이 사건 규정의 적용 대상이 되는 전자의무기록에 저장된 '개인정보'에는 환자의 이름·주소·주민등록번호 등과 같은 '개인식별정보'뿐만 아니라 환자에 대한 진단·치료·처방 등과 같이 공개로 인하여 개인의 건강과 관련된 내밀한 사항 등이 알려지게 되고, 그 결과 인격적·정신적 내면생활에 지장을 초래하거나 자유로운 사생활을 영위할 수 없게 될 위험성이 있는 의료내용에 관한 정보도 포함된다고 새기는 것이 타당하다. 또한 환자를 진료한 당해 의료인은 의무기록 작성권자로서 보다 정확하고 상세한 기재를 위하여 사후에 자신이 작성한 의무기록을 가필, 정정할 권한이 있다고 보이는 점, 2011. 4. 7. 법률 제10565호로 의료법을 개정하면서 허위작성 금지규정을 신설함에 따라 의료인이 고의로 사실과 다르게 자신이 작성한 진료기록부 등을 추가기재·수정하는 행위가 금지되었는데, 이때의 진료기록부 등은 의무기록을 가리키는 것으로 봄이 타당한 점, 문서변조죄에 있어서 통상적인 변조의 개념 등을 종합하여 보면, 전자의무기록을 작성한 당해 의료인이 그 전자의무기록에 기재된 의료내용 중 일부를 추가, 수정하였다 하더라도 그 의료인은 이 사건 규정이 정한 변조행위의 주체가 될 수 없다고 보아야 한다.[91]

(다) 전자의무기록에 필요한 시설과 장비

진료기록을 전자의무기록으로 대체 작성, 보관하여 이를 법적으로 보장받기

---

91) 대법원 2013. 12. 12. 선고 2011도9538 판결.

위해서는 의료기관은 의료법상 요구하는 시설과 장비를 갖추어야 한다. 의료법 시행규칙은 제16조 제1항으로 구체적인 내용을 다음과 같이 규정하고 있다.

1. 전자의무기록의 생성·저장과 전자서명을 검증할 수 있는 장비
2. 전자서명이 있은 후 전자의무기록의 변경 여부 확인 등 전자의무기록의 이력관리를 위하여 필요한 장비
3. 전자의무기록의 백업저장장비
4. 네트워크 보안에 관한 시설과 장비(제1호부터 제3호까지에 따른 장비가 유무선 인터넷과 연결된 경우에 한정한다)
5. 전자의무기록 시스템(전자의무기록의 관리·보존과 관련되는 서버, 소프트웨어 및 데이터베이스 등이 전자적으로 조직화된 체계를 말한다. 이하 이 조에서 같다) 보안에 관한 시설과 장비
6. 전자의무기록 보존장소에 대한 출입통제구역 등 통제 시설 및 잠금장치에 해당하는 물리적 접근 방지 시설과 장비
7. 의료기관(법 제49조에 따라 부대사업을 하는 장소를 포함한다) 외의 장소에 제1호에 따른 전자의무기록의 저장장비 또는 제3호에 따른 백업저장장비를 설치하는 경우에는 다음 각 목의 시설과 장비
   가. 전자의무기록 시스템의 동작 여부와 상태를 실시간으로 점검할 수 있는 시설과 장비
   나. 전자의무기록 시스템에 장애가 발생한 경우 제1호 및 제2호에 따른 장비를 대체할 수 있는 예비 장비
   다. 폐쇄회로 텔레비전 등의 감시 장비
   라. 재해예방시설

(라) 전자의무기록 표준화

전자의무기록 표준화는 전자의무기록이 효율적이고 통일적으로 관리되고 활용될 수 있도록 기록의 작성, 관리, 보존에 필요한 전산정보처리시스템, 시설, 장비 및 기록 서식 등에 관한 표준을 정하는 것이다. 의료기관마다 규모가 다르고, 진료과목이 다르기 때문에 모든 의료기관을 통일하는 표준을 마련하는 것은 쉽지 않다. 그러나, 현재는 각 의료기관마다 전산정보처리시스템뿐만 아니라 기록

서식 등이 전부 달라서, 기록의 효율적이고 통일적인 관리를 위해 표준화가 필요한 상태이다. 보건복지부장관은 이러한 표준화된 양식 등을 고시로 제정하고, 전자의무기록시스템을 제조·공급하는 자, 의료인 또는 의료기관 개설자에게 그 준수를 권고할 수 있다.

(마) 전자의무기록 인증

보건복지부장관은 전자의무기록시스템이 제23조의2 제1항에 따른 표준, 전자의무기록시스템 간 호환성, 정보 보안 등 대통령령으로 정하는 인증 기준에 적합한 경우에는 인증을 할 수 있다(제23조의2 제2항).

전자의무기록시스템의 인증기준은 다음과 같다(의료법 시행령 제10조의8 제1항).

1. 법 제23조의2제1항에 따라 보건복지부장관이 정하여 고시하는 표준에 적합할 것
2. 전자의무기록시스템 간 전자적 전송에 필요한 호환성이 확보될 것
3. 전자의무기록시스템에 대한 관리적·기술적·물리적 정보 보안이 확보될 것
4. 그 밖에 제1호부터 제3호까지의 규정에 준하는 기준으로서 전자의무기록시스템의 기능·구조 및 형태 등을 고려하여 보건복지부장관이 특히 필요하다고 인정하는 기준

(바) 전자의무기록 인증 취소

보건복지부장관은 전자의무기록 인증을 받은 자가 거짓이나 그 밖의 부정한 방법으로 인증을 받은 것이 확인된 경우 인증을 취소해야 하고(제23조의2 제4항 제1호), 제2항에 따른 인증 기준에 미달하게 된 경우 인증을 취소할 수 있다(제23조의2 제4항 제2호). 거짓이나 부정한 방법으로 인증을 받은 경우 법적으로 보호할 필요가 없으므로 필요적 취소를 하게 하고, 인증기준이 미달된 경우 시정명령 등을 통해서 보완을 요구하고 보완이 되지 않는 경우 인증을 취소할 수 있는 재량을 부여하고 있다.

(사) 전자의무기록 해당 여부

법원은 의료기관 내 전자서명법에 따른 전자서명을 할 수 있는 별도의 시설

과 장비를 갖추고 있지 않아 진료기록부에 의료인등의 전자서명이 없는 경우, 해당 진료기록부는 의료법 제23조 제1항에서 규정하는 전자의무기록이라 할수 없다고 판시하였다.[92]

(아) 진료정보 침해사고의 통지

의료인 또는 의료기관 개설자는 전자의무기록에 대한 전자적 침해행위로 진료정보가 유출되거나 의료기관의 업무가 교란·마비되는 등 대통령령으로 정하는 사고(이하 '진료정보 침해사고'라 한다)가 발생한 때에는 보건복지부 장관에게 즉시 그 사실을 통지하여야 한다. 보건복지부장관이 의료인 또는 의료기관개설자로부터 진료정보 침해사고의 통지를 받거나 진료정보 침해사고가 발생한 사실을 알게 되면 이를 관계 행정기관에 통보하여야 한다(제23조의3 제1항, 제2항).

진료정보 침해사고의 유형에는 진료정보의 도난·유출, 진료정보의 파기·손상·은닉·멸실, 전자의무기록시스템의 교란·마비 등이 있다(의료법 시행령 제10조의10).

(아) 진료정보 침해사고의 예방 및 대응

보건복지부장관은 진료정보 침해사고의 예방 및 대응을 위하여 진료정보 침해사고에 관한 정보의 수집·전파, 진료정보 침해사고의 예보·경보, 진료정보 침해사고에 대한 긴급조치, 전자의무기록에 대한 전자적 침해행위의 탐지·분석, 그 밖에 진료정보 침해사고 예방 및 대응을 위하여 의료기관의 전자의무기록시스템에 대한 취약점 점검, 의료인 또는 의료기관 개설자에 대한 교육 및 훈련, 전자의무기록의 안전성 및 신뢰성을 확보하기 위해 필요한 업무를 시행한다(제23조의4, 의료법 시행령 제10조의11).

---

[92] 광주지방법원 목포지원 2016. 8. 19. 선고 2015고정453 판결.

다. 진료기록의 송부 (제21조의2)

(1) 조문

◇ 제21조의2(진료기록의 송부 등)

① 의료인 또는 의료기관의 장은 다른 의료인 또는 의료기관의 장으로부터 제22조 또는 제23조에 따른 진료기록의 내용 확인이나 진료기록의 사본 및 환자의 진료경과에 대한 소견 등을 송부 또는 전송할 것을 요청받은 경우 해당 환자나 환자 보호자의 동의를 받아 그 요청에 응하여야 한다. 다만, 해당 환자의 의식이 없거나 응급환자인 경우 또는 환자의 보호자가 없어 동의를 받을 수 없는 경우에는 환자나 환자 보호자의 동의 없이 송부 또는 전송할 수 있다.

② 의료인 또는 의료기관의 장이 응급환자를 다른 의료기관에 이송하는 경우에는 지체 없이 내원 당시 작성된 진료기록의 사본 등을 이송하여야 한다.

③ 보건복지부장관은 제1항 및 제2항에 따른 진료기록의 사본 및 진료경과에 대한 소견 등의 전송 업무를 지원하기 위하여 전자정보시스템(이하 이 조에서 "진료기록전송지원시스템"이라 한다)을 구축·운영할 수 있다.

④ 보건복지부장관은 진료기록전송지원시스템의 구축·운영을 대통령령으로 정하는 바에 따라 관계 전문기관에 위탁할 수 있다. 이 경우 보건복지부장관은 그 소요 비용의 전부 또는 일부를 지원할 수 있다.

⑤ 제4항에 따라 업무를 위탁받은 전문기관은 다음 각 호의 사항을 준수하여야 한다.

1. 진료기록전송지원시스템이 보유한 정보의 누출, 변조, 훼손 등을 방지하기 위하여 접근 권한자의 지정, 방화벽의 설치, 암호화 소프트웨어의 활용, 접속기록 보관 등 대통령령으로 정하는 바에 따라 안전성 확보에 필요한 기술적·관리적 조치를 할 것

2. 진료기록전송지원시스템 운영 업무를 다른 기관에 재위탁하지 아니할 것

3. 진료기록전송지원시스템이 보유한 정보를 제3자에게 임의로 제공하거나 유출하지 아니할 것

⑥ 보건복지부장관은 의료인 또는 의료기관의 장에게 보건복지부령으로 정하는 바에 따라 제1항 본문에 따른 환자나 환자 보호자의 동의에 관한 자료 등 진료기록전송지원시스템의 구축·운영에 필요한 자료의 제출을 요구하고 제

출받은 목적의 범위에서 보유·이용할 수 있다. 이 경우 자료 제출을 요구받은 자는 정당한 사유가 없으면 이에 따라야 한다.

⑦ 그 밖에 진료기록전송지원시스템의 구축·운영 등에 필요한 사항은 보건복지부령으로 정한다.

⑧ 누구든지 정당한 사유 없이 진료기록전송지원시스템에 저장된 정보를 누출·변조 또는 훼손하여서는 아니 된다.

⑨ 진료기록전송지원시스템의 구축·운영에 관하여 이 법에서 규정된 것을 제외하고는 「개인정보 보호법」에 따른다.

[본조신설 2016. 12. 20.]

◇ 벌칙·과태료
- 제21조의2 제5항, 제8항 위반 시 5년 이하의 징역 또는 5천만원 이하의 벌금
- 제21조의2 제1항, 제2항 위반 시 500만원 이하의 벌금
- 제21조의2 제6항 후단 위반하여 자료를 제출하지 아니하거나 거짓 자료를 제출한 경우 200만원 이하의 과태료

◇ 행정처분
- 제21조의2 제2항을 위반하여 응급환자의 내원 당시 작성된 진료기록의 사본 등을 이송하지 아니한 경우: 경고

---

(2) 조문해설

(가) 환자의 동의에 기초한 진료기록 송부 또는 전자의무기록 전송

의료인 또는 의료기관의 장은 다른 의료인 또는 의료기관의 장으로부터 진료기록이나 전자의무기록에 따른 진료기록의 내용 확인이나 진료기록의 사본 및 환자의 진료경과에 대한 소견 등을 송부 또는 전송할 것을 요청받은 경우 해당 환자나 환자 보호자의 동의를 받아 그 요청에 응하여야 한다.

환자가 진료를 받는 과정에서 다른 의료기관으로 전원을 가야 하는 상황에서 다른 의료기관의 장은 해당 환자에 대하여 이전 의료기관에서 검사하고 진찰, 치

료한 내용이 무엇인지 정확히 알아야 한다. 환자 보호자의 말이나 동승한 의료진의 말에만 의존하는 경우 중요한 질병 정보를 누락할 수 있는 위험이 있기 때문에 환자나 환자 보호자의 동의가 있는 경우 진료기록부를 송부할 의무가 있는 것이다. 의료인은 환자나 환자보호자의 동의가 없다면 진료기록를 송부해서는 아니되지만, 환자가 의식이 없거나 응급환자의 경우, 환자의 보호자가 없어서 동의를 받을 수 없는 경우에는 환자나 보호자의 동의가 없더라도 진료기록을 송부 또는 전송할 수 있다.

(나) 응급환자 이송시 진료기록 사본 이송의무(환자의 동의와 관계 없음)

의료인 또는 의료기관의 장이 응급환자를 다른 의료기관에 이송하는 경우에는 지체 없이 내원 당시 작성된 진료기록의 사본 등을 이송하여야 한다. 응급환자란 질병, 분만, 각종 사고 및 재해로 인한 부상이나 그 밖의 위급한 상태로 인하여 즉시 필요한 응급처치를 받지 아니하면 생명을 보존할 수 없거나 심신에 중대한 위해(危害)가 발생할 가능성이 있는 환자 또는 이에 준하는 사람이다.(응급의료에관한법률 제2조 제1호). 모든 국민(국내 체류하고 있는 외국인 포함)은 성별, 나이, 민족, 종교, 사회적 신분 또는 경제적 사정 등을 이유로 차별받지 아니하고 응급의료를 받을 권리는 가진다(응급의료에관한법률 제3조). 응급의료란 응급환자가 발생할 때부터 생명의 위험에서 회복되거나 심신상의 중대한 위해가 제거되기까지의 과정에서 응급환자를 위하여 하는 상담·구조·이송·응급처치 및 진료 등의 조치를 말한다(응급의료에관한법률 제2조 제2호).

의료기관의 장은 응급환자를 다른 의료기관에 이송해야 하는 상황이 발생한 경우 지체없이 내원 당시 작성된 진료기록의 사본 등을 이송해야 할 의무가 있다. 응급환자의 특수성으로 인해 응급실에서 작성한 응급실 기록지, 응급실 간호기록지 등을 지체없이 다른 의료기관에 이송을 해야 한다.

(다) 개인정보 누출금지

누구든지 정당한 사유 없이 진료기록전송지원시스템에 저장된 정보를 누출·변조 또는 훼손하여서는 아니 된다. 이를 위반한 경우 5년 이하 징역이나 5천만원 이하 벌금형에 해당하는 형사처벌을 받을 수 있다. 진료기록전송지원시스템의 구축·운영에 관하여 의료법에서 규정된 것을 제외하고는 개인정보 보호법에 따른다.

6. 환자에 대한 기록 열람 (제21조)

가. 조문

◇ 제21조(기록 열람 등)
① 환자는 의료인, 의료기관의 장 및 의료기관 종사자에게 본인에 관한 기록(추가기재·수정된 경우 추가기재·수정된 기록 및 추가기재·수정 전의 원본을 모두 포함한다. 이하 같다)의 전부 또는 일부에 대하여 열람 또는 그 사본의 발급 등 내용의 확인을 요청할 수 있다. 이 경우 의료인, 의료기관의 장 및 의료기관 종사자는 정당한 사유가 없으면 이를 거부하여서는 아니 된다. <신설 2016. 12. 20., 2018. 3. 27.>
② 의료인, 의료기관의 장 및 의료기관 종사자는 환자가 아닌 다른 사람에게 환자에 관한 기록을 열람하게 하거나 그 사본을 내주는 등 내용을 확인할 수 있게 하여서는 아니 된다. <개정 2009. 1. 30., 2016. 12. 20.>
③ 제2항에도 불구하고 의료인, 의료기관의 장 및 의료기관 종사자는 다음 각 호의 어느 하나에 해당하면 그 기록을 열람하게 하거나 그 사본을 교부하는 등 그 내용을 확인할 수 있게 하여야 한다. 다만, 의사·치과의사 또는 한의사가 환자의 진료를 위하여 불가피하다고 인정한 경우에는 그러하지 아니하다. <개정 2009. 1. 30., 2010. 1. 18., 2011. 4. 7., 2011. 12. 31., 2012. 2. 1., 2015. 12. 22., 2015. 12. 29., 2016. 5. 29., 2016. 12. 20., 2018. 3. 20., 2018. 8. 14., 2020. 3. 4., 2020. 8. 11., 2020. 12. 29., 2023. 10. 31.>
  1. 환자의 배우자, 직계 존속·비속, 형제·자매(환자의 배우자 및 직계 존속·비속, 배우자의 직계존속이 모두 없는 경우에 한정한다) 또는 배우자의 직계 존속이 환자 본인의 동의서와 친족관계임을 나타내는 증명서 등을 첨부하는 등 보건복지부령으로 정하는 요건을 갖추어 요청한 경우
  2. 환자가 지정하는 대리인이 환자 본인의 동의서와 대리권이 있음을 증명하는 서류를 첨부하는 등 보건복지부령으로 정하는 요건을 갖추어 요청

한 경우

3. 환자가 사망하거나 의식이 없는 등 환자의 동의를 받을 수 없어 환자의 배우자, 직계 존속·비속, 형제·자매(환자의 배우자 및 직계 존속·비속, 배우자의 직계존속이 모두 없는 경우에 한정한다) 또는 배우자의 직계 존속이 친족관계임을 나타내는 증명서 등을 첨부하는 등 보건복지부령으로 정하는 요건을 갖추어 요청한 경우

4. 「국민건강보험법」 제14조, 제47조, 제48조 및 제63조에 따라 급여비용 심사·지급·대상여부 확인·사후관리 및 요양급여의 적정성 평가·가감지급 등을 위하여 국민건강보험공단 또는 건강보험심사평가원에 제공하는 경우

5. 「의료급여법」 제5조, 제11조, 제11조의3 및 제33조에 따라 의료급여 수급권자 확인, 급여비용의 심사·지급, 사후관리 등 의료급여 업무를 위하여 보장기관(시·군·구), 국민건강보험공단, 건강보험심사평가원에 제공하는 경우

6. 「형사소송법」 제106조, 제215조 또는 제218조에 따른 경우

6의2. 「군사법원법」 제146조, 제254조 또는 제257조에 따른 경우

7. 「민사소송법」 제347조에 따라 문서제출을 명한 경우

8. 「산업재해보상보험법」 제118조에 따라 근로복지공단이 보험급여를 받는 근로자를 진료한 산재보험 의료기관(의사를 포함한다)에 대하여 그 근로자의 진료에 관한 보고 또는 서류 등 제출을 요구하거나 조사하는 경우

9. 「자동차손해배상 보장법」 제12조제2항 및 제14조에 따라 의료기관으로부터 자동차보험진료수가를 청구받은 보험회사등이 그 의료기관에 대하여 관계 진료기록의 열람을 청구한 경우

10. 「병역법」 제11조의2에 따라 지방병무청장이 병역판정검사와 관련하여 질병 또는 심신장애의 확인을 위하여 필요하다고 인정하여 의료기관의 장에게 병역판정검사대상자의 진료기록·치료 관련 기록의 제출을 요구한 경우

11. 「학교안전사고 예방 및 보상에 관한 법률」 제42조에 따라 공제회가 공제급여의 지급 여부를 결정하기 위하여 필요하다고 인정하여 「국민건강보험법」 제42조에 따른 요양기관에 대하여 관계 진료기록의 열람 또는 필요한 자료의 제출을 요청하는 경우

12. 「고엽제후유의증 등 환자지원 및 단체설립에 관한 법률」 제7조제3항에 따라 의료기관의 장이 진료기록 및 임상소견서를 보훈병원장에게 보내는 경우

13. 「의료사고 피해구제 및 의료분쟁 조정 등에 관한 법률」 제28조제1항 또는 제3항에 따른 경우

14. 「국민연금법」 제123조에 따라 국민연금공단이 부양가족연금, 장애연금 및 유족연금 급여의 지급심사와 관련하여 가입자 또는 가입자였던 사람을 진료한 의료기관에 해당 진료에 관한 사항의 열람 또는 사본 교부를 요청하는 경우

14의2. 다음 각 목의 어느 하나에 따라 공무원 또는 공무원이었던 사람을 진료한 의료기관에 해당 진료에 관한 사항의 열람 또는 사본 교부를 요청하는 경우

　　가. 「공무원연금법」 제92조에 따라 인사혁신처장이 퇴직유족급여 및 비공무상장해급여와 관련하여 요청하는 경우

　　나. 「공무원연금법」 제93조에 따라 공무원연금공단이 퇴직유족급여 및 비공무상장해급여와 관련하여 요청하는 경우

　　다. 「공무원 재해보상법」 제57조 및 제58조에 따라 인사혁신처장(같은 법 제61조에 따라 업무를 위탁받은 자를 포함한다)이 요양급여, 재활급여, 장해급여, 간병급여 및 재해유족급여와 관련하여 요청하는 경우

14의3. 「사립학교교직원 연금법」 제19조제4항제4호의2에 따라 사립학교교직원연금공단이 요양급여, 장해급여 및 재해유족급여의 지급심사와 관련하여 교직원 또는 교직원이었던 자를 진료한 의료기관에 해당 진료에 관한 사항의 열람 또는 사본 교부를 요청하는 경우

14의4. 다음 각 목의 어느 하나에 따라 군인 또는 군인이었던 사람을 진료한 의료기관에 해당 진료에 관한 사항의 열람 또는 사본 교부를 요청하는 경우

　　가. 「군인연금법」 제54조제2항에 따라 국방부장관이 퇴직유족급여와 관련하여 요청하는 경우

　　나. 「군인 재해보상법」 제52조제2항에 따라 국방부장관(같은 법 제54조에 따라 권한을 위임받거나 업무를 위탁받은 자를 포함한다)이 공무상요양비, 장해급여 및 재해유족급여와 관련하여 요청하는 경우

15. 「장애인복지법」 제32조제7항에 따라 대통령령으로 정하는 공공기관의 장이 장애 정도에 관한 심사와 관련하여 장애인 등록을 신청한 사람 및 장애인으로 등록한 사람을 진료한 의료기관에 해당 진료에 관한 사항의 열람 또는 사본 교부를 요청하는 경우

16. 「감염병의 예방 및 관리에 관한 법률」 제18조의4 및 제29조에 따라 질병관리청장, 시·도지사 또는 시장·군수·구청장이 감염병의 역학조사 및 예방접종에 관한 역학조사를 위하여 필요하다고 인정하여 의료기관의 장에게 감염병환자등의 진료기록 및 예방접종을 받은 사람의 예방접종 후 이상반응에 관한 진료기록의 제출을 요청하는 경우

17. 「국가유공자 등 예우 및 지원에 관한 법률」 제74조의8제1항제7호에 따라 보훈심사위원회가 보훈심사와 관련하여 보훈심사대상자를 진료한 의료기관에 해당 진료에 관한 사항의 열람 또는 사본 교부를 요청하는 경우

18. 「한국보훈복지의료공단법」 제24조의2에 따라 한국보훈복지의료공단이 같은 법 제6조제1호에 따른 국가유공자등에 대한 진료기록등의 제공을 요청하는 경우

19. 「군인사법」 제54조의6에 따라 중앙전공사상심사위원회 또는 보통전공사상심사위원회가 전공사상 심사와 관련하여 전사자등을 진료한 의료기관에 대하여 해당 진료에 관한 사항의 열람 또는 사본 교부를 요청하는 경우

④ 진료기록을 보관하고 있는 의료기관이나 진료기록이 이관된 보건소에 근무하는 의사·치과의사 또는 한의사는 자신이 직접 진료하지 아니한 환자의 과거 진료 내용의 확인 요청을 받은 경우에는 진료기록을 근거로 하여 사실을 확인하여 줄 수 있다. <신설 2009. 1. 30.>

⑤ 제1항, 제3항 또는 제4항의 경우 의료인, 의료기관의 장 및 의료기관 종사자는 「전자서명법」에 따른 전자서명이 기재된 전자문서를 제공하는 방법으로 환자 또는 환자가 아닌 다른 사람에게 기록의 내용을 확인하게 할 수 있다. <신설 2020. 3. 4.>

◇ 벌칙 · 과태료
- 제21조 제2항 위반 시 3년 이하의 징역 또는 3천만원 이하의 벌금
- 제21조 제1항 후단 위반 시 500만원 이하의 벌금

◇ 행정처분
- 제22조 제1항을 위반하여 환자에 관한 기록의 열람, 사본발급 등 그 내용을 확인할 수 있게 한 경우: 면허자격정지 2개월
- 제22조 제2항을 위반하여 환자에 관한 기록 열람, 사본 발급 등 그 내용 확인 요청에 따르지 아니한 경우 및 제3항을 위반하여 진료기록의 내용확인 요청이나 진료경과에 대한 소견 등의 송부요청에 따르지 아니하거나 환자나 환자보호자의 동의를 받지 않고 진료기록의 내용을 확인할 수 있게 하거나 진료경과에 대한 소견 등을 송부한 경우: 면허자격 15일

나. 조문해설

(1) 진료정보의 주체

환자는 의료인, 의료기관의 장 및 의료기관 종사자에게 본인에 관한 기록(추가기재·수정된 경우 추가기재·수정된 기록 및 추가기재·수정 전의 원본을 모두 포함)의 전부 또는 일부에 대하여 열람 또는 그 사본의 발급 등 내용의 확인을 요청할 수 있다. 환자가 보인에 관한 진료기록을 열람, 사본발급을 원하는 경우 환자 본인임을 확인할 수 있는 신분증을 의료기관 개설자에게 제시하여야 하고(의료법 시행규칙 제13조의3 제4항), 이 경우 의료인, 의료기관의 장 및 의료기관 종사자는 정당한 사유가 없으면 이를 거부하여서는 아니 된다.

의무기록 열람 및 사본발급 청구권 주체는 기본적으로 환자 자신이며, 의무기록을 발급해 주어야 하는 자는 의료인과 의료기관의 장, 의료기관 종사자이다. 대개는 의료기관 내 원무과에서 기록 열람 및 사본 발급 업무를 처리하고 있고, 대학병원의 경우 의무기록실에서 이 업무를 담당하고 있다. 의료법에 따르면 현재 작성된 의무기록 뿐만 아니라, 추가기재나 수정이 된 경우 추가기재 전, 수정 전 진료기록의 전부 또는 일부에 대해서도 열람 및 사본발급 청구권이 인정된다. 환자는 진료기록이 수정되었거나 추가기재되었다는 의심이 드는 경우, 또는 처음부터 미리 수정전, 추가기재 전 진료기록도 함께 열람, 복사를 할 수 있다.

환자는 진료기록 열람, 복사권을 행사하기 전에 진료기록이 수정되었거나 추

가기재되었다는 사실을 알 수가 없다. 그 상태에서 무조건 수정전, 추가기재전 진료기록에 대해서도 열람, 복사를 요구하는 경우 불필요한 진료기록 복사요청 등 행정력 낭비가 발생할 수 있다. 이런 문제점을 없애기 위해서는 전자의무기록 시스템이 수정을 하거나 추가기재를 하는 경우 서류 상단이나 하단 부분에 '추가'나 '수정'이라는 표시가 되도록 하여, 해당 의무기록이 수정된 의무기록인지, 추가기재된 의무기록인지를 알 수 있게 하는 방안을 고려해 볼 필요가 있다.

구 의료법(2015. 6. 22. 법률 제13367호로 개정되기 전의 것, 이하 같다) 제19조, 제21조, 제88조의 각 내용과 같은 법 제1조에 기재된 의료법의 목적 등을 종합하여 보면, 의료인이 작성하여 의료인이나 의료기관이 보관하는 구 의료법 제22조 소정의 '진료기록부등'과 같은 법 제23조 소정의 '전자의무기록'에 기재된 환자의 개인정보 및 그 환자의 주된 증상, 진단 및 치료내용 등 의료행위에 관한 사항과 의견(이하 이들을 합하여 '진료정보'라 한다)의 주체는 환자라고 봄이 상당하다(의료법 제22조, 제23조에서 의료인 또는 의료기관에게 진료기록부등과 전자의무기록을 작성·보관하도록 규정하고 있다고 하여 그것만으로 그에 기재된 진료정보의 주체마저 의료인 또는 의료기관이 된다고 볼 수는 없다). 구 의료법 제21조에 의하면, 환자나 일정한 범위의 가족, 대리인 등(이하 '환자 등'이라 한다)은 의료인, 의료기관의 종사자에게 환자 본인에 관한 진료기록의 열람 등을 요구할 수 있고, 다른 의료인은 환자나 그 보호자의 동의를 받아 환자를 진료한 의료인에게 진료기록의 내용 확인이나 진료경과에 대한 소견 등을 송부할 것을 요청(이하 위 '열람 등'과 '확인요청 등'을 아울러 '열람 등'이라고만 한다)할 수 있고, 그 요청을 받은 의료인이나 의료기관의 종사자는 그에 응하여야 한다고 규정하고 있다. 이는 진료정보의 주체가 환자임을 전제로 그 환자 등의 동의 또는 요구가 있을 경우 그 진료정보가 환자 등이나 다른 의료인의 열람 등에 제공되어야 한다는 것이다.[93]

한편, 진료기록부 자체의 소유권은 의사에게 귀속되고 의사가 그 보존의무를 부담하는 것이므로 환자는 의사에게 진료기록부 자체에 대한 인도청구권을 행사할 수는 없다.[94]

---

93) 서울중앙지방법원 2018. 8. 21. 선고 2016고단9587 판결.
94) 의료소송의 절차상 제문제, 권광중, 재판자료 27집, 1985, 법원행정처.

(2) 환자가 아닌 사람에게 기록을 열람하거나 사본을 내줄 수 있는 경우

의료인, 의료기관의 장 및 의료기관 종사자는 환자가 아닌 다른 사람에게 환자에 관한 기록을 열람하게 하거나 그 사본을 내주는 등 내용을 확인할 수 있게 하여서는 아니 된다. 그러나 환자에게 사정이 있는 경우 환자의 가족이나 다른 사람이 기록을 열람 복사할 수 있도록 해야 하는 것은 당연하다. 의료법에는 이에 대한 예외사유를 규정하고 있다.

(가) 환자의 친족

환자의 배우자, 환자의 직계 존속·비속, 형제·자매(환자의 배우자 및 직계 존속·비속, 배우자의 직계존속이 모두 없는 경우에 한정한다) 또는 배우자의 직계 존속이 환자의 동의서와 친족관계임을 나타내는 증명서 등을 첨부하는 경우 기록 열람 및 사본 제공이 가능하다.

환자의 친족이 환자에 관한 기록 열람이나 그 사본의 발급을 요청하기 위해서는 의료기관 개설자에게 ① 기록 열람이나 사본 발급을 요청하는 자의 신분증(주민등록증, 여권, 운전면허증 그 밖에 공공기관에서 발행한 본인임을 확인할 수 있는 신분증을 말함) 사본, ② 가족관계증명서, 주민등록표 등본 등 친족관계임을 확인할 수 있는 서류(다만, 환자의 형제·자매가 요청하는 경우에는 환자의 배우자 및 직계존속·비속, 배우자의 직계 존속이 모두 없음을 증명하는 자료를 함께 제출하여야 함), ③ 환자가 자필 서명한 별지 제9호의2 서식의 동의서(다만, 환자가 만 14세 미만의 미성년자인 경우에는 제외함), ④ 환자의 신분증 사본(다만, 환자가 만 17세 미만으로 「주민등록법」 제24조제1항에 따른 주민등록증이 발급되지 아니한 경우에는 제외함)을 각 제출해야 한다.

(나) 환자가 지정하는 대리인

환자가 지정하는 대리인이 환자에 관한 기록의 열람이나 그 사본의 발급을 요청할 경우에는 ① 기록열람이나 사본발급을 요청하는 자의 신분증 사본(대리인의 신분증 사본), ② 환자가 자필 서명한 별지 제9호의2 서식의 동의서 및 별지 제9호의3 서식의 위임장(이 경우 환자가 만 14세 미만의 미성년자인 경우에는 환자의 법정대리인이 작성하여야 하며, 가족관계증명서 등 법정대리인임을 확인할 수 있는 서류를 첨부하여야 함), ③ 환자의 신분증 사본(다만, 환자가 만 17세 미만으로 주민등록법 제24조 제1항에 따른 주민등록증이 발급되지 아니한 자는 제외함)을 제출해야 한다.

(다) 환자가 사망하거나 의식이 없는 경우

환자가 사망하거나 의식이 없는 경우 환자로부터 동의서나 위임장을 받을 수가 없게 된다. 이러한 경우 환자의 친족이 환자에 관한 기록의 열람이나 그 사본 발급을 요청할 경우에는 별표 2의2에서 정하는 바에 따라 서류를 갖추어 의료기관 개설자에게 제출하여야 한다.

[별표 2의2]

환자의 동의를 받을 수 없는 경우 기록 열람 · 사본 발급 요청 시
구비서류(제13조의3 제3항 관련)

구분	구비서류
환자가 사망한 경우	1. 기록 열람이나 사본 발급을 요청하는 자의 신분증 사본 2. 가족관계증명서, 주민등록표 등본 등 친족관계를 확인할 수 있는 서류 3. 가족관계증명서, 제적등본, 사망진단서 등 사망사실을 확인할 수 있는 서류
환자가 의식불명 또는 의식불명은 아니지만 중증의 질환 · 부상으로 자필서명을 할 수 없는 경우	1. 기록 열람이나 사본 발급을 요청하는 자의 신분증 사본 2. 가족관계증명서, 주민등록표 등본 등 친족관계를 확인할 수 있는 서류 3. 환자가 의식불명 또는 중증의 질환 · 부상으로 자필서명을 할 수 없음을 확인할 수 있는 진단서
환자가 행방불명인 경우	1. 기록 열람이나 사본 발급을 요청하는 자의 신분증 사본 2. 가족관계증명서, 주민등록표 등본 등 친족관계를 확인할 수 있는 서류 3. 주민등록표 등본, 법원의 실종선고 결정문 사본 등 행방불명 사실을 확인할 수 있는 서류
환자가 의사무능력자인 경우	1. 기록 열람이나 사본 발급을 요청하는 자의 신분증 사본 2. 가족관계증명서, 주민등록표 등본 등 친족관계를 확인할 수 있는 서류

	3. 법원의 금치산 선고 결정문 사본 또는 의사무능력자임을 증명하는 정신과 전문의의 진단서

비고: 위 표의 규정에 불구하고 환자의 형제·자매가 요청하는 경우에는 환자의 배우자 및 직계 존속·비속, 배우자의 직계 존속이 모두 없음을 증명하는 자료를 함께 제출하여야 한다.

(라) 관련 법령에 의한 경우

의료법은 제21조 제3항 제4호 내지 제19조와 같이 법령으로 환자의 진료기록을 열람하게 하거나 그 사본을 교부할 수 있도록 하고 있다. 그러나 제21조 제3항 각 호 중, 한국소비자보호법상 진료기록을 열람하거나 사본을 교부받도록 하는 규정이 없어 한국소비자원 산하 의료분쟁팀이 의료분쟁을 해결하는 과정에서 의료기관으로부터 직접 진료기록을 제공받기 어려운 문제가 있다.

(3) 사실확인

진료기록을 보관하고 있는 의료기관이나 진료기록이 이관된 보건소에 근무하는 의사·치과의사 또는 한의사는 자신이 직접 진료하지 아니한 환자의 과거 진료 내용의 확인 요청을 받은 경우에는 진료기록을 근거로 하여 사실을 확인하여 줄 수 있다. 의료기관이 폐업을 하거나 환자를 진료한 의료인이 사망한 경우 다른 의료기관에서 환자의 진료기록을 보관하고 있다면, 비록 직접 환자를 진료한 의사가 아니더라도, 보관하고 있는 진료기록을 기초로 하여, 해당 환자에 대한 진료내용이나 검사, 처치내용이 무엇인지 확인해 줄 수 있다는 것이다. 주로 소송에서 보험회사가 환자의 기왕증이 있는지 여부를 조사하기 위해 사실조회를 하는 경우 해당되는 조항이다.

(4) 전자문서 내용 확인

의료인, 의료기관의 장 및 의료기관 종사자는 환자 본인에 관한 기록(추가기재·

수정된 경우 추가기재·수정된 기록 및 추가기재·수정 전의 원본을 모두 포함)의 전부 또는 일부에 대하여 열람 또는 그 사본의 발급 등 내용 확인이 있는 경우, 의료법 제21조 제3항에 해당하는 자로부터 기록열람이나 사본 발급 등 내용 확인이 있는 경우, 진료기록을 보관하고 있는 의료기관이나 진료기록이 이관된 보건소에 근무하는 의사는 자신이 직접 진료하지 아니한 환자의 과거 진료내용의 확인요청을 받은 경우 전자서명법에 따른 전자서명이 기재된 전자문서를 제공하는 방법으로 환자 또는 환자가 아닌 다른 사람에게 기록의 내용을 확인하게 할 수 있다. 과거 진료기록부 열람요청을 받은 경우 의료기관 종사자는 종이에 복사하여 열람 또는 사본발급을 하였는데, 이제는 전자서명이 기재된 전자문서를 제공하는 방법으로 의무기록내용을 확인하게 할 수 있게 되었다. 환자나 보호자의 이메일로 전자문서를 보내는 것이 가능하게 된 것이다.

7. 부당한 경제적 이익등의 취득 금지 의무 (제23조의5)

(1) 조문

◇ 제23조의5(부당한 경제적 이익등의 취득 금지)

① 의료인, 의료기관 개설자(법인의 대표자, 이사, 그 밖에 이에 종사하는 자를 포함한다. 이하 이 조에서 같다) 및 의료기관 종사자는 「약사법」 제47조제2항에 따른 의약품공급자로부터 의약품 채택·처방유도·거래유지 등 판매촉진을 목적으로 제공되는 금전, 물품, 편익, 노무, 향응, 그 밖의 경제적 이익(이하 "경제적 이익등"이라 한다)을 받거나 의료기관으로 하여금 받게 하여서는 아니 된다. 다만, 견본품 제공, 학술대회 지원, 임상시험 지원, 제품설명회, 대금결제조건에 따른 비용할인, 시판 후 조사 등의 행위(이하 "견본품 제공등의 행위"라 한다)로서 보건복지부령으로 정하는 범위 안의 경제적 이익등인 경우에는 그러하지 아니하다. <개정 2015. 12. 29.>

② 의료인, 의료기관 개설자 및 의료기관 종사자는 「의료기기법」 제6조에 따른 제조업자, 같은 법 제15조에 따른 의료기기 수입업자, 같은 법 제17조에 따른 의료기기 판매업자 또는 임대업자로부터 의료기기 채택·사용유도·거래

유지 등 판매촉진을 목적으로 제공되는 경제적 이익등을 받거나 의료기관으로 하여금 받게 하여서는 아니 된다. 다만, 견본품 제공등의 행위로서 보건복지부령으로 정하는 범위 안의 경제적 이익등인 경우에는 그러하지 아니하다. <개정 2011. 4. 7., 2015. 12. 29.>

③ 의료인, 의료기관 개설자(의료기관을 개설하려는 자를 포함한다) 및 의료기관 종사자는 「약사법」 제24조의2에 따른 약국개설자로부터 처방전의 알선·수수·제공 또는 환자 유인의 목적으로 경제적 이익등을 요구·취득하거나 의료기관으로 하여금 받게 하여서는 아니 된다. <신설 2024. 1. 23.>

[본조신설 2010. 5. 27.]

[제23조의3에서 이동 <2019. 8. 27.>]

◇ 벌칙

- 제23조의5 위반: 3년 이하의 징역이나 3천만원 이하의 벌금, 이 경우 취득한 경제적 이익등은 몰수하고 몰수할 수 없을 때에는 그 가액을 추징함(제88조 제2호)

◇ 행정처분

- 제23조의5를 위반하여 부당한 경제적 이익등을 받은 경우: 위반 차수 및 수수액에 따라 경고 ~ 자격정지 12개월

(2) 조문해설

의료인, 의료기관 개설자(법인 대표자, 이사, 그밖에 이에 종사하는 자 포함) 및 의료기관 종사자는 약사법상 의약품공급자로부터 의약품 채택·처방유도·거래유지 등 판매촉진을 목적으로 제공되는 금전, 물품, 편익, 노무, 향응, 그 밖의 경제적 이익을 받거나 의료기관으로 하여금 받게 하여서는 아니 된다. 다만 견본제품 제공, 학술대회 지원, 임상시험 지원, 제품설명회, 대금결제조건에 따른 비용할인, 시판 후 조사 등의 행위로서 보건복지부령으로 정하는 범위 안의 경제적 이익등인 경우에는 그러하지 아니하다.

이 조항은 의료인 등이 의약품공급자, 의료기기업자 등으로부터 부당한 경제

적 이익, 이른바 리베이트를 받는 것을 금지하기 위하여 신설된 조문이다(2010. 5. 27. 개정, 법률 제10325호, 2010. 11. 28. 시행). 위 규정 시행 이전에도 리베이트 제공자인 제약사, 의료기기상 등에 대해서는 독점규제 및 공정거래에 관한 법률 등에 의하여 처벌이 가능하였다. 그러나 리베이트 수령자인 의료인에 대한 처벌이 불가능한 경우가 있었다. 의율 가능한 조항은 형법의 배임수재죄, 수뢰죄 독점규제 및 공정거래에 관한 법률의 불공정거래행위에 관한 것이었는데 배임수재죄는 타인의 사무를 처리하는 자가 임무에 위배한 경우에만 성립하므로 의료기관 종사자에게만 적용될 뿐, 자신의 사무를 처리하는 의료기관 개설자에게는 적용되지 않았고, 수뢰죄는 공무원 신분인 의료인에게만 적용되었다. 불공정거래행위에 관한 조항도 이익 제공 강요가 입증되어야 처벌이 가능하였다. 이러한 한계를 보완하기 위하여 위 개정 의료법에서는 의료인이나 의료기관 개설자 등이 의약품·의료기기의 채택, 처방·사용유도 등 판매촉진을 목적으로 제공되는 금전, 물품, 편익 등을 제공받는 경우에 리베이트 수령자인 의료인 등에 대한 처벌 규정을 마련함으로써 형법 등의 적용을 받지 아니하는 경우도 처벌이 가능하도록 규정하였다(이른바 리베이트 쌍벌제). 위 규정에 대응하여 리베이트 제공자인 제약사 등을 처벌하는 내용은 약사법 제47조 등에, 의료기기상 제조·판매자 등을 처벌하는 내용은 의료기기법 제13조 및 제18조 등에 각 규정되어 있다. 이후 위 의료법 규정은 "약사법 제31조에 따른 품목허가를 받은 자 또는 품목신고를 한 자, 같은 법 제42조에 따른 의약품 수입자, 같은 법 제45조에 따른 의약품 도매상으로부터"가 "약사법 제47조 제2항에 따른 의약품공급자로부터"로, "처방유도"가 "처방유도·거래유지"로, "사용유도"가 "사용유도·거래유지"로, "받아서는 아니된다"가 "받거나 의료기관으로 하여금 받게 하여서는 아니 된다"로 일부개정 되었다(2015. 12. 29. 개정, 법률 제13658호, 2017. 1. 1. 시행). 그리고 위 조항은 이전에 제23조의2로 규정되어 있었으나 2016. 12. 20. 법률 제14438호로 개정된 법에서 제23조의3으로 옮겨져 시행되었고, 다시 2019. 8. 27. 법률 제16555호로 개정된 법에서 제23조의5로 옮겨져 시행중이다.

위 조항에서 규정한 경제적 이익 등의 수령주체는 '의료인, 의료기관 개설자 및 의료기관 종사자'인바, 구 의료법(2015. 12. 29. 법률 제13658호로 개정되기 전의 것)에 의할 때 '의료기관'이 경제적 이익등의 수령주체인 경우에 처벌 여부가 문제될 수 있었다. 이에 대하여 대법원은 적용법조인 구 의료법 제23조의2 제2항, 구 의료기기법 제17조 제2항 등은 의료인, 의료기관 개설자, 의료기관 종사자가 의료기기 판매업자 등으로부터 의료기기 채택·사용유도 등 판매촉진을 목적으로 제공되는 경제적 이익 등을 받거나, 위 판매업자 등이 이를 의료인 등에게 제공했을 경우만을 처벌하는 것으로 규정하고 있어 '의료기관'이 경제적 이익 등을 받은 경우에는 위 조항들에 해당한다고 해석하기 어렵다는 취지로 판시한 바 있다.[95] 이후 의료법이 개정되어 현행 조문에서는 의료인, 의료기관 개설자 및 의료기관 종사자가 스스로 경제적 이익등을 받는 경우뿐만 아니라 '의료기관'으로 하여금 이를 받게 하는 경우를 모두 처벌할 수 있도록 규정하고 있다.

위 조항에서 규정한 경제적 이익 등의 제공 주체는 의약품의 경우 약사법 제47조 제2항에 따른 의약품공급자이고, 의료기기의 경우 의료기기법 제6조에 따른 제조업자, 같은 법 제15조에 따른 의료기기 수입업자, 같은 법 제17조에 따른 의료기기 판매업자 또는 임대업자이다.

위 조항에서 규정한 '판매촉진'의 목적이 있는지를 판단하는 기준이 문제될 수 있는데, 이는 단순히 경제적 이익을 제공하는 사람의 주관적인 의사 이외에도 제공자와 수령자의 관계, 주고받은 경제적 가치의 크기와 종류, 금품 등을 주고받은 경위와 시기 등 여러 사정을 종합하여 판단하여야 하는 것으로 해석되고, 실제로 대상 의약품이 채택되거나 처방이 증가될 것을 요건으로 하는 것은 아닌 것으로 해석되고 있다.[96]

제공이 금지되는 것은 금전, 물품, 편익, 노무, 향응 등 경제적 이익이다. 다만 견본품 제공, 학술대회 지원, 임상시험 지원, 제품설명회, 대금결제조건에 따른 비용할인, 시판 후 조사 등의 행위로서 보건복지부령(의료법 시행규칙 별표 2의3 참조)으로 정하는 범위 안의 것은 예외적으로 제공이 허용된다.

이 조항 위반 시 3년 이하의 징역이나 3천만원 이하의 벌금 및 필요적 몰수·추징의 형사처벌과 부당하게 취득한 경제적 이득금액 및 위반 횟수에 따라 최고 자격정지 12개월의 행정처분이 규정되어 있다. 참고로 1차 위반인 경우 경제적 이득금액이 300만원 이상이면 2개월의 면허 자격 정지 처분을, 이득금액이

95) 대법원 2014. 5. 29. 선고 2013도4566 판결 참조.
96) 대법원 2017. 9. 12. 선고 2017도10476 판결 참조.

300만원 미만이면 경고 처분을 받게 된다.

(3) 판례 · 행정해석

◇ 부당한 경제적 이익등의 취득 금지 조항이 직업의 자유를 침해하는지 여부(헌법재판소 2015. 2. 26. 2013헌바374 결정)

– 심판대상조항은 의약품 리베이트로 인하여 약제비가 인상되는 것을 방지함으로써 국민건강보험의 재정건전화를 기하고, 의사로 하여금 환자를 위하여 최선의 약품을 선택하도록 유도하여 국민의 건강증진을 도모하는 한편, 보건의료시장에서 공정하고 자유로운 경쟁을 확보하기 위한 것으로 입법목적의 정당성이 인정되며, 형사처벌은 이러한 입법목적의 실현에 기여하는 적절한 수단이다. 기존의 제한적 처벌규정과 약가제도만으로는 리베이트 근절에 한계가 있어 보다 강력한 제재수단이 필요하게 된 점 등을 감안하면 침해의 최소성 원칙에 반한다고 볼 수 없고, 법익균형성도 충족되므로 심판대상조항은 직업의 자유를 침해하지 않음.

◇ 의약품 도매상이 약국 등 개설자에게 금전을 제공하는 것이 사회질서를 위반하여 지출된 비용에 해당하는지를 판단하는 기준(대법원 2015. 1. 15. 선고 2012두7608 판결)

– 의약품 도매상이 약국 등 개설자에게 금전을 제공하는 것이 약사법 등 관계 법령에 따라 금지된 행위가 아니라고 하여 곧바로 사회질서에 위반하여 지출된 비용이 아니라고 단정할 수는 없고, 그것이 사회질서에 위반하여 지출된 비용에 해당하는지 여부는 그러한 지출을 허용하는 경우 야기되는 부작용, 그리고 국민의 보건과 직결되는 의약품의 공정한 유통과 거래에 미칠 영향, 이에 대한 사회적 비난의 정도, 규제의 필요성과 향후 법령상 금지될 가능성, 상관행과 선량한 풍속 등 제반사정을 종합적으로 고려하여 사회통념에 따라 합리적으로 판단하여야 함.

◇ 판매촉진 목적이 있는지 판단하는 기준 등(대법원 2017. 9. 12. 선고 2017도 10476 판결)

- 구 의료법(2015. 12. 29. 법률 제13658호로 개정되기 전의 것) 제23조의2 제1 항은 '의약품 채택·처방유도 등 판매촉진'을 목적으로 제공되는 경제적 이익의 수수를 금지하고 있음(위 조항은 2015. 12. 29. 법률 제13658호로 개정 된 의료법에서 '의약품 채택·처방유도·거래유지 등 판매촉진'이라는 내용으로 개정된 후 2016. 12. 20. 법률 제14438호로 개정된 법에서 제23조의3 제1항으로 옮겨져 시행되고 있다). 위 조항에서 판매촉진 목적이 있는지는 단순히 경제적 이익을 제공하는 사람의 주관적인 의사 이외에도 제공자와 수령자의 관계, 주고받은 경제적 가치의 크기와 종류, 금품 등을 주고받은 경위와 시기 등 여러 사정을 종합하여 판단하여야 하고, 실제로 대상 의약품이 채택되거나 처방이 증가될 것을 요건으로 하는 것은 아님.

◇ 의약품 제조업자가 허가를 받거나 신고하여 시판 중인 의약품의 안정성·유효성에 관한 사항과 적정한 사용을 위해 필요한 정보를 수집하기 위해 하는 '시판 후 조사(Post Marketing Surveillance)'가 금지되는지 여부(대법원 2011. 8. 25. 선고 2010두26506 판결)

- 약사(藥事)에 관한 사항을 규정하고 그 적정을 기하여 국민보건 향상에 기여함을 목적으로 하는 구 약사법(2007. 1. 3. 법률 제8201호로 전부 개정되기 전의 것)에는 시판 중인 의약품의 안정성에 관한 의약품 제조업자(수입자를 포함한다, 이하 같다)의 자발적 감시활동이나 관리활동을 금지하는 규정이 없는 점, 구 약사법 시행규칙(2008. 1. 15. 보건복지부령 제434호로 전부 개정 되기 전의 것) 제28조 제3항 제1호는 '시판 중인 의약품 등의 허가사항에 대한 임상적 효과관찰 및 이상반응의 조사를 위하여 실시하는 시험'을 식 품의약품안전청장의 승인대상에서 제외하고 있는 점 등을 종합하여 보면, 의약품 제조업자가 허가를 받거나 신고하여 시판 중인 의약품의 안정성·유효성에 관한 사항과 적정한 사용을 위해 필요한 정보를 수집하기 위한 일련의 조치를 총칭하는 이른바 '시판 후 조사(Post Marketing Surveillance)' 가 금지되는 것은 아님.

◇ 수인이 공동으로 불법 리베이트를 수수하여 이익을 얻은 경우, 그 범죄로 얻은 금품 그 밖의 경제적 이익의 가액을 추징하는 방법(대법원 2022. 9. 7. 선고 2022도7911 판결)

－ 구 의료법(2019. 8. 27. 법률 제16555호로 개정되기 전의 것, 이하 같다) 제88조 제2호의 규정에 의한 추징은 구 의료법 제23조의3에서 금지한 불법 리베 이트 수수 행위의 근절을 위하여 그 범죄행위로 인한 부정한 이익을 필요 적으로 박탈하여 이를 보유하지 못하게 하는 데 목적이 있는 것이므로, 수인이 공동으로 불법 리베이트를 수수하여 이익을 얻은 경우 그 범죄로 얻은 금품 그 밖의 경제적 이익을 몰수할 수 없을 때에는 공범자 각자가 실제로 얻은 이익의 가액, 즉 실질적으로 귀속된 이익만을 개별적으로 추 징하여야 한다. 만일 개별적 이득액을 확정할 수 없다면 전체 이득액을 평등하게 분할하여 추징하여야 함.

(4) 관련 법령

❑ 의료법 시행규칙 [별표 2의3] 허용되는 경제적 이익등의 범위 〈개정 2022. 9. 14.〉

허용 행위	허용 범위
1. 견본품 제공	• 최소 포장단위로 "견본품" 또는 "sample"이라는 문자를 표기하여 의료기 관에 해당 의약품 및 의료기기의 제형·형태 등을 확인하는데 필요한 최 소 수량의 견본품을 제공하는 경우. 이 경우 제공받은 견본품은 환자에게 판매할 수 없다.
2. 학술대회 지원	• 다음 각 호의 어느 하나에 해당하는 자가 주최하는 의학·약학, 의료기기 관련 학술연구 목적의 학술대회(학술대회 중에 개최되는 제품설명회를 포 함한다)에 참가하는 발표자·좌장·토론자가 학술대회 주최자로부터 교통 비·식비·숙박비·등록비 용도의 실비로 지원받는 비용. 1. 의학·약학, 의료기기 관련 학술연구를 목적으로 설립된 비영리법인 2. 「의료법」 제28조제1항에 따른 의사회·치과의사회·한의사회, 같은 법 제52조제1항에 따른 의료기관단체 또는 「약사법」 제11조 및 제12조에 따른 대한약사회·대한한약사회(이하 "보건의료단체"라 한다) 3. 「고등교육법」 제2조제1호에 따른 대학 또는 「산업교육진흥 및 산학협

력촉진에 관한 법률」 제25조제1항에 따른 산학협력단
4. 보건의료단체 또는 사업자(의약품의 품목허가를 받은 자, 의약품의 품목신고를 한 자, 의약품 수입자, 의료기기 제조업자 및 수입업자를 말한다. 이하 이 표에서 같다)들로 구성된 단체가 승인 또는 인정한 학회(해외 학회를 포함한다), 학술기관·학술단체 또는 연구기관·연구단체

3. 임상시험 등의 지원	• 다음 각 호의 어느 하나에 해당하는 임상시험 또는 임상연구를 실시하는 데 필요한 수량의 의약품(제1호 및 제3호만 해당하며, 제3호의 경우 「첨단재생의료 및 첨단바이오의약품 안전 및 지원에 관한 법률」에 따른 인체세포등을 포함한다) 및 의료기기(제2호만 해당한다)와 적절한 연구비. 이 경우 해당 요양기관에 설치된 관련 위원회의 사전 승인을 받은 비임상시험(非臨床試驗: 동물실험 또는 실험실 실험 등을 말한다)을 포함한다. 1. 「약사법」 제34조제1항 및 제7항에 따라 식품의약품안전처장의 임상시험계획 승인을 받은 임상시험(「의약품 등의 안전에 관한 규칙」 제24조제8항에 해당하는 경우에는 임상시험심사위원회의 임상시험계획 승인을 받은 임상시험을 말한다) 2. 「의료기기법」 제10조제1항 및 제7항에 따라 식품의약품안전처장의 임상시험계획 승인을 받은 임상시험(「의료기기법 시행규칙」 제20조제3항에 해당하는 경우에는 임상시험심사위원회의 임상시험계획 승인을 받은 임상시험을 말한다) 3. 「첨단재생의료 및 첨단바이오의약품 안전 및 지원에 관한 법률」 제12조제2항 또는 제3항에 따라 첨단재생의료 연구계획의 적합 통보 또는 첨단재생의료 임상연구 승인을 받은 첨단재생의료 임상연구
4. 제품 설명회	1. 다음 각 목의 어느 하나의 방식으로 주최하는 제품설명회에서 참석자에게 제공하는 실제 비용의 교통비, 5만원 이하의 기념품, 숙박, 식음료(세금 및 봉사료를 제외한 금액으로 1회당 10만원 이하인 경우로 한정한다) 가. 사업자가 국내에서 복수의 의료기관을 대상으로 해당 의료기관에 소속한 의사·치과의사·한의사에게 사업자의 의약품에 대한 정보제공을 목적으로 주최하는 제품설명회 나. 사업자가 국내에서 복수의 의료기관을 대상으로 주최하는 다음 어느 하나의 행사 　1) 해당 의료기관에 소속한 「보건의료기본법」 제3조제3호에 따른 보건의료인(이하 이 표에서 "보건의료인"이라 한다)에게 사업자의 의료기기에 대한 정보제공을 목적으로 주최하는 제품설명회 　2) 해당 의료기관에 소속한 보건의료인 및 시술·진단관련 종사자에게 사업자의 의료기기와 관련한 시술 및 진단기술의 습득·향상을 위하여 실시하는 교육·훈련 다. 의료기기 수입업자가 의료기관에 소속한 보건의료인을 대상으로 국내에 수입되지 않은 수입업자의 의료기기와 관련한 기술 습득 및 기

술 향상을 위하여 실시하는 국외 교육과 국외 훈련(해당 의료기기에 대한 식품의약품안전처장의 변경허가 또는 사용방법의 변경 등의 경우가 아니면 반복된 교육·훈련은 제외한다)

라. 의료기기 제조업자가 외국에서 복수의 외국 의료기관에 소속된 보건의료인을 대상으로 자사 의료기기에 대한 정보제공을 목적으로 주최하는 제품설명회와 시술 및 진단기술의 습득·향상을 위하여 실시하는 교육·훈련. 다만, 강연자로 참석하는 경우만 해당한다.

2. 다음 각 목의 어느 하나의 방식으로 주최하는 제품설명회로서, 참석자에게 제공하는 식음료(세금 및 봉사료를 제외한 금액으로 1일 10만원 이하로 한정하며, 월 4회 이내만 허용한다) 및 사업자의 회사명 또는 제품명을 기입한 1만원 이하의 판촉물

가. 사업자가 개별 의료기관을 방문하여 해당 의료기관에 소속한 의사·치과의사·한의사에게 사업자의 의약품에 대한 정보를 제공할 목적으로 주최하는 제품설명회

나. 사업자가 개별 의료기관을 방문하여 해당 의료기관에 소속한 보건의료인 및 시술·진단관련 종사자에게 사업자의 의료기기와 관련한 시술 및 진단기술의 습득·향상을 위하여 실시하는 교육·훈련

※ 제품설명회는 의약품 및 의료기기에 대한 정보제공을 목적으로 개최하는 것만을 말하며, 보건의료인의 모임 등에 필요한 식음료를 지원하기 위하여 개최하는 것은 포함하지 않는다.

5. 대금결제 조건에 따른 비용할인	• 의약품 및 의료기기 거래금액을 결제하는 경우로서 다음 각 호의 어느 하나에 해당하는 경우 1. 거래가 있은 날로부터 3개월 이내에 결제하는 경우: 거래금액의 0.6퍼센트 이하의 비용할인 2. 거래가 있은 날로부터 2개월 이내에 결제하는 경우: 거래금액의 1.2퍼센트 이하의 비용할인 3. 거래가 있은 날로부터 1개월 이내에 결제하는 경우(계속적 거래에서 1개월을 단위로 의약품 거래금액을 결제하는 경우에는 그 기간의 중간인 날로부터 1개월 이내에 결제하는 것을 포함한다): 거래금액의 1.8퍼센트 이하의 비용할인 ※ "거래가 있은 날"이란 의약품 및 의료기기가 요양기관에 도착한 날을 말한다. ※ 거래금액의 일부를 결제하는 경우에는 전체 거래금액에 대한 그 일부의 비율에 따라 비용할인을 한다.
6. 시판 후 조사	• 「약사법」 제32조, 같은 법 제42조제4항 및 「의료기기법」 제8조에 따른 재심사 대상 의약품이나 의료기기의 시판 후 조사에 참여하는 의사, 치과의

	사, 한의사에게 제공하는 증례보고서에 대한 건당 5만원 이하(희귀질환, 장기적인 추적조사 등 추가 작업량이 필요한 경우에는 30만원 이하를 말한다)의 사례비. 이 경우 사례비를 줄 수 있는 증례보고서의 개수는 「의약품 등의 안전에 관한 규칙」 제22조·제23조 또는 「의료기기법 시행규칙」 제10조에 따라 제출하여야 하는 증례보고서의 최소 개수로 하되, 연구목적, 해외허가 또는 해외등록 등을 위하여 특정품목에 대한 사례보고서가 필요한 경우에는 식품의약품안전처장이 정하여 고시하는 바에 따라 그 수를 추가할 수 있다.
7. 기타	1. 금융회사가 신용카드 또는 직불카드(이하 "신용카드"라 한다) 사용을 유도하기 위하여 지급하는 의약품 및 의료기기 결제금액의 1퍼센트 이하의 적립점수(항공마일리지 및 이용적립금을 포함하되, 의약품 및 의료기기 대금결제 전용이 아닌 신용카드 또는 의약품 및 의료기기 대금결제를 주목적으로 하지 아니하는 신용카드를 사용하여 그 신용카드의 기본 적립률에 따라 적립한 적립점수는 제외한다). 2. 구매 전 의료기기의 성능을 확인하는 데 필요한 최소기한의 사용. 다만, 그 기한은 1개월을 넘을 수 없다.

☐ 의료관계 행정처분 규칙 [별표] 부표 2 부당한 경제적 이익등을 받은 경우의 행정처분기준

위반차수	수수액	행정처분기준
1차	2,500만원 이상	자격정지 12개월
	2,000만원 이상 ~ 2,500만원 미만	자격정지 10개월
	1,500만원 이상 ~ 2,000만원 미만	자격정지 8개월
	1,000만원 이상 ~ 1,500만원 미만	자격정지 6개월
	500만원 이상 ~ 1,000만원 미만	자격정지 4개월
	300만원 이상 ~ 500만원 미만	자격정지 2개월
	300만원 미만	경고
2차	2,500만원 이상	자격정지 12개월
	2,000만원 이상 ~ 2,500만원 미만	자격정지 12개월
	1,500만원 이상 ~ 2,000만원 미만	자격정지 10개월
	1,000만원 이상 ~ 1,500만원 미만	자격정지 8개월
	500만원 이상 ~ 1,000만원 미만	자격정지 6개월

	300만원 이상 ~ 500만원 미만	자격정지 4개월
	300만원 미만	자격정지 1개월
	2,500만원 이상	자격정지 12개월
	2,000만원 이상 ~ 2,500만원 미만	자격정지 12개월
3차	1,500만원 이상 ~ 2,000만원 미만	자격정지 12개월
	1,000만원 이상 ~ 1,500만원 미만	자격정지 12개월
	500만원 이상 ~ 1,000만원 미만	자격정지 8개월
	300만원 이상 ~ 500만원 미만	자격정지 6개월
	300만원 미만	자격정지 3개월
4차 이상	−	자격정지 12개월

8. 지도와 설명의무

가. 요양방법 지도의무 (제24조)

(1) 조문

◇ 제24조(요양방법 지도)
의료인은 환자나 환자의 보호자에게 요양방법이나 그 밖에 건강관리에 필요한
사항을 지도하여야 한다.

(2) 조문해설

(가) 의의

의사와 환자 사이에 맺은 진료계약은 치료를 목적으로 하는 일종의 계속적
계약관계라고 할 수 있다. 의사가 환자에게 부담하는 진료채무는 질병의 치료와
같은 결과를 반드시 달성해야 할 결과채무가 아니라 환자의 치유를 위하여 선량
한 관리자의 주의의무를 가지고 현재의 의학수준에 비추어 필요하고 적절한 진
료조치를 다해야 할 채무, 즉 수단채무이다.[97) 의료법은 의사에게 위와 같은 진

료채무의 본지에 따른 의료행위를 함에 있어 그 진료 목적의 달성을 위하여 의사는 환자에 대하여 진료 중 또는 진료 후에 발생이 예견되는 위험 내지 악결과를 사전에 회피할 수 있도록 대처방법 등을 알려주도록 하고 있으며, 환자는 의사의 지시에 따라야 한다. 위 법규정과 그에 전제된 의료관계의 본질상 의사는 환자에 대한 치료와 아울러 환자가 제대로 회복될 수 있도록 지도·설명할 의무가 전제되어 있는 것으로서, 치료 중 내지 치료 후 요양과정에서 위험의 예방과 안전, 치료를 위한 환자의 주의 내지 행동지침을 고지하여야 하고, 환자는 이를 준수하여야 할 의무가 있다는 것이다.[98] 이를 의사의 요양방법 지도의무 또는 지도설명의무라 한다.

대법원도 요양방법 지도의무를 모두 진료행위의 본질적 구성부분에 해당하는 주의의무로 파악하여, 환자의 자기결정권을 보호하는 것에 방점이 있는 설명의무와는 구별되는 것으로 보고 있다.

(나) 요양방법 지도의무의 시기

대법원은 "일반적으로 의료행위에는 통상 진단과 치료 외에 환자에 대한 요양지도도 포함되고, 이러한 요양지도는 환자의 질병, 연령, 성별, 성격, 교양의 정도 등에 응하여 진료의 각 단계에서 적절한 시기에 환자의 상황에 따라 구체적으로 이루어져야 할 것인바, 통상 입원환자들은 환자 자신을 위해서나 다른 환자들의 보호를 위해서도 금연이 요구되고, 특히 수술환자에 있어서는 그 필요가 더욱 크다고 할 수 있으므로, 입원환자나 수술환자들의 금연에 대한 지시 혹은 지도는 의료종사자들의 요양지도의 한 구체적 내용을 이룬다고 할 것이다"라고 하여[99] 진료의 전과정의 각 단계에서 요양방법지도가 구체적으로 이행되어야 한다고 판시하였다.

---

97) 대법원 2001. 11. 9. 선고 2001다52568 판결.
98) 안법영·백경희, 설명의무와 지도의무 - 설명의무에 관한 최근 판례의 동향 -, 안암법학 제 40호, 2013, 133-136면.
99) 대법원 1999. 3. 26. 선고 98다45379, 45386 판결.

(다) 손해배상 범위

위와 같이 요양방법 지도의무는 그 목적 및 내용상 진료행위의 본질적 구성 부분이므로, 그 위반과 생명·신체상 손해 사이에 상당인과관계가 있다면 그로 인한 생명·신체상의 손해에 대하여 배상할 책임을 면할 수 없다.100) 이러한 점에서 요양방법 지도의무의 위반은 진료 상의 과실로 평가된다. 그러므로 요양방법지도의무 위반의 효과는 생명·신체 침해로 인한 재산상 손해를 비롯하여 위자료의 지급까지 전손해에 대한 배상책임이 발생된다.

(3) 판례·행정해석

◇ 요양방법 지도의무의 내용(대법원 2010. 7. 22. 선고 2007다70445 판결)
- 의사가 진찰·치료 등의 의료행위를 함에 있어서는 사람의 생명·신체·건강을 관리하는 업무의 성질에 비추어 환자의 구체적인 증상이나 상황에 따라 위험을 방지하기 위하여 요구되는 최선의 조치를 취하여야 할 주의의무가 있고, 이와 같은 주의의무는 환자에 대한 수술 등 침습행위가 종료함으로써 끝나는 것이 아니라, 그 진료 목적의 달성을 위하여 환자가 의사의 업무범위 이외의 영역에서 생활을 영위함에 있어 예견되는 위험을 회피할 수 있도록 환자에 대한 요양의 방법 기타 건강관리에 필요한 사항을 지도설명하는 데까지도 미친다 할 것임.
- 의사는 수술 등의 당해 의료행위의 결과로 후유 질환이 발생하거나 아니면 그 후의 요양과정에서 후유 질환이 발생할 가능성이 있으면, 비록 그 가능성이 크지 않다고 하더라도 이를 억제하기 위한 요양의 방법이나 일단 발생한 후유 질환으로 인해 중대한 결과가 초래되는 것을 막기 위하여 필요한 조치가 무엇인지를 환자 스스로 판단·대처할 수 있도록, 그와 같은 요양방법, 후유 질환의 증상과 그 악화 방지나 치료를 위한 대처방법 등을 환자의 연령, 교육 정도, 심신상태 등의 사정에 맞추어 구체적인 정보의 제공과 함께 설명·지도할 의무가 있으며 이러한 지도설명의무는 그

---

100) 대법원 2010. 7. 22. 선고 2007다70445 판결.

목적 및 내용상 진료행위의 본질적 구성부분이므로, 지도설명의무 위반과 상당인과관계가 있다면 그로 인한 생명·신체상의 손해에 대하여 배상할 책임을 면할 수 없음.

◇ 연탄가스에 중독된 환자에게 요양방법의 지도를 하지 않은 사례(대법원 1991. 2. 12. 선고 90도2547 판결)

- 자기 집 안방에서 취침하다가 일산화탄소(연탄가스) 중독으로 병원 응급실에 후송되어 온 환자를 진단하여 일산화탄소 중독으로 판명하고 치료한 담당의사에게 회복된 환자가 이튿날 퇴원할 당시 자신의 병명을 문의하였는데도 의사가 아무런 요양방법을 지도하여 주지 아니하여, 환자가 일산화탄소에 중독되었던 사실을 모르고 퇴원 즉시 사고 난 자기 집 안방에서 다시 취침하다 전신피부파열 등 일산화탄소 중독을 입은 것이라면, 위 의사에게는 그 원인 사실을 모르고 병명을 문의하는 환자에게 그 병명을 알려주고 이에 대한 주의사항인 피해장소인 방의 수선이나 환자에 대한 요양의 방법 기타 건강관리에 필요한 사항을 지도하여 줄 요양방법의 지도의무가 있는 것이므로 이를 태만한 것으로서 의사로서의 업무상과실이 있고, 이 과실과 재차의 일산화탄소 중독과의 사이에 인과관계가 있다고 보아야 함.

◇ 중대한 부작용을 초래할 우려가 있는 약품을 투여하는 경우의 지도의무(대법원 2005. 4. 29. 선고 2004다64067 판결)

- 시각이상 등 그 복용 과정에 전형적으로 나타나는 중대한 부작용을 초래할 우려가 있는 약품을 투여함에 있어서 그러한 부작용의 발생 가능성 및 그 경우 증상의 악화를 막거나 원상으로 회복시키는 데에 필요한 조치사항에 관하여 환자에게 고지하는 것은 약품의 투여에 따른 치료상의 위험을 예방하고 치료의 성공을 보장하기 위하여 환자에게 안전을 위한 주의로서의 행동지침의 준수를 고지하는 진료상의 설명의무로서 진료행위의 본질적 구성부분에 해당한다 할 것이고, 이때 요구되는 설명의 내용 및 정도는, 비록 그 부작용의 발생가능성이 높지 않다 하더라도 일단 발생하면 그로 인한 중대한 결과를 미연에 방지하기 위하여 필요한 조치가 무엇

인지를 환자 스스로 판단, 대처할 수 있도록 환자의 교육정도, 연령, 심신
상태 등의 사정에 맞추어 구체적인 정보의 제공과 함께 이를 설명, 지도
할 의무가 있음.

◇ 경피적 척추체 성형술 후 혈종 발생에 대한 지도의무(서울고등법원 2015. 8.
20. 선고 2015나2001305 판결)[101]

– 피고병원 의료진은 이 사건 수술의 합병증 특히, 혈종의 발생가능성이나
그 증상, 위험성, 대처방법 등에 관한 설명·지도의무를 전혀 이행하지 않
았고, 그로 인하여 원고는 2013. 8. 10.부터 혈종으로 인한 하지마비의 초
기증상이 나타났음에도 2일이나 지체하여 피고 병원에 내원하는 바람에
조기에 치료를 받지 못하여 이 사건 장해를 입게 되었는바, 결국 피고 병
원 의료진의 설명·지도의무 위반과 원고에 대한 이 사건 장해 발생 사이
에는 상당인과관계도 인정된다고 할 것임.

나. 의료행위에 관한 설명의무 (제24조의2)

(1) 조문

◇ 제24조의2(의료행위에 관한 설명)
① 의사·치과의사 또는 한의사는 사람의 생명 또는 신체에 중대한 위해를 발
생하게 할 우려가 있는 수술, 수혈, 전신마취(이하 이 조에서 " 술등"라 한
다)를 하는 경우 제2항에 따른 사항을 환자(환자가 의사결정능력이 없는 경
우 환자의 법정대리인을 말한다. 이하 이 조에서 같다)에게 설명하고 서면
(전자문서를 포함한다. 이하 이 조에서 같다)으로 그 동의를 받아야 한다.
다만, 설명 및 동의 절차로 인하여 수술등이 지체되면 환자의 생명이 위험
하여지거나 심신상의 중대한 장애를 가져오는 경우에는 그러하지 아니하다.
② 제1항에 따라 환자에게 설명하고 동의를 받아야 하는 사항은 다음 각 호와
같다.

---

101) 이 판결은 쌍방이 상고하지 아니하여 2015. 9. 8. 확정되었음.

1. 환자에게 발생하거나 발생 가능한 증상의 진단명
2. 수술등의 필요성, 방법 및 내용
3. 환자에게 설명을 하는 의사, 치과의사 또는 한의사 및 수술등에 참여하는 주된 의사, 치과의사 또는 한의사의 성명
4. 수술등에 따라 전형적으로 발생이 예상되는 후유증 또는 부작용
5. 수술등 전후 환자가 준수하여야 할 사항

③ 환자는 의사, 치과의사 또는 한의사에게 제1항에 따른 동의서 사본의 발급을 요청할 수 있다. 이 경우 요청을 받은 의사, 치과의사 또는 한의사는 정당한 사유가 없으면 이를 거부하여서는 아니 된다.

④ 제1항에 따라 동의를 받은 사항 중 수술등의 방법 및 내용, 수술등에 참여한 주된 의사, 치과의사 또는 한의사가 변경된 경우에는 변경 사유와 내용을 환자에게 서면으로 알려야 한다.

⑤ 제1항 및 제4항에 따른 설명, 동의 및 고지의 방법·절차 등 필요한 사항은 대통령령으로 정한다.

[본조신설 2016. 12. 20.]

◇ 과태료
- 제24조의2 제1항을 위반하여 환자에게 설명을 하지 아니하거나 서면 동의를 받지 아니한 자: 300만원 이하의 과태료
- 제24조의2 제4항을 위반하여 환자에게 변경 사유와 내용을 서면으로 알리지 아니한 자: 300만원 이하의 과태료

◇ 행정처분
- 제24조의2 제1항 및 제2항에 따라 환자의 동의를 받은 수술등에 참여하는 주된 의사, 치과의사 또는 한의사를 변경하면서 같은 법 제4항에 따라 환자에게 서면으로 알리지 않은 경우: 자격정지 6개월

(2) 조문해설

(가) 의의

의사의 설명의무는 의사의 환자에게 전단적 의료행위(eigenmächtige Heilbehandlung)를 하는 것을 방지하기 위한 것이므로, 환자가 앞으로 시행받게 될 침습적 의료행위에 대해 이성적으로 판단하여 결정할 수 있도록 충분한 정보와 시간을 제공하여야 한다(Informed Consent).102) 대법원도 설명의무103)는 진료계약상의 의무 내지 침습 등에 대한 승낙을 얻기 위한 전제로서 당해 환자나 그 법정대리인에게 질병의 증상, 치료방법의 내용 및 필요성, 발생이 예상되는 위험 등에 관하여 당시의 의료수준에 비추어 상당하다고 생각되는 사항을 설명하여 당해 환자가 그 필요성이나 위험성을 충분히 비교해 보고 그 의료행위를 받을 것인가의 여부를 선택할 수 있도록 할 의무로 파악하고 있다.104) 따라서 의료행위는 환자의 승낙 내지 동의를 얻어야 정당성이 인정되며, 환자의 승낙권은 자신의 생명과 신체에 대하여 스스로 결정할 수 있는 헌법상 자기결정권에 근거를 두고 있다.105)

설명의무의 세부 유형으로 ① 환자에 대하여 질병의 유무 및 종류에 대한 진

---

102) 박종렬·김운신, "의사의 설명의무와 손해배상 범위에 관한 연구", 법학연구 27집, 한국법학회, 2007, 76-77면; Marc Cornock, "Legal principles of responsibility and accountability in professional healthcare", Orthopaedic & Trauma Times, Vol. 23, The Orthopaedic & Trauma Alliance, 2021, pp.16-18.; Richard Weinmeyer, "Lack of Standardized Informed Consent Practices and Medical Malpractice", Virtual Mentor, Vol.16, American Medical Association Journal of Ethics, 2014, pp.120-121.

103) 안법영·백경희, "설명의무와 지도의무 - 설명의무에 관한 최근 판례의 동향", 안암법학 제40호, 안암법학회, 2013, 125-161면에 따르면 의료침습의 정당화 요건으로서의 설명의무는 사전에 환자의 동의를 구득하기 위한 것으로, 치료의 본질적 내용을 구성하게 되는 지도설명의무 내지 요양방법에 대한 지도의무와 구별된다. 즉, 일련의 의료행위상 설명의무는 다의적 개념으로 이해될 여지는 있으나, 이는 보통 침습적 의료행위의 시행을 위한 설명과 동의 구득을 의미하므로 환자의 동의 여하와 관계없이 치료과정에서 환자의 지식습득이나 이해를 돕기 위한 지도설명의무 등과는 대조된다.

104) 대법원 1995. 1. 20. 선고 94다3421 판결.

105) 대법원 2011. 11. 24. 선고 2009다70906 판결. 환자는 헌법 제10조에서 규정한 개인의 인격권과 행복추구권에 의하여, 생명과 신체의 기능을 어떻게 유지할 것인지에 대하여 스스로 결정하고 의료행위를 선택할 권리를 보유한다.

단의 결과, 해당 질병에 대한 예후와 경과, 치료방법, 합병증과 부작용 등을 설명해 주는 정보제공의 의무, ② 해당 질병에 대하여 가능한 검사와 치료방법 중 환자에게 가장 효과적인 방안을 제시해 주는 조언의무, ③ 환자가 의사의 판단에 따른 지시를 거부하는 경우에 치료의 필요성 등을 납득할 수 있는 설득을 할 의무가 있다.106)

(나) 입법배경

설명의무는 종래에는 명문의 규정 없이 대법원 1979. 8. 14. 선고 78다488판결 이후 판례의 법리로 형성되어 왔다. 이후 2016. 12. 20. 법률 제14438호로 의료법을 개정하면서 의사가 사람의 생명 또는 신체에 중대한 위해를 발생하게 할 우려가 있는 수술 등을 하는 경우 환자에게 수술 등에 관한 설명 및 서면 동의를 받는 방식을 개선하여 환자의 안전 및 자기 결정권을 보장하고자 제24조의2에 '의료행위에 관한 설명' 규정을 신설하였다. 의료법상 설명의무 조항은 의사가 사람의 생명 또는 신체에 중대한 위해를 발생하게 할 우려가 있는 수술 등을 하는 경우 환자에게 수술 등에 관한 설명 및 서면 동의를 받는 방식을 개선하여 환자의 안전 및 자기 결정권을 보장하도록 하기 위하여 위 2016. 12. 20. 개정 의료법에 도입된 것이다.

의료법은 '의사·치과의사 또는 한의사는 사람의 생명 또는 신체에 중대한 위해를 발생하게 할 우려가 있는 수술, 수혈, 전신마취(수술등)를 하는 경우 수술등에 따라 전형적으로 발생이 예상되는 후유증 또는 부작용 등에 관한 사항을 의사결정능력이 있는 환자 본인에게, 환자가 의사결정능력이 없는 경우 환자의 법정대리인에게 설명하고 서면으로 그 동의를 받아야 한다'고 하고, 설명 및 동의 동의를 받은 사항 중 중요한 사항이 변경된 경우 지체 없이 변경 사유와 내용을 환자에게 알리도록 하였다. 이를 위반한 경우 300만원 이하의 과태료를 부과하도록 하였다. 그리고 환자의 동의를 받은 수술 등에 참여하는 주된 의사, 치과의사 또는 한의사를 변경하면서 환자에게 서면으로 알리지 않은 경우에는 자격정지 6개월의 행정처분이 부과될 수 있다.

---

106) 대법원 2005. 4. 29. 선고 2004다64067 판결, 대법원 2008. 4. 10. 선고 2007다75396 판결 등.

의료법은 수술, 수혈, 전신마취에 한정하여 의사의 사전 설명의무가 수술동의
서라는 서면의 형식으로 이루어져야 한다고 규정하고 있으나, 판례는 이러한 의
료행위에 한정하지 않고 신체를 침해하는 경우라면 의사의 환자에 대한 설명의
무가 존재한다고 보고 있다. 즉, 대법원은 "환자에 대한 수술은 물론, 치료를 위
한 의약품의 투여도 신체에 대한 침습을 포함하는 것이므로, 의사는 긴급한 경우
기타의 특별한 사정이 없는 한, 그 침습에 대한 승낙을 얻기 위한 전제로서 환자
에 대하여 질환의 증상, 치료방법 및 내용, 그 필요성, 예후 및 예상되는 생명,
신체에 대한 위험성과 부작용 등, 환자의 의사결정을 위하여 중요한 사항에 관하
여 사전에 설명함으로써 환자로 하여금 투약에 응할 것인가의 여부를 스스로 결
정할 기회를 가지도록 할 의무가 있고, 이러한 설명을 아니한 채 승낙 없이 침습
한 경우에는, 설령 의사에게 치료상의 과실이 없는 경우에도 환자의 승낙권을 침
해하는 위법한 행위가 된다"고 하였다.[107]

한편 '설명 및 동의 절차로 인하여 수술등이 지체되면 환자의 생명이 위험하
여지거나 심신상의 중대한 장애를 가져오는 경우'의 대표적인 사례는 응급환자이
다. 응급의료에 관한 법률에서도 응급환자를 제2조 제1호에서 '질병, 분만, 각종
사고 및 재해로 인한 부상이나 그 밖의 위급한 상태로 인하여 즉시 필요한 응급
처치를 받지 아니하면 생명을 보존할 수 없거나 심신에 중대한 위해(危害)가 발
생할 가능성이 있는 환자 또는 이에 준하는 사람으로서 보건복지부령으로 정하
는 사람'이라고 정의하고 있고, 제9조 제1항 제2호에서 '설명 및 동의 절차로 인하
여 응급의료가 지체되면 환자의 생명이 위험하여지거나 심신상의 중대한 장애를
가져오는 경우'는 응급환자에 대하여 응급의료에 관한 사전 설명의무가 면제될
수 있음을 규정하고 있다.

의사·치과의사 또는 한의사는 제24조의2 제1항 본문에 따른 서면의 경우에
는 환자의 동의를 받은 날, 같은 조 제4항에 따른 서면은 환자에게 알린 날을 기
준으로 각각 2년간 보존·관리하여야 한다(의료법 시행령 제10조의12 제3항).

---

107) 대법원 1994. 4. 15. 선고 92다25885 판결, 대법원 2002. 1. 11. 선고 2001다27449 판결.

(다) 설명의 시기

환자의 결정의 자유를 보장하기 위해서 설명은 의료행위 전에 적시에 행해져야 한다. 의료법에서도 의사의 설명이 해당 의료행위의 시행 전에 환자에게 이루어져야 하고 환자가 동의를 하여야만 의료행위의 수행이 가능하도록 하고 있다. 이때 의사의 사전 설명이 의료행위 시점과 어느 정도의 간격을 두어 이루어져야 하는지와 그 판단기준에 대하여 현행법은 규율하고 있지 않으므로, 현재로서는 법원이 구체적 사건에서 개별적으로 판단하고 있다. 즉, 환자가 자신의 인식능력과 결정능력을 완전히 가지고 있고, 환자에게 행해지는 침습시까지 일정한 고려기간이 남아있어 충분히 의료침습의 의미를 이해하고 그 위험성과의 비교형량을 할 수 있는 시점에서 이루어져야 할 것이다.

(라) 설명의 주체와 상대방

설명의무는 의료행위에 속하므로 의료행위를 하는 의사가 그때마다 설명의무를 부담한다. 의료에 참여하는 의사가 여러 명 있을 때에는 배려의무가 있는 의사 즉, 환자와 의료계약을 체결한 의사 또는 환자의 주치의사가 설명하는 것이 바람직하지만, 해당 의사가 아닌 다른 의사의 설명도 가능하다. 그런데 최근 의료기관에 '설명간호사'가 일부 의사의 설명의무에 대한 보완을 해 주는 경우가 증가하고 있는데, 이 경우 진료의 보조로서 간호사 업무의 범위 내에 해당하는지 수직적 업무 분장에 해당하는지가 문제된다. 이러한 임상현실은 설명의무의 주체를 의사·한의사·치과의사로 보고 있는 의료법의 규정이나 판례의 태도와는 다소 차이가 있다.[108] 종래 대법원은 간호사나 간호조무사가 설명의무를 부담할 수 있는지에 관하여 "간호사는 간호 또는 진료의 보조에 종사하고, 간호조무사는 간호보조 업무에 종사한다. 따라서 간호사나 간호조무사는 특별한 사정이 없는 한 의사의 지시에 따라 진료를 보조할 의무가 있지만, 이를 넘어서서 진찰·치료 등의 의료행위에 대하여 의사와 같은 주의의무나 설명의무를 진다고 할 수는 없다"고 하여 이를 부정한 바 있다.[109]

---

108) 이에 관하여는 백경희·안영미·김남희·김미란, 설명간호사의 현황과 법적 지위에 관한 고찰, 의료법학 제14권 제2호, 2013, 261－280면.

설명의 상대방은 성인인 환자에게 의사결정능력이 있다면 원칙적으로 환자
자신이므로 환자만이 동의할 권리가 있다.[110] 어떤 의사도 해당 환자를 제외한
채 그의 친족이나 다른 사람들에게 질병 및 의료처치에 대하여 설명하고, 그들로
부터 동의를 받을 수 없다. 다만, 예외적으로 의사무능력자인 영유아의 경우, 응
급상황에 처하거나 정신질환 등으로 인하여 의사무능력 상태인 성인의 경우 자
기결정권 행사에 흠결이 존재하므로,[111] 이때에는 그의 법정대리인이 동의권자
가 될 여지가 있다.[112]

(마) 설명의무의 적용 대상

환자의 병상(病狀), 의사가 필요하다고 생각하는 의료행위와 그 내용, 그것에
의하여 생길 것으로 기대되는 결과 및 그것에 수반하는 위험성, 당해 의료행위를
실시하지 않을 경우에 생길 것으로 예견되는 결과와 대체가능한 다른 치료 방법
등에 관하여 환자에게 설명을 하고 환자의 개별적인 승낙을 받을 의무가 있다.
또한 설명의무는 해당 의료행위로 인한 후유장애 및 합병증의 발생가능성이 희
소하다는 사정만으로 면제되지 아니한다.[113] 그러나 당해 의료행위가 침습적이
기는 하지만 예측되는 위험성이 경미한 침해행위이거나 이를 설명하지 않더라도

---

109) 대법원 2015. 7. 9. 선고 2013다33485 판결.
110) 장석천, "성년후견인의 의료행위 동의권", 과학기술과 법, 제8권 제2호, 2017, 8－9면.
111) 환자의 승낙이 유효하기 위하여는 환자에게 승낙에 관한 일정한 능력이 있어야 한다. 이
    승낙능력은 보통의 법률행위능력과 동일하지는 않다. 한마디로 승낙능력은 재산거래에서
    와 같은 높은 정도의 판단능력일 필요는 없고, 스스로 정신적, 육체적 고통과 손상 및 위
    험을 수인할 것을 결정할 수 있는 정도의 능력이면 된다. 최아름·김성은·백경희, "미성년
    자인 환자에 대한 의사의 설명의무에 관한 소고 － 대법원 2023. 3. 9. 선고 2020다218925
    판결에 대한 평석을 중심으로", 서강법률논총 제12권 제2호, 2023, 165－166면.
112) 시행령 제10조의12(의료행위에 관한 설명) ① 법 제24조의2제1항 본문에 따라 의사·치과
    의사 또는 한의사가 환자(환자가 의사결정능력이 없는 경우 환자의 법정대리인을 말한다.
    이하 이 조에서 같다)로부터 받는 동의서에는 해당 환자의 서명 또는 기명날인이 있어야
    한다.
    ② 법 제24조의2제4항에 따라 의사·치과의사 또는 한의사가 수술·수혈 또는 전신마취의
    방법·내용 등의 변경 사유 및 변경 내용을 환자에게 서면으로 알리는 경우 환자의 보호를
    위하여 필요하다고 인정하는 때에는 보건복지부장관이 정하는 바에 따라 구두의 방식을
    병행하여 설명할 수 있다.
113) 대법원 1999. 9. 3. 선고 99다10479 판결, 대법원 2004. 10. 28. 선고 2002다45185 판결.

환자의 자기결정권에 영향을 미치지 않는 내용,[114] 환자에게 발생한 중대한 결과가 당해 의료행위로 인한 것이 아닌 부분,[115] 당시의 의료수준에 비추어 당해 의료행위로 인하여 발생하였다고 예견할 수 없는 위험,[116] 그리고 환자의 상황을 고려하여야 하거나 설명이 오히려 환자에게 악영향을 미칠 수 있는 내용[117]은 의사가 설명을 해야 하는 범위가 되지 않는다.

(바) 설명의 정도

의료진의 설명은 의학지식의 미비 등을 보완하여 실질적인 자기결정권을 보장하기 위한 것이므로, 환자가 이미 알고 있거나 상식적인 내용까지 설명할 필요는 없고, 환자가 위험성을 알면서도 스스로의 결정에 따라 진료를 거부한 경우에는 특별한 사정이 없는 한 위와 같은 설명을 하지 아니한 데 대하여 의료진의 책임을 물을 수는 없다. 그리고 이 경우 환자가 이미 알고 있는 내용인지는 해당 의학지식의 전문성, 환자의 기존 경험, 환자의 교육수준 등을 종합하여 판단할 수 있다.[118]

이와 같이 의사가 환자의 이해를 위하여 충분히 설명하였음에도 불구하고 환자가 이를 인식하면서 거절한 경우 설명의무 위반이 될 수 없다.[119][120]

---

114) 대법원 1995. 4. 25. 선고 94다27151 판결, 대법원 2007. 5. 31. 선고 판결, 대법원 2010. 6. 24 선고 2007다62505 판결.
115) 대법원 2010. 7. 8 선고 2007다55866 판결, 대법원 2016. 9. 23. 선고 2015다66601, 66618 판결.
116) 대법원 2013. 4. 26. 선고 2011다29666 판결.
117) 의료법 제24조의2 제1항 단서.
118) 대법원 1994. 4. 15. 선고 92다25885 판결.
119) 대법원 2011. 11. 24. 선고 2009다70906 판결.
120) 이러한 과정에서 의사의 설명의무가 환자를 어디까지 설득하여야 하는지 문제된다. 즉, 의사의 의료행위에 대한 설명을 하였음에도 불구하고 의료행위를 거부하여 악결과가 발생한 경우, 의사가 환자에 대한 설득까지 이행한 것으로 간주된다면 환자의 진료협력의무 위반이 문제될 것이고, 반대로 의사의 설명이 불충분하여 환자의 이해와 설득을 끌어내는데 부족하다고 판단된다면 설명의무 위반으로 판단될 것이다.; 백경희, "환자의 진료협력의무와 의사의 의료과실", 의료법학, 제13권 제1호, 2012, 113-114면; 김지석, "의사의 설명의무의 범위에 관한 고찰", 재산법연구, 제28권 제1호, 2011, 354면; 백경희, "의사의 설명의무와 환자의 이해에 관한 고찰- 대법원 2020. 8. 13. 선고 2017다248919판결에 대한 평석을 중심으로 -", 소비자문제연구, 제53권 제2호, 2022, 12면.

(사) 손해배상의 범위

설명의무를 위반으로 환자에게 악결과가 발생한 경우 환자 측에서 선택의 기회를 잃고 자기결정권을 행사할 수 없게 된 데 대하여 위자료만을 청구하는 때에는 설명 결여 내지 부족으로 선택의 기회를 상실하였다는 사실을 입증함으로써 족하나, 위자료만이 아닌 전 손해의 배상을 구하는 경우에는 그 설명의무 위반이 구체적 치료과정에서 요구되는 의사의 주의의무 위반과 동일시할 정도의 것이어야 하고 그러한 위반행위와 중대한 결과 사이에 인과관계가 존재함이 증명되어야 한다.[121]

(아) 설명의무 이행의 증명책임

설명의무를 이행하였는지에 관한 증명책임은 특별한 사정이 없는 한 의사에게 있다.

(3) 판례·행정해석

◇ 수술동의서의 내용으로 판단(대법원 2020. 8. 13. 선고 2017다248919 판결)
사건의 원심은 수술동의서에 기재되어 있는 소음순성형술에 음핵성형술이 포함되어 있다고 보아 피고가 음핵성형술에 관하여도 설명의무를 이행하였다고 판단하였음. 그러나 소음순과 음핵은 해부학적으로 다른 신체부위이고, 일반적으로 소음순성형술에 음핵성형술이 포함되어 시행된다고 볼 자료도 없고, 원고가 작성한 수술동의서 중 '음순성형'부분에는 소음순수술과 관련된 내용만 기재되어 있을 뿐 음핵성형술과 관련된 아무런 내용도 기재되어 있지 않으므로, 피고가 음핵성형술에 관하여도 설명의무를 이행하고 원고가 이에 동의하였다고 단정할 수 없음. … 원고가 작성한 수술동의서에는 음핵성형술이 기재되어 있지 않을 뿐만 아니라 피고가 수술명칭을 명확하게 구분하지 않은 채 원고에게 설명하였다면 피고가 설명의무를 제대로 이행한 것으로 볼 수 없고, 원고의 이해부족 등을 탓

---

121) 신현호·백경희, 의료분쟁의 이론과 실제(상), 박영사, 2022, 241-245면.

하여서는 안 됨.

◇ 설명의 시기(대법원 2022. 1. 27. 선고 2021다265010 판결)

의사의 설명의무는 의료행위가 행해질 때까지 적절한 시간적 여유를 두고 이행되어야 함. 환자가 의료행위에 응할 것인지를 합리적으로 결정할 수 있기 위해서는 그 의료행위의 필요성과 위험성 등을 환자 스스로 숙고하고 필요하다면 가족 등 주변 사람과 상의하고 결정할 시간적 여유가 환자에게 주어져야 하기 때문임. 의사가 환자에게 의사를 결정함에 충분한 시간을 주지 않고 의료행위에 관한 설명을 한 다음 곧바로 의료행위로 나아간다면 이는 환자가 의료행위에 응할 것인지 선택할 기회를 침해한 것으로서 의사의 설명의무가 이행되었다고 볼 수 없음. 이때 적절한 시간적 여유를 두고 설명의무를 이행하였는지는 의료행위의 내용과 방법, 그 의료행위의 위험성과 긴급성의 정도, 의료행위 전 환자의 상태 등 여러가지 사정을 종합하여 개별적·구체적으로 판단하여야 함.

◇ 설명의 주체(대법원 1999. 9. 3. 선고 99다10479 판결)

- 설명의무의 주체는 원칙적으로 당해 처치의사라 할 것이나 특별한 사정이 없는 한 처치의사가 아닌 주치의 또는 다른 의사를 통한 설명으로도 충분함.

◇ 설명의 적용 대상(대법원 2019. 8. 30. 선고 2017다239960 판결)

- 갑의 유족인 정 등이 을 병원 및 병을 상대로 엘 튜브 삽입에 관한 설명의무 위반을 이유로 손해배상을 구한 사안에서, 갑의 사망 원인이 엘 튜브 삽입 과정에서 일어난 호흡정지·심장정지가 아니라 그 이전부터 앓고 있었던 세균 감염으로 인한 감염성 심내막염인 점 등 제반 사정에 비추어 엘 튜브 삽입은 환자의 자기결정권이 문제 되지 아니하는 사항에 관한 것으로서 위자료 지급대상으로서의 설명의무 위반이 문제 될 사안이 아닌데도, 이와 달리 본 원심판단에는 의사의 설명의무에 관한 법리오해의 잘못이 있음.

◇ 부동문자로 인쇄된 수술승인서 용지에 환자가 서명날인한 경우(대법원 1994. 11. 25. 선고 94다35671 판결)

- 수술 전날에 환자의 시숙이 '수술을 함에 있어 의사의 내용설명을 숙지하고 자유의사로 승낙하며 수술 중 및 수술 후 경과에 대하여 의사와 병원당국에 하등 민·형사상의 책임을 묻지 아니하기로 하고 수술시행을 승인한다'는 내용의 부동문자로 인쇄된 수술승인서 용지에 서명날인한 사실만으로는, 환자에 대한 수술 및 그 준비로서의 마취를 함에 있어서 병원의 의료팀이나 마취담당 의사가 환자나 그 가족에게 '가'항의 수술, 특히 전신마취가 초래할 수 있는 위험성이나 부작용에 대하여 설명의무를 다하였다고 볼 수 없음.

◇ 설명의무의 상대방

- 환자의 인척에 불과한 시숙의 승낙만으로 환자의 승낙에 갈음하지 아니함. (대법원 1994. 11. 25. 선고 94다35671 판결)

- 심장수술에 대하여 친족인 환자 오빠의 승낙으로 환자의 승낙에 갈음하는 것은 허용되지 아니함. (대법원 1997. 7. 22. 선고 96다37862 판결)

- 환자가 아닌 자식들에게 시술의 내용 및 시술 도중에 발생할 수 있는 부작용, 각종 후유증에 대하여 설명을 한 사례에서 성년인 환자가 신체적·정신적으로 의사의 설명을 듣고 자기결정권을 행사할 수 있는 상태에 있지 않았다거나 의사로부터 설명을 전해들은 자식들로부터 다시 의사의 설명 내용을 충실히 전해듣고 자기결정권을 행사하였다고 볼 증거도 없는 이상, 환자에 대한 설명의무를 이행하였다고 볼 수 없음. (대법원 2002. 9. 4. 선고 2002다16781, 16798 판결)

- 환자가 미성년자라도 의사결정능력이 있는 이상 자신의 신체에 위험을 가하는 의료행위에 관한 자기결정권을 가질 수 있으므로 원칙적으로 의사는 미성년자인 환자에 대해서 의료행위에 관하여 설명할 의무를 부담함. … 이와 같이 의사가 미성년자인 환자에게 직접 설명의무를 부담하는 경우 의사는 미성년자인 환자의 나이, 미성년자인 환자가 자신의 질병에 대하여 갖고 있는 이해 정도에 맞추어 설명을 하여야 함. … 미성년자인 환자

는 친권자나 법정대리인의 보호 아래 병원에 방문하여 의사의 설명을 듣고 의료행위를 선택·승낙하는 상황이 많을 것인데, 이 경우 의사의 설명은 친권자나 법정대리인에게 이루어지고 미성년자인 환자는 설명 상황에 같이 있으면서 그 내용을 듣거나 친권자나 법정대리인으로부터 의료행위에 관한 구체적인 설명을 전해 들음으로써 의료행위를 수용하는 것이 일반적임. 아직 정신적이나 신체적으로 성숙하지 않은 미성년자에게는 언제나 의사가 직접 의료행위를 설명하고 선택하도록 하는 것보다는 이처럼 미성년자와 유대관계가 있는 친권자나 법정대리인을 통하여 설명이 전달되어 수용하게 하는 것이 미성년자의 복리를 위해서 더 바람직할 수 있음. 따라서 의사가 미성년자인 환자의 친권자나 법정대리인에게 의료행위에 관하여 설명하였다면, 그러한 설명이 친권자나 법정대리인을 통하여 미성년자인 환자에게 전달됨으로써 의사는 미성년자인 환자에 대한 설명의무를 이행하였다고 볼 수 있음. 다만 친권자나 법정대리인에게 설명하더라도 미성년자에게 전달되지 않아 의료행위 결정과 시행에 미성년자의 의사가 배제될 것이 명백한 경우나 미성년자인 환자가 의료행위에 대하여 적극적으로 거부 의사를 보이는 경우처럼 의사가 미성년자인 환자에게 직접 의료행위에 관하여 설명하고 승낙을 받을 필요가 있는 특별한 사정이 있으면 의사는 친권자나 법정대리인에 대한 설명만으로 설명의무를 다하였다고 볼 수는 없고, 미성년자인 환자에게 직접 의료행위를 설명하여야 함. (대법원 2023. 3. 9. 선고 2020다218925 판결)

◇ 설명의무의 적용대상

- 원심은 … 피고들이 무혈성 골괴사라는 심각한 부작용을 초래할 수 있는 스테로이드제제를 투여함에 있어서 설명의무를 위반하여 원고가 그 투여 여부를 결정할 수 있는 권리를 침해하였다고 판단하였는바, 위 법리와 기록에 비추어 살펴보면, 원심의 이러한 사실인정과 판단은 정당한 것으로 수긍이 가고, 거기에 채증법칙 위배, 의사의 설명의무의 존부 및 범위에 관한 법리오해 등의 위법이 있다고 볼 수 없음. (대법원 2007. 9. 7. 선고 2005다69540 판결)

- 그 후유증이나 부작용이 치료행위에 전형적으로 발생하는 위험이거나 회복할 수 없는 중대한 것인 경우에는 발생가능성의 희소성에도 불구하고 설명의 대상이 되며, 이 경우 의사가 시술 전 환자의 상태 및 시술로 인한 합병증으로 사망할 가능성의 정도와 예방가능성 등에 관하여 구체적인 설명을 하여 주지 아니하였다면 설명의무를 다하였다고 할 수 없음. (대법원 2004. 10. 28. 선고 2002다45185 판결)

◇ 설명의무의 면제
- 긴급한 사태로서 환자의 승낙을 받을 시간적인 여유가 없거나 설명에 의하여 환자에게 악영향을 미치거나 의료상 악영향을 가져오는 경우 등 특별한 사정이 있는 경우. (대법원 1997. 7. 22. 선고 96다37862 판결)
- 당해 의료행위가 침습적이기는 하지만 예측되는 위험성이 경미한 침해행위이거나 이를 설명하지 않더라도 환자의 자기결정권에 영향을 미치지 않는 내용: 질식분만을 하게 되면 산모 또는 태아의 생명·신체 등에 중대한 위험을 초래할 개연성이 있어 제왕절개수술을 실시할 필요가 있다고 판단되는 경우에, 의사는 특별한 사정이 없는 한 산모로 하여금 제왕절개수술을 받을지 여부를 결정하도록 하기 위해 질식분만을 실시할 경우 예상되는 위험, 대체적인 분만방법으로 제왕절개수술이 있다는 점 및 제왕절개수술을 실시할 경우 예상되는 위험 등을 설명할 의무가 있다고 할 것이나, 위와 같이 제왕절개수술을 실시할 상황이 아니라면 질식분만이 가장 자연스럽고 원칙적인 분만방법이므로 의사가 산모에게 질식분만을 실시할 경우 발생할 수 있는 위험 등을 설명하지 않았다고 하여 설명의무를 위반하여 산모의 자기결정권을 침해하였다고 할 수는 없음. (대법원 2010. 6. 24. 선고 2007다62505 판결)
- 환자에게 발생한 중대한 결과가 당해 의료행위로 인한 것이 아닌 부분: 원심은 피고 병원 의료진이 원고에게 1차 수술 결과 마미증후군과 같은 새로운 신경학적 이상소견이 발생할 수 있다는 점에 관하여 설명한 사실을 인정하기에 부족하고 달리 이를 인정할 아무런 증거도 없어 피고 병원 의료진은 1차 수술을 함에 있어 설명의무를 위반하였다고 판단하였으나

위 법리에 비추어 살펴보면, 앞서 본 바와 같이 원고에게 발생한 이 사건 장애가 1차 수술의 결과로 인한 것으로 보기 어렵고, 피고 병원 의료진의 의료상의 과실 이외에 척수경색 등 원고에게 현재의 이 사건 장애를 초래할 다른 원인이 없다고 단정하기도 어려워 피고 병원 의료진에게 1차 수술 결과 마미증후군이 발생할 수 있다는 점에 대하여 설명의무가 있었다고 보기는 어려움. (대법원 2016. 9. 23. 선고 2015다66601, 66618 판결)

— 당시의 의료수준에 비추어 당해 의료행위로 인하여 발생하였다고 예견할 수 없는 위험: 원심이 근거로 삼은 자료들만으로는, 대한산부인과학회가 편찬한 위 산과학 교과서에 기재된 내용과 달리, 옥시토신을 사용하여 유도분만을 시행하는 경우에 양수색전증이 옥시토신의 사용으로 인하여 발생이 예상되는 위험이라거나 망인의 분만 당시인 2008년도 의료수준에 비추어 볼 때 옥시토신의 사용으로 인하여 양수색전증의 발생이 예견될 수 있었다고 보기 어려움. 따라서 이러한 사정들을 앞서 본 법리에 비추어 살펴보면, 망인의 분만 당시 피고 병원 의료진에게 옥시토신을 사용한 유도분만으로 인하여 양수색전증이 발생할 수 있다는 후유증이나 부작용 등에 대하여 설명의무가 있었다고 보기는 어려움. (대법원 2015. 1. 29. 선고 2012다41069 판결)

— 가정적 승낙의 경우: 환자가 의사로부터 올바른 설명을 들었더라도 위 투약에 동의하였을 것이라는 이른바 가정적 승낙에 의한 의사의 면책은 의사측의 항변사항으로서 환자의 승낙이 명백히 예상되는 경우에만 허용됨. (대법원 1994. 4. 15. 선고 92다25885 판결)

◇ 설명의 정도

— 과실판단에 있어서 설명의무의 내용으로 자궁외 임신의 경우 수술의 필요성 여부 및 그 부위, 자궁제거수술외 다른 치료방법이 있는지 여부를 포함시킨 것은 자궁제거수술을 시행한 위 정○○, 이○○이 자궁외 임신 사실을 알지 못하고 있었으므로 적절하지 아니하나 이는 가정적 판단에 불과할 뿐 아니라 기록에 의하면 당시 자궁외 임신에 의한 증상이라고 볼만한 사정이 있었고 위 정○○ 자신도 자궁외 임신의 가능성을 생각해 보기

까지 하였음에도 자궁에 혹이 만져진다고 하여 자궁근종이라고 진단하고 더 이상의 보다 정밀한 확인 검사를 하지 아니한 잘못으로 자궁외 임신임을 알지 못함으로써 결과적으로 위 원고로 하여금 위와 같은 진단상의 과오가 없었다면 당연히 설명 받았을 판시와 같은 내용을 설명받지 못한 채 수술승낙을 하게 한 과실이 있다고 인정되므로 위 집도의사들이 설명의무를 다하지 못함으로써 원고의 승낙권을 침해한 과실이 있다는 취지의 판단 자체는 정당하고 거기에 과실을 기초지우는 사실에 대한 사실오인이나 과실판단의 잘못이 있다고 할 수 없음. (대법원 1992. 4. 14. 선고 91다36710 판결)

- 피해자의 남편 공소외 2는 피해자가 화상을 입기 전 다른 의사로부터 피해자가 간경변증을 앓고 있기 때문에 어떠한 수술이라도 받으면 사망할 수 있다는 말을 들었고, 이러한 이유로 피해자와 공소외 2는 피고인의 거듭된 수술 권유에도 불구하고 계속 수술을 받기를 거부하였던 사실을 알 수 있음. 이로 보건대, 피해자와 공소외 2는 피고인이 수술의 위험성에 관하여 설명하였는지 여부에 관계없이 간경변증을 앓고 있는 피해자에게 이 사건 수술이 위험할 수 있다는 점을 이미 충분히 인식하고 있었던 것으로 보임. 그렇다면 피고인이 피해자나 공소외 2에게 공소사실 기재와 같은 내용으로 수술의 위험성에 관하여 설명하였다고 하더라도 피해자나 공소외 2가 수술을 거부하였을 것이라고 단정하기 어려움. 원심이 유지한 제1심이 적법하게 채택한 증거를 종합하여 보더라도 피고인의 설명의무 위반과 피해자의 사망 사이에 상당인과관계가 있다는 사실이 합리적 의심의 여지가 없이 증명되었다고 보기 어려움. (대법원 2015. 6. 24. 선고 2014도11315 판결)

◇ 의사의 설명의무위반이 위자료 지급대상이 되는 경우(대법원 2010. 5. 27. 선고 2007다25971 판결)

- 설명의무 위반에 대하여 의사에게 위자료 등의 지급의무를 부담시키는 것은 의사가 환자에게 제대로 설명하지 아니한 채 수술 등을 시행하여 환자에게 예기치 못한 중대한 결과가 발생하였을 경우에 의사가 그 행위에 앞

서 환자에게 질병의 증상, 치료나 진단방법의 내용 및 필요성과 그로 인하여 발생이 예상되는 위험성 등을 설명하여 주었더라면 환자가 스스로 자기결정권을 행사하여 그 의료행위를 받을 것인지 여부를 선택함으로써 중대한 결과의 발생을 회피할 수 있었음에도, 의사가 설명을 하지 아니하여 그 기회를 상실하게 된 데에 따른 정신적 고통을 위자하는 것임.

- 이러한 의미에서의 설명의무는 모든 의료과정 전반을 대상으로 하는 것이 아니라 수술 등 침습을 과하는 과정 및 그 후에 나쁜 결과 발생의 개연성이 있는 의료행위를 하는 경우 또는 사망 등의 중대한 결과발생이 예측되는 의료행위를 하는 경우 등과 같이 환자에게 자기결정에 의한 선택이 요구되는 경우를 대상으로 하는 것이므로 환자에게 발생한 중대한 결과가 의사의 침습행위로 인한 것이 아니거나 또는 환자의 자기결정권이 문제되지 아니하는 사항에 관한 것은 위자료 지급대상으로서의 설명의무 위반이 문제될 여지는 없음.

◇ 설명의무 및 위자료 지급범위(대법원 2013. 4. 26. 선고 2011다29666 판결)
- 설명의무 위반으로 인하여 지급할 의무가 있는 위자료에는, 설명의무 위반이 인정되지 않은 부분과 관련된 자기결정권 상실에 따른 정신적 고통을 위자하는 금액 또는 중대한 결과의 발생 자체에 따른 정신적 고통을 위자하는 금액 등은 포함되지 아니함.

◇ 설명의무위반으로 인한 전손해의 배상을 청구하는 경우(대법원 2007. 5. 31. 선고 2005다5867 판결)
- 의사가 설명의무를 위반한 채 수술 등을 하여 환자에게 사망 등의 중대한 결과가 발생한 경우에, 환자 측에서 선택의 기회를 잃고 자기결정권을 행사할 수 없게 된 데 대한 위자료만을 청구하는 때에는 의사의 설명 결여 내지 부족으로 인하여 선택의 기회를 상실하였다는 점만 증명하면 족하고, 설명을 받았더라면 사망 등의 결과는 생기지 않았을 것이라는 관계까지 증명하여야 하는 것은 아니지만, 그 결과로 인한 모든 손해를 청구하는 때에는 그 중대한 결과와 의사의 설명의무 위반 내지 승낙 취득 과정

에서의 잘못과의 사이에 상당인과관계가 존재하여야 하며, 그때의 의사의 설명의무 위반은 환자의 자기결정권 내지 치료행위에 대한 선택의 기회를 보호하기 위한 점에 비추어 환자의 생명, 신체에 대한 구체적 치료과정에 서 요구되는 의사의 주의의무 위반과 동일시할 정도의 것이어야 함.

◇ 설명의무 위반의 증명책임(대법원 2007. 5. 31. 선고 2005다5867 판결)
- 설명의무는 침습적인 의료행위로 나아가는 과정에서 의사에게 필수적으로 요구되는 절차상의 조치로서, 그 의무의 중대성에 비추어 의사로서는 적 어도 환자에게 설명한 내용을 문서화하여 이를 보존할 직무수행상의 필요 가 있다고 보일 뿐 아니라, 응급의료에 관한 법률 제9조, 같은 법 시행규 칙 제3조 및 [서식] 1에 의하면, 통상적인 의료행위에 비해 오히려 긴급을 요하는 응급의료의 경우에도 의료행위의 필요성, 의료행위의 내용, 의료행 위의 위험성 등을 설명하고 이를 문서화한 서면에 동의를 받을 법적 의무 가 의료종사자에게 부과되어 있는 점, 의사가 그러한 문서에 의해 설명의 무의 이행을 입증하기는 매우 용이한 반면 환자측에서 설명의무가 이행되 지 않았음을 입증하기는 성질상 극히 어려운 점 등에 비추어, 특별한 사 정이 없는 한 의사측에 설명의무를 이행한 데 대한 증명책임이 있음.

◇ 성형수술과 설명의무(대법원 2002. 10. 25. 선고 2002다48443 판결)
- 의료행위라 함은 의학적 전문지식을 기초로 하는 경험과 기능으로 진찰· 검안·처방·투약 또는 외과적 시술을 시행하여 하는 질병의 예방 또는 치료행위 및 그 밖에 의료인이 행하지 아니하면 보건위생상 위해가 생길 우려가 있는 행위를 의미한다 할 것이고, 성형수술행위도 질병의 치료행 위의 범주에 속하는 의료행위임이 분명하므로, 이러한 성형수술 과정에서 의사가 환자에게 침습을 가하는 경우에 대하여도 의사의 환자에 대한 설 명의무에 관한 법리가 마찬가지로 적용됨.

◇ 미용성형술에 있어 설명의 정도(대법원 2013. 6. 13. 선고 2012다94865 판결)

- 미용성형술은 외모상의 개인적인 심미적 만족감을 얻거나 증대할 목적에 서 이루어지는 것으로서 질병 치료 목적의 다른 의료행위에 비하여 긴급 성이나 불가피성이 매우 약한 특성이 있으므로 이에 관한 시술 등을 의뢰 받은 의사로서는 의뢰인 자신의 외모에 대한 불만감과 의뢰인이 원하는 구체적 결과에 관하여 충분히 경청한 다음 전문적 지식에 입각하여 의뢰 인이 원하는 구체적 결과를 실현시킬 수 있는 시술법 등을 신중히 선택하 여 권유하여야 하고, 당해 시술의 필요성, 난이도, 시술 방법, 당해 시술에 의하여 환자의 외모가 어느 정도 변화하는지, 발생이 예상되는 위험, 부작 용 등에 관하여 의뢰인의 성별, 연령, 직업, 미용성형 시술의 경험 여부 등을 참조하여 의뢰인이 충분히 이해할 수 있도록 상세한 설명을 함으로 써 의뢰인이 그 필요성이나 위험성을 충분히 비교해 보고 그 시술을 받을 것인지를 선택할 수 있도록 할 의무가 있음.
- 특히 의사로서는 시술하고자 하는 미용성형 수술이 의뢰인이 원하는 구체 적 결과를 모두 구현할 수 있는 것이 아니고 그 일부만을 구현할 수 있는 것이라면 그와 같은 내용 등을 상세히 설명하여 의뢰인으로 하여금 그 성 형수술을 시술받을 것인지를 선택할 수 있도록 할 의무가 있음.

9. 무면허 의료행위 금지의무 (제27조 제1, 2, 5항) (조우선)

(1) 조문

◇ 제27조(무면허 의료행위 등 금지)
① 의료인이 아니면 누구든지 의료행위를 할 수 없으며 의료인도 면허된 것 이 외의 의료행위를 할 수 없다. 다만, 다음 각 호의 어느 하나에 해당하는 자 는 보건복지부령으로 정하는 범위에서 의료행위를 할 수 있다. <개정 2008. 2. 29., 2009. 1. 30., 2010. 1. 18.>
1. 외국의 의료인 면허를 가진 자로서 일정 기간 국내에 체류하는 자

2. 의과대학, 치과대학, 한의과대학, 의학전문대학원, 치의학전문대학원, 한의
학전문대학원, 종합병원 또는 외국 의료원조기관의 의료봉사 또는 연구
및 시범사업을 위하여 의료행위를 하는 자
3. 의학·치과의학·한방의학 또는 간호학을 전공하는 학교의 학생
② 의료인이 아니면 의사·치과의사·한의사·조산사 또는 간호사 명칭이나 이
와 비슷한 명칭을 사용하지 못한다.
⑤ 누구든지 의료인이 아닌 자에게 의료행위를 하게 하거나 의료인에게 면허
사항 외의 의료행위를 하게 하여서는 아니 된다. <신설 2019. 4. 23.,
2020. 12. 29.>

◇ 벌칙
- 제27조 제1항 위반: 5년 이하의 징역 또는 5천만원 이하의 벌금(제87조의 2
제2항 제2호)
- 제27조 제2항 위반: 500만원 이하의 벌금(제90조)

◇ 행정처분
- 제27조제1항을 위반하여 의료인이 아닌 자로 하여금 의료행위를 하게 하거
나 의료인이 면허된 것 외의 의료행위를 한 경우: 자격정지 3개월
- 제27조제1항을 위반하여 의료인이나 의료기관 종사자가 무자격자에게 의료
행위를 하게 하거나 의료인에게 면허사항 외의 의료행위를 하게 한 경우:
의료기관 업무정지 3개월 또는 이에 갈음하여 5천만원 이하의 과징금 처분

(2) 조문해설

의료법은 의료인이 되는 자격에 대한 엄격한 요건을 규정하는 한편, 의료법
제27조에서 의료행위를 의료인에게만 독점적으로 허용하고 일반인은 이를 하지
못하게 금지하고 있다. 이는 의료인의 의료행위가 고도의 전문적 지식과 경험을
필요로 함과 동시에 사람의 생명, 신체 또는 일반 공중위생에 밀접하고 중대한
관계가 있기 때문이다. 의료법이 무면허 의료행위를 처벌하는 취지는 의료인 아
닌 사람이 의료행위를 함으로써 생길 수 있는 사람의 생명, 신체나 일반 공중위

생상의 위험을 방지하고자 함에 그 목적이 있다.122)

이 조항을 통하여 의료행위는 의료인의 독점적 활동영역으로 보장되고, 비의료인의 의료행위가 금지되기 때문에 의료행위의 범위가 어디까지인지가 중요한 의미를 가지게 된다. 의료행위의 범위가 넓게 규정되면 비의료인에게 금지되는 행위의 범위도 그만큼 넓어지기 때문에 의료인만이 할 수 있는 의료행위 범위의 설정은 그 전문성과 위험성을 고려하여 적정한 범위로 한정할 필요가 있다.

의료법은 '의료행위'에 관하여 명확한 정의규정을 두지 않고 있어, '의료행위'가 무엇인지는 법원의 판례에 의하여 구체적인 사례마다 법원에 의하여 판단이 이루어진다. 판례의 주된 판결례를 보면 '의료행위'라 함은 의학적 전문지식을 기초로 하는 경험과 기능으로 진찰, 검안, 처방, 투약 또는 외과적 시술을 시행하여 하는 질병의 예방 또는 치료행위 이외에도 의료인이 하지 아니하면 보건위생상 위해를 가져올 우려가 있는 일체의 행위가 포함된다고 보고 있다.123) 그러면서도 의료행위의 개념은 고정 불변인 것이 아니라 의료기술의 발전과 시대 상황의 변화, 의료서비스에 대한 수요자의 인식과 필요에 따라 달라질 수 있는 가변적인 것으로 보고 있다.124)

종래에는 의료인의 자격을 가진 자가 무자격자에게 의료행위를 하도록 한 경우, 해당 의료인을 무면허의료행위의 교사범 또는 방조범으로 처벌해 왔다. 그러다가 의료인이 비의료인에게 무면허 또는 면허 외 의료행위를 교사하는 일이 관행적으로 이루어지고 있어 이에 대한 제재를 강화할 필요가 있다는 의견이 제기되어 2019. 4. 23.자 개정 의료법(제116375호)에서 제27조에 제5항을 신설, 의료인, 의료기관 개설자 및 종사자는 무자격자에게 의료행위를 하게 하거나 의료인에게 면허 사항 외의 의료행위를 하게 하여서는 안 된다는 규정을 명시적으로 추가하였다.

의료법은 비의료인의 무면허의료행위를 금지할 뿐 아니라 의료인(의사, 치과의사, 한의사, 간호사)이라 하더라도 자신이 면허를 받은 것 이외의 의료행위는 할 수 없도록 규정하고 있다. 그러나 의료법은 의사, 한의사, 치과의사의 면허를 받

122) 헌법재판소 2013. 6. 27. 2010헌마658 전원재판부 결정.
123) 대법원 2000. 2. 25. 선고 99도4542 판결, 대법원 1999. 6. 25. 선고 98도4716 판결 등.
124) 대법원 2016. 7. 21. 선고 2013도850 전원합의체 판결.

은 범위의 내용이 무엇인지 역시 구체적으로 정의하지 않고 있어 해당 법률의 해석을 두고 직역간의 갈등을 초래하고 있다. 이 역시 개별 사안마다 법원의 판단을 받고 있다.

한편, 대법원은 2022. 12. 22. 선고 2016도21314 전원합의체 판결에서 한의사가 진단용 의료기기를 사용하는 것이 한의사의 '면허된 것 이외의 의료행위'에 해당하는지 판단하는 기준과 관련하여 '종전 판단 기준'(대법원 2014. 2. 13. 선고 2010도10352 판결)과 달리 한방의료행위의 의미가 수범자인 한의사의 입장에서 명확하고 엄격하게 해석되어야 한다는 죄형법정주의 관점에서, 진단용 의료기기가 한의학적 의료행위 원리와 관련 없음이 명백한 경우가 아닌 한 형사처벌 대상에서 제외됨을 의미한다고 판시하였다. 그러나 같은 사건에서 2명의 대법관은[125] 한의사의 현대적 진단기기 사용이 의료법상 허용되는 한방의료행위에 해당하는지는 그러한 진단행위 자체의 학문적 기초가 되는 원리가 한의학인지 양의학인지, 진단은 치료를 위한 준비단계라는 점에서 한의사가 학문적인 기초가 달라 제대로 훈련받지 않은 진단기기를 사용하여 양의학적 진단행위를 함으로써 오진으로 적절한 치료를 제공하지 못하는 등 보건위생상 위해가 생길 우려가 있는지에 따라 결정되어야 한다는 반대의견을 제시하였다.

(3) 판례 · 행정해석

(가) 의료행위 해당 여부에 관한 판례

◇ 의료행위에 해당하는 경우
- 치과의사가 성형수술을 한 경우,[126] 코높이기 수술,[127] 침술행위,[128] 관절염 환자의 신체에 벌침을 놓는 행위[129]
- 수지침, 체침[130]도 의료행위에 해당하나 수지침은 형법 제20조 소정의 사

---

126) 대법원 1972. 3. 28. 선고 72도342 판결.
127) 대법원 1974. 11. 26. 선고 74도1114 판결.
128) 대법원 1994. 12. 27. 선고 94도78 판결 등.
129) 대법원 1994. 4. 29. 선고 94도89 판결.
130) 대법원 2002. 12. 26. 선고 2002도5077 판결.

회상규에 위배되지 아니하는 행위로서 위법성이 조각됨.[131]
- 침사로서 뜸을 시술한 행위는 의료행위에 해당하나 법질서 전체의 정신이나 그 배후에 놓여 있는 사회윤리 내지 사회통념에 비추어 용인될 수 있는 행위에 해당한다고 볼 수 있으므로 이는 사회상규에 위배되지 아니하는 행위로서 위법성이 조각됨.[132]
- 활법원으로 찾아오는 환자들에게 신체불균형상태를 교정한다 하여 압박 등의 시술을 반복한 행위,[133] 안마, 지압 질병 종류에 따라 손을 이용하거나 누워 있는 손님 위에 올라가 발로 특정 환부를 집중적으로 누르거나 주무르거나 두드리는 방법 등의 행위는 의료행위에 해당함.[134]
- 암치료센터에서 돌 등이 들어있는 스테인레스 용기를 천과 가죽으로 덮은 찜질기구를 가열하여 암 등 난치성 질환을 앓는 환자들에게 건네주어 환부에 갖다 대도록 한 행위,[135] 문신 고객들의 눈썹 또는 속눈썹 부위의 피부에 자동문신용 기계로 색소를 주입하는 방법으로 눈썹 또는 속눈썹 모양의 문신을 하여 준 행위[136]도 의료행위에 해당함.
- 문신시술은 바늘을 이용하여 피부의 완전성을 침해하는 방식으로 색소를 주입하는 것으로, 감염과 염료 주입으로 인한 부작용 등 위험을 수반하는데, 이러한 시술 방식으로 인한 잠재적 위험성은 피시술자뿐 아니라 공중위생에 영향을 미칠 우려가 있는 의료행위에 해당함.[137]

◇ 의료행위에 해당하지 않는 경우
- 건강원을 운영하는 피고인이 손님들에게 뱀가루를 판매함에 있어 그들의 증상에 대하여 듣고 손바닥을 펴보게 하거나 혀를 내보이게 한 후 뱀가루를 복용할 것을 권유하였을 뿐 병상이나 병명이 무엇인지를 규명하여 판단을 하거나 설명을 한 바가 없는 경우, 의료행위에 해당하지 아니함(다

131) 대법원 2000. 4. 25. 선고 98도2389 판결.
132) 헌법재판소 2011. 11. 24. 2008헌마627 결정.
133) 대법원 1995. 4. 7. 선고 94도 1325 판결.
134) 대법원 2004. 1. 15. 선고 2001도298 판결.
135) 대법원 2000. 9. 8. 선고 2000도432 판결.
136) 대법원 1992. 5. 22. 선고 91도3219 판결.
137) 헌법재판소 2022. 4. 1. 2021헌마1213, 1385(병합) 결정.

만, 몸이 아프다며 찾아온 손님들에게 질병치료에 효과가 있다고 선전하면서 판매
한 뱀가루는 약사법상의 의약품에 해당한다고 봄).138)

- 지압서비스업소에서 근육통을 호소하는 손님들에게 엄지손가락과 팔꿈치
등을 사용하여 근육이 뭉쳐진 허리와 어깨 등의 부위를 누르는 방법으로
근육통을 완화시켜 주는 행위는 의료행위에 해당하지 아니함.139)

- 환자들에게 질병을 낫게 해 달라고 기도를 하게 한 다음, 환부나 다른 신
체부위를 손으로 쓰다듬거나 만져 주는 방법으로 시술을 하였다면 이러한
행위는 사람의 생명, 신체나 공중보건위생에 무슨 위험을 초래할 개연성
은 없는 것이므로, 이를 의료행위에 속하는 것으로 볼 수 없음.140)

(나) 의료인의 면허범위 외 의료행위에 관한 판례

◇ 의료인의 면허범위 외 의료행위 금지의 취지(대법원 2016. 7. 21. 선고 2013
도850 판결)

- 의사, 치과의사 및 한의사가 각자 면허를 받아 면허된 것 이외의 의료행
위를 할 수 없도록 규정한 취지는, 각 의료인의 고유한 담당 영역을 정하
여 전문화를 꾀하고 독자적인 발전을 촉진함으로써 국민이 보다 나은 의
료 혜택을 누리게 하는 한편, 의사, 치과의사 및 한의사가 각자의 영역에
서 체계적인 교육을 받고 국가로부터 관련 의료에 관한 전문지식과 기술
을 검증받은 범위를 벗어난 의료행위를 할 경우 사람의 생명·신체나 일
반 공중위생에 발생할 수 있는 위험을 방지함으로써 궁극적으로 국민의
건강을 보호하고 증진하기 위한 데 있음.

◇ 의사 면허 관련 판례

- 의사가 한방의서에서 혈액순환 등 약재로 보고 있는 소목의 성분분석과
분석된 성분의 인체나 병원에 대한 기능에 관하여는 연구결과를 얻은 바
없이, 이를 끓여 거기에다가 감맥대조탕과립을 섞어 '코디아'를 예비 조제

138) 대법원 2001. 7. 13. 선고 99도2328 판결.
139) 대법원 2000. 2. 22. 선고 99도4541 판결.
140) 대법원 1992. 3. 10. 선고 91도3340 판결.

하여 두고 당뇨병 환자가 찾아오면 임상검사를 하고 나서 아울러 한방의 소위 팔상의학에 따라 환자체질을 진단하여 위 '코디아'를 투약하였다면 위 체질진단과 '코디아'의 조제 및 투약행위는 한방의료 행위에 해당한다고 할 것이고 의사가 한의사의 면허 없이 한방의료행위를 한 것은 면허된 이외의 의료행위를 한 것임.[141]

- 의사인 피고인이 자신이 운영하는 정형외과의원에서 환자들에게 침을 놓아 치료를 함으로써 '면허된 것 이외의 의료행위'를 하였다고 하여 구 의료법 위반으로 기소된 사안에서, 피고인의 행위는 한방 의료행위인 침술행위에 해당할 여지가 많다고 판단함.[142]

- 의사의 IMS(Intramuscular Stimulation, 소위 '근육자극에 의한 신경근성 통증치료법' 또는 '근육내자극치료') 시술행위에 대하여, 침이 꽂혀 있던 위와 같은 부위들은 침술행위에서 통상적으로 시술하는 부위인 경혈에 해당하고, 침이 꽂혀 있던 방법도 경혈 부위에 따라 나란히 또는 한 부위에 몇 개씩 집중적으로 꽂혀 있고 피부 표면에 얕게 직각 또는 경사진 방법으로 꽂혀 있었는데, 이는 침술행위의 자침방법과 차이가 없다고 할 것인 점 등을 이유로 이 사건 시술행위는 한방의료행위인 침술행위라고 볼 여지가 많다고 판단함.[143]

◇ 치과의사 면허 관련 판례(대법원 2016. 7. 21. 선고 2013도850 전원합의체 판결)

- 치과의료행위란 치아와 구강, 위턱뼈, 아래턱뼈, 그리고 턱뼈를 덮고 있는 안면조직 등 씹는 기능을 담당하는 치아 및 그와 관련된 인접 조직기관 등에 대한 치과적 예방·진단·치료·재활과 구강보건을 목적으로 하는 의료행위를 의미하고, 치과적 치료를 목적으로 하는 의료행위라면 목적이 직접적인 경우뿐 아니라 치아와 구강에 대한 치과치료가 안면 부위의 조직에도 영향을 미치는 경우와 같은 간접적인 경우에도 치과의사의 면허범

---

141) 대법원 1989. 12. 26. 선고 87도840 판결.
142) 대법원 2014. 9. 4. 선고 2013도7572 판결.
143) 대법원 2011. 11. 14. 선고 2011두27889 판결.

위에 해당할 수 있음. 이에 치아, 구강 그리고 턱과 관련되지 아니한 안면부에 대한 의료행위라는 이유만으로 치과 의료행위의 대상에서 배제할 수는 없고, 치과대학이나 치의학전문대학원에서는 악안면에 대한 진단 및 처치에 관하여 중점적으로 교육하고 있으므로 치과의사의 안면에 대한 보톡스 시술이 의사의 동일한 의료행위와 비교하여 사람의 생명·신체나 일반 공중위생에 더 큰 위험을 발생시킬 우려가 있다고 보기도 어려우므로, 치과의사가 환자의 안면부인 눈가와 미간에 보톡스를 시술한 행위는 치과의사에게 면허된 범위 내의 행위로 보아야 함.

◇ 한의사 면허 관련 판례

– 한의사가 초음파 진단기기를 사용할 수 있는지에 대한 사건에서 대법원의 다수 의견은 의료공학 및 그 근간이 되는 과학기술의 발전에 따라 개발·제작된 진단용 의료기기를 사용하는 것이 한의사의 '면허된 것 이외의 의료행위'에 해당하는지 여부는 관련 법령에 한의사의 해당 의료기기의 사용을 금지하는 규정이 있는지, 해당 진단용 의료기기의 특성과 그 사용에 필요한 기본적·전문적 지식과 기술 수준에 비추어 의료전문가인 한의사가 진단의 보조수단으로 사용하게 되면 의료행위에 통상적으로 수반되는 수준을 넘어서는 보건위생상의 위해가 생길 우려가 있는지, 전체 의료행위의 경위·목적·태양에 비추어 한의사가 그 진단용 의료기기를 사용하는 것이 한의학적 의료행위의 원리에 입각하여 이를 적용 내지 응용하는 행위와 무관한 것임이 명백한지 등을 종합적으로 고려하여 사회통념에 따라 합리적으로 판단하여야 한다고 판시하였으나, 반대의견은 우리의 의료체계는 양방과 한방을 엄격히 구분하는 이원화 원칙을 취하고 있고, 의료법도 의사와 한의사를 구별하여 각각의 면허를 부여하고 있는 점, 양의학과 한의학의 학문적 원리와 진찰방법에는 근본적 차이가 있는 점, 한의사의 초음파 진단기기 사용을 허용할 것인지는 그 필요성이 인정된다 하더라도 국민의 건강을 보호하고 증진하는 방향으로 제도적·입법적으로 해결함이 바람직하고 그러한 정비가 이루어지기 전까지는 한의사의 초음파 진단기기 사용을 무면허 의료행위로 규제하는 것은 불가피하다고 판시함.[144]

- 한의사인 피고인이 면허 없이 환자에게 주사를 하였다면 사실상 의사의 자질을 갖고 있다거나 환자가 생활형편이 어려워 그 진료대금을 받지 않았다 하더라도 무면허의료행위에 해당함.[145]
- 아이피엘(IPL, Intense Pulse Light, 이하 'IPL'이라 한다)이 적외선·레이저침을 이용하여 경락에 자극을 주어서 질병을 치료하거나 예방하는 것을 목적으로 하는 적외선치료기·레이저침치료기와 작용원리가 같다고 보거나, 이 사건 IPL을 사용한 피부질환 치료가 빛을 이용하여 경락의 울체(鬱滯)를 해소하고 온통경락(溫通經絡)하기 위한 것으로 보기는 어려우므로 무면허의료행위에 해당함.[146]
- 필러시술은 전적으로 서양의학의 원리에 따른 시술일 뿐이고 거기에 약침요법 등 한의학의 원리가 담겨 있다고는 볼 수 없으므로, 피고인의 이 사건 필러시술행위는 한의사의 면허된 것 이외의 의료행위에 해당함.[147]
- 한의원에서 진단용 방사선 발생장치인 X-선 골밀도측정기를 이용하여 환자들을 상대로 성장판검사를 한 것은 한의사의 면허된 것 이외의 의료행위에 해당함.[148]
- 한의사가 방사선사로 하여금 CT기기로 촬영하게 하고 이를 이용하여 방사선진단행위를 한 것은 '한방의료행위'에 포함된다고 보기 어려워 면허된 이외의 의료행위를 한 때에 해당함.[149]
- 한의사가 진료에 사용한 안압측정기, 자동안굴절검사기, 세극등현미경, 자동시야측정장비, 청력검사기는 측정결과가 자동으로 추출되는 기기들로서 신체에 아무런 위해를 발생시키지 않고, 측정결과를 한의사가 판독할 수 없을 정도로 전문적인 식견을 필요로 한다고 보기 어려우므로 의료법 위반죄에 해당하지 않음.[150]
- 한의사가 초음파 기기를 사용하여 진료행위를 하는 경우 초음파 투입에

---

144) 대법원 2022. 12. 22. 선고 2016도21314 전원합의체 판결.
145) 대법원 1987. 12. 8. 선고 87도2108 판결.
146) 대법원 2014. 2. 13. 선고 2010도10352 판결.
147) 대법원 2014. 1. 16. 선고 2011도16649 판결.
148) 대법원 2011. 5. 26. 선고 2009도6980 판결.
149) 서울고등법원 2006. 6.30. 선고 2005누1758 판결.
150) 헌법재판소 2013. 12. 26. 2012헌마551, 2012헌마561(병합) 결정.

따라서 인체 내에서 어떠한 생화학적 반응이 일어나지 않고 국내의 한의
과대학과 한의과대학원이 모두 영상의학을 전공필수과목으로 두고 있고
한의사가 복부에 초음파 진단기기를 사용하는 것은 과거의 전통적인 한의
학적 진찰기법인 절진(切診, 한의사가 손을 이용하여 환자의 신체 표면을 만져
보거나 더듬어보고 눌러봄으로써 필요한 자료를 얻어내는 진찰법)의 일종인 복
진(腹診)과 유사하다고 보아 한의사의 면허된 것 이외의 의료행위를 한 것
에 해당하지 않음.[151]

◇ 조산사 관련 판례(대법원 2007. 9. 6. 선고 2006도2306 판결)
- 조산사가 자신이 근무하는 산부인과를 찾아온 환자들을 상대로 진찰·환
  부소독·처방전발행 등의 행위를 한 것은 진료의 보조행위가 아닌 진료행
  위 자체로서 의사의 지시가 있었다고 하더라도 무면허의료행위에 해당함.

◇ 간호사 관련 판례
- 간호사는 환자의 간호요구에 대한 관찰, 자료수집, 간호판단 및 요양을 위
  한 간호, 의사·치과의사·한의사의 지도하에 시행하는 진료의 보조, 간호
  요구자에 대한 교육·상담 및 건강증진을 위한 활동의 기획과 수행, 그 밖
  의 대통령령으로 정하는 보건활동, 그리고 간호조무사가 수행하는 간호사
  의 업무보조에 대한 지도를 주요 임무로 하는데, 진료의 보조는 의사 등
  이 주체가 되어 진료행위를 함에 있어서 그의 지시에 따라 종속적인 지위
  에서 조력하는 것임.[152]
- 간호사가 '진료의 보조'를 하는 경우 모든 행위 하나하나마다 항상 의사가
  현장에 입회하여 일일이 지도·감독하여야 한다고 할 수는 없고, 경우에
  따라서는 의사가 진료의 보조행위 현장에 입회할 필요 없이 일반적인 지
  도·감독을 하는 것으로 충분한 경우도 있을 수 있으나, 이는 어디까지 나
  의사가 그의 주도로 의료행위를 실시하면서 그 의료행위의 성질과 위험성
  등을 고려하여 그 중 일부를 간호사로 하여금 보조하도록 지시 내지 위임

---

151) 대법원 2022. 12. 22. 선고 2016도21314 판결.
152) 대법원 2011. 7. 14. 선고 2010도1444 판결.

할 수 있다는 것을 의미하는 것에 그침.153)

- 보험회사와 방문검진 위탁계약을 체결한 후 고용된 간호사들로 하여금 보험가입자들의 주거에 방문하여 의사의 지도·감독 없이 문진, 신체계측 등을 하게 한 뒤 건강검진결과서를 작성하여 보험회사에 통보하는 등 행위는 무면허의료행위에 해당함.154)

- 마취액을 직접 주사하여 척수마취를 시행하는 행위는 약제의 선택이나 용법, 투약부위, 환자의 체질이나 투약 당시의 신체 상태, 응급상황이 발생할 경우 대처능력 등에 따라 환자의 생명이나 신체에 중대한 영향을 미칠 수 있는 행위로서 고도의 전문적인 지식과 경험을 요하므로 의사만이 할 수 있는 의료행위이고 마취 전문간호사가 할 수 있는 진료보조행위의 범위를 넘어서는 것이므로, 피고인의 행위는 구 의료법 제25조 제1항에서 금지하는 무면허 의료행위에 해당함.155)

- 간호사들이 의사가 입회하지 않은 채 환자의 사망징후를 확인하여 의사에게 보고한 후 의사가 입회하지 않은 상태에서 환자의 사망진단서를 작성하여 발급한 경우 사망의 진단은 사람의 생명 자체와 연결된 중요한 의학적 행위이며, 그 수행에 의학적 전문지식이 필요하므로 의사가 간호사인 피고인들로부터 전화를 받았다고 하더라도, 간호사인 피고인들이 의사가 입회하지 아니한 채 '환자의 사망의 징후를 확인하고, 이를 바탕으로 환자의 유족들에게 사망진단서 등을 작성·발급한 행위'는 사망을 진단하는 행위, 즉 사체검안을 구성하는 행위에 해당하므로 이를 포괄하여 무면허 의료행위에 해당함.156)

- 간호사가 환자의 신경성형술에 참여하여 환자의 환부에 삽입된 카테터를 제거하는 행위를 하는 경우 카테터 제거는 환부에 삽입된 카테터를 그대로 잡아당기는 방법으로 하므로 그 객관적인 특성상 위험이 따르거나 부작용 혹은 후유증이 발생할 가능성이 낮고, 환자가 심한 통증을 호소하거

153) 대법원 2012. 5. 10. 선고 2010도5964 판결.
154) 대법원 2012. 5. 10. 선고 2010도5964 판결.
155) 대법원 2010. 3. 25. 선고 2008도590 판결.
156) 대법원 2022. 12. 29. 선고 2017도10007 판결.

나 카테터 삽입 또는 제거 시 저항감이 있는 경우 등에는 의사가 직접 카테터를 제거하였고, 간호사들이 2년~11년의 경력을 가졌으므로 이를 무면허의료행위로 볼 수 없음.[157)]

(4) 관련 법령

(가) 의료인 면허가 없어도 의료행위를 허용하는 경우

외국의 의료면허를 가진 자로서 일정 기간 국내에서 체류하는 자는 무면허 의료행위 금지 규정에도 불구하고 보건복지부령으로 정하는 범위에서 의료행위를 할 수 있다(제27조 제1항 단서 제1호). 외국의 의료인 면허를 가진 자가 할 수 있는 의료행위는 ① 외국과의 교육 또는 기술 협력에 따른 교환 교수의 업무, ② 교육연구사업을 위한 업무 등이다(의료법 시행규칙 제18조).

의과대학, 치과대학, 한의과대학, 의학전문대학원, 치의학전문대학원, 한의학전문대학원, 종합병원 또는 외국 의료원조기관의 의료봉사 또는 연구 및 시범사업을 위하여 의료행위를 하는 자는 무면허 의료행위 금지 규정에도 불구하고 보건복지부령으로 정하는 범위에서 의료행위를 할 수 있다(제27조 제1항 단서 제2호). 봉사 또는 연구 및 시범사업과 관련하여 할 수 있는 의료행위는 ① 국민에 대한 의료봉사활동을 위한 의료행위, ② 전시·사변이나 그밖에 이에 준하는 국가비상사태 시에 국가나 지방자치단체의 요청에 따라 행하는 의료행위, ③ 일정한 기간의 연구 또는 시범 사업을 위한 의료행위 등이 있다(의료법 시행규칙 제19조 제1항).

의학·치과의학·한방의학 또는 간호학을 전공하는 학교의 학생은 무면허 의료행위 금지 규정에도 불구하고 보건복지부령으로 정하는 범위에서 의료행위를 할 수 있다(제27조 제1항 단서 제3호). 학생들이 할 수 있는 의료행위는 ① 전공분야와 관련되는 실습을 하기 위하여 지도교수의 지도·감독을 받아 행하는 의료행위, ② 국민에 대한 의료봉사활동으로서 의료인의 지도·감독을 받아 행하는 의료행위, ③ 전시·사변이나 그 밖에 이에 준하는 국가비상사태 시에 국가나 지

---

157) 헌법재판소 2023. 3. 23. 2020헌마1082 전원합의체 결정.

방자치단체의 요청에 따라 의료인의 지도·감독을 받아 행하는 의료행위 등이 있다(의료법 시행규칙 제19조 제2항).

(나) 보건범죄단속에관한특별조치법상 부정의료업자의 처벌

의료법에 대한 특별법인 보건범죄단속에관한특별조치법 제5조는 무면허의료행위를 업으로 하는 자에 대해서는 의료법 제27조 제3항보다 가중하여 처벌하는 특별규정을 마련하고 있다. 즉 '「의료법」 제27조의 규정을 위반하여 영리를 목적으로 의사가 아닌 자가 의료행위를, 치과의사가 아닌 자가 치과 의료행위를, 한의사가 아닌 자가 한방의료행위를 업으로 한 자는 무기 또는 2년 이상의 징역에 처한다. 이 경우에는 100만원 이상 1천만원 이하의 벌금을 병과한다'고 규정하여 부정의료업자를 가중하여 처벌하고 있다. 의사가 영리의 목적으로 비의료인과 공모하여 무면허의료행위를 하였다면 그 행위는 보건범죄단속에관한특별조치법 제5조에 해당한다고 할 것이고, 나아가 위 조문 소정의 영리의 목적이란 널리 경제적인 이익을 취득할 목적을 말하는 것으로서 무면허의료행위를 행하는 자가 반드시 그 경제적 이익의 귀속자나 경영의 주체와 일치하여야 할 필요는 없다.[158]

10. 환자유인행위 금지의무 (제27조 제3, 4항) (장연화)

(1) 조문

◇ 제27조(무면허 의료행위 등 금지)
③ 누구든지 「국민건강보험법」이나 「의료급여법」에 따른 본인부담금을 면제하거나 할인하는 행위, 금품 등을 제공하거나 불특정 다수인에게 교통편의를 제공하는 행위 등 영리를 목적으로 환자를 의료기관이나 의료인에게 소개·알선·유인하는 행위 및 이를 사주하는 행위를 하여서는 아니 된다. 다만, 다음 각 호의 어느 하나에 해당하는 행위는 할 수 있다. <개정 2009. 1. 30., 2010. 1. 18., 2011. 12. 31.>

---

158) 대법원 2003. 9. 5. 선고 2003도2903 판결.

1. 환자의 경제적 사정 등을 이유로 개별적으로 관할 시장·군수·구청장의 사전승인을 받아 환자를 유치하는 행위
2. 「국민건강보험법」 제109조에 따른 가입자나 피부양자가 아닌 외국인(보건복지부령으로 정하는 바에 따라 국내에 거주하는 외국인은 제외한다)환자를 유치하기 위한 행위
④ 제3항제2호에도 불구하고 「보험업법」 제2조에 따른 보험회사, 상호회사, 보험설계사, 보험대리점 또는 보험중개사는 외국인환자를 유치하기 위한 행위를 하여서는 아니 된다. <신설 2009. 1. 30.>

◇ 벌칙
- 제27조 제3항, 제4항 위반: 3년 이하의 징역 또는 3천만원 이하의 벌금(제88조 제1호)

◇ 행정처분
- 제27조 제3항을 위반하여 영리를 목적으로 환자를 의료기관이나 의료인에게 소개·알선, 그 밖에 유인하거나 이를 사주하는 행위를 한 경우: 자격정지 2개월

(2) 조문해설

(가) 입법연혁

환자유인행위 등 금지조항은 1981. 12. 31. 의료법 개정(법률 제3504호) 당시 신설되었다. 당시 의료법은 '누구든지 영리를 목적으로 환자를 의료기관 또는 의료인에게 소개·알선 기타 유인하거나 이를 사주하는 행위를 할 수 없다'라고 규정하였고(제25조 제3항), 이를 위반한 경우 '5년 이하의 징역 또는 500만 원 이하의 벌금'에 처할 수 있도록 하였다(제66조 제3호). 위 규정을 신설하게 된 취지는 의료기관 주변에서 환자를 유인함으로써 사회적 물의를 야기시키는 환자유인브로커 등으로 인한 폐해를 방지하기 위한 것으로, 병고에 지쳐있는 환자의 어려운 처지를 악용하여 영리적 목적을 추구하고자 하는 비인도적인 동기에서 나오는

것이라 이를 제재할 필요성이 있기 때문이었다.[159] 이후 1994. 1. 7. 의료법 개정(법률 제4732호) 시 위 벌칙 규정이 제67조로 위치를 옮겼고, 그 법정형도 '3년 이하의 징역 또는 1천만 원 이하의 벌금'으로 조정되었다.

이후 2002. 3. 30. 법률 제6686호 개정시에는 '본인부담금 할인행위'와 같은 구체적 행위유형이 추가되었고, 예외적으로 허용되는 행위에 관한 내용도 두게 되었다. 이 개정안은 일부 사회복지법인에 부설된 의료기관이 주로 노인들을 대상으로 점심 등을 제공하여 유인한 뒤 건강검진 정도의 저급한 진료행위를 무료로 제공하면서 그에 따른 요양급여비용을 대거 청구함으로써 건강보험재정의 부실화를 촉진하여 사회적 문제가 되자 이를 환자유인행위로 명시하여 금지하려는 취지에서 입안된 것이었다.[160]

한편 2007. 4. 11.에는 의료법이 법률 제8366호로 전부개정되면서 위치가 제27조 제3항 및 제88조로 바뀌었고, 2009. 1. 30. 의료법 개정(법률 제9386호)시에는 예외적으로 허용되는 행위에 '외국인환자의 유치행위'가 추가되었다. '외국인환자의 유치행위'가 허용된 것은 의료서비스에 대한 국가간 경쟁이 치열해지고 있는 상황에서 외국인환자에 한하여 유인행위를 허용함으로써, 의료서비스와 관광이 결합한 새로운 형태의 고부가가치 의료서비스산업으로의 활성화를 도모하고, 의료기관의 자율성과 의료서비스의 경쟁력을 높이기 위한 취지로 마련된 것이다. 그리고, 2016. 12. 20. 의료법 개정(법률 제14438호)시 법정형이 '3년 이하의 징역 또는 3천만 원 이하의 벌금'으로 상향조정되었다.

(나) 조문의 의미

환자 유인행위란 '기망 또는 유혹을 수단으로 환자를 꾀어내어 그로 하여금 특정 의료기관 또는 의료인과 치료위임계약을 체결하도록 유도하는 행위로서 보험재정 등의 건전성을 악화시키는 등 특별한 사정이 인정되는 행위'이다.[161]

의료인 또는 의료기관 개설자가 아닌 자의 환자 유인행위 등을 금지함은 물론

---

159) 장연화, "의료법상 환자유인금지규정에 관한 연구", 비교형사법연구, 제11권 제2호, 167면, 2009.
160) 장연화, 위 논문, 168면.
161) 헌법재판소 2016. 7. 28. 2016헌마176 결정, 헌법재판소 2017. 12. 28. 2016헌바311 결정.

의료인 또는 의료기관 개설자의 환자 유인행위나 그 사주행위까지도 금지한다.162)

'소개·알선'이라고 함은 환자와 특정 의료기관 또는 의료인 사이에서 치료위임계약의 성립을 중개하거나 편의를 도모하는 행위를 말하고, '이를 사주하는 행위'라고 함은 타인으로 하여금 영리를 목적으로 환자를 특정 의료기관 또는 의료인에게 소개·알선·유인할 것을 결의하도록 유혹하는 행위를 말한다.163)

'사주'행위에 해당하는지 여부의 판단은 일반인이 볼 때 당해 행위의 결과 영리를 목적으로 환자를 특정 의료기관 또는 의료인에게 소개·알선·유인할 것을 결의하도록 할 정도의 행위인지에 따른다. 사주 받은 자가 실제로 소개·알선·유인행위를 결의하였거나 실제로 소개·알선·유인행위를 행할 것까지 요구되는 것은 아니다.164)

본인부담금 할인 행위는 '의료인이나 의료기관이 가입자 등 또는 수급권자가 급여대상에 해당하는 요양급여 또는 의료급여를 받고 그 대가로서 지급하는 비용 중 가입자 등 또는 수급권자 본인이 스스로 책임을 지고 내야 하는 금액의 얼마를 감액하여 주는 행위'를 뜻한다.165) 급여대상이 아닌 진료에 대한 진료비로서 의료인이 스스로 그 금액을 자유롭게 정하고 환자 본인이 이를 전액 부담하는 진료비는 여기에 포함되지 않는다.166) 단순히 본인부담금 감면 행위가 있었다는 것만으로 금지된 환자 유인행위에 해당하는 것이 아니라 영리를 목적으로 한 것으로 인정되어야 한다.

의료기관이나 의료인이 스스로 자신에게 환자를 유치하는 행위는 그 과정에서 환자 또는 행위자에게 금품이 제공되거나 의료시장의 질서를 근본적으로 해하는 등의 특별한 사정이 없는 한, 환자의 '유인'이라 할 수 없고, 그 행위가 의료인이 아닌 직원을 통하여 이루어졌더라도 환자의 '소개·알선' 또는 그 '사주'에 해당하지 않는다.167) 의료시장질서의 위해를 가할 정도의 유인행위는 단순한 감언이설로는 부족하고 불법성을 함의하여 상대방을 기망하거나 그에 준할 정도의 소위

---

162) 대법원 1996. 2. 9. 선고 95도1765 판결.
163) 대법원 2004. 10. 27. 선고 2004도5724 판결.
164) 대법원 1998. 5. 29. 선고 97도1126 판결.
165) 헌법재판소 2016. 7. 28. 2016헌마176 결정.
166) 대법원 2008. 2. 28. 선고 2007도10542 판결.
167) 대법원 2004. 10. 27. 선고 2004도5724 판결.

상도(常道)에 어긋나는 적극적 유혹이 있어야 하며, 이로 인하여 의료인 간의 과당경쟁을 유발하여 정상적인 경쟁체제가 무너질 정도에 이르러야 할 것이다.168)

(다) 의료광고와의 관계

영리목적의 환자 유인행위와 의료광고는 서로 교차되는 영역이 될 수밖에 없고, 실제 우리나라 판례에서도 영리목적의 환자 유인행위와 의료공고가 복합적으로 문제된 사안이 주를 이루고 있다.169) 대법원은 의료기관·의료인이 환자를 유치하는 행위가 의료광고의 형태로 이루어지는 경우, 허용되는 광고와 금지되는 유인행위의 구별기준에 관하여, "의료광고는 그 성질상 기본적으로 환자를 유인하는 성격을 지닌다. 그런데 이를 제27조 제3항에서 금지하는 환자유인행위에 해당한다고 하면, 이는 의료인의 직업수행의 자유 및 표현의 자유는 물론이고 의료소비자의 '알 권리'를 지나치게 제약하고, 나아가 새로운 의료인이 의료시장에 진입하는 것을 제한함으로써 의료인 사이의 경쟁을 통한 건전한 발전을 저해할 우려가 적지 아니하므로, 의료광고에 대한 관계에서는 위 법규정에서 금지하는 환자유인행위를 제한적으로 해석할 필요가 있다. 환자유인행위에 관한 조항의 입법취지와 관련 법익, 의료광고 조항의 내용 및 연혁·취지 등을 고려하면, 의료광고행위는 그것이 제27조 제3항 본문에서 명문으로 금지하는 개별적 행위유형에 준하는 것으로 평가될 수 있거나 또는 의료시장의 질서를 현저하게 해치는 것인 등의 특별한 사정이 없는 한 제27조 제3항에서 정하는 환자의 '유인'에 해당하지 아니한다"고 판시하였다.170)

판례들을 분석하여 보면 합법적인 광고에 해당하는지 아니면 불법적인 환자 유인 행위에 해당하는 아래와 같은 구별 기준을 살펴볼 수 있다.

① 의료법에서 금지되는 형태와 허위·불법적 내용으로 의료광고를 한 경우 이는 불법적인 환자 유인행위에 해당한다.

② 허용되는 의료광고의 형태와 내용이라고 하더라도, 의료광고의 대상인 의

---

168) 장연화, 위 논문, 182면.
169) 백경희, "인터넷 의료광고를 활용한 환자 유인행위에 관한 우리나라 판례 동향 및 법정책 방향에 관한 고찰", 동아법학 제87호, 2020, 140면.
170) 대법원 2012. 9. 13. 선고 2010도1763 판결.

료행위가 「국민건강보험법」이나 「의료급여법」에 따른 본인부담금을 면제
하거나 할인하는 행위에 해당하는 것이라면 불법적인 환자 유인행위에 해
당한다.

③ 허용되는 의료광고의 행태와 내용이고, 의료광고의 대상도 비급여 진료에
해당한다고 하더라도 비의료인가의 공모를 통해 금품 등을 수수하는 행위
가 결부될 경우 불법적인 환자 유인행위에 해당한다.

④ 위와 같은 판단 기준에 해당하더라도 그것이 의료시장 질서를 근본적으로
혹은 현저히 해할 정도에 이르렀는지를 다시 판단하여, 만약 그러한 정도
에 이르지 않았다면 환자 유인행위에 해당하지 않는다고 볼 수 있다.[171]

(3) 판례 · 행정해석

◇ 환자유인행위 등에 해당한다고 본 사례

- 의료기관 또는 의료인이 자신에게 환자를 소개·알선 또는 유인한 자에게
법률상 의무 없이 사례비, 수고비, 세탁비, 청소비, 응급치료비 기타 어떠
한 명목으로든 돈을 지급하면서 앞으로도 환자를 데리고 오면 돈을 지급
하겠다는 태도를 취하였다면 일반인을 기준으로 볼 때 장차 돈을 받기 위
하여 그 의료기관 또는 의료인에게 환자를 소개·알선 또는 유인할 것을
결의하게 하기에 충분하다고 할 것이므로 이와 같이 의료기관 또는 의료
인이 돈을 지급하는 행위는 의료법이 금지하고 있는 사주행위에 해당한다
고 할 것이고, 그러한 사주행위가 현재 의료업계에서 널리 행해지고 있다
거나 관행이라는 등의 이유로 정당화 될 수 없음.[172]

- 산부인과 의사가 자신의 인터넷 홈페이지 상담게시판을 이용하여 낙태 관
련 상담을 하면서 불법적인 낙태시술을 약속하고 병원 방문을 권유, 안내
한 행위는 의료법상 금지되는 '환자유인'에 해당함.[173]

- 만성신부전환자들에게 해당 의료기관에서 신장투석을 받는 대가로 현금을

---

171) 백경희, 위의 논문, 145-146면.
172) 대법원 1998. 5. 29. 선고 97도1126 판결.
173) 대법원 2005. 4. 15. 선고 2003도2780 판결.

지급하고 환자들을 구급차로 병원과 집으로 운송해 준 경우, 금품 제공행위 및 교통편의 제공행위를 통한 영리목적의 환자유인에 해당함.[174]

– 치위생사가 치과의원의 인터넷 홈페이지에 '스케일링 0원'이라는 취지의 광고를 게시한 경우, 불특정 다수를 대상으로 전액 무료로 스케일링을 하는 것은 금품의 제공과 유사한 정도의 강력한 유인이 될 수 있기에 위 치과의원을 운영하는 치과의사는 영리를 목적으로 환자를 의료기관에 유인하거나 이를 사주하는 행위를 한 것임.[175]

– 한의원에 내원한 환자들 가운데 ○○사회복지재단이 발행한 ○○의료바우처카드의 소지자로부터 본인 부담금을 징수하지 않고, 위 재단은 환자들이 납부하지 아니한 본인 부담금을 매월 이 사건 한의원 계좌에 입금해주는 방법으로 대납한 경우, 환자들은 본인 부담금을 면제받은 결과가 되는 것이고, 위 재단이 발행한 카드의 소지자들은 본인 부담금을 면제받을 수 있는 혜택으로 인해 재단과 업무협약을 체결한 의료기관을 이용하는 것을 선호하게 되는데, 그로 인해 해당 의료기관은 다른 의료기관에 비해 환자를 유인하기가 용이해지고, 위 한의원의 수익 증가와 직결되므로, 영리목적으로 환자를 유인한 것에 해당함.[176]

– 직원을 시켜 노숙인들을 상대로 "병원에 가면 담배를 일주일에 3갑씩 주고 숙식을 해결해주겠다. 기초생활수급자로 만들어주겠다"고 말하고 차량에 태워 병원에 입원시킨 경우, 교통편의 제공행위 및 금품 등 제공행위를 통한 영리목적의 환자유인에 해당함.[177]

– 의료기관들이 의료컨설팅업체와 건강검진 환자의 소개 등에 관한 업무협약을 맺고 위 업체의 영업을 통해 내원한 건강검진 환자로 인해 발생하는 매출의 25~30%를 지급하기로 하여, 위 업체가 건강검진비용 중 '기본검사 외 추가 검사비용을 최대 59% 할인 혜택을 준다'는 내용을 기재한 건강검진권을 제작하여 보험대리점 등에 저가로 판매하는 등 불특정 다수인

---

174) 대법원 2015. 1. 15. 선고 2014도11301 판결.
175) 대법원 2015. 7. 23. 선고 2015두912 판결.
176) 대법원 2016. 12. 1. 선고 2016도14457 판결.
177) 대법원 2017. 8. 18. 선고 2017도7134 판결.

에게 유통시켜 제휴된 의료기관으로 내원하도록 안내한 경우 위 업체는 영리목적으로 환자를 소개·알선·유인하는 행위를 한 것이고, 의료기관은 이를 사주한 것임.[178]

- 의료기관들이 인터넷 성형쇼핑몰 형태의 통신판매 사이트 운영자와 위 사이트를 통하여 해당 의료기관들에서 시행하는 시술상품 쿠폰을 구매하게 한 경우(환자가 지급한 치료비의 15~20%를 위 사이트 운영자에게 수수료를 지급하기로 약정), 위 사이트 운영자는 영리목적으로 환자를 병원에 소개·알선·유인한 것이고, 의료기관은 이를 사주한 것임.[179]

◇ 환자유인행위 등에 해당하지 않는다고 본 사례

- 의료기관이 레카회사의 대표 및 콜택시회사 대표와 약정하여 소속 운전사들이 응급치료를 요하는 환자의 발생사실과 그 환자가 있는 장소를 알려주면 의료기관에서 사고현장에 구급차를 출동시켜 환자를 후송하여 치료를 개시함으로써 치료위임계약이 성립되었다고 하더라도, 위와 같은 환자의 발생사실과 그 환자가 있는 장소를 알려준 행위를 일컬어 환자를 특정 의료기관 등에 소개한 것이라고 할 수는 없고, 의료기관에 대하여도 환자소개행위를 사주한 것으로 볼 수 없음.[180]

- 보톡스 주사, 제모 시술, 임플란트 시술 등 국민건강보험법 또는 의료급여법에 의한 급여대상 진료에 해당하지 아니하는 진료에 대한 환자 본인의 부담금액에 대한 할인행위는 의료법 제27조 제3항에서 말하는 '본인부담금' 할인행위에 해당하지 아니함.[181]

- 산부인과 홈페이지에 해당 산부인과에서 출산하는 산모들에게 출산 선물(분유, 기저귀, 속싸개, 물티슈)을 준다는 내용을 게재한 경우 위 선물은 출산에 소요되는 비용에 비하여 극히 소액이고, 산모가 의료기관 선택시 이러한 출산선물 제공여부에 따라 결정할 것으로 보이지 않으므로, 영리목

---

178) 대법원 2019. 1. 10. 선고 2018도16221 판결.
179) 대법원 2019. 4. 25. 선고 2018도20928 판결.
180) 대법원 1999. 6. 22. 선고 99도803 판결.
181) 헌법재판소 2010. 10. 28. 2009헌마55 결정, 헌법재판소 2016. 7. 28. 2016헌마276 결정.

적의 환자유인에 해당하지 않음.[182]

- 치과의사가 병원 홈페이지에 임플란트 등 비보험진료에 대해 포인트를 적립해 준다는 취지로 광고행위를 게재하였는데, 국민건강보험법 또는 의료급여법의 급여대상진료에 해당하지 아니하는 비보험진료 분야는 원칙적으로 의료인 스스로 그 금액을 자유로이 정할 수 있고, 위 광고에는 포인트 사용방식이 구체적으로 기재되어 있지 않아 포인트 사용에 반드시 병원 재방문을 요하는 것이라 단정할 수 없고, 위 이벤트가 시작되기도 전에 광고를 삭제하여 실제로 광고를 보고 내원한 환자가 없었던 점 등을 종합적으로 고려하면, 광고를 게재한 행위를 곧바로 의료법 제27조 제3항의 '유인행위'로 볼 수 없음.[183]

- 안과의사와 광고회사의 대표이사가 공모하여, 특정 인터넷 사이트의 회원들에게 안과수술과 관련하여 '라식수술 500명 선착순 지원'이라는 제목으로 '현금 50만 원 지원, 라식 사전 검사 무료지원' 등의 이벤트광고를 이메일로 발송하고, 아르바이트생을 고용하여 응모 신청자들에게 전화하여 위 안과에서 정상가보다 할인된 가격으로 라섹수술을 받도록 유인한 경우, '현금 50만 원 지원'이라는 내용은 수술비를 할인하여 준다는 의미로 일반적으로 해석되는 점, 실제 이 사건에서 위 광고를 보고 이벤트에 참여한 사람들도 위 내용을 수술비 할인의 개념으로 이해하였던 점 등을 고려할 때 위 광고내용을 금품 등을 제공하는 행위를 하겠다는 것으로 해석되지 않고, '라식 사전 검사 무료지원, 시력 무료검사 지원'이라는 내용이 있으나 이는 비급여대상으로 규정한 '시력교정술'에 포함되는 행위로서 위 광고내용을 국민건강보험법이나 의료급여법에 따른 본인부담금을 면제 또는 할인하는 행위를 하겠다는 것으로 볼 수 없어, 환자유인이나 환자의 '소개·알선' 또는 그 '사주'에 해당한다고 볼 수 없음.[184]

- 치과의사가 개업일 전후에 행인에게 칫솔과 전단지를 나누어주면서 '스케일링 3,000원, 의료보험 혜택 안 되는 진료는 20% 할인, 레진 50,000원,

---

182) 헌법재판소 2016. 7. 28. 2016헌마176 결정.
183) 헌법재판소 2017. 5. 25. 2016헌마213 결정.
184) 대법원 2012. 10. 25. 선고 2010도6527 판결.

불소도포 무료' 등을 알려주는 방식으로 치과 광고를 한 경우, 치과 광고 기간이 2일에 불과하고, 나누어준 칫솔의 가격이 도매가로 약 500원에 불과하며, 광고에 따라 치석 제거를 3,000원의 진료비만 받고 해주는 등의 진료를 한 기간은 약 5일에 불과하고 이러한 스케일링 치료에 대하여 급여항목으로 청구하지 않은 경우 영리목적의 환자 유인에 해당한다고 볼 수 없음.[185]

− 의료기관에서 소속 의사, 직원, 가족, 친인척, 진료협력계약을 체결한 협력병원 직원, 가족 등에 한해 일정한 감면기준을 적용해 본인부담금을 감면한 경우 그 감면 대상이나 실제 감면받은 회수 등(206회에 걸쳐 본인부담금 합계 4,026,400원을 할인함)을 고려할 때 의료시장의 근본 진서를 뒤흔들 정도에 이르렀다고 볼 수 없어 영리목적의 환자 유인이라고 볼 수 없음.[186]

(4) 관련 법령

(가) 2003년 6월 '경제적 사정 등에 관한 지방자치단체의 사전승인 기준' 보건복지부지침

의료법 제27조 제3항 제1호에 의해 환자의 경제사정 등 특정한 사정 등을 이유로 지방자치단체장의 사전승인을 받는 경우 예외적으로 교통편의 등 환자유치가 가능하다. 이와 관련하여, 보건복지부에서는 '경제 사정 등에 관한 지방자치단체장의 사전승인기준'을 아래와 같은 내용으로 마련하여 시행하고 있다.

❑ 본인부담금 면제 · 할인대상 범위

• 국민건강보험법에 의한 건강보험료 납부자 전체 중 납부금액이 하위 20% 범위내에 속하는 세대의 65세 이상 노인 또는 장애 1~3등급으로 등록된 장애인

---

185) 대법원 2017. 6. 19. 선고 2017도5231 판결.
186) 대법원 2022. 3. 31. 선고 2020도16936 판결.

• 국가가 예산을 확보하여 지원하거나 관할 지방자치단체 조례의 규정에 의
해 본인부담금을 면제 또는 할인받는 자

□ 교통편의 제공행위 범위

• 동일 지역 안에 경쟁관계에 있는 의료기관이 없고 의료기관 이용에 따른
대중교통(버스, 열차)이 1일 8회(편도) 이하인 지역으로서, 해당 지역과 의료
기관 사이를 운행하는 경우
• 동일 지역 안에 경쟁관계에 있는 의료기관이 없고 의료기관과 가장 가까운
정류장사이에 대중교통편이 없는 지역으로서, 제일 가까운 정류장과 의료
기관 사이를 운행하는 경우
• 타인의 도움 없이는 의료기관을 이용할 수 없는 신체·정신상의 중대한 질
병을 앓고 있는 자로서 관할 시장·군수·구청장이 인정하는 경우

□ 행위별 승인 절차 및 기간 등

• 당해 의료인 또는 의료기관 등이 환자의 본인부담금 면제·할인행위 및 교
통편의를 제공하고자 하는 때 또는 이에 대한 변경을 하고자 하는 때에는
사전에 관할 시장·군수·구청장에게 요구해야 함
• 관할 국민건강보험공단지사로부터 승인대상자의 건강보험료 납부내역을 반
드시 확인하고 면제·할인행위의 기간은 진료 건별로 승인(비영속적)

(나) 지역보건법

지역보건법 제25조 제1항은 지역보건의료기관은 그 시설을 이용한 자, 실험
또는 검사를 의뢰한 자 또는 진료를 받은 자로부터 수수료 또는 진료비를 징수
할 수 있도록 하며, 위 제1항에 따른 수수료와 진료비는 보건복지부령으로 정하
는 기준에 따라 해당 지방자치단체의 조례로 정하는데, 각 지방자치단체는 장애
인이나 국가유공자 등에 대하여 본인부담금을 감면할 수 있도록 조례를 규정하
고 있다.

(다) 의료 해외진출 및 외국인환자 유치 지원에 관한 법률

의료 해외진출 및 외국인환자 유치 지원에 관한 법률 제6조 제1항에서 외국인환자를 유치하려는 의료기관에 대하여 진료과목별로 전문의 1명 이상을 두고, 보건복지부령으로 정하는 의료사고배상책임보험 또는 「의료사고 피해구제 및 의료분쟁 조정 등에 관한 법률」에 따른 의료배상공제조합에 가입하여 특별시장·광역시장·특별자치시장·도지사 또는 특별자치도지사에게 등록하도록 하고 있다. 제2항에서는 의료기관을 제외하고 외국인환자를 유치하려는 자에 대하여 보건복지부령으로 정하는 보증보험에 가입, 위 령에서 정하는 규모 이상의 자본금을 보유하며, 국내에 사무소를 설치하여   시·도지사에게 등록하여야 한다고 규정하고 있다.

제3절 의료기관의 개설

1. 의료기관 개설자격 (제33조 제1, 2항, 제33조의3)

(1) 조문

◇ 제33조(개설 등)
① 의료인은 이 법에 따른 의료기관을 개설하지 아니하고는 의료업을 할 수 없으며, 다음 각 호의 어느 하나에 해당하는 경우 외에는 그 의료기관 내에서 의료업을 하여야 한다. <개정 2008. 2. 29., 2010. 1. 18.>
   1. 「응급의료에 관한 법률」 제2조제1호에 따른 응급환자를 진료하는 경우
   2. 환자나 환자 보호자의 요청에 따라 진료하는 경우
   3. 국가나 지방자치단체의 장이 공익상 필요하다고 인정하여 요청하는 경우
   4. 보건복지부령으로 정하는 바에 따라 가정간호를 하는 경우
   5. 그 밖에 이 법 또는 다른 법령으로 특별히 정한 경우나 환자가 있는 현장에서 진료를 하여야 하는 부득이한 사유가 있는 경우
② 다음 각 호의 어느 하나에 해당하는 자가 아니면 의료기관을 개설할 수 없다.

이 경우 의사는 종합병원·병원·요양병원·정신병원 또는 의원을, 치과의사는
치과병원 또는 치과의원을, 한의사는 한방병원·요양병원 또는 한의원을, 조산
사는 조산원만을 개설할 수 있다. <개정 2009. 1. 30., 2020. 3. 4.>

1. 의사, 치과의사, 한의사 또는 조산사
2. 국가나 지방자치단체
3. 의료업을 목적으로 설립된 법인(이하 "의료법인"이라 한다)
4. 「민법」이나 특별법에 따라 설립된 비영리법인
5. 「공공기관의 운영에 관한 법률」에 따른 준정부기관, 「지방의료원의 설립
   및 운영에 관한 법률」에 따른 지방의료원, 「한국보훈복지의료공단법」에
   따른 한국보훈복지의료공단

◇ 제33조의3(실태조사)

① 보건복지부장관은 제33조제2항을 위반하여 의료기관을 개설할 수 없는 자가
   개설·운영하는 의료기관의 실태를 파악하기 위하여 보건복지부령으로 정하
   는 바에 따라 조사(이하 이 조에서 "실태조사"라 한다)를 실시하고, 위법이
   확정된 경우 그 결과를 공표하여야 한다. 이 경우 수사기관의 수사로 제33
   조제2항을 위반한 의료기관의 위법이 확정된 경우도 공표 대상에 포함한다.

② 보건복지부장관은 실태조사를 위하여 관계 중앙행정기관의 장, 지방자치단체
   의 장, 관련 기관·법인 또는 단체 등에 협조를 요청할 수 있다. 이 경우 요
   청을 받은 자는 특별한 사정이 없으면 이에 협조하여야 한다.

③ 실태조사의 시기·방법 및 결과 공표의 방법 등에 관하여 필요한 사항은 보
   건복지부령으로 정한다.

[본조신설 2020. 12. 29.]

◇ 벌칙

- 제33조 제1항을 위반하여 의료기관을 개설하지 아니하고 의료업을 하거나
  개설한 의료기관 내에서 의료업을 하지 아니한 경우: 500만원 이하의 벌금
  (제90조)

- 제33조 제2항을 위반하여 의료기관을 개설하거나 운영하는 자: 10년 이하의
  징역 또는 1억원 이하의 벌금(제87조)

- 제33조 제2항을 위반하여 안마시술소를 개설하거나 운영하는 자: 5년 이하

의 징역 또는 5천만원 이하의 벌금(제87조의 2 제2항 제2호)
- 의료기관 개설자가 될 수 없는 자에게 고용되어 의료행위를 한 자: 500만원 이하의 벌금(제90조)

◇ 행정처분
- 제33조 제1항을 위반하여 의료기관을 개설하지 아니하고 의료업을 하거나 의료기관 외에서 의료업을 한 경우: 자격정지 3개월
- 의료기관의 개설자가 될 수 없는 자에게 고용되어 의료행위를 한 경우: 자격정지 3개월
- 제33조 제2항 제3호부터 제5호까지의 규정에 따라 의료기관을 개설한 의료법인·비영리법인·준정부기관·지방의료원 또는 한국보훈복지의료공단이 그 설립허가가 취소되거나 해산된 경우: 의료기관 개설 허가취소 또는 폐쇄

(2) 조문해설

(가) 의료기관 내 의료업 수행의 원칙

의료법은 의료행위가 사람의 생명과 건강에 미치는 중대한 영향을 고려해서 의료업의 수행조건에 관해 엄격한 규제를 하고 있다. 우선 의료행위를 업(業)으로 하고자 하는 경우 반드시 '의료법에 따른 의료기관'을 개설해서 그 '의료기관 내'에서만 의료업을 하는 원칙을 규정한다. 의료업은 의료행위가 계속적이고 반복적으로 이루어지는 업무이다. 의료업은 업무수행의 과정에서 환자 상태가 예상과 달리 급격하게 변화할 수 있다. 의료기관은 의료업이 일상적으로 이루어지는 곳으로 의료행위를 위한 인적 조직과 물적 설비를 구비한 공간이다.187) 그러므로 통상적인 의료업은 환자의 안전을 위해서 적법하게 개설된 의료기관 내에서 이루어져야 한다.

다만 이런 원칙을 고수하면 오히려 환자의 생명과 건강에 위험이 초래될 수 있는 상황 기타 의료기관 외에서 의료업을 수행하는 것이 필요한 다음과 같은 경우에는 예외를 허용하고 있다(제33조 제1항 후단 각호).

---

187) 의료법 제33조 제3항, 제4항 등에서는 의료기관의 종류별로 시설기준 등에 관하여 규정한다.

먼저 응급환자[188]의 경우 즉각적인 응급처치가 필요한 상태의 환자로 의료기관을 방문하는 과정에 상태가 위중해질 수 있으므로 환자가 소재하는 곳에서 의료업을 수행하는 것이 허용된다(제33조 제1항 제1호). 환자나 보호자의 요청에 의해서 의료업이 시행되는 경우에는 환자측의 의사를 존중해서 이른바 왕진이 허용된다(제33조 제1항 제2호). 응급이송수단이 발달된 최근에는 의사나 한의사의 왕진은 드물 것이고 그 대신에 고령이나 만성적 관리 환자를 대상으로 가정간호가 주목을 받고 있다(제33조 제1항 제4호). 국가나 지방자치단체의 장이 공익상 필요하여 의료기관 외부의 진료를 요청하는 경우도 예외적으로 의료기관 외부의 의료업 수행이 허용된다(제33조 제1항 제3호).

가정간호는 의료기관 외부에 있는 환자의 가정을 방문하여 가정전문간호사가 간호 등 일정한 의료행위를 제공하는 방식으로 의료업무가 이루어진다(제33조 제1항 제4호). 고령이나 만성질병 관리가 필요한 재가 요양 환자가 늘어나고 있으므로 지속적 증가가 예상된다.

의료법 시행규칙에 의하면 가정간호는 「전문간호사 자격인정 등에 관한 규칙」에 따른 가정전문간호사가 실시하고(시행규칙 제24조 제2항), 간호, 검체의 채취(현장검사 포함) 및 운반, 투약, 주사, 응급처치 등에 대한 교육 및 훈련, 상담, 다른 보건의료기관 등에 대한 건강관리에 관한 의뢰를 한다(시행규칙 제24조 제1항). 가정간호는 의사나 한의사가 의료기관 외의 장소에서 계속적인 치료와 관리가 필요하다고 판단하여 가정전문간호사에게 치료나 관리를 의뢰한 자에 대하여만 실시하여야 한다(시행규칙 제24조 제3항). 가정전문간호사는 가정간호 중 검체의 채취 및 운반, 투약, 주사 또는 치료적 의료행위인 간호를 하는 경우에는 의사나 한의사의 진단과 처방에 따라야 한다. 이 경우 의사 및 한의사 처방의 유효기간은 처방일부터 90일까지로 한다(시행규칙 제24조 제4항). 가정간호를 실시하는 의료기관의 장은 가정전문간호사를 2명 이상 두어야 하고 가정간호에 관한 기록을 5년간 보존하여야 한다(시행규칙 제24조 제5항, 제6항).

---

188) "응급환자"란 질병, 분만, 각종 사고 및 재해로 인한 부상이나 그 밖의 위급한 상태로 인하여 즉시 필요한 응급처치를 받지 아니하면 생명을 보존할 수 없거나 심신에 중대한 위해(危害)가 발생할 가능성이 있는 환자 또는 이에 준하는 사람으로서 보건복지부령으로 정하는 사람을 말한다(「응급의료에 관한 법률」 제2조 제1호).

그 밖에 법령으로 특별히 정한 경우나 부득이한 사유로 환자 소재지에서 의료업 수행이 필요하다고 인정되는 경우에는 의료기관 외부에서 의료업을 수행할 수 있다(제5호). 의료기관내 의료업 수행의 원칙에 위반하여 적법하게 개설된 의료기관이 아닌 곳에서 의료업을 실시한 경우 500만원 이하의 벌금에 처해질 수 있다(제90조). 또한 이 규정을 위반한 의료인은 보건복지부장관의 처분으로 의료인의 면허자격이 1년 이하의 기간 동안 정지될 수 있다(제66조 제1항 제10호). 실무상 의료관계 행정처분 규칙 제4조 별표2 행정처분 기준 중 (2) 개별기준 가. 22)에 따라 자격정지 3월에 처한다.

(나) 의료기관 개설 주체의 제한

의료법은 의료업이 실시되는 공간인 의료기관을 개설할 수 있는 자를 엄격히 제한한다. 자연인 중에는 의료인만이 의료기관을 개설할 수 있고, 의료인 종별에 따라 개설할 수 있는 의료기관도 구별된다(제33조 제2항 제1호). 의료에 관한 전문적인 지식과 능력을 구비하여 면허를 취득한 의료인이 아닌 자가 의료기관을 개설하여 의료업을 수행할 경우 의료행위의 적정한 수행보다는 영리 추구에 집착하여 국민건강을 침해할 가능성을 고려한 규정으로 이해된다.

유사한 취지에서 자연인 아닌 법인의 경우에도 의료업을 목적으로 의료법에 따라 설립된 법인(이하 '의료법인')이나 민법 기타 특별법에 따라 설립된 비영리법인 등 영리법인을 제외하고 설립자격을 인정한다(제33조 제2항 제3호, 제4호). 물론 영리성과 거리가 먼 국가나 지방자치단체(제33조 제2항 제2호) 및 이에 준하여 공공성이 있는 「공공기관의 운영에 관한 법률」에 따른 준정부기관, 「지방의료원의 설립 및 운영에 관한 법률」에 따른 지방의료원, 「한국보훈복지의료공단법」에 따른 한국보훈복지의료공단은 의료기관을 개설할 수 있다(제33조 제2항 제5호).

의료인이라 할지라도 면허종별에 따라 개설할 수 있는 의료기관이 다르게 정해져 있다. 의사는 종합병원·병원·요양병원·정신병원[189] 또는 의원을, 치과의사는 치과병원 또는 치과의원을, 한의사는 한방병원·요양병원 또는 한의원을, 조산사는 조산원만을 개설할 수 있다(제33조 제2항 제2문).

---

189) 앞 각주에서 설명한 것처럼 2021. 3. 5. 이후 정신병원이 요양병원과 별도 종류의 의료기관이 되었고 의사가 개설할 수 있다.

이와 같이 의료인 면허종별로 개설가능한 의료기관을 다르게 정한 것은 면허종별로 의료인의 주요 임무나 면허 취득요건이 다르기 때문이다.[190] 그러므로 의사가 치과병원, 한방병원이나 조산원을 개설할 수 없고, 한의사는 병원이나 조산원을 개설할 수 없다.

의료기관 개설 자격이 없는 자가 개설 자격이 있는 자 즉 의료인 면허 소지인을 내세워서 그 면허 소지인 명의로 의료기관 개설을 하되[191] 개설에 필요한 자금을 조달하고 의료기관의 개설이나 운영에 필요한 인적 조직이나 물적 시설을 구비하며 그 개설운영에 따른 손익을 귀속받는 방식 역시 금지된다. 이와 같이 의료기관 개설 자격 없는 자가 실질적인 개설 주체가 되는 의료기관을 이른바 사무장병원이라고 하며[192] 바로 이 규정 위반의 위법행위가 된다.[193]

이와 같은 규정에 위반해서 의료기관 개설자격이 없는 자가 의료기관을 개설한 경우에는 10년 이하의 징역이나 1억 원 이하의 벌금에 처한다(제87조). 의료기관 개설자가 될 수 없는 자에게 고용되어 의료행위를 한 의료인은 500만원 이하의 벌금에 처한다(제90조). 나아가 의료인이 무자격자에 의한 의료기관 개설 사실을 알면서도 이에 협력하여 개설자 명의를 제공하는 등 방식으로 의료기관이 개설된 경우에는 개설자인 무자격자 외에 개설자 명의 제공자인 의료인도 무자격자에 의한 의료기관 개설로 인한 의료법위반죄의 공동정범이 되어 10년 이하의 징역이나 1억 원 이하의 벌금에 처할 수 있다(제87조, 형법 제30조).

---

190) 의료법에 의하면 의사는 의료와 보건지도를, 치과의사는 치과 의료와 구강 보건지도를, 한의사는 한방 의료와 한방 보건지도를 그리고 조산사는 조산(助産)과 임부(姙婦)·해산부(解産婦)·산욕부(産褥婦) 및 신생아에 대한 보건과 양호지도를 임무로 한다(제2조 제2항).

191) 현실적으로 의료인 면허가 없는 자가 자신의 명의로 의료기관을 개설하는 것은 행정절차상 불가능하다.

192) 실질적으로는 의료기관을 개설한 당사자이지만 의료인 면허 같은 개설자격이 없으므로 자신의 명의로 의료기관의 장이 될 수 없는 상황에서 의료기관 운영의 권한 행사와 책임 부담을 위해서 의료기관 사무실에 상주하면서 사무처리를 하는 사무장이 실제 병원의 주인이란 의미에서 유래한 것이다.

193) 무자격자에 의해서 개설된 의료기관 이른바 사무장병원의 규제를 위하여 의료법 제33조의 3 (실태조사) 규정이 2020. 12. 29.에 신설되어 2021. 6. 30.부터 시행되고 있다. 이에 따라 사무장병원의 실태파악을 위한 보건복지부장관의 조사 실시 및 그 결과(수사기관의 수사에 의해서 확인된 경우 포함) 공표가 규정되었고, 중앙행정기관의 장 및 관련 기관이나 단체는 이러한 실태조사에 협조할 의무를 부담하게 되었다(제33조의2). 다만 아직 시행 초기 상황이라 실태조사 공표 사례는 파악되지 않고 있다.

또한 의료인이 의료기관의 개설자가 될 수 없는 자에게 고용되어 의료행위를 한 경우에는 1년 이하의 면허 자격정지 처분을 받을 수 있다(제66조 제1항 제2호). 실무상 의료관계 행정처분 규칙 제4조 별표2 행정처분 기준 중 (2) 개별기준 가. 36)에 따라 자격정지 3월에 처한다.

(다) 실태조사

2020. 12. 29. 법률 제17787호로 개정된 의료법에서는 제33조의3을 신설, 보건복지부장관으로 하여금 제33조 제2항을 위반하여 의료기관을 개설할 수 없는 자가 개설·운영하는 의료기관의 실태를 파악하기 위하여 현장조사, 문서열람 등의 방법으로 실태조사를 실시하며, 필요한 경우에는 조사 대상자에게 법 제61조에 따라 보고를 명하거나 법 제61조의2에 따라 자료의 제출 또는 의견의 진술 등을 요청할 수 있도록 하고 있다(의료법 시행규칙 제28조의2 제2항).

또한, 실태조사 결과 위법이 확정된 경우 그 결과를 관보 또는 보건복지부의 인터넷 홈페이지에 의료기관의 명칭 및 주소, 의료기관 개설자의 성명, 위반사항 등을 공표할 수 있도록 규정하고 있다(의료법 시행규칙 제28조의2 제3항).

(3) 판례·행정해석

(가) 의료기관 내 의료업 수행의 원칙 및 예외

◇ 의료기관내 의료업 수행의 입법취지(대법원 2011. 4. 14. 선고 2010두26315 판결)
- 의료기관 내에서 의료업을 영위하도록 한 것은 의료행위가 의료기관 밖에서 행하여질 경우 의료의 질 저하와 적정 진료를 받을 환자의 권리 침해 등으로 인해 의료질서가 문란하게 되고, 국민의 보건위생에 심각한 위험을 초래하게 되는 것을 사전에 방지하고자 하는 보건의료정책상의 필요성에 의한 것임.
- 의료법 제33조 제1항 제2호가 정한 '환자나 환자 보호자의 요청에 따라 진료하는 경우'란 특별한 사정이 없는 한 특정 환자에 대한 개별적이고 구체적인 요청에 응하여 이루어지는 진료를 의미함.

- 요양기관인 병원을 운영하는 甲 의료법인이, 소속 의사로 하여금 사회복지시설을 1주에 1, 2회 방문하여 환자들을 진료하도록 한 후 진찰료를 요양급여비용 등으로 청구하여 지급받은 사안에서, 甲의 위 방문진료는 의료법 제33조 제1항 각 호에서 정한 의료인이 개설한 의료기관 밖에서 진료행위를 할 수 있는 경우에 해당하지 않으므로, 위 사회복지시설에서 진료 후 그에 따른 요양급여비용 등을 청구한 것은 의료법 제33조 제1항 등을 위반한 행위라고 판단한 사례.

◇ 의료기관 외부 의료업 수행에 해당하여 의료법위반으로 판단 가능한 사례[194]
- 의료기관 외에서 임상병리사의 채혈 및 검사행위.
- 인터넷을 통한 환자진료 및 그에 따른 처방전·진단서 발급 등 원격진료행위.
- 호텔 객실을 지정 불특정 다수의 환자에게 지속적으로 의료행위를 하는 경우.

◇ 환자나 보호자의 요청에 따른 진료에 해당하는 경우[195]
- 의료인이 최선의 의료행위를 하기 위해서 해당 환자의 증상이나 상황 등을 미리 숙지하여 대비하고 환자의 진료에 필요한 기구, 장비 등을 구비한 다음 그 환자가 있는 장소를 방문하여 진료행위를 할 필요가 있는지 등을 감안하여 판단해야 할 것임.
- 환자나 환자 보호자의 요청에 따라 의료기관 외에서 진료할 수 있다는 동 조항을 근거로 정기적, 계속적으로 불특정 다수의 환자를 진료하는 경우에는 '의료기관을 개설하지 아니하고 의료업을 영위하는 것'으로 간주되어 처벌받을 수 있음.

---

194) 보건복지부, 2017 의료기관 개설 및 의료법인 설립 운영 편람, 10면.
195) 보건복지부, 2017 의료기관 개설 및 의료법인 설립 운영 편람, 11면.

◇ 국가나 지방자치단체의 장이 공익상 필요하다고 인정하여 요청하는 경우196)

－ 원폭피해자 복지회관의 입소자에 보건소가 매주 방문하여 진료하는 경우 (의료자원과－9456, 2009. 10. 27.).

－ 의료기관에서 건강보험공단에 요양급여를 청구하지 아니하고 환자로부터 어떠한 대가도 받지 아니하며 영리추구를 위한 환자 유치행위로도 볼 수 없을 진정한 봉사활동으로서의 '무료진료'를 수행하는 경우.

－ 의료법 제33조제1항제3호에 따라 코로나19 확산 방지를 위해 국가나 지자체장이 의료기관 외에서의 의료행위(이동형 검사실 운영)을 추진할 수 있을 것으로 사료되나, 민간기관이 자체적 필요에 따라 운영하는 것은 불가 (의료기관정책과－3929, 2021. 6. 23.).

◇ 그 밖에 이 법 또는 다른 법령으로 특별히 정한 경우나 환자가 있는 현장에서 진료를 하여야 하는 부득이한 사유가 있는 경우197)

－ 노인복지법 제35조에 의한 노인의료복지시설의 설치·운영기준 중 입소자 건강관리를 위한 책임자를 두고 의사(한의사 포함)·간호사 기타 자격이 있는 자가 그 임무를 수행하거나 촉탁의사(시간제 계약에 의한 의사 또는 한의사 포함)를 두는 경우.

－ 학교보건법 시행령 제23조에 따라 간호사의 면허를 가진 보건교사가 학교 내에서 학생 및 교직원을 대상으로 부상과 질병의 악화를 방지하기 위한 처치 및 의약품 투여행위 등 제한적 범위내의 의료행위를 하는 경우(의료제도과－1819, 2009. 4. 13.).

－ 의료기관 개설자가 환자의 거동이 불편하다는 이유로 주기적, 정기적으로 타 의료기관에서 순회진료를 수행한다면 의료법 제33조 제1항 위반 소지 (의료자원과－9456, 2009. 10. 27.).

---

196) 보건복지부, 2022년 의료기관 개설 및 의료법인 설립 운영 편람, 12면.
197) 보건복지부, 2017 의료기관 개설 및 의료법인 설립 운영 편람, 12면.

(나) 의료기관 개설 주체의 제한

◇ 무자격자에 의한 의료기관 개설 금지의 입법취지(대법원 2005. 2. 25. 선고 2004도7245 판결)

- 의료기관 개설자격을 의료전문성을 가진 의료인이나 공적인 성격을 가진 자로 엄격히 제한함으로써 건전한 의료질서를 확립하고, 영리 목적으로 의료기관을 개설하는 경우에 발생할지도 모르는 국민 건강상의 위험을 미리 방지하고자 하는 데에 그 취지가 있음.

◇ 무자격자에 의한 의료기관 개설의 의미(대법원 2011. 10. 27. 선고 2009도2629 판결)

- 의료법에 의하여 금지되는 의료기관 개설행위는, 비의료인이 그 의료기관의 시설 및 인력의 충원·관리, 개설신고, 의료업의 시행, 필요한 자금의 조달, 그 운영성과의 귀속 등을 주도적인 입장에서 처리하는 것을 의미함.
- 따라서 의료인의 자격이 없는 일반인이 필요한 자금을 투자하여 시설을 갖추고 유자격 의료인을 고용하여 그 명의로 의료기관 개설신고를 한 행위는 형식적으로만 적법한 의료기관의 개설로 가장한 것일 뿐 실질적으로는 의료인 아닌 자가 의료기관을 개설한 경우에 해당하고, 개설신고가 의료인 명의로 되었다거나 개설신고 명의인인 의료인이 직접 의료행위를 하였다 하여 달리 볼 수 없음.

◇ 비의료인이 개설한 의료기관의 요양급여 비용 청구는 사기죄 구성(대법원 2015. 7. 9. 선고 2014도11843 판결)

- 비의료인이 개설한 의료기관이 마치 의료법에 의하여 적법하게 개설된 요양기관인 것처럼 국민건강보험공단에 요양급여비용의 지급을 청구하는 것은 국민건강보험공단으로 하여금 요양급여비용 지급에 관한 의사결정에 착오를 일으키게 하는 것으로서 사기죄의 기망행위에 해당하고, 이러한 기망행위에 의하여 국민건강보험공단에서 요양급여비용을 지급받을 경우에는 사기죄가 성립함.

- 이 경우 의료기관의 개설인인 비의료인이 개설 명의를 빌려준 의료인으로
  하여금 환자들에게 요양급여를 제공하게 하였다 하여도 마찬가지임.

◇ 비의료인이 개설자격을 위반하여 의료법인 명의 의료기관을 개설·운영한 것으
로 보아 처벌하기 위한 요건(대법원 2023. 7. 17. 선고 2017도1807 전원합의체
판결)
- 의료법인 명의로 개설된 의료기관을 실질적으로 비의료인이 개설·운영하
  였다고 판단하려면, 비의료인이 의료법인 명의 의료기관의 개설·운영에
  주도적으로 관여하였다는 점을 기본으로 하여, 비의료인이 외형상 형태만
  을 갖추고 있는 의료법인을 탈법적인 수단으로 악용하여 적법한 의료기관
  개설·운영으로 가장하였다는 사정이 인정되어야 함.
- 이러한 사정은 비의료인이 실질적으로 재산출연이 이루어지지 않아 실체
  가 인정되지 않는 의료법인을 의료기관 개설·운영을 위한 수단으로 악용
  한 경우이거나, 의료법인의 재산을 부당하게 유출하여 의료법인의 공공성,
  비영리성을 일탈한 경우에 인정됨.

◇ 무자격자가 개설한 의료기관에 대한 행정처분
- 무자격자에 의한 의료기관 개설은 의료기관 개설신고 또는 허가의 중대한
  하자가 있고, 의료법상 무거운 형사처벌의 대상으로 중대한 위법행위이므
  로 그와 같이 개설된 의료기관의 경우에는 보건복지부장관 등은 (1년 이내
  의 업무정지 처분 대신에) 개설허가 취소나 폐쇄 명령이 가능하고 필요하다
  고 해석함(의료법 제64조 제1항 4의2).[198]

◇ 요양병원의 개설 자격
- 요양병원은 의사 또는 한의사가 각각 개설하거나 의사와 한의사가 공동개
  설할 수도 있음.[199]

---

198) 보건복지부, 2022년 의료기관 개설 및 의료법인 설립 운영 편람, 14면.
199) 보건복지부, 의료법령 민원질의·회신사례, 2008. 12., 125면.

◇ 민법이나 특별법에 따라 설립된 비영리법인에 의한 개설[200)

− 비영리법인이 의료기관을 개설하기 위해서는 우선 시·도지사 또는 주무 관청으로부터 설립허가를 받아야 함.

− 비영리법인이 의료기관을 개설하려면 그 법인의 정관에 개설하고자 하는 의료기관의 소재지 및 의료기관 개설·운영을 목적사업으로 명시하여 시행령 제16조에서 정하는 바에 따라 정관의 변경허가(설립허가)를 받아야 함(법 제33조 제9항 및 시행령 제16조).

− 의료법 제33조 제2항 제4호에 따라 민법이나 특별법에 따라 설립된 비영리법인의 경우 의료기관을 개설할 수 있으나, 법인은 민법 제34조에 따라 정관으로 정한 목적의 범위 내에서 권리와 의무의 주체가 되므로, 법인이 목적사업으로서 의료기관 개설이 법인 설립 목적에 부합하는 경우로 한정하여야 할 것임.

− 비영리법인의 의료기관 개설은 법 제33조 제9항 및 시행령 제16조에 따라 그 정관변경 허가가 이루어져 야 할 것이며 비영리법인의 의료기관 개설은 이러한 정관변경허가가 선행되어 정관상 하자가 없을 경우, 관할 지자체에서 의료법상 의료기관개설 요건을 검토하여 그 의료기관 개설신고 수리 또는 허가 가능

2. 의료기관 개설기준 및 절차 (제33조 제3항 내지 제6항, 제33조의2)

(1) 조문

◇ 제33조(개설 등)
③ 제2항에 따라 의원·치과의원·한의원 또는 조산원을 개설하려는 자는 보건복지부령으로 정하는 바에 따라 시장·군수·구청장에게 신고하여야 한다. <개정 2008. 2. 29., 2010. 1. 18.>
④ 제2항에 따라 종합병원·병원·치과병원·한방병원·요양병원 또는 정신병원

200) 보건복지부, 2022년 의료기관 개설 및 의료법인 설립 운영 편람, 15면.

을 개설하려면 제33조의2에 따른 시·도 의료기관개설위원회의 심의를 거쳐 보건복지부령으로 정하는 바에 따라 시·도지사의 허가를 받아야 한다. 이 경우 시·도지사는 개설하려는 의료기관이 다음 각 호의 어느 하나에 해당하는 경우에는 개설허가를 할 수 없다. <개정 2008. 2. 29., 2010. 1. 18., 2019. 8. 27., 2020. 3. 4.>

1. 제36조에 따른 시설기준에 맞지 아니하는 경우
2. 제60조제1항에 따른 기본시책과 같은 조 제2항에 따른 수급 및 관리계획에 적합하지 아니한 경우

⑤ 제3항과 제4항에 따라 개설된 의료기관이 개설 장소를 이전하거나 개설에 관한 신고 또는 허가사항 중 보건복지부령으로 정하는 중요사항을 변경하려는 때에도 제3항 또는 제4항과 같다. <개정 2008. 2. 29., 2010. 1. 18.>

⑥ 조산원을 개설하는 자는 반드시 지도의사(指導醫師)를 정하여야 한다.

◇ 제33조의2(의료기관개설위원회 설치 등)

① 제33조제4항에 따른 의료기관 개설 허가에 관한 사항을 심의하기 위하여 시·도지사 소속으로 의료기관개설위원회를 둔다.

② 제1항의 의료기관개설위원회의 위원은 제28조에 따른 의사회·치과의사회·한의사회·조산사회 및 간호사회의 의료인으로서 경험이 풍부한 사람과 제52조에 따른 의료기관단체의 회원으로서 해당 지역 내 의료기관의 개설·운영 등에 관한 경험이 풍부한 사람으로 한다.

③ 의료기관개설위원회의 구성과 운영에 필요한 사항과 그 밖에 필요한 사항은 보건복지부령으로 정한다.

[본조신설 2020. 3. 4.]

◇ 벌칙
- 제33조 제3항 위반: 500만원 이하의 벌금(제90조)
- 제33조 제4항 위반: 3년 이하의 징역 또는 3천만원 이하의 벌금(제88조 제1호)

◇ 행정처분
- 제33조 제6항을 위반하여 조산원 개설자가 지도의사를 정하지 않은 경우: 경고
- 제33조 제3항 및 제4항에 따른 의료기관의 개설신고 또는 개설허가를 한 날부터 3개월 이내에 정당한 사유 없이 그 업무를 시작하지 아니한 경우: 의료기관 개설허가 취소 또는 폐쇄
- 제33조 제5항을 위반하여 신고하거나 허가받지 아니하고 개설장소를 이전하거나 개설신고 한 사항 또는 허가받은 사항을 변경한 경우: 경고
- 제33조 제5항에 따른 변경신고를 하지 아니한 자: 100만원 이하의 과태료

(2) 조문해설

(가) 의원 등의 개설 신고

의료법에서는 의료기관의 개설 기준을 의료기관 규모에 따라 의원급 의료기관(의원·치과의원·한의원, 조산원, 이하, '의원 등'이라고 함)과 병원급 의료기관(종합병원·병원·치과병원·한방병원·요양병원, 정신병원,[201] 이하 '병원 등'이라고 함)으로 구별하여 서로 다르게 정하고 있다. 즉 의원 등은 시장·군수·구청장(이하, '시장 등'이라고 함)에 대한 '신고'만으로 개설이 가능한 반면에 병원 등은 시·도지사의 '허가'를 받아야 개설이 가능하다. 주로 지역사회 주민들을 대상으로 소규모로 개설되는 의원 등은 개설자의 면허와 의료행위가 시행될 시설(건물과 장비 등) 요건이 준수되면 개설이 가능하다. 신고는 허가와 달리 신고자의 신고 행위로 절차가 완료되는 반면에 허가는 허가권자에 의한 심사와 허가를 받아야 절차가 완료된다.

제33조 제3항은 의원 등의 개설신고에 관해서 보건복지부령인 시행규칙에 위임하고 있다.[202] 주로 개설자 및 근무인원 등 인력 요건과 건물 등 시설 요건 준

---

201) 2021. 3. 5. 이후 요양병원과 별도 종류 의료기관이 되는 정신병원이 추가되었다.
202) 시행규칙 제25조(의료기관 개설신고)
　① 법 제33조제3항에 따라 의원·치과의원·한의원 또는 조산원을 개설하려는 자는 별지 제14호서식의 의료기관 개설신고서(전자문서로 된 신고서를 포함한다)에 다음 각 호의 서류(전자문서를 포함한다)를 첨부하여 시장·군수·구청장(자치구의 구청장을 말한다. 이하 같다)에게 신고하여야 한다.

수에 관한 서류를 접수하는 방식으로 신고가 되어야 한다.

　인력 요건의 경우 개설자가 법인인 경우 법인 설립 허가증, 정관 및 사업계획서 사본이 필요하고 의료인인 경우 면허증 사본이 필요하나 「전자정부법」 제36조 제1항에 따른 행정정보의 공동이용을 통하여 확인하는 것이 원칙이고 다만 신고인이 그 절차에 동의하지 않는 경우에는 사본을 제출한다. 개설자가 아닌 의료인이 근무하게 되는 경우 그 면허증 사본도 같은 방식으로 확인 또는 첨부되

---

1. 개설하려는 자가 법인인 경우: 법인 설립 허가증 사본(「공공기관의 운영에 관한 법률」에 따른 준정부기관은 제외한다), 정관 사본 및 사업계획서 사본
2. 삭제 [2021.6.30.]
3. 건물평면도 사본 및 그 구조설명서 사본
4. 의료인 등 근무인원에 대한 확인이 필요한 경우: 면허(자격)증 사본. 다만, 제2항에 따라 행정정보의 공동이용으로 확인할 수 있는 경우는 제외한다.
5. 법 제36조제1호·제2호·제4호 및 제5호의 준수사항에 적합함을 증명하는 서류
② 제1항에 따라 신고서를 제출받은 시장·군수·구청장은 「전자정부법」 제36조제1항에 따른 행정정보의 공동이용을 통하여 다음 각 호의 서류를 확인해야 하며, 신고인(해당 의료기관에서 근무하는 사람을 포함한다)이 제2호 및 제3호의 서류 확인에 동의하지 않는 경우에는 그 사본을 첨부하도록 해야 한다.
1. 개설하려는 자가 법인인 경우: 법인 등기사항증명서
2. 개설하려는 자가 의료인인 경우: 의료인 면허증
3. 의료인 등 근무인원에 대한 확인이 필요한 경우: 면허(자격)증
③ 시장·군수·구청장은 제1항에 따른 의료기관 개설신고를 받은 경우에는 다음 각 호의 사항을 확인해야 한다. 이 경우 제3호에 대해서는 「소방시설 설치 및 관리에 관한 법률」 제6조제8항 전단에 따라 그 확인을 요청해야 한다.
1. 법 제4조제2항, 제33조제2항, 같은 조 제6항부터 제8항까지 및 제64조제2항에 따른 의료기관의개설기준에 위배되는지 여부
2. 법 제36조제1호·제2호·제4호 및 제5호의 준수사항에 적합한지 여부
3. 「소방시설 설치 및 관리에 관한 법률 시행령」 별표 4에 따라 의료기관이 갖추어야 하는 소방시설에 적합한지 여부
4. 그 밖에 다른 법령에 따라 의료기관의 개설이 제한되거나 금지되는지 여부
④ 시장·군수·구청장은 제1항에 따른 의료기관 개설신고가 적법하다고 인정하는 경우에는 해당 신고를 수리하고, 별지 제15호서식의 의료기관 개설신고증명서를 발급하여야 한다.
⑤ 시장·군수·구청장은 분기별 의료기관의 개설신고 수리 상황을 매 분기가 끝난 후 15일까지 시·도지사를 거쳐 보건복지부장관에게 통보해야 한다.
⑥ 시장·군수·구청장은 제4항에 따라 의료기관 개설신고증명서를 발급한 경우에는 의료기관별로 관리카드를 작성·비치하여 신고 사항의 변경신고 및 행정처분 내용 등을 기록·관리하여야 한다.

어야 한다. 시설 요건의 경우 건물평면도 및 구조설명서 사본이 필요하다. 나아가 법 제36조에 규정된 의료기관의 종류에 따른 시설기준 및 규격에 관한 사항, 의료기관의 안전관리시설 기준에 관한 사항, 고가의료장비의 설치·운영 기준에 관한 사항, 의료기관의 종류에 따른 의료인 등의 정원 기준에 관한 사항에 관한 증명자료가 제출되어야 한다(시행규칙 제25조 제1항 제5호).

시장 등은 개설신고가 접수되면 다른 의료인 명의로 개설되는 것인지 여부, 무자격자에 의한 개설 여부, 조산원의 지도의사 확보 여부, 중복개설 여부, 개설허가 취소일 이후 6개월 경과 여부 등 의료법상 개설규제 규정 준수여부를 확인해야 한다(시행규칙 제25조 제3항 제1호).

개설신고 요건이 구비되면 시장 등은 신고서를 수리하고 의료기관 개설신고 증명서를 발급하여야 한다. 후술하는 대법원 판례[203]에 의하면 개설신고서가 수리된 이상 의원개설 신고필증의 교부가 없다 하여 개설신고의 효력을 부정할 수 없다고 판시하고 있다. 그러나 법에 위임을 받아 시행규칙에서 개설신고에 대한 수리 기준을 규정한 점에 비추어 개설신고에 관해서 서류상의 검토를 통한 시장 등의 형식적인 심사는 필요한 것으로 이해되고 현실적으로 신고필증의 교부 없이 의료기관을 개설하여 운영하는 것은 어려울 것이다.

의원 등 개설신고 규정에 위반하여 개설신고 없이 의료업을 수행한 자는 500만원 이하의 벌금에 처한다(제90조). 나아가 위 규정에 위반한 의료인은 1년 이하의 면허자격 정지 처분을 받을 수 있다(제66조 제1항 제10호). 의료관계행정처분 규칙에 의하면 실무상 자격정지 3월에 처한다(별표 행정처분 기준 2. 개별기준 가. 22).

한편 의료기관이 개설 신고를 한 날부터 3개월 이내에 정당한 사유 없이 업무를 시작하지 아니한 때에는 법 제64조 제1항 제1호 규정 및 의료관계행정처분 규칙에 따라 의료기관 폐쇄 명령을 받게 된다(별표 행정처분 기준 2. 개별기준 나. 5).

(나) 병원 등의 개설 허가

병원 등을 개설하려면 보건복지부령인 시행규칙 규정[204]에 따라 시도지사의

---

203) 대법원 1985. 4. 23. 선고 84도2953 판결.
204) 시행규칙 제27조(의료기관 개설허가)
　① 법 제33조제4항에 따라 종합병원·병원·치과병원·한방병원·요양병원 또는 정신병원

허가를 받아야 한다(제33조 제4항 제1문). 한편, 2020. 9. 5.부터는 시도지사의 허가를 받기 이전에 시도 의료기관개설위원회의 심의를 거쳐야 한다. 2020. 3. 4. 법률 제17069호로 개정된 의료법은 제33조의2를 신설하여 병원 설립 시 시도 의료기관개설위원회의 심의를 거치도록 하였고 이는 불법성을 띤 병원은 허가 단계부터 개설을 차단하고자 하는 취지에서 규정되었다.

개설허가 시에는 의원 등 개설신고시와 비슷하게 개설자가 의료인인 경우 개설자의 면허증이나 자격증(전문의사의 경우 등)의 사본, 법인인 경우에는 법인설립허가증, 정관 및 사업계획서의 사본, 근무인원 중 의료인에 대한 면허증이나 자

의 개설허가를 받으려는 자는 별지 제16호서식의 의료기관 개설허가신청서(전자문서로 된 신청서를 포함한다)에 다음 각 호의 서류(전자문서를 포함한다)를 첨부하여 시·도지사에게 제출하여야 한다.
1. 개설하려는 자가 법인인 경우: 법인설립허가증 사본(「공공기관의 운영에 관한 법률」에 따른 준정부기관은 제외한다), 정관 사본 및 사업계획서 사본
2. 개설하려는 자가 의료인인 경우: 사업계획서 사본
3. 건물평면도 사본 및 그 구조설명서 사본
4. 의료인 등 근무인원에 대한 확인이 필요한 경우: 면허(자격)증 사본 1부
5. 삭제 [2021.6.30]
6. 법 제36조제1호·제2호·제4호 및 제5호의 준수사항에 적합함을 증명하는 서류
② 제1항에 따라 신청서를 제출받은 시·도지사는 「전자정부법」 제36조제1항에 따른 행정정보의 공동이용을 통하여 다음 각 호의 서류를 확인해야 한다. 다만, 신청인(해당 의료기관에서 근무하는 사람을 포함한다)이 제2호부터 제4호까지의 서류 확인에 동의하지 않는 경우에는 그 사본을 첨부하도록 해야 한다.
1. 개설하려는 자가 법인인 경우: 법인 등기사항증명서
2. 개설하려는 자가 의료인인 경우: 의료인 면허증
3. 「전기안전관리법 시행규칙」 제18조제3항 본문에 따른 전기안전점검 확인서(종합병원만 해당한다)
4. 의료인 등 근무인원에 대한 확인이 필요한 경우: 면허(자격)증
③ 제1항에 따른 개설허가 신청과 관련하여 그 신청사항에 대한 확인 방법 및 기준에 관하여는 제25조제3항을 준용한다.
④ 시·도지사는 제1항에 따라 의료기관의 개설허가를 한 때에는 지체 없이 별지 제17호서식의 의료기관 개설허가증을 발급하여야 한다.
⑤ 시·도지사는 분기별 의료기관의 개설허가 상황을 매 분기가 끝난 후 15일까지 보건복지부장관에게 통보해야 한다.
⑥ 시·도지사는 제4항에 따라 의료기관의 개설허가증을 발급한 때에는 의료기관별로 관리카드를 작성·비치하여 허가 사항의 변경허가 및 행정처분 내용 등을 기록·관리하여야 한다.

격증 사본 등 인력 요건 증명서류를 제출 또는 확인되어야 한다. 다만, 개설자의 의료인 면허 보유 여부는「전자정부법」제36조 제1항에 따른 행정정보의 공동이 용을 통한 확인을 하는 방식이 가능하다. 마찬가지로 건물평면도 사본 등 시설 요건 증명자료도 제출해야 한다(시행규칙 제27조 제1항). 법 제36조에 규정된 의료 기관의 종류에 따른 시설기준 및 규격에 관한 사항, 의료기관의 안전관리시설 기 준에 관한 사항, 고가의료장비의 설치 · 운영 기준에 관한 사항, 의료기관의 종류 에 따른 의료인 등의 정원 기준에 관한 사항에 관한 증명자료가 제출되어야 하 는 점도 동일하다(시행규칙 제27조 제1항 제6호). 다만 종합병원의 개설허가 신청시 에는「전기사업법 시행규칙」에 따른 전기안전점검확인서가 추가로 제출되어야 한다(시행규칙 제27조 제2항 제3호).

시도지사는 개설허가 신청이 접수되면 다른 의료인 명의로 개설되는 것인지 여부, 무자격자에 의한 개설 여부, 중복개설 여부, 개설허가 취소일 이후 6개월 경과 여부 등 의료법상 개설규제 규정 준수여부를 확인해야 한다(시행규칙 제27조 제3항, 제25조 제3항 제1호). 이 경우 시도지사는 개설하려는 의료기관이 위와 같은 법 제36조에 따른 시설기준에 맞지 아니하는 경우 또는 제60조 제1항에 따른 기 본시책과 같은 조 제2항에 따른 수급 및 관리계획에 적합하지 아니한 경우에는 개설허가를 할 수 없다(제33조 제4항 제2문). 의원 등 개설 신청에 대하여 수리 후 심사나 거부가 불가능한 것과 반대로 병원 등의 경우에는 시설 요건이 구비되지 않은 경우에 개설허가가 금지된다.

위와 같은 병원 등 개설허가 규정에 위반하여 허가 없이 병원 등을 개설한 경우에는 3년 이하의 징역이나 3천만원 이하의 벌금에 처한다(제88조 제1호). 의 원 등에 비하여 규모가 큰 병원 등의 경우 국민건강에 미치는 효과가 큰 점을 고 려하여 개설 절차가 까다롭고 위반에 대한 처벌도 더 무겁게 규정된 것으로 이 해할 수 있다. 의료인이 병원 등 개설에 관한 의료법 규정을 위반한 경우에 위와 같은 형사처벌 외에 면허자격 정지 처분을 받을 수 있고, 그 내용은 의원 등 개 설 규정 위반시와 같이 의료관계행정처분 규칙에 따라 자격정지 3개월에 처한다 (별표 행정처분 기준 2. 개별기준 가. 22). 병원 등의 개설허가를 받은 날부터 3개월 이내에 정당한 사유 없이 업무를 시작하지 아니한 때에는 법 제64조 제1항 제1 호 규정 및 의료관계행정처분 규칙에 따라 개설허가 취소 처분을 받게 된다(별표 행정처분 기준 2. 개별기준 나. 5)).

(다) 개설 장소의 이전 및 신고사항 등의 변경 절차

법 제33조 규정에 따라 개설된 의료기관이 개설 장소를 이전하거나 개설에 관한 신고사항 또는 허가사항 중 보건복지부령으로 정하는 중요사항을 변경하려는 때에도 신고하거나 허가를 받아야 한다(제33조 제5항). 보건복지부령인 시행규칙에서는 변경시 신고 및 허가가 필요한 중요사항을 규정하고 있다(시행규칙 제26조 및 제28조). 개설장소의 변경은 물론이고 의료기관 개설자의 변경사항 발생, 의료기관 개설자가 입원, 해외출장 등으로 다른 의사·치과의사·한의사 또는 조산사에게 진료하게 할 경우 그 기간 및 해당 의사 등의 인적 사항, 의료기관의 진료과목의 변동 사항, 진료과목의 증감이나 입원실 등 주요시설의 변경에 따른 시설 변동 내용, 의료기관의 명칭 변경 사항, 의료기관의 의료인 수의 변경이 발생하면 신고나 허가 신청을 해야 한다(의료법 시행규칙 제26조).

의료기관 개설자의 변경 사항, 의료기관의 종류 변경 또는 진료과목의 변동 사항, 진료과목 증감이나 입원실 등 주요시설 변경에 따른 시설 변동 내용, 의료기관의 명칭 변경 사항, 의료기관의 의료인 수의 변경사항 등 개설허가 사항의 변경허가를 받으려면 의료기관 개설허가증과 변경 사항을 확인할 수 있는 서류의 사본을 첨부하여 허가사항 변경신청서(전자문서로 된 신청서를 포함한다)를 시·도지사에게 제출하여야 한다. 다만, 종합병원의 개설 장소가 이전되는 경우, 시행규칙 제28조 제1항 제2호에 따라 종합병원으로 변경되는 경우 또는 제3호에 따라 종합병원의 주요시설 변경이 있는 경우에는 시·도지사는 「전자정부법」 제36조제1항에 따른 행정정보의 공동이용을 통하여 「전기안전관리법 시행규칙」 제18조제3항 본문에 따른 전기안전점검 확인서를 확인해야 한다. 다만, 신청인이 확인에 동의하지 않는 경우에는 그 사본을 첨부하도록 해야 한다(시행규칙 제28조 제2항).

신고나 허가 사항의 변경시 변경 신고나 변경 허가를 받아야 함에도 위반한 경우에는 개설 규정 위반과 유사하게 처벌이나 행정처분을 받게 된다. 우선 의원 등 개설자가 변경 신고를 하지 않은 경우에는 100만원 이하의 과태료가 부과된다(제92조 제3항 제2호). 그에 비하여 병원 등 개설자가 허가 사항 변경에 대하여 허가를 받지 않은 경우에는 500만원 이하의 벌금에 처한다(법 제90조). 병원 등 개설자가 의료인인 경우에 의료법 위반으로 벌금형을 받은 경우에 면허자격 정지 처분의 사유가 되지만 의료관계행정처분 규칙에는 허가 사항 변경 절차 위반 시 행정처분 기준을 정하고 있지 않다. 일단 의료기관이 개설된 이상 변경 절차 준수 의무는 의료인이 아니라 의료기관 자체에 있다고 해석하는 것이다.

보건복지부장관이나 시장 등은 의료기관이 법에서 정한 변경 사항에 관하여 신고나 허가 신청을 하지 않은 경우에는 1년 이하 기간 동안 의료기관의 업무정지나 폐쇄 명령 혹은 허가 취소를 할 수 있다(제64조 제1항 제5호). 다만 의료관계행정처분 규칙에 의하면 법 제33조제5항을 위반하여 신고하거나 허가받지 아니하고 개설장소를 이전하거나 개설신고한 사항 또는 허가받은 사항을 변경한 경우 '경고' 처분을 받게 된다(별표 행정처분 기준 2. 개별기준 나. 6)).

(라) 조산원의 개설

조산원은 조산사가 조산과 임부·해산부·산욕부 및 신생아를 대상으로 보건활동과 교육·상담을 하는 의료기관을 말한다(제3조 제2항 제2호). 조산원은 조산사만이 개설할 수 있다(제33조 제2항 제2문). 조산사가 조산원을 개설하는 경우에는 반드시 지도의사를 정해야 한다(제33조 제6항). 이 규정에 따라 조산원 개설자가 지도의사를 정하거나 변경한 경우에는 지도의사신고서에 그 지도의사의 승낙서 및 면허증 사본을 첨부하여 관할 시장 등에게 제출하여야 한다(시행규칙 제31조). 이에 위반하여 조산원 개설자가 지도의사를 정하지 아니한 경우에는 의료관계행정처분 규칙에 따라 경고 처분을 받게 된다(별표 행정처분 기준 2. 개별기준 가. 23)).

(3) 판례·행정해석

◇ 의원 개설신고의 수리 거부 가능성(대법원 1985. 4. 23. 선고 84도2953 판결)
 − 의료법 제30조 제3항[205]에 의하면 의원, 치과의원, 한의원 또는 조산소의
   개설은 단순한 신고사항으로만 규정하고 있고 또 그 신고의 수리여부를

---

205) 현행 의료법 제33조 제3항에 따라 의원·치과의원·한의원 또는 조산원을 개설하려는 자는 보건복지부령으로 정하는 바에 따라 시장·군수·구청장에게 신고하여야 한다.

심사, 결정할 수 있게 하는 별다른 규정도 두고 있지 아니하므로 의원의 개설신고를 받은 행정관청으로서는 별다른 심사, 결정 없이 그 신고를 당연히 수리하여야 함.

- 의료법시행규칙 제22조 제3항[206])에 의하면 의원개설 신고서를 수리한 행정관청이 소정의 신고필증을 교부하도록 되어있다 하여도 이는 신고사실의 확인행위로서 신고필증을 교부하도록 규정한 것에 불과하고 그와 같은 신고필증의 교부가 없다 하여 개설신고의 효력을 부정할 수 없음.

◇ 정신과의원 개설신고의 수리 거부 가능성(부산고등법원 2018. 4. 20. 선고 2017누24288 판결)

- 의원급 의료기관 개설신고를 수리함에 있어서 개설신고서의 기재사항에 흠이 없고, 필요한 구비서류가 첨부되어 있는지 여부와 개설신고인이 의료법에서 정한 의료인으로서의 자격을 갖추었는지 여부, 의료기관의 종류에 따른 시설·장비의 기준·규격 및 의료인 정원을 갖추고 있는지 여부 등 관계 법령에 규정된 사항에 대하여만 심사할 수 있다고 할 것이고, 개설신고가 관계 법령에서 정한 요건을 모두 갖추었음에도 관계 법령에서 정한 요건 이외에 그 신고대상이 된 내용과 관련된 공익적 기준 등의 실체적 사유를 별도로 심사하여 그 개설신고의 수리를 거부할 수는 없다고 봄이 타당함.

- 의원급 의료기관의 개설신고와 관련하여 정신과의원과 비정신과의원을 구분하지 않고 동일한 기준을 적용하여 온 정립된 의료법령 체계를 달리 해석하여 정신과의원 개설신고에 대하여 비정신과의원과 달리 관계 법령에서 정하지 않은 실체적 사항에 대하여 행정청의 실질적 심사가 가능한 것으로 해석할 공익상 필요가 있다고 보기도 어려움.

---

206) 현행 의료법 제25조 제3항 시장·군수·구청장은 제1항에 따른 의료기관 개설신고가 적법하다고 인정하는 경우에는 해당 신고를 수리하고, 별지 제15호서식의 의료기관 개설신고 증명서를 발급하여야 한다.

◇ 의원 개설신고에 대한 행정관청의 심사 범위(서울행정법원 2001. 8. 8. 선고 2001구15886 판결)

− 행정청이 의료기관 개설신고를 수리함에 있어서, 위 개설신고가 형식적으로 적법한지 여부 외에 개설신고인이 의료법에서 정한 의료인으로서의 자격을 갖추었는지 여부와 의료기관의 종별에 따른 시설, 장비의 기준, 규격 및 의료인 정원을 갖추고 있는지 여부만을 심사할 수 있다고 할 것이고, 이러한 요건 외에 개설신고인이 건축법 및 그에 따른 건설교통부고시 소정의 용도변경기준을 갖추고 용도변경을 하는지 여부를 별도로 심사하여 위 개설신고를 거부할 수는 없음.

◇ 의료기관 개설허가의 법적 성격(부산지방법원 2009. 10. 9. 선고 2009구합 2796 판결)

− 의료기관개설허가는 일반적 금지의 해제라는 허가의 기본적 성질을 전제로 하고, 의료법 제33조 제2항 각호에 해당하는 자가 보건복지가족부령이 정하는 기준을 갖추어 신청을 하면 영리를 추구하는 등 의료기관의 사명에 반한다는 특별한 사정이 없는 한 이를 허가하여야 하며, 불허가하는 경우에는 정당한 사유를 제시하여야 하고 자의적으로 불허가를 하여서는 아니되므로, 기속재량행위의 성질을 가짐.

◇ 의원 등 개설신고 수리의 원칙(법제처 2009. 4. 2. 안건번호09−0007)

− 의원(치과의원·한의원 또는 조산원을 포함)을 개설하려는 건축물이 건축법 등 다른 법령의 관련 규정을 준수하지 않은 경우에도 의료법상 의료기관의 개설신고에 요구되는 개설신고서 및 구비서류에 하자가 없는 한 의료법 제33조에 따른 의료기관 개설신고를 수리해야 함.

− 단, 건축법상 건축물대장으로 관리하지 아니하는 무허가 건축물에 대하여는 개설신고 수리거부 가능.[207]

---

207) 후술하는 것과 같이 2019. 8. 27. 개정되어 2020. 2. 28. 시행되는 의료법 제33조 제7항 제4호 개정 규정에 의하여 법률에 명시됨

3. 의료기관 개설의 제한 및 준수사항 (제33조 제7, 8, 9, 10항, 제36조)

가. 약국 인근 등 의료기관 개설 장소 제한 규정

(1) 조문

◇ 제33조(개설 등)

⑦ 다음 각 호의 어느 하나에 해당하는 경우에는 의료기관을 개설할 수 없다. <개정 2019. 8. 27.>

1. 약국 시설 안이나 구내인 경우

2. 약국의 시설이나 부지 일부를 분할·변경 또는 개수하여 의료기관을 개설하는 경우

3. 약국과 전용 복도·계단·승강기 또는 구름다리 등의 통로가 설치되어 있거나 이런 것들을 설치하여 의료기관을 개설하는 경우

4. 「건축법」 등 관계 법령에 따라 허가를 받지 아니하거나 신고를 하지 아니하고 건축 또는 증축·개축한 건축물에 의료기관을 개설하는 경우

(2) 조문해설

2000년 7월 약사법 개정을 통한 의약분업의 시행에 따라 의료기관과 약국개설자간 담합을 금지할 필요성이 제기되어 약사법에 의료기관과 약국간의 담합행위를 금지하고자[208] 약국 개설 장소 제한 규정을 신설하면서[209] 의료법에는

---

208) 약사법(2001. 8. 14., 법률 제6511호 일부개정) 제22조(의무 및 준수사항)[현 약사법 제24조]

② 약국개설자(당해 약국의 종사자를 포함한다. 이하 이 조에서 같다)와 의료기관개설자(당해 의료기관의 종사자를 포함한다. 이하 이 조에서 같다)는 다음 각호의 1에 해당하는 담합행위를 하여서는 아니된다. <개정 2001. 8. 14.>

1. 약국개설자가 특정 의료기관의 처방전을 소지한 자에 대하여 약제비의 전부 또는 일부를 면제해 주는 행위

2. 약국개설자가 의료기관개설자에게 처방전 알선의 대가로 금전, 물품, 편익, 노무, 향응 그 밖의 경제상의 이익을 제공하는 행위

3. 의료기관개설자가 처방전을 소지한 자에게 특정 약국에서 조제받도록 지시하거나 유도하는 행위(환자의 요구에 의하여 지역내 약국들의 명칭·소재지 등을 종합하여

의료기관 개설 장소 제한 규정을 두게 되었다. 즉 2002. 3. 30. 법률 제6686호로 개정되어 2003. 3. 31.에 시행된 구 의료법 제30조 제8항 규정에서, 약국시설과 인접하여 의료기관을 개설하는 경우에는 의료기관을 개설할 수 없도록 규정하였다.

이러한 약사법 및 의료법 규정의 입법취지는 의약분업의 원칙에 따라서 의료기관의 외래환자에 대한 원외조제를 의무화하기 위하여 약국을 의료기관과는 공간적·기능적으로 독립된 장소에 두고자 한 것이다(대법원 2003. 12. 12. 선고 2002두10995 판결). 행정해석을 통해서 의료기관 개설이 금지되는 장소를 좀 더 구체적으로 살펴보기로 한다.[210]

① 약국의 시설 내 또는 구내인 경우

의료기관으로 허가 받거나 신고한 대지 및 건물(주차장. 지하시설 등 의료기관에 부속되는 모든 시설을 포함) 내 또는 의료기관을 담장 등으로 별도 구획한 경우 그 구획 내에 약국을 개설하는 경우를 포함한다.

② 약국의 시설 또는 부지의 일부를 분할·변경 또는 개수하여 의료기관을 개설하는 경우

－ 약국으로 사용하던 시설이나 부지 일부를 용도 변경하여 타인에게 임대,

_____

　　안내하는 행위를 제외한다)
　4. 의사 또는 치과의사가 제22조의2제2항의 규정에 의하여 의사회분회 또는 치과의사회분회가 약사회분회에 제공한 처방의약품목록에 포함되어 있는 의약품과 동일한 성분의 다른 품목을 반복하여 처방하는 행위(그 처방전에 의하여 의약품을 조제한 약사의 행위도 또한 같다)
　5. 제1호 내지 제4호의 행위와 유사하여 담합의 소지가 있다고 대통령령이 정하는 행위
209) 약사법(2001. 8. 14., 법률 제6511호 일부개정)
　제16조(약국의 개설등록)
　⑤ 다음 각호의 1에 해당하는 경우에는 개설등록을 받지 아니한다.
　2. 약국을 개설하고자 하는 장소가 의료기관의 시설안 또는 구내인 경우
　3. 의료기관의 시설 또는 부지의 일부를 분할·변경 또는 개수하여 약국을 개설하는 경우
　4. 의료기관과 약국간에 전용의 복도·계단·승강기 또는 구름다리 등의 통로가 설치되어 있거나 이를 설치하는 경우
210) 보건복지부, 2017 의료기관 개설 및 의료법인 설립 운영 편람, 66, 67면.

매매한 후 해당 시설이나 부지에 의료기관을 개설하는 경우
- 복수의 의료기관에 의해서 건물 전체가 의료기관 용도로 사용되는 건물 일부를 분할, 변경 또는 개수하여 약국을 개설하는 경우

③ 약국과 전용의 복도 · 계단 · 승강기 또는 구름다리 등의 통로가 설치되어 있거나 이를 설치하여 의료기관을 개설하는 경우

- 한 건물에 의료기관과 약국만이 개설되어 의료기관 및 약국의 이용자가 해당 건물의 복도, 계단, 승강기 등을 전용의 통로로 이용하는 경우
- 의료기관과 약국이 건물 또는 층을 달리하더라도 구름다리, 계단 등을 통해 의료기관과 약국을 드나들 수 있도록 하는 경우

한편, 비록 약국과 의료기관이 같은 건물의 1층과 2층과 같이 외형상 서로 인접한 곳에 개설되어 있더라도 외부로 통하는 출입문이 서로 다른 방향으로 있어서 의료기관의 환자가 약국을 가려면 건물 외부로 나간 이후 다른 출입문을 통해서 약국을 가야 하는 경우에는 두 기관이 공간적 및 기능적으로 분리되어 있어서 위법이 아니다.[211]

의료기관이 약국과 담합금지 규정(약사법 제24조 제2항)을 위반한 경우 보건복지부장관 또는 시장 등은 의료업을 1년의 범위에서 정지시키거나 개설 허가의 취소 또는 의료기관 폐쇄를 명할 수 있다(법 제64조 제1항 제7호).

한편, 2019. 8. 27. 의료법 개정 시 제33조 제7항 제4호를 추가하여 건축법 등 관계 법령에 따라 허가를 받지 아니하거나 신고를 하지 아니하고 건축 또는 증축, 개축한 건축물(소위 무허가건축물 등)에도 의료기관을 개설할 수 없도록 하여 의료기관 개설의 장소적 제한 요건을 추가하였다.

보건복지부장관이나 시장 등은 의료업무 정지 처분에 갈음하여 3회에 한하여 5천만원 이하의 과징금을 부과할 수 있으며 과징금 산정 기준은 시행령에 규정되어 있다.

---

211) 대법원 2016. 7. 22. 선고 2014두44311 판결.

(3) 판례·행정해석

◇ 약사법이 금지하는 '의료기관의 시설 안 또는 구내'에 해당하는지 판단하는 방법
(대법원 2016. 7. 22. 선고 2014두44311 판결)

- 약국을 개설하고자 하는 장소가 약사법에서 금지하고 있는 '의료기관의 시설 안 또는 구내'에 해당하는지 여부를 판단함에 있어서는 의약분업의 원칙에 따라 의료기관의 외래환자에 대한 원외조제를 의무화하기 위하여 약국을 의료기관과는 공간적·기능적으로 독립된 장소에 두고자 하는 위 법률조항의 입법 취지를 고려하여야 함.

- 동일 건물내 1층에 약국이, 2층 내지 7층에 병원이 소재하여 외형상 인접한 것으로 볼 수 있지만 약국과 병원의 출입문이 건물의 반대편에 위치하여 약국을 통해서는 병원으로 출입할 수 없을 뿐 아니라 병원에서 약국으로 들어오기 위해서는 병원측 출입문을 통해 건물 밖으로 나가 인도를 지난 후 약국의 출입문을 통하여야만 하는 점 등을 고려하여 약사법이 금지한 위법한 개설이 아니라고 판시함.

나. 의료인의 의료기관 중복개설 금지(제33조 제8항)

(1) 조문

◇ 제33조(개설 등)
⑧ 제2항제1호의 의료인은 어떠한 명목으로도 둘 이상의 의료기관을 개설·운영할 수 없다. 다만, 2 이상의 의료인 면허를 소지한 자가 의원급 의료기관을 개설하려는 경우에는 하나의 장소에 한하여 면허 종별에 따른 의료기관을 함께 개설할 수 있다. <신설 2009. 1. 30., 2012. 2. 1.>

(2) 조문해설

의료인이 의료기관을 개설하는 경우에는 어떠한 명목으로도 둘 이상의 의료기관을 개설·운영할 수 없다(이하 '중복개설 금지'). 다만, 2 이상의 의료인 면허를

소지한 자가 의원급 의료기관을 개설하려는 경우에는 하나의 장소에 한하여 면허 종별에 따른 의료기관을 함께 개설할 수 있다(법 제33조 제8항).[212]

이른바 중복개설 금지 규정으로 알려진 위 규정은 2012. 2. 1. 법률 제11252호로 의료법이 일부개정되면서 등장하였다.[213] 다만 개정 전후 규정의 문언을 비교하면 실질적 차이는 크지 않다.

개정 전	개정 후
제2항제1호의 의료인은 하나의 의료기관만 개설할 수 있다.	제2항제1호의 의료인은 어떠한 명목으로도 둘 이상의 의료기관을 개설·운영할 수 없다.

즉 개정 전 규정에 의할지라도 의료인은 하나의 의료기관만 개설이 가능하고, 개정된 규정에 의할지라도 그 점에서 실질적인 차이가 없다. 굳이 차이가 있다면 "어떠한 명목으로도 ~ 할 수 없다"로 금지요건 규정방식으로 표현이 수정된 점과 개설 외에 '운영'도 할 수 없다는 표현이 추가된 것이다.

위 법률 제11252호 개정법률안의 개정이유에는 중복개설금지 규정에 관한 내용이 없다. 다만 국회에서 위와 같은 법률개정을 제안한 이른바 "양승조 의원안"(의안번호: 13477) 제안 이유를 통해서 입법취지를 이해할 수 있다. 이에 따르면, "최근 일부 의료인이 단순 경영의 목적이라는 명분으로 다른 의사의 면허로 의료기관을 여러 장소에 개설함으로써 이익을 극대화하기 위하여 해당 의료기관이 영업조직을 운영해 환자 유인행위를 하거나 과잉진료 및 위임치료를 하도록 하는 등 불법 의료행위를 조장하고 있는 실정"이라고 하면서, 이에 "의료인으로 하여금 […] 다른 의료인의 의료기관 개설과 경영을 위하여 면허를 대여하지 못하도록" 함과 동시에 "의료인은 어떠한 명목으로도 둘 이상의 의료기관을 개설·운영할 수 없다"고 규정해야 한다고 제안한 것이다. 위 양승조 의원안에 따라 중복개설금지를 위해서 의료인이 다른 의료인 명의를 활용한 의료기관 개설을 금지한 법 제4조 제2항[214]도 신설되었다.

위와 같은 중복개설금지 규정을 위반한 경우 5년 이하의 징역이나 5천만원

---

212) 단서 규정에 관해서는 후술하는 판례 설명 부분 참조.
213) 시행일은 공포일로부터 6월 후인 2012. 8. 1.이다.
214) 제4조(의료인과 의료기관의 장의 의무) ② 의료인은 다른 의료인의 명의로 의료기관을 개설하거나 운영할 수 없다.

이하의 벌금에 처한다(법 제89조 제1항 제2호). 이런 처벌 규정은 법 제33조 제2항을 위반한 이른바 사무장병원 개설자 즉 무자격자에 의한 의료기관 개설에 대한 처벌과 동일한 수준으로 매우 엄격한 수준의 제재임을 알 수 있다.

위와 같은 형사처벌 외에 보건복지부장관에 의한 면허자격 정지 처분도 가능하다(법 제66조 제1항 제10호).

한편 의료법이 아닌 국민건강보험법상 부당이득의 징수 규정[215]을 적용하여 국민건강보험공단은 사무장병원은 물론 중복개설 의료기관 개설자[216]에 대하여도 건강보험 요양급여비에 대한 환수처분을 실시한바 있으나, 후술하여 소개하는 대법원 2019. 5. 30. 선고 2015두36485 판결 및 대법원 2019. 5. 30. 선고 2016두56370 판결 등은 중복개설 의료기관 개설자에 대한 부당이득 환수처분은 위법하다고 하여 취소하였다.

그런데 의료법상 중복개설 금지 규정은 2012년 개정 전에도 유사한 규정이 있었으나 대법원은 개설 의료인이 중복으로 의료행위 수행을 하지 않고 경영에만 관여하는 경우에 적법한 것으로 해석하였고,[217] 무자격자에 의한 의료기관 개설과 의료인에 의한 중복개설을 동일하게 금지하는 것이 과잉규제에 해당한다는 점에서 적절한 입법인지 의문이 제기되었다. 실제로도 위 규정에 대하여는 다수의 헌법재판이 제기되었고,[218] 공개변론 과정에서는 중복개설 금지 규정 도입 과

---

215) 국민건강보험법(2013. 5. 22. 법률 제11787호 일부개정) 제57조(부당이득의 징수) ① 공단은 속임수나 그 밖의 부당한 방법으로 보험급여를 받은 사람이나 보험급여 비용을 받은 요양기관에 대하여 그 보험급여나 보험급여 비용에 상당하는 금액의 전부 또는 일부를 징수한다.

216) 의료기관의 실질적 소유자가 아닌 국민건강보험법상 요양기관에 해당하는 명의상 개설자에 해당함

217) 대법원 1998. 10. 27. 선고 98도2119 판결, 대법원 2003. 10. 23. 선고 2003도256 판결, 대법원 2008. 9. 25. 선고 2006도4652 판결 등.

218) 서울동부지방법원 2014초기338호 위헌심판제청 결정에서는 "불법의료행위나 이익극대화 행위를 방지하고자 한다면 문제가 되는 행위들을 직접적으로 규제하고 단속과 처벌을 강화함으로써 그 목적을 충분히 달성할 수 있는 것으로 보이고", 의료법 제33조 제8항과 같이 "의료인의 다른 의료기관에 대한 투자 및 경영 참가를 포괄적으로 금지하게 되면 그와 같은 투자 및 경영 참가로 인해 발생할 수 있는 순기능(각종 정보의 공유와 의료기술의 공동연구 등을 통한 의료서비스 수준 제고, 공동구매 등을 통한 원가 절감 내지 비용의 합리화 등)까지 원천적으로 차단하게 하는 문제가 발생하며, 이는 모든 국민이 수준 높은 의료 혜택을 받을 수 있도록 하여 국민의 건강을 보호하고 증진하고자 하는 의료법의 입

정에서 제출된 보건복지부나 공정거래위원회의 의견서 내용에 의하더라도 직전 대법원 판례의 취지에 반하여 과잉 규제에 해당한다는 의견이 우세하였다.[219] 그러나 헌법재판소는 2019. 8. 위 조항에 대하여 합헌 결정을 하였다.[220]

특히 의료법 위반행위에 대하여 개설자의 면허자격정지 등 의료법상 행정처분을 부과하는 것과 별개로 국민건강보험법상 요양급여비 환수처분을 실시하는 것에 대하여는 실제 제공된 진료는 자격을 구비한 의료인이 개설한 의료기관에서 면허자격을 소지한 의료인이 시행한 의료행위의 대가인 요양급여비를 입법정책상 사정 변경이 있다고 해서 무차별적으로 환수하는 것이 적법한가에 대하여 심각한 의문이 제기되었다. 이에 따라 서울고등법원은 국민건강보험공단의 환수처분이 위법하다는 판결을 선고하였고,[221] 이 판결은 대법원에서 확정되었다.[222]

법목적에도 역행하는 것"이라고 지적함

219) 의료법 일부개정법률안 심사보고서 중

　　나. 정부 및 관련 단체 의견

　　　"보건복지부는 대법원 판례에서 의료인이 다른 의료기관의 경영에 참여하는 것은 복수의료기관 개설에 해당하지 않는 것으로 판시하고 있고, 현실적으로 개설자인 의료인이 다른 의료인으로부터 자본을 투자받는 것까지 규제하는 것은 어려움이 있으며, 다른 의료기관에 대한 경영참여를 통해 공동구매·공동마케팅 및 경영정보 공유 등 의료기관 경쟁력 강화에 기여하는 측면 등이 있으므로 신중한 검토가 필요하다는 의견을 제시함."

　　　"공정거래위원회와 법제처는 의료인의 다른 의료기관에 대한 투자·경영까지도 금지하는 것은 국민의 건강을 보호·증진하는 「의료법」의 목적을 벗어난 과잉규제라는 의견을 제시하였음."

　　다. 검토의견

　　　"「의료법」에 따른 1인 1개설 원칙의 1차적인 취지는 의료기관을 개설하는 의료인은 자신의 면허를 바탕으로 개설된 의료기관에서 이루어지는 의료행위에 전념하도록 하기 위하여 장소적 한계를 설정한 것으로 보임.

　　　이와 같은 취지에서 보면, 대법원이 판시한 것과 같이 의료인이 다른 의료기관의 경영에 직접 관여하여 사실상 복수의 의료기관을 개설하였다 하더라도 의료행위 자체는 본인 명의로 개설된 의료기관에서 전념한다면 「의료법」의 취지에 반하지 않는 것으로 볼 수 있을 것임."

　　　"따라서, 일부 편법적 수단을 활용하여 공익을 훼손하는 사례를 방지하기 위하여 규제를 보다 정밀하게 보완하는 것은 필요할 것이나, 강화된 규제로 인하여 의료기관이 경영 방식을 다양화하고 경쟁력을 제고하려는 노력이 원천적으로 차단되는 부작용도 예상할 수 있는 만큼 다양한 사례에 관한 논의가 필요할 것으로 판단됨."

220) 헌법재판소 2019. 8. 29. 2014헌바212, 2014헌가15, 2015헌마561, 2016헌바21(병합) 결정.
221) 서울고등법원 2016. 9. 23. 선고 2014누69442 판결.

(3) 판례·행정해석

◇ 구 의료법상 의사가 개설할 수 있는 의료기관의 수를 1개소로 제한하고 있는 취지(대법원 2003. 10. 23. 선고 2003도256 판결)

- 자신의 명의로 의료기관을 개설하고 있는 의사가 다른 의사의 명의로 또 다른 의료기관을 개설하여 그 소속의 직원들을 직접 채용하여 급료를 지급하고 그 영업에 따라 발생하는 이익을 취하는 등 새로 개설한 의료기관의 경영에 직접 관여한 점만으로는 다른 의사의 면허증을 대여받아 실질적으로 별도의 의료기관을 개설한 것이라고 볼 수 없음.

- 구 의료법상 1개소 개설 규정의 입법취지를 의사가 의료행위를 직접 수행할 수 있는 장소적 범위 내에서만 의료기관의 개설을 허용함으로써 의사 아닌 자에 의하여 의료기관이 관리되는 것을 그 개설단계에서 미리 방지하기 위한 데에 있다고 해석하여 의료인이 자신의 명의로 개설한 의료기관에서만 의료행위를 직접 수행하고, 타 의료인 명의로 개설한 의료기관에서는 의료행위는 수행하지 않고 경영에만 관여한 경우에는 의료법이 금지한 1개소 초과 개설의 위법이 아니라고 판시함.

◇ 의료법 제33조 제8항에 대한 헌법소원 사건(헌법재판소 2019. 8. 29. 2014 헌바212, 2014헌가15, 2015헌마561, 2016헌바21(병합) 결정)

- '운영'의 사전적 의미와 이에 대한 법원의 해석, 의료법 개정의 취지 및 그 규정 형식 등을 종합하여 볼 때, 이 사건 법률조항에서 금지하는 '의료기관 중복운영'이란, '의료인이 둘 이상의 의료기관에 대하여 그 존폐·이전, 의료행위 시행 여부, 자금 조달, 인력·시설·장비의 충원과 관리, 운영성과의 귀속·배분 등의 경영사항에 관하여 의사 결정 권한을 보유하면서 관련 업무를 처리하거나 처리하도록 하는 경우'를 의미하는 것으로 충분히 예측할 수 있고, 그 구체적인 내용은 법관의 통상적인 해석·적용에 의하여 보완될 수 있다. 따라서 이 사건 법률조항은 죄형법정주의의 명확성

---

222) 대법원 2019. 5. 30. 선고 2016두62481 판결, 대법원 2019. 5. 30. 선고 2016두56370 판결.

원칙에 반하지 않음.

- 이 사건 법률조항은 의료인으로 하여금 하나의 의료기관에서 책임 있는 의료행위를 하게 하여 의료행위의 질을 유지하고, 지나친 영리추구로 인한 의료의 공공성 훼손 및 의료서비스 수급의 불균형을 방지하며, 소수의 의료인에 의한 의료시장의 독과점 및 의료시장의 양극화를 방지하기 위한 것임.

- 이 사건 법률조항이 금지하는 중복운영방식은 주로 1인의 의료인이 주도적인 지위에서 여러 개의 의료기관을 지배·관리하는 형태이며 이러한 형태의 중복운영은 의료행위에 외부적인 요인을 개입하게 하고, 의료기관의 운영주체와 실제 의료행위를 하는 의료인을 분리시켜 실제 의료행위를 하는 의료인이 다른 의료인에게 종속되게 하며, 지나친 영리추구로 나아갈 우려도 큼.

- 이에 입법자는 기존의 규제들만으로는 효과적으로 규제하기에 부족하다고 보고 이 사건 법률조항을 도입한 것이며 위반 시의 법정형도 집행유예나 벌금형의 선고가 가능하도록 상한만 제한하고 있어, 형벌의 종류나 형량의 선택폭이 과도하게 제한되어 있다고 보기도 어려움.

- 그 외에 의료의 중요성, 우리나라의 취약한 공공의료의 실태, 의료인이 여러 개의 의료기관을 운영할 때 의료계 및 국민건강보험 재정 등 국민보건 전반에 미치는 영향, 국가가 국민의 건강을 보호하고 적정한 의료급여를 보장해야 하는 사회국가적 의무 등을 종합하여 볼 때, 이 사건 법률조항은 과잉금지원칙에 반한다고 할 수 없음.

- 이 사건 법률조항은 수범자를 의료인으로 한정하여, 의료법인 등은 위 조항의 적용을 받지 않고 둘 이상의 의료기관을 운영할 수 있으나, 의료법인 등은 설립에서부터 국가의 관리를 받고, 이사회나 정관에 의한 통제가 가능하며, 명시적으로 영리추구가 금지되어, 이처럼 의료인 개인과 의료법인 등의 법인은 중복운영을 금지할 필요성에서 차이가 있으므로, 의료인과 의료법인 등을 달리 취급하는 것은 합리적인 이유가 인정됨.

◇ 의료법 제33조 제8항에 위반하여 개설된 의료기관으로부터 요양급여를 환수할 수 있는지 여부 – 대법원 2019. 5. 30. 선고 2016두62481 판결

- 국민건강보험법에 의하여 요양기관으로 인정되는 '의료법에 따라 개설된 의료기관'의 범위는 국민건강보험법에서 정한 요양급여를 실시하는 기관으로서 적합한지 여부를 고려하여 판단하여야 하고, 여기에 의료인이 둘 이상의 의료기관을 개설·운영하거나 다른 의료인 명의로 의료기관을 개설·운영하였더라도, 그 의료기관은 의료법에 의하여 의료기관 개설이 허용되는 의료인에 의하여 개설·운영되고 진료행위가 이루어진다는 점에서 이 사건 각 의료법 조항을 위반하지 않은 의료기관과 차이가 없다는 점을 고려해야 함.

- 의료인으로서 자격과 면허를 보유한 사람이 의료법에 따라 의료기관을 개설하여 건강보험의 가입자 또는 피부양자에게 국민건강보험법에서 정한 요양급여를 실시하였다면, 설령 이미 다른 의료기관을 개설·운영하고 있는 의료인이 위 의료기관을 실질적으로 개설·운영하였다거나, 의료인이 다른 의료인의 명의로 위 의료기관을 개설·운영한 것이어서 의료법을 위반한 경우라 할지라도, 그 사정만을 가지고 위 의료기관이 국민건강보험법에 의한 요양급여를 실시할 수 있는 요양기관인 '의료법에 따라 개설된 의료기관'에 해당하지 아니한다거나, 위 의료기관이 요양급여비용을 수령하는 행위가 '속임수나 그 밖의 부당한 방법에 의하여 보험급여 비용을 받는 행위'에 해당한다고 할 수 없음.

다. 의료법인 등의 의료기관 개설 요건 및 법인명의 대여 금지(제33조 제9항, 제10항)

(1) 조문

◇ 제33조(개설 등)
⑨ 의료법인 및 제2항제4호에 따른 비영리법인(이하 이 조에서 "의료법인등"이라 한다)이 의료기관을 개설하려면 그 법인의 정관에 개설하고자 하는 의료

기관의 소재지를 기재하여 대통령령으로 정하는 바에 따라 정관의 변경허가를 얻어야 한다(의료법인등을 설립할 때에는 설립 허가를 말한다. 이하 이 항에서 같다). 이 경우 그 법인의 주무관청은 정관의 변경허가를 하기 전에 그 법인이 개설하고자 하는 의료기관이 소재하는 시·도지사 또는 시장·군수·구청장과 협의하여야 한다. <신설 2015. 12. 29.>
⑩ 의료기관을 개설·운영하는 의료법인등은 다른 자에게 그 법인의 명의를 빌려주어서는 아니 된다. <신설 2015. 12. 29.>

◇ 벌칙
- 제33조 제9항을 위반한 자: 1년 이하의 징역 또는 1천만원 이하의 벌금(제89조 제1호)
- 제33조 제10항을 위반한 자: 5년 이하의 징역이나 5천만원 이하의 벌금(제87조의2 제2항 제2호)

(2) 조문해설

의료법인 및 민법이나 특별법에 따른 비영리법인(이하 "의료법인등")이 의료기관을 개설하려면 그 법인의 정관에 개설하고자 하는 의료기관의 소재지를 기재하여 대통령령으로 정하는 바에 따라 정관의 변경허가를 얻어야 한다. 이 경우 그 법인의 주무관청은 정관의 변경허가 전에 그 법인이 개설하고자 하는 의료기관이 소재하는 시·도지사 또는 시장 등과 협의하여야 한다. 그에 비하여 의료기관을 개설하고자 의료법인등을 설립할 때에는 그 정관에 개설 예정인 의료기관의 소재지를 기재하여 설립 허가를 받아야 한다(제33조 제9항). 또한, 의료기관을 개설·운영하는 의료법인등은 다른 자에게 그 법인의 명의를 빌려주어서는 안된다(제33조 제10항).

위 규정은 의료법이 2015. 12. 29. 법률 제13658호로 개정되면서 신설되었다. 의료법 제33조 제9항 규정 앞 부분은 이미 개설된 의료법인등이 의료기관 개설을 하는 경우 그 절차를 정하고 있다. 그에 비하여 뒷부분은 의료법인의 개설과 동시에 의료기관 개설을 하는 경우를 가정하고 그 절차를 규정한 것으로 이해된다. 개설하고자 하는 의료기관의 소재지를 정관에 명시하게 하고, 허가 과정

에서 그 관할 시도지사나 시장 등과 협의하도록 하여 의료기관 개설이 지역적으
로 적정하게 분포하도록 주의를 기울이도록 규정한 것으로 이해된다.

대통령령인 의료법 시행령 제16조에서는 의료법인등의 의료기관 개설을 위한
정관변경 혹은 개설허가에 관한 구체적 절차를 정하고 있다.[223] 주로 의료기관
개설운영을 목적사업으로 정한 정관안, 사업계획서 및 자금조달계획서, 의료기관
개설에 필요한 시설, 장비 및 인력 등의 확보계획서 기타 의료법인이나 비영리법
인의 설립허가시 구비할 서류 등을 주무관청에 제출해야 한다.

법인은 의료법 제34조에 따라 정관으로 정한 목적의 범위 내에서 권리와 의
무의 주체가 되므로, 법인이 목적사업으로서 의료기관 개설이 법인 설립 목적에
부합하는 경우에 한정하여 정관변경 허가 및 의료기관 개설 허가가 이루어져야

---

223) 의료법 시행령 제16조(의료법인 등의 의료기관 개설을 위한 정관변경 허가 등)
   ① 법 제33조제2항제3호에 따른 의료법인(이하 "의료법인"이라 한다) 및 같은 항 제4호에
   따른 비영리법인이 같은 조 제9항 전단에 따라 법인 설립허가 또는 정관 변경허가를 받으
   려는 경우에는 다음 각 호의 구분에 따른 서류를 주무관청에 제출하여야 한다.
   1. 법인 설립허가를 받으려는 경우: 다음 각 목의 서류
      가. 의료기관의 개설·운영이 목적사업에 해당한다는 사실과 의료기관의 소재지가 반
        영된 정관안
      나. 의료기관 개설·운영을 위한 사업계획서 및 자금조달계획서
      다. 의료기관의 시설·장비 및 인력 등의 확보 계획서
      라. 법 제33조제2항 제4호에 따른 비영리법인이 법인 설립허가 시 관계 법령에 따라
        필요한 서류(비영리법인만 해당한다)
      마. 법 제48조제1항에 따른 의료법인 설립허가에 필요한 서류(의료법인만 해당한다)
      바. 그 밖에 의료기관의 개설·운영과 관련하여 보건복지부장관이 필요하다고 인정하
        여 고시하는 서류
   2. 정관 변경허가를 받으려는 경우: 다음 각 목의 서류
      가. 의료기관의 개설·운영이 목적사업에 해당한다는 사실과 의료기관의 소재지가 반
        영된 정관변경안
      나. 제1호 나목 및 다목의 서류
      다. 법 제33조 제2항 제4호에 따른 비영리법인이 정관 변경허가 시 관계 법령에 따라
        필요한 서류(비영리법인만 해당한다)
      라. 법 제48조 제3항에 따른 정관 변경허가에 필요한 서류(의료법인만 해당한다)
      마. 그 밖에 의료기관의 개설·운영과 관련하여 보건복지부장관이 필요하다고 인정하
        여 고시하는 서류
   ② 제1항 각 호의 서류(제1호 라목·마목 및 제2호 다목·라목은 제외한다)에 대한 작성
   기준, 작성방법 및 세부내용 등에 관한 사항은 보건복지부장관이 정하여 고시한다.

할 것이다.[224]

이러한 의료법인등의 정관변경 혹은 의료법인 설립 허가 절차를 위반한 경우에는 1년 이하의 징역이나 1천만원 이하의 벌금에 처한다(제89조 제1호). 이 경우 법인의 대표자나 대리인, 사용인, 그 밖의 종업원이 그 법인의 업무에 관하여 의료법 제89조의 위반행위를 하면 그 행위자를 벌하는 외에 그 법인에게도 해당 조문에 규정된 1천만원 이하의 벌금형을 부과한다. 다만, 법인 또는 개인이 그 위반행위를 방지하기 위하여 해당 업무에 관하여 상당한 주의와 감독을 게을리하지 아니한 경우에는 법인의 책임은 면제된다(제91조). 이른바 양벌규정으로 위법행위를 구체적으로 결정하고 수행한 행위자 개인을 처벌하되 그 위법행위의 효과를 누리는 법인에게도 벌금형을 부과하여 위법행위 책임을 중첩적으로 부과하여 그 발생을 억제하고자 하는 정책적 입법으로 이해된다.

의료법인의 경우 의료기관 개설을 목적으로 설립되는 법인이므로 설립 시 작성되는 정관에서 의료기관 개설 및 의료업무 수행을 사업목적으로 기재할 것이 자명하다. 그래서 의료기관 개설을 위한 정관변경 절차 규정이 적용되는 것은 다른 사업을 목적으로 설립된 비영리법인이 설립 이후 의료기관 개설을 하고자 하는 경우로 예상된다.

한편 의료법인등이 의료기관을 개설하는 경우 자신의 책임과 비용으로 의료기관을 운영해야 한다. 그렇지 않고 타인의 의료업 수행을 위하여 의료법인등의 명의를 빌려주는 행위는 금지된다(제33조 제10항). 이에 위반한 경우에는 의료법상 중한 벌칙인 5년 이하의 징역이나 5천만원 이하의 벌금에 처한다(제87조의2 제2항 제2호). 다만 개인 의료인의 명의 대여를 통한 의료업무 수행 방식에 비하여 법인 명의 대여를 통한 의료업무 수행은 이를 적발하거나 증명하기가 쉽지 않을 것이다. 형식적으로는 의료법인등 명의로 운영되지만 그 운영수입 대부분의 금액이 그 법인 자체가 아니라 그 법인과 관련된 개인이나 타법인에게 귀속될 경우에는 법인명의 대여행위로 판단될 가능성이 있을 것이다.

---

224) 보건복지부, 2022년 의료기관 개설 및 의료법인 설립 운영편람, 15, 151면.

(3) 판례 · 행정해석

◇ 의료소비자생활협동조합(의료생협)이 개설한 것처럼 가장한 사무장병원에 대한
의료법위반 인정 판결(대법원 2014. 8. 20. 선고 2012도14360 판결)

- 비의료인이 필요한 자금을 투자하여 시설을 갖추고 유자격 의료인을 고용
하여 그 명의로 의료기관 개설신고를 한 행위는 형식적으로만 적법한 의
료기관의 개설로 가장한 것일 뿐 실질적으로는 비의료인이 의료기관을 개
설한 것으로서 의료법 제33조 제2항 본문에 위반된다고 봄이 타당하고,
개설신고가 의료인 명의로 되었다거나 개설신고명의인인 의료인이 직접
의료행위를 하였다 하여 달리 볼 수 없음.

- 이러한 법리는 의료사업을 명시적으로 허용하고 있는 소비자생활협동조합
법(이하 '생협법')에 의하여 설립된 소비자생활협동조합(이하 '생협조합') 명의
로 의료기관 개설신고가 된 경우에도 마찬가지로 적용됨.

- 생협법이 생협조합의 보건 · 의료사업을 허용하면서 의료법 등 관계 법률
에 우선하여 적용되도록 한 것은, 보건 · 의료사업이 생협조합의 목적달성
에 이바지할 수 있도록 그 사업수행에 저촉되는 관계 법률의 적용을 선별
적으로 제한하여 생협조합의 정당한 보건 · 의료사업을 보장하기 위한 것
일 뿐, 생협조합을 의료법에 의하여 금지된 비의료인의 보건 · 의료사업을
하기 위한 탈법적인 수단으로 악용하는 경우와 같이 형식적으로만 생협조
합의 보건 · 의료사업으로 가장한 경우에까지 관계 법률의 적용을 배제하
려는 것은 아님.

◇ 비영리법인인 사단법인의 의료기관 개설 허가 관련 판단 사례(2007. 10. 10.,
보건복지부 의료정책팀 - 4336)

- 비영리법인에서 의료기관을 개설하고자 할 경우 법인의 설립목적과 정관
상의 의료기관개설에 관한 구체적인 근거 등이 명시되어 있는지의 여부를
검토하여 관할 허가권자가 허가할 수 있음.

- 사단법인은 사단법인의 정관상 추구하는 본래의 목적사업이 있으며 의료
법에 따라 의료기관을 개설하여 운영하는 의료사업은 사단법인의 본래 사

업범위에 해당된다 할 수는 없음.

- 따라서 사단법인에서 수익사업으로 의료기관을 개설하여 운영하는 것은 자칫 본래의 설립목적과 무관하게 의료업을 영위하게 됨으로써 정관상 목적달성에 지장을 초래할 수도 있어 바람직하다 할 수는 없지만, 사단법인 정관상 구체적으로 의료기관 개설운영에 대한 근거 등이 명시되어 있으며 법인의 설립취지에 부합한다고 판단된다면 의료기관의 개설을 허가할 수 있을 것으로 사료됨.

◇ 의료소비자생활협동조합(의료생협)의 비영리성과 감독권한에 관한 질의 답변 (2011. 12. 12., 보건복지부 의료기관정책과 – 3506)
- 의료생협의 감독권한은 소비자생활협동조합법 제81조에 따라 시·도지사 에게 있으며, 또한 의료법 제59조에 따라 시·도지사는 의료기관 지도와 명령 권한이 있으므로, 의료생협 의료기관의 개설·운영과 관련된 의료법 과 소비자생활협동조합법 관련 조항의 준수여부에 대해 시·도에서 관련 부서(경제정책과, 보건정책과 등)와 협의하여 감독하여야 할 것임.

4. 의료기관 개설 특례 (제35조)

(1) 조문

◇ 제35조(의료기관 개설 특례)
① 제33조제1항·제2항 및 제8항에 따른 자 외의 자가 그 소속 직원, 종업원, 그 밖의 구성원(수용자를 포함한다) 이나 그 가족의 건강관리를 위하여 부속 의료기관을 개설하려면 그 개설 장소를 관할하는 시장·군수·구청장에게 신고하여야 한다. 다만, 부속 의료기관으로 병원급 의료기관을 개설하려면 그 개설 장소를 관할하는 시·도지사의 허가를 받아야 한다. <개정 2009. 1. 30.>
② 제1항에 따른 개설 신고 및 허가에 관한 절차·조건, 그 밖에 필요한 사항과 그 의료기관의 운영에 필요한 사항은 보건복지부령으로 정한다. <개정 2008. 2. 29., 2010. 1. 18.>

◇ **벌칙**
- 제35조 제1항 단서에 위반하여 허가를 받지 않은 경우: 3년 이하의 징역 또는 3천만원 이하의 벌금(제88조 제1호)

◇ **행정처분**
- 제35조 제1항을 위반하여 부속 의료기관을 개설하지 아니하고 의료업을 한 경우: 자격정지 3개월
- 제35조 제2항을 위반하여 부속 의료기관의 운영에 관하여 정한 사항을 지키지 아니한 경우: 시정명령

(2) 조문해설

의료법은 의료인이나 의료법인등 의료기관의 전형적 개설 주체가 아닌 기업이나 단체가 그 소속 직원, 종업원, 그 밖의 구성원(수용자 포함)이나 그 가족의 건강관리를 위하여 개설하는 의료기관 즉 이른바 부속의료기관의 개설에 관한 특례 규정을 두고 있다(제35조). 개설 및 운영에 필요한 사항은 보건복지부령인 의료법 시행규칙에서 정한다.[225]

부속의료기관은 의료접근성을 해소하는 차원에서 특정 지역 사업체에 근무하는 소속직원, 종업원, 그 밖의 구성원이나 그 가족에 대하여 건강관리 및 신속한 의료서비스의 제공을 위한 보건정책상 또는 국민보건 등을 고려한 정책적 판단

---

225) 시행규칙 제32조(부속 의료기관의 개설 특례)
  ① 법 제35조제1항에 따라 의료인·의료법인·국가·지방자치단체·비영리법인 또는 「공공기관의 운영에 관한 법률」에 따른 준정부기관 외의 자가 그 종업원 및 가족의 건강관리를 위하여 부속 의료기관을 개설하려면 별지 제20호서식의 부속 의료기관 개설신고서 또는 개설허가신청서에 다음 각 호의 서류를 첨부하여 시·도지사나 시장·군수·구청장에게 제출하여야 한다.
  1. 건물평면도 사본 및 그 구조설명서 사본
  2. 의료인 등 근무인원에 대한 확인이 필요한 경우: 면허(자격)증 사본 1부
  3. 법 제36조제1호·제2호·제4호 및 제5호의 준수사항에 적합함을 증명하는 서류
  ② 부속 의료기관의 개설신고 및 개설허가에 따른 신고 수리 등에 관하여는 제25조제2항부터 제5항까지, 제26조, 제27조제2항부터 제5항까지 및 제28조의 규정을 각각 준용한다. 이 경우 "별지 15호서식"은 "별지 제15호의2서식"으로, "별지 제17호서식"은 "별지 제17호의2서식"으로 본다. <개정 2015. 5. 29.>

에 따라 허용되는 것으로 이해하고 있다.226)

2021.12. 기준으로 전국에 222개의 부속의료기관이 개설, 운영되고 있으며, 대부분 의원급 의료기관으로 설립주체는 상법상 법인(회사)이 상당수 차지한다.227) 부속의료기관이 의원급인 경우에는 시장 등에게 신고하고, 병원급인 경우 시도지사의 허가를 받아야 하는 점은 일반 의료기관의 개설절차와 유사하다.

이러한 부속의료기관 개설절차 규정을 위반하여 신고나 허가 없이 개설하여 의료업무를 수행하는 경우 처벌되는 점도 유사하다. 또한 개설절차를 위반한 의료인에 대하여 3개월의 자격정지 처분이 내려지는 점도 그러하다. 부속의료기관이 법 제35조 제2항을 위반하여 부속 의료기관의 운영에 관하여 정한 사항을 지키지 아니한 경우에는 법 제63조에 따라 시정명령을 받게 된다.228)

(3) 판례 · 행정해석

◇ 부속의료기관의 진료대상
- 의료인등 외의 자가 부속의료기관을 개설할 수 있도록 한 것은 직원 등의 건강관리 차원에서 의료서비스를 제공할 수 있도록 진료대상자의 범위를 한정하여 예외적으로 의료기관 개설의 특례를 규정한 것이므로 부속의료기관은 직원 등 외의 자를 대상으로 의료행위를 할 수 없다는 것이 부속의료기관의 개념에서 당연히 도출된다고 할 것이고, 부속의료기관에서 직원 등 외의 자에 대한 의료행위를 하는 것은 일반 의료기관의 개설자격이 없는 자가 의료기관을 개설하여 의료업을 하는 것과 같은 결과를 초래하게 되므로 결국 부속 의료기관의 직원 등 외의 자에 대한 의료행위는 의료법을 위반하는 행위임(법제처 2010. 11. 12., 안건번호10-0324).
- 이와 같이 예외(규정)는 엄격하게 해석하여야 한다는 법원칙에 따라 이 조항에서 열거되어 있는 건강관리 대상자를 엄격히 한정하여 해석해야 함 (법제처 2006.2.24. 법령해석지원팀-318).

---

226) 보건복지부, 2022년 의료기관 개설 및 의료법인 운영 편람, 84면.
227) 보건복지부, 2022년 의료기관 개설 및 의료법인 운영 편람, 85면.
228) 의료관계행정처분 규칙 별표 행정처분 기준 2. 개별기준 나. 7).

- 부속 의료기관에서 직원 등 외의 자에 대한 의료행위를 한다면 보건의료
정책상 또는 국민보건에 대한 중대한 위해가 발생할 우려가 있는 것으로
보아 이를 시정할 필요가 있으므로 보건복지부장관 또는 시·도지사는 의
료법 제59조 제1항에 따라 해당 부속의료기관에 대하여 필요한 지도와 명
령을 할 수 있음(법제처 2010. 11. 12, 안건번호10 – 0324).

5. 의료기관의 준수사항 (제36조)

(1) 조문

◇ 제36조(준수사항)
- 제33조제2항 및 제8항에 따라 의료기관을 개설하는 자는 보건복지부령으로
정하는 바에 따라 다음 각 호의 사항을 지켜야 한다. <개정 2008. 2. 29.,
2009. 1. 30., 2010. 1. 18., 2016. 5. 29., 2019. 4. 23., 2019. 8. 27.,
2020. 3. 4., 2023. 10. 31.>
1. 의료기관의 종류에 따른 시설기준 및 규격에 관한 사항
2. 의료기관의 안전관리시설 기준에 관한 사항
3. 의료기관 및 요양병원의 운영 기준에 관한 사항
4. 고가의료장비의 설치·운영 기준에 관한 사항
5. 의료기관의 종류에 따른 의료인 등의 정원 기준에 관한 사항
6. 급식관리 기준에 관한 사항
7. 의료기관의 위생 관리에 관한 사항
8. 의료기관의 의약품 및 일회용 의료기기의 사용에 관한 사항
9. 의료기관의 「감염병의 예방 및 관리에 관한 법률」 제41조제4항에 따른
감염병환자등의 진료 기준에 관한 사항
10. 의료기관 내 수술실, 분만실, 중환자실 등 감염관리가 필요한 시설의 출
입 기준에 관한 사항
11. 의료인 및 환자 안전을 위한 보안장비 설치 및 보안인력 배치 등에 관
한 사항
12. 의료기관의 신체보호대 사용에 관한 사항

13. 의료기관의 의료관련감염 예방에 관한 사항
14. 종합병원과 요양병원의 임종실 설치에 관한 사항

◇ 행정처분
– 제36조를 위반하여 의료기관의 종류에 따른 시설·장비의 기준 및 규격, 의
료인의 정원, 그 밖에 의료기관의 운영에 관하여 정한 사항을 지키지 아니
한 경우: 시정명령

(2) 조문해설

의료기관을 개설하는 자는 의료법 및 보건복지부령에 따라 ① 의료기관의 종
류에 따른 시설기준 및 규격에 관한 사항, ② 의료기관의 안전관리시설 기준에
관한 사항, ③ 의료기관 및 요양병원의 운영 기준에 관한 사항, ④ 고가의료장비
의 설치·운영 기준에 관한 사항, ⑤ 의료기관의 종류에 따른 의료인 등의 정원
기준에 관한 사항, ⑥ 급식관리 기준에 관한 사항, ⑦ 의료기관의 위생 관리에
관한 사항, ⑧ 의료기관의 의약품 및 일회용 주사 의료용품의 사용에 관한 사항,
⑨ 의료기관의 「감염병의 예방 및 관리에 관한 법률」 제41조제4항에 따른 감염
병환자등의 진료 기준에 관한 사항, ⑩ 의료기관 내 수술실, 분만실, 중환자실 등
감염관리가 필요한 시설의 출입 기준에 관한 사항, ⑪ 의료인 및 환자 안전을 위
한 보안장비 설치 및 보안인력 배치 등에 관한 사항, ⑫ 의료기관의 신체보호대
사용에 관한 사항, ⑬ 의료기관의 의료관련감염 예방에 관한 사항, ⑭ 종합병원
과 요양병원의 임종실 설치에 관한 사항을 지켜야 한다.

보건복지부령인 의료법 시행규칙 제34조 내지 제35조의2에서는 의료기관의
시설기준 및 규격, 의료기관의 안전관리시설, 의료기관의 운영 기준, 요양병원의
운영, 의료인 등의 정원, 급식관리, 의료기관의 위생관리 기준, 의약품 및 일회용
주사 의료용품의 사용 기준, 감염병환자등의 진료 기준에 관하여 상세히 규정하
고 있다.

의료기관 개설자가 이 규정에 위반한 경우에는 보건복지부장관이나 시장 등
은 일정한 기간을 정하여 그 시설·장비 등의 전부 또는 일부의 사용을 제한 또

는 금지하거나 위반한 사항을 시정하도록 명할 수 있다. 시정명령을 이행하지 않은 경우에 보건복지부장관이나 시장 등은 1년 이하의 의료업무 정지나 개설 허가의 취소 또는 의료기관 폐쇄를 명할 수 있다. 다만 업무정지 처분에 갈음하여 보건복지부장관이나 시장 등은 5천만원 이하의 과징금을 부과할 수 있다.

6. 원격의료 (제34조) (정혜승)

(1) 조문

◇ 제34조(원격의료)

① 의료인(의료업에 종사하는 의사·치과의사·한의사만 해당한다)은 제33조제1항에도 불구하고 컴퓨터·화상통신 등 정보통신기술을 활용하여 먼 곳에 있는 의료인에게 의료지식이나 기술을 지원하는 원격의료(이하 "원격의료"라 한다)를 할 수 있다.

② 원격의료를 행하거나 받으려는 자는 보건복지부령으로 정하는 시설과 장비를 갖추어야 한다. <개정 2008. 2. 29., 2010. 1. 18.>

③ 원격의료를 하는 자(이하 "원격지의사"라 한다)는 환자를 직접 대면하여 진료하는 경우와 같은 책임을 진다.

④ 원격지의사의 원격의료에 따라 의료행위를 한 의료인이 의사·치과의사 또는 한의사(이하 "현지의사"라 한다)인 경우에는 그 의료행위에 대하여 원격지의사의 과실을 인정할 만한 명백한 근거가 없으면 환자에 대한 책임은 제3항에도 불구하고 현지의사에게 있는 것으로 본다.

◇ 행정처분
- 제34조 제2항을 위반하여 보건복지부령으로 정하는 시설과 장비를 갖추지 않은 경우: 시정명령

◇ 벌칙
- 제34조 제2항을 위반하여 보건복지부령으로 정하는 시설과 장비를 갖추지 않아 시정명령을 받았음에도 이 명령을 위반한 경우: 500만원 이하의 벌금

(2) 조문해설

(가) 원격의료의 의의 및 의료법이 규정하는 원격의료의 범위

의료법은 제34조에서 '원격의료'란 컴퓨터·화상통신 등 정보통신기술을 활용하여 먼 곳에 있는 의료인에게 의료지식이나 기술을 지원하는 것으로 한정하여 규정하고 있다. 이 조항과 의료법 제33조 제1항(의료인은 의료기관을 개설하지 아니하고는 의료업을 할 수 없으며, 일정한 예외사유가 없으면 그 의료기관 내에서 의료업을 하여야 한다는 조항)의 반대해석을 근거로 보건복지부는 의료인과 환자 간 원격의료는 인정되지 않는다고 해석하고 있다.[229]

우리나라는 비교적 환자가 의료기관에 방문하는 것이 쉬운 편이어서 원격의료의 필요성이 적다. 그러나 다른 나라의 경우에는 통신기술의 발달과 함께 환자가 건강 상 궁금한 점이 있으나 바로 의사를 만나지 못하는 경우 전화 등의 수단을 통하여 진료를 하고 비용을 청구하는 행위가 자연스레 이루어졌고, 현재는 의료기관에 자주 내원하기 어려운 환자에 대한 원격 감시 및 진료행위, 지리적 특성으로 의사를 만나기 어려운 환자에 대한 원격 진단 및 약 처방 행위까지도 이루어지고 있다.

한편, 의료법 제34조는 단지 의료인 간 원격의료를 실시할 수 있다는 점(제1항), 의료인 간 원격으료를 실시할 때 갖추어야 할 시설기준(제2항), 원격지에 있는 의사의 책임(제3항), 현지에서 원격진료를 하는 자가 의사, 한의사, 치과의사인 경우 과실 책임 소재(제4항)만을 정하고 있어 위 제2항의 시설기준을 갖추지 아니한 경우 시정명령의 부과가 가능할 뿐, 형사처벌 규정은 별도로 없다. 따라서 위와 같이 보건복지부가 의료인과 환자 간 원격의료가 인정되지 아니한다고 해석해왔으나 실제 의료인과 환자 간 원격의료가 실시된 경우 처벌규정 및 행정처분의 근거가 명확하지 않았다. 또한 의료법에 따르면 원격의료를 시행할 경우 갖추어야 할 시설기준을 갖추지 아니한 경우 시정명령을 부과하고, 이 시정명령을 이행하지 않는 경우 500만원 이하의 벌금을 부과할 수 있을 뿐이어서 의사가 전화로 환자를 진료한 경우 직접 적용할 수 있는 형벌규정은 없다.

---

229) 2003. 3. 13. 보건복지부 보건의료정책과 인터넷민원회신.

(나) 의료인과 환자 간 원격진료 가능성 및 처벌규정

검찰은 의사가 환자와 대면하지 않고 전화나 화상 등을 이용하여 환자의 용태를 스스로 듣고 처방전을 발급한 행위에 대해 의료법 제17조 제1항 위반죄(직접 진찰하지 않은 자가 처방전을 발행한 경우)를 적용하여 기소하였으나, 대법원은 죄형법정주의 원칙상 전화 진찰을 하였다는 사정만으로 '직접 진찰'하지 않은 것으로 볼 수 없다고 판단하였다. 이 판결에서 대법원은 의료법은 국민이 수준 높은 의료 혜택을 받을 수 있도록 국민의료에 필요한 사항을 규정함으로써 국민의 건강을 보호하고 증진하는 데에 목적이 있으므로(제1조), 그에 반하지 않는 한도 내에서 국민의 편의를 도모하는 방향으로 제도를 운용하는 것을 금지할 이유가 없는 점, 국민건강보험제도의 운용을 통하여 제한된 범위 내에서만 비대면진료를 허용한다거나 보험수가를 조정하는 등으로 비대면진료의 남용을 방지할 수단도 존재하는 점, 첨단기술의 발전 등으로 현재 세계 각국은 원격의료의 범위를 확대하는 방향으로 바뀌어 가고 있다는 점까지도 고려하여 판단하였다.230) 다만, 대법원은 진찰의 개념 및 진찰이 치료에 선행하는 행위인 점, 진단서와 처방전 등의 객관성과 정확성을 담보하고자 하는 구 의료법 제17조 제1항의 목적 등을 고려하면, 현대 의학 측면에서 보아 신뢰할 만한 환자의 상태를 토대로 특정 진단이나 처방 등을 내릴 수 있을 정도의 행위가 있어야 '진찰'이 이루어졌다고 볼 수 있고, 그러한 행위가 전화 통화만으로 이루어지는 경우에는 최소한 그 이전에 의사가 환자를 대면하고 진찰하여 환자의 특성이나 상태 등에 대해 이미 알고 있다는 사정 등이 전제되어야 한다고 판시하여 전화로 진찰하고 처방전을 발행하는 행위가 무조건 불법성이 없다고는 할 수 없다는 점을 확실히 하였다.231)

검찰은 위 대법원 판결 이후에는 전화 등으로 진단을 하고 처방을 하는 사례에 대하여 의료법 제33조 제1항 위반죄(의료기관 내에서 의료업을 하여야 한다는 조항 위반)로 기소하였다. 대법원은 의료법 제33조 제1항은 "의료인은 이 법에 따른 의료기관을 개설하지 아니하고는 의료업을 할 수 없으며, 다음 각 호의 어느 하나에 해당하는 경우 외에는 그 의료기관 내에서 의료업을 하여야 한다."라고 규

230) 대법원 2013. 4. 11. 선고 2010도1388 판결.
231) 대법원 2023. 4. 13. 선고 2022도14350 판결.

정하고 있는데 이 규정의 목적, 의료법 제34조 제1항과의 관계, 전화 등을 통해 원격지에 있는 환자에게 의료행위를 행할 경우 발생할 수 있는 현실적인 위험의 가능성 등을 종합하면, 의료인이 전화 등을 통해 원격지에 있는 환자에게 행하는 의료행위는 특별한 사정이 없는 한 의료법 제33조 제1항에 위반되는 행위로 봄이 타당하다고 하며 유죄 판단을 하였다.[232]

(다) 감염병의 예방 및 관리에 관한 법률 및 코로나19 감염병 위기대응 심각단계 상황에서 원격진료의 무제한 허용 및 중단

이처럼 보건복지부의 해석 및 대법원의 판례에 따라 의료인과 환자 간 원격진료는 원칙적으로 금지되어 있다. 그러나 보건복지부는 감염병의 예방 및 관리에 관한 법률 및 제2020년 제4차 감염병관리위원회 심의·의결에 따라 코로나19 감염병 위기대응 심각단계시 한시적으로 비대면 진료를 허용하는 내용의 [보건복지부 공고 제2020-889호]를 발령하였다.[233] 이 공고에서 보건복지부는 '원격진료'라는 용어 대신 '비대면 진료'라는 용어를 사용, '원격'이라 하여 반드시 의료인과 환자가 일정 기준 이상 멀리 있는 경우뿐 아니라 서로 대면하지 않는 방식의 진료까지 모두 포함되도록 하였다. 이 보건복지부 공고에서는 2020년 12월 15일부터 코로나19 감염병 위기대응 심각단계의 위기경보가 발령된 기간 동안에는 의사의 판단에 따라 안전성 확보가 가능한 경우 환자가 의료기관을 직접 방문하지 않고도 비대면 진료를 받을 수 있도록 한시적으로 허용하여 사실상 모든 질병 및 질환, 증상에 대해 모든 상황에서 비대면진료를 전면 개방한 셈이 되었다. 다만, 진료의 질을 담보하기 위하여 문자메시지나 메신저만을 이용한 진료는 금지하였으며 수가는 외래환자 진찰료로 산정할 수 있도록 하고 환자 본인부담금 수납은 의료기관과 환자가 협의하여 방법을 결정할 수 있도록 하였다. 또한, 의료기관에서 의사가 진료한 환자의 전화번호(복약지도에 사용하기 위하여)를 포함하여 팩스 또는 이메일 등으로 환자가 지정하는 약국에 처방전을 전송하는 방식으로 처방전을 발급하도록 하였다. 그리고 약사는 환자에게 유선 및 서면으로 복

---

232) 대법원 2020. 11. 5. 선고 2015도13830 판결.
233) 보건복지부가 밝힌 추진 근거는 감염병의 예방 및 관리에 관한 법률 제4조 및 제49조의3, 보건의료기본법 제39조, 제40조 및 제44조, 의료법 제59조 제1항이었다.

약지도를 한 후 의약품을 조제하되, 교부 및 수령 방식은 환자와 약사가 협의하여 결정하도록 하여 약 배송 방식에 대해서도 사실상 제한을 두지 않았다.

그러나 감염병과 관련한 위기상황이라 하더라도 비대면 진료의 가능성을 제한 없이 열어 두고 약 처방과 배송에도 별다른 제한이 없기에 감염병을 예방하기 위함이라는 본래 취지가 무색하도록 마약류 및 오남용 의약품의 처방이 늘어날 수 있다는 지적이 반복되어 보건복지부는 공고 제2021-780호로 한시적 비대면 진료 특정의약품 처방제한 방안 안내를 하여 2021년 11월 2일부터 비대면 진료의 범위를 일부 조정하고 처방이 제한되는 마약류 및 오남용 우려 의약품을 공고하였다.

정부는 2023년 6월 1일부터 코로나19 위기단계가 '심각'에서 '경계'로 하향 조정하였고 이에 따라 위 보건복지부 공고 제2020-889호의 효력도 상실되어 원격진료는 다시 금지되었다. 그러나 코로나19 사태를 겪으며 비대면 진료의 필요성이 대두되어 정부는 비대면진료 시범사업을 지속하며 비대면진료를 법제화하기 위한 논의를 계속하고 있다.

(라) 비대면진료 시범사업 실시 내용

보건복지부는 보건의료기본법 제44조(보건의료 시범사업) 제1항에서 국가와 지방자치단체는 새로운 보건의료제도를 시행하기 위하여 필요하면 시범사업을 실시할 수 있다고 규정한 점을 근거로 비대면진료가 필요한 환자를 대상으로 의사·치과의사·한의사가 컴퓨터·화상통신 등 정보통신기술을 활용하여 진찰 및 처방 등의 지속적이고 포괄적인 의료서비스를 제공하는 것을 내용으로 한 시범사업을 실시하고 있다. 관련 지침에 따르면 다음과 같은 환자를 대상으로 비대면진료를 실시할 수 있다.[234]

---

234) 보건복지부 2023. 12. 6. 개정 비대면진료 시범사업 지침[의료기관용].

구분			적용대상
의원급 의료기관	대면진료 경험자		• 동일 의료기관에서 6개월 이내 1회 이상 대면진료 경험이 있는 환자
	예외적 허용	취약지역	• 섬·벽지 거주자(「보험료 경감 고시」) • 응급의료 취약지 거주자(「응급의료분야 의료취약지 지정」)
		취약시간대	• (휴일) 공휴일(「관공서의 공휴일에 관한 규정」) • (야간) 평일 18시 (토요일은 13시)~익일 09시
		취약계층	• 65세 이상 노인(장기요양등급자에 한함) • 장애인(장애인복지법 상 등록장애인) • 감염병 확진 환자(감염병예방법 상 1급 또는 2급 감염병으로 확진되어 격리(권고 포함) 중에 타 의료기관 진료가 필요한 환자)
병원급 의료기관	대면 진료 경험자	희귀질환자	• 동일 의료기관에서 1회 이상 대면진료(1년 이내)를 받은 환자로서, 「본인일부부담금 산정특례에 관한 기준」별표4에 해당하는 희귀 질환자 산정특례 적용자
		수술·치료 후 지속적 관리가 필요한 환자	• 동일 의료기관에서 1회 이상 대면진료(30일 이내)를 받은 환자로서, 수술·치료 후 지속적 관리*가 필요한 환자 * 신체에 부착된 의료기기의 작동상태 점검, 검사 결과의 설명에 한함

(라) 의료인 간 원격의료의 요건 및 책임

　원격의료를 행하거나 받는 자는 의료법 시행규칙 제29조에 따라 원격진료실과 데이터 및 화상을 전송·수신할 수 있는 단말기, 서버, 정보통신망 등의 장비를 갖추어야 한다. 또한, 환자의 안전을 보호하기 위하여 원격의료를 하는 자(즉, "원격지의사")에게도 환자를 직접 대면하여 진료하는 경우와 같은 책임을 부과하고 있다(제3항). 어떤 책임을 의미하는지는 불분명하지만, 대면하여 진료하는 의사가 지는 책임(설명의무, 진료상 주의의무 등)을 모두 동일하게 진다고 보는 것이 적절하다. 그러나 원격지의사의 원격의료에 따라 의료행위를 한 의료인이 의사·치과의사 또는 한의사(즉, "현지의사")인 경우에는 그 의료행위에 대하여 원격지의사의 과실을 인정할 만한 명백한 근거가 없으면 환자에 대한 책임은 위 제3항에도 불구하고 현지의사에게 있는 것으로 본다. 원격지의사에게도 환자를 대면하여 진료할 때처럼 주의를 기울일 책임 등을 부과하지만, 원격지의사의 과실이 명백한 상황이 아니라면 현지의사가 우선하여 책임지도록 하는 것이다.

(3) 판례 · 행정해석

◇ 인터넷을 통하여 의사가 간단한 궁금증 등에 답변하는 행위가 가능한지 여부에 대한 질의회신(보건복지부 의료자원과, 2010. 12. 3.)

－ 인터넷을 통한 의료행위인데 네이버 지식인 서비스처럼 의사들이 참여하여 화상진료 등의 방식으로 환자들의 간단한 궁금증에 답변하고 응급상황시 어떻게 처치하고 의료기관에 내원할지에 대한 답변을 하는 서비스가 가능한지 여부. 검사나 진찰은 실제 의료기관 방문 이후에 하도록 함.

－ 의료행위로 간주되기 어려운 단순 건강 정보제공 등의 수준에서 질병에 관한 정보를 전달하는 것에 국한한다면 의료법령과는 특별히 관계가 없을 수 있으나, 환자의 병상에 관한 정보를 제공하고 진단하여 특정한 행동을 취하도록 권유하는 것을 주 목적으로 하여 지속적으로 이익을 추구하는 형태를 띤다면 이는 사실상 의료업에 해당할 수 있어 의료법 제33조 제1항에 위반될 수 있음.

◇ 의사가 전화나 화상 등을 이용하여 환자의 용태를 스스로 듣고 판단하여 처방전 등을 발급한 행위도 '직접 진찰'행위라고 본 사례(대법원 2013. 4. 11. 선고 2010도1388 판결)

－ 2007. 4. 11. 법률 제8366호로 전부 개정되기 전의 구 의료법 제18조 제1항은 '의료업에 종사하고 자신이 진찰한 의사'가 아니면 진단서 · 검안서 · 증명서 또는 처방전(이하 '처방전 등'이라 한다)을 작성하여 환자에게 교부하지 못한다고 규정하고, 2007. 4. 11. 법률 제8366호로 전부 개정된 구 의료법(2009. 1. 30. 법률 제9386호로 개정되기 전의 것) 제17조 제1항은 '의료업에 종사하고 직접 진찰한 의사'가 아니면 처방전 등을 작성하여 환자에게 교부하지 못한다고 규정하고 있음.

- 개정 전후의 위 조항은 어느 것이나 스스로 진찰을 하지 않고 처방전을 발급하는 행위를 금지하는 규정일 뿐 대면진찰을 하지 않았거나 충분한 진찰을 하지 않은 상태에서 처방전을 발급하는 행위 일반을 금지하는 조항이 아님.
- 따라서 죄형법정주의 원칙, 특히 유추해석금지의 원칙상 전화 진찰을 하였다는 사정만으로 '자신이 진찰'하거나 '직접 진찰'을 한 것이 아니라고 볼 수는 없음.

◇ 전화로 진찰하고 처방전을 발급하여 의료법 제17조 제1항을 위반하였다는 이유로 의사면허자격정지 행정처분을 한 것이 취소된 사례(서울행정법원 2013. 9. 13. 선고 2013구합53332 판결)

- 원고는 1차례 이상 진찰받고 살 빼는 약을 처방받은 환자들 중 다시 방문하기 어렵거나 동일약을 처방받는 환자들을 전화로 진찰하고 처방전을 발급하여 주었고, 이에 대하여 검찰청으로부터 '초면인 점, 대면진료 후 비만치료를 목적으로 하는 환자에 대해서만 전화로 문진하고 처방전을 발급한 점, 일정 조건하에서 대면진료 없이 처방전 발급이 허용되고 있는 점, 반성하고 있는 점' 등 참작할 만한 정상을 들어 기소유예처분을 받음.
- 보건복지부장관은 행정처분기준에 따라 의사면허자격정지처분을 하였고 원고가 이에 대해 취소소송을 제기함.
- 법원은 위 대법원 2013. 4. 11. 선고 2010도1388 판결을 인용하며 의료법 제17조 제1항은 스스로 진찰을 하지 않고 처방전을 발급하는 행위를 금지하는 규정일 뿐, 대면진찰을 하지 않았거나 충분한 진찰을 하지 않은 상태에서 처방전을 발급하는 행위 일반을 금지하는 조항이 아니라는 이유로 위 의사면허자격정지처분은 위법하다고 판단함.

◇ 전화로 진찰한 것임에도 내원 진찰인 것처럼 가장하여 국민건강보험공단에 요양급여비용을 청구한 것은 형법상 사기죄에 해당함(대법원 2013. 4. 26. 선고 2011도10797 판결)

- 전화 진찰 당시에 시행되던 국민건강보험 요양급여의 기준에 관한 규칙에 기한 보건복지부장관의 고시에 따르면 내원을 전제로 한 진찰만을 요양급여의 대상으로 정하고 있고, 전화 진찰이나 이에 기한 약제 등의 지급은 요양급여의 대상으로 정하고 있지 아니함.
- 전화 진찰이 의료법 제17조 제1항에서 정한 '직접 진찰'에 해당한다고 하더라도 그러한 사정만으로 요양급여의 대상이 된다고 할 수 없는 이상 전화 진찰을 요양급여대상으로 되어 있던 내원 진찰인 것으로 하여 요양급여비용을 청구한 것은 기망행위로서 사기죄를 구성하고, 피고인의 불법이득의 의사 또한 인정된다는 이유로 피고인에게 유죄를 인정한 원심 판단이 정당하다고 한 사례.

◇ 의료인이 전화 등을 통해 원격지에 있는 환자에게 행하는 의료행위는 의료법 제33조 제1항에 위반되는 행위임(대법원 2020. 11. 5. 선고 2015도13830 판결)

- 의료법이 의료인에 대하여 의료기관 내에서 의료업을 영위하도록 한 것은 그렇지 않을 경우 의료의 질 저하와 적정 진료를 받을 환자의 권리 침해 등으로 인해 의료질서가 문란하게 되고 국민의 보건위생에 심각한 위험을 초래하게 되는 것을 사전에 방지하고자 하는 보건의료정책상의 필요성에 의한 것임.
- 아울러 의료법 제34조 제1항은 "의료인은 제33조 제1항에도 불구하고 컴퓨터·화상통신 등 정보통신기술을 활용하여 먼 곳에 있는 의료인에게 의료지식이나 기술을 지원하는 원격의료를 할 수 있다."라고 규정하여 의료인이 원격지에서 행하는 의료행위를 의료법 제33조 제1항의 예외로 보는 한편, 이를 의료인 대 의료인의 행위로 제한적으로만 허용하고 있음.
- 또한 현재의 의료기술 수준 등을 고려할 때 의료인이 전화 등을 통해 원격지에 있는 환자에게 의료행위를 행할 경우, 환자에 근접하여 환자의 상태를 관찰해가며 행하는 일반적인 의료행위와 동일한 수준의 의료서비스

를 기대하기 어려울 뿐만 아니라 환자에 대한 정보 부족 및 의료기관에 설치된 시설 내지 장비의 활용 제약 등으로 말미암아 부적정한 의료행위가 이루어질 가능성이 높고, 그 결과 국민의 보건위생에 심각한 위험을 초래할 수 있다. 이러한 의료행위는 의료법 제33조 제1항의 목적에 반하고 이는 의료법이 원격의료를 제한적으로만 허용하는 까닭이기도 함.

- 이와 같은 사정 등을 종합하면, 의료인이 전화 등을 통해 원격지에 있는 환자에게 행하는 의료행위는 특별한 사정이 없는 한 의료법 제33조 제1항에 위반되는 행위로 봄이 타당하다. 이는 의료법 제33조 제1항 제2호에서 정한 '환자나 환자 보호자의 요청에 따라 진료하는 경우'에도 동일하게 적용됨.

제4절 의료기관의 시설 및 운영

1. 진단용 방사선 발생장치 (제37조)

(1) 조문

◇ 제37조(진단용 방사선 발생장치)

① 진단용 방사선 발생장치를 설치·운영하려는 의료기관은 보건복지부령으로 정하는 바에 따라 시장·군수·구청장에게 신고하여야 하며, 보건복지부령으로 정하는 안전관리기준에 맞도록 설치·운영하여야 한다. <개정 2008. 2. 29., 2010. 1. 18.>

② 의료기관 개설자나 관리자는 진단용 방사선 발생장치를 설치한 경우에는 보건복지부령으로 정하는 바에 따라 안전관리책임자를 선임하고, 정기적으로 검사와 측정을 받아야 하며, 방사선 관계 종사자에 대한 피폭관리(被曝管理)를 하여야 한다. <개정 2008. 2. 29., 2010. 1. 18.>

③ 제2항에 따라 안전관리책임자로 선임된 사람은 선임된 날부터 1년 이내에 질병관리청장이 지정하는 방사선 분야 관련 단체(이하 이 조에서 "안전관리책임자 교육기관"이라 한다)가 실시하는 안전관리책임자 교육을 받아야 하며, 주기적으로 보수교육을 받아야 한다. <신설 2020. 12. 29.>

④ 제1항과 제2항에 따른 진단용 방사선 발생장치의 범위·신고·검사·설치 및 측정기준 등에 필요한 사항은 보건복지부령으로 정하고, 제3항에 따른 안전관리책임자 교육 및 안전관리책임자 교육기관의 지정에 필요한 사항은 질병관리청장이 정하여 고시한다. <개정 2008. 2. 29., 2010. 1. 18., 2020. 12. 29.>

◇ 행정처분
- 제37조 제1항에 따른 신고를 하지 아니하고 진단용 방사선 발생장치를 설치·운영한 자: 300만원 이하의 과태료
- 제37조 제2항에 따른 안전관리책임자를 선임하지 아니하거나 정기검사와 측정 또는 방사선 관계 종사자에 대한 피폭관리를 실시하지 아니한 자: 300만원 이하의 과태료
- 제37조 제3항에 따른 안전관리책임자 교육을 받지 아니한 사람: 100만원 이하 과태료
- 제37조를 위반하여 가) 신고하지 아니하고 설치·운영한 경우, 나) 안전관리기준에 맞게 설치·운영하지 아니한 경우, 다) 안전관리책임자를 선임하지 아니한 경우, 라) 정기적으로 검사와 측정을 받지 아니한 경우, 마) 종사자에 대한 피폭관리를 실시하지 아니한 경우: 시정명령

(2) 조문해설

진단용 방사선 발생장치란 방사선을 이용하여 질병을 진단하는 데에 사용하는 기기(器機)로서 진단용 엑스선 장치, 진단용 엑스선 발생기, 치과진단용 엑스선 발생장치, 전산화 단층 촬영장치(치과용 전산화 단층 촬영장치, 이비인후과용 전산화 단층 촬영장치 및 양전자방출 전산화 단층 촬영장치를 포함한다), 유방촬영용 장치 등 방사선을 발생시켜 질병의 진단에 사용하는 기기를 말한다(진단용 방사선 발생장치의 안전관리에 관한 규칙 제2조 제1호). 이러한 장치를 운영하려는 의료기관은 보건복지부령인 진단용 방사선 발생장치의 안전관리에 관한 규칙에 따라 시장·군수·구청장에게 신고하여야 한다. 또한, 동 규칙에서 정하는 안전관리기준에 맞도록 설치·운영하여야 한다. 이에 따르면 진단용 방사선 발생장치를 설치하거나 이전하는 경우, 전원시설을 변경하는 경우 등에는 사용 전에 질병관리본부장

에게 등록된 검사기관의 검사를 받아야 하며, 이후에도 3년마다 검사를 받아야
한다.

또한, 의료기관 개설자나 진단용 방사선 발생장치를 설치한 경우에는 관리자
는 의료기관 소속 방사선 관계 종사자 중에서 안전관리책임자를 선임하여 안전
관리업무를 수행하도록 한다. "방사선 관계 종사자"란 진단용 방사선 발생장치를
설치한 곳을 주된 근무지로 하는 자로서 진단용 방사선 발생장치의 관리·운영·
조작 등 방사선 관련 업무에 종사하는 자를 말하며, 의료기관의 개설자나 관리
자는 이들에 대하여 2년마다 건강진단을 실시하여 피폭관리를 하여야 한다. 그리
고 안전관리책임자로 선임된 사람은 선임된 날로부터 1년 이내에 질병관리청장
이 지정하는 방사선 분야 관련 단체가 실시하는 안전관리책임자 교육을 받아야
하며 주기적으로 보수교육도 받아야 한다.

이러한 의무를 위반하는 경우, 시정명령 및 과태료의 부과가 가능하며, 위 의
무에 위반하여 신고 또는 검사를 받지 않은 진단용 방사선 발생장치를 사용하여
진단을 하고 요양급여비용을 청구하는 경우 국민건강보험공단은 해당 비용에 대
해 환수할 수 있다.

(3) 판례·행정해석

◇ 신고 및 검사·측정 의무를 이행하지 않은 장비를 사용하여 실시한 요양급여 비
용을 받은 경우도 국민건강보험법 제52조 제1항의 '사위 기타 부당한 방법으로 보
험급여비용을 받은 경우'에 해당함(대법원 2008. 7. 10. 선고 2008두3975 판결)
 - 국민건강보험법 제52조 제1항에서 '사위 기타 부당한 방법으로 보험급여
   비용을 받은 경우'란 요양기관이 요양급여 비용을 받기 위하여 허위의 자
   료를 제출하거나 사실을 적극적으로 은폐할 것을 요하는 것은 아니고, 관
   련 법령에 의하여 요양급여 비용으로 지급받을 수 없는 비용임에도 불구
   하고 이를 청구하여 지급받는 행위를 모두 포함하므로, 신고 및 검사·측
   정 의무를 이행하지 않은 장비를 사용하여 실시한 요양급여 비용을 받는
   경우도 '사위 기타 부당한 방법으로 보험급여비용을 받은 경우'에 해당함.
 - 결과적으로 이 사건 요양급여장비에 대한 검사결과 적합 판정을 받았으나

만약, 부적합 판정을 받은 불량품이었다면 그로 인하여 적절한 진단을 받지 못한 환자들의 건강 및 생명에 심대한 영향을 미칠 수도 있었고, 법령상의 신고·검사를 받지 않은 이 사건 요양급여장비를 이용한 진단이 위법한 것으로서 그에 실제로 소요된 비용이 있더라도 이를 요양급여비용으로 청구할 수 없고 신고를 마치기 전날까지 요양급여장비의 진단료로 지급받은 금액 전부를 부당금액으로 삼았어도 비례 및 과잉금지 원칙 등을 위배한 위법이 없음.

◇ 신고 및 검사·측정 의무를 이행하지 않은 장비를 사용하여 실시한 요양급여비용을 받은 의료기관에 대하여 보건복지부장관이 의료기관의 업무정지 및 의료급여기관 업무정치처분을 부과한 것을 재량권 일탈·남용으로 본 사례(대전지방법원 2021. 4. 1. 선고 2020구합101880 판결)[235]

- 영상의학과의원을 운영하는 원고가 진단용 방사선 발생장치를 3년마다 검사기관의 검사를 받아서 사용하여야 함에도 정기검사를 받지 않은 장비를 사용하여 영상진단을 한 후 방사선특수영상진단료를 요양급여비용으로 청구하자, 보건복지부장관이 해당 의료기관에 요양기관 업무정지처분 및 의료급여기관 업무정지처분을 부과한 사건.

- 원고들이 법령에서 정한 요양급여·의료급여의 방법을 준수하지 아니한 채 정기검사를 받지 않은 진단용 방사선 발생장치를 이용해 요양급여 및 의료급여를 실시하고 그에 대한 급여비용을 청구하여 지급받은 이상, 이는 급여비용으로 지급받을 수 없는 비용을 청구하여 지급받는 행위로서 국민건강보험법 제98조 제1항 제1호 및 의료급여법 제28조 제1항 제1호에 규정된 '속임수나 그 밖의 부당한 방법'으로 보험자나 수급권자 등에게 급여비용을 부담하게 한 경우에 해당함. 따라서 처분의 사유 자체는 존재함.

- 하지만 원고들은 단순 착오로 진단용 방사선 발생장치 정기검사 기한을 도과했던 것으로 보일 뿐, 다른 악의적인 동기나 목적이 있었다고는 보이지 않음. 원고들이 급여비용을 부당하게 청구한 기간은 오로지 이 사건

장비에 대한 정기검사를 받지 않았던 기간에 한정되고 그 외의 기간에는 급여비용을 부당하게 청구한 사실이 없었음. 그리고 이 사건 장비에 대한 정기검사 기한 도과 외에 다른 부당청구 사유는 확인되지 않았음. 원고들은 이 사건 장비 판매회사로부터 지속적으로 관리를 받으며 품질을 유지하기 위해 노력해 왔던 것으로 보이고, 이 사건 장비에 대한 정기검사를 받지 않았던 기간 동안에 이루어졌던 의료행위에서 특별한 문제가 발생하지는 않았음.

– 그렇다면 보건복지부장관이 이와 같은 행위에 대해서 의료기관에게 부과한 요양기관 업무정지 처분 및 의료급여기관 업무정지처분은 그 처분을 통해 달성하려는 공익과 원고들이 입을 불이익 사이에 균형이 맞지 않아 비례의 원칙에 위반되고, 피고가 재량권의 범위 내에서 적정한 처분을 했다고 보기도 어려우므로, 이 사건 각 처분은 재량권을 일탈·남용한 것으로서 위법함.

2. 특수의료장비의 설치와 운영 (제38조)

(1) 조문

◇ 제38조(특수의료장비의 설치·운영)

① 의료기관은 보건의료 시책상 적정한 설치와 활용이 필요하여 보건복지부장관이 정하여 고시하는 의료장비(이하 "특수의료장비"라 한다)를 설치·운영하려면 보건복지부령으로 정하는 바에 따라 시장·군수·구청장에게 등록하여야 하며, 보건복지부령으로 정하는 설치인정기준에 맞게 설치·운영하여야 한다. <개정 2008. 2. 29., 2010. 1. 18., 2012. 2. 1.>

② 의료기관의 개설자나 관리자는 제1항에 따라 특수의료장비를 설치하면 보건복지부령으로 정하는 바에 따라 보건복지부장관에게 정기적인 품질관리검사를 받아야 한다. <개정 2008. 2. 29., 2010. 1. 18.>

③ 의료기관의 개설자나 관리자는 제2항에 따른 품질관리검사에서 부적합하다고 판정받은 특수의료장비를 사용하여서는 아니 된다.

④ 보건복지부장관은 제2항에 따른 품질관리검사업무의 전부 또는 일부를 보건
  복지부령으로 정하는 바에 따라 관계 전문기관에 위탁할 수 있다. <개정
  2008. 2. 29., 2010. 1. 18.>

◇ 벌칙
－ 제38조 제3항을 위반하여 품질관리검사에서 부적합하다고 판정받은 특수의
  료장비를 사용한 경우: 3년 이하의 징역 또는 3천만원 이하의 벌금

◇ 행정처분
－ 제38조 제1항, 제2항 위반: 시정명령

(2) 조문해설

의료기관은 보건의료 시책 상 적정한 설치와 활용이 필요하여 자기공명영상
촬영장치(MRI), 전산화단층촬영장치(CT), 유방촬영용장치(mammography), 혈관조
영장치, 투시장치, 이동형 투시장치(C－Arm 등), 방사선치료계획용 CT, 방사선치
료계획용 투시장치, 체외충격파쇄석기(ESWL), 양전자방출단층촬영장치(PET), 양
전자방출전산화단층촬영장치(PET－CT)를 설치·운영하려면[236] 보건복지부령으로
정하는 바에 따라 시장·군수·구청장에게 등록하여야 한다. 등록 시에는 특수의
료장비를 운용할 인력에 관한 사항, 의료기기관의 시설에 관한 사항, 공동이용에
관한 사항, 의료기기의 허가에 관한 사항을 제출해야 한다.[237] 또한, 인력등록사
항의 변동이 있거나 의료기관의 시설 또는 개설자 명칭이 변경되는 경우에는 등
록사항의 변경도 통보하여야 한다.[238]

또한, 의료기관의 개설자나 관리자는 위 특수의료장비를 설치하면 보건복지
부령인 특수의료장비의 설치 및 운영에 관한 규칙 제5조와 제6조의2에 따라 보
건복지부장관에게 정기적인 품질관리검사를 받아야 하며, 이러한 검사 결과 부적
합하다고 판정받은 장비를 사용하여서는 아니된다.

---

236) 보건의료 시책 상 필요한 특수의료장비(보건복지부 고시 제2014－201호).
237) 특수의료장비의 설치 및 운영에 관한 규칙 제3조.
238) 특수의료장비의 설치 및 운영에 관한 규칙 제4조.

품질관리검사를 받지 않은 특수의료장비를 사용하여 진료를 하고 요양급여비
용을 청구하는 경우, 국민건강보험공단은 해당 비용을 환수할 수 있다.

(3) 판례 · 행정해석

◇ 특수의료장비인 '전신용 CT'에 대한 임상영상검사 결과 일부 점수가 기준에
미달하는 경우 CT사용 자체를 금지할 수 있다는 판례(대법원 2013. 3. 14. 선고
2010도16157 판결)

- 구 의료법령상 특수의료장비인 전산화단층촬영장치(CT) 중 '전신용 CT'에
  대한 임상영상검사 결과 일부 신체 부위의 영상에 대한 점수가 60/100 이
  상이나 CT에 대한 품질관리검사에서 부적합 판정을 받은 경우, 그 특정
  부위에 대하여 CT를 계속 사용하는 것은 허용되지 아니함.

◇ 신고 및 검사 · 측정 의무를 이행하지 않은 장비를 사용하여 실시한 요양급여
비용을 받은 경우에 대해 재량권 일탈 · 남용으로 본 사례(서울행정법원 2020. 4.
16. 선고 2019구합73413 판결)

- 영상의학과를 운영하고 있는 의사가 CT기기의 정기검사일을 31일 지난
  이후 정기검사를 받은 사건에서 보건복지부장관이 정기검사를 받지 않은
  CT기기를 사용하여 요양급여 및 의료급여를 실시하였다는 이유로 요양기
  관 업무정지 182일 및 의료급여기관 업무정지 146일의 처분을 한 사건.
- 원고가 급여비용을 부당하게 청구한 기간은 오로지 이 사건 CT기기의 정
  기검사를 누락한 기간에 한정되고, 그 이외의 기간에는 급여비용을 부당
  하게 청구한 사실이 없으며, 피고가 이 사건 의원에 대한 현지조사를 실
  시한 결과에 의하면 이 사건 CT기기의 정기검사 기한 도과를 제외한 다
  른 부당청구 사유가 확인된 바도 없음.
- 처분기준에 관한 규정은 모두 위반행위의 동기 · 목적 · 정도 및 위반횟수
  등을 고려하여 업무정지기간을 2분의 1 범위 내에서 감경할 수 있다고 정
  하고 있는바, 앞서 본 바와 같이 원고에게 악의적인 동기나 목적이 있었다
  고 볼 수 없는 점, 원고가 이 사건 CT기기의 정기검사 기한 도과 외에 다

른 위반행위를 하지 아니하였고, 위 정기검사 기한 도과로 인해 얻은 추가
적 이익이 없으며, 원고의 의무해태로 인하여 어떠한 보건상 위해가 발생
한 사실도 없는 점 등을 감안하면, 원고에게 위와 같은 감경규정을 적용하
지 아니하는 것은 쉽게 납득하기 어려움.
- 이와 같은 이유로 약 31일간 정기검사를 받지 않은 CT기기를 사용한 후
  요양급여, 의료급여를 실시한 의료기관에 대하여 요양기관 업무정지 182
  일 및 의료급여기관 업무정지 146일의 처분을 한 보건복지부장관의 처분
  은 재량권의 일탈·남용에 해당하여 위법하다고 판단함.

3. 수술실 내 폐쇄회로 텔레비전(제38조의2)

(1) 조문

◇ 제38조의2(수술실 내 폐쇄회로 텔레비전의 설치·운영)
① 전신마취 등 환자의 의식이 없는 상태에서 수술을 시행하는 의료기관의 개
  설자는 수술실 내부에 「개인정보 보호법」 및 관련 법령에 따른 폐쇄회로 텔
  레비전을 설치하여야 한다. 이 경우 국가 및 지방자치단체는 폐쇄회로 텔레
  비전의 설치 등에 필요한 비용을 지원할 수 있다.
② 환자 또는 환자의 보호자가 요청하는 경우(의료기관의 장이나 의료인이 요
  청하여 환자 또는 환자의 보호자가 동의하는 경우를 포함한다) 의료기관의
  장이나 의료인은 전신마취 등 환자의 의식이 없는 상태에서 수술을 하는 장
  면을 제1항에 따라 설치한 폐쇄회로 텔레비전으로 촬영하여야 한다. 이 경
  우 의료기관의 장이나 의료인은 다음 각 호의 어느 하나에 해당하는 정당한
  사유가 없으면 이를 거부할 수 없다.
  1. 수술이 지체되면 환자의 생명이 위험하여지거나 심신상의 중대한 장애를
     가져오는 응급 수술을 시행하는 경우
  2. 환자의 생명을 구하기 위하여 적극적 조치가 필요한 위험도 높은 수술을
     시행하는 경우
  3. 「전공의의 수련환경 개선 및 지위 향상을 위한 법률」 제2조제2호에 따른

수련병원등의 전공의 수련 등 그 목적 달성을 현저히 저해할 우려가 있는 경우

4. 그 밖에 제1호부터 제3호까지의 규정에 준하는 경우로서 보건복지부령으로 정하는 사유가 있는 경우

③ 의료기관의 장이나 의료인이 제2항에 따라 수술을 하는 장면을 촬영하는 경우 녹음 기능은 사용할 수 없다. 다만, 환자 및 해당 수술에 참여한 의료인 등 정보주체 모두의 동의를 받은 경우에는 그러하지 아니하다.

④ 제1항에 따라 폐쇄회로 텔레비전이 설치된 의료기관의 장은 제2항에 따라 촬영한 영상정보가 분실·도난·유출·변조 또는 훼손되지 아니하도록 보건복지부령으로 정하는 바에 따라 내부 관리계획의 수립, 저장장치와 네트워크의 분리, 접속기록 보관 및 관련 시설의 출입자 관리 방안 마련 등 안전성 확보에 필요한 기술적·관리적 및 물리적 조치를 하여야 한다.

⑤ 의료기관의 장은 다음 각 호의 어느 하나에 해당하는 경우를 제외하고는 제2항에 따라 촬영한 영상정보를 열람(의료기관의 장 스스로 열람하는 경우를 포함한다. 이하 이 조에서 같다)하게 하거나 제공(사본의 발급을 포함한다. 이하 이 조에서 같다)하여서는 아니 된다.

1. 범죄의 수사와 공소의 제기 및 유지, 법원의 재판업무 수행을 위하여 관계 기관이 요청하는 경우

2. 「의료사고 피해구제 및 의료분쟁 조정 등에 관한 법률」 제6조에 따른 한국의료분쟁조정중재원이 의료분쟁의 조정 또는 중재 절차 개시 이후 환자 또는 환자 보호자의 동의를 받아 해당 업무의 수행을 위하여 요청하는 경우

3. 환자 및 해당 수술에 참여한 의료인 등 정보주체 모두의 동의를 받은 경우

⑥ 누구든지 이 법의 규정에 따르지 아니하고 제2항에 따라 촬영한 영상정보를 탐지하거나 누출·변조 또는 훼손하여서는 아니 된다.

⑦ 누구든지 제2항에 따라 촬영한 영상정보를 이 법에서 정하는 목적 외의 용도로 사용하여서는 아니 된다.

⑧ 의료기관의 개설자는 보건복지부장관이 정하는 범위에서 제2항에 따라 촬영한 영상정보의 열람 등에 소요되는 비용을 열람 등을 요청한 자에게 청구할 수 있다.

⑨ 의료기관의 장은 제2항에 따라 촬영한 영상정보를 30일 이상 보관하여야 한다.

⑩ 제1항에 따른 폐쇄회로 텔레비전의 설치 기준, 제2항에 따른 촬영의 범위 및 촬영 요청의 절차, 제2항제1호부터 제3호까지의 규정에 따른 사유의 구체적인 기준, 제5항에 따른 열람·제공의 절차, 제9항에 따른 보관기준 및 보관기간의 연장 사유 등에 필요한 사항은 보건복지부령으로 정한다.

⑪ 이 법에서 정한 것 외에 폐쇄회로 텔레비전의 설치·운영 등에 관한 사항은 「개인정보 보호법」에 따른다.

[본조신설 2021. 9. 24.]

◇ 벌칙
- 제38조의2 제5항을 위반하여 촬영한 영상정보를 열람하게 하거나 제공한 경우: 5년 이하의 징역이나 5천만원 이하의 벌금(제82조의2 제2항 제3의2호)
- 제38조의2 제6항을 위반하여 촬영한 영상정보를 탐지하거나 누출·변조 또는 훼손한 경우: 5년 이하의 징역이나 5천만원 이하의 벌금(제82조의2 제2항 제3의3호)
- 제38조의2 제7항을 위반하여 촬영한 영상정보를 의료법에서 정한 목적 외의 용도로 사용한 경우: 5년 이하의 징역이나 5천만원 이하의 벌금(제82조의2 제2항 제3의4호)
- 제38조의2 제2항에 따른 절차에 따르지 아니하고 같은 조 제1항에 따른 폐쇄회로 텔레비전으로 의료행위를 하는 장면을 임의로 촬영한 경우: 3년 이하의 징역이나 3천만원 이하의 벌금(제88조 제3호)
- 제38조의2 제4항을 위반하여 안전성 확보에 필요한 조치를 하지 아니하여 폐쇄회로 텔레비전으로 촬영한 영상정보를 분실·도난·유출·변조 또는 훼손당한 경우: 2년 이하의 징역이나 2천만원 이하의 벌금(제88조의2 제2호)
- 제38조의2 제1항부터 제4항까지·제9항을 위반한 자나 제63조에 따른 시정명령을 위반한 경우: 500만 원 이하의 벌금(제90조)

◇ 행정처분
- 제38조의2를 위반한 경우: 시정명령

(2) 조문해설

대리수술 등 수술실에서 불법행위 등이 문제됨에 따라 사회적으로 수술실 폐쇄회로 텔레비전의 입법요구가 있었고, 이에 의료법은 수술실 내 폐쇄회로 텔레비전 설치의무와 환자가 요청하는 경우 촬영의무 등을 규정하였다. 다만, 촬영거부사유에 해당하는 경우 촬영을 거부할 수 있다.

환자나 환자의 보호자는 촬영요청서 등을 의료기관의 장에게 제출하여 제출하여야 하고,[239] 촬영의 범위는 마취 시작 시점부터 환자의 수술실 퇴실까지이

---

239) 의료법 시행규칙 제39조의11(촬영의 요청 절차 등)

① 법 제38조의2 제2항에 따라 환자의 보호자가 촬영을 요청하는 경우 환자가 의식이 있고 의사결정능력이 있는 상태에서는 환자의 의사에 반하여 촬영을 요청할 수 없다.

② 법 제38조의2 제2항에 따라 촬영을 요청하려는 환자 또는 환자의 보호자는 별지 제20호의2 서식의 수술 장면 촬영 요청서를 작성하여 의료기관의 장이나 의료인에게 제출해야 한다. 이 경우 다음 각 호의 서류(전자문서를 포함한다. 이하 이 조에서 같다)를 함께 제시해야 한다.

1. 촬영을 요청하는 자의 신분증 또는 그 사본

2. 환자 본인의 동의서. 다만, 환자가 동의할 수 없는 상태임을 의료기관의 장이나 의료인이 확인한 경우에는 제시하지 않을 수 있다.

3. 환자의 보호자임을 증명할 수 있는 서류

③ 의료기관의 장이나 의료인은 법 제38조의2제2항에 따라 전신마취 등 환자의 의식이 없는 상태에서 수술을 하는 장면을 촬영할 수 있음을 환자가 미리 알 수 있도록 의료기관 내부에 안내문을 게시하는 등의 방법으로 알려야 하며, 제2항에 따라 촬영을 요청하는 사람에게 별지 제20호의2서식의 수술 장면 촬영 요청서를 제공해야 한다.

④ 제2항에 따른 촬영을 요청받은 의료기관의 장이나 의료인은 법 제38조의2제2항 각 호의 어느 하나에 해당하는 사유가 없으면 수술 장면을 촬영해야 하며, 법 제38조의2제2항 각 호의 어느 하나에 해당하는 사유로 촬영을 거부하려는 경우에는 수술을 하기 전에 촬영을 요청한 자에게 촬영 거부 사유를 설명해야 한다.

⑤ 제2항에 따른 촬영을 요청받은 의료기관의 장이나 의료인은 제4항에 따라 촬영을 하거나 거부한 경우에는 다음 각 호의 사항이 포함된 촬영 요청 처리대장을 작성해야 한다.

1. 촬영 요청자의 성명 및 연락처

2. 촬영 요청의 내용

3. 촬영 실시 여부

4. 촬영 요청을 거부한 경우 그 거부의 구체적 사유

5. 녹음 요청의 내용 및 녹음 실시 여부(제39조의13에 따른 녹음 요청을 받은 경우에만 해당한다)

⑥ 의료기관의 장은 제5항에 따라 작성된 촬영 요청 처리대장을 3년 동안 보관해야 한다.

다.[240) 환자나 보호자의 촬영요청시에 녹음 요청서를 함께 제출하는 경우, 수술에 참여하는 의료인 등 정보주체 모두에게 녹음 동의서를 받는 경우, 폐쇄회로 텔레비전에 부가된 녹음기능을 사용하거나 별도의 녹음기기를 사용할 수 있다(제38조의2 제3항 및 의료법 시행규칙 제38조의13).

촬영을 거부할 수 있는 사유로는, ① 응급의료에 관한 법률 제2호제1호에 따른 응급환자를 수술하는 경우, ② 생명에 위협이 되거나 신체기능의 장애를 초래하는 질환을 가진 경우로서, 보건복지부장관이 정하는 경우에 해당하는 환자를 수술하는 경우, ③ 상급종합병원의 지정 및 평가에 관한 규칙 제2조에 따른 상급종합병원의 지정기준에서 정하는 전문진료질병군에 해당하는 수술을 하는 경우, ④ 전공의의 수련환경 개선 및 지위 향상을 위한 법률 제2조 제3호에 따른 지도전문의가 전공의의 수련을 현저히 저해할 우려가 있다고 판단하는 경우(다만, 지도전문의 판단의 이유를 기록으로 남겨두어야 한다), ⑤ 수술을 시행하기 직전 등 촬영이 기술적으로 어려운 시점에서 환자 또는 환자의 보호자가 촬영을 요청하는 경우, ⑥ 천재지변, 통신 장애, 사이버 공격 기타 불가항력적 사유로 인하여 촬영이 불가능한 경우이다(제38조의2 제2항 및 의료법 시행규칙 제39조의12).

의료기관의 장은 촬영한 영상정보가 분실·도난·유출·변조 또는 훼손되지 아니하도록 안전성 확보에 필요한 기술적·관리적 및 물리적 조치를 하여야 한다(제38조의2 제4항 및 의료법 시행규칙 제39조의14[241])).

---

240) 의료법 시행규칙 제39조의10 (촬영의 범위 등) 법 제38조의2제2항에 따른 촬영의 범위는 환자가 마취되는 시작 시점부터 환자가 수술실에서 퇴실하는 시점까지로 한다.
241) 의료법 시행규칙 제39조의14(영상정보의 안전성 확보 조치)
의료기관의 장은 법 제38조의2제4항에 따라 영상정보의 안전성 확보에 필요한 다음 각 호의 조치를 해야 한다.
1. 영상정보의 안전한 저장을 위한 조치로서 법정 보관 기한을 준수할 수 있도록 충분한 저장 용량을 확보하고 저장장치와 네트워크를 분리하는 조치
2. 영상정보 침해사고 발생에 대응하고 영상정보의 위조 및 변조를 방지하기 위한 조치로서 영상정보를 관리하는 컴퓨터 사용에 대한 암호를 설정하고 해당 컴퓨터 사용에 관한 기록이 남도록 설정하며, 그 기록을 보관 및 관리하는 조치
3. 영상정보에 대한 접근 통제 및 접근 권한의 제한 조치로서 접근 권한을 관리 책임자, 운영 담당자 등 최소한의 인원에만 부여하고 영상정보가 재생되거나 열람이 이루어지는 장소로의 접근은 접근 권한이 부여된 자에 대해서만 허용하는 조치
4. 영상정보의 안전한 처리를 위한 조치로서 영상정보 처리에 대한 의료기관 내부 관리계획을 수립하고 시행하며 그 이행 상황을 점검하는 조치

촬영된 영상정보는 ① 범죄의 수사와 공소의 제기 및 유치, 법원의 재판업무 수행을 위하여 형사소송법에 따라 수사를 하는 기관 및 법원이 요청하는 경우와 ② 한국의료분쟁조정중재원이 의료분쟁의 조정 또는 중재 절차 개시 이후 환자 또는 환자 보호자의 동의를 받아 해당 업무의 수행을 위하여 요청하는 경우, ③ 환자 및 해당 수술에 참여한 의료인 등 정보주체 모두의 동의를 받은 경우에만 공개된다(제38조의2 제5항 및 의료법 시행규칙 제39조의15).

촬영된 영상정보는 30일 이상 보관되어야 하나(제38조의2 제9항), 영상정보를 보관하고 있는 기간 동안 영상정보에 대한 열람 등을 요청받은 경우에는 보관기간이 지나더라도 해당 영상을 삭제하여서는 아니 된다(의료법 시행규칙 제39조의17 제2항).

영상의 촬영의무와 관련하여, 현행법은 촬영 요청이 있는 경우에만 의무를 부과하고 있다. 그런데 환자 등 일반인으로서는 촬영 요청을 해야 촬영이 개시된다는 점을 모르는 경우가 적지 않은데, 의료법 시행규칙상 의료기관의 장은 수술을 하는 장면을 촬영할 수 있음을 환자가 미리 알 수 있도록 의료기관 내부에 안내문을 게시하는 등의 방법으로 알려야 한다고 규정하고 있으나, 환자가 미리 알 수 있도록 안내하는 방법에 대한 그 구체성이 전혀 없어, 환자가 촬영 요청이 가능함을 인지하지 못하는 경우 이 조항의 실효성이 없을 가능성이 있으므로 환자의 요청이 없더라도 촬영의무를 부과하는 방향으로 개정을 검토해볼 필요도 있다.

현행법은 촬영을 요청할 수 있는 권한을 환자 또는 환자의 '보호자'에게까지 부여하고 있다. 그런데 '보호자'가 누구인지 범위를 정하는 규정은 없다. 보건복지부가 최초 마련하였던 의료법 시행규칙(안)에서는 보호자의 범위를 구체화하여 제한하는 시도가 있었다. 그러나 최종 시행된 의료법 시행규칙에서는 이 보호자의 범위가 정해지지 않았다. 따라서 환자가 의식이 없는 경우 보호자를 자처하는 사람들의 촬영에 대한 의사가 다를 경우 혼란이 발생할 수도 있다.

폐쇄회로 텔레비전의 설치 장소와 관련하여 현행법은 '수술실'에 설치할 것으로 한정하였는데 최근에는 수술이 아닌 시술을 하는 경우에도 환자를 마취 또는 수면진정시키는 경우가 많고 이 경우에도 환자의 안전이 문제될 수 있음에도 법

---

5. 영상정보의 안전한 보관을 위한 조치로서 저장장치를 접근이 제한된 구획된 장소에 보관하거나 보관시설에 대한 잠금장치 또는 훼손 방지 장치를 구비하는 조치

의 사각지대에 놓이게 되는 문제가 있다.

또한, 현행법령 상 촬영 거부 사유가 광범위하여 제도가 실효적으로 운영될지 우려되는 점도 있다. 상급종합병원의 경우, 대부분 전공의들이 근무하는 병원에 해당하므로 지도전문의가 전공의 수련 등 목적 달성을 현저히 저해할 우려가 있다고 판단할 경우 수술장면을 촬영하지 않을 수 있는데 구체적인 기준에 대한 규정은 없다. 그리고 환자의 생명이 위험해지거나 심신상 중대한 장애를 가져오는 응급수술을 시행하는 경우나 환자의 생명을 구하기 위하여 적극적 조치가 필요한 위험도 높은 수술을 시행하는 경우에도 촬영하지 않을 수 있다고 규정하였는데 이는 예외사유를 지나치게 확장하였다는 비판을 받을 수 있는 한편 의료현장에서 응급 또는 위험도에 대한 구체적인 판단이 어려울 수 있다.

또한, 영상을 녹화하더라도 당사자조차 이를 열람하려면 환자 및 수술에 참여한 의료인 등 정보주체 모두의 동의를 받아야 하여 의료인 측이 거절할 경우 열람이 불가하다. 범죄의 수사와 공소의 제기 및 유지, 법원의 재판업무 수행, 한국의료분쟁조정중재원이 의료분쟁의 조정 또는 중재 절차 개시 이후 환자 또는 환자 보호자의 동의를 받아 해당 업무의 수행을 위해 요청하는 경우에나 의료기관의 장은 해당 영상을 수사기관, 법원, 한국의료분쟁조정중재원에 제공하게 되는데, 의료법상 의료기관의 장이 영상을 보관해야 하는 최소 의무 기간은 30일이다. 즉, 환자가 촬영일로부터 30일 이내에 형사고소를 하거나, 한국의료분쟁조정중재원에 조정신청을 해야 영상 확보가 가능하고 절차의 진행이 조금만 늦어지더라도 확보가 불가능할 수 있는 것인데, 사고 유형에 따라서는 환자 측에서 영상 촬영 후 30일 내에 의료사고 발생 여부를 인지조차 하지 못하는 경우도 있고 형사 고소나 한국의료분쟁조정중재원에 조정신청을 하는 절차에 걸리는 평균적인 시간을 고려해 보더라도 최소 보관기관이 30일인 것은 지나치게 짧다는 비판이 가해질 수 있다.

4. 시설 등의 공동이용 (제39조)

(1) 조문

◇ 제39조(시설 등의 공동이용)
① 의료인은 다른 의료기관의 장의 동의를 받아 그 의료기관의 시설·장비 및 인력 등을 이용하여 진료할 수 있다.
② 의료기관의 장은 그 의료기관의 환자를 진료하는 데에 필요하면 해당 의료기관에 소속되지 아니한 의료인에게 진료하도록 할 수 있다.
③ 의료인이 다른 의료기관의 시설·장비 및 인력 등을 이용하여 진료하는 과정에서 발생한 의료사고에 대하여는 진료를 한 의료인의 과실 때문이면 그 의료인에게, 의료기관의 시설·장비 및 인력 등의 결함 때문이면 그것을 제공한 의료기관 개설자에게 각각 책임이 있는 것으로 본다.

(2) 조문해설

의료인은 다른 의료기관의 장의 동의를 받아 그 의료기관의 시설·장비 및 인력 등을 이용하여 진료할 수 있다. 의료기관의 최소 시설기준요건을 잠탈하여 의료기관을 개설하고자 하는 것이 아니라면 별다른 제한 없이 타 의료기관의 시설 등을 공동이용할 수 있는 것이다. 한편, 국민건강보험 요양급여의 기준에 관한 규칙 [별표 1] 요양급여의 적용기준 및 방법 1. 요양급여의 일반원칙 마.에 따르면 요양기관은 가입자 등에 대한 최적의 요양급여를 실시하기 위하여 필요한 경우, 보건복지부장관이 정하여 고시하는 바에 따라 다른 기관에 검사를 위탁하거나, 당해 요양기관에 소속되지 아니한 전문성이 뛰어난 의료인을 초빙하거나, 다른 요양기관에서 보유하고 있는 양질의 시설, 인력 및 장비를 공동 활용할 수 있도록 규정하고 있다. 다른 의료기관의 시설·장비 및 인력을 이용하여 요양급여를 하는 경우 요양급여비용도 청구가 가능한 것이다.

한편, 인력의 경우 판례는 의료법 제33조 제1항에서 의료인은 당해 의료기관 내에서 의료업을 하여야 한다는 원칙을 규정하는 한편, 제39조 제2항에서 환자에 대한 최적의 진료를 위하여 필요한 경우 해당 의료기관에 소속되지 않은 전문성이 뛰어난 의료인을 초빙하여 진료하도록 허용한 것이므로 제39조 제2항에 따른 진료는 이 범위에서 허용되고, 해당 의료기관에 소속되지 않은 의료인이 사실상 그 의료기관에서 의료업을 하는 정도에 이르거나 해당 의료기관에 소속되지 아니한 의료인에게 진료하도록 할 필요성에 대한 구체적인 판단 없이 반복하여 특정 시기에 내원하는 환자를 일률적으로 진료하도록 하는 행위는 허용되지 않는다고 판단하고 있다.242) 나아가 한 의료기관의 개설명의자가 타 의료기관을 사실상 관리하게 하거나 실질적으로 주도적인 위치에서 해당 의료기관의 진료행위를 하게 하는 것도 허용될 수 없다고 판단하고 있다.243)

의료인이 다른 의료기관의 시설 및 장비를 이용하여 진료하여 의료사고가 발생하는 경우, 진료를 한 의료인의 과실 때문에 발생한 사고라면 진료를 한 의료인이, 의료기관의 시설 및 장비의 결함 때문에 발생한 사고라면 제공한 의료기관 개설자가 각각 책임을 진다. 이는 의료사고 발생 시 과실책임에 대한 원칙적인 내용을 재확인한 것이다.

(3) 판례·행정해석

◇ 의료법 제39조 제2항에 따라 의료기관의 장이 해당 의료기관에 소속되지 않은 의료인에게 진료하도록 하는 경우, 그 허용 범위(대법원 2010. 9. 30. 선고 2010두8959 판결)

– 의료법 제33조 제1항에서 의료인은 당해 의료기관 내에서 의료업을 하여야 한다는 원칙을 규정하는 한편, 제39조 제2항에서 환자에 대한 최적의 진료를 하도록 하기 위하여 필요한 경우 해당 의료기관에 소속되지 않은 전문성이 뛰어난 의료인을 초빙하여 진료하도록 허용한 것이라고 해석하여야 하므로, 의료법 제39조 제2항에 따른 진료는 그러한 범위 내에서 허용되고, 해당 의료기관에 소속되지 아니한 의료인이 사실상 그 의료기관에서 의료업을 하는 정도에 이르거나 해당 의료기관에 소속되지 아니한 의료인에게 진료하도록 할 필요성에 대한 구체적인 판단 없이 반복하여

---

242) 대법원 2010. 9. 30. 선고 2010두8959 판결.
243) 전주지방법원 2018. 6. 22. 선고 2017노1766 판결.

특정 시기에 내원하는 환자를 일률적으로 진료하도록 하는 행위는 의료법 제39조 제2항에 의하여 허용되는 행위라고 볼 수 없음.

- 甲 안과의원을 개설하여 운영하고 있는 안과 전문의 乙이 매주 화·목요일 오후와 토요일에 丙 안과의원을 개설하여 운영하고 있는 丁으로 하여금 甲 의원을 내원한 환자를 일률적으로 진료하도록 하고 乙의 이름으로 원외처방전을 발행하도록 한 것은 의료법 제39조 제2항에 의하여 허용되는 한계를 벗어나 위법하고 처방전 작성 및 교부에 관한 규정에도 위배되는 것으로서 국민건강보험법 제85조 제1항 제1호에서 규정하는 '속임수나 그 밖의 부당한 방법으로 보험자·가입자 및 피부양자에게 요양급여비용을 부담하게 한 때'에 해당한다고 본 원심판단을 수긍한 사례.

◇ 요양기관이 보건복지부 고시 '요양급여의 적용기준 및 방법에 관한 세부사항' Ⅰ. '일반사항' 중 '요양기관의 시설·인력 및 장비 등의 공동이용 시 요양급여비용 청구에 관한 사항' 부분에서 정한 절차와 요건을 준수하지 아니하고 요양급여를 실시하고 그에 대한 요양급여비용을 청구하여 지급받은 경우, 구 국민건강보험법 제57조 제1항에서 정한 '속임수나 그 밖의 부당한 방법'에 해당하는지 여부(대법원 2021. 1. 14. 선고 2020두38171 판결)

- 의료법 제39조 제1항에서 의료기관의 시설 등에 대한 공동이용을 규정하면서 의료법 하위법령에 관련 사항을 위임하고 있지는 않으나, 위 고시 규정이 상위법령인 국민건강보험법의 위임에 근거한 것이고, 특정 의료행위 내지 진료방법이 의료법상 허용되는 의료행위에 포함되는지 여부와 국민건강보험법상 요양급여대상에 해당하는지 여부는 별개의 문제임. 따라서 요양급여비용과 관련한 위 고시 규정 등이 공동이용기관 신고 및 물리치료와 관련하여 의료법에서 정하지 아니한 절차적인 부분을 규정하고 있더라도 이를 무효로 볼 수 없음. 결국 요양기관이 위 고시 규정에서 정한 절차와 요건을 준수하지 아니하고 요양급여를 실시한 다음 그에 대한 요양급여비용을 청구하여 지급 받았다면 국민건강보험법령과 그 하위 규정들에 따르면 요양급여비용으로 지급 받을 수 없는 비용임에도 이를 청구하여 지급받는 행위로서 구 국민건강보험법 제57조 제1항에서 정한 '속임

수나 그 밖의 부당한 방법'에 해당함.

- 이 사건 고시 규정 제1항은 '시설·장비 등을 공동으로 이용하고자 하는 요양기관은 공동이용기관임을 확인할 수 있는 서류를 제출한 후 공동이용하여야 하며 해당 항목의 요양급여비용은 실제 환자를 진료하고 있는 요양기관에서 청구하여야 함'이라고 규정하고 있고, 국민건강보험법 제41조 제1항은 요양급여의 종류를 진찰·검사, 약제·치료재료의 지급, 처치·수술 및 그 밖의 치료, 예방·재활, 입원, 간호, 이송으로 구분하고 있으므로, 요양기관이 지급받은 요양급여 중 이 사건 고시 규정 제1항을 위반하여 공동이용의 대상이 된 해당 항목의 요양급여비용이 부당이득징수대상이 됨. 이 사건에서 원고가 이 사건 고시 규정 제1항을 위반하여 공동이용한 부분은 시설에 해당하는 입원실이고 입원실 외 다른 시설, 인력(앞서 본 물리치료사 부분은 제외함) 및 장비 등을 공동이용하였음을 인정할 증거가 없으므로 '입원료' 부분만 요양급여비용으로 지급받을 수 없는 비용으로서 부당이득징수대상이라고 보아야 함. 또한 원고의 경우 내과의원의 입원실을 공동이용하기 위하여 사전 신고절차를 거치지 않아 이 사건 고시 규정 제1항을 위반하였다는 점 외에는 진찰·검사, 약제의 지급, 처치, 간호 등의 요양급여와 관련하여 국민건강보험법령 및 그 하위 규정들에서 정한 요양급여의 적용기준을 위반하였다고 볼 만한 자료가 없음. 설령 위반하였다고 하더라도 별도의 요양급여 적용기준 위반을 이유로 부당이득 징수대상이 되는 것일 뿐, 이 사건 고시 규정 제1항 위반을 이유로 부당이득징수대상이 되는 것은 아님.

5. 폐업·휴업 신고와 진료기록부등의 이관 (제40조, 제40조의2)

(1) 조문

◇ 제40조(폐업·휴업 신고와 진료기록부등의 이관)
① 의료기관 개설자는 의료업을 폐업하거나 1개월 이상 휴업(입원환자가 있는

경우에는 1개월 미만의 휴업도 포함한다. 이하 이 조에서 이와 같다)하려면 보건복지부령으로 정하는 바에 따라 관할 시장·군수·구청장에게 신고하여야 한다. <개정 2008. 2. 29., 2010. 1. 18., 2016. 12. 20.>

② 삭제 <2020. 3. 4.>

③ 시장·군수·구청장은 제1항에 따른 신고에도 불구하고 「감염병의 예방 및 관리에 관한 법률」 제18조 및 제29조에 따라 질병관리청장, 시·도지사 또는 시장·군수·구청장이 감염병의 역학조사 및 예방접종에 관한 역학조사를 실시하거나 같은 법 제18조의2에 따라 의료인 또는 의료기관의 장이 질병관리청장 또는 시·도지사에게 역학조사 실시를 요청한 경우로서 그 역학조사를 위하여 필요하다고 판단하는 때에는 의료기관 폐업 신고를 수리하지 아니할 수 있다. <신설 2016. 5. 29., 2020. 8. 11.>

④ 의료기관 개설자는 의료업을 폐업 또는 휴업하는 경우 보건복지부령으로 정하는 바에 따라 해당 의료기관에 입원 중인 환자를 다른 의료기관으로 옮길 수 있도록 하는 등 환자의 권익을 보호하기 위한 조치를 하여야 한다. <신설 2016. 12. 20.>

⑤ 시장·군수·구청장은 제1항에 따른 폐업 또는 휴업 신고를 받은 경우 의료기관 개설자가 제4항에 따른 환자의 권익을 보호하기 위한 조치를 취하였는지 여부를 확인하는 등 대통령령으로 정하는 조치를 하여야 한다. <신설 2016. 12. 20.>

[제목개정 2020. 3. 4.]

◇ 제40조의2(진료기록부등의 이관)

① 의료기관 개설자는 제40조제1항에 따라 폐업 또는 휴업 신고를 할 때 제22조나 제23조에 따라 기록·보존하고 있는 진료기록부등의 수량 및 목록을 확인하고 진료기록부등을 관할 보건소장에게 넘겨야 한다. 다만, 의료기관 개설자가 보건복지부령으로 정하는 바에 따라 진료기록부등의 보관계획서를 제출하여 관할 보건소장의 허가를 받은 경우에는 직접 보관할 수 있다.

② 제1항에 따라 관할 보건소장의 허가를 받아 진료기록부등을 직접 보관하는 의료기관 개설자는 보관계획서에 기재된 사항 중 보건복지부령으로 정하는 사항이 변경된 경우 관할 보건소장에게 이를 신고하여야 하며, 직접 보관 중 질병, 국외 이주 등 보건복지부령으로 정하는 사유로 보존 및 관리가 어

려운 경우 이를 대행할 책임자를 지정하여 보관하게 하거나 진료기록부등을 관할 보건소장에게 넘겨야 한다.

③ 제1항에 따라 관할 보건소장의 허가를 받아 진료기록부등을 직접 보관하는 의료기관 개설자는 보관 기간, 방법 등 보건복지부령으로 정하는 사항을 준수하여야 한다.

④ 제1항에 따라 관할 보건소장의 허가를 받아 진료기록부등을 직접 보관하는 의료기관 개설자(제2항에 따라 지정된 책임자를 포함한다)의 기록 열람 및 보존에 관하여는 제21조 및 제22조제2항을 준용한다.

⑤ 그 밖에 진료기록부등의 이관 방법, 절차 등에 필요한 사항은 보건복지부령으로 정한다.

[본조신설 2020. 3. 4.]

◇ 제40조의3(진료기록보관시스템의 구축·운영)

① 보건복지부장관은 제40조의2에 따라 폐업 또는 휴업한 의료기관의 진료기록부등을 보관하는 관할 보건소장 및 의료기관 개설자가 안전하고 효과적으로 진료기록부등을 보존·관리할 수 있도록 지원하기 위한 시스템(이하 "진료기록보관시스템"이라 한다)을 구축·운영할 수 있다.

② 제40조의2에 따라 폐업 또는 휴업한 의료기관의 진료기록부등을 보관하는 관할 보건소장 및 의료기관 개설자는 진료기록보관시스템에 진료기록부등을 보관할 수 있다.

③ 제2항에 따라 진료기록부등을 진료기록보관시스템에 보관한 관할 보건소장 및 의료기관 개설자(해당 보건소 및 의료기관 소속 의료인 및 그 종사자를 포함한다)는 직접 보관한 진료기록부등 외에는 진료기록보관시스템에 보관된 정보를 열람하는 등 그 내용을 확인하여서는 아니 된다.

④ 보건복지부장관은 제1항에 따른 진료기록보관시스템의 구축·운영 업무를 관계 전문기관 또는 단체에 위탁할 수 있다. 이 경우 보건복지부장관은 진료기록보관시스템의 구축·운영 업무에 소요되는 비용의 전부 또는 일부를 지원할 수 있다.

⑤ 제4항 전단에 따라 진료기록보관시스템의 구축·운영 업무를 위탁받은 전문기관 또는 단체는 보건복지부령으로 정하는 바에 따라 진료기록부등을 안전하게 관리·보존하는 데에 필요한 시설과 장비를 갖추어야 한다.

⑥ 보건복지부장관은 진료기록보관시스템의 효율적 운영을 위하여 원본에 기재된 정보가 변경되지 않는 범위에서 진료기록부등의 형태를 변경하여 보존·관리할 수 있으며, 변경된 형태로 진료기록부등의 사본을 발급할 수 있다.

⑦ 누구든지 정당한 접근 권한 없이 또는 허용된 접근 권한을 넘어 진료기록보관시스템에 보관된 정보를 훼손·멸실·변경·위조·유출하거나 검색·복제하여서는 아니 된다.

⑧ 진료기록보관시스템의 구축 범위 및 운영 절차 등에 필요한 사항은 보건복지부령으로 정한다.

[본조신설 2020. 3. 4.]

◇ 벌칙
- 정당한 사유 없이 제40조 제4항의 권익 보호 조치를 하지 아니한 자: 1년 이하의 징역이나 1천만원 이하의 벌금(제89조 제2호)
- 제40조의3 제3항을 위반하여 직접 보관한 진료기록부등 외 진료기록보관시스템에 보관된 정보를 열람하는 등 그 내용을 확인한 사람: 5년 이하의 징역이나 5천만원 이하의 벌금(제87조의2 제2항 제4호)
- 제40조의3 제7항을 위반하여 정당한 접근 권한 없이 또는 허용된 접근 권한을 넘어 진료기록보관시스템에 보관된 정보를 훼손·멸실·변경·위조·유출하거나 검색·복제한 사람: 5년 이하의 징역이나 5천만원 이하의 벌금(제87조의2 제2항 제5호)

◇ 과태료
- 제40조 제1항의 휴업 또는 폐업 신고를 하지 아니한 자: 100만원 이하의 과태료
- 제40조 제2항을 위반하여 진료기록부등을 이관하지 아니한 자: 100만원 이하의 과태료

◇ 행정처분
- 제40조 제1항을 위반하여 휴업한 뒤 신고하지 아니한 경우: 경고
- 제40조 제1항을 위반하여 폐업한 뒤 신고하지 아니한 경우: 허가취소 또는 폐쇄

- 제40조 제2항을 위반하여 진료기록부 등의 이관이나 보관 등의 조치를 아니
  한 경우: 경고

(2) 조문해설

의료기관의 개설자는 의료업을 폐업하거나 1개월 이상 휴업하고자 하는 경우
관할 시장·군수·구청장에게 신고하여야 한다. 만약 입원환자가 있는 경우에는
1개월 미만의 휴업 시에도 신고하여야 한다. 시장·군수·구청장은 관할 의료기
관 폐업신고 수리 상황을 그 다음달 15일까지 보건복지부장관에게 보고하여야
한다(의료법 시행규칙 제30조 제2항). 의료기관의 숫자 및 존부는 의료자원으로서
관리된다. 따라서 의료법은 이와 같은 신고 및 보고의무를 부과하고 있다. 한편,
의원·치과의원·한의원 또는 조산원을 개설한 의료인이 부득이한 사유로 6개월
을 초과하여 그 의료기관을 관리할 수 없는 경우, 그 개설자는 폐업 또는 휴업
신고를 하여야 한다(의료법 시행규칙 제30조 제3항). 다만, 감염병의 예방 및 관리
에 관한 법률에 따라 질병관리본부장, 시·도지사 또는 시장·군수·구청장이 감
염병의 역학조사 및 예방접종에 관한 역학조사를 실시하거나 의료인 또는 의료
기관의 장이 보건복지부장관 또는 시·도지사에게 역학조사 실시를 요청한 경우
로서 역학조사가 필요하다고 판단하는 때에는 이를 위하여 폐업 신고를 수리하
지 않을 수 있다.

의료기관 개설자는 위와 같이 폐업 또는 휴업 신고를 할 때 기록·보존하고
있던 진료기록부 등을 관할 보건소장에게 넘겨야 한다. 의료기관이 사라지더라도
해당 의료기관에서 진료를 받은 환자들의 기록은 유지·보관되어야 한다. 후에
환자가 진료기록부등의 제공을 요청할 경우 제공하여야 하기 때문이다. 다만 의
료기관 개설자가 진료기록부등의 보관계획서를 제출하여 관할 보건소장의 허가
를 받은 경우에는 직접 보관할 수도 있다.

의료기관의 개설자는 의료업을 폐업 또는 휴업하는 경우 해당 의료기관에 입
원 중인 환자를 다른 의료기관으로 옮길 수 있도록 하는 등 환자의 권익을 보호
하기 위한 조치를 하여야 한다. 의료기관 개설자는 폐업 또는 휴업 신고예정일
14일 전까지 환자 및 환자 보호자가 쉽게 볼 수 있는 장소 및 인터넷 홈페이지

에 안내문을 게시하여야 한다. 안내문에는 폐업 또는 휴업 개시 예정일자, 진료기록부의 이관·보관 또는 사본 발급 등에 관한 사항, 진료비 등의 정산 및 반환 등에 관한 사항, 입원 중인 환자의 다른 의료기관으로의 전원에 관한 사항 등이 포함되어야 하며, 입원환자에 대해서는 폐업 또는 휴업 신고예정일 30일 전까지 환자 또는 그 보호자에게 위 안내문의 내용을 직접 알려야 한다(의료법 시행규칙 제30조의3).

시장·군수·구청장은 폐업 또는 휴업을 하려는 의료기관 개설자가 위와 같은 환자의 권익을 보호하기 위한 조치를 하였는지, 의료기관에서 나온 세탁물의 적정한 처리를 완료하였는지, 진료기록부등을 적정하게 넘겼거나 직접 보관하고 있는지 여부 등을 확인하여야 한다(의료법 시행령 제17조의2).

보건복지부장관은 폐업 또는 휴업한 의료기관의 진료기록부등을 보관하는 보건소장이나 의료기관 개설자가 안전하고 효과적으로 진료기록부를 보존하고 관리할 수 있는 시스템을 구축·운영할 수 있고, 이러한 업무를 관계 전문기관이나 단체에 위탁할 수도 있다. 또한 진료기록보관시스템에 보관된 진료기록부등은 직접 보관한 자 외에는 그 내용을 열람하는 등 확인하는 것을 금지하고 있고 누구든지 정당한 접근 권한 없이 또는 허용된 접근 권한을 넘어 진료기록시스템에 보관된 정보를 훼손·멸실·변경·위조·유출하거나 검색·복제하지 못하도록 규정하고 있다. 또한, 보건복지부장관은 이 진료기록보관시스템의 효율적 운영을 위하여 원본 정보가 변경되지 않는 범위에서 기존 진료기록부등의 형태를 변경하여 보존·관리할 수 있으며, 변경된 형태로 사본을 발급할 수도 있다.

6. 당직의료인 (제41조)

(1) 조문

◇ 제41조(당직의료인)
① 각종 병원에는 응급환자와 입원환자의 진료 등에 필요한 당직의료인을 두어야 한다. <개정 2016. 12. 20.>

② 제1항에 따른 당직의료인의 수와 배치 기준은 병원의 종류, 입원환자의 수 등을 고려하여 보건복지부령으로 정한다. <신설 2016. 12. 20.>

◇ 벌칙
- 제41조를 위반한 자: 500만원 이하의 벌금(제90조)

◇ 행정처분
- 제41조를 위반하여 병원에 당직의료인을 두지 아니한 경우: 시정명령

(2) 조문해설

각종 병원에는 응급환자와 입원환자의 진료 등에 필요한 당직의료인을 두어야 한다. 즉, 응급환자와 입원환자의 진료를 하지 않는 의원급 의료기관에는 위 조항이 적용되지 않는다.

각종 병원에 두어야 하는 당직의료인의 수는 입원환자 200명까지는 의사·치과의사 또는 한의사의 경우 1명, 간호사의 경우 2명을 두되, 입원환자 200명을 초과하는 200명마다 의사·치과의사·한의사의 경우 1명, 간호사의 경우 2명을 추가한 인원 수이다. 그러나 요양병원에는 의사·치과의사·한의사의 경우 입원환자 300명까지는 1명, 입원환자 300명을 초과하는 300명마다 1명을 추가한 인원 수, 간호사의 경우 입원환자 80명까지는 1명, 입원환자 80명을 초과하는 80명마다 1명을 추가한 인원 수를 두면 된다. 한편, 정신건강증진 및 정신질환자 복지서비스 지원에 관한 법률 제3조 제5호 가목에 따른 정신병원이나 장애인복지법 제58조 제1항 제4호에 따른 의료재활시설로서 30개 이상의 병상을 갖춘 의료기관, 국립정신건강센터, 국립정신병원, 국립소록도병원, 국립결핵병원 및 국립재활원 등의 의료기관은 각자의 자체 기준에 따른 숫자의 당직의료인만 배치하면 된다.

(3) 판례·행정해석

◇ 의원급 의료기관의 경우 당직의료인을 반드시 두어야 하는지 여부(의정부지방법원 2005. 7. 14. 선고 2005노704 판결)

- 의료법상 당직의료인이 필요적으로 요구되는 것은 의료법 제3조 소정의 '각종 병원'인 의료기관에 국한되고, '의원'인 의료기관은 비록 입원환자 30인 미만을 수용하는 시설을 갖추고 입원환자에 대한 진료를 하는 경우라도 제외된다고 봄이 상당함.

◇ 당직의료인을 두지 않은 경우 처벌규정은 있으나 구체적인 수와 자격은 법률로 정하지 않은 경우 위임입법의 한계를 벗어나 무효라고 판단한 사례(대법원 2017. 2. 16. 선고 2015도16014 전원합의체 판결)

- 의료법(2016. 12. 20. 법률 제14438호로 개정되기 전의 것, 이하 같다) 제41조는 "각종 병원에는 응급환자와 입원환자의 진료 등에 필요한 당직의료인을 두어야 한다."라고 규정하는 한편, 제90조에서 제41조를 위반한 사람에 대한 처벌규정을 두었다. 이와 같이 의료법 제41조는 각종 병원에 응급환자와 입원환자의 진료 등에 필요한 당직의료인을 두어야 한다고만 규정하고 있을 뿐, 각종 병원에 두어야 하는 당직의료인의 수와 자격에 아무런 제한을 두고 있지 않고 이를 하위 법령에 위임하고 있지도 않음.
- 그런데도 의료법 시행령 제18조 제1항(이하 '시행령 조항'이라 한다)은 "법 제41조에 따라 각종 병원에 두어야 하는 당직의료인의 수는 입원환자 200명까지는 의사·치과의사 또는 한의사의 경우에는 1명, 간호사의 경우에는 2명을 두되, 입원환자 200명을 초과하는 200명마다 의사·치과의사 또는 한의사의 경우에는 1명, 간호사의 경우에는 2명을 추가한 인원 수로 한다."라고 규정하고 있음.
- 의료법 제41조가 "환자의 진료 등에 필요한 당직의료인을 두어야 한다."라고 규정하고 있을 뿐인데도 시행령 조항은 당직의료인의 수와 자격 등 배치기준을 규정하고 이를 위반하면 의료법 제90조에 의한 처벌의 대상이 되도록 함으로써 형사처벌의 대상을 신설 또는 확장하였으므로 시행령 조

항은 위임입법의 한계를 벗어난 것으로서 무효임.

◇ 정신병원이라 하더라도 당직의료인을 반드시 두어야 하는지 여부(인천지방법원 2013. 11. 1. 선고 2013고정3060 판결)

- '입원환자를 진료하는 데에 지장이 없도록 해당 병원의 자체 기준에 따라 당직의료인을 배치할 수 있다.'고 규정한 의료법 시행령(2012. 5. 1. 법률 제23759호로 개정되기 전의 것)에 따라 정신병원의 경우 입원환자를 진료하는 데에 지장이 없도록 해당 병원의 자체 기준에 따라 당직의료인을 배치할 수 있다고 하더라도 당직의료인을 두지 않을 수 있다고 해석할 수 없음.

7. 간호인력의 적절한 활용(제41조의2, 제60조의3) (정혜승)

(1) 조문

◇ 제41조의2(교육전담간호사)

① 병원급 의료기관에는 신규 채용되거나 보임된 간호사, 간호대학생(이하 "신규간호사등"이라 한다)에게 직무수행에 필요한 지식, 기술 및 역량 등을 전수하고 적응을 지원하기 위하여 교육전담간호사 양성교육을 이수하는 등 보건복지부령으로 정하는 자격을 갖춘 교육전담간호사를 두어야 한다.

② 제1항에 따른 교육전담간호사는 다음 각 호의 직무를 수행한다.

  1. 신규간호사등의 교육과정 기획·운영·평가
  2. 신규간호사등의 교육 총괄 및 관리
  3. 신규간호사등의 교육을 담당하는 인력의 관리 및 지도
  4. 신규간호사등의 교육에 필요한 자원 확보·개발

③ 국가는 제1항에 따른 교육전담간호사 운영에 필요한 비용의 전부 또는 일부를 지원할 수 있다.

④ 제1항에 따른 교육전담간호사의 배치 대상과 기준은 의료기관의 종류 및 규모, 신규간호사등의 수 등을 고려하여 보건복지부령으로 정한다.

[본조신설 2023. 5. 19.]

◇ 제60조의3(간호인력 취업교육센터 설치 및 운영)

① 보건복지부장관은 간호·간병통합서비스 제공·확대 및 간호인력의 역량 강화와 원활한 수급을 위하여 다음 각 호의 업무를 수행하는 간호인력 취업교육센터를 지역별로 설치·운영할 수 있다. <개정 2023. 5. 19.>

1. 지역별, 의료기관별 간호인력 확보에 관한 현황 조사

2. 제7조제1항제1호에 따른 간호학을 전공하는 대학이나 전문대학[구제(舊制) 전문학교와 간호학교를 포함한다] 졸업예정자와 신규 간호인력에 대한 취업교육 지원

3. 간호인력의 지속적인 근무를 위한 경력개발 지원

4. 교육전담간호사의 교육

5. 유휴 및 이직 간호인력의 취업교육 지원

6. 그 밖에 간호인력의 취업교육 지원을 위하여 보건복지부령으로 정하는 사항

② 보건복지부장관은 간호인력 취업교육센터를 효율적으로 운영하기 위하여 그 운영에 관한 업무를 대통령령으로 정하는 절차·방식에 따라 관계 전문기관 또는 단체에 위탁할 수 있다.

③ 국가 및 지방자치단체는 제2항에 따라 간호인력 취업교육센터의 운영에 관한 업무를 위탁한 경우에는 그 운영에 드는 비용을 지원할 수 있다.

④ 그 밖에 간호인력 취업교육센터의 운영 등에 필요한 사항은 보건복지부령으로 정한다.

[본조신설 2015. 12. 29.]

(2) 조문해설

2023. 5. 19. 법률 제19412호로 개정된 의료법에서는 병원에 신규 채용되거나 보임된 간호사, 간호대학생 등에게 직무수행에 필요한 지식, 기술 및 역량 등을 전수하고 적응을 지원하기 위하여 교육전담간호사를 두도록 규정하고 있다. 이는 병원에서 일하는 간호인력의 역량을 강화하여 보다 나은 간호업무를 수행하게 하기 위한 것이다. 다만, 교육전담간호사의 배치 대상과 기준은 의료기관의 종류 및 규모 신규간호사 수 등을 고려하여 보건복지부령으로 정하도록 규정하

였으나 아직 하위법령이 제정되지는 아니한 상태이다.

또한, 의료법은 보건복지부장관으로 하여금 간호인력의 역량 강화와 원활한 수급을 위하여 간호인력 취업교육센터를 지역별로 설치·운영할 수 있도록 하여 지역별, 의료기관별 간호사들이 적절히 수급되도록 할 수 있도록 하였고, 교육전담간호사의 교육 역시 위 센터에서 실시할 수 있도록 하였다.

8. 의료기관의 명칭 (제42조)

(1) 조문

◇ 제42조(의료기관의 명칭)

① 의료기관은 제3조제2항에 따른 의료기관의 종류에 따르는 명칭 외의 명칭을 사용하지 못한다. 다만, 다음 각 호의 어느 하나에 해당하는 경우에는 그러하지 아니하다. <개정 2008. 2. 29., 2009. 1. 30., 2010. 1. 18., 2020. 3. 4.>

 1. 종합병원 또는 정신병원이 그 명칭을 병원으로 표시하는 경우
 2. 제3조의4제1항에 따라 상급종합병원으로 지정받거나 제3조의5제1항에 따라 전문병원으로 지정받은 의료기관이 지정받은 기간 동안 그 명칭을 사용하는 경우
 3. 제33조제8항 단서에 따라 개설한 의원급 의료기관이 면허 종별에 따른 종별명칭을 함께 사용하는 경우
 4. 국가나 지방자치단체에서 개설하는 의료기관이 보건복지부장관이나 시·도지사와 협의하여 정한 명칭을 사용하는 경우
 5. 다른 법령으로 따로 정한 명칭을 사용하는 경우

② 의료기관의 명칭 표시에 관한 사항은 보건복지부령으로 정한다. <개정 2008. 2. 29., 2010. 1. 18.>

③ 의료기관이 아니면 의료기관의 명칭이나 이와 비슷한 명칭을 사용하지 못한다.

◇ 벌칙

— 제42조 제1항 위반: 500만원 이하의 벌금

- 제42조를 위반하여 시정명령을 받고도 이행하지 아니하는 경우: 500만원 이하의 벌금

◇ 행정처분
- 제42조를 위반하여 의료기관의 명칭 표시를 위반한 경우: 시정명령
- 제42조 제3항을 위반하여 의료기관의 명칭 또는 이와 비슷한 명칭을 사용한 자: 100만원 이하의 과태료

(2) 조문해설

(가) 의료기관의 명칭표시 제한

의료기관은 그 명칭표시에 관하여 의료기관의 종류에 따라 "종합병원, 정신병원, 요양병원, 한방병원, 치과병원, 의원, 치과의원, 한의원, 조산원"이라는 명칭만을 사용할 수 있다. 다만, ① 종합병원 또는 정신병원이 그 명칭을 병원으로 표시하는 경우, ② 법령에 따라 상급종합병원과 전문병원으로 지정받은 의료기관이 지정받은 기간 동안 그 명칭을 사용하는 경우, ③ 의원급 의료기관이 의사·치과의사·한의사 면허 종별에 따른 종별명칭을 함께 사용하는 경우, ④ 국가나 지방자치단체에서 개설하는 의료기관이 보건복지부장관이나 시·도지사와 협의하여 정한 명칭을 사용하는 경우, ⑤ 다른 법령으로 따로 정한 명칭을 사용하는 경우 예외적으로 허용 된다. 의료기관이 아니면 의료기관의 명칭이나 이와 비슷한 명칭을 사용하지 못한다.

(나) 고유명칭의 표시

의료기관의 명칭을 표시하는 경우에는 법 제3조 제2항에 따른 의료기관의 종류에 따르는 명칭(종합병원·정신병원의 경우에는 병원을 포함) 앞에 고유명칭을 붙이는데, 이 경우 그 종류 명칭은의 글자 크기는 고유명칭의 2분의 1 범위에서 크거나 작게 하되, 고유명칭은 의료기관의 종류명칭과 혼동할 우려가 있거나 특정 진료과목 또는 질환명과 비슷한 명칭을 사용하지 못한다(의료법 시행규칙 제40조 제1호).

(다) 상급종합병원 · 전문병원의 표시

상급종합병원으로 지정받은 종합병원은 의료기관의 종류에 따른 명칭 대신 상급종합병원의 명칭을 표시할 수 있다. 또한, 전문병원으로 지정받은 병원은 지정받은 특정 진료과목 또는 질환명을 표시할 수 있으며, 의료기관의 종류에 따른 명칭 대신 전문병원의 명칭을 표시할 수 있다(의료법 시행규칙 제40조 제2호, 제3호).

(라) 전문 과목의 표시

병원 · 한방병원 · 치과병원 · 의원 · 한의원 또는 치과의원의 개설자가 전문의인 경우에는 그 의료기관의 고유명칭과 의료기관의 종류 명칭 사이에 인정받은 전문과목을 삽입하여 표시할 수 있다. 이 경우 전문과목에 "치과"가 포함된 치과병원 · 치과의원의 경우에는 의료기관의 종류 명칭에서 "치과"를 생략할 수 있다(의료법 시행규칙 제40조 제4호).

(마) 부속 의료기관의 명칭 표시

의료인 · 의료법인 · 국가 · 지방자치단체 · 비영리법인 또는 「공공기관의 운영에 관한 법률」에 따른 준정부기관 외의 자가 그 종업원 및 가족의 건강관리를 위하여 개설한 부속 의료기관이 명칭을 표시하는 경우에는 의료기관의 종류에 따르는 명칭 앞에 그 개설기관의 명칭과 "부속"이라는 문자를 붙여야 한다(의료법 시행규칙 제40조 제5호).

(바) 의료기관 명칭표시판의 표시사항

의료기관은 명칭표시판에 ① 의료기관의 명칭, ② 전화번호 및 주소(인터넷 홈페이지 주소를 포함), ③ 진료에 종사하는 의료인의 면허 종류 및 성명, ④ 상급종합병원으로 지정받은 종합병원의 경우에는 상급종합병원으로 지정받은 사실, ⑤ 전문병원으로 지정받은 병원의 경우에는 전문병원으로 지정받은 사실, ⑥ 병원 · 한방병원 · 치과병원 · 의원 · 한의원 또는 치과의원의 개설자가 전문의인 경우에는 해당 개설자의 전문의 자격 및 전문과목, ⑦ 법률에 따른 의료기관 인증을 받은 사실, ⑧ 진료시간 및 진료일 만을 표시할 수 있다(의료법 시행규칙 제40조 제

6호). 다만, 장소가 좁거나 그 밖에 부득이한 사유가 있는 경우에는 진료과목을 명칭표시판에 함께 표시할 수 있다(의료법 시행규칙 제40조 제6호 단서).

(사) 의료기관의 명칭 표시 방법

의료기관의 명칭은 한글로 표시하되, 외국어를 함께 표시할 수 있다(의료법 시행규칙 제40조제7호). 종류명칭의 경우, 의료법 제3조제2항에서 정하고 있는 바를 기준으로 상대국에서 보편적으로 사용하는 용어를 사용하고, 고유명칭의 경우, 번역하여 표기할 때 의미 전달에 왜곡현상이 발생할 수 있으므로 '로마자 표기법'에 의해 국어의 표준 발음법에 따라 적는 것을 원칙으로 하며, 전문과목의 경우, 상대국 언어를 최대한 존중하여 표기하나 상대국과의 제도적 차이 등으로 표기가 곤란할 경우 일반적으로 사용하는 용어 또는 관련 전문가 단체 등에서 공식적으로 사용하는 용어를 표기함을 원칙으로 한다. 다만, 의료기관 개설신고서와 허가신청서에는 한글 표기만을 허용한다. 그리고 각 외국어의 표기 면적과 글자 크기는 한글 표기 면적과 글자 크기를 초과할 수 없다.[244)]

(3) 판례 · 행정해석

◇ 의료기관 종별명칭 이외 '크리닉'을 사용한 것이 의료법 위반이라는 사례(대법원 1992. 5. 12. 선고 92도686 판결)

- 의원 규모의 의료기관에서 강ㅇ'크리닉'의원(진료소)이라는 명칭을 표기하여 의료기관의 종별명칭 앞에 사용한 것이 의료법 위반인지 다투어진 사건에서, 피고인이 그가 개설하여 경영하는 의료기관의 고유명칭인 '강ㅇ'과 의료기관의 종별표시인 '의원' 사이에 '크리닉'이라는 명칭을 사용하였다면 이를 고유명사의 일부로서 사용하였건, 의료기관의 종류나 성질의 표시로서 사용하였건 의료법 제35조 제1항에 위배된다고 보아야 한다고 하면서 피고인이 의원규모의 의료기관으로서는 크다고 할 수 있는 판시와 같은 인적, 물적시설을 갖추었다고 하여 '크리닉'이라는 명칭의 표기가 정

---

244) 보건복지부 의료기관정책과 제3913호(2012. 8. 21.).

당화 될 수는 없을 것이라고 판시함.

◇ 고유명칭에 종별 명칭과 혼동할 우려가 있는 명칭을 사용함으로써 같은 조 제
2항을 위반한 행위는 형사처벌할 수 없다는 사례(대법원 2009. 2. 26. 선고
2006도9311 판결)

- 고유명칭으로 진료과목인 소아과와 유사한 명칭을 사용하여 공소제기된
  사안에서 대법원은 의료기관의 명칭에 있어서 종별 명칭 이외의 명칭을
  사용함으로써 구 의료법 제35조 제1항을 위반한 행위만이 처벌될 뿐, 그
  고유명칭에 종별 명칭과 혼동할 우려가 있는 명칭을 사용함으로써 같은
  조 제2항을 위반한 행위는 처벌할 수 없다고 판시함.

◇ 2인이상 전문의 공동개설 경우 전문과목 표시 기준(보건복지부 2003. 3. 13.
보건의료정책과 인터넷민원회신)

- 만약 개설자가 2인 이상인 공동개설인 경우 개설자 모두 전문의라면 전문
  과목을 모두 표시할 수 있으며, 대표 전문과목을 1개만 쓰는 것도 가능함.

◇ '수원 관절 척추 전문 E 병원'라는 명칭은 종별 명칭에 관하여 규정한 의료법
제42조 제1항의 위반이라고 볼 수 없다는 사례(수원지방법원 2016. 5. 19. 선고
2015고정3148 판결)

- 병원 인터넷 홈페이지 보도자료란에 '수원 관절 척추 전문 E병원, 확정이
  전 개원'이라는 제목의 기사를 게시한 것을 두고 '수원 관절 척추 전문 E
  병원'이라는 명칭을 사용한 것으로 평가하더라도, '전문'과 '병원' 사이에
  'E'라는 의료기관의 명칭을 표시하였으므로 의료법 제42조 제1항에 의하
  여 금지되는 명칭을 사용한 경우에 해당한다고 보기 어려움.

◇ 전문의가 아닌 자의 '국제성형외과 전문의'라는 기재는 의료법 위반이라는 사
례(서울중앙지방법원 2013. 8. 13. 선고 2013노1693 판결)

- 전문과목의 표시에 관하여 규정한 의료법의 취지에 비추어 '국제성형외과
  전문의'라는 명칭이 자격증을 표현하기 위한 고유명사의 일부이든, 전문과

목의 표시이든 의료법 위반에 해당함.

◇ '전문병원'으로 지정되지 아니한 병원이 '시력교정전문병원'이라는 명칭을 사용
할 수 없다는 사례(서울중앙지방법원 2017. 9. 21. 선고 2017노1909 판결)
 - 의료법 제42조는 의료기관의 명칭을 사용함에 있어 엄격한 제한을 가하
   고 있는바, 전문병원으로 지정되지 아니한 병원은 '전문병원'이라는 단어
   를 병원명칭에 덧붙여 사용할 수 없고, 이러한 '전문병원' 제도의 도입
   취지와 그 명칭 사용 제한 규정 등에 비추어 '전문병원'으로 지정되지 아
   니한 경우에는, 설령 특정 질환이나 진료행위를 주로 실시하고 있다고
   하더라도 '전문병원'이라는 단어를 사용한 의료광고는 허용되지 않음.

◇ 병원이 아님에도 명함에 '정형외과 전문병원'이라 기재한 경우 의료법 위반이
라는 사례(서울남부지방법원 2013. 2. 21. 선고 2012노1721 판결)
 - 명함의 기능에 비추어 볼 때 병원의 명칭을 사용한 것으로 볼 수 있음.

◇ 마취통증의학과 전문의를 두고 '정형외과'를 명칭에 사용한 경우 의료법 위반
이라는 사례(수원지방법원 평택지원 2013. 12. 19. 선고 2013고정764 판결)

◇ 성형외과병원 인터넷 홈페이지에 '양악, 윤곽 전문의'라는 표현은 거짓이나 과
장된 내용의 의료광고라는 사례(서울중앙지방법원 2015. 8. 27. 선고 2015고단
4569 판결)
 - 의료법상 전문의 자격을 인정받을 수 있는 과목에 '양악, 윤곽'분야는 없
   음에도 '양악, 윤곽 전문의 A원장'이라는 표현은 국가로부터 '양악, 윤곽
   전문의'로 인정받은 것으로 오인할 수 있음.

◇ '여성전문병원 C산부인과'의 표시는 의료법 위반이라는 사례(대법원 2007. 4.
12. 선고 2007도256 판결)
 - 전단지에 기재된 '여성전문병원 C산부인과'의 표시는 환자들로 하여금 해
   당 산부인과가 의원이 아닌 병원이라고 오인·혼동하게 할 가능성이 있어

의료기관의 종별을 구분하고, 해당 종별에 따르는 명칭 이외의 명칭은 사용하지 못하도록 규제하는 의료법과 의료법 시행규칙을 위반함.

9. 진료과목 (제43조)

(1) 조문

◇ 제43조(진료과목 등)

① 병원·치과병원 또는 종합병원은 한의사를 두어 한의과 진료과목을 추가로 설치·운영할 수 있다.

② 한방병원 또는 치과병원은 의사를 두어 의과 진료과목을 추가로 설치·운영할 수 있다.

③ 병원·한방병원·요양병원 또는 정신병원은 치과의사를 두어 치과 진료과목을 추가로 설치·운영할 수 있다. <개정 2020. 3. 4.>

④ 제1항부터 제3항까지의 규정에 따라 추가로 진료과목을 설치·운영하는 경우에는 보건복지부령으로 정하는 바에 따라 진료에 필요한 시설·장비를 갖추어야 한다. <개정 2010. 1. 18.>

⑤ 제1항부터 제3항까지의 규정에 따라 추가로 설치한 진료과목을 포함한 의료기관의 진료과목은 보건복지부령으로 정하는 바에 따라 표시하여야 한다. 다만, 치과의 진료과목은 종합병원과 제77조제2항에 따라 보건복지부령으로 정하는 치과병원에 한하여 표시할 수 있다. <개정 2010. 1. 18.>

[전문개정 2009. 1. 30.]

◇ 행정처분

- 제43조를 위반하여 의료기관의 진료과목 표시를 위반한 경우: 시정명령
- 제43조 제5항에 따른 진료과목 표시를 위반한 자: 100만원 이하의 과태료

(2) 조문해설

(가) 진료과목 추가 설치 · 운영

병원 · 치과병원 · 종합병원은 한의사를 두어 한의과 진료과목을 추가로 설치 · 운영할 수 있고, 한방병원 · 치과병원은 의사를 두어 의과 진료과목을 추가로 설치 · 운영할 수 있으며, 병원 · 한방병원 · 요양병원 · 정신병원은 치과의사를 두어 치과 진료과목을 추가로 설치 · 운영할 수 있다. 이는 다른 종별 의료인이 같은 의료기관 내에서 함께 진료할 수 있도록 하여 환자가 통합적인 의료서비스를 받을 수 있도록 하기 위함이다.

(나) 진료과목의 표시(의료법 시행규칙 제41조 제1항)

병원 · 치과병원 · 종합병원이 표시할 수 있는 진료과목은 다음과 같다.
- 종합병원: 아래 병원이나 의원, 치과병원이나 치과의원이 표시할 수 있는 진료과목
- 병원 · 정신병원이나 의원: 내과, 신경과, 정신건강의학과, 외과, 정형외과, 신경외과, 심장혈관흉부외과, 성형외과, 마취통증의학과, 산부인과, 소아청소년과, 안과, 이비인후과, 피부과, 비뇨의학과, 영상의학과, 방사선종양학과, 병리과, 진단검사의학과, 재활의학과, 결핵과, 예방의학과, 가정의학과, 핵의학과, 직업환경의학과 및 응급의학과
- 치과병원이나 치과의원: 구강악안면외과, 치과보철과, 치과교정과, 소아치과, 치주과, 치과보존과, 구강내과, 영상치의학과, 구강병리과, 예방치과 및 통합치의학과
- 한방병원이나 한의원: 한방내과, 한방부인과, 한방소아과, 한방안 · 이비인후 · 피부과, 한방신경정신과, 한방재활의학과, 사상체질과 및 침구과
- 요양병원: 병원 · 정신병원이나 의원 및 한방병원 · 한의원의 진료과목

(다) 진료과목 추가 설치 · 운영 요건

병원 · 치과병원 · 종합병원 · 한방병원이 추가로 진료과목을 설치 · 운영하는 경

우에는 보건복지부령으로 정하는 바에 따라 진료에 필요한 시설·장비를 갖추어야 한다. 이와 같이 추가로 진료과목을 설치한 의료기관이 표시할 수 있는 진료과목과 의료법 제43조 제4항에 따라 추가로 설치한 진료과목의 진료에 필요한 시설·장비에 대해서는 의료법 시행규칙 제41조 제2항과 별표 8에서 구체적으로 정하고 있다.

(라) 의료기관의 진료과목 표시 방법

의료법 제1항부터 제3항까지의 규정에 따라 추가로 설치한 진료과목을 포함한 의료기관의 진료과목은 보건복지부령으로 정하는 바에 따라 표시하여야 한다. 다만, 치과의 진료과목은 종합병원과 의료법 제77조 제2항에 따라 보건복지부령으로 정하는 치과병원에 한하여 표시할 수 있다.

의료기관이 진료과목을 표시하는 경우에는 법령에 따라 진료과목 중 그 의료기관이 확보하고 있는 시설·장비 및 의료관계인에 해당하는 과목만을 표시할 수 있고, 의료기관의 진료과목 표시판에는 "진료과목"이라는 글자와 진료과목의 명칭을 표시하여야 한다(의료법 시행규칙 제41조 제3항, 제4항). 또한, 의료기관의 명칭 표시판에 진료과목을 함께 표시하는 경우에는 진료과목을 표시하는 글자의 크기를 의료기관의 명칭을 표시하는 글자 크기의 2분의 1 이내로 하여야 한다(의료법 시행규칙 제42조).

(3) 판례·행정해석

◇ 진료과목 표시의 글자 크기, 색상 제한에 관한 해석(법제처 2007. 11. 9.)
- 의료기관의 진료과목 표시판에 "진료과목"이라는 글자와 진료과목의 명칭을 「의료법 시행규칙」 제30조제3항에 따라 표시하는 경우 위 글자 크기는 같지 아니하여도 되고, 의료기관의 명칭 표시판에 진료과목을 함께 표시하는 경우에는 진료과목을 표시하는 글자의 크기를 의료기관의 명칭을 표시하는 글자 크기의 2분의 1 이내로 하여야 하나 진료과목의 표시는 의료기관의 명칭을 구성하는 내용의 글자 크기에 대하여 명시하고 있지 아니하므로 글자의 크기는 규제할 수 없으며, 그 색상은 제한받지 아니함.

◇ 진료과목 글자 크기 제한이 항고소송의 대상이 되는 처분이 아니라는 사례(대법원 2007. 4. 12. 선고 2005두15168 판결)

- 의료기관의 명칭표시판에 진료과목을 함께 표시하는 경우 글자 크기를 제한하고 있는 구 의료법 시행규칙 제31조가 그 자체로서 국민의 구체적인 권리의무나 법률관계에 직접적인 변동을 초래하지 아니하므로 항고소송의 대상이 되는 행정처분이라고 할 수 없다.

◇ 의사가 아닌 한의사가 병원을 개설하는 것은 의료법 제33조 제2항 위반이고, 제43조가 병원 개설의 근거 규정이 될 수 없다는 사례(청주지방법원 2019. 12. 6. 선고 2019노1339 판결)

- 의료법 제43조에서 '병원·치과병원 또는 종합병원은 한의사를 두어 한의과 진료과목을 추가로 설치할 수 있다(제1항). 한방병원 또는 치과병원은 의사를 두어 의과 진료과목을 추가로 설치운영할 수 있다(제2항).'고 규정하나, 이는 병원 등이 한의과 진료과목을 또는 한방병원 등이 의과 진료과목을 추가로 설치할 수 있다는 것에 불과하고, 한의사가 병원을 개설할 수 있다는 근거가 되지 않음.

◇ 침술사가 간판에 '복학'이라고 일반적으로 침술의 진료과목을 표시한 것으로 볼 수 없고 특정질병에 관하여 특별한 기능 내지는 진료방법을 보유하고 있음을 대중에게 광고한 행위라고 본 사례(대법원 1976. 11. 23. 선고 75도2066 판결)

(4) 관련 법령

❑ 의료법 시행규칙 제41조 제2항 [별표 8] — 추가로 진료과목을 설치한 의료기관이 표시할 수 있는 진료과목 및 진료에 필요한 시설·장비 기준(의료법 시행규칙 제41조제2항 관련)

1. 표시할 수 있는 진료과목

의료기관 종류	표시할 수 있는 진료과목
종합병원	한의과 진료과목을 추가로 설치하는 경우: 한방내과, 한방부인과, 한방소아과, 한방안·이비인후·피부과, 한방신경정신과, 한방재활의학과, 사상체질과 및 침구과
병원	가. 한의과 진료과목을 추가로 설치하는 경우 1) 모든 병원: 한방내과, 사상체질과 및 침구과 2) 신경과, 정신과, 신경외과 또는 재활의학과를 설치·운영하고 있는 병원: 한방신경정신과 및 한방재활의학과 3) 내과, 산부인과, 성형외과, 소아청소년과, 안과, 이비인후과 또는 피부과를 설치·운영하고 있는 병원: 한방부인과, 한방소아과 및 한방안·이비인후·피부과 나. 치과 진료과목을 추가로 설치하는 경우 1) 모든 병원: 구강내과 및 통합치의학과 2) 외과, 성형외과 또는 응급의학과를 설치·운영하고 있는 병원: 구강악안면외과, 치과보철과, 치과교정과, 치주과 및 치과보존과 3) 소아청소년과를 설치·운영하고 있는 병원: 소아치과
한방병원	가. 의과 진료과목을 추가로 설치하는 경우 1) 모든 한방병원: 내과, 가정의학과, 마취통증의학과 2) 한방내과, 한방신경정신, 한방재활의학과 또는 침구과를 설치·운영하고 있는 한방병원: 신경과, 정신과, 신경외과, 정형외과, 비뇨의학과 및 재활의학과 2) 한방부인과, 한방소아과 또는 한방안·이비인후·피부과를 설치·운영하고 있는 한방병원: 산부인과, 소아청소년과, 안과, 이비인후과 및 피부과 2) 1)에서 3)까지의 의과과목을 1개 이상 설치·운영하고 있는 한방병원: 영상의학과 및 진단검사의학과 나. 치과 진료과목을 추가로 설치하는 경우 1) 모든 한방병원: 구강내과 및 통합치의학과 2) 한방소아과를 설치·운영하고 있는 한방병원: 소아치과
치과병원	가. 의과 진료과목을 추가로 설치하는 경우 1) 모든 치과병원: 내과, 가정의학과, 마취통증의학과 2) 구강악안면외과, 치과보철과, 치과교정과, 치주과 또는 치과보존과를 설치·운영하고 있는 치과병원: 성형외과 및 정신건강의학과 3) 구강내과 또는 소아치과를 설치·운영하고 있는 치과병원: 이비인후과, 정신건강의학과, 신경과 및 소아청소년과 나. 한의과 진료과목을 추가로 설치하는 경우 1) 모든 치과병원: 한방내과, 침구과

	2) 소아치과를 설치·운영하고 있는 치과병원: 한방소아과
요양병원·정신병원	치과 진료과목을 추가로 설치하는 경우: 구강악안면외과, 치과보철과, 치주과, 치과보존과 및 구강내과 및 통합치의학과

비고: 치과 진료과목을 추가로 설치하는 의료기관은 2013년 12월 31일까지 진료과목을 "치과"로 표시한다.

2. 진료에 필요한 시설·장비 등

　가. 종합병원·병원·치과병원에 추가로 한의과 진료과목을 설치하는 경우

　　1) 관련된 시설·장비 및 의료관계인을 확보하고 있는 경우에는 한방요법실을 갖출 수 있다.

　　2) 탕전을 하는 경우에는 관련된 시설·장비 및 의료관계인을 확보하고 탕전실을 갖추어야 한다.

　나. 한방병원·치과병원에 추가로 의과 진료과목을 설치하는 경우

　　1) 외과계 진료과목을 설치하는 경우에는 관련된 시설·장비 및 의료관계인을 확보하고 수술실을 갖추어야 한다.

　　2) 관련된 시설·장비 및 의료관계인을 확보하고 있는 경우에는 임상검사실을 갖출 수 있다.

　　3) 관련된 시설·장비 및 의료관계인을 확보하고 있는 경우에는 방사선장치를 갖출 수 있다.

　　4) 수술실이 설치되어 있는 경우에는 회복실을 갖추어야 한다.

　다. 요양병원에 추가로 치과 진료과목을 설치하는 경우

　　1) 관련된 시설·장비 및 의료관계인을 확보하고 있는 경우에는 임상검사실을 갖출 수 있다.

　　2) 관련된 시설·장비 및 의료관계인을 확보하고 있는 경우에는 방사선장치를 갖출 수 있다.

　라. 가목부터 다목까지의 규정에 따라 추가로 진료과목을 설치한 의료기관은 진료절차, 의료인 간 업무분장, 응급환자 대응방법, 관련 시설·장비의 활용방안, 환자의 선택권 등이 포함된 진료지침을 비치하여야 한다.

10. 비급여 진료비용 기타 수수료

가. 비급여 진료비용

(1) 비급여 진료비용의 개념

우리나라는 국민건강보험법에 따라 국민의 질병·부상에 대한 예방·진단·치료·재활과 출산·사망 및 건강증진에 대하여 보험급여를 실시하고 있다. 보험급여란 건강보험 가입자 등 환자의 질병과 부상, 출산 등에 대하여 예방, 진단, 치료, 재활 등 각종 형태로 제공되는 의료서비스245)를 말하고, 국민건강보험공단이 의료기관 등이 제공한 보험급여의 대가로 지급하는 비용을 보험급여비용이라고 한다.246) 국민건강보험법은 보험급여의 내용으로 요양급여, 건강검진, 요양비, 장애인 보장구급여비, 본인부담상한액, 임신·출산 진료비를 규정하였다.

그 중 요양급여는 요양기관이 피보험자의 질병, 부상, 출산 등에 대하여 실시하는 진찰검사, 약제·치료재료의 지급, 처치·수술 및 그 밖의 치료, 예방·재활, 입원, 간호, 이송을 말하고(국민건강보험법 제41조 제1항), 그 범위는 요양급여대상이라고 하여 국민건강보험법 제41조 제2항에서 정하고 있다.247) 요양급여의 방

---

245) 대법원 2018. 6. 15. 선고 2018도2615 판결, 대법원 2018. 6. 28. 선고 2018도361 판결 등
246) 대법원 2018. 6. 28. 선고 2018도361 판결.
247) 국민건강보험법 제41조(요양급여)
   ① 가입자와 피부양자의 질병, 부상, 출산 등에 대하여 다음 각 호의 요양급여를 실시한다.
     1. 진찰·검사
     2. 약제(藥劑)·치료재료의 지급
     3. 처치·수술 및 그 밖의 치료
     4. 예방·재활
     5. 입원
     6. 간호
     7. 이송(移送)
   ② 제1항에 따른 요양급여(이하 "요양급여"라 한다)의 범위(이하 "요양급여대상"이라 한다)는 다음 각 호와 같다.
     1. 제1항 각 호의 요양급여(제1항제2호의 약제는 제외한다): 제4항에 따라 보건복지부장관이 비급여대상으로 정한 것을 제외한 일체의 것
     2. 제1항제2호의 약제: 제41조의3에 따라 요양급여대상으로 보건복지부장관이 결정하여 고시한 것
   ③ 요양급여의 방법·절차·범위·상한 등의 기준은 보건복지부령으로 정한다.

법, 절차, 범위 및 상한 등 기준은 보건복지부령, 즉 '국민건강보험 요양급여의 기준에 관한 규칙'에 따라 정한다. 보건복지부장관은 요양급여대상을 요양급여 행위, 약제 및 치료재료로 구분하여 급여목록표를 정하여 고시하는데(국민건강보험 요양급여의 기준에 관한 규칙 제8조 제1항), 이에 따라 보건복지부고시로 '건강보험 행위 급여·비급여 목록표 및 급여 상대가치점수', '약제 급여목록 및 급여 상한금액표', '치료재료 급여·비급여 목록 및 급여상한금액표' 등이 제정·운용되고 있다.[248] 요양기관이 제공한 요양급여의 대가로 지급되는 비용을 요양급여비용이라고 한다.

보건복지부장관은 요양급여의 기준을 정할 때 업무나 일상생활에 지장이 없는 질환에 대한 치료 등 보건복지부령으로 정하는 사항은 요양급여의 대상에서 제외할 수 있다. 이같이 요양급여의 대상에서 제외되는 사항을 '비급여대상'이라고 한다(국민건강보험법 제41조 제4항, 국민건강보험 요양급여의 기준에 관한 규칙 제9조). 요양기관이 가입자 등에게 실시 또는 사용한 행위·약제 및 치료재료가 법상 허용되는 비급여대상에 속한다면 요양급여대상에서 제외되고 그 비용은 전부 수진자 본인에게 부담하게 할 수 있다.

요양급여대상에서 제외되는 비급여대상은 '국민건강보험 요양급여의 기준에 관한 규칙' 별표 2에서 정하고 있는데, ① 업무 또는 일상생활에 지장이 없는 경우에 실시 또는 사용되는 행위·약제 및 치료재료, ② 신체의 필수 기능개선 목적이 아닌 경우에 실시 또는 사용되는 행위·약제 및 치료재료, ③ 예방진료로서 질병·부상의 진료를 직접 목적으로 하지 아니하는 경우에 실시 또는 사용되는 행위·약제 및 치료재료, ④ 보험급여시책상 요양급여로 인정하기 어려운 경우 및 그 밖에 건강보험급여원리에 부합하지 아니하는 경우로 항목을 나누어 세부 사항을 규정하였다. 비급여 대상도 요양급여와 마찬가지로 그 기준이 보건복지부령으로 정해져 있어 '법정 비급여'라고 부르기도 한다.[249][250]

---

④ 보건복지부장관은 제3항에 따라 요양급여의 기준을 정할 때 업무나 일상생활에 지장이 없는 질환에 대한 치료 등 보건복지부령으로 정하는 사항은 요양급여대상에서 제외되는 사항(이하 "비급여대상"이라 한다)으로 정할 수 있다.

248) 헌법재판소 2015. 11. 26. 선고 2014헌바299 결정.
249) 헌법재판소 2015. 11. 26. 선고 2014헌바299 결정.
250) 한편 국민건강보험법 등에 규정되어 있지는 아니하나, 요양기관에서 진료비용을 임의로

비급여대상은 ① 질병의 진단·치료 등을 목적으로 하나, 비용·효과성 등의 측면에서 비급여로 정한 경우(치료적 비급여), ② 상급병실료 차액, 선택진료비 및 제증명수수료로서 관련 제도적 규정에 따라 비급여로 정한 경우(제도 비급여), ③ 일상생활에 지장이 없는 질환의 치료나 신체적 필수 기능개선을 직접 목적으로 하지 않는 진료로서 의료소비자의 선택에 의한 경우(선택 비급여) 등으로 그 유형을 구분할 수 있다.[251]

환자에게 부담시킨 경우를 '임의 비급여'라고 한다.

대법원은 '임의 비급여'에 대하여 과거 "국민건강보험법 상 요양기관이 건강보험의 가입자 등에게 요양급여를 하고 그 비용을 징수하는 경우 반드시 관계 법령에서 정한 기준과 절차에 따라야 하고 다른 방식에 의한 비용징수는 허용되지 않으므로, 요양기관이 요양급여를 한 후 요양급여를 받은 자로부터 관계 법령에서 정한 기준과 절차와 다르게 그 비용을 징수하는 것은 舊국민건강보험법(2011. 12. 31. 전부개정 되기 이전의 법) 제85조 제1항이 규정하고 있는 '요양기관이 사위 기타 부당한 방법으로 가입자 등에게 요양급여 비용을 부담하게 한 때'에 해당하여 업무정지의 대상이 된다."라고 하여 위법한 것으로 판단하였다(대법원 1999. 1. 26. 선고 97누14224 판결, 대법원 2001. 3. 13. 선고 2001두4204 판결, 대법원 2001. 7. 13. 선고 99두12250 판결, 대법원 2005. 10. 28. 선고 2003두13434 판결, 대법원 2007. 6. 15. 선고 2006두10368 판결 등)

그러나 대법원 2012. 6. 18. 선고 2010두27639, 27646 전원합의체 판결에서 "요양기관이 국민건강보험의 틀 밖에서 임의로 비급여 진료행위를 하고 그 비용을 가입자 등으로부터 지급받은 경우라고 하더라도 ① 그 진료행위 당시 시행되는 관계 법령상 이를 국민건강보험 틀 내의 요양급여대상 또는 비급여대상으로 편입시키거나 관련 요양급여비용을 합리적으로 조정할 수 있는 등의 절차가 마련되어 있지 아니한 상황에서, 또는 그 절차가 마련되어 있다 하더라도 비급여 진료행위의 내용 및 시급성과 함께 그 절차의 내용과 이에 소요되는 기간, 그 절차의 진행 과정 등 구체적 사정을 고려해 볼 때 이를 회피하였다고 보기 어려운 상황에서, ② 그 진료행위가 의학적 안전성과 유효성뿐 아니라 요양급여 인정기준 등을 벗어나 진료하여야 할 의학적 필요성을 갖추었고, ③ 가입자 등에게 미리 그 내용과 비용을 충분히 설명하여 본인 부담으로 진료받는 데 대하여 동의를 받았다면, 이러한 경우까지 '사위 기타 부당한 방법으로 가입자 등으로부터 요양급여비용을 받거나 가입자 등에게 이를 부담하게 한 때'에 해당한다고 볼 수는 없다."라고 하면서 "다만 요양기관이 임의로 비급여 진료행위를 하고 그 비용을 가입자 등으로부터 지급받더라도 그것을 부당하다고 볼 수 없는 사정은 이를 주장하는 측인 요양기관이 증명하여야 한다."고 판단하여 예외적으로 허용되는 경우를 인정하였다.

의료법 제45조는 고지 및 게시의 대상으로 '「국민건강보험법」 제41조 제4항에 따라 요양급여의 대상에서 제외되는 사항'이라고 하고 있어 임의 비급여에 관하여 본조가 적용될 여지는 없어 보인다(서울행정법원 2021. 11. 5. 선고 2020구합65692, 2020구합69915 판결).

251) 헌법재판소 2023. 2. 23. 2021헌마93 전원재판부 결정.

〈표: 비급여 유형분류〉

분류		정의 및 설명	예시
1. 치료적 비급여 질병의 진단·치료 등을 목적으로 하나, 비용·효과성 등의 측면에서 비급여로 정한 경우	1-1. 등재 비급여	• 안전하고 유효하며 의학적으로 필요한 의료이나, 비용효과성 등 진료상의 경제성이 불분명한 경우	- 다빈치로봇수술 - 체외충격파치료 [근골격계질환] - 지속적통증자가조절
	1-2. 기준 비급여	• '건강보험 급여 목록(고시)'에 등재되어 있으나, 실시기준(횟수 등)을 초과하여 비급여로 적용되는 항목	- 초음파검사료 - MRI진단료 - 진정내시경 환자관리료
2. 제도 비급여 상급병실료차액, 선택진료비 및 제증명수수료로서 관련 제도적 규정에 따라 비급여로 정한 경우			- 상급병실료차액 - 선택진료비 - 제증명수수료
3. 선택 비급여 일상생활에 지장이 없는 질환의 치료나 신체적 필수 기능개선을 직접 목적으로 하지 않는 진료로서 의료소비자의 선택에 의한 경우 등			- 미용·성형수술 - 라식·라섹수술 - 건강검진

출처: 건강보험 비급여관리강화 종합대책 (2020. 12.) 보건복지부.

한편, 국민기초생활 보장법에 따른 의료급여 수급자 등 생활이 어려운 사람에게는 의료급여법에 따라서 의료급여를 실시하는데, 의료급여의 방법·절차·범위·한도 등 의료급여의 기준에 관하여는 보건복지부령으로 정하고, 의료수가기준과 그 계산방법 등에 관하여는 보건복지부장관이 정한다(의료급여법 제7조 제2항). 이에 따라 보건복지부장관은 의료급여의 기준을 정할 때 업무 또는 일상생활에 지장이 없는 질환 등 보건복지부령으로 정하는 사항은 의료급여 대상에서 제외할 수 있는데(의료급여법 제7조 제3항), 이처럼 의료급여대상에서 제외되는 사항의 경우에도 '비급여대상'이라고 하고 '국민건강보험 요양급여의 기준에 관한 규칙' 별표2에 규정된 비급여대상으로 한다(의료급여법 시행규칙 제9조).

이와 같이 국민건강보험법 상 비급여대상 또는 의료급여법 상 비급여대상을 '비급여대상'이라 하고(의료법 시행규칙 제42조의2), 비급여대상의 비용을 '비급여진료비용'이라고 한다(의료법 제45조).

(2) 비급여 진료비용 관련 제도의 도입

지속적인 국민건강보험 보장성 확대 정책에도 불구하고 국내 비급여대상 진료의 규모는 매년 꾸준한 증가 추세에 있다.[252]

비급여는 신의료기술 도입 촉진 등 의료발전에 기여한다는 측면에서 긍정적인 점이 있으나, 가격 및 제공량의 적정성에 대한 관리 체계가 부족하여 예컨대 근골격계 관련 도수치료 1회 비용이 병원급 기준으로 최저 5천 원에서 최고 24만 원으로 차이가 나는 등 의료기관 별로 의료서비스의 가격이 편차가 커 가격 적정성에 대한 의료소비자의 신뢰를 저하하고, 의료 질 관리 또한 취약하여 제공되는 의료의 안전성에 대한 위험이 있으며 환자 측면에서 비용대비 효과성에 대한 판단이 어렵고, 국민의료비 부담을 증가시키는 요인이 되며, 지속적인 건강보험 보장성 강화 정책에도 불구하고 비급여가 빠른 속도로 증가하여 정책 효과를 상쇄시킨다는 것이 문제점으로 지적된다.[253]

---

[252] 건강보험공단 실태조사에 따르면 2019년 기준 비급여 규모는 16.6.조 원으로 추정되고, 최근 3년 평균 증가율 7.6%로 꾸준한 증가 추이를 보였다. 유형별로는 선택 44.5%, 등재 26.7%, 기준 23.1%, 제도 5.7% 순(비급여상세내역 조사, 2018년)이었고, 요양기관 종별로는 의원급은 선택비급여 비중이 높으며, 종합병원급 이상은 기준·등재 비급여 비중이 상대적으로 높았다.

〈건강보험 급여·비급여 규모(2019년 기준)〉

건강보험환자 총진료비(103.3조 원, 100%)			
급여(86.6조 원, 83.9%)		비급여 (16.6조 원, 16.1%)	(미용·성형)
공단부담 (66.3조 원, 64.2%)	법정본인부담 (20.3조 원, 19.7%)		

* 건강보험환자 총진료비 103.3조 원은 비필수의료서비스인 미용·성형 등은 제외하고 산출

〈건강보험 비급여 연도별 변화〉

구분	2015년	2016년	2017년	2018년	2019년
규모	11.5조	13.5조	14.3조	15.5조	16.6조
전년대비 증가율	2.5%	17.0%	6.6%	8.3%	7.0%

출처: 보건복지부, '적정한 의료공급과 합리적 의료이용을 위한 건강보험 비급여관리강화 종합대책', 2020. 12.

정부는 환자의 알권리와 의료기관 진료비용에 대한 예측가능성 확보에 의한 의료기관 선택권을 보장하고자 2009년 의료법 제45조 개정을 통해 의료기관 개설자에게 비급여 진료비용이나 의료관련 증명수수료를 환자가 쉽게 알 수 있도록 고지 또는 게시하도록 하고, 고지·게시한 비용을 초과하여 징수하는 것을 금지하였다. 그러나 이와 같은 비급여 고지는 인터넷 홈페이지가 없는 의료기관의 경우 방문을 해야만 비급여 항목 제공 여부, 가격 등을 확인할 수 있는 현실적인 제약이 있고, 인터넷 홈페이지가 있는 의료기관의 경우에도 의료기관별로 고지하는 항목명이 상이하여 환자가 비교·평가하기 어려우며, 이와 같은 진료비용에 대한 정보 제공에도 불구하고 환자들이 의료행위에 대한 이해도가 높지 않기 때문에 그 활용도가 제한적이라는 점이 한계로 지적되었다.[254]

이후 환자들이 비급여 진료비용에 대한 정확한 정보를 얻을 수 있도록 2015년 12월 의료법 제45조의2를 신설하여 비급여 진료비용 및 제증명수수료의 항목, 기준 및 금액 등에 관한 현황 조사·분석을 거쳐 그 결과를 공개할 수 있도록 하였고,[255] 이어 정부는 2020. 12. '건강보험 비급여관리강화 종합대책'을 발표하여 의료소비자가 합리적인 의사결정을 통해 적정 부담으로 의료 이용이 가능하도록 정보 제공과 선택권을 강화하는 것을 정책 방향으로 제시하고, 그 방안으로 비급여 진료비용 정보공개 확대, 비급여 진료 사전설명제도의 도입, 진료비 계산서·영수증 발급 개선을 추진할 것을 발표하였으며[256] 의료법 및 의료법 시행규칙을 개정하여 이를 시행하고 있다.

---

253) 보건복지부, '적정한 의료공급과 합리적 의료이용을 위한 건강보험 비급여관리강화 종합대책'. 2020. 12., 3-4면.

254) 김대환·김동겸, '비급여 진료비용 고지제도의 한계와 개선 방안', KIRI WEEKLY 제183호, 보험연구원, 2012. 5. 21., 7-8면.

255) 舊 의료법[법률 제19421호, 2023. 5. 19., 일부개정] 제45조의2(비급여 진료비용 등의 현황조사 등) ① 보건복지부장관은 비급여 진료비용 및 제45조제2항에 따른 제증명수수료의 항목, 기준 및 금액 등에 관한 현황을 조사·분석하여 그 결과를 공개할 수 있다.
② 제1항에 따른 현황조사·분석 및 결과 공개의 범위·방법·절차 등에 필요한 사항은 보건복지부령으로 정한다.

256) 보건복지부, '적정한 의료공급과 합리적 의료이용을 위한 건강보험 비급여관리강화 종합대책'. 2020. 12., 14-21면.

나. 비급여 진료비용의 고지 및 제증명수수료 비용의 게시 (제45조)

(1) 조문

◇ 제45조(비급여 진료비용 등의 고지)
① 의료기관 개설자는 「국민건강보험법」 제41조제4항에 따라 요양급여의 대상에서 제외되는 사항 또는 「의료급여법」 제7조제3항에 따라 의료급여의 대상에서 제외되는 사항의 비용(이하 "비급여 진료비용"이라 한다)을 환자 또는 환자의 보호자가 쉽게 알 수 있도록 보건복지부령으로 정하는 바에 따라 고지하여야 한다. <개정 2010. 1. 18., 2011. 12. 31., 2016. 3. 22.>
② 의료기관 개설자는 보건복지부령으로 정하는 바에 따라 의료기관이 환자로부터 징수하는 제증명수수료의 비용을 게시하여야 한다. <개정 2010. 1. 18.>
③ 의료기관 개설자는 제1항 및 제2항에서 고지·게시한 금액을 초과하여 징수할 수 없다.
[전문개정 2009. 1. 30.]

◇ 행정처분
- 제45조를 위반하여 가) 환자 또는 환자의 보호자에게 비급여 진료비용을 고지하지 아니한 경우, 나) 제증명수수료의 비용을 게시하지 아니한 경우, 다) 비급여 진료비용의 고지 방법을 위반하거나 제증명수수료 비용의 게시 방법을 위반한 경우, 라) 고지·게시한 금액을 초과하여 징수한 경우: 시정명령(법 63조)
- 제63조에 따른 명령을 위반하거나 그 명령을 이행하지 아니한 경우: 업무정지 15일(법 제64조제1항제3호 및 제6호)

(2) 조문해설

(가) 비급여 진료비용의 고지 및 제증명수수료 비용 게시 의무

비급여 진료비용은 요양급여 또는 의료급여의 대상이 되지 아니하기 때문에 환자에게 진료비용(비급여비용)에 관한 정보를 제공하여 환자가 의료기관을 선택할 수 있도록 할 필요가 있다. 이에 2009. 1. 30. 법 개정을 통해 본조를 두어 환

자가 의료기관을 선택함에 있어 진료비용 고려, 진료비용에 대한 예측가능성 확보를 할 수 있도록 의료기관 개설자에게 환자 또는 환자의 보호자에 대하여 비급여 진료비용을 고지하여 비급여 진료비용에 관한 정보를 제공하도록 하였다.

즉, 의료기관 개설자는 비급여 진료비용을 환자 또는 환자의 보호자가 쉽게 알 수 있도록 보건복지부령으로 정하는 바에 따라 고지하여야 하고, 보건복지부령으로 정하는 바에 따라 의료기관이 환자로부터 징수하는 제증명수수료의 비용을 게시하여야 한다. 의료기관 개설자는 의료기관 개설자는 이와 같이 고지·게시한 금액을 초과하여 징수할 수 없다.

(나) 고지 대상

의료기관개설자가 고지하여야 할 비급여 진료비용 등은 아래 항목으로서 해당 의료기관이 징수하는 항목으로 한다. 다만, 건강보험 가입자 또는 의료급여 수급자가 아닌 외국인환자 등의 진료비용은 비급여 진료비용 등의 고지 대상으로 하지 아니한다(비급여 진료비용 등의 고지 지침 제2조 제1항, 제2항).

> ☐ 비급여 진료비용 고지 대상
> 1. 「국민건강보험 요양급여의 기준에 관한 규칙」 제9조 별표 2의 비급여대상
> 2. 「건강보험 행위 급여·비급여 목록표 및 급여 상대가치점수」 고시의 비급여 목록
> 3. 「치료재료 급여·비급여 목록 및 급여상한금액표」 고시의 비급여 목록
> 4. 「약제 급여 목록 및 급여상한금액표」 고시 약제 이외의 비급여 약제
> 5. 건강보험 행위 급여 목록에 있는 항목 중 「요양급여의 적용기준 및 방법에 관한 세부사항」 고시에 따른 비급여 항목
> 6. 「의료법」 제45조 제2항에 따른 진료기록부 사본, 진단서 등 제증명수수료

(다) 고지·게시의 방법

의료기관 개설자는 비급여 진료비용의 항목과 그 가격을 적은 책자 등을 접수창구 등 환자 또는 환자의 보호자가 쉽게 볼 수 있는 장소에 갖추어 두어야 하는데, 이 경우 비급여대상의 항목을 묶어 1회 비용으로 정하여 총액을 표기할 수

있다(의료법 시행규칙 제42조의2 제1항). 또한, 진료기록부 사본·진단서 등 제증명 수수료의 비용에도 접수창구 등 환자 및 환자의 보호자가 쉽게 볼 수 있는 장소에 게시하여야 한다(의료법 시행규칙 제42조의2 제3항).

(라) 고지 매체 및 장소

의료기관 개설자는 의료기관 내부에 제본된 책자, 제본되지 않은 인쇄물, 메뉴판, 벽보, 비용검색 전용 컴퓨터 등의 매체를 사용하여 비급여 진료비용 등을 고지하여야 한다. 이 경우 위 고지 대상 비급여 진료비용 등을 모두 기재하고, 환자들이 쉽게 열람할 수 있도록 하여야 한다(비급여 진료비용 등의 고지 지침 제3조 제1항).

또한, 환자 안내데스크, 외래 접수창구 또는 입원 접수창구 등 많은 사람들이 이용하는 1개 이상의 장소에 제1항에 따른 고지 매체를 비치하고 안내판을 설치하여야 하며, 병원 건물이 다수일 경우에는 외래 또는 입원 접수창구가 있는 건물마다 추가로 비치하여야 한다(비급여 진료비용 등의 고지 지침 제3조 제2항).

(마) 인터넷 홈페이지의 게재

인터넷 홈페이지를 운영하는 의료기관은 고지 대상 비급여 진료비용 등에 관하여 위 (다)의 고지·게시 방법과 함께 이용자가 알아보기 쉽도록 인터넷 홈페이지에 따로 표시하여야 한다(의료법 시행규칙 제42조의2 제3항). 인터넷 홈페이지에 비급여 진료비용 등을 게시하는 경우 홈페이지 초기 화면의 찾기 쉬운 곳에 고지하여야 하고, 배너(banner)를 이용하는 경우에는 가능한 한 비급여 진료비용 등을 고지한 화면으로 직접 연결되도록 하여야 한다(비급여 진료비용 등의 고지 지침 제4조 제1항). 비급여 진료비용 등을 한 화면에 게시할 수 없는 경우 비급여 진료비용의 항목별 나열 기능과 항목명 검색 기능을 함께 제공하여야 한다. 이 경우 마우스 포인터를 올려놓아야 비용이 보이는 방식은 지양한다(비급여 진료비용 등의 고지 지침 제4조 제2항).

(바) 세부 작성 요령

비급여 진료비용 등은 「건강보험 행위 급여·비급여 목록표 및 급여 상대가치 점수」고시,「치료재료 급여·비급여 목록 및 급여상한금액표」고시,「의약품 바코드와 RFID tag의 사용 및 관리요령」고시의 비급여 목록 분류·용어·코드에 따라 고지한다. 행위, 치료재료, 약제와 제증명수수료로 비급여 진료비용 등을 분류하고 해당하는 용어·코드 등 표시방법을 통일하는 표준화를 통해 고지하도록 함으로써 환자나 환자 보호자들이 의료기관별로 쉽게 비교할 수 있도록 한 것이다.

비급여 진료비용 등에 변경이 있는 경우에는 이를 고지 사항에 반영하여야 하고, 최종 변경일자를 기준일로 기재하여야 한다.

(사) 비급여 진료비용 등의 사전 설명의무

① 비급여 진료비용 등의 사전 설명의무

의료기관 개설자는 비급여대상 중 보건복지부장관이 정하여 고시하는 비급여대상을 제공하려는 경우 환자 또는 환자의 보호자에게 진료 전 환자 또는 환자의 보호자에게 해당 비급여대상의 항목과 그 가격을 직접 설명해야 한다. 다만, 수술, 수혈, 전신마취 등이 지체되면 환자의 생명이 위험해지거나 심신상의 중대한 장애를 가져오는 경우에는 그렇지 않다(의료법 시행규칙 제42조의2 제2항).

2021. 1. 1. 시행된 개정 의료법 시행규칙 제42조의2 제2항에서 비급여 진료비용 등의 진료 전 설명의무에 관한 규정이 신설되었다.

② 진료 전 설명대상 비급여 항목

진료 전 설명대상 비급여 항목은 전체 비급여 진료에서 차지하는 빈도나 비용의 비중, 의약학적 필요성, 사회적 요구도, 의료현실 감안한 설명의 용이성 또는 실현가능성, 기타 비급여 자료 등을 통하여 설명 필요성이 확인되는 항목을 고려하여 선정하며, 선정 과정에서 의약계단체, 소비자단체, 전문학회, 학계 및 국민건강보험공단 등으로부터 의견을 수렴할 수 있다(비급여 진료비용 등의 고지지침 제3조 제1항).

진료 전 설명대상 비급여 항목은「비급여 진료비용 등의 보고 및 공개에 관한 기준」고시의 [별표 1] 제1호와 같고, 환자가 원하는 경우 그 외의 비급여 항목에 대해 설명할 수 있다(비급여 진료비용 등의 고지지침 제3조 제2항).

③ 진료 전 설명의무의 이행

의료기관 개설자는 의료법 제2조에 해당하는 의료인 및 같은 법 제3조의 의료기관 종사자로서 의료기관 개설자가 지정한 자를 통해 진료 전 환자 또는 환자의 보호자에게 해당 비급여대상의 항목과 그 가격을 직접 설명하게 할 수 있다(비급여 진료비용 등의 고지 지침 제6조 제3항).

보건복지부장관은 의료기관이 진료 전 설명의무를 이행하지 아니하면 시정명령을 내릴 수 있고(법 제63조), 이를 위반하거나 이행하지 아니하면 업무정지 15일의 처분을 내릴 수 있다(법 제64조제1항 제3호 및 제6호, 의료관계행정처분 규칙 [별표] 행정처분 기준 2. 개별기준 나. 27)).

(3) 판례

◇ 진료 전 설명의무 규정이 헌법상 법률유보 원칙, 과잉금지원칙에 반하여 의료기관개설자 등의 직업수행의 자유를 침해하지 아니한다는 판례(헌법재판소 2023. 2. 23. 2021헌마93 전원재판부 결정)

－ 설명의무조항은 의료법 제45조 제1항에 명시된 '의료기관 개설자의 비급여 진료비용 고지의무'의 이행방법을 구체화한 것으로서 법률상 '고지'에는 '서면'고지뿐 아니라 '구두'고지인 설명도 포함된다. 따라서 설명의무조항은 상위법령의 위임범위 내에서 규정한 것이므로 법률유보원칙에 반하여 청구인들의 기본권을 침해하지 아니함.

－ 설명의무조항은 환자의 알권리와 의료선택권을 보장하기 위한 것으로서, 환자는 자신에게 필요한 비급여 항목과 비용을 알아야만 지불능력, 비용대비 효과 등을 고려하여 해당 진료를 받을 것인지 여부를 결정할 수 있다. 또한 의료기관 개설자가 지정하는 의료인이나 의료기관 종사자도 설명의 주체가 될 수 있도록 함으로써 의료기관 개설자의 설명의무 부담을 완화하고 있다. 따라서 설명의무조항은 과잉금지원칙에 반하여 청구인들의 기본권을 침해하지 아니함.

다. 비급여 진료비용 보고 및 현황조사 (제45조의2)

(1) 조문

◇ 제45조의2(비급여 진료비용 등의 보고 및 현황조사 등)

① 의료기관의 장은 보건복지부령으로 정하는 바에 따라 비급여 진료비용 및 제45조제2항에 따른 제증명수수료(이하 이 조에서 "비급여진료비용등"이라 한다)의 항목, 기준, 금액 및 진료내역 등에 관한 사항을 보건복지부장관에게 보고하여야 한다. <신설 2020. 12. 29.>

② 보건복지부장관은 제1항에 따라 보고받은 내용을 바탕으로 모든 의료기관에 대한 비급여진료비용등의 항목, 기준, 금액 및 진료내역 등에 관한 현황을 조사·분석하여 그 결과를 공개할 수 있다. 다만, 병원급 의료기관에 대하여는 그 결과를 공개하여야 한다. <개정 2016. 12. 20., 2020. 12. 29.>

③ 보건복지부장관은 제2항에 따른 비급여진료비용등의 현황에 대한 조사·분석을 위하여 필요하다고 인정하는 경우에는 의료기관의 장에게 관련 자료의 제출을 명할 수 있다. 이 경우 해당 의료기관의 장은 특별한 사유가 없으면 그 명령에 따라야 한다. <신설 2016. 12. 20., 2020. 12. 29.>

④ 제2항에 따른 현황조사·분석 및 결과 공개의 범위·방법·절차 등에 필요한 사항은 보건복지부령으로 정한다. <개정 2016. 12. 20., 2020. 12. 29.>

[본조신설 2015. 12. 29.]

[제목개정 2020. 12. 29.]

◇ 행정처분

- 제45조의2제1항을 위반하여 보고를 하지 아니하거나 거짓으로 보고한 자, 제45조의2제3항을 위반하여 자료를 제출하지 아니하거나 거짓으로 제출한 자: 200만원 이하의 과태료

(2) 조문해설

(가) 비급여 진료비용 등의 보고의무와 현황조사·분석·공개

위에 규정된 비급여 진료비용 등의 고지제도는 비급여 의료비를 관리하고 의

료서비스에 대한 국민들의 알권리와 진료비용에 대한 예측가능성 및 의료기관 선택권을 강화하기 위한 취지에서 도입되었다. 그러나 이와 같은 비급여 진료비용 등의 고지가 있더라도 각 의료기관이 고지한 비급여 진료비의 비교가 용이하지 아니하여 그 활용도와 유용성에 현실적인 제약이 있다는 지적이 있었고,[257] 일부 의료기관에서 환자에게 비급여 진료를 받을 것을 사실상 강요하여 환자에게 과도한 진료비용을 부담하게 하는 사례까지 발생하여 이에 대한 감독 필요성이 제기되었다.[258]

이에 2020. 12. 29. 법개정을 통해 의료기관 개설자가 비급여 진료비용 등의 항목, 기준 및 진료내역 등에 관한 사항을 보건복지부장관에게 정기적으로 보고하도록 의무화하고, 보건복지부장관은 보고받은 내용을 바탕으로 비급여 진료비용 등에 대한 현황을 조사·분석하여 그 결과를 공개할 수 있도록 하였다(의료법 제45조의2).

비급여 보고제도는 '보고 – 조사분석 – 공개'의 체계로 진행되는데, 각 의료기관들이 영수증 기반 비급여 진료내역을 보건복지부에 조사·분석을 위해 자료를 제출하고, 보건복지부는 보고받은 자료를 검증·분류하여 비급여 모니터링, 보장률 산출 등을 포함한 보장성 정책 추진·평가를 위한 근거를 생성하게 된다. 이는 국민건강보험공단에서 위탁·운영되고, 보고된 자료 분석 결과는 국민건강보험공단과 건강보험심사평가원 위탁·운영을 통해 국민건강보험공단은 비급여 전체 규모, 수술·상병별 총진료비 등을, 건강보험심사평가원은 의료기관별·항목별 최저·최고비용 등을 각 홈페이지에 공개한다.[259]

(나) 비급여 진료비용 등의 보고

의료기관의 장은 법 제45조의2 제1항에 따른 비급여진료비용등에 관하여 보건복지부장관에게 반기마다 보고해야 한다. 다만, 의료기관의 행정부담, 보고 내용의 활용 목적 등을 고려하여 보건복지부장관이 정하여 고시하는 바에 따라 의

---

257) 김대환, 김동겸, '비급여 진료비용 고지제도의 한계와 개선방안',보험연구원, KIRI WEEKLY 제183호, 보험연구원, 2012. 5. 21., 7 – 8면.
258) 2020. 12. 29. 의료법 일부개정 개정이유.
259) 김하윤·장종원·박보람·임슬기·고은비, '주요국의 비급여 관리 현황과 시사점', 국민건강보험 건강보험연구원, 2021, 81 – 82면.

료기관별 또는 항목별로 보고 횟수를 달리 정할 수 있다(의료법 시행규칙 제42조의
3 제1항).

「비급여 진료비용 등의 보고 및 공개에 관한 기준」에서는 보고 횟수를 의원
급 의료기관은 연 1회, 병원급 의료기관은 반기별 1회로 정하고 있다(비급여 진료
비용 등의 보고 및 공개에 관한 기준 제6조).

(다) 보고대상 및 범위

의료기관의 장이 보건복지부장관에게 보고하여야 할 사항에 관하여 의료법
시행규칙 제42조의3 제1항에서는 다음과 구분하고 있다.

즉, ① 의료법 제45조제1항에 따른 비급여 진료비용은 「국민건강보험 요양급
여의 기준에 관한 규칙」 별표 2에 따라 비급여대상이 되는 행위·약제 및 치료재
료 중 ⅰ)의료기관에서 실시·사용·조제하는 빈도, ⅱ) 의료기관의 징수비용,
ⅲ) 환자의 수요, ⅳ) 환자가 「국민건강보험법 시행령」 별표 2 제3호 라목에 따
른 희귀난치성질환자등이거나 같은 영 제21조 제3항에 해당하는 경우, 법 제38
조에 따른 특수의료장비를 사용하는 경우 등 구체적인 진료 상황을 고려하여 보
건복지부장관이 정하여 고시하는 사항, ② 의료법 제45조 제2항에 따른 제증명
수수료는 의료기관에서 발급하는 진단서·증명서 또는 검안서 등의 제증명서류
중 발급 빈도, 발급 비용 및 환자의 수요 등을 고려하여 보건복지부장관이 정하
여 고시하는 사항을 보고의 대상으로 한다.

(라) 현황조사 · 분석 · 공개 대상 의료기관

보건복지부장관은 보고받은 내용을 바탕으로 모든 의료기관에 대한 비급여진
료비용등의 항목, 기준, 금액 및 진료내역 등에 관한 현황을 조사·분석하여 그
결과를 공개할 수 있다. 다만, 병원급 의료기관에 대하여는 그 결과를 공개하여
야 한다.

한편, 비급여 진료비용 및 제증명수수료에 대한 현황조사·분석·공개 대상 의
료기관은 의료법 시행규칙에서 보건복지부장관이 정하여 고시하는 의료기관으로
하도록 하여(의료법 시행규칙 제42조의3 제2항), 「비급여 진료비용 등의 공개에 관한
기준」을 통해 의료법 제3조 제2항 제1호, 제3호에 따른 의원급 의료기관과 병원

급 의료기관을 그 대상으로 삼았다(비급여 진료비용 등의 공개에 관한 기준 제3조).

(마) 자료제출 명령

보건복지부장관은 제2항에 따른 비급여진료비용등의 현황에 대한 조사·분석을 위하여 필요하다고 인정하는 경우에는 의료기관의 장에게 관련 자료의 제출을 명할 수 있다. 이 경우 해당 의료기관의 장은 특별한 사유가 없으면 그 명령에 따라야 한다. 또한, 보건복지부장관은 비급여 진료비용등에 대한 심층적 조사·분석을 위하여 필요하다고 인정하는 경우에는 관계 전문기관이나 전문가 등에게 필요한 자료 또는 의견의 제출을 요청할 수 있다(의료법 시행규칙 제42조의3 제4항).

(바) 조사·분석 결과의 공개

보건복지부장관은 비급여 진료비용등의 현황에 대한 조사·분석 결과를 공개하는 경우 보건복지부장관이 지정하는 정보시스템에 게시하는 방법으로 한다(의료법 시행규칙 제42조의3 제5항).

(사) 업무의 위탁

보건복지부장관은 ① 의료법 제45조의2 제1항에 따른 보고의 접수, ② 보고된 비급여 진료비용 및 제증명수수료의 항목, 기준 및 금액 등에 관한 자료의 조사 및 분석, ③ 조사·분석 결과의 공개, ④ 보고의 접수 및 공개를 위한 인터넷 홈페이지 구축 및 운영, ⑤ 비급여 진료비용등의 조사·분석 및 결과의 공개에 관한 연구·교육 및 홍보, ⑥ 위와 같은 업무와 관련한 데이터베이스의 구축, ⑦ 그 밖에 보건복지부장관이 필요하다고 인정하는 업무를 국민건강보험공단과 건강보험심사평가원에 위탁하고, 공단과 심사평가원이 위탁받은 업무를 수행하는 데 필요한 비용을 지원할 수 있다(비급여 진료비용 등의 공개에 관한 기준 제2조).

(아) 비급여 진료비용 등의 공개에 관한 기준

의료법은 의료기관의 장에게 보건복지부령으로 정하는 바에 따라 비급여 진료비용등을 보건복지부장관에게 보고하고, 비급여진료비용등의 현황에 대한 조사·분석 및 공개의 범위, 방법 및 절차 등에 필요한 사항은 보건복지부령으로 정하도록 하였다.

의료법 시행규칙 제42조의3 제6항은 비급여 진료비용등의 보고, 현황에 대한 조사·분석 및 공개의 범위, 방법 및 절차 등에 관하여 필요한 세부 사항은 보건복지부장관이 정하여 고시하도록 하였다(의료법 시행규칙 제42조의3 제6항).

이에 보건복지부장관은 「비급여 진료비용 등의 공개에 관한 기준」을 통해 비급여 진료비용 및 제증명수수료의 항목·기준·금액 및 진료내역 등에 관한 보고·현황조사·분석 및 결과 공개에 관한 범위·방법·절차 등 세부사항에 대해 규정하였다.

(3) 판례

◇ 보고의무조항이 법률유보원칙, 포괄위임금지원칙, 과잉금지원칙에 반하여 의사의 직업수행의 자유와 환자의 개인정보자기결정권을 침해하지 아니한다는 헌법재판소 결정(헌법재판소 2023. 2. 23. 2021헌마93 전원재판부 결정)

– 보고의무조항은 '비급여 진료비용의 항목, 기준, 금액, 진료내역'을 보고하도록 함으로써 보고의무에 관한 기본적이고 본질적인 사항을 법률에서 직접 정하고 있으므로, 법률유보원칙에 반하여 청구인들의 기본권을 침해하지 아니함.

 – 비급여는 그 유형과 종류가 다양하므로 보고의무에 관한 세부적인 사항은 하위법령에 위임할 필요가 있고, 보고의무조항의 입법목적과 '개인정보 보호법'의 내용 등을 고려하면, 보고대상인 '진료내역'에는 상병명, 수술·시술명 등 비급여 진료의 실태파악에 필요한 진료정보만 포함될 뿐 환자 개인의 신상정보는 포함되지 않을 것임을 예상할 수 있다. 따라서 보고의무조항은 포괄위임금지원칙에 반하여 청구인들의 기본권을 침해하지 아니함.

 – 비급여는 급여와 달리 사회적 통제기전이 없어 국민들이 비급여 진료의 필요성과 위험성을 바탕으로 진료 여부를 결정할 수 있는 체계가 부족하고, 그동안 시행되었던 표본조사의 방법으로는 비급여 현황을 정확히 파

악하는 데 한계가 있다. 병원마다 제각각 비급여 진료의 명칭과 코드를 사용하고 있으므로 구체적인 진료내역을 추가로 조사할 수밖에 없고, 보고된 정보는 입법목적에 필요한 용도로만 제한적으로 이용하고 안전하게 관리되도록 관련 법률에서 명확히 규정하고 있으며, 보고의무의 이행에 드는 노력이나 시간도 의사의 진료활동에 큰 부담을 주는 정도라고 보기 어렵다. 따라서 보고의무조항은 과잉금지원칙에 반하여 청구인들의 기본권을 침해하지 아니함.

[반대의견] 재판관 이선애, 재판관 이은애, 재판관 이종석, 재판관 이영진의 보고의무조항에 관한 반대의견

– 보고의무조항은 환자의 광범위한 의료정보가 포함된 '진료내역'을 보고대상으로 규정하면서 제공되는 진료내역의 범위가 어디까지인지, 환자의 개인정보자기결정권을 침해하지 않기 위해 준수하여야 할 최소한의 기준이 무엇인지에 관하여 전혀 규정하고 있지 않으므로, 법률유보원칙에 반하여 청구인들의 기본권을 침해함.

– 보고의무조항은 그 입법목적이나 관련조항과의 체계적 해석 등을 통하더라도 하위법령에서 어떠한 범위의 진료내역을 보고대상으로 정할 것인지 그 대강을 예측하기가 어려우므로 포괄위임금지원칙에 반하여 청구인들의 기본권을 침해함.

– 비급여 진료에 관한 정보는 매우 민감한 의료정보로 보호의 필요성이 매우 크다. 그런데 보고의무조항은 보고대상인 비급여 항목이나 진료내역과 관련하여 아무런 제한을 두지 않은 채 사실상 모든 국민의 비급여 진료에 관한 정보 일체를 보건복지부에 보고하도록 하고 있으며, 환자들에게 자신의 의료정보 제공을 거부할 권리도 보장하고 있지 않다. 급여 정보와 비급여 정보가 합쳐지면 국민 건강에 관한 포괄적이고 통합적인 정보를 구성할 수 있게 된다는 점에서 개인의 모든 정보가 국가권력의 감시·통제 하에 놓일 가능성을 배제할 수 없고, 국민건강보험의 재정적 한계와 무관한 사적 진료계약의 영역에 대하여까지 국가의 관리·감독을 강화하는 것은 건강보험제도의 건전한 운영에 도움이 되지 않을 뿐만 아니라 오히려 의료수준이 저하되는 결과를 야기할 수 있다. 따라서 보고

의무조항은 과잉금지원칙에 반하여 청구인들의 기본권을 침해함.

라. 제증명수수료의 기준 고시 (제45조의3)

(1) 조문

◇ 제45조의3(제증명수수료의 기준 고시)
보건복지부장관은 제45조의2제2항에 따른 현황조사·분석의 결과를 고려하여 제증명수수료의 항목 및 금액에 관한 기준을 정하여 고시하여야 한다. <개정 2020. 12. 29.>
[본조신설 2016. 12. 20.]

(2) 조문해설

(가) 제증명수수료의 기준 고시

의료법은 국민생활과 밀접한 관련이 있는 제증명수수료를 합리적으로 운영하여 국민들의 부담을 최소화하기 위하여 보건복지부장관이 현황조사·분석의 결과를 고려하여 의료기관에서 발급하는 제증명서의 항목 및 그 금액에 관한 기준을 정하여 고시하고 이를 제증명수수료를 징수하는 모든 의료기관에 적용하도록 규정하였다.

이에 보건복지부 고시로써 「의료기관의 제증명수수료 항목 및 금액에 관한 기준」이 시행되고 있다.

(나) 제증명수수료 금액

제증명수수료금액이란 진찰료 및 각종 검사료 등이 포함되지 않은 제증명서의 금액을 말하고, 다만 채용신체검사서는 검사료 등이 포함된 금액을 말한다(의료기관의 제증명수수료 항목 및 금액에 관한 기준 제2조).

(다) 적용 대상

이 고시는 제증명수수료를 징수하는 모든 의료기관에 적용한다(의료기관의 제증명수수료 항목 및 금액에 관한 기준 제3조).

(라) 제증명수수료 항목 및 금액

제증명수수료 항목 및 금액 기준은 의료법 제45조의2에 따른 비급여 진료비용 등 현황조사·분석자료, 그 밖에 보건복지부장관이 제증명수수료 항목 및 금액 기준 설정에 필요하다고 인정하는 사항을 고려하여 정하며, 이에 따른 제증명수수료 항목 및 금액 기준은 아래 별표와 같다(의료기관의 제증명수수료 항목 및 금액에 관한 기준 제4조).

❏ [별표] 의료기관의 제증명수수료 항목 및 금액에 관한 기준(제4조 제2항 관련)

연번	항목	기준	상한금액(원)
1	일반진단서	의료법 시행규칙 [별지 제5호2 서식]에 따라 의사가 진찰하거나 검사한 결과를 종합하여 작성한 진단서를 말함	20,000
2	건강진단서	취업, 입학, 유학, 각종 면허 발급 등을 위해 의사가 건강상태를 증명하는 진단서를 말함	20,000
3	근로능력평가용 진단서	국민기초생활 보장법 시행규칙 제35조 [별지 제6호 서식]에 따라 의사가 근로능력 평가를 위해 발급하는 진단서를 말함	10,000
4	사망진단서	의료법 시행규칙 [별지 제6호 서식]에 따라 의사가 환자의 사망을 의학적으로 확인 후 그 결과를 기록한 진단서를 말함	10,000
5	장애진단서 (신체적장애)	장애인복지법 시행규칙 [별지 제3호 서식]에 따라 의사가 장애에 대한 결과를 종합하여 작성한 진단서를 말함 * 보건복지부고시 '장애등급판정기준'에 따른 신체적 장애	15,000
6	장애진단서 (정신적장애)	장애인복지법 시행규칙 [별지 제3호 서식]에 따라 의사가 장애에 대한 결과를 종합하여 작성한 진단서를 말함 * 보건복지부고시 '장애등급판정기준'에 따른 정신적 장애	40,000

7	후유장애진단서	질병, 부상 등이 원인이 되어 신체에 발생한 장애로, 의사가 더 이상의 치료효과를 기대할 수 없다고 판단하는 진단서를 말함	100,000
8	병무용 진단서	병역법 시행규칙 [별지 제106호 서식]에 따라 군복무 등을 위해 의사가 진찰하거나 검사한 결과를 종합하여 작성한 진단서를 말함	20,000
9	국민연금 장애심사용 진단서	보건복지부고시「국민연금장애심사규정」[별지 제1호 서식]에 따라 국민연금수혜를 목적으로 의사가 장애의 정도를 종합하여 작성한 진단서를 말함	15,000
10	상해진단서 (3주미만)	의료법 시행규칙 [별지 제5호의3 서식]에 따라 질병의 원인이 상해(傷害)로 상해진단기간이 3주 미만일 경우의 진단서를 말함	100,000
11	상해진단서 (3주이상)	의료법 시행규칙 [별지 제5호의3 서식]에 따라 질병의 원인이 상해(傷害)로 상해진단기간이 3주 이상일 경우의 진단서를 말함	150,000
12	영문 일반진단서	의료법 시행규칙 [별지 제5호2 서식]에 따라 의사가 영문으로 작성한 '일반 진단서'를 말함	20,000
13	입퇴원확인서	환자의 인적사항(성명, 성별, 생년월일 등)과 입퇴원일을 기재하여, 입원사실에 대하여 행정적으로 발급하는 확인서를 말함 (입원사실증명서와 동일)	3,000
14	통원확인서	환자의 인적사항(성명, 성별, 생년월일 등)과 외래진료일을 기재하여, 외래진료사실에 대하여 행정적으로 발급하는 확인서를 말함	3,000
15	진료확인서	환자의 인적사항(성명, 성별, 생년월일 등)과 특정 진료내역을 기재하여, 특정 진료사실에 대하여 행정적으로 발급하는 확인서를 말함 (방사선 치료, 검사 및 의약품 등)	3,000
16	향후진료비추정서 (천만원미만)	계속적인 진료가 요구되는 환자에게 향후 발생이 예상되는 치료비가 1천만원 미만일 경우 발급하는 증명서를 말함	50,000
17	향후진료비추정서 (천만원이상)	계속적인 진료가 요구되는 환자에게 향후 발생이 예상되는 치료비가 1천만원 이상일 경우 발급하는 증명서를 말함	100,000
18	출생증명서	의료법 시행규칙 [별지 제7호의 서식]에 따라 의사 또는 조산사가 작성하는 태아의 출생에 대한 증명서를 말함	3,000

19	시체검안서	의료법 시행규칙 [별지 제6호의 서식]에 따라 주검에 대하여 의학적으로 확인 후 그 결과를 기록하여 발급하는 증명서를 말하며, 출장비를 포함하지 않음 * 검찰, 경찰의 업무 처리를 위한 시체검안서는 제외	30,000
20	장애인증명서	소득세법 시행규칙 [별지 제38호 서식]에 따라 장애인공제 대상임을 나타내는 증명서를 말함	1,000
21	사산(사태) 증명서	의료법시행규칙 [별지 제8호의 서식]에 따라 의사 또는 조산사가 작성한 태아의 사산(死産) 또는 사태(死胎)에 대한 증명서를 말함	10,000
22	입원사실증명서	환자의 인적사항과 입원일이 기재되어 있는 확인서로 입퇴원확인서 금액기준과 동일함	입퇴원 확인서와 같음
23	채용신체검사서 (공무원)	「공무원 채용 신체검사 규정」 별지 서식에 따라 국가공무원을 신규로 채용할 때에 그 직무를 담당할 수 있는 신체상의 능력을 확인하는 증명서를 말함 * 계측검사, 일반혈액검사, 요검사, 흉부방사선검사 비용을 포함하며, 그 외 마약류 검사 및 특이질환 검사 비용 등은 제외	40,000
24	채용신체검사서 (일반)	근로자를 신규로 채용할 때에 그 직무를 담당할 수 있는 신체상의 능력을 확인하는 증명서를 말함 * 계측검사, 일반혈액검사, 요검사, 흉부방사선검사 비용을 포함하며, 그 외 마약류 검사 및 특이질환 검사 비용 등은 제외	30,000
25	진료기록사본 (1~5매)	의료법 시행규칙 제15조 제1항에 따른 진료기록부 등을 복사하는 경우를 말함(1~5매까지, 1매당 금액)	1,000
26	진료기록사본 (6매 이상)	의료법 시행규칙 제15조제1항에 따른 진료기록부 등을 복사하는 경우를 말함(6매부터, 1매당 금액)	100
27	진료기록영상 (필름)	방사선단순영상, 방사선특수영상, 전산화단층영상(CT) 등 영상 자료를 필름을 이용하여 복사하는 경우를 말함	5,000
28	진료기록영상 (CD)	영상진단, 내시경사진, 진료 중 촬영한 신체부위 등 영상 자료를 CD를 이용하여 복사하는 경우를 말함	10,000
29	진료기록영상 (DVD)	영상진단, 내시경사진, 진료 중 촬영한 신체부위 등 영상 자료를 DVD를 이용하여 복사하는 경우를 말함	20,000
30	제증명서 사본	기존의 제증명서를 복사(재발급)하는 경우를 말함(동시에 동일 제증명서를 여러통 발급받는 경우 최초 1통 이외 추가로 발급받는 제증명서도 사본으로 본다)	1,000

(마) 제증명수수료 운영 기준

의료기관의 장은 0원부터 별표의 상한금액 범위 내에서 해당 의료기관의 제증명수수료 금액을 정해야 하고, 제증명수수료를 환자 및 환자 보호자에게 징수하는 경우 그 금액의 범위 내에서 징수할 수 있다(「의료기관의 제증명수수료 항목 및 금액에 관한 기준」제5조 제1항, 제2항). 다만, 별표에서 정하고 있는 제증명서 이외에 별도의 명칭, 서식(내용)으로 작성되는 제증명서에 대해서는 의료기관에서 자체적으로 그 금액을 정하여 징수할 수 있다(의료기관의 제증명수수료 항목 및 금액에 관한 기준 제5조 제3항).

의료기관의 장은 제증명수수료 금액을 의료법 제45조 제2항 및 같은 의료법 시행규칙 제42조의2 제2항에 따라 환자 및 환자의 보호자가 쉽게 볼 수 있는 장소에 고지·게시하여야 하며, 의료법 시행규칙 제42조의2 제3항에 따라 인터넷 홈페이지를 운영하는 의료기관은 인터넷 홈페이지에 따로 표시하여야 한다. 이 경우 세부 고지 방법 및 절차 등은 「비급여 진료비용의 고지지침」을 따른다(의료기관의 제증명수수료 항목 및 금액에 관한 기준 제5조 제4항).

의료기관의 장은 제증명수수료의 금액을 정함에 있어 합리적이고 명확하게 하기 위하여 노력하여야 하고, 제증명수수료의 금액을 변경하려는 경우에는, 변경일 14일 전까지 그 변경내역(변경 전후 금액 비교 등)을 의료기관 내 환자 및 환자 가족들이 쉽게 볼 수 있는 장소에 게시하여야 한다(의료기관의 제증명수수료 항목 및 금액에 관한 기준 제5조 제6항).

11. 환자의 진료의사 선택 (제46조)

(1) 조문

◇ 제46조(환자의 진료의사 선택 등)

① 환자나 환자의 보호자는 종합병원·병원·치과병원·한방병원·요양병원 또는 정신병원의 특정한 의사·치과의사 또는 한의사를 선택하여 진료를 요청할 수 있다. 이 경우 의료기관의 장은 특별한 사유가 없으면 환자나 환자의 보호자가 요청한 의사·치과의사 또는 한의사가 진료하도록 하여야 한다. <개정 2008. 2. 29., 2010. 1. 18., 2018. 3. 27., 2020. 3. 4.>

② 제1항에 따라 진료의사를 선택하여 진료를 받는 환자나 환자의 보호자는 진료의사의 변경을 요청할 수 있다. 이 경우 의료기관의 장은 정당한 사유가 없으면 이에 응하여야 한다. <개정 2018. 3. 27.>

③ 의료기관의 장은 환자 또는 환자의 보호자에게 진료의사 선택을 위한 정보를 제공하여야 한다. <개정 2008. 2. 29., 2010. 1. 18., 2018. 3. 27.>

④ 의료기관의 장은 제1항에 따라 진료하게 한 경우에도 환자나 환자의 보호자로부터 추가비용을 받을 수 없다. <개정 2018. 3. 27.>

⑤ 삭제 <2018. 3. 27.>

⑥ 삭제 <2018. 3. 27.>

◇ 행정처분

– 제46조 제1항 후단을 위반하여 특별한 사유 없이 환자 또는 그 보호자의 선택진료 요청을 거부한 경우: 시정명령

– 제46조 제2항을 위반하여 선택진료를 받는 환자 또는 그 보호자의 선택진료의 변경 또는 해지 요청에 따르지 아니한 경우: 시정명령

– 제63조에 따른 명령을 위반하거나 그 명령을 이행하지 아니한 경우: 업무정지 15일

(법 제63조 제1항, 의료관계 행정처분 규칙[별표] 행정처분기준 2. 개별기준 나. 18)19)27))

(2) 조문해설

(가) 선택진료제도

선택진료란 환자나 환자의 보호자는 종합병원·병원·치과병원·한방병원 또는 요양병원 또는 정신병원의 특정한 의사·치과의사 또는 한의사를 선택하여 진료를 요청할 수 있도록 한 제도이다. 당초 병원급 이상 의료기관 환자 및 보호자의 의사 선택권을 보장하기 위한 것으로 실질적인 진료와 치료에 따른 심리적 안정을 도모하고 국민에게 질 좋은 의료서비스를 제공하기 위하여 도입되었고, 1963년 국립병원 의료진의 저임금을 보전하기 위해 '특진규정'을 도입한 이후 민간병원으로 확산되어 의료법에 규정을 두고 규율하게 되었다. 1991년 지정진료제도로 전환되었다가 2000년 9월 선택진료제도로 변경되었다.

(나) 구체적 내용

의료기관의 장은 특별한 사유가 없으면 환자나 환자의 보호자가 요청한 의사·치과의사 또는 한의사가 진료하도록 하여야 하고, 진료의사를 선택하여 진료를 받는 환자나 환자의 보호자는 진료의사의 변경을 요청할 수 있으며, 이 경우에도 의료기관의 장은 정당한 사유가 없으면 이에 응하여야 한다. 의료기관의 장은 이러한 환자 또는 환자의 보호자의 권리를 보장하기 위하여 환자 또는 환자의 보호자에게 진료의사 선택을 위한 정보를 제공하여야 한다.

(다) 추가비용 청구 금지

의료기관의 장은 이와 같은 선택진료의 경우에도 환자나 환자의 보호자로부터 추가비용을 받을 수 없다. 과거에는 선택진료에 따른 추가비용징수가 가능하도록 하여 선택진료의 요청, 추가비용을 징수할 수 있는 선택진료를 담당하는 의사·치과의사·한의사의 자격요건 및 범위, 선택진료 항목 및 추가비용의 산정기준과 기타 선택진료의 실시에 관하여 필요한 사항을 규정한 「선택진료에 관한 규칙」이 시행되었으나, 환자의 진료비 부담을 완화하기 위하여 의료기관의 장이 일정한 요건을 갖춘 선택진료에 대하여 추가 비용을 받을 수 있도록 한 규정을 삭제하는 내용 등으로 의료법이 개정되어 2018. 3. 27. 공포·시행됨에 따라 위

「선택진료에 관한 규칙」은 2018. 4. 4. 폐지되었다.

12. 의료관련감염 예방 및 입원환자의 전원[260] (제47조, 제47조의2)

(1) 조문

◇ 제47조(의료관련감염 예방)

① 보건복지부령으로 정하는 일정 규모 이상의 병원급 의료기관의 장은 의료관련감염 예방을 위하여 감염관리위원회와 감염관리실을 설치·운영하고 보건복지부령으로 정하는 바에 따라 감염관리 업무를 수행하는 전담 인력을 두는 등 필요한 조치를 하여야 한다. <개정 2008. 2. 29., 2010. 1. 18., 2011. 8. 4., 2020. 3. 4.>

② 의료기관의 장은 「감염병의 예방 및 관리에 관한 법률」 제2조제1호에 따른 감염병의 예방을 위하여 해당 의료기관에 소속된 의료인, 의료기관 종사자 및 「보건의료인력지원법」 제2조제3호의 보건의료인력을 양성하는 학교 및 기관의 학생으로서 해당 의료기관에서 실습하는 자에게 보건복지부령으로 정하는 바에 따라 정기적으로 교육을 실시하여야 한다. <신설 2019. 4. 23., 2020. 12. 29.>

③ 의료기관의 장은 「감염병의 예방 및 관리에 관한 법률」 제2조제1호에 따른 감염병이 유행하는 경우 환자, 환자의 보호자, 의료인, 의료기관 종사자 및 「경비업법」 제2조제3호에 따른 경비원 등 해당 의료기관 내에서 업무를 수행하는 사람에게 감염병의 확산 방지를 위하여 필요한 정보를 제공하여야 한다. <신설 2015. 12. 29., 2019. 4. 23.>

④ 질병관리청장은 의료관련감염의 발생·원인 등에 대한 의과학적인 감시를 위하여 의료관련감염 감시 시스템을 구축·운영할 수 있다. <신설 2020. 3.

---

260) 이 항의 참고문헌으로는 보건복지부, '적정한 의료공급과 합리적 의료이용을 위한 건강보험 비급여관리강화 종합대책'. 2020. 12.; 김대환, 김동겸, '비급여 진료비용 고지제도의 한계와 개선방안', 보험연구원, KIRI WEEKLY 제183호, 보험연구원, 2012. 5. 21.; 김하윤·장종원·박보람·임슬기·고은비, '주요국의 비급여 관리 현황과 시사점', 국민건강보험 건강보험연구원, 2021이 있다.

4., 2020. 8. 11.>

⑤ 의료기관은 제4항에 따른 시스템을 통하여 매월 의료관련감염 발생 사실을 등록할 수 있다. <신설 2020. 3. 4.>

⑥ 질병관리청장은 제4항에 따른 시스템의 구축·운영 업무를 대통령령으로 정하는 바에 따라 관계 전문기관에 위탁할 수 있다. <신설 2020. 3. 4., 2020. 8. 11.>

⑦ 질병관리청장은 제6항에 따라 업무를 위탁한 전문기관에 대하여 그 업무에 관한 보고 또는 자료의 제출을 명할 수 있다. <신설 2020. 3. 4., 2020. 8. 11.>

⑧ 의료관련감염이 발생한 사실을 알게 된 의료기관의 장, 의료인, 의료기관 종사자 또는 환자 등은 보건복지부령으로 정하는 바에 따라 질병관리청장에게 그 사실을 보고(이하 이 조에서 "자율보고"라 한다)할 수 있다. 이 경우 질병관리청장은 자율보고한 사람의 의사에 반하여 그 신분을 공개하여서는 아니 된다. <신설 2020. 3. 4., 2020. 8. 11.>

⑨ 자율보고한 사람이 해당 의료관련감염과 관련하여 관계 법령을 위반한 사실이 있는 경우에는 그에 따른 행정처분을 감경하거나 면제할 수 있다. <신설 2020. 3. 4.>

⑩ 자율보고가 된 의료관련감염에 관한 정보는 보건복지부령으로 정하는 검증을 한 후에는 개인식별이 가능한 부분을 삭제하여야 한다. <신설 2020. 3. 4.>

⑪ 자율보고의 접수 및 분석 등의 업무에 종사하거나 종사하였던 사람은 직무상 알게 된 비밀을 다른 사람에게 누설하거나 직무 외의 목적으로 사용하여서는 아니 된다. <신설 2020. 3. 4.>

⑫ 의료기관의 장은 해당 의료기관에 속한 자율보고를 한 보고자에게 그 보고를 이유로 해고 또는 전보나 그 밖에 신분 또는 처우와 관련하여 불리한 조치를 할 수 없다. <신설 2020. 3. 4.>

⑬ 질병관리청장은 제4항 또는 제8항에 따라 수집한 의료관련감염 관련 정보를 감염 예방·관리에 필요한 조치, 계획 수립, 조사·연구, 교육 등에 활용할 수 있다. <신설 2020. 3. 4., 2020. 8. 11.>

⑭ 제1항에 따른 감염관리위원회의 구성과 운영, 감염관리실 운영, 제2항에 따른 교육, 제3항에 따른 정보 제공, 제5항에 따라 등록하는 의료관련감염의 종류와 그 등록의 절차·방법 등에 필요한 사항은 보건복지부령으로 정한다.

<개정 2020. 3. 4.>
[제목개정 2020. 3. 4.]

◇ 제47조의2(입원환자의 전원)
의료기관의 장은 천재지변, 감염병 의심 상황, 집단 사망사고의 발생 등 입원환자를 긴급히 전원(轉院)시키지 않으면 입원환자의 생명·건강에 중대한 위험이 발생할 수 있음에도 환자나 보호자의 동의를 받을 수 없는 등 보건복지부령으로 정하는 불가피한 사유가 있는 경우에는 보건복지부령으로 정하는 바에 따라 시장·군수·구청장의 승인을 받아 입원환자를 다른 의료기관으로 전원시킬 수 있다.
[본조신설 2019. 1. 15.]

◇ 행정처분
- 법 제47조 제1항 위반: 시정명령

◇ 벌칙
- 법 제47조 제11항을 위반한 자: 3년 이하의 징역이나 3천만원 이하의 벌금 (제88조 제1호)
- 법 제47조 제12항을 위반하여 자율보고를 한 사람에게 불리한 조치를 한 자: 2년 이하의 징역이나 2천만원 이하의 벌금(제88조의2)
- 법인의 대표자나 법인 또는 개인의 대리인, 사용인, 그 밖의 종업원이 그 법인 또는 개인의 업무에 관하여 제88조, 제88조의2 위반행위를 한 경우: 그 행위자를 벌하는 외에 그 법인 또는 개인에게도 해당 조문의 벌금형을 과(科)한다. 다만, 법인 또는 개인이 그 위반행위를 방지하기 위하여 해당 업무에 관하여 상당한 주의와 감독을 게을리하지 아니한 경우에는 그러하지 아니하다

(2) 조문해설

(가) 의료관련감염 예방 의무

본조에서는 보건복지부령으로 정하는 일정 규모 이상의 병원급 의료기관의 장은 의료관련감염 예방을 위하여 감염관리위원회와 감염관리실을 설치·운영하고 보건복지부령으로 정하는 바에 따라 감염관리 업무를 수행하는 전담 인력을 두는 등 필요한 조치를 하여야 할 의무가 있음을 규정하고 있다.

의료법에서 과거 병원감염관리에 관한 입법이 이루어지기 전에는 80병상 이상 병원급 의료기관에 대하여 '병원감염준칙'에 따라 자율적으로 병원감염위원회 설치 및 감염전담요원을 배치하여 운영토록 하고 있었다. 그러나 1980년대초 서울의 한 대형병원에서 레지오넬라균이 집단으로 발병하면서 병원감염 문제가 주요한 보건문제로 인식되기 시작하였고, 1997년 병원감염 발생률 현황에 대한 조사가 이루어지는 한편, 고령자, 악성종양자, 당뇨병 등 면역기능이 저하되어 감염되기 쉬운 환자가 증가하고, 항생물질의 오남용에 따른 '반코마이신 내성 황색포도상구균(VRSA, 일명 수퍼박테리아)'을 비롯한 각종 내성균이 증가하는 등 병원감염의 위험성이 높아지면서 병원감염관리의 효율적인 추진 필요성이 제기되었다.[261] 이에 따라 2002. 2. 28. 의료법 개정을 통해 제37조의3을 신설하여 종합병원으로서 보건복지부령이 정하는 일정 규모 이상의 의료기관의 장에 대하여 병원감염예방을 위하여 감염대책위원회를 설치·운영 등 필요한 조치를 할 의무를 부과하고 감염대책위원회의 구성과 운영, 그 밖에 필요한 조치에 관하여는 보건복지부령으로 정하도록 하였다. 이어 2003. 10. 1. 의료법 시행규칙 제32조 제1항으로 300병상 이상의 종합병원의 장에 대하여 병원감염예방을 위하여 감염대책위원회를 설치·운영하여야 할 의무를 규정하였다.

이후 2009년 신종인플루엔자의 유행으로 병원에서 감염되는 사례가 빈번하게 발생하자 병원 감염예방을 위한 보다 실효적인 대책이 요구되어 2011. 8. 4. 의료법 개정을 통해 법 제47조에서 보건복지부령으로 정하는 병원급 의료기관의 장에게 감염관리위원회와 감염관리실을 설치·운영하고 보건복지부령으로 정하는

바에 따라 감염관리 업무를 수행하는 전담 인력을 두도록 규정하고 의료법 시행
규칙 제43조에서 병상 200개 이상인 병원 및 종합병원으로서 중환자실을 운영하
는 의료기관의 장은 병원감염 예방을 위하여 감염관리위원회와 감염관리실을 설
치·운영하도록 정하고 감염 관리에 경험과 지식이 있는 의사 및 간호사, 감염관
리에 경험과 지식이 있는 사람으로서 해당 의료기관의 장이 인정하는 사람을 각
각 1명 이상 두도록 하고, 그 중 1명은 감염관리실에서 전담하며, 전담 근무하는
사람의 연간 16시간 이상 교육 이수도 의무화하였다.

2015년 국내 메르스 유행으로 병원 감염 관리의 중요성이 더욱 부각되면서
2016년 의료법 시행규칙을 개정하여 기존 종합병원 및 200개 이상 병상을 갖춘
병원으로서 중환자실을 운영하는 의료기관에서 종합병원 및 200개 이상의 병상
을 갖춘 병원, 나아가 종합병원 및 150개 이상의 병상을 갖춘 병원으로 단계적으
로 적용 범위를 확대하여 감염관리 전담인력에 대한 규정을 강화하고 감염병 예
방 정보 교육 및 정보 제공 등 상세하게 규정하였다.[262]

위와 같은 병원 감염 관리를 위한 입법적 노력에도 불구하고 2017년에 신생
아 중환자실에서 주사제 오염으로 발생한 신생아 사망 사건과 같이 의료기관에
서 집단 감염사고가 지속적으로 발생하고, 의료기관에서 시행하는 침습적 수기
또는 검사가 증가하는 현실에서 각종 항생제에 대한 내성균도 증가하고 있으며,
노인·미숙아·만성질환자 등 감염취약계층도 확대되어 국민보건을 위해 의료기
관 내에서의 의료관련감염 증가 가능성에 대한 예방·관리의 요구가 더욱 높아졌
다. 정부는 의료기관에서의 감염사고를 줄여서 안전한 의료환경을 조성하기 위한
대책으로 2018년 6월 「의료관련감염 예방관리 종합대책(2018~2022)」을 수립하
여 의료기관 내 감염요인 차단, 의료기관의 감염관리 역량 강화, 의료관련감염
감시체계 확대 등 중점 추진과제를 제시하고 이행 방안으로 2020년 3월 본조를
개정하였다.

2020년 개정에서는 기존 조문에서 '병원감염'으로 한정하였던 것을 병원 내

---

262) 메르스 확산을 계기로 병원 내 감염관리에 대한 중요성을 재인식하고 의료기관에서 감염
병 관리를 실시하는데 소요되는 비용 보상을 위해 2016. 8. 23. 보건복지부 고시 제2016
호−152호로 「요양급여의 적용기준 및 방법에 관한 세부사항」을 개정하여 감염예방·관리
료 수가를 신설해서 병원 내 감염관리실 및 감염관리위원회를 설치·운영하고, 허가병상
당 전담인력을 배치한 경우 등급별로 수가를 적용받을 수 있게 하였다.

감염관리뿐 아니라 의료관련 감염 전 분야를 규율할 수 있도록 '의료관련감염'으로 개정하고 '의료기관 내에서 환자, 환자의 보호자, 의료인 또는 의료기관 종사자 등에게 발생하는 감염'으로 정의를 신설하여 적용 대상과 범위를 확대함을 명확히 하였다. 아울러 의료관련감염의 예방과 전파 차단을 위해 의료기관이 준수해야 할 운영기준의 근거를 마련하고, 의료관련감염 감시 시스템과 자율보고 도입을 통하여 감염 감시체계를 강화하고자 하였다.[263]

(나) 적용 범위

"보건복지부령으로 정하는 일정 규모 이상의 병원급 의료기관"이란 100개 이상의 병상을 갖춘 병원급 의료기관을 말한다(의료법 시행규칙 제43조 제1항).

2020년 의료법 개정 이전에는 '병원감염'에 관한 본조의 적용 대상을 2017년 3월 31일까지의 기간에는 종합병원 및 200개 이상의 병상을 갖춘 병원으로서 중환자실을 운영하는 의료기관, 2017년 4월 1일부터 2018년 9월 30일까지의 기간에는 종합병원 및 200개 이상의 병상을 갖춘 병원, 2018년 10월 1일 이후에는 종합병원 및 150개 이상의 병상을 갖춘 병원으로 단계적으로 확대하는 것으로 규정하였고, 2020년 의료법 개정 및 2021년 6월 의료법 시행규칙 개정을 통해 감염관리 인력 지정·감염관리실 설치 대상을 100병상 이상 병원급 의료기관으로 확대하여 감염관리 기준을 더욱 강화하였다.[264]

(다) 감염관리위원회

감염관리위원회는 의료관련감염에 대한 대책, 연간 감염예방계획의 수립 및 시행에 관한 사항, 감염관리요원의 선정 및 배치에 관한 사항, 감염병환자등의

---

263) 김상희 의원, 「의료법 일부개정법률안(대안)에 대한 수정안」(2020. 2. 26.), 1-2면.
264) 질병관리청은 2023년 4월 「제2차 의료관련감염 예방관리 종합대책(2023-2027)」을 수립·발표하면서 감염관리 제도 기반 고도화를 위해 향후 감염관리 의무기관을 80병상 이상 병원급 의료기관으로 확대할 것을 검토하고 있음을 밝혔다.
　　또한, 「제2차 의료관련감염 예방관리 종합대책(2023-2027)」에서는 추진전략 중 '감염관리 평가 및 지원 적정성 제고'를 위해 감염예방·관리 지원 및 보상 적정화 방안으로 요양병원 특성을 고려한 별도의 요양 병원 감염예방·관리료 마련을 추진할 것을 밝혔는데, 2023년 6월 보건복지부 고시 제2023-109호로 「요양급여의 적용기준 및 방법에 관한 세부사항」을 일부개정하여 요양병원 감염예방·관리료를 신설하였다.

처리에 관한 사항, 병원의 전반적인 위생관리에 관한 사항, 의료관련감염 관리에 관한 자체 규정의 제정 및 개정에 관한 사항, 그 밖에 의료관련감염 관리에 관한 중요한 사항에 관한 업무를 심의한다(의료법 시행규칙 제43조 제2항).

감염관리위원회는 위원장 1명을 포함한 7명 이상 15명 이하의 위원으로 구성되며, 위원장은 해당 의료기관의 장으로 하고, 부위원장은 위원 중에서 위원장이 지명한다. 위원은 감염관리실장, 진료부서의 장, 간호부서의 장, 진단검사부서의 장, 감염 관련 의사 및 해당 의료기관의 장이 필요하다고 인정하는 사람 중 어느 하나에 해당하는 당연직 위원과 해당 의료기관의 장이 위촉하는 외부 전문가로 정한다. 당연직 위원의 임기는 해당 부서의 재직기간으로 하고, 위촉하는 위원의 임기는 2년으로 한다(의료법 시행규칙 제44조).

위원회는 정기회의와 임시회의로 운영하는데, 정기회의는 연 2회 개최하고, 임시회의는 위원장이 필요하다고 인정하는 때 또는 위원 과반수가 소집을 요구할 때에 개최할 수 있다. 회의는 재적위원 과반수의 출석과 출석위원 과반수의 찬성으로 의결한다. 위원장은 위원회를 대표하며 업무를 총괄하고, 위원회는 회의록을 작성하여 참석자의 확인을 받은 후 비치하여야 한다. 그 밖에 위원회의 운영에 필요한 사항은 위원장이 정한다(의료법 시행규칙 제45조).

(라) 감염관리실의 설치 및 운영

감염관리실은 의료관련감염의 발생을 감시하고, 의료관련감염 관리 실적의 분석 및 평가와 직원의 감염관리교육 및 감염과 관련된 직원의 건강관리에 관한 사항, 그 밖에 감염 관리에 필요한 사항에 관한 업무를 수행한다(의료법 시행규칙 제43조 제3항). 감염관리실 설치의무가 있는 의료기관의 장은 의료법 시행규칙 별표 8의2와 같은 인력기준 및 배치기준을 준수하여 감염관리실에서 감염관리 업무를 수행하도록 하여야 하고, 종합병원, 150개 이상의 병상을 갖춘 병원, 치과병원 또는 한방병원의 경우 감염관리실에 두는 인력 중 1명 이상은 감염관리실에서 전담 근무하여야 한다(의료법 시행규칙 제46조 제1항, 제2항). 감염관리실에서 근무하는 사람은 의료법 시행규칙 별표 8의3에서 정한 교육기준에 따라 매년 16시간 이상 교육을 받아야 한다(의료법 시행규칙 제46조 제3항).

(마) 기관 내 의료인 및 종사자 교육 의무

의료기관의 장은 「감염병의 예방 및 관리에 관한 법률」 제2조 제1호에 따른 감염병(이하 '위 감염병'이라 한다), 즉 제1급감염병, 제2급감염병, 제3급감염병, 제4급감염병, 기생충감염병, 세계보건기구 감시대상 감염병, 생물테러감염병, 성매개감염병, 인수(人獸)공통감염병 및 의료관련감염병의 예방을 위하여 해당 의료기관에 소속된 의료인, 의료기관 종사자 및 「보건의료인력지원법」 제2조 제3호의 보건의료인력을 양성하는 학교 및 기관의 학생으로서 해당 의료기관에서 실습하는 사람에게 정기적으로 교육을 실시하여야 한다.

의료법 시행규칙에서는 ① 감염병의 감염 원인, 감염 경로 및 감염 증상 등 감염병의 내용 및 성격에 관한 사항, ② 감염병에 대한 대응조치, 진료방법 및 예방방법 등 감염병의 예방 및 진료에 관한 사항, ③ 감염병 환자의 관리, 감염 물건의 처리, 감염 장소의 소독 및 감염병 보호장비 사용 등 감염병의 관리에 관한 사항, ④ 「감염병의 예방 및 관리에 관한 법률」에 따른 의료기관, 보건의료인 또는 의료기관 종사자의 보고·신고 및 협조 등에 관한 사항, ⑤ 그 밖에 감염병 예방 및 관리 등을 위하여 질병관리청장이 특히 필요하다고 인정하는 사항을 내용으로 하는 교육을 실시하도록 하고 있다(의료법 시행규칙 제46조의2 제1항).

또한, 의료기관의 장은 위 감염병이 유행하는 경우 해당 의료기관 내에서 업무를 수행하는 사람에게 위 감염병 예방을 위한 교육을 2회 이상 실시해야 한다(의료법 시행규칙 제46조의2 제2항).

(바) 감염병 확산 및 방지에 필요한 정보 제공

의료기관의 장은 위 감염병이 유행하는 경우 환자의 보호자, 의료인, 의료기관 종사자 및 「경비업법」 제2조 제3호에 따른 경비원 등 해당 의료기관 내에서 업무를 수행하는 사람에게 감염병의 확산 방지를 위하여 필요한 정보를 제공하여야 한다.

의료기관의 장은 ① 의료기관의 인터넷 홈페이지 게시, ② 매뉴얼·게시물 또는 안내문 등 작성·비치, ③ 그 밖에 질병관리청장이 신속하고 정확한 정보 제공을 위하여 적합하다고 인정하여 고시하는 방법에 따라 감염병의 확산 및 방지에 필요한 정보를 제공해야 한다(의료법 시행규칙 제46조의2 제3항). 또한, 의료기관의 장은 교육 및 정보 제공을 위하여 필요하다고 인정하는 경우 질병관리청 또는 관할 보건소에 필요한 협조를 요청할 수 있다(의료법 시행규칙 제46조의2 제4항). 위와 같은 감염병 예방 정보 교육 및 정보 제공의 내용·방법 및 절차 등에 필요한 세부 사항은 질병관리청장이 정하여 고시한다(의료법 시행규칙 제46조의2 제5항).

(사) 의료관련감염 감시 시스템의 구축 및 운영

질병관리청장은 의료관련감염의 발생·원인 등에 대한 의과학적인 감시를 위하여 의료관련감염 감시 시스템을 구축·운영할 수 있고, 의료기관은 이와 같은 시스템을 통하여 매월 의료관련감염 발생 사실을 등록할 수 있다. 이와 같은 의료관련감염 감시 시스템 구축을 위하여 질병관리청장은 시스템의 구축·운영 업무를 관계 전문기관에 위탁할 수 있고, 업무를 위탁한 그 전문기관에 대하여 업무에 관한 보고 또는 자료 제출을 명할 수 있다.

질병관리청장은 ①「정부출연연구기관 등의 설립·운영 및 육성에 관한 법률」에 따른 정부출연연구기관, ②「고등교육법」제2조에 따른 학교, ③ 의료관련감염의 예방·관리 업무를 수행하는「민법」제32조 또는 다른 법률에 따라 설립된 비영리법인, ④ 그 밖에 의료관련감염의 예방·관리 업무에 전문성이 있다고 질병관리청장이 인정하는 기관 중 어느 하나에 해당하는 기관에 대하여 의료관련감염 감시 시스템의 구축·운영 업무를 위탁할 수 있다. 의료관련감염 감시 시스템의 구축·운영 업무를 위탁하려는 경우 그 위탁 기준·절차 및 방법 등에 관한 사항을 미리 공고하여야 하고, 그 위탁 내용 및 수탁자 등에 관한 사항을 관보에 고시하여야 하며 질병관리청의 인터넷 홈페이지에도 게시해야 한다. 이와 같은 위탁 기준 등의 공고 및 위탁 내용 등의 고시 등에 필요한 세부사항은 질병관리청장이 정하여 고시한다(의료법 시행령 제18조).

의료기관은 의료관련감염 감시 시스템을 통해 중환자실에서 발생한 감염, 수술한 부위의 감염, 그 밖에 질병관리청장이 정하여 고시하는 감염으로 신생아중환자실에서 발생한 감염, 손위생 수행률, 중심정맥관 관련 혈류감염예방, 기타 그 밖에 질병관리청이 필요로 하는 의료관련감염 감시 대상 중 1개 이상을 감시

대상으로 선택하여 등록할 수 있고, 그 외에 의료관련감염 감시 시스템의 등록 절차·방법 등에 관한 세부적인 사항은 질병관리청장이 정하여 고시한다(의료법시행규칙 제46조의3).

이와 관련하여 질병관리청은 2020. 9. 14. 「의료관련감염 감시 시스템 운영에 관한 규정」을 질병관리청고시로써 제정·운용하면서, 질병보건통합관리시스템 (http://is.kdca.go.kr)을 통해 전국 의료관련감염 감시체계(Korean National healthcare associated Infections Surveillance System, KONIS) 및 의료기관 감염관리 실태조사 업무시스템을 운영·지원하고 있다.

(아) 자율보고의 보호

의료관련감염이 발생한 사실을 알게 된 의료기관의 장, 의료인, 의료기관 종사자 또는 환자 등은 보건복지부령으로 정하는 바에 따라 질병관리청장에게 그 사실을 보고할 수 있다. 이를 자율보고라고 한다. 이 경우 질병관리청장은 자율보고한 사람의 의사에 반하여 그 신분을 공개하여서는 아니 된다.

자율보고한 사람이 해당 의료관련감염과 관련하여 관계 법령을 위반한 사실이 있는 경우에는 그에 따른 행정처분을 감경하거나 면제할 수 있고, 자율보고가 된 의료관련감염에 관한 정보는 보건복지부령으로 정하는 검증을 한 후에는 개인식별이 가능한 부분을 삭제하여야 하며, 자율보고의 접수 및 분석 등의 업무에 종사하거나 종사하였던 사람은 직무상 알게 된 비밀을 다른 사람에게 누설하거나 직무 외의 목적으로 사용하여서는 아니 된다. 의료기관의 장은 해당 의료기관에 속한 자율보고를 한 보고자에게 그 보고를 이유로 해고 또는 전보나 그 밖에 신분 또는 처우와 관련하여 불리한 조치를 할 수 없다.

의료법은 벌칙조항에서 이를 위반하여 자율보고의 접수 및 분석 등의 업무에 종사하거나 종사하였던 사람이 직무상 알게 된 비밀을 다른 사람에게 누설하거나 직무 외의 목적으로 사용하는 경우 3년 이하의 징역이나 3천만원 이하의 벌금에 처할 수 있고, 의료기관의 장이 자율보고를 한 사람에게 불리한 조치를 하는 경우에도 2년 이하의 징역이나 2천만원 이하의 벌금에 처할 수 있도록 하여 자율보고의 보호를 도모하였다.

(자) 의료관련감염 관련 정보의 활용

질병관리청장은 의료관련감염 감시 시스템과 자율보고를 통해 수집한 의료관련감염 관련 정보를 감염 예방·관리에 필요한 조치, 계획 수립, 조사·연구, 교육 등에 활용할 수 있다

(차) 하위 법령에 대한 위임

감염관리위원회의 구성과 운영, 감염관리실 운영, 교육, 정보 제공, 등록하는 의료관련감염의 종류와 그 등록의 절차·방법 등에 필요한 사항은 보건복지부령으로 정한다

(타) 입원환자의 전원

본조는 2019년 의료법 개정을 통해 신설된 조항으로, 당시 한 대형종합병원에서 4명의 신생아가 연쇄적으로 사망하는 사고가 발생하였음에도 같은 신생아 중환자실에 있던 신생아 중 2명의 신생아가 전원(轉院)에 대한 보호자의 동의를 받지 못해 사고가 발생한 신생아실에서 16시간 동안 방치되는 일이 발생하자 유사한 사례의 재발을 방지하기 위하여 의료기관의 장이 집단 사망사고의 발생 등과 같은 응급상황에서는 신속하게 전원 조치를 할 수 있도록 법적 근거를 마련하였다.

의료기관의 장은 천재지변, 감염병 의심 상황, 집단 사망사고의 발생 등 입원환자를 긴급히 전원(轉院)시키지 않으면 입원환자의 생명·건강에 중대한 위험이 발생할 수 있음에도 환자나 보호자의 동의를 받을 수 없는 등 보건복지부령으로 정하는 불가피한 사유가 있는 경우에는 보건복지부령으로 정하는 바에 따라 시장·군수·구청장의 승인을 받아 입원환자를 다른 의료기관으로 전원시킬 수 있다.

이때 "환자나 보호자의 동의를 받을 수 없는 등 보건복지부령으로 정하는 불가피한 사유"란 환자가 의사표시를 할 수 없는 상태에 있거나 보호자와 연락이 되지 않아 환자나 보호자의 동의를 받을 수 없는 경우를 말한다(의료법 시행규칙 제47조 제1항).

의료기관의 장이 환자를 다른 의료기관으로 전원(轉院)시키려면 시장·군수·구청장에게 ① 환자가 현재 입원 중인 의료기관과 전원시키려는 의료기관의 명칭·주소·전화번호, ② 환자 또는 보호자의 성명·주민등록번호·주소·전화번호, ③ 전원일자, ④ 전원사유를 알리고 승인을 요청해야 하고, 승인을 요청받은 시장·군수·구청장은 지체 없이 승인 여부를 의료기관의 장에게 통보해야 하여, 통보를 받은 의료기관의 장은 환자를 전원시키고 구두, 유선 또는 서면 등으로 위 시장·군수·구청장에게 알린 사항을 환자의 보호자에게 지체 없이 알려야 한다(의료법 시행규칙 제47조 제2항, 제3항, 제4항).

제5절 의료법인

1. 의료법인의 설립 (제48조)

가. 조문

◇ 제48조(설립 허가 등)
① 제33조 제2항에 따른 의료법인을 설립하려는 자는 대통령령으로 정하는 바에 따라 정관과 그 밖의 서류를 갖추어 그 법인의 주된 사무소의 소재지를 관할하는 시·도지사의 허가를 받아야 한다.
② 의료법인은 그 법인이 개설하는 의료기관에 필요한 시설이나 시설을 갖추는 데에 필요한 자금을 보유하여야 한다.
③ 의료법인이 재산을 처분하거나 정관을 변경하려면 시·도지사의 허가를 받아야 한다.
④ 이 법에 따른 의료법인이 아니면 의료법인이나 이와 비슷한 명칭을 사용할 수 없다.

◇ 벌칙
- 제48조 제3항, 제4항 위반: 500만원 이하의 벌금

나. 조문 해설

의료인은 의료법에 따른 의료기관을 개설하지 아니하고는 의료업을 행할 수 없다. 의료법 제33조 제2항은 의사, 치과의사, 한의사 또는 조산사, 국가나 지방자치단체, 의료업을 목적으로 설립된 법인(이하 "의료법인"이라 한다), 「민법」이나 특별법에 따라 설립된 비영리법인, 「공공기관의 운영에 관한 법률」에 따른 준정부기관, 「지방의료원의 설립 및 운영에 관한 법률」에 따른 지방의료원, 「한국보훈복지의료공단법」에 따른 한국보훈복지의료공단이 아니면 의료기관을 개설할 수 없다고 규정한다.

일반적으로 의료법이 의료인이나 의료법인 등 비영리법인이 아닌 자의 의료기관 개설을 원천적으로 금지하고(제33조 제2항), 이를 위반하는 경우 처벌하는 규정(제87조 제1항 제2호)을 둔 취지는 의료기관 개설자격을 의료전문성을 가진 의료인이나 공적인 성격을 가진 자로 엄격히 제한함으로써 건전한 의료질서를 확립하고, 영리 목적으로 의료기관을 개설하는 경우에 발생할지도 모르는 국민 건강상의 위험을 미리 방지하고자 하는 데에 있다.

현행 의료법 규정에 의할 때, 의사 면허가 없는 사람이 대한민국에서 합법적으로 의료업을 행하고자 할 때에는 의료법인 또는 비영리법인을 설립하여 이사장이나 대표가 되는 방법이 유일하다. 이 경우 「민법」이나 특별법에 따른 위 비영리법인을 설립하여 의료업을 행하고자 할 경우에는 당해 비영리법인이 설립목적에 부합하고 정관상에 의료기관 개설에 관한 구체적인 근거가 명시되어 있을 것을 요한다.

한편, 의료법인은 당해 개설 희망자가 의료기관에 필요한 시설이나 시설을 갖추는 데에 필요한 자금을 보유할 수 있도록 재산을 출연해야 하고, 만약 의료법인이 그 출연 받은 재산을 처분하거나 정관을 변경하려면 시·도지사의 허가를 받아야 한다. 만약 허가를 받지 않고 위 재산을 처분하거나 정관을 변경하면 형벌인 500만원 이하의 벌금에 처하여질 수 있다. 그리고, 의료법인이 아니면서 의료법인이나 이와 비슷한 명칭을 사용한 자에게도 형벌인 500만원 이하의 벌금이 부과된다.

보건복지부는 '2017년 의료기관 개설 및 의료법인설립 운영 편람'에서 의료법인의 설립허가를 할 것인지 여부는 주무관청의 정책적 판단에 따른 재량이라 밝히고, 각 지방자치단체는 법인 설립, 기본재산처분 허가 등 심의기준을 마련하여 운영하도록 하고 있다. 그 구체적인 내용으로 주무관청은 관련 법령 규정의 적법성 검토와 더불어 의료기관을 설치하고자 하는 인근의 의료수요 및 의료자원 현황, 의료기관 분포, 규모 등의 적정 여부와 의료기관의 확충에 관한 정책적 차원에서 그 타당성을 검토하고, 의료기관을 운영할 수 있는 충분한 능력과 재정적 기초가 확립되어 있는지 여부를 심사한 후 허가한다는 규정 등을 담고 있다.

2006년 제정된 「제주특별자치도 설치 및 국제자유도시 조성을 위한 특별법」 제307조 제1항은 그 법인의 영리성을 묻지 않고 도지사의 허가를 받아 제주특별자치도에 한방병원을 제외한 병원·치과병원·요양병원·종합병원을 개설할 수 있다고 규정한다. 법제처는 2009. 7. 새마을금고는 의료법에 따라 의료기관을 개설할 수 있는 비영리법인에 해당한다는 유권해석을 내놓기도 했다. 향후 의료법인의 설립에 관한 특례법과 현실 변화에 대응한 다양한 논의가 기대되는 대목이다.

의료법인 설립허가신청 시에는 정관, 재산목록, 부동산·예금·유권증권 등의 증명서가 필요한 등 절차가 복잡하고, 신청인은 주무관청의 보정 요청에 답변을 해야 하며 설립등기를 해야 한다. 그러나, 무엇보다도 의료법인 설립허가는 행정법상 재량행위이고, 당해 지방자치단체 내의 의료기관 수, 의료 여건 등을 고려하여 관할 시·도지사가 결정하기 때문에 주무관청이 의료법인 설립허가신청을 거절해도 신청인이 항고소송을 제기하여 의료법인 설립허가신청 거부처분을 취소하라는 취지의 판결을 받아 승소할 가능성이 낮다는 특징이 있다.

의료법인이 분사무소를 설치하고자 할 경우에도 주사무소의 설립과 동일하게 의료법 제48조 제2항의 필요시설 및 자금 규정이 적용되는지 여부에 대하여 보건복지부 의료자원과는 2010. 11. 4.자 질의회신에서 "의료법인의 기본재산은 법인의 실체를 이루는 것임을 감안할 때, 의료사업의 계속성과 법인운영의 안정성을 도모하기 위해서는, 목적사업 수행에 필요한 건물 등을 안정적으로 확보하여 기본재산으로 편입하는 것이 바람직함. 그러나, 의료법인 설립을 위한 출연재산의 종류에 대하여 의료법 및 민법상 제한규정이 없는 점, 비영리법인의 설립허가는 시·도지사의 정책적 판단에 따른 재량이 부여되어 있는 점 등을 고려 시, 일률적으로 임차출연을 금지하는 것 역시 형평성의 문제를 야기하는 등 바람직하지 않음. 따라서, 의료법인의 임차출연 허용 여부에 대한 최종판단은 의료기관 종별 시설기준 등의 준수사항, 의료기관의 공익성·안정성·계속성 등을 종합적으로 판단하여 허가권자인 시·도지사가 정책적으로 결정하여야 할 것임"이라고 답변하여 다소 절충적인 태도를 취하고 있다(의료자원과-7201 질의회신 참조).

의료법 제48조에 따라 설립된 의료법인과 공익법인의 설립·운영에 관한 법률(이하 '공익법인법'이라고 한다) 제2조의 공익법인의 관계가 실무상 문제가 될 수 있다. 그러나, 공익법인법 제2조는 "이 법은 재단법인이나 사단법인으로서 사회 일반의 이익에 이바지하기 위하여 학자금·장학금 또는 연구비의 보조나 지급, 학술, 자선(慈善)에 관한 사업을 목적으로 하는 법인(이하 "공익법인"이라 한다)에 대하여 적용한다"고 규정하고 있기 때문에 두 법인의 범위가 반드시 일치하는 것은 아니다. 의료법인과 유사한 법인인 민법상 비영리법인, 상속세 및 증여세법상 공익법인, 공익법인의 설립·운영에 관한 법률상 공익법인의 해당 범위를 그림으로 표현하면 다음과 같다.

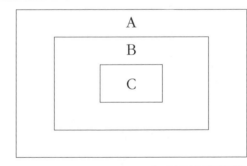

A : 비영리법인
B : 「상속세 및 증여세법」상
    공익법인
C : 「공익법인 설립·운영에
    관한 법률」상 공익법인

위 그림에서 B영역에서 C영역을 뺀 부분은 상속세 및 증여세법상 공익법인이면서도 공익법인법의 적용을 받지 않는 비영리법인들을 가리킨다. 의료법상 의료법인은 상속세 및 증여세법 상의 공익법인 등에 속하나, 학자금·장학금 또는 연구비의 보조나 지급, 학술, 자선에 관한 사업을 목적으로 하지는 아니하므로, 공익법인법의 적용을 받지 않는다. 즉, 위 그림 중에서 의료법인은 B영역에서 C영역을 뺀 부분에 속한다고 평가될 수 있다. 따라서, 종래에는 공익법인법 제5조

제5항[265])의 임원 구성 특수관계인 제한 규정은 의료법인에 적용되지 않을 수 있었다.

그러나, 2019. 8. 27. 의료법 제48조의2가 개정되어 의료법인의 이사 각 상호간에 민법상 친족관계에 있는 사람이 이사 정수의 4분의 1을 초과하여서는 아니된다는 조문이 도입되었다. 공익법인법은 친족관계에 있는 자뿐 아니라 사용인기타 고용관계에 있거나 출연자 혹은 이사의 금전 기타 재산에 의하여 생계를 유지하는 자 역시 일정 비율 이상의 임원이 될 수 없다고 규정하고 있는 것에 비하여 의료법인의 이사 비율 제한 규정은 제한범위가 좁다.

다. 판례 · 행정해석

◇ 법인설립허가에 있어 주무관청의 재량권이 넓게 인정된다는 사례(대법원 1996. 9. 10. 선고 95누18437 판결)

- 민법은 제31조에서 "법인은 법률의 규정에 의함이 아니면 성립하지 못한다."고 규정하여 법인의 자유설립을 부정하고 있고, 제32조에서 "학술, 종교, 자선, 기예, 사교 기타 영리 아닌 사업을 목적으로 하는 사단 또는 재단은 주무관청의 허가를 얻어 이를 법인으로 할 수 있다."고 규정하여 비영리법인의 설립에 관하여 허가주의를 채용하고 있으며, 현행 법령상 비영리법인의 설립허가에 관한 구체적인 기준이 정하여져 있지 아니하므로, 비영리법인의 설립허가를 할 것인지 여부는 주무관청의 정책적 판단에 따른 재량에 맡겨져 있음.
- 따라서 주무관청의 법인설립 불허가처분에 사실의 기초를 결여하였다든지 또는 사회관념상 현저하게 타당성을 잃었다는 등의 사유가 있지 아니하고, 주무관청이 그와 같은 결론에 이르게 된 판단과정에 일응의 합리성이 있음을 부정할 수 없는 경우에는, 다른 특별한 사정이 없는 한 그 불허가처분에 재량권을 일탈 · 남용한 위법이 있다고 할 수 없음.

---

265) 공익법인의 설립 · 운영에 관한 법률 제5조(임원 등)
⑤ 이사회를 구성할 때 대통령령으로 정하는 특별한 관계가 있는 자의 수는 이사 현원(現員)의 5분의 1을 초과할 수 없다.

◇ 의료법인이 재산을 처분하는 경우 허가를 받아야 한다는 규정은 강행규정(대법원 2023. 8. 31. 선고 2021다234528 판결)

- 의료법 제48조 제3항은 "의료법인이 재산을 처분하거나 정관을 변경하려면 시·도지사의 허가를 받아야 한다."라고 규정한다. 이는 의료법인이 그 재산을 부당하게 감소시키는 것을 방지함으로써 경영에 필요한 재산을 항상 갖추고 있도록 하여 의료법인의 건전한 발달을 도모하고 의료의 적정을 기하여 국민건강을 보호증진하게 하려는 데 목적이 있는 조항으로서 강행규정에 해당함.

2. 의료법인의 운영 (제48조의2, 제49조, 제50조)

가. 조문

◇ 제48조의2(임원)
① 의료법인에는 5명 이상 15명 이하의 이사와 2명의 감사를 두되, 보건복지부장관의 승인을 받아 그 수를 증감할 수 있다.
② 이사와 감사의 임기는 정관으로 정하되, 이사는 4년, 감사는 2년을 초과할 수 없다. 다만, 이사와 감사는 각각 연임할 수 있다.
③ 이사회의 구성에 있어서 각 이사 상호 간에 「민법」 제777조에 규정된 친족관계에 있는 사람이 그 정수의 4분의 1을 초과해서는 아니 된다.
④ 다음 각 호의 어느 하나에 해당하는 사람은 의료법인의 임원이 될 수 없다.
  1. 미성년자
  2. 피성년후견인 또는 피한정후견인
  3. 파산선고를 받은 사람으로서 복권되지 아니한 사람
  4. 금고 이상의 형을 받고 집행이 종료되거나 집행을 받지 아니하기로 확정된 후 3년이 지나지 아니한 사람
⑤ 감사는 이사와 제3항에 따른 특별한 관계에 있는 사람이 아니어야 한다.
  [본조신설 2019. 8. 27.]

◇ 제49조(부대사업)

① 의료법인은 그 법인이 개설하는 의료기관에서 의료업무 외에 다음의 부대사업을 할 수 있다. 이 경우 부대사업으로 얻은 수익에 관한 회계는 의료법인의 다른 회계와 구분하여 계산하여야 한다. <개정 2008. 2. 29., 2010. 1. 18., 2015. 1. 28.>

1. 의료인과 의료관계자 양성이나 보수교육
2. 의료나 의학에 관한 조사 연구
3. 「노인복지법」 제31조제2호에 따른 노인의료복지시설의 설치·운영
4. 「장사 등에 관한 법률」 제29조제1항에 따른 장례식장의 설치·운영
5. 「주차장법」 제19조제1항에 따른 부설주차장의 설치·운영
6. 의료업 수행에 수반되는 의료정보시스템 개발·운영사업 중 대통령령으로 정하는 사업
7. 그 밖에 휴게음식점영업, 일반음식점영업, 이용업, 미용업 등 환자 또는 의료법인이 개설한 의료기관 종사자 등의 편의를 위하여 보건복지부령으로 정하는 사업

② 제1항제4호·제5호 및 제7호의 부대사업을 하려는 의료법인은 타인에게 임대 또는 위탁하여 운영할 수 있다.

③ 제1항 및 제2항에 따라 부대사업을 하려는 의료법인은 보건복지부령으로 정하는 바에 따라 미리 의료기관의 소재지를 관할하는 시·도지사에게 신고하여야 한다. 신고사항을 변경하려는 경우에도 또한 같다. <개정 2008. 2. 29., 2010. 1. 18.>

◇ 제50조(「민법」의 준용)

의료법인에 대하여 이 법에 규정된 것 외에는 「민법」 중 재단법인에 관한 규정을 준용한다.

◇ 제92조(과태료) ① 다음 각 호의 어느 하나에 해당하는 자에게는 300만원 이하의 과태료를 부과한다.

◇ 행정처분

- 제49조 제3항을 위반하여 신고하지 아니한 자: 300만원 이하의 과태료

나. 조문 해설

의료법이 2018. 8. 27. 법률 제16555호로 개정되어 제48조의2 임원에 관한 조항을 신설하기 이전에는 의료법인의 의사결정기구에 해당하는 임원의 자격 및 이사회의 구성도 민법에 따를 수밖에 없었다. 그러나 의료법인은 의료기관을 개설하여 운영하는 주체로서 의료업을 할 때 공중위생에 이바지하여야 하며 영리를 추구하여서는 아니되는 사명을 띠는바(의료법 시행령 제20조), 임원에 대한 규정도 의료법에서 별도로 정하는 것이 타당하다는 의견에 따라 위 제48조의2가 신설되었다.

의료법인에는 5명 이상 15명 이하의 이사와 2명의 감사를 두어야 하며, 이사회의 구성에 있어 각 이사 상호 간 민법 제777조[266]에 규정된 친족관계에 있는 사람이 그 정수의 4분의 1을 초과하여서는 아니된다. 다만, 의료법인에 고용된 자 등에 대한 제한은 두고 있지 아니하여 의료법인의 이사장과 사실상 고용관계에 있는 자 등이 이사로 등재됨에는 제한이 없다. 의료법인의 감사 역시 의료법인의 이사와 민법 제777조에 규정된 친족관계에 있어서는 아니된다. 또한, 미성년자, 피성년후견인 또는 피한정후견인, 파산선고를 받은 사람으로서 복권되지 아니한 사람, 금고 이상의 형을 선고받고 집행이 종료되거나 집행을 받지 아니하기로 확정된 후 3년이 지나지 아니한 사람은 이사 또는 감사가 될 수 없다.

의료법인은 그 법인이 개설하는 의료기관에서 의료업무 외에 의료인 양성, 의료조사연구, 노인의료복지시설, 장례식장, 부설주차장, 일정한 의료정보시스템 개발사업, 일정한 편의사업을 행할 수 있다. 이 경우 부대사업으로 얻은 수익에 관한 회계는 의료법인의 회계와 구분하여 계산해야 하고, 위 부대사업 중 일부는 타인에게 임대 또는 위탁할 수도 있다.

의료법인이 부대사업을 행할 경우 보건복지부령으로 정하는 바에 따라 미리 의료기관의 소재지를 관할하는 시·도지사에게 신고해야 하고, 이를 변경하는 경

---

[266] 민법 제777조(친족의 범위) 친족관계로 인한 법률상 효력은 이 법 또는 다른 법률에 특별한 규정이 없는 한 다음 각호에 해당하는 자에 미친다.
  1. 8촌 이내의 혈족
  2. 4촌 이내의 인척
  3. 배우자

우에도 마찬가지이다. 만약 의료법인이 신고하지 않고 부대사업을 하면 300만원 이하의 과태료가 부과되고, 보건복지부장관 또는 시·도지사는 그 설립허가를 취소할 수 있으며(임의적 취소), 당해 취소 처분을 하려면 반드시 청문을 실시하여야 한다(필요적 청문).

의료법인의 부대사업과 관련하여 대통령 주재 무역투자진흥회의에서 2013. 12. 13. 보고된 '제4차 투자활성화 대책'은 의료법인의 수익구조를 개선함으로써 의료법인의 경영난을 해소하고 의료서비스의 품질을 향상시키겠다는 목표 하에, ① 보건의료서비스의 공급자인 의료기관이 부대사업목적의 자법인(子法人)을 설립할 수 있도록 허용하고, ② 의료법 제49조 및 의료법 시행규칙 제60조에 열거된 부대사업의 범위를 대폭 확대하며, ③ 그 중 부대사업목적 자법인의 설립허용 및 남용방지를 가칭 "부대사업 자법인 설립 및 운영에 관한 가이드라인"이라는 행정입법의 제정을 통하여 달성하겠다는 내용을 담은 바 있다.

그러나, 입법자가 의료법 제49조 제1항을 통하여 의료법인의 부대사업의 주체를 의료법인이 개설한 의료기관 자신으로 한정한 이유는 ① 의료기관이 경영 효율화라는 수단을 어디까지나 의료업이라는 고유목적사업 범위 내에서만 추구해야 함을 못박아둠과 동시에 ② 구체적으로는 부대사업의 수행을 통하여 발생한 이익잉여금이 의료기관 밖으로 함부로 유출되지 못하도록 하겠다는 입법의도 때문이다.

의료법인의 본질은 비영리법인바, 의료법인의 영리행위는 금지된다. 그렇다면 의료법인이 자(子)법인을 통하여 부대사업을 하거나 주식 취득에 따른 배당수익을 얻는 행위가 허용되는지가 실무상 문제가 될 수 있다. 우리 민법상 '영리성'이 있는지는 '수익사업을 하느냐 여부'가 아닌, '수익사업을 통하여 발생한 이익잉여금을 구성원 또는 발기인에게 분배하느냐 여부'에 의하여 판단하는 것이 일반적이다. 의료법인 외의 의료기관 개설주체인 법인들이 자(子)법인의 수익사업을 통하여 발생한 이익잉여금을 구성원들에게 분배하지 않고 고스란히 법인 정관 기재 고유목적사업에 재투자한다면 이를 두고 영리성이 있다 단정하기 어렵다. 위 논리는 위 법인들이 타 법인에 출자하여 얻은 배당수익을 고유목적사업에 재투자하는 경우에도 그대로 적용된다. 따라서 의료법인이 부대사업 목적 자(子)법인의 수익행위로 얻은 이익잉여금이나 타 법인의 주주로서 받은 배당수익 모두를 의료법인 자체의 고유목적사업에 사용하고 있다면, 이를 의료법이 금지하는 영리추구행위라고 할 수는 없다고 해석할 여지도 있다.

의료법인에 관하여는 의료법에 규정된 것 외에는 민법 중 재단법인에 관한 규정이 준용된다. 민법상의 법인에는 사단법인과 재단법인이 있고, 재단법인은 기본적으로 비영리성을 속성으로 하기 때문에 현행법상 영리 의료법인은 허용되지 않는다. 그리고, 재단법인은 일정한 목적에 바쳐진 재산 자체가 그 실체를 이루고 있는 법인이다. 재단법인의 재산은 그 출연자와 독립해 존속하는 것이므로, 재단법인에는 '주주' 및 '지분'이라는 개념이 존재하지 않는다. 의료법에 특별한 규정이 없는 이상 민법상 재단법인의 설립행위·목적·정관변경·의사결정기관·운영방식 등은 의료법과 충돌되지 않는 범위에서 적용된다.

다. 판례·행정해석

◇ 기본재산 증가와 정관 변경(대법원 1969. 7. 22. 선고 49다568 판결)
- 기본재산을 감소하는 경우는 물론 이를 증가시키는 경우에도 반드시 그 정관의 기재사항에 변경을 초래한다 할 것이므로 이 두 경우에는 모두 정관의 변경이라 할 것이고 따라서 이러한 변경에는 주무관청의 인가를 받아야만 그 효력이 발생함.

◇ 의료법인 재산 처분 시·시도지사 허가를 받도록 하는 규정이 효력규정인지 여부(대법원 2008. 9. 11. 선고 2008다32501 판결)
- 구 의료법 제41조 제3항에 따르면 의료법인은 그 재산을 처분하고자 할 경우 시·도지사의 허가를 받도록 규정하고 있고, 위 규정은 의료법인이 그 재산을 부당하게 감소시키는 것을 방지함으로써 항상 그 경영에 필요한 재산을 갖추고 있도록 하여 의료법인의 건전한 발달을 도모하여 의료의 적정을 기하고 국민건강을 보호·증진케 하려는 구 의료법의 입법 목적을 달성하기 위하여 둔 효력규정임.
- 의료법인이 허가받은 한도액을 초과하여 한 담보제공약정은 무효라고 하

지 않을 수 없으나, 위 담보제공약정 중 일부가 위 법률 규정에 따른 허가를 받은 범위를 초과하는 것이어서 무효라는 이유로 허가받은 나머지 담보제공약정 부분까지도 무효가 된다고 본다면 이는 의료법인으로 하여금 이미 허가받은 범위의 담보제공에 따른 피담보채무까지 상환할 수밖에 없도록 하여 결국, 재산처분에 대한 허가제도를 통하여 거래당사자의 일방인 의료법인을 보호하고 건전한 발달을 도모하려는 구 의료법 제41조 제3항의 취지에 명백히 반하는 결과를 초래하므로, 이 사건 토지에 관한 위 근저당권설정약정 중 피담보채무가 20억 원을 초과하는 부분이 구 의료법 제41조 제3항에 위반되어 무효라고 하더라도 이미 허가받은 나머지 부분의 근저당권설정약정까지 무효가 된다고 할 수는 없음.

◇ 의료법인 이사회 결의 효력 요건(대법원 1992. 11. 24. 선고 92다428 판결)
— 의료법인 이사회의 결의가 법령 또는 정관이 정하는 바에 따른 정당한 소집권자 아닌 자에 의하여 소집되고 적법한 소집절차 없이 개최되었으며 총원 9인의 이사 중 7인의 이사만이 참석하여 결의를 한 것이라면, 참석하지 아니한 2인의 이사 중 1인은 이미 이사 사임의 의사를 표시한 자이고, 나머지 1인은 이사로서의 권한을 다른 이사에게 위임하였다고 할지라도 그와 같은 이사회의 결의는 부존재한 결의로서 아무 효력이 없음.

3. 의료법인 설립허가의 취소 (제51조)

가. 조문

◇ 제51조(설립 허가 취소)
보건복지부장관 또는 시·도지사는 의료법인이 다음 각 호의 어느 하나에 해당하면 그 설립 허가를 취소할 수 있다. <개정 2008. 2. 29., 2010. 1. 18.>
  1. 정관으로 정하지 아니한 사업을 한 때
  2. 설립된 날부터 2년 안에 의료기관을 개설하지 아니한 때
  3. 의료법인이 개설한 의료기관이 제64조에 따라 개설허가를 취소당한 때

4. 보건복지부장관 또는 시·도지사가 감독을 위하여 내린 명령을 위반한 때
5. 제49조제1항에 따른 부대사업 외의 사업을 한 때

나. 조문 해설

보건복지부장관 또는 시·도지사는 의료법인이 정관에서 정한 사업을 하지 아니한 때, 의료법인 설립일로부터 2년 안에 의료기관을 개설하지 아니한 때, 의료기관 개설허가가 취소된 때, 감독 명령을 위반한 때, 허가된 부대사업 이외의 사업을 한 때에 해당하면 의료법인의 설립허가를 취소할 수 있다(임의적 취소). 다만, 그 취소 처분을 하려면 반드시 청문을 실시하여야 한다(필요적 청문).

의료법인이 의료법 제51조에 따라 설립허가가 취소되어 해산·청산이 된 경우 그 잔여재산은 누구에게 귀속되는지가 문제가 될 수 있다. 예컨대, 사립학교법 제35조의2는 고등학교 이하 각급학교를 설치·경영하는 학교법인이 시·도교육감의 인가를 받아 해산하는 경우 그 잔여재산의 전부 또는 일부를 정관규정에도 불구하고 잔여재산처분계획서에서 정한 자에게 귀속시키거나 공익법인 설립을 위해 출연할 수 있다고 규정하고 있다. 이에 반해 사회복지사업법 제27조 제1항은 해산한 법인의 남은 재산은 정관으로 정하는 바에 따라 국가 또는 지방자치단체에 귀속된다고 규정하고 있다.

의료법인의 경우 「민법」 중 재단법인에 관한 규정이 준용되고, 민법 제80조는 해산한 법인의 재산은 원칙적으로 정관으로 지정한 자에게 귀속된다고 규정하고 있다.

다. 판례·행정해석

◇ 의료법인의 설립허가 취소사유의 하나인 의료법 제45조 제2호에서 규정한 '설립된 날로부터 2년 이내에 의료기관을 개설하지 아니한 때'의 의미(전주지방법원 2005. 5. 6. 선고 2004구합1640 판결)
- 관계 법령의 문언과 내용 및 의료법 제41조의 설립허가제도의 취지와 목

적, 2000. 1. 12. 의료법 개정 당시 위 규정에 '당해 법인의 주된 사무소의 소재지를 관할하는'이라는 문구를 삽입한 입법 취지, 일반적으로 분사무소는 주사무소의 목적사업을 원활히 추진하기 위하여 설치되는 점 등에 비추어 보면, 의료법인의 설립허가 취소사유의 하나인 의료법 제45조 제2호 소정의 '설립된 날로부터 2년 이내에 의료기관을 개설하지 아니한 때'는 '설립된 날로부터 2년 이내에 그 주된 사무소의 소재지에 의료기관을 개설하지 아니한 때'의 의미라고 해석함이 타당하다"고 판시함.

◇ 의료법인이 건물신축대금으로 토지를 대물변제한 경우, 그 토지를 법인 고유업무에 직접 사용하지 못한 데 정당한 사유가 있다고 한 사례(대법원 1995. 4. 14. 선고 94누12081 판결)

− 병원건물 신축비용으로 충당하기 위하여 의료법인에게 귀속시키기로 설립허가 조건상에 이미 예정되어 있었던 토지가 실제로 그 법인에게 귀속되었다가 법인의 목적사업의 수행을 위하여 필요불가결한 병원건물의 신축비 일부조로 공사 수급회사에 대물변제되었다면 법인이 그 토지를 1년 이내에 고유업무에 직접 사용하지 못한 데에 정당한 사유가 있음.

◇ 의료법인이 설립된 날로부터 2년 이내에 의료기관을 개설하지 아니한 때의 의미(전주지방법원 2005. 5. 6. 선고 2004구합1640 판결)

− 의료법 제41조의 설립허가제도의 취지와 목적, 2000. 1. 12. 의료법 개정 당시 위 규정에 '당해 법인의 주된 사무소의 소재지를 관할하는'이라는 문구를 삽입한 입법 취지, 일반적으로 분사무소는 주사무소의 목적사업을 원활히 추진하기 위하여 설치되는 점 등에 비추어 보면, 의료법인의 설립허가 취소사유의 하나인 의료법 제45조 제2호 소정의 '설립된 날로부터 2년 이내에 의료기관을 개설하지 아니한 때'는 '설립된 날로부터 2년 이내에 그 주된 사무소의 소재지에 의료기관을 개설하지 아니한 때'의 의미라고 해석함이 타당함.

4. 의료법인 임원 선임 관련 금품등 수수 금지 (제51조의2)

가. 조문

◇ 제51조의2(임원 선임 관련 금품 등 수수의 금지)
누구든지 의료법인의 임원 선임과 관련하여 금품, 향응 또는 그 밖의 재산상 이익을 주고받거나 주고받을 것을 약속해서는 아니 된다.
[본조신설 2019. 8. 27.]

◇ 벌칙
- 제51조의2를 위반하여 의료법인의 임원 선임과 관련하여 금품 등을 주고받거나 주고받을 것을 약속한 자 1년 이하의 징역이나 1천만원 이하의 벌금 (제89조 제3호)

나. 조문 해설

의료법 제51조의2는 2019. 8. 27. 의료법의 개정에 따라 신설되었고 의료법인의 공익적 측면을 고려하여 임원에 관한 사항을 법률로 규정하면서, 의료법인 임원선임과 관련한 금품수수를 원천 금지하고 있다.

실무에서는 위 형사 처벌과 별개로 의료법인 운영권의 양도가 실제로 발생하고 있고 그에 대한 민사법적 효력이 문제된다. 예컨대, 의료법인 운영권의 양도인, 양수인은 의료법인의 양도나 매각을 목적으로 하는 양수도계약을 체결한 뒤, 이해관계 등으로 인하여 법적 다툼이 발생하면 당해 양수도계약이 강행법규인 의료법 제51조의2 및 제33조 제2항을 각 위반하여 무효라고 주장하는 경우를 들 수 있다.

사회복지사업법 제18조의2는 사회복지법인에 관하여 의료법인에서 임원 선임 관련 금품 등 수수 금지와 동일한 규정을 두고 있다. 어린이집 원장이 사회복지법인의 기본재산과 운영권을 양도하고 그 대가로 양수인으로부터 690,000,000원을 지급받기로 하는 어린이집 양도·양수계약을 체결한 사건에서, 판례는 "사회복지사업법 제18조의 2는 그 입법취지에 비추어 당사자의 약정으로 그 적용을 배제할 수 없는 강행규정으로 봄이 타당하고, 이에 위반되는 이상 이 사건 양수도 계약은 무효이다"라고 판시하였다.[267]

그러나, 의료법인 이사장이 의료법인의 운영권을 양도하면서 양수인측으로부터 그 대가로 403,200,000원 지급을 담보하기 위하여 공정증서를 수령한 사건에서, 판례는 "의료법은 제30조 제2항에서 의료인이 아닌 자의 의료기관 개설을 금지하고, 제48조에서 의료법인의 설립에 시·도지사의 허가를 받도록 하고 있을 뿐, 의료법인의 매매 자체를 금지하는 규정은 두고 있지 않다"는 이유로 유효로 본 뒤 양수인 측의 청구이의 소송을 기각하고 의료법인 이사장의 강제집행을 허용하였다.[268]

일반적으로 의료법인의 운영권 양도에 따른 금전을 지급받는 대가로 이사장직을 사임하고, 양수인이 이사장직에 취임한 뒤 이에 수반하여 등기된 이사진을 교체한 후 의료법인의 운영권을 이전받는다. 이 경우 위 행위는 의료법 제51조의2에서 금지하고 있는 '의료법인의 운영권을 보유하고 있는 자가 이사 임면 등을 통한 운영권 양도의 대가로 금품 등을 제공받는 행위'에 해당하고 의료법 제51조의2에 따라 형사처벌을 피할 수 없다.

제6절 의료인·의료기관 단체 (김유현)

1. 의료인 중앙회와 지부의 설립 (제28조, 제29조)

(1) 조문

◇ 제28조(중앙회와 지부)

① 의사·치과의사·한의사·조산사 및 간호사는 대통령령으로 정하는 바에 따라 각각 전국적 조직을 두는 의사회·치과의사회·한의사회·조산사회 및 간호사회(이하 "중앙회"라 한다)를 각각 설립하여야 한다.

② 중앙회는 법인으로 한다.

---

267) 광주지방법원 2022. 12. 22. 선고 2021가합59101 판결.
268) 의정부지방법원 고양지원 2020. 4. 24. 선고 2019가합70073 판결.

③ 제1항에 따라 중앙회가 설립된 경우에는 의료인은 당연히 해당하는 중앙회의 회원이 되며, 중앙회의 정관을 지켜야 한다.

④ 중앙회에 관하여 이 법에 규정되지 아니한 사항에 대하여는 「민법」 중 사단법인에 관한 규정을 준용한다.

⑤ 중앙회는 대통령령으로 정하는 바에 따라 특별시·광역시·도와 특별자치도(이하 "시·도"라 한다)에 지부를 설치하여야 하며, 시·군·구(자치구만을 말한다. 이하 같다)에 분회를 설치할 수 있다. 다만, 그 외의 지부나 외국에 의사회 지부를 설치하려면 보건복지부장관의 승인을 받아야 한다. <개정 2008. 2. 29., 2010. 1. 18.>

⑥ 중앙회가 지부나 분회를 설치한 때에는 그 지부나 분회의 책임자는 지체 없이 특별시장·광역시장·도지사·특별자치도지사(이하 "시·도지사"라 한다) 또는 시장·군수·구청장에게 신고하여야 한다.

⑦ 각 중앙회는 제66조의2에 따른 자격정지 처분 요구에 관한 사항 등을 심의·의결하기 위하여 윤리위원회를 둔다. <신설 2011. 4. 28.>

⑧ 윤리위원회의 구성, 운영 등에 관한 사항은 대통령령으로 정한다. <신설 2011. 4. 28.>

◇ 제29조(설립 허가 등)

① 중앙회를 설립하려면 대표자는 대통령령으로 정하는 바에 따라 정관과 그 밖에 필요한 서류를 보건복지부장관에게 제출하여 설립 허가를 받아야 한다. <개정 2008. 2. 29., 2010. 1. 18.>

② 중앙회의 정관에 적을 사항은 대통령령으로 정한다.

③ 중앙회가 정관을 변경하려면 보건복지부장관의 허가를 받아야 한다. <개정 2008. 2. 29., 2010. 1. 18.>

(2) 조문해설

의료법은 의료인들은 직렬별로 전국적 조직을 두는 중앙회를 반드시 설립하도록 규정하고 있다. 이에 따라 설립된 단체가 대한의사협회이다. 이들 단체는 법인격을 가지기 때문에 각종 법률행위의 주체가 될 수 있다. 또한 모든 의료인은 해당하는 중앙회의 회원이 되어야 하며 중앙회의 정관을 지켜야 한다. 중앙회의 법적 성격은 민법상 사단법인에 해당하므로 사원총회와 이사회를 두는 등 민법의 사단법인에 대한 규정에 따라야 한다.

중앙회를 설립하려면 대표자는 정관과 그 밖에 필요한 서류를 보건복지부장관에게 제출하여 설립허가를 받아야 하며, 정관의 내용은 대통령령으로 정한다. 정관에는 목적, 명칭, 중앙회·지부·분회의 소재지, 재산 또는 회계와 그 밖의 관리·운영에 관한 사항, 임원의 선임에 관한 사항, 회원의 자격 및 징계에 관한 사항, 정관 변경에 관한 사항, 공고 방법에 관한 사항, 윤리위원회의 운영 등에 관한 사항이 반드시 포함되어야 한다(의료법 시행령 제13조). 중앙회가 위 정관을 변경할 때에도 보건복지부장관의 허가를 받아야 한다.

중앙회는 특별시, 광역시, 도와 특별자치도에 지부를 설치하여야 하며, 시군구에는 분회의 설치가 가능하다. 그러나 이 외의 지부나 외국 의사회 지부 설치를 위해서는 보건복지부 장관의 승인을 받아야 한다.

각 중앙회는 반드시 윤리위원회를 두어야 하는데 윤리위원회는 의료법 제66조의2에 따른 자격정지 처분 요구에 관한 사항 등을 심의 의결한다. 윤리위원회는 위원장 1명을 포함한 11명의 위원으로 구성하며 위원장은 위원 중에서 각 중앙회의 장이 위촉하고, 위원은 각 중앙회 소속 회원으로서 의료인 경력이 10년 이상인 사람, 의료인이 아닌 법률, 보건, 언론, 소비자 권익 등에 관하여 경험과 학식이 풍부한 사람 중에 각 중앙회의 장이 성별을 고려하여 위촉하되, 의료인 아닌 자가 4명 이상 포함되어야 한다. 위원의 임기는 3년으로 하며 한 번만 연임할 수 있다(의료법 시행령 제11조의3 제1항). 윤리위원회는 의료인의 품위를 심하게 손상시키는 행위에 대하여 중앙회의 장이 자격정지 처분을 요구하는 경우, 각 중앙회 소속 회원에 대한 자격심사 및 징계에 관한 사항, 그 밖의 회원의 윤리 확립을 위해 필요한 사항으로서 각 중앙회의 정관으로 정하는 사항에 대하여 심의·의결한다(의료법 시행령 제11조의3 제2항).

의료법의 중앙회 규정에 기초하여 설립된 대한의사협회가 독점규제 및 공정거래에 관한 법률이 적용되는 사업자단체인지에 대하여 명확한 규정이나 판단이 없었으나, 대법원은 대한의사협회가 「서비스업 기타 사업을 행하는 사업자인 의사들이 구성원이 되어 공동의 이익을 증진할 목적 등을 가지고 의료법에 의하여

조직된 사단법인이므로 독점규제 및 공정거래에 관한 법률의 적용대상인 사업자
단체에 해당한다」고 판단하였다.[269]

한편, 대한의사협회가 독점규제 및 공정거래에 관한 법률이 적용되는 사업자
단체에 해당한다고 하더라도 대한의사협회가 회원들을 상대로 휴업·휴진 투표
를 진행하고 휴업·휴진을 하도록 한 행위가 독점규제 및 공정거래에 관한 법률
제26조 제1항 제3호에 규정된 '구성사업자의 사업내용 또는 활동을 부당하게 제
한하는 행위'에 해당하는지의 여부는 의료서비스의 가격·수량·품질 기타 거래
조건 등의 결정에 영향을 미치거나 미칠 우려를 개별적으로 검토하여 판단하고
있다.[270]

(3) 판례

◇ 대한의사협회가 독점규제 및 공정거래에 관한 법률에 따른 사업자단체에 해당
하고 휴업·휴진을 강제한 행위가 동법 제26조 제1항 제3호의 '부당한 제한행위'
에 해당한다고 본 사례(대법원 2003. 2. 20. 선고 2001두5347 전원합의체 판결)
- 독점규제 및 공정거래에 관한 법률 제2조 제1호, 제4호, 제26조의 각 규
정을 종합하여 보면, 같은 법의 적용대상인 사업자단체는 2 이상의 제조
업, 서비스업, 기타 사업을 행하는 자가 공동의 이익을 증진할 목적으로
조직한 결합체 또는 그 연합체를 말한다 할 것인바, 사단법인 대한의사협
회는 의료법 제26조 제1항에 의하여 설립된 의사회의 중앙회로서, 그 정
관에서 사회복지와 국민건강증진 및 보건향상에 기여하기 위한 의도의(醫
道義) 앙양, 의학·의술의 발전보급 외에도 '의권 및 회원권익옹호' 등을
그 목적으로 내세우는 한편 의도의 앙양과 의권신장에 관한 사항 등을 그
사업내용으로 규정하고 있음을 알 수 있으므로, 이러한 정관의 규정과 대
한의사협회의 활동내용을 종합하여 보면, 대한의사협회는 서비스업 기타
사업을 행하는 사업자인 의사들이 구성원이 되어 공동의 이익을 증진할

---

269) 대법원 2003. 2. 20. 선고 2001두5347 전원합의체 판결.
270) 대법원 2003. 2. 20. 선고 2001두5347 전원합의체 판결, 대법원 2021. 9. 9. 선고 2016두
36345 판결.

목적 등을 가지고 의료법에 의하여 조직된 사단법인이므로 독점규제 및
공정거래에 관한 법률의 적용대상인 사업자단체에 해당함.

- 원래 사업자단체는 구성사업자의 공동의 이익을 증진하는 것을 목적으로
하는 단체로서, 그 목적 달성을 위하여 단체의 의사결정에 의하여 구성사
업자의 사업 활동에 대하여 일정한 범위의 제한을 하는 것은 예정되어 있
다고 할 것이나, 그 결의가 구성사업자의 사업 활동에 있어서 공정하고
자유로운 경쟁을 저해하는 경우에는 독점규제 및 공정거래에 관한 법률
제26조 제1항 제3호에 규정된 '구성사업자의 사업내용 또는 활동을 부당
하게 제한하는 행위'에 해당한다고 할 것임.

- 사업자단체인 사단법인 대한의사협회가 의약분업 시행을 앞두고 의료계의
주장을 관철하기 위하여 개최하는 의사대회 당일 휴업·휴진할 것과 참석
서명 및 불참자에 대한 불참사유서를 징구할 것을 결의하고, 그 결의내용
을 문서, 인터넷 홈페이지 및 신문광고 등을 통해 자신의 구성사업자인
의사들에게 통보하여 대회 당일 휴업·휴진을 하도록 한 행위는, 이른바
단체적 구속으로서, 내심으로나마 휴업·휴진에 반대하는 구성사업자인
의사들에게 자기의 의사에 반하여 휴업·휴진하도록 사실상 강요함으로써
구성사업자들의 공정하고 자유로운 경쟁을 저해하는 결과를 가져온다고
할 것임.

- 한편, 의료 업무는 그 공익적 성격으로 인하여 여러 가지 공법적 제한이
따르고 있으나, 그 제한 외의 영역에서 개업, 휴업, 폐업, 의료기관의 운
영방법 등은 의료인의 자유에 맡겨져 있는 것이고, 그와 같은 자유를 바
탕으로 한 경쟁을 통하여 창의적인 의료활동이 조장되고 소비자인 일반
국민의 이익도 보호될 수 있는 것인바, 대한의사협회가 비록 구성사업자
인 의사들 모두의 이익을 증진하기 위한 목적에서라고 하더라도 구성사업
자들에게 본인의 의사 여하를 불문하고 일제히 휴업하도록 요구하였고 그
요구에 어느 정도 강제성이 있었다고 한다면, 이는 구성사업자인 의사들
의 자유의 영역에 속하는 휴업 여부 판단에 사업자단체가 간섭한 것이고,
그 결과 사업자 각자의 판단에 의하지 아니한 사유로 집단휴업 사태를 발
생시키고 소비자 입장에 있는 일반 국민들의 의료기관 이용에 큰 지장을

초래하였으니, 그와 같은 집단휴업 조치는 의사들 사이의 공정하고 자유로운 경쟁을 저해하는 것이라고 보지 않을 수 없으므로, 대한의사협회의 행위는 독점규제 및 공정거래에 관한 법률 제26조 제1항 제3호 소정의 '부당한 제한행위'에 해당함.

◇ 대한의사협회가 독점규제 및 공정거래에 관한 법률에 따른 사업자단체에 해당하나 휴업 실행 결의 및 통지행위가 동법 제26조 제1항 제3호의 '부당한 제한행위'에 해당하지는 않는다고 본 사례(대법원 2021. 9. 9. 선고 2016두36345 판결)

— 대한의사협회는 대한민국의 의사면허를 취득한 자를 회원으로 의료법에 따라 설립된 단체로서, 위 회원들을 구성사업자로 하는 「독점규제 및 공정거래에 관한 법률」(2020. 12. 29. 법률 제17799호로 전부 개정되기 전의 것, 이하 '공정거래법'이라고 한다) 제2조 제4호의 사업자단체에 해당함.

— 대한민국의 의사면허를 취득한 자를 회원으로 의료법에 따라 설립된 사업자단체(대한의사협회)가 원격의료제 등을 허용하는 내용의 의료법 개정안과 영리병원 허용정책에 대한 찬반투표를 실시하고 그 결과에 따라 휴업 참여 여부에 관하여는 소속 회원들이 자율적으로 결정하도록 하여 하루 휴업을 실행하기로 결의하고 회원들에게 이를 통지한 행위에 대하여, 공정거래위원회가 구성사업자인 의사들의 의료서비스 거래를 제한함으로써 부당하게 경쟁을 제한하고 휴업하도록 강제하는 방법으로 사업내용 또는 활동을 부당하게 제한하여 독점규제 및 공정거래에 관한 법률(2020. 12. 29. 법률 제17799호로 전부 개정되기 전의 것, 이하 '공정거래법'이라 한다) 제26조 제1항 제1호, 제3호에 위반된다는 이유로 시정명령 및 과징금 납부명령을 한 사안에서, 위 행위가 경쟁제한성을 가지려면 휴업 실행 결의에 따라 상호 경쟁관계에 있는 구성사업자들 사이에서 경쟁이 제한되어 의료서비스의 가격·수량·품질 기타 거래조건 등의 결정에 영향을 미치거나 미칠 우려가 있어야 하는데, 단 하루 동안 휴업이 진행되었고 실제 참여율이 높지 않으며 응급실과 중환자실 등 필수 진료기관은 휴업에서 제외되는 등 휴업 기간, 참여율, 구체적인 범위와 내용 등에 비추어 보면 휴업으로 의료소비자의 의료서비스 이용에서의 대체가능성에 영향을 미쳤다고 볼

정도에 이르지 않았고 달리 의료서비스의 품질 기타 거래조건 등에 영향을 미쳐 의료서비스 시장에서 경쟁제한성이 인정될 정도라고 단정하기 어려운 점 등을 종합하면, 위 행위가 공정거래법 제26조 제1항 제1호 등에서 금지하는 '부당하게 경쟁을 제한하는 행위'에 해당한다고 볼 수 없고, 대한의사협회가 구성사업자들의 투표를 거쳐 휴업을 결의하기는 하였지만 구체적인 실행은 구성사업자인 의사들의 자율적 판단에 맡긴 것이어서 사업자단체인 대한의사협회가 구성사업자들인 의사들의 휴업 여부 판단에 간섭하였다고 볼 수 없는 등 위 행위가 공정거래법 제26조 제1항 제3호에서 정한 '부당한 제한행위'에 해당하지 아니함.

◇ 대한의사협회의 회장 선출 분쟁에 민법상 사단법인의 법리를 적용한 사례(대법원 2011. 10. 27. 선고 2010다88682 판결)

- 민법상 사단법인 총회 등의 결의와 관련하여 당사자 사이에 의사정족수나 의결정족수 충족 여부가 다투어져 결의의 성립 여부나 절차상 흠의 유무가 문제되는 경우로서 사단법인 측에서 의사의 경과, 요령 및 결과 등을 기재한 의사록을 제출하거나 이러한 의사의 경과 등을 담은 녹음·녹화자료 또는 녹취서 등을 제출한 때에는, 그러한 의사록 등이 사실과 다른 내용으로 작성되었다거나 부당하게 편집, 왜곡되어 증명력을 인정할 수 없다고 볼 만한 특별한 사정이 없는 한 의사정족수 등 절차적 요건의 충족 여부는 의사록 등의 기재에 의하여 판단하여야 하고 위와 같은 의사록 등의 증명력을 부인할 만한 특별한 사정에 관하여는 결의의 효력을 다투는 측에서 구체적으로 주장·증명하여야 함.

- 사단법인인 대한의사협회의 대의원총회에서 회장 선출방식을 직접 선출방식에서 간접 선출방식으로 변경하는 내용의 정관 개정 안건을 가결하였는데, 그 결의가 협회 정관에 따른 의사정족수를 충족하였는지 문제된 사안에서, 총회 속기록에는 총회 당시 위 안건에 대한 제안, 토론 및 표결이 이루어진 과정과 위 안건에 대한 표결 당시 의사정족수 충족 여부를 확인하는 과정 등이 매우 구체적으로 상세하게 기록되어 있는 반면, 증명력을 부정할 만한 특별한 사정에 관하여 결의의 효력을 다투는 측이 별다른 주

장·증명을 하지 못하고 있는데도, 정당한 이유 없이 속기록의 기재 등만으로는 의사정족수 충족 사실을 인정하기 부족하다고 하여 위 결의를 무효라고 본 원심판결에는 결의의 무효사유가 되는 절차상 흠의 존부에 관한 채증법칙을 위반한 잘못이 있음.

- 민법상 사단법인 총회의 표결 및 집계방법에 관하여는 법령에 특별한 규정이 없으므로, 정관에 다른 정함이 없으면 개별 의안마다 표결에 참석한 사원의 성명을 특정할 필요는 없고, 표결에 참석한 사원의 수를 확인한 다음 찬성·반대·기권의 의사표시를 거수, 기립, 투표 기타 적절한 방법으로 하여 집계하면 됨.

◇ 대한의사협회가 보건복지부 고시의 취소를 구할 원고적격이 있는지의 여부(대법원 2006. 5. 25. 선고 2003두11988 판결)

- 행정소송법 제12조 전문은 "취소소송은 처분 등의 취소를 구할 법률상 이익이 있는 자가 제기할 수 있다"고 규정하고 있는바, 여기서 말하는 법률상 이익은 당해 처분의 근거 법률에 의하여 직접 보호되는 구체적인 이익을 말하고, 간접적이거나 사실적·경제적 이익까지 포함되는 것은 아님(대법원 2000. 4. 25. 선고 98두7923 판결 참조)

- 사단법인 대한의사협회(이하 '원고 협회'라고 한다)는 의료법에 의하여 의사들을 회원으로 하여 설립된 사단법인으로서, 국민건강보험법상 요양급여행위, 요양급여비용의 청구 및 지급과 관련하여 직접적인 법률관계를 갖지 않고 있으므로, '건강보험요양급여행위 및 그 상대가치점수 개정'(보건복지부 고시 제2001-32호)으로 인하여 자신의 법률상 이익을 침해당하였다고 할 수 없는 바, '건강보험요양급여행위 및 그 상대가치점수 개정'(보건복지부 고시 제2001-32호)의 취소를 구할 원고적격이 있다고 할 수 없음.

2. 의료인 단체의 의무와 감독 (제30조, 제31조)

(1) 조문

◇ 제30조(협조 의무)

① 중앙회는 보건복지부장관으로부터 의료와 국민보건 향상에 관한 협조 요청
을 받으면 협조하여야 한다. <개정 2008. 2. 29., 2010. 1. 18.>

② 중앙회는 보건복지부령으로 정하는 바에 따라 회원의 자질 향상을 위하여
필요한 보수(補修)교육을 실시하여야 한다. <개정 2008. 2. 29., 2010. 1.
18.>

③ 의료인은 제2항에 따른 보수교육을 받아야 한다.

◇ 제32조(감독)

보건복지부장관은 중앙회나 그 지부가 정관으로 정한 사업 외의 사업을 하거나
국민보건 향상에 장애가 되는 행위를 한 때 또는 제30조제1항에 따른 요청을
받고 협조하지 아니한 경우에는 정관을 변경하거나 임원을 새로 뽑을 것을 명
할 수 있다. <개정 2008. 2. 29., 2010. 1. 18.>

(2) 조문해설

중앙회는 보건복지부장관으로부터 의료와 국민보건 향상에 관한 협조 요청을
받으면 협조하여야 할 의무가 있다. 만약 중앙회나 그 지부가 정관으로 정한 사
업 외의 사업을 하거나 국민보건 향상에 장애가 되는 행위를 한 때 또는 위 협조
요청을 받고 협조하지 아니한 경우, 보건복지부장관은 중앙회의 정관을 변경하거
나 임원을 새로 뽑도록 명할 수도 있다.

중앙회는 회원의 자질 향상을 위하여 필요한 보수교육을 실시하여야 하고,
의료인은 위 보수교육을 받아야 한다. 의료인은 최초로 면허를 받은 후부터 3년
마다 그 실태와 취업상황 등을 보건복지부장관에게 신고하여야 하는데, 위 보수
교육을 이수하지 않은 의료인에 대해서 보건복지부장관은 신고를 반려할 수 있
다(제25조 제1항, 제2항).

3. 의료기관 단체 · 대한민국의학한림원 (제52조, 제52조의2)

(1) 조문

◇ 제52조(의료기관단체 설립)
① 병원급 의료기관의 장은 의료기관의 건전한 발전과 국민보건 향상에 기여하기 위하여 전국 조직을 두는 단체를 설립할 수 있다.
② 제1항에 따른 단체는 법인으로 한다.

◇ 제52조의2(대한민국의학한림원)
① 의료인에 관련되는 의학 및 관계 전문분야(이하 이 조에서 "의학등"이라 한다)의 연구 · 진흥기반을 조성하고 우수한 보건의료인을 발굴 · 활용하기 위하여 대한민국의학한림원(이하 이 조에서 "한림원"이라 한다)을 둔다.
② 한림원은 법인으로 한다.
③ 한림원은 다음 각 호의 사업을 한다.
 1. 의학등의 연구진흥에 필요한 조사 · 연구 및 정책자문
 2. 의학등의 분야별 중장기 연구 기획 및 건의
 3. 의학등의 국내외 교류협력사업
 4. 의학등 및 국민건강과 관련된 사회문제에 관한 정책자문 및 홍보
 5. 보건의료인의 명예를 기리고 보전(保全)하는 사업
 6. 보건복지부장관이 의학등의 발전을 위하여 지정 또는 위탁하는 사업
④ 보건복지부장관은 한림원의 사업수행에 필요한 경비의 전부 또는 일부를 예산의 범위에서 지원할 수 있다.
⑤ 한림원에 대하여 이 법에서 정하지 아니한 사항에 관하여는 「민법」 중 사단법인에 관한 규정을 준용한다.
⑥ 한림원이 아닌 자는 대한민국의학한림원 또는 이와 유사한 명칭을 사용하지 못한다.
⑦ 한림원의 운영 및 업무수행에 필요한 사항은 대통령령으로 정한다.
 [본조신설 2015. 12. 29.]

(2) 조문해설

의료법상 의료인 단체를 반드시 설립하도록 하고 각종 규제를 하는 것과는
달리, 병원급 의료기관 단체 설립은 강제되어 있지 않다. 현재 대한병원협회가
위 조항에 따른 의료기관단체이며, 위 조항에 따라 법인의 형식으로 설립되었다.
대한민국의학한림원은 의료인에 관련되는 의학 및 관계 전문분야의 연구·진흥
기반을 조성하고 우수한 보건의료인을 발굴·활용하기 위하여 의료법에 따라 설
치된다. 한림원도 법인으로 하며 보건복지부장관은 한림원의 사업수행에 필요한
경비의 전부 또는 일부를 예산의 범위에서 지원할 수 있다.

신의료기술평가

Medical Law

제 3 장

신의료기술평가

제1절 신의료기술평가제도 (제53조)

(1) 조문

◇ 제53조(신의료기술의 평가)

① 보건복지부장관은 국민건강을 보호하고 의료기술의 발전을 촉진하기 위하여 대통령령으로 정하는 바에 따라 제54조에 따른 신의료기술평가위원회의 심의를 거쳐 신의료기술의 안전성·유효성 등에 관한 평가(이하 "신의료기술평가"라 한다)를 하여야 한다. <개정 2008. 2. 29., 2010. 1. 18.>

② 제1항에 따른 신의료기술은 새로 개발된 의료기술로서 보건복지부장관이 안전성·유효성을 평가할 필요성이 있다고 인정하는 것을 말한다. <개정 2008. 2. 29., 2010. 1. 18.>

③ 보건복지부장관은 신의료기술평가의 결과를 「국민건강보험법」 제64조에 따른 건강보험심사평가원의 장에게 알려야 한다. 이 경우 신의료기술평가의 결과를 보건복지부령으로 정하는 바에 따라 공표할 수 있다. <개정 2008. 2. 29., 2010. 1. 18., 2011. 12. 31.>

④ 그 밖에 신의료기술평가의 대상 및 절차 등에 필요한 사항은 보건복지부령으로 정한다. <개정 2008. 2. 29., 2010. 1. 18.>

(2) 조문해설

대법원은 의료행위에 대하여 "의학적 전문지식을 기초로 하는 경험과 기능으로 진료, 검안, 처방, 투약 또는 외과적 시술을 시행하여 하는 질병의 예방 또는 치료행위 및 그 밖에 의료인이 행하지 아니하면 보건위생상 위해가 생길 우려가 있는 행위를 의미한다"고 판시한다.[1] 그리고 위와 같은 의료행위에 관련된 요소를 대상별로 구분해보면 의료기술, 의약품, 의료기기 등으로 나눌 수 있다. 이와 같은 의료행위의 구성요소는 사람의 생명·건강에 직접적으로 영향을 미치므로 의학적 안전성과 유효성이 담보되어야 하는데,[2] 의약품은 약사법 제31조 이하에서, 의료기기는 의료기기법 제6조 이하에서 식품의약품안전처장의 각 허가, 인증 및 신고 등에 관해 규정하고 있다. 그리고 위와 같은 허가 등을 받으려고 하는 자는 의학적 안전성, 유효성에 관한 임상시험자료 등을 식품의약품안전처장에게 제출하여야 한다. 반면, 의료기술은 의료법에서 규율하고 있는데, 새로 개발된 의료기술로서 보건복지부장관이 의학적 안전성, 유효성을 평가할 필요가 있다고 인정한 신의료기술에 대해서는 신의료기술평가를 하여야 한다고 정하고 있다. 이와 같은 신의료기술평가제도는 의료기술의 안전성·유효성을 확보함으로써 국민의 생명과 신체를 보호하려는 데 입법취지가 있다.[3] 다만, 2007. 4. 28. 당시 국민건강보험법 규정에 따라 보건복지부장관이 고시한 건강보험요양급여비용으로 정한 내역에 포함된 의료행위와 비급여 의료행위에 대하여는 신의료기술평가를 받은 것으로 본다(2007. 4. 11. 법률 제8366호로 전부 개정된 의료법 부칙 제14조).

신의료기술 평가대상은 ① 안전성·유효성이 평가되지 아니한 의료기술로서 보건복지부장관이 평가가 필요하다고 인정한 의료기술, ② 신의료기술로 평가받은 의료기술의 사용목적, 사용대상 및 시술방법 등을 변경한 경우로서 보건복지부장관이 평가가 필요하다고 인정한 의료기술이다(신의료기술평가에 관한 규칙 제2조 제1항). 다만, 의료기기법에 따라 제조(수입)허가 또는 제조(수입)인증을 받았거나 제조(수입)신고된 의료기기(특정 의료기기)를 특정한 목적(대상질환 또는 적응증을 포함한다)으로 사용하는 의료기술로서 임상문헌이나 임상시험에 관한 자료 또는

임상적 성능시험에 관한 자료 등이 있는 의료기술에 대해서는 2년의 범위에서 보건복지부장관이 고시로 정하는 기간 동안 신의료기술평가를 유예할 수 있다(신의료기술평가에 관한 규칙 제2조 제2항).

신의료기술평가는 당사자의 신청에 의하거나 신청이 없더라도 필요하면 보건복지부장관이 직권으로 할 수 있다(신의료기술평가에 관한 규칙 제3조 제4항). 한편, 신의료기술평가의 유예를 신청한 자는 신의료기술평가 유예가 끝나기 30일 전까지 신의료기술평가를 신청해야 하고, 보건복지부장관은 특정 의료기기의 제조업자·수입업자가 신의료기술평가를 신청하지 않는 경우에는 직권으로 신의료기술평가를 할 수 있다(신의료기술평가에 관한 규칙 제3조의4).

신의료기술평가 또는 신의료기술평가의 유예를 신청하려는 자는 국민건강보험 요양급여의 기준에 관한 규칙 제9조의2 제1항에 따른 요양급여대상·비급여대상 여부 확인을 거쳐 신청서 및 의견서를 보건복지부장관에게 제출해야 하는데, 보건복지부장관이 요양급여대상·비급여대상 여부의 확인 신청을 받은 경우에는 요양급여대상·비급여대상 여부를 확인하고, 신청인과 신의료기술평가위원회에 그 결과를 통보해야 한다(국민건강보험 요양급여의 기준에 관한 규칙 제9조의2 제3항). 보건복지부장관은 신의료기술평가나 신의료기술평가 유예 신청을 받거나 직권평가의 필요가 있는 의료기술을 신의료기술평가위원회의 심의에 부쳐야 하고, 신의료기술평가위원회는 심의에 부쳐진 의료기술이 요양급여대상 또는 비급여대상과 같거나 유사하다고 인정되는 경우에는 평가 대상이 아닌 것으로 의결하고 그 결과를 보건복지부장관에게 보고해야 한다(신의료기술평가에 관한 규칙 제3조 제7항, 제8항).

신의료기술평가위원회는 평가 대상인 신의료기술의 평가방법을 결정하고, 분야별 전문평가위원회나 전문평가위원회 소속 위원으로 구성되는 소위원회에서 신의료기술의 안전성·유효성·잠재성 및 평가 유예 등에 관한 검토를 하게 할 수 있고, 검토를 한 전문평가위원회나 소위원회는 그 검토결과를 신의료기술평가위원회에 제출해야 한다(신의료기술평가에 관한 규칙 제3조 제9항, 제10항). 신의료기술평가위원회는 전문평가위원회나 소위원회로부터 제출받은 검토결과를 반영하여 심의한 후 신의료기술평가를 다음의 어느 하나로 의결하고 그 결과를 보건복지부장관에게 보고해야 한다(신의료기술평가에 관한 규칙 제3조 제11항).

① 안전성·유효성이 있는 의료기술: 안전성·유효성이 인정되어 임상에서 사용 가능한 의료기술

② 제한적 의료기술: 안전성이 인정된 의료기술로서 질환 또는 질병의 치료·검사를 위하여 신속히 임상에 도입할 필요가 있어 보건복지부장관이 따로 정하여 고시하는 사용기간, 사용목적, 사용대상 및 시술방법 등에 대한 조건을 충족하는 경우에만 임상에서 사용 가능한 의료기술

③ 혁신의료기술: 안전성·잠재성이 인정된 의료기술로서 보건복지부장관이 따로 정하여 고시하는 사용기간, 사용목적, 사용대상 및 시술방법 등에 대한 조건을 충족하는 경우에만 임상에서 사용 가능한 의료기술

④ 연구단계 의료기술: 안전성 또는 유효성이 확인되지 아니한 의료기술

그리고 신의료기술평가 유예나 제한적 의료기술 또는 혁신의료기술 평가를 받았거나 위 평가유예신의료기술 등을 사용하는 자는 위 평가유예신의료기술 등을 실시하여 사망 또는 인체에 심각한 부작용이 발생하였거나 발생할 우려가 있음을 인지한 경우에는 보건복지부장관이 고시하는 바에 따라 보건복지부장관에게 즉시 보고하고 그 기록을 유지해야 한다(신의료기술평가에 관한 규칙 제3조의3 제1항). 보건복지부장관은 위 부작용 보고 사유가 있었음에도 불구하고 보고가 이루어지지 않았음이 확인되거나 평가유예신의료기술 등의 위해수준이 높다고 판단한 경우에는 평가 유예 신의료기술은 유예 중단을, 제한적 의료기술 또는 혁신의료기술은 신의료기술평가 재실시 조치를 할 수 있다(신의료기술평가에 관한 규칙 제3조의3 제4항, 제5항). 보건복지부장관은 위와 같은 조치를 한 경우에는 그 결과를 건강보험심사평가원의 장에게 통보해야 한다(신의료기술평가에 관한 규칙 제3조의3 제6항).

한편, 신의료기술평가에 관한 규칙에서 절차에 관한 특례를 규정하여 의료기기 제조허가등 또는 수입허가등을 신청하는 자가 신의료기술평가를 함께 신청할 수 있도록 하고 있다.[4] 이 경우 국민건강보험 요양급여의 기준에 관한 규칙에

---

4) 신청 요건으로서 1. 제조허가등 또는 수입허가 등을 받으려는 의료기기를 사용하는 의료기술에 대한 평가일 것, 2. 제조허가등 또는 수입허가 등을 받으려는 의료기기의 사용목적과 의료기술평가를 받으려는 의료기술의 사용목적이 동일할 것이 충족되어야 한다(신의료기술

따른 요양급여대상 또는 비급여대상 여부의 확인 신청도 함께 하여야 한다(신의료기술평가에 관한 규칙 제3조의2).

신의료기술평가를 받지 아니한 신의료기술에 관한 광고는 금지된다(제56조 제2항 제1호).[5] 이에 위반한 경우에는 보건복지부장관 등은 위반행위의 중지 등을 명할 수 있고(제63조 제2항), 1년 이하의 징역이나 1천만 원 이하의 벌금에 해당하는 벌칙을 받을 수 있다(제89조 제1호).

신의료기술의 평가절차 및 평가 유예 신의료기술의 대상선정 절차는 다음과 같다(신의료기술평가의 절차와 방법 등에 관한 규정 제4조 제1항 [별표 1]).

(3) 판례 · 행정해석

◇ 신의료기술평가 결과를 기초로 보건복지부장관이 의료기술시행중단명령처분을 한 사례(대법원 2016. 1. 28. 선고 2013두21120 판결)
 − 눈의 결막을 절제하여 해당 부위를 미백하는 국소적 결막절제술에 대하여 신의료기술평가위원회에서는 안전성이 미흡한 기술로 평가함. 보건복지부장관은 위와 같은 평가결과를 기초로 국민건강에 중대한 위해를 초래할 우려가 있다는 이유로 의료법 제59조에 따라 수술 중단을 명하는 처분을 함.
 − 신의료기술의 안전성 · 유효성 평가나 신의료기술의 시술로 국민보건에 중대한 위해가 발생하거나 발생할 우려가 있는지에 관한 판단은 고도의 의료 · 보건상의 전문성을 요하므로, 행정청이 국민의 건강을 보호하고 증진하려는 목적에서 의료법 등 관계 법령이 정하는 바에 따라 이에 대하여 전문적인 판단을 하였다면, 판단의 기초가 된 사실인정에 중대한 오류가 있거나 판단이 객관적으로 불합리하거나 부당하다는 등의 특별한 사정이

평가에 관한 규칙 제3조의2 제1항).
5) ① 보건복지부장관은 신의료기술평가 필요성이 있다고 인정하였으나 평가위원회로부터 안전성 · 유효성을 인정받지 못하여 신의료기술로 평가를 받지 못한 새로 개발된 의료기술과 ② 보건복지부장관이 신의료기술평가 필요성을 부정하거나 그 여부에 관하여 판단하지 아니하여 평가위원회의 신의료기술평가 대상이 되지 못한 새로 개발된 의료기술은 모두 '신의료기술평가를 받지 아니한 신의료기술'로서 광고가 금지된다(대법원 2012. 9. 13. 선고 2011도8694 판결).

없는 한 존중되어야 함. 이 사건 처분이 비례의 원칙을 위반하거나 사회
통념상 현저하게 타당성을 잃는 등 재량권을 일탈하거나 남용한 것은 아
니라고 판단.

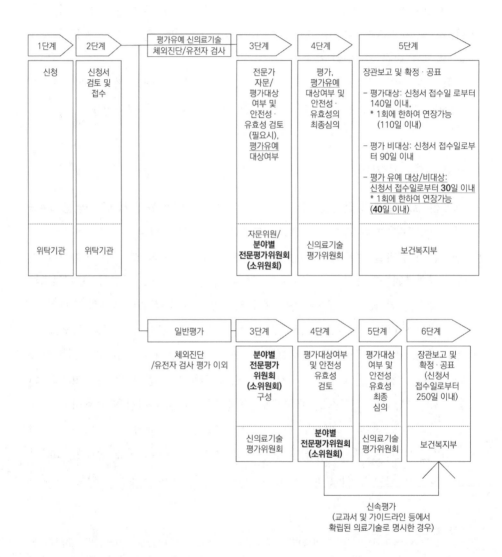

◇ 혈맥약침술이 신의료기술평가대상에 해당되는지 여부(서울행정법원 2015. 4. 9. 선고 2014구합15375 판결, 서울고등법원 2016. 1. 26. 선고 2015누41229 판결, 대법원 2019. 6. 27. 선고 2016두34585 판결, 서울고등법원 2020. 2. 6. 선고 2019누48747 판결)

- A는 폐암으로 B가 운영하는 병원에서 항암혈맥약침 치료를 받고 본인부담금 920만원 지급. A는 건강보험심사평가원에 관계 법령에 따른 비급여인지 확인 요청. 건강보험심사평가원은 기존 약침술의 범주에 해당하지 않으며 신의료기술 신청이 선행되어야 한다고 판단한 후 B에 대하여 A로부터 받은 본인부담금을 환급할 것을 명하는 처분을 함.

- 1심에서는 혈맥약침술이 고시에 등재된 비급여항목인 약침술에서 발전한 치료법이지만 약침술과 시술대상, 시술량, 시술원리 및 효능발생기전 등에 있어서 본질적인 차이가 있으므로 기존에 인정된 약침술에 포함된다고 할 수 없으므로 신의료기술평가절차를 통하여 별도로 안전성·유효성 인정을 받아야 한다고 판시.

- 2심에서는 혈맥약침술은 한국표준한의의료행위분류에 따르더라도 기존의 약침술에 포함되는 것으로 보이고, 시술대상, 시술량, 시술원리 및 효능발생기전에서 한방 의료행위로서 본질적인 차이가 없다는 취지로 원심을 파기하고 과다본인부담금 환급 처분을 취소하는 판결을 함.

- 그러나 대법원은 위 2심 판결에 대하여 혈맥약침술은 기존 의료기술인 약침술과 비교할 때 시술의 목적, 부위, 방법 등에서 상당한 차이가 있고, 변경의 정도가 경미하지 않아 서로 동일하거나 유사하다고 볼 수 없으므로 갑이 수진자들로부터 비급여 항목으로 혈맥약침술 비용을 지급받으려면 신의료기술평가 절차를 통해 안전성·유효성을 인정받아야 하는데도, 혈맥약침술이 약침술과 본질적인 차이가 없다는 전제에서 위 처분이 위법하다고 본 원심판단에 법리를 오해한 잘못이 있다는 취지로 파기환송함.

- 파기환송심은 대법원 판결 취지를 반영하여 원고의 항소를 기각함(혈맥약침액은 법정 비급여항목은 한약첩약에 해당하므로, 혈맥약침술로 인한 비용 중 혈맥약침술의 시술로 인한 비용이 아니라 혈맥약침액으로 인한 비용은 본인부담금으로 청구할 수 있어서 처분 중 그 비용 부분은 위법하다는 취지의 원고의 새로운

주장이 있었음. 이에 대해 파기환송심은 위와 같은 원고의 새로운 주장은 실기한 공격방어방법으로서 각하되어야 하고, 그렇지 않더라도 혈맥약침술 시술 행위만이 아니라 혈맥약침술 시술 행위에 의해 인체 내로 주입되는 혈맥약침액의 안전성·유효성도 신의료기술평가 대상이 되므로 혈맥약침액이 한약첩약에 해당한다고 볼 수 없다고 위 주장은 배척함).

◇ 비자극검사(Non Stress Test)[6] 관련 판례(대법원 2012. 8. 17. 선고 2011두 3524)

- 산부인과 의사들이 산전진찰을 하면서 태아안녕검사의 일환으로 비자극검사를 실시하고 각 수진자로부터 비급여로 그 비용으로 받음. 이에 대하여 건강보험심사평가원은 비자극검사는 건강보험요양급여 행위 및 그 상대가치점수에 따라 분만 전 감시의 목적으로 일정한 요건에 따라 실시한 경우에 한하여 요양급여로 인정하고, 비자극검사를 분만 전 감시의 목적이 아닌 산전진찰상 감시의 목적으로 실시한 경우는 요양급여 대상이 아니라고 봄. 그에 따라 산부인과 의사들이 수진자로부터 지급받은 비용을 과다본인부담금으로 판단하고 환급처분을 함.

- 원고들이 비자극검사는 신의료기술에 해당하므로 산전진찰상 감시의 목적으로 비자극검사를 실시한 경우도 요양급여로 인정한 변경된 고시가 소급하여 적용되어야 한다는 주장에 대하여 대법원은 "분만 전 전자태아감시는 원고들이 이 사건 산전 비자극검사를 시행할 당시 이미 「건강보험요양급여행위 및 그 상대가치점수」에서 요양급여대상으로 규정되어 있었고, 산전 비자극검사는 분만과 상관없이 산전 진찰과정에서 태아의 안녕상태를 확인하기 위하여 실시하는 것으로서 분만진행 과정에서 태아의 안녕상태를 확인하기 위하여 실시하는 분만 전 전자태아감시와 시행시기나 목적이 다를 뿐, 태동과 동반하여 나타나는 태아의 심박수 증가를 통하여 태

---

6) 비자극검사는 태아안녕의 징후로 태동과 동반하여 나타나는 태아의 심박수 증가를 통해 태아의 상태를 평가하는 태아안녕검사 중 전자태아감시의 일종으로서 1970년대 후반부터 우리나라에 도입된 이래 그 검사방법이 손쉬워 태아안녕평가를 위한 1차적인 검사로 가장 널리 이용되고 있다.

아의 안녕상태를 평가하는 검사 방법으로 서로 동일한 점 등을 이유로, 산전 비자극검사는 「국민건강보험 요양급여의 기준에 관한 규칙」제13조 제1항, 제10조 제1항이 규정한 신의료기술, 즉 요양급여대상 또는 비급여 대상으로 결정되지 아니한 새로운 행위에 해당한다고 볼 수 없다"고 판단하여 원고들의 청구를 기각함.

◇ 맘모톰(Mammotome) 절제술[7] 관련 판례(서울고등법원 2021. 11. 25. 선고 2021나2010478 판결[8])

－ 2002. 9. 27. '요양급여의 적용기준 및 방법에 관한 세부사항(보건복지부 고시 제2002－69호)'에서 '맘모톰 장비를 이용한 유방생검'이 검사료 항목으로 고시되었고, 이에 따라 2002년경부터 맘모톰을 이용한 유방생검의 행위료가 요양급여대상에 포함됨.

－ 원고인 보험회사와 실손의료보험계약을 체결한 피보험자들은 2012년경부터 2017년경까지 '유방의 양성신생물, 유방의 섬유선종' 등의 진단을 받고, 의사인 피고로부터 '맘모톰 절제술'을 받은 후 원고에게 피고가 발급한 진료비내역서와 진료비계산서(이하 '진료비계산서 등'이라고 한다)를 제출하면서 실손의료비 보험금을 청구하여 지급받음.[9]

－ 맘모톰 절제술에 관하여 2016. 10. 20. 그 명칭을 '초음파 유도하 진공보조생검기를 이용한 경피적 유방양성 병변 절제생검술'로 하는 신의료기술

---

7) 맘모톰(Mammotome)은 진공장치와 회전칼이 부착된 바늘(침)을 이용해 유방의 일부분을 절제하여 조직을 채취하는 장비로 생검(Biopsy, 세포·조직 검사를 위해 칼(메스)이나 바늘(침) 등으로 생체의 세포·조직을 채취하는 것)을 주된 목적으로 국내에 수입된 의료기기이다. 그리고 초음파 유도하에 맘모톰(Mammotome)을 이용하여 유방의 양성종양을 절제하는 시술을 '맘모톰 절제술'이라 한다.

8) 상고심인 대법원 2022. 9. 29. 선고 2022다201716 판결은 위 판결이 타당하다고 하면서 상고를 기각하였다. 또한 서울고등법원 2021. 10. 28. 선고 2021나2011075 판결(위 판결의 상고심인 대법원 2022. 9. 29. 선고 2021다298393 판결은 상고 기각), 서울고등법원 2021. 4. 23. 선고 2020나2027639 판결(위 판결의 상고심인 대법원 2023. 3. 30. 선고 2021다232928 판결은 상고 기각)도 동일한 취지로 판시하였다.

9) 피고는 건강보험심사평가원으로부터 위 피보험자들 중 일부를 포함한 피고의 환자들의 맘모톰 절제술과 관련한 비급여진료비 확인요청에 대하여 '국민건강보험법령에서 정한 기준에 맞게 진료비를 받은 것으로 확인되었다'는 통지를 받은 바 있다.

평가 신청이 접수되었으나, '조기기술'로 평가되어 신청이 반려되었고, 2018. 4. 4. 그 명칭을 '초음파 유도하의 진공보조장치를 이용한 유방 양성병변 절제술'로 하는 신의료기술 평가 신청이 접수되었으나, '안전성은 수용가능한 수준이나 유효성을 입증하기에는 연구가 더 필요한 단계의 기술임'을 이유로 신청이 반려됨.

- 2018. 12. 20. 그 명칭을 '초음파 유도하의 진공보조장치를 이용한 유방 양성병변 절제술'로 하여 신의료기술 평가 신청이 접수되어 2019. 8. 6. 맘모톰 절제술이 신의료기술로 평가되었고, 2019. 10. 24. 맘모톰 절제술에 관한 신의료기술의 안정성·유효성 평가결과 고시(보건복지부고시 제2019-232호)가 이루어짐.

- 원고는 맘모톰 절제술은 2019. 8. 6.에 이르러서야 신의료기술로 평가되었고, 그 이전에 이루어진 맘모톰 절제술은 요양급여대상 및 법정 비급여대상에 포함되지 않는 임의 비급여 진료행위에 불과한데, 피보험자들이 피고로부터 받은 맘모톰 절제술은 맘모톰 절제술이 신의료기술로 평가되기 전에 이루어진 것이어서, 피고는 이 사건 피보험자들로부터 이 사건 시술에 관한 진료비를 받을 수 없고, 그 진료비는 실손의료비 보험금 지급대상도 아니라고 주장하면서 피고를 상대로 주위적으로 불법행위에 기한 손해배상을, 예비적으로 피보험자들을 대위하여 부당이득반환을 구하는 소를 제기함.

- 이에 대해 위 판결은 주위적 청구에 대해 피고가 맘모톰 절제술을 시행하고 피보험자들로부터 진료비를 지급받은 행위는 위법하지 않고 설령 위법하다 하더라도 피고의 행위와 원고가 주장하는 손해 사이에 상당인과관계를 인정할 수 없다고 보아 기각하고, 예비적 청구에 대해 피보전채권과 보전의 필요성이 인정되지 않아 부적법하다는 이유로 각하함.

- 위 판결은 주위적 청구와 관련하여 ① 맘모톰을 이용한 유방생검과 맘모톰 절제술은 사용하는 장비가 동일하고, 맘모톰 절제술은 맘모톰을 이용한 조직 채취 행위를 종양을 모두 제거할 때까지 수회 반복하는 방법으로 진행되며, 위와 같이 채취된 조직에 대하여 악성 여부 등을 확인하기 위해 조직검사를 시행하는 점, ② 양성종양이 작은 경우 '맘모톰 장비를 이

용한 생검' 과정에서 곧바로 '제거'하기도 하고 양성종양의 크기가 큰 경우에도 '맘모톰 장비를 이용한 생검' 행위를 종양을 모두 제거(채취)할 때까지 수회 반복하기도 하는 점, ③ 맘모톰을 이용한 유방생검과 맘모톰 절제술은 모두 맘모톰 프로브 및 진공흡인세트를 사용하며 필수적으로 초음파 유도가 수반되는 점 등에 비추어 볼 때, 맘모톰을 이용한 유방생검과 맘모톰 절제술은 채취하는 조직의 크기나 양, 채취 횟수에 있어 차이가 있을 뿐 본질적으로 다른 의료행위로 보이지 않고, 맘모톰 절제술에 관하여 두 차례에 걸쳐 신의료기술평가가 반려된 사정만으로 맘모톰 절제술과 맘모톰 유방생검 사이에 본질적 차이가 있다고 보기 어려우므로[10] 맘모톰 절제술은 요양급여대상에 해당하고, 맘모톰 절제술과 관련하여 비급여로 비용을 받은 부분은 예외적으로 허용되는 임의비급여의 요건을 충족하였다고 판단함.

- 또한, 설령 위 맘모톰 절제술이 허용되지 않는 임의비급여로서 위법하다 하더라도 요양기관이 환자 또는 보호자에게 임의비급여에 해당하는 진료비를 청구할 수 없도록 한 국민건강보험법령 규정이 환자와 보험계약을 체결한 보험회사를 보호하기 위한 규정이라고 보기 어려우므로 원고의 보험금 상당의 손해와 피고의 행위 사이에 상당인과관계가 없다고 판시함.

---

10) 그 이유로 ㉠ 기왕에 행하여 왔던 의료행위가 급여대상에 포섭되는지 여부에 신의료기술평가가 소급하여 영향을 미친다고 보기 어렵고, ㉡ 맘모톰 절제술에 관한 2016년경의 신의료기술평가신청은 순수한 의미에서 새로운 의료기술에 대한 평가를 위한 것이 아니라 맘모톰 절제술을 급여목록표에 편입시키기 위한 것일 뿐이고, 위 신청에 대해 신의료기술평가위원회가 연구단계기술로 결정한 것은 맘모톰 절제술을 급여체계에서 절제술의 틀 안으로 편입하여 급여비용을 책정하는 것이 부적당하다는 취지일 뿐 맘모톰 절제술의 유효성까지 부정하고 다시 신의료기술평가를 받아야 한다는 취지로 보기는 어렵다고 판시하였다.

제2절 신의료기술평가위원회 (제54조, 제55조)

(1) 조문

◇ 제54조(신의료기술평가위원회의 설치 등)

① 보건복지부장관은 신의료기술평가에 관한 사항을 심의하기 위하여 보건복지
   부에 신의료기술평가위원회(이하 "위원회"라 한다)를 둔다. <개정 2008. 2.
   29., 2010. 1. 18.>

② 위원회는 위원장 1명을 포함하여 20명 이내의 위원으로 구성한다.

③ 위원은 다음 각 호의 자 중에서 보건복지부장관이 위촉하거나 임명한다. 다
   만, 위원장은 제1호 또는 제2호의 자 중에서 임명한다. <개정 2008. 2.
   29., 2010. 1. 18.>

   1. 제28조제1항에 따른 의사회·치과의사회·한의사회에서 각각 추천하는 자

   2. 보건의료에 관한 학식이 풍부한 자

   3. 소비자단체에서 추천하는 자

   4. 변호사의 자격을 가진 자로서 보건의료와 관련된 업무에 5년 이상 종사
      한 경력이 있는 자

   5. 보건의료정책 관련 업무를 담당하고 있는 보건복지부 소속 5급 이상의
      공무원

④ 위원장과 위원의 임기는 3년으로 하되, 연임할 수 있다. 다만, 제3항제5호에
   따른 공무원의 경우에는 재임기간으로 한다.

⑤ 위원의 자리가 빈 때에는 새로 위원을 임명하고, 새로 임명된 위원의 임기
   는 임명된 날부터 기산한다.

⑥ 위원회의 심의사항을 전문적으로 검토하기 위하여 위원회에 분야별 전문평
   가위원회를 둔다.

⑦ 그 밖에 위원회·전문평가위원회의 구성 및 운영 등에 필요한 사항은 보건
   복지부령으로 정한다. <개정 2008. 2. 29., 2010. 1. 18.>

◇ 제55조(자료의 수집 업무 등의 위탁)

보건복지부장관은 신의료기술평가에 관한 업무를 수행하기 위하여 필요한 경우
보건복지부령으로 정하는 바에 따라 자료 수집·조사 등 평가에 수반되는 업무
를 관계 전문기관 또는 단체에 위탁할 수 있다.

(2) 조문해설

보건복지부장관은 신의료기술평가에 관한 사항을 전문적으로 검토하기 위하여 보건복지부에 신의료기술평가위원회(이하 "평가위원회"라 한다)를 둔다. 평가위원회는 ① 의료기술이 신의료기술평가 대상이나 신의료기술평가 유예에 해당하는지의 여부, ② 신의료기술의 평가방법에 관한 사항, ③ 신의료기술의 안전성·유효성·잠재성 및 신의료기술 평가 유예에 관한 분야별 전문평가위원회 또는 소위원회의 검토 결과, ④ 평가 절차 및 기준의 변경에 관한 사항, ⑤ 평가결과의 활용에 관한 사항, ⑥ 제한적 의료기술 또는 혁신의료기술의 선정, 운영 등에 관한 분야별 전문평가위원회 또는 소위원회의 검토 결과, ⑦ 그 밖에 보건복지부장관 또는 위원장이 심의에 부치는 사항을 심의한다(신의료기술평가에 관한 규칙 제6조 제1항). 평가위원회의 회의는 재적위원 3분의 1이상의 요구가 있거나 보건복지부장관 또는 위원장이 필요하다고 인정하는 경우 위원장이 소집하고(신의료기술평가에 관한 규칙 제6조 제4항), 재적위원 과반수의 출석으로 열리고 출석위원 과반수의 찬성으로 의결한다(신의료기술평가에 관한 규칙 제6조 제5항).

평가위원회의 심의사항을 전문적으로 검토하기 위하여 위원회에 분야별 전문평가위원회(이하 "전문위원회"라 한다)를 두는데, 그 분야는 ① 내과계 의료전문위원회(총 412인), ② 외과계 의료전문위원회(총 416인), ③ 내·외과계외 의료전문위원회(총 419인), ④ 치과의료전문위원회(총 73인), ⑤ 한방의료전문위원회(총 21인), ⑥ 혁신의료기술전문위원회(총 20인), ⑦ 근거창출전문위원회(총 14인)이다(신의료기술평가에 관한 규칙 제7조 제1항). 평가위원회는 평가 대상인 신의료기술의 평가방법을 결정하고, 전문위원회나 전문위원회 소속 위원으로 구성되는 소위원회(이하 "소위원회"라 한다)에서 신의료기술의 안전성·유효성·잠재성 및 평가 유예 등에 관한 검토를 하게 할 수 있다(신의료기술평가에 관한 규칙 제3조 제9항).[11] 이에 따라 검토를 한 전문위원회나 소위원회는 그 검토결과를 평가위원회에 제출해야 하고, 평가위원회는 전문위원회나 소위원회로부터 제출받은 검토결과를 반영하여 심의한 후 신의료기술평가를 의결하고 그 결과를 보건복지부장관에게 보

---

11) https://nhta.neca.re.kr/nhta/common/nhtaU0081V.ecg (신의료기술평가사업본부 홈페이지 위원회 소개란) (2023. 12. 22. 방문)

고해야 한다(신의료기술평가에 관한 규칙 제3조 제10항, 제11항).

　　보건복지부장관은 신의료기술평가에 관한 업무를 수행하기 위하여 필요한 경우 자료 수집·조사 등 평가에 수반되는 업무를 관계 전문기관 또는 단체에 위탁할 수 있는데, 위와 같은 수반업무는 2007. 6. 15. 건강보험심사평가원에 위탁되었다가 2010. 6. 15.부터 보건의료기술진흥법에 따라 설립된 한국보건의료연구원에 위탁되어 있다(신의료기술평가에 관한 규칙 제9조).

의료광고

Medical Law

제 4 장

의료광고

제1절 의료광고 일반

1. 의료광고의 개념

'의료광고'라 함은 의료인 등이 신문·잡지·음성·음향·영상·인터넷·인쇄물·간판, 그 밖의 방법에 의하여 의료행위, 의료기관 및 의료인등에 대한 정보를 소비자에게 나타내거나 알리는 행위를 말한다(제56조 제1항).[1] 의료법에 의하여 규제되는 의료광고에는 의료행위는 물론 의료인의 경력 등 의료와 관련된 모든 내용의 광고가 포함된다.[2] 따라서 의료법이 규율하는 의료광고는 '의료인 등에 관한 사항'과 '의료행위에 관한 사항'을 정기간행물, 인터넷신문, 전기통신 등의 방법으로 소비자에게 널리 알리거나 제시하는 행위라 할 것이다. 여기서 '의료행위'에 해당하는지 여부는 구체적으로는 '의학적 전문지식을 기초로 하는 경험과 기능이 필요한지' 여부와 '의료인이 행하지 아니하면 보건위생상 위해가 생길 우려가 있는 행위'

---

1) 2018. 3. 27. 개정 전 의료법에는 의료광고에 관한 정의규정이 없었다. 이에 대법원은 의료광고란 의료법인·의료기관 또는 의료인이 그 업무 및 기능, 경력, 시설, 진료방법 등 의료기술과 의료행위 등에 관한 정보를 신문·인터넷신문, 정기간행물, 방송, 전기통신 등의 매체나 수단을 이용하여 널리 알리는 행위를 의미한다고 판시하여왔다(대법원 2016. 6. 23. 선고 2014도16577 판결 등 다수). 2018. 3. 27. 개정 의료법은 판례의 의료광고에 관한 판례의 정의를 실정법에 도입하였다.
2) 우리 대법원은 코높이기 성형수술을 의료행위로 인정한 1974. 11. 26. 선고 74도1114 전원합의체 판결 이래로 이와 같은 태도를 견지하고 있다.

인지 여부가 그 판단기준이 된다.[3]

의료법은 의료인의 자격 요건을 엄격히 규정하고 있으며(제2조, 제4조 내지 제11조), 의료인이 아닌 자의 '의료행위'를 금지하고, 의료인의 경우우라도 면허된 것 이외의 의료행위를 금지하고 있다(제27조). 위 규정들은 의료행위가 고도의 전문적 지식과 경험을 필요로 함과 동시에 사람의 생명, 신체 또는 일반 공중위생에 밀접하고 중대한 관계가 있어 의료인 아닌 자가 의료행위를 함으로써 생길 수 있는 사람의 생명, 신체나 일반 공중위생상의 위험을 방지하기 위한 것이다. 그러므로 의료에 관한 광고에 대해서는 무분별한 의료광고로부터 환자를 보호하고, 나아가 환자유치를 위한 과다경쟁으로 인한 의료질서의 문란을 방지하며, 특히 의료지식이 없는 자가 고도의 전문적·기술적인 영역인 의료에 관한 광고를 하는 경우에 발생할 수 있는 위험을 방지하기 위한 일정한 규제가 필요하다. 사적자치의 원칙, 표현의 자유를 중시하여 의료광고에 대한 규제를 최소화하거나 규제를 할 필요가 없다는 일부 견해도 있으나, 인터넷 기술의 비약적인 발전과 개인 매체의 폭발적 증가 등에 따른 정보의 홍수 속에서 일반 의료소비자가 허위, 과장광고 여부, 부작용을 누락한 광고인지 여부 등을 판별해낼 수 있을지 의문이다.

우리 법원은 자신이 운영하는 병원에서 제왕절개 후 자연분만으로 출산한 환자들이 위 병원 홈페이지 'VBAC 소감'란에 '브이백성공소감'이라는 글을 게시하면 분만비의 10%를 할인해 주는 방법으로 유인하여, 별도의 로그인 절차 없이 누구나 게시물을 확인할 수 있는 병원 홈페이지 게시판에 환자들로 하여금 자신들의 치료경험담을 게시하도록 한 행위를 의료광고로 본 반면,[4] 일간지에 키 성장 맞춤 운동법과 그 보조기구에 관한 광고를 게재한 것이 의료행위에 해당한다거나 피고인이 판매하는 바이오시스와 워킹트랙션에 대한 광고가 '의료행위에 관한 광고'에 해당한다고 인정하기 부족하다고 판단하였다.[5]

---

3) 대법원 2018. 6. 19. 선고 2017도19422 판결 등.
4) 대법원 2013. 12. 12. 선고 2013도8032 판결.
5) 대법원 2009. 11. 12. 선고 2009도7455 판결.

2. 의료광고에 대한 규제 및 한계

의료는 고도의 전문적 지식과 기술을 요하므로 일반 상품이나 용역과는 차이가 있고, 국민의 건강에 직결되는 것이므로 소비자를 보호하고 의료인 간의 불공정한 과당경쟁을 막기 위하여 의료광고에 대한 합리적 규제가 필요하다. 일반적으로 광고는 소비자의 알권리 충족, 소비자의 올바른 선택 유도, 경쟁을 통한 서비스의 향상이라는 순기능을 가지고 있는 반면, 광고비 증가에 따른 가격 인상, 허위·과장광고에 따른 소비자의 피해, 편향된 정보제공에 따른 소비자의 선택권 침해 등의 역기능을 가지고 있다. 특히 의료광고의 경우 과도한 광고는 불필요한 수진심리 유발로 인한 국민 총 의료비 상승, 과당 경쟁 발생과 의료질서 문란, 진료외적 비용 증가로 인한 의료기관 경영난 초래, 검증되지 않은 시술에 의한 의료사고 발생, 전문 직업인으로서의 품위손상으로 인한 소비자와의 신뢰관계 붕괴 등의 문제를 초래할 수 있어 일반적인 재화나 서비스에 대한 광고보다는 엄격한 규제가 필요한 영역이다.[6] 의료인의 기능이나 진료방법에 대한 광고가 소비자들을 기만하는 것이거나, 소비자들에게 정당화되지 않은 의학적 기대를 초래 또는 오인하게 할 우려가 있거나, 공정한 경쟁을 저해하는 것이라면, 그러한 의료광고는 허용될 수 없으며, 이에 대해서는 국민의 보건과 건전한 의료경쟁질서를 위하여 강력한 규제가 필요하다.

그러나 객관적인 사실에 기인한 것으로서 소비자에게 해당 의료인의 의료기술이나 진료방법을 과장함이 없이 알려주는 의료광고라면 이는 의료행위에 관한 중요한 정보에 관한 것으로서 소비자의 합리적 선택에 도움을 주고 의료인들 간에 공정한 경쟁을 촉진하므로 오히려 공익을 증진시킬 수 있다.[7] 뿐만 아니라 광고는 사상·지식·정보 등을 불특정 다수인에게 전파하는 것으로서, 언론·출판의 자유에 의한 보호를 받는 대상이고,[8] 의사도 직업인으로서 직업의 자유를 가지므로, 의료광고에 대한 규제의 필요성이 인정되더라도 표현의 자유와 직업의

---

6) 서울 동부지방법원 2009. 4. 23. 선고 2008노1670 판결 참조. 헌법재판소 2005. 10. 27. 2003헌가3 결정 다수의견에서는 의료광고를 규제하는 이유로 소비자(환자)의 보호, 공정거래의 확보, 의료행위의 숭고함의 유지를 들었다.
7) 헌법재판소 2005. 10. 27. 2003헌가3 결정 다수의견.
8) 헌법재판소 2002. 12. 18. 2000헌마764 결정, 헌법재판소 2014. 9. 25. 2013헌바28 결정.

자유를 과도하게 제한하지 않는 한도 내에서 규제가 가능하다.[9]

3. 우리나라의 의료광고 규율의 연혁

1951년 국민의료법에서는 제42조에서 주무장관의 허가를 받은 전문과목 표방 이외의 의료광고를 전면 금지하였다. 그 후 1965년 개정 의료법에서는 제37조에서 전문과목과 진료과목의 표시까지 허용하였으나 그 외 의료광고는 전면 금지하였다. 1973년 개정 의료법에서는 허위, 과대광고 금지규정을 신설하고 종전 금지규정 체계를 그대로 유지하면서 보사부령으로 일부 범위의 의료광고는 제한적으로 허용하였다(제46조, 제47조).[10] 그 후 2002. 3. 30. 개정 의료법에서는 금지되는 광고에서 경력광고를 삭제하고 경력에 관한 허위·과대광고를 금지함으로써 경력광고를 허용하였다.[11]

이와 같이 우리 의료법은 의료광고를 원칙적으로 금지하고 예외적으로 허용하는 틀을 유지하면서 입법적으로 허용되는 광고의 범위를 점차 확대를 해오던 추세에 있었다. 그러나 의료광고의 원칙적 금지에 대한 비판과 함께 의료광고를 넓게 허용해야 한다는 의견이 많았고, 광고는 일반적으로 영리를 추구하기 위한 것인데 의료는 영리를 추구하는 것이 아니라는 사회적 인식 속에서 선뜻 논의가

---

9) 헌법재판소 2015. 12. 23. 2015헌바75 결정.
10) 제46조(과대광고등의 금지)
  1. 의료법인, 의료기관 또는 의료인은 의료업무에 관하여 허위 또는 과대한 광고를 하지 못한다.
  2. 의료법인, 의료기관 또는 의료인이 아닌 자는 의료에 관한 광고를 하지 못한다.
  3. 누구든지 특정의료기관이나 특정의료인의 기능, 진료방법, 조산방법이나 경력 또는 약효 등에 관하여 대중광고, 암시적 기재, 사진, 유인물, 방송, 도안 등에 의하여 광고를 하지 못한다.
11) 제46조(과대광고등의 금지)
  1. 의료법인, 의료기관 또는 의료인은 의료업무 또는 의료인의 경력에 관하여 허위 또는 과대한 광고를 하지 못한다.
  2. 의료법인, 의료기관 또는 의료인이 아닌 자는 의료에 관한 광고를 하지 못한다.
  3. 누구든지 특정의료기관이나 특정의료인의 기능, 진료방법, 조산방법이나 약효 등에 관하여 대중광고, 암시적 기재, 사진, 유인물, 방송, 도안 등에 의하여 광고를 하지 못한다.

진전되지 않던 중 2005. 10. 27. 헌법재판소에서 의료광고를 원칙적으로 금지한 의료법 제46조 3항에 대하여 "특정의료기관이나 의료인의 기능, 진료방법에 관한 광고를 금지하는 의료법 제46조 제3항은 표현의 자유와 직업 수행의 자유를 침해하므로 헌법에 위반된다."고 하여 단순위헌결정이 내려졌다.[12]

이에 의료광고에 대한 규제와 관련하여 논의가 급진전 되면서 2007. 1. 3. 개정 의료법에서는 먼저 의료광고를 원칙적으로 허용하는 것으로 개정하였다. 그로부터 3개월 후 2007. 4. 11. 의료법이 전부개정되면서 의료광고에 관한 조문을 현행 제56조, 제57조로 규정하여 의료광고를 원칙적으로 허용하고 예외적으로 금지하는 네거티브 시스템으로 전환하였고, 의료광고에 대한 사전심의제도를 두었다. 그 후 일부 개정을 거쳐 2011. 8. 4. 의료광고의 사전심의대상을 교통수단, 인터넷매체로까지 확대하였으며, 불법 의료광고를 한 경우 해당 의료인에게 자격정지 처분을 부과할 수 있도록 한 근거규정을 삭제하였다.[13] 그 후 의료광고는 폭발적으로 증가하였다.

그 후 '사전심의'와 관련하여 헌법재판소는 2015. 12. 23. 2015헌바75 결정을 통해 보건복지부장관으로부터 위탁을 받은 각 의사협회의 사전심의를 받지 아니한 의료광고를 금지하고 이를 위반한 경우 처벌하는 의료법 규정[14]이 사전검열 금지원칙에 위배된다고 보아 위헌결정을 하였다. 위 위헌결정에 따라 의료법은 2018. 3. 27. 법률 제15540호에 의하여 의료광고 사전심의를 자율심의제도로 개정하였다.

---

12) 헌법재판소 2005. 10. 27. 2003헌가3 결정.

13) 유현정, "금지되는 기사성 의료광고의 한계", 「의료법학」 제13권 제2호, 2012, 145-146면 참조. 현재는 의료법 제56조 제2항 각호의 행위 태양에 따라 업무정지처분을 부과한다.

14) 의료법 제56조 제2항 제9호 중 '제57조에 따른 심의를 받지 아니한 광고' 부분 및 의료법 제89조 가운데 제56조 제2항 제9호 중 '제57조에 따른 심의를 받지 아니한 광고'에 관한 부분. 이에 관해서는 해당 부분에서 후술한다.

제2절 의료광고 제한

1. 의료광고 주체의 제한 (제56조 제1항)

(1) 조문

◇ 제56조(의료광고의 금지 등)
① 의료기관 개설자, 의료기관의 장 또는 의료인(이하 "의료인등"이라 한다)이 아닌 자는 의료에 관한 광고(의료인등이 신문·잡지·음성·음향·영상·인터넷·인쇄물·간판, 그 밖의 방법에 의하여 의료행위, 의료기관 및 의료인등에 대한 정보를 소비자에게 나타내거나 알리는 행위를 말한다. 이하 "의료광고"라 한다)를 하지 못한다. <개정 2018. 3. 27.>

◇ 벌칙
− 제56조 제1항 위반: 1년 이하의 징역이나 1천만원 이하의 벌금(제89조 제1호)
− 양벌규정 적용(제91조)

(2) 조문해설

의료법은 의료인의 자격요건을 엄격히 규정하고, 의료인이 아닌 자의 '의료행위'를 금지하는 한편, 의료법인·의료기관 또는 의료인이 아닌 자의 '의료에 관한 광고'를 금지하고, 그 위반자에 대한 형사처벌을 규정하고 있다. 의료광고에 관한 이러한 규제는 '의학적 전문지식을 기초로 하는 경험과 기능을 전제로 한 의료행위'를 '의료지식이 없는 자'가 시행하는 내용의 광고를 함으로써 발생할 수 있는 보건위생상의 위험을 사전에 방지하기 위한 것으로 이해할 수 있다.

의료법 시행 이래 일관되게 의료인이 아닌 자의 의료광고를 금지하고 이를 처벌하여왔음에도 불구하고 현재까지도 의료인이 아닌 자가 시술소를 차려놓고 블로그 등을 이용하여 마케팅을 하며 문신시술, 반영구화장 등 의료행위의 범위에 포함되는 행위를 시행하는 경우가 많이 적발되고 있으며, 이 경우 의료법 제56조 제1항을 위반한 행위로 처벌되고 있다.[15]

---

15) 인천지방법원 2019. 4. 11. 선고 2019고단677 판결, 창원지방법원 마산지원 2019. 4. 9. 선

(3) 판례·행정해석

◇ 의료인이 아닌 자가 한 '의료에 관한 광고'에 해당하기 위한 요건(대법원 2009. 11. 12. 선고 2009도7455 판결)

— 의료인 등이 아닌 자가 한 광고가 '의료에 관한 광고'에 해당한다고 하기 위해서는 그 광고 내용이 의료행위에 관한 것이어야 함.

— 의료인이 아닌 피고인이 일간지에 '키 성장 맞춤 운동법과 그 보조기구'에 관한 광고를 게재한 사안에서, 광고의 내용, 실제 피고인이 행한 영업의 내용 등에 비추어 볼 때 비정상인 혹은 질환자에 대한 진단·치료 등을 내용으로 하는 광고라기보다는 고유한 의료의 영역이라고 단정하기 어려운 체육 혹은 운동생리학적 관점에서 운동 및 자세교정을 통한 청소년 신체성장의 촉진에 관한 광고로 보아 의료법 제56조에서 금지하는 '의료에 관한 광고'에 해당하지 않는다고 판시함.

◇ 의료광고대행업체를 통한 의료광고의 경우

① 의료광고대행업체가 의료기관의 요청에 따라 의료기관을 대신하여 의료기관 명의로 광고한 경우 허용(서울중앙지방법원 2019. 7. 19. 선고 2018가합2504 판결)

— 의료기기 판매업, 광고대행 및 광고업 등을 영위할 목적으로 설립된 법인으로 일정한 등록서비스표를 보유한 원고(컨설팅회사)가 해당 등록서비스표를 활용한 네트워크 병원들과 의료종합컨설팅 계약을 체결하고 각 의료기관 명의로 광고를 한 행위에 대하여, 원고가 의료기관과의 계약 또는 의료기관의 요청에 따라 의료기관을 대신하여 의료기관의 명의로 의료기관 또는 의료인이 하는 의료행위를 광고한 것이므로, 원고가 한 의료광고

의 행위 주체는 의료인인 피고로 볼 수 있어 위 규정에 위반된다고 볼 수
없다고 판시함.

② 의료광고대행업체가 자신의 이름으로 광고한 경우(서울중앙지방법원 2019.
  11. 14. 선고 2019고단4956 판결)
 ─ 의료기관과 광고 및 경영지원컨설팅 계약을 체결한 자가 직원들로 하여금
   해당 의료기관에 대한 성형수술 및 시술 후기에 관한 글, 수술 전후 사진
   을 게시하도록 한 행위에 대하여 의료법 제56조 제1항 위반을 인정함.

2. 의료광고 내용의 제한 (제56조 제2항)

(1) 조문

◇ 제56조(의료광고의 금지 등)
② 의료인등은 다음 각 호의 어느 하나에 해당하는 의료광고를 하지 못한다.
  <개정 2009. 1. 30., 2016. 5. 29., 2018. 3. 27.>
  1. 제53조에 따른 평가를 받지 아니한 신의료기술에 관한 광고
  2. 환자에 관한 치료경험담 등 소비자로 하여금 치료 효과를 오인하게 할
     우려가 있는 내용의 광고
  3. 거짓된 내용을 표시하는 광고
  4. 다른 의료인등의 기능 또는 진료 방법과 비교하는 내용의 광고
  5. 다른 의료인등을 비방하는 내용의 광고
  6. 수술 장면 등 직접적인 시술행위를 노출하는 내용의 광고
  7. 의료인등의 기능, 진료 방법과 관련하여 심각한 부작용 등 중요한 정보를
     누락하는 광고
  8. 객관적인 사실을 과장하는 내용의 광고
  9. 법적 근거가 없는 자격이나 명칭을 표방하는 내용의 광고
  10. 신문, 방송, 잡지 등을 이용하여 기사(記事) 또는 전문가의 의견 형태로
      표현되는 광고

11. 제57조에 따른 심의를 받지 아니하거나 심의받은 내용과 다른 내용의
광고

12. 제27조 제3항에 따라 외국인환자를 유치하기 위한 국내광고[16]

13. 소비자를 속이거나 소비자로 하여금 잘못 알게 할 우려가 있는 방법으
로 제45조에 따른 비급여 진료비용을 할인하거나 면제하는 내용의 광고

14. 각종 상장·감사장 등을 이용하는 광고 또는 인증·보증·추천을 받았다
는 내용을 사용하거나 이와 유사한 내용을 표현하는 광고. 다만, 다음
각 목의 어느 하나에 해당하는 경우는 제외한다.

가. 제58조에 따른 의료기관 인증을 표시한 광고

나. 「정부조직법」 제2조부터 제4조까지의 규정에 따른 중앙행정기관·특별

---

16) 외국인환자를 유치하기 위한 국내 광고는 금지되나, 의료 해외진출 및 외국인환자 유치 지
원에 관한 법률 제15조에 따른 요건을 구비한 경우에는 예외적으로 허용된다. 의료 해외진
출 및 외국인환자 유치 사업은 고부가가치를 창출하는 산업으로서 새로운 국가 성장 동력
으로, 의료 해외진출 및 외국인환자 유치에 필요한 법률적 근거를 마련하기 위하여 2015.
12. 22. 의료 해외진출 및 외국인환자 유치 지원에 관한 법률이 제정되어 2016. 6. 23.부터
시행되었다. 이에 따라 외국인환자를 유치하려는 의료기관은 일정한 요건을 갖추어 시·도
지사에게 등록하여야 한다(동법 제6조).
※ 의료 해외진출 및 외국인환자 유치 지원에 관한 법률 (약칭: 의료해외진출법)
제15조(의료광고에 관한 특례) ① 외국인환자 유치의료기관은 「의료법」 제56조제2항제12호
에도 불구하고 외국인환자를 유치하기 위하여 다음 각 호의 어느 하나에 해당하는 장소에
서 외국어로 표기된 의료광고를 할 수 있다. 다만, 환자의 치료 전·후를 비교하는 사진·영
상 등 외국인환자를 속이거나 외국인환자로 하여금 잘못 알게 할 우려가 있는 내용에 관한
광고는 하지 못한다. <개정 2018. 3. 27., 2018. 9. 18., 2021. 12. 21.>
  1. 「개별소비세법」 제17조에 따른 외국인전용판매장
  2. 「관세법」 제196조에 따른 보세판매장
  3. 「제주특별자치도 설치 및 국제자유도시 조성을 위한 특별법」 제170조에 따른 지정면세점
  4. 「공항시설법」 제2조제3호에 따른 공항 중 국제항공노선이 개설된 공항
  5. 「항만법」 제2조제2호에 따른 무역항
  6. 「관광진흥법」 제70조에 따라 지정된 관광특구 중 보건복지부령으로 정하는 기준에
    따라 보건복지부장관과 협의하여 시·도지사가 정하는 지역
② 외국인환자 유치의료기관은 제1항에 따른 의료광고를 하려는 경우 미리 광고의 내용과
방법 등에 관하여 「의료법」 제57조제2항에 따른 기관 또는 단체의 심의를 받아야 한다.
<개정 2019. 12. 3.>
③ 제1항제4호 및 제5호의 장소에서는 보건복지부령으로 정하는 바에 따라 성형외과·피부
과 등 특정 진료과목에 편중된 의료광고를 할 수 없다.
④ 제1항 및 제2항에 따른 의료광고의 기준과 심의에 관하여는 「의료법」 제56조, 제57조제
2항부터 제11항까지 및 제57조의2의 규정을 준용한다. <개정 2019. 12. 3.>

지방행정기관 및 그 부속기관, 「지방자치법」 제2조에 따른 지방자치단
체 또는 「공공기관의 운영에 관한 법률」 제4조에 따른 공공기관으로
부터 받은 인증·보증을 표시한 광고

다. 다른 법령에 따라 받은 인증·보증을 표시한 광고

라. 세계보건기구와 협력을 맺은 국제평가기구로부터 받은 인증을 표시한
광고 등 대통령령으로 정하는 광고

15. 그 밖에 의료광고의 방법 또는 내용이 국민의 보건과 건전한 의료경쟁
의 질서를 해치거나 소비자에게 피해를 줄 우려가 있는 것으로서 대통
령령으로 정하는 내용의 광고

④ 제2항에 따라 금지되는 의료광고의 구체적인 내용 등 의료광고에 관하여 필
요한 사항은 대통령령으로 정한다.[17] <개정 2018. 3. 27.>

---

[17] 의료법 시행령 제23조(의료광고의 금지 기준) ① 법 제56조제2항에 따라 금지되는 의료광
고의 구체적인 기준은 다음 각 호와 같다. <개정 2008. 12. 3., 2010. 1. 27., 2012. 4. 27.,
2017. 2. 28., 2018. 9. 28.>

1. 법 제53조에 따른 신의료기술평가를 받지 아니한 신의료기술에 관하여 광고하는 것
2. 특정 의료기관·의료인의 기능 또는 진료 방법이 질병 치료에 반드시 효과가 있다고
표현하거나 환자의 치료경험담이나 6개월 이하의 임상경력을 광고하는 것
3. 의료인, 의료기관, 의료서비스 및 의료 관련 각종 사항에 대하여 객관적인 사실과 다
른 내용 등 거짓된 내용을 광고하는 것
4. 특정 의료기관 개설자, 의료기관의 장 또는 의료인(이하 "의료인등"이라 한다)이 수행
하거나 광고하는 기능 또는 진료 방법이 다른 의료인등의 것과 비교하여 우수하거나
효과가 있다는 내용으로 광고하는 것
5. 다른 의료인등을 비방할 목적으로 해당 의료인등이 수행하거나 광고하는 기능 또는 진
료 방법에 관하여 불리한 사실을 광고하는 것
6. 의료인이 환자를 수술하는 장면이나 환자의 환부(患部) 등을 촬영한 동영상·사진으로
서 일반인에게 혐오감을 일으키는 것을 게재하여 광고하는 것
7. 의료인등의 의료행위나 진료 방법 등을 광고하면서 예견할 수 있는 환자의 안전에 심
각한 위해(危害)를 끼칠 우려가 있는 부작용 등 중요 정보를 빠뜨리거나 글씨 크기를
작게 하는 등의 방법으로 눈에 잘 띄지 않게 광고하는 것
8. 의료인, 의료기관, 의료서비스 및 의료 관련 각종 사항에 대하여 객관적인 사실을 과
장하는 내용으로 광고하는 것
9. 법적 근거가 없는 자격이나 명칭을 표방하는 내용을 광고하는 것
10. 특정 의료기관·의료인의 기능 또는 진료 방법에 관한 기사나 전문가의 의견을 「신
문 등의 진흥에 관한 법률」 제2조에 따른 신문·인터넷신문 또는 「잡지 등 정기간행
물의 진흥에 관한 법률」에 따른 정기간행물이나 「방송법」 제2조제1호에 따른 방송
에 싣거나 방송하면서 특정 의료기관·의료인의 연락처나 약도 등의 정보도 함께 싣
거나 방송하여 광고하는 것

◇ 제63조(시정명령 등)

② 보건복지부장관 또는 시장·군수·구청장은 의료인등이 제56조제2항·제3항을 위반한 때에는 다음 각 호의 조치를 명할 수 있다. <신설 2018. 3. 27.>

1. 위반행위의 중지

2. 위반사실의 공표

3. 정정광고

③ 제2항제2호·제3호에 따른 조치에 필요한 사항은 대통령령으로 정한다.[18]

---

11. 법 제57조제1항에 따라 심의 대상이 되는 의료광고를 심의를 받지 아니하고 광고하거나 심의 받은 내용과 다르게 광고하는 것

12. 외국인환자를 유치할 목적으로 법 제27조제3항에 따른 행위를 하기 위하여 국내광고 하는 것

13. 법 제45조에 따른 비급여 진료비용의 할인·면제 금액, 대상, 기간이나 범위 또는 할인·면제 이전의 비급여 진료비용에 대하여 허위 또는 불명확한 내용이나 정보 등을 게재하여 광고하는 것

14. 각종 상장·감사장 등을 이용하여 광고하는 것 또는 인증·보증·추천을 받았다는 내용을 사용하거나 이와 유사한 내용을 표현하여 광고하는 것. 다만, 법 제56조제2항제14호 각 목의 어느 하나에 해당하는 경우는 제외한다.

② 법 제56조제2항제14호라목에서 "세계보건기구와 협력을 맺은 국제평가기구로부터 받은 인증을 표시한 광고 등 대통령령으로 정하는 광고"란 다음 각 호의 어느 하나에 해당하는 광고를 말한다. <신설 2018. 9. 28.>

1. 세계보건기구와 협력을 맺은 국제평가기구로부터 받은 인증을 표시한 광고

2. 국제의료질관리학회(The International Society for Quality in Health Care)로부터 인증을 받은 각국의 인증기구의 인증을 표시한 광고

③ 보건복지부장관은 의료인등 자신이 운영하는 인터넷 홈페이지에 의료광고를 하는 경우에 제1항에 따라 금지되는 의료광고의 세부적인 기준을 정하여 고시할 수 있다. <개정 2008. 2. 29., 2010. 3. 15., 2018. 9. 28.>

18) 의료법 시행령 제31조의7(위반사실의 공표 및 정정광고) ① 보건복지부장관 또는 시장·군수·구청장은 법 제63조제2항제2호 또는 제3호에 따라 의료인등에 대하여 위반사실의 공표 또는 정정광고를 명할 때에는 다음 각 호의 사항을 고려하여 공표 또는 정정광고의 내용과 횟수·크기·매체 등을 정하여 명하여야 한다.

1. 위반행위의 내용 및 정도

2. 위반행위의 기간 및 횟수

② 보건복지부장관 또는 시장·군수·구청장은 제1항에 따라 위반사실의 공표 또는 정정광고를 명할 때에는 법 제57조의2제2항 각 호에 따른 심의위원회와 협의하여 공표 또는 정정광고의 내용과 횟수·크기·매체 등을 정할 수 있다.

[본조신설 2018. 9. 28.]

◇ **벌칙**

‑ 제56조 제2항 위반: 1년 이하의 징역 또는 1천만원 이하의 벌금(제89조)

‑ 제56조 제2항을 위반을 이유로 한 보건복지부장관의 시정명령 위반: 500만 원 이하의 벌금(제90조, 제63조)

◇ **행정처분[19)](/)**

‑ 제56조 제2항(제7호와 제9호 제외)을 위반하여 의료광고를 한 경우: 업무정 지 1개월

‑ 제56조 제2항 제9호를 위반하여 의료광고의 내용 및 방법 등에 대하여 사전 에 보건복지부장관의 심의를 받지 아니하거나 심의받은 내용과 다른 내용의 광고를 한 경우: 1차 위반: 경고, 2차 위반: 업무정지 15일, 3차 위반: 업무

---

19) 의료관계 행정처분 규칙 [별표] 행정처분기준은 개정 의료법을 반영하지 못하여 2018. 3. 27. 개정 전 의료법 내용을 기준으로 하고 있다. 2018. 3. 27. 개정 전 의료법 제56조는 아 래와 같다.

제56조(의료광고의 금지 등)

① 의료법인·의료기관 또는 의료인이 아닌 자는 의료에 관한 광고를 하지 못한다.

② 의료법인·의료기관 또는 의료인은 다음 각 호의 어느 하나에 해당하는 의료광고를 하지 못한다.

　　1. 제53조에 따른 평가를 받지 아니한 신의료기술에 관한 광고

　　2. 치료효과를 보장하는 등 소비자를 현혹할 우려가 있는 내용의 광고

　　3. 다른 의료기관·의료인의 기능 또는 진료 방법과 비교하는 내용의 광고

　　4. 다른 의료법인·의료기관 또는 의료인을 비방하는 내용의 광고

　　5. 수술 장면 등 직접적인 시술행위를 노출하는 내용의 광고

　　6. 의료인의 기능, 진료 방법과 관련하여 심각한 부작용 등 중요한 정보를 누락하는 광고

　　7. 객관적으로 인정되지 아니하거나 근거가 없는 내용을 포함하는 광고

　　8. 신문, 방송, 잡지 등을 이용하여 기사(記事) 또는 전문가의 의견 형태로 표현되는 광고

　　9. 제57조에 따른 심의를 받지 아니하거나 심의받은 내용과 다른 내용의 광고

　　10. 제27조제3항에 따라 외국인환자를 유치하기 위한 국내광고

　　11. 소비자를 속이거나 소비자로 하여금 잘못 알게 할 우려가 있는 방법으로 제45조에 따른 비급여 진료비용을 할인하거나 면제하는 내용의 광고

　　12. 그 밖에 의료광고의 내용이 국민건강에 중대한 위해를 발생하게 하거나 발생하게 할 우려가 있는 것으로서 대통령령으로 정하는 내용의 광고

③ 의료법인·의료기관 또는 의료인은 거짓이나 과장된 내용의 의료광고를 하지 못한다.

④ 의료광고는 다음 각 호의 방법으로는 하지 못한다.

　　1. 「방송법」 제2조제1호의 방송

　　2. 그 밖에 국민의 보건과 건전한 의료경쟁의 질서를 유지하기 위하여 제한할 필요가 있 는 경우로서 대통령령으로 정하는 방법

정지 1개월
- 제56조 제3항(제56조 제2항 제7호를 포함한다)을 위반하여 거짓된 내용의 광고를 한 경우: 업무정지 2개월
- 제56조 제3항(제56조 제2항 제7호를 포함한다)을 위반하여 과장된 내용의 광고를 한 경우: 업무정지 1개월

(2) 조문해설

우리 의료법은 의료광고를 원칙적으로 금지하고 예외적으로 허용하는 틀을 유지하면서 입법적으로 허용되는 광고의 범위를 점차 확대를 해오던 추세에 있었다. 그러나 2005. 10. 27. 헌법재판소에서 의료광고를 원칙적으로 금지한 의료법 제46조 제3항에 대하여 표현의 자유와 직업 수행의 자유를 침해를 이유로 단순위헌 결정이 내려진 다음,[20] 2007. 1. 3. 개정 의료법에서는 의료광고를 원칙적으로 허용하는 것으로 의료법을 개정하였고, 2007. 4. 11. 개정 의료법은 전부개정과정을 통해 현행 제56조, 제57조로 규정하여 의료광고를 원칙적으로 허용하고 예외적으로 금지하는 네거티브 시스템으로 전환하면서 사전심의제도를 두었다. 의료법 제56조 제2항은 이와 같이 금지되는 의료광고의 내용을 규정한 것이다.

의료법에 따라 금지되는 의료광고의 내용은 신의료기술 평가를 받지 않은 신의료기술에 관한 광고, 환자에 관한 치료경험담 등 소비자로 하여금 치료 효과를 오인하게 할 우려가 있는 내용의 광고, 거짓된 내용을 표시하는 광고, 다른 의료인등의 기능 또는 진료 방법과 비교하는 내용의 광고, 다른 의료인등을 비방하는 내용의 광고, 수술 장면 등 직접적인 시술행위를 노출하는 내용의 광고, 의료인 등의 기능, 진료 방법과 관련하여 심각한 부작용 등 중요한 정보를 누락하는 광고, 객관적인 사실을 과장하는 내용의 광고, 법적 근거가 없는 자격이나 명칭을 표방하는 내용의 광고, 신문, 방송, 잡지 등을 이용하여 기사(記事) 또는 전문가의 의견 형태로 표현되는 광고, 사전심의를 받지 아니하거나 심의받은 내용과 다른 내용의 광고, 외국인환자를 유치하기 위한 국내광고, 소비자를 속이거나 소비자로 하여금 잘못 알게 할 우려가 있는 방법으로 비급여 진료비용을 할인하거나

---

20) 헌법재판소 2005. 10. 27. 2003헌가3 결정.

면제하는 내용의 광고, 각종 상장·감사장 등을 이용하는 광고 또는 인증·보증·추천을 받았다는 내용을 사용하거나 이와 유사한 내용을 표현하는 광고,21) 그 밖에 의료광고의 방법 또는 내용이 국민의 보건과 건전한 의료경쟁의 질서를 해치거나 소비자에게 피해를 줄 우려가 있는 것으로서 대통령령으로 정하는 내용의 광고이다.

외국인환자를 유치하기 위한 광고의 경우 국내 광고는 금지되나, 의료 해외진출 및 외국인환자 유치 지원에 관한 법률에 따라 등록을 한 의료기관은 「개별소비세법」 제17조에 따른 외국인전용판매장, 「관세법」 제196조에 따른 보세판매장, 「제주특별자치도 설치 및 국제자유도시 조성을 위한 특별법」 제170조에 따른 지정면세점, 「공항시설법」 제2조제3호에 따른 공항 중 국제항공노선이 개설된 공항, 「항만법」 제2조제2호에 따른 무역항, 「관광진흥법」 제70조에 따라 지정된 관광특구 중 보건복지부령으로 정하는 기준에 따라 보건복지부장관과 협의하여 시·도지사가 정하는 지역에 한하여 외국어로 표기된 의료광고를 할 수 있다. 다만, 환자의 치료 전·후를 비교하는 사진·영상 등 외국인환자를 속이거나 외국인환자로 하여금 잘못 알게 할 우려가 있는 내용에 관한 광고는 하지 못하며, 미리 광고의 내용과 방법 등에 관하여 「의료법」 제57조 제2항에 따른 기관 또는 단체의 심의를 받아야 하고, 의료법상 의료광고 관련 규정을 준수하여야 한다. 또한 국제항공노선이 개설된 공항, 무역항에서는 성형외과·피부과 등 특정 진료과목에 편중된 의료광고를 할 수 없다(의료해외진출법 제15조).

금지되는 의료광고에 해당되는지 여부는 해당 광고가 이루어진 시점의 사회상과 의료소비자들에게 미치는 영향 등에 따라 구체적인 사건별로 판단되고 있다.

2018. 3. 27. 개정 의료법 제56조 제2항은 기존 의료법 제56조 제3항에서 거짓이나 과장된 내용의 의료광고를 금지하던 것을 제56조 제2항 제3호, 제8호로 나누고 기존 의료법 제56조 제4항 이하를 제56조 제3항 이하로 변경하였다. 또한 불법 의료광고에 대해서는 보건복지부장관 등이 위반행위의 중지, 정정광고

---

21) 다만, 의료법 제58조에 따른 의료기관 인증을 표시한 광고, 중앙행정기관, 지방자치단체 등으로부터 받은 인증·보증을 표시한 광고, 다른 법령에 따라 받은 인증·보증을 표시한 광고, 세계보건기구와 협력을 맺은 국제평가기구로부터 받은 인증을 표시한 광고 등 대통령령으로 정하는 광고는 허용된다(법 제56조 제2항 제14호 단서).

명령 등 필요한 조치를 취할 수 있도록 제63조 제2항을 신설하였다. 의료에 관한 주무관청인 보건복지부에서 직접 시정명령을 할 수 있는 법적 근거를 마련한 것이나, 이는 표시·광고의 공정화에 관한 법률 제3조 제1항에서 거짓·과장의 표시·광고, 기만적인 표시·광고, 부당하게 비교하는 표시·광고, 비방적인 표시·광고를 금지하고, 이를 위반한 경우 공정거래위원회에서 해당 위반행위의 중지·시정명령을 받은 사실의 공표, 정정광고, 그 밖에 위반행위의 시정을 위하여 필요한 조치를 명할 수 있도록 한 것(동법 제7조), 더 나아가 공정거래위원회에서 임시중지명령을 할 수 있도록 하고(동법 제8조), 위반사업자에 대하여 과징금을 부과할 수 있도록 한 것(동법 제9조)과 중복된다. 의료법 제56조 제5항에서 시정명령, 업무정지, 과징금 처분시 지체 없이 그 내용을 공정거래위원회에 통보하도록 하고 있으나, 법령상 중복규제 위험이 해소된 것은 아니다. 입법론으로는 중복규제를 지양하고 수범자가 근거조항을 명확하게 인식할 수 있도록 의료광고의 경우 표시·광고의 공정화에 관한 법률의 특별법으로 의료법의 의료광고 해당 조항을 적용하도록 하고, 의료법에 표시·광고의 공정화에 관한 법률상 동의의결제도, 손해배상책임에 관한 규정을 보완하는 방향으로 개선이 필요하다 할 것이다.

(3) 판례·행정해석

(가) 신의료기술의 평가를 받지 않은 신의료기술에 관한 광고

◇ 신의료기술의 평가범위를 넘어서 광고한 사례(인천지방법원 2018. 5. 31. 선고 2018고정360 판결)[22]

－ 의원 홈페이지 및 블로그에 사실은 고강도초음파집속술(일명 하이푸)이 간암과 자궁근종에만 그 사용이 인정되고 이외의 상병은 연구가 필요한 단계임에도 '모든 암환자에게 적용가능, 초기암부터 말기암까지 많은 암환자에게 적용할 수 있는 치료'라고 글을 게시한 사례에 대하여 보건복지부

---

22) 평가를 받지 아니한 신의료기술에 관한 광고로 의료법 위반을 인정하였으나 선고를 유예하였는데, 이에 대하여 피고인이 항소하였으나 항소가 기각되었다(인천지방법원 2018. 10. 24. 선고 2018노1986 판결).

평가를 받지 아니한 신의료기술에 관한 광고를 인정함.

◇ 사전에 신의료기술평가의 필요성을 인정하지 아니한 의료기술에 대해 광고한
사례(대법원 2012. 9. 13. 선고 2011도8694 판결)
- 의료기관 홈페이지에 신의료기술평가를 받지 않은 자가지방유래 줄기세포
  이식술에 관한 광고를 한 사례에서 제1심, 제2심은 신의료기술은 보건복
  지가족부장관이 '사전에' 신의료기술평가의 필요성을 인정한 것을 말한다
  고 보아 무죄를 선고하였음.
- 이에 대해 대법원은 '기존 의료기술에서 벗어나며 아직 그 안전성·유효성
  에 관한 검증이 이루어지지 아니한 새로 개발된 의료기술은 그에 관한 평
  가를 받을 필요가 있으므로 법 제53조에서 신의료기술평가에 관한 절차를
  둔 것이며, 이러한 절차를 거치지 아니하여 안전성·유효성이 확인되지 아
  니한 새로운 의료기술 모두에 대하여 광고를 금지한다고 해석하는 것이
  법 제56조의 입법 취지에 부합한다.'고 판시한 다음, 보건복지가족부장관
  이 모든 신의료기술을 파악하여 일일이 그 안전성·유효성에 대한 평가
  필요성을 사전에 판단하는 것은 거의 불가능할 뿐 아니라, 구 의료법 등
  에서 그에 관한 직무상의 의무를 인정하고 있는 규정도 뚜렷이 보이지 아
  니하며, 원심의 견해는 신의료기술평가를 받지 못한 광고를 금지하려는
  법 제56조의 문언 및 국민의 건강을 보호하고 증진함을 목적으로 하는 법
  의 취지에 반하고, 신의료기술평가를 받고 싶은 사람은 누구라도 법 제53
  조에 따른 신의료기술평가를 받을 수 있으므로, 신의료기술평가를 받지
  아니한 신의료기술에 대하여 광고를 하기 위해서는 스스로 그 절차를 거
  치면 되며, 이러한 절차가 가능함에도 불구하고 보건복지가족부장관이 그
  평가 필요성에 대하여 판단하지 아니하였다는 이유로 자유롭게 광고가 허
  용된다고 보는 것은 옳지 않다는 이유로 원심판결을 파기하였음.

(나) 치료경험담 등 치료 효과를 오인하게 할 우려가 있는 내용의 광고

◇ 로그인 등의 절차 없이 불특정 다수인에게 공개된 치료 후기를 의료법에서 금지하고 있는 치료경험담 등 치료효과를 오인하게 할 우려가 있는 광고로 보아 의료법 위반을 인정한 사례[23]

－ 수원지방법원 2018. 5. 31. 선고 2018고정336 판결(벌금 500만 원)
－ 서울남부지방법원 2016. 4. 28. 선고 2016고정205 판결(벌금 100만 원)
－ 인천지방법원 2015. 11. 25. 선고 2015노180 판결(벌금 40만 원)

◇ 의료기관 홈페이지 'VBAC'소감 란에 브이백성공소감 글을 게시하면 분만비의 10%를 할인해준 사례(대법원 2013. 12. 12. 선고 2013도8032 판결)

－ 자신이 운영하는 병원에서 제왕절개를 하고 자연분만으로 출산한 환자들이 위 병원 홈페이지 'VBAC 소감'란에 브이백성공소감이라는 글을 게시하면 분만비의 10%를 할인해 주는 방법으로 유인하여 환자들로 하여금 별도의 로그인 절차 없이 누구나 게시물을 확인할 수 있는 위 병원 홈페이지 게시판에 자신들의 치료경험담을 게시하도록 한 사례.
－ '치료'라는 표현이 좁은 의미의 질병에 대한 의료행위만을 의미하는 용어로 사용되고 있다고 보기 어려운 점, 일반적으로 출산을 앞둔 산모의 상태를 질병으로 분류하기 어렵다고 하더라도 미용성형이나 모발이식수술 등을 받는 사람과 달리 산모는 일반적인 상태에서 벗어난 비정상적인 건강상태에 있다고 할 수 있고, 특히 이 사건과 같이 제왕절개의 경험이 있는 산모가 자연분만을 시도하는 경우에는 그렇지 않은 경우에 비하여 산모나 태아의 생명, 신체에 위험을 초래할 가능성이 높아 전문 의료인에 의한 특별한 관리와 검사, 시술이 요구되는 점 등을 고려하면 그러한 상태에 있는 산모의 출산을 돕는 브이백 시술은 치료에 해당하고, 따라서 그에 관한 경험담은 위 시행령에서 금지하는 '환자의 치료경험담'으로서 그 시술이 갖는 위와 같은 위험성과 원심이 적법하게 채택한 증거에 의하

---

23) 일반적으로 인터넷 공간 내에서 특정인만을 대상으로 공개되는 정보는 '광고'로 보지 아니하며, 벌금 액수는 행위자, 행위의 태양, 게시 기간 등에 따라 정해진 것으로 추정된다.

여 알 수 있는 이 사건 치료경험담들의 구체적 내용에 비추어 볼 때, 소비자를 현혹하거나 국민건강에 중대한 위해를 발생하게 할 우려가 있는 의료광고에 해당한다고 봄이 상당하다고 판시함.

◇ 치과의사 임플란트 시술 시 "레이저를 이용하여 치아나 잇몸을 절삭, 절개하여 통증과 출혈이 거의 없습니다"라고 광고한 사례(대법원 2010. 3. 25. 선고 2009두21345 판결)

- 치과의사인 원고가 레이저 치료기 제조사에서 배포한 광고책자에 "레이저는 시술시 출혈이 적고 통증 없이 우수한 치료효과를 볼 수 있습니다"라고 기재되어 있는 것을 참고로, 자신의 의료기관 인터넷 홈페이지에 임플란트 시술과 관련하여 "레이저를 이용하여 치아나 잇몸을 절삭, 절개하여 통증과 출혈이 거의 없습니다"라는 내용으로 광고함.

- 어떠한 광고가 '치료효과를 보장하는 등 소비자를 현혹할 우려가 있는 내용의 광고'에 해당하는 것인지를 판단함에 있어서는, 표현방식과 치료효과 보장 등의 연관성, 표현방식 자체가 의료정보 제공에 있어서 불가피한 것인지 여부, 광고가 이루어진 매체의 성격과 그 제작·배포의 경위, 광고의 표현방식이 의료서비스 소비자의 판단에 미치는 영향 등을 종합적으로 고려하여 보통의 주의력을 가진 의료서비스 소비자가 당해 광고를 받아들이는 전체적·궁극적 인상을 기준으로 객관적으로 판단하여야 할 것이라고 한 다음, 당해 광고가 그 표현내용에 있어서 '허위·과장광고'에 해당하는 것인지 여부는 별론으로 하더라도 이를 들어 곧바로 '치료효과를 보장하는 등 소비자를 현혹할 우려가 있는 내용의 광고'에 해당한다고 볼 수는 없다고 판시함.

◇ 홍보대행업체에 의료기관 홍보를 일임한 사례(서울동부지방법원 2018. 12. 6. 선고 2018노934 판결)

- 성형외과 전문의 아닌 의사가 홍보대행업체에 의료기관의 홍보를 일임하였는데, 인터넷 홈페이지에 '성형외과 출신'이라고 광고된 사건에서, 다양한 종류의 홍보방법 중 인터넷 홈페이지 한곳에만 '성형외과 출신'이라고

광고된 점, '전문의'라는 자격을 표시하지 않았다는 점 등을 이유로 의료법 위반의 고의가 없다고 보아 무죄를 선고함.

◇ 치료경험담 게시에 관한 판단기준(헌법재판소 2013. 11. 28. 2011헌마652 결정)

- 금지되는 의료광고로 규정된 '환자의 치료경험담'은 '소비자를 현혹할 우려'가 있는 환자의 치료경험담을 의미하고, '소비자를 현혹할 우려'가 있는 치료경험담이란 의료인이 우수경험담을 선정하거나 특정 환자나 유리한 경험담만을 게재시키거나 게재를 허용하는 방법으로 치료경험담을 게시한 경우로 볼 수 있다고 기준을 제시함.

- 청구인의 인터넷 홈페이지의 수술후체험수기/감사글란에 환자의 치료경험담이 게시된 것은 인정되나, 청구인의 인터넷 홈페이지에 별도의 회원가입 절차 없이 누구나 치료경험담을 작성하거나 볼 수 있는지 여부가 불분명하고, 청구인이 우수경험담을 선정하는 등의 방법으로 환자들로 하여금 치료경험담을 작성하도록 독려하였거나 청구인에게 불리한 내용의 치료경험담은 삭제하고 유리한 치료경험담만을 게시하였는지도 확인되지 않는 점에서 청구인의 인터넷 홈페이지의 수술후체험수기/감사글란에 게시된 이 사건 치료경험담만으로는 청구인이 '소비자를 현혹할 우려'가 있는 치료경험담을 광고하였다고 보기에 부족하다고 판단함.

(다) 거짓광고

◇ 치과의사가 '보톡스', '필러' 시술을 한 사실이 없음에도, 2010. 4.경부터 2010. 9.경까지 치과의원 인터넷 홈페이지에 '쁘띠성형'이라는 제목 아래 '보톡스', '필러' 시술을 시행하고 있고, 많은 환자들이 꾸준히 위 시술을 찾고 있는 것처럼 게재한 사례(헌법재판소 2015. 12. 23. 2012헌마685 전원합의체 결정)

- 거짓·과장광고라 함은 진실이 아니거나 실제보다 지나치게 부풀려진 내용을 담고 있어 의료소비자로 하여금 오인이나 혼동을 불러일으킬 염려가 있는 광고로서 그로 인해 의료광고 규제의 목적인 국민건강이나 건전한 의료경쟁질서를 해칠 우려가 있는 광고를 말하고, 이에 해당하는지를 판

단할 때는 보통의 주의력을 가진 일반 소비자가 당해 광고를 받아들이는 전체적·궁극적 인상을 기준으로 하여 객관적으로 판단하여야 한다고 기준을 제시함.

- 청구인은 개원한 이후 실제로 보톡스 시술을 한 적이 없으므로 위 광고 문구는 진실과 어긋나고, 설령 청구인의 주장대로 종종 보톡스 시술에 대하여 문의하는 손님들이 있었다고 하더라도 이들이 실제로 보톡스 시술을 받는 데까지 이르지 아니하였다면 이를 '꾸준히 찾아준다'고 표현하는 것은 적어도 실제보다 지나치게 부풀린 내용으로서, 위 광고 문구는 일반인들로 하여금 청구인의 치과의원은 개업 초기임에도 미용이나 습관 개선 등을 위하여 보톡스 시술을 받은 사람들이 많다고 오인하거나 혼동하게 할 수 있으므로, 보톡스, 필러 시술이 치과의료의 면허범위에 포함되는지 여부와 관계없이, 청구인이 개원 이후 위 시술을 한 적이 없음에도 많은 환자들이 위 시술을 위하여 꾸준히 찾아주는 것처럼 광고한 점만으로도 이 사건 광고는 거짓·과장광고에 해당한다고 인정함.

◇ 전문병원으로 지정받지 않았음에도 전문병원으로 표시한 경우
- 부산지방법원 2018. 5. 16. 선고 2017고정2547 판결(벌금 50만 원)
- 부산지방법원 2018. 1. 25. 선고 2017고정2299 판결(벌금 50만 원)
- 부산지방법원 2018. 1. 24. 선고 2017고정2007 판결(벌금 70만 원)
- 인천지방법원 2017. 4. 20. 선고 2016고정3606 판결(벌금 50만 원)
- 서울중앙지방법원 2018. 2. 8. 선고 2017고단6690 판결(벌금 2,000만 원)[24]

◇ 자격이나 이력을 허위 기재한 경우
- 수원지방법원 안산지원 2018. 1. 19. 선고 2017고단3133 판결(벌금 200만 원)
- 서울중앙지방법원 2017. 4. 27. 선고 2016노5126 판결(벌금 100만 원, 전문의가 아님에도 "전문의와 상의하도록 합니다."라고 광고한 사례)
- 서울중앙지방법원 2013. 5. 9. 선고 2013노954 판결(벌금 700만 원)[25]

---

24) 거짓광고 외에 의료기관 중복개설·운영, 개설한 의료기관 외 장소에서의 의료업을 한 범죄사실이 함께 인정된 사건이다.

(라) 비교 광고

◇ 의료광고의 내용에 '성공률98%, ○○○에도 불구하고 ○○을 강요하는 병원
들을 볼 수 있습니다' 등의 문구를 사용한 사례(보건복지부 유권해석)[26]

－ 일률적으로 다른 의료인 등의 비교·비방 광고로 판단하기는 어려울 것이
나, '의료광고 심의기준'에서 '수술 없이' 표현과 같이 시·수술 방법에 대
한 비교 표현을 사용하는 것을 금지하는 취지, 일반적인 소비자로 하여금
특정 치료방법이 타 치료방법에 비해 우월한 치료방법인 것으로 인식할
수 있는 점 등을 고려할 때 적절하지 않은 것으로 볼 여지가 있으며, 전체
적인 광고내용과 객관적인 근거 여부 등을 종합적으로 고려하여 판단할
필요가 있음.

(마) 비방 광고

◇ '보통 치과에선 잇몸뼈가 부족하면 원데이임플란트를 할 수 없다는 말을 합니
다. 하지만 ○○○치과는 다릅니다.'라고 광고한 사례(보건복지부 유권해석)[27]

－ 다른 의료인등이 수행하거나 광고하는 기능 또는 진료방법에 관하여 불리한
사실을 광고한 것으로 다른 의료인 등을 비방하는 내용의 광고에 해당함.

(바) 시술행위 노출 광고

－ 시술 장면 영상(사진) 노출 등으로 인하여 의료소비자의 심리를 자극하거
나 혐오감을 일으킬 소지가 있는 경우 의료법상 금지된 수술 장면 등 시
술행위 노출광고에 해당할 소지가 있음(보건복지부 유권해석).[28]

---

25) 레이저시술로 안면부 화상 발생에 대한 업무상과실치상 범죄사실이 함께 인정된 사건이다.
26) 보건복지부, 대한의사협회, 대한치과의사협회, 대한한의사협회, 의료광고 가이드라인 『건강
한 의료광고, 우리가 함께 만들어요! － 유형별 의료광고 사례 및 체크리스트 －』, 2020. 7.
6., 42면.
27) 보건복지부, 대한의사협회, 대한치과의사협회, 대한한의사협회, 의료광고 가이드라인 『건강
한 의료광고, 우리가 함께 만들어요! － 유형별 의료광고 사례 및 체크리스트 －』, 2020. 7.
6., 42면.
28) 보건복지부, 대한의사협회, 대한치과의사협회, 대한한의사협회, 의료광고 가이드라인 『건강
한 의료광고, 우리가 함께 만들어요! － 유형별 의료광고 사례 및 체크리스트 －』, 2020. 7.
6., 45면.

- '혐오감'의 판단기준과 관련하여, 판례는 '혐오감'과 같은 주관적인 판단 기준은 특정인이나 집단의 주관적인 입장에서가 아닌 일반적으로 사회 평균적인 사람들을 기준으로 사회통념에 따라 객관적이고 규범적으로 판단 하여야 한다고 판시하였음(대법원 2017. 6. 8. 선고 2016도21389 판결, 대법원 2018. 9. 13. 선고 2017도16732 판결 등).

(사) 부작용 정보 누락 광고

◇ 의료행위나 진료방법에 대해 부작용 표시가 없거나 수술효과(장점)만을 나열하 거나, 본문보다 부작용 정보 표시를 작게 하는 광고는 「의료법」 제56조 제2항 제 7호 위반행위에 해당할 수 있음(보건복지부 유권해석)[29]

◇ 병원 홈페이지에 미세지방주입술에 관하여 "부작용 걱정이 없음, 붓기와 멍이 거의 없음"이라고 게재하여 광고한 사례(헌법재판소 2013. 11. 28. 2011헌마 652 결정)

- 미세지방주입술에 관한 대한성형외과학회지나 대한피부과학회지 등 자료 에 의하면 주사기를 이용한 지방주입술은 흉터가 전혀 문제되지 않고, 합 병증도 거의 무시해도 좋은 수준이며, 부작용 없이 반영구적인 효과를 지 속시킬 수 있다고 소개되어 있음. 미세지방주입술에 대한 위 광고는 흉터 나 부작용, 멍 등이 전혀 없다는 취지는 아닌 것으로 보이고, 의학전문 자 료에 나타난 미세지방주입술의 특징이나 장점을 그대로 설명한 것에 불과 하여 실제로도 사실과 부합하는 취지의 의료광고로 의료법상 금지되는 부 작용표시위반광고 내지 과장광고에 해당하지 않는다고 판시함.

---

29) 보건복지부, 대한의사협회, 대한치과의사협회, 대한한의사협회, 의료광고 가이드라인 『건강 한 의료광고, 우리가 함께 만들어요! - 유형별 의료광고 사례 및 체크리스트 -』, 2020. 7. 6., 46면.

◇ 병원 홈페이지에 임플란트 시술과 관련하여 "레이저를 이용하여 치아나 잇몸을 절삭, 절개하여 통증과 출혈이 거의 없습니다"라고 게재하여 광고한 사례(대법원 2010. 3. 25. 선고 2009두21345 판결)

– 레이저 치료기에 의한 임플란트 시술이 다른 시술방법에 비해 부작용이 적다는 의료정보를 제공하는 것으로 볼 수 있고, 그 표현방식 역시 레이저 치료기 제조사에서 만든 책자의 내용을 참고로 레이저 치료기에 의한 임플란트 시술의 장점을 의료서비스 소비자들에게 전달하는 차원에서 사용된 것임. 나아가 위 광고에서 사용된 '통증과 출혈이 거의 없다'라는 표현이 곧바로 '통증과 출혈이 없다' 또는 '전혀 없다'라는 의미로 의료서비스 소비자들에게 인식됨으로써 그들의 판단에 어떠한 영향을 미칠 것이라고 보기도 어려워 의료법상 금지되는 부작용표시위반광고 내지 소비자를 현혹할 우려가 있는 내용의 광고에 해당하지 않는다 판시함.

(아) 과장 광고

◇ 인터넷 홈페이지에 '국내 최초', '국내 최상품', '대표적' 등의 문구를 사용한 광고를 게재한 사례(대법원 2009. 2. 26. 선고 2006도9311 판결)

– '국내 최초', '국내 최상품', '대표적' 등의 문구는 이를 객관적으로 조사하거나 그에 관한 결정기준을 마련하기 곤란하여 그 자체로 진실에 반하거나 실제보다 과장된 것으로 보일 뿐 아니라, 스스로 명확한 근거를 제시할 수 없다면, 그 광고는 일반인으로 하여금 오인·혼동하게 할 염려가 있는 광고로서, '허위 또는 과대 광고'에 해당함(대법원 2009. 2. 26. 선고 2006도9311 판결, 대법원 2010. 5. 27. 선고 2006도9083 판결, 대법원 2003. 4. 11. 선고 2002두12342 판결).

◇ 약침의 효력으로 암의 독이 고름으로 빠져나온다고 한의원 인터넷 홈페이지에 광고한 경우(대법원 2010. 5. 27. 선고 2006도9083 판결)

– 약침광고는 피고인이 실제로 자신 운영의 ○○한의원에 내원하는 환자들을 상대로 약침요법을 사용하여 치료한 사실이 있으므로 위 약침광고 문구는 사실의 적시에 불과하고, 그것이 사실이 아니라거나 내용이 부풀려

진 것이라고 보기 어려워 과대광고로 보기는 어렵다는 취지로 판시함.
- 반면, 고름광고와 관련하여서는 현대의학의 기준에서 보면, 암환자가 아닌 일반인의 경우에도 일정 신체 부위에 집중적으로 주사와 쑥뜸을 반복함으로써 당해 부위에 화상을 입혀 상처를 나게 하고 그곳에 고약을 바르면 고름이 나오는 것은 당연한 현상이고, 이러한 증상이 피고인의 시술로 인하여 그 치료 효과로서 나타나는 특별한 현상이라고 보기는 어려우므로 과대광고에 해당한다는 취지로 판시함.

◇ 한의원과 내과의원을 별도로 운영하면서도 같은 건물 내에 있다는 것만으로 2개 의료기관 개설을 안내하는 1장의 광고전단지에 '양 · 한방 협진 검사 안내'라는 문구를 넣어 광고한 사례(대법원 2003. 4. 11. 선고 2002두12342 판결)
- 한의원과 내과의원이 같은 건물의 1, 2층을 각각 사용하면서 독립된 의료기관을 운영하고 있고 의료장비도 각각 구입하여 각자의 의료장비를 이용하여 각 그 해당 분야에 관하여 각자 개별적으로 각종 검사와 진료를 할 수 있을 뿐 한의원과 내과의원을 하나의 의료기관으로 설립하여 공동으로 운영하는 것이 아니므로, 다른 일방에게 그의 해당 분야에 관한 검사와 진료를 받아보도록 권유하는 정도의 협조밖에 할 수 없는데도, 각자 독립된 두 개의 의료기관의 개설을 안내하는 광고전단지를 배포하면서 1장으로 된 광고지에 '양 · 한방 협진 검사 안내'라는 난을 만들고 그 곳에 '양 · 한방 종합검진' 등의 문구와 아울러 각종 진료내용과 검사 내용을 기재함.
- 의료지식이 부족한 일반 환자로 하여금 그 두 개의 의료기관 중 어느 한 곳에만 가면 마치 병원급 의료기관에서 각 진료분야별 전문의들이 조직적이고 유기적인 협조체제 아래 각종 질병에 관하여 종합적인 검사와 진료가 행해지는 것처럼, 한의사와 내과의사의 긴밀하고 유기적인 협조 아래 한방과 양방의 종합적인 검사와 진료를 받을 수 있는 것으로 오인하게 할 염려가 있다고 할 것이므로, 그와 같은 광고행위는 구 의료법 제46조 제1항에서 금지하는 과대광고에 해당한다고 판단함.

(자) 법적 근거없는 자격ㆍ명칭 표방 광고

◇ '교정박사', '얼굴 전문 의사', '비절개모발이식 전문의', '미용성형명의' 등 법적 근거가 없는 자격이나 명칭을 표방하는 광고는 금지됨(보건복지부 유권해석)[30]

(차) 신문 등 전문가의견 형태의 광고

◇ 신문사 등이 광고주로부터 특정 상품 등을 홍보하는 내용을 전달받아 기사형 광고를 게재한 사례(대법원 2018. 1. 25. 선고 2015다210231 판결)
- 신문사 등이 광고주로부터 특정 상품 등을 홍보하는 내용을 전달받아 기사형 광고를 게재하는 경우에는, 독자가 광고임을 전제로 정보의 가치를 판단하여 합리적 선택과 결정을 할 수 있도록 그것이 광고임을 명확히 표시하여야 하고, 보도기사로 오인할 수 있는 표시나 표현을 사용하여서는 아니 된다고 판시함.

(카) 외국인환자 유치 국내광고

◇ 의료해외진출법상 외국인환자 유치 등록을 하지 않은 의료기관이 외국인 환자 유치를 위한 게시물을 게재하거나 진료예약페이지를 운영하는 경우(보건복지부 유권해석)[31]

(타) 소비자 오인 소지 비급여 진료비용 할인 광고

◇ '진단비 무료, 교정 진행시 특별한 혜택' 등의 표현으로 비급여 진료비용의 할인ㆍ면제 금액, 대상, 기간이나 범위 또는 할인ㆍ면제 이전의 비급여 진료비용에 대하여 허위 또는 불명확한 내용이나 정보 등을 게재하여 광고하는 경우(보건복지부 유권해석)[32]

---

30) 보건복지부, 대한의사협회, 대한치과의사협회, 대한한의사협회, 의료광고 가이드라인 『건강한 의료광고, 우리가 함께 만들어요! - 유형별 의료광고 사례 및 체크리스트 -』, 2020. 7. 6., 54면.
31) 보건복지부, 대한의사협회, 대한치과의사협회, 대한한의사협회, 의료광고 가이드라인 『건강한 의료광고, 우리가 함께 만들어요! - 유형별 의료광고 사례 및 체크리스트 -』, 2020. 7. 6., 60면.
32) 보건복지부, 대한의사협회, 대한치과의사협회, 대한한의사협회, 의료광고 가이드라인 『건강

◇ 의료기관에서 의료서비스 체험단 모집을 진행하고 이를 광고하는 경우(보건복지부 유권해석)[33]

－ 의료기관에서 체험단을 모집·운영하는 과정에서 해당 체험단의 의료기관 이용경험이 의료법령에서 금지하고 있는 치료경험담 등 치료효과 오인 광고 형태로 활용될 수 있는 점, 체험단을 대상으로 진료비 할인 혜택 등을 제공하는 경우 환자 유인·알선 행위에 해당할 수 있는 점 등을 감안할 때, 지역 내 의료시장 질서를 어지럽게 할 수 있어 의료법 위반에 해당할 소지가 있음.

(파) 상장·감사장 이용, 인증·보증·추천 광고

◇ 의료기관 홈페이지를 이용한 언론사 주관(국가 행정기관 후원 포함) 의료기관 수상이력 게시물 등은 금지됨(보건복지부 유권해석)[34]

◇ 라식 소비자단체 홈페이지에 인증병원 광고를 하고 광고비를 지급한 사례(헌법재판소 2019. 9. 26. 2017헌마327, 2017헌마328 결정, 헌법재판소 2019. 11. 28. 2017헌마427 결정)

－ 비영리 소비자단체에서 자체적으로 인증병원을 지정하고, 동 단체와 별도의 광고계약을 체결한 인증병원의 경우 '00소비자단체 인증병원' 등을 라식 등과 관련된 키워드 검색 등에 노출되게끔 광고를 하였고, 광고계약을 체결한 인증병원으로부터 광고비 명목으로 환자들이 지급한 진료비의 일정비율이 아니라 광고를 통해 내원한 환자 수를 토대로 하되 병원 규모나 의료진의 수를 감안하여 각 병원별로 비율을 정하여 광고비를 지급하도록 한 것은 환자들에게 직접적인 이익이나 금품을 제공하거나 개별 병원과

한 의료광고, 우리가 함께 만들어요! － 유형별 의료광고 사례 및 체크리스트 －』, 2020. 7. 6., 62면.

33) 보건복지부, 대한의사협회, 대한치과의사협회, 대한한의사협회, 의료광고 가이드라인 『건강한 의료광고, 우리가 함께 만들어요! － 유형별 의료광고 사례 및 체크리스트 －』, 2020. 7. 6., 63면.

34) 보건복지부, 대한의사협회, 대한치과의사협회, 대한한의사협회, 의료광고 가이드라인 『건강한 의료광고, 우리가 함께 만들어요! － 유형별 의료광고 사례 및 체크리스트 －』, 2020. 7. 6., 65면.

환자들을 연계하지 아니하여 의료시장의 질서를 근본적으로 해하였다고 볼 수 없다는 이유로 검사의 기소유예처분을 취소함.

(※ 위 결정은 의료법 제56조 제2항 제14호에서 '각종 상장·감사장 등을 이용하는 광고 또는 인증·보증·추천을 받았다는 내용을 사용하거나 이와 유사한 내용을 표현하는 광고'를 금지하는 규정을 신설하기 전 이루어진 행위에 대한 것으로, 만약 의료법 제56조 제2항 제14호가 적용된다면 결론이 달라질 수 있음.)

□ 불법 의료광고 주요 위반유형[35]

1. 주요 위반유형

위반유형			「의료법」 조항	
① 전문병원 명칭사용	제3조의5 제1항			제3조의5(전문병원 지정) 보건복지부장관은 병원급 의료기관 중에서 특정 진료과목이나 특정 질환 등에 대하여 난이도가 높은 의료행위를 하는 병원을 전문병원으로 지정할 수 있다.
② 환자 유인행위 등	제27조 제3항			제27조(무면허 의료행위 등 금지) ③ 누구든지 「국민건강보험법」이나 「의료급여법」에 따른 본인부담금을 면제하거나 할인하는 행위, 금품 등을 제공하거나 불특정 다수인에게 교통편의를 제공하는 행위 등 영리를 목적으로 환자를 의료기관이나 의료인에게 소개·알선·유인하는 행위 및 이를 사주하는 행위를 하여서는 아니 된다.
③ 의료광고 금지사항	제56조 제2항	제1호	미평가 신의료기술 광고	제53조에 따른 평가를 받지 아니한 신의료기술에 관한 광고
		제2호	치료경험담 등 치료효과 오인 우려 광고	환자에 관한 치료경험담 등 소비자로 하여금 치료 효과를 오인하게 할 우려가 있는 내용의 광고
		제3호	거짓 광고	거짓된 내용을 표시하는 광고
		제4호	비교광고	다른 의료인등의 기능 또는 진료 방법과 비교하는 내용의 광고
		제5호	비방 광고	다른 의료인을 비방하는 내용의 광고

---

35) 보건복지부, 대한의사협회, 대한치과의사협회, 대한한의사협회, 의료광고 가이드라인 『건강한 의료광고, 우리가 함께 만들어요! - 유형별 의료광고 사례 및 체크리스트 -』, 2020. 7. 6., 22면.

제6호	시술행위 노출 광고	수술 장면 등 직접적인 시술행위를 노출하는 내용의 광고
제7호	부작용 정보 누락 광고	의료인등의 기능, 진료 방법과 관련하여 심각한 부작용 등 중요한 정보를 누락하는 광고
제8호	과장 광고	객관적인 사실을 과장하는 내용의 광고
제9호	법적 근거없는 자격·명칭 표방 광고	법적 근거없는 자격·명칭을 표방하는 광고
제10호	신문 등 전문가 의견 형태 광고	신문, 방송, 잡지 등을 이용하여 기사(記事) 또는 전문가의 의견 형태로 표현되는 광고
제11호	미심의 광고	제57조에 따른 심의를 받지 아니하거나 심의받은 내용과 다른 내용의 광고
제12호	외국인환자 유치 국내 광고	제27조제3항에 따라 외국인환자를 유치하기 위한 국내광고
제13호	소비자 오인소지 비급여 진료비용 할인 광고	소비자를 속이거나 소비자로 하여금 잘못 알게 할 우려가 있는 방법으로 제45조에 따른 비급여 진료비용을 할인하거나 면제하는 내용의 광고
제14호	상장 감사장 이용, 인증·보증·추천 광고	각종 상장·감사장 등을 이용하는 광고 또는 인증·보증·추천을 받았다는 내용을 사용하거나 이와 유사한 내용을 표현하는 광고, 다만, 의료법, 정부조직법 등에 따른 인증·보증 광고는 가능

3. 의료광고 방법의 제한 (제56조 제3항)

(1) 조문

◇ 제56조(의료광고의 금지 등)
③ 의료광고는 다음 각 호의 방법으로는 하지 못한다. <개정 2018. 3. 27.>
  1. 「방송법」 제2조 제1호의 방송
  2. 그 밖에 국민의 보건과 건전한 의료경쟁의 질서를 유지하기 위하여 제한

할 필요가 있는 경우로서 대통령령으로 정하는 방법

◇ 벌칙
- 제56조 제3항 위반: 1년 이하의 징역 또는 1천만원 이하의 벌금(제89조 제1호)
- 제56조 제3항을 위반을 이유로 한 보건복지부장관의 시정명령 위반: 500만
  원 이하의 벌금(제90조, 제63조)
- 양벌규정(제91조)

◇ 행정처분
- 제56조 제3항을 위반하여 의료광고를 한 경우: 업무정지 1개월

(2) 조문해설

의료광고는 방송법 제2조 제1호의 방송(텔레비전방송, 라디오방송, 데이터방송, 이동멀티미디어방송)이나 그밖에 국민의 보건과 건전한 의료경쟁의 질서를 유지하기 위하여 제한할 필요가 있는 경우로서 대통령령으로 정하는 방법[36]으로는 하지 못한다. 공익적인 목적에서 불특정 다수의 소비자를 대상으로 가장 큰 광고효과를 볼 수 있는 영상매체를 광고수단에서 배제시킨 것으로 볼 수 있다.

의료광고가 금지되는 '방송'이란 방송프로그램을 기획·편성 또는 제작하여 이를 공중(개별계약에 의한 수신자를 포함한 시청자)에게 전기통신설비에 의하여 송신하는 것으로서 텔레비전방송(정지 또는 이동하는 사물의 순간적 영상과 이에 따르는 음성·음향 등으로 이루어진 방송프로그램을 송신하는 방송), 라디오방송(음성·음향 등으로 이루어진 방송프로그램을 송신하는 방송), 데이터방송(방송사업자의 채널을 이용하여 데이터를 위주로 하여 이에 따르는 영상·음성·음향 및 이들의 조합으로 이루어진 방송프로그램을 송신하는 방송. 인터넷 등 통신망을 통하여 제공하거나 매개하는 경우는 제외함), 이동멀티미디어방송(이동 중 수신을 주목적으로 다채널을 이용하여 텔레비전방송·라디오방송 및 데이터방송을 복합적으로 송신하는 방송)을 의미한다(방송법 제2조 제1호).

---

36) 2024. 2. 현재 대통령령에 해당 규정은 확인되지 않고 있다.

(3) 판례 · 행정해석

◇ '미국 치주과학회 정회원'이 아님에도 위 경력이 포함된 유리액자 형태의 약력서를 자신이 운영하던 치과의원 내에 게시한 사례(대법원 2016. 6. 23. 선고 2014도16577 판결)

－ 유리액자 형태의 약력서를 위 의원 내에만 게시하였을 뿐 이를 신문, 잡지, 방송이나 그에 준하는 매체 등을 이용하여 일반인에게 알린 것은 아닌 점, 위 약력서는 의원을 방문한 사람만 볼 수 있어 그 전파가능성이 상대적으로 낮아 피고인의 경력을 널리 알리는 행위라고 평가하기는 어려운 점 등에 비추어, 거짓 경력이 포함된 약력서를 의원 내에 게시한 행위가 표시 · 광고의 공정화에 관한 법률 제3조 제1항의 거짓 표시행위에 해당함은 별론으로 하고, 의료법 제56조 제3항의 거짓 의료광고에 해당한다고는 볼 수 없음.

◇ 인터넷 성형쇼핑몰에서 특정 의원의 시술상품 쿠폰을 판매하고 환자를 소개한 대가로 진료비 중 15~20%를 수수료로 받은 사례(대법원 2019. 4. 25. 선고 2018도20928 판결)

－ 인터넷 성형쇼핑몰에서 특정 의원의 시술상품 쿠폰을 판매하고 환자를 소개한 대가로 진료비 중 15~20%를 수수료로 받은 것은 의료법 제56조에서 정한 의료광고의 범위를 넘어 의료법 제27조 제3항 본문의 영리를 목적으로 환자를 의료기관 또는 의료인에게 소개 · 알선하는 행위를 하였다고 보아 의료법 위반으로 인정함.

◇ 의사 A와 인터넷사이트를 운영하는 업체 B가 공모하여, B가 운영하는 인터넷사이트 회원 30만 명에게 안과 수술에 관한 이벤트 광고를 이메일로 발송하여, 이벤트에 응모한 일부 신청자들에게 광고 내용대로 수술을 받게 한 사례(대법원 2012. 9. 13. 선고 2010도1763 판결)

－ B가 인터넷사이트 회원에게 이메일을 발송한 행위는 불특정 다수인을 상대로 한 의료광고에 해당한다고 인정함.

4. 관련기관과의 협력 (제56조 제5항)

(1) 조문

◇ 제56조(의료광고의 금지 등)

⑤ 보건복지부장관, 시장·군수·구청장은 제2항 제2호부터 제5호까지 및 제7호부터 제9호까지를 위반한 의료인등에 대하여 제63조, 제64조 및 제67조에 따른 처분을 하려는 경우에는 지체 없이 그 내용을 공정거래위원회에 통보하여야 한다. <신설 2016. 5. 29., 2018. 3. 27.>

(2) 조문해설

2018. 3. 27. 개정 의료법은 불법 의료광고에 대해서는 보건복지부장관 등이 위반행위의 중지, 정정광고 명령 등 필요한 조치를 취할 수 있도록 제63조 제2항을 신설하였다. 이는 표시·광고의 공정화에 관한 법률의 법위반 광고에 대한 조치들과 중복되는 면이 있고, 그 이유는 의료법상 의료광고에 대한 규제와 표시·광고의 공정화에 관한 법률에 따른 규제가 상당부분 중복되기 때문이다. 이에 의료법 제56조 제5항을 신설하여 불법 의료광고에 대한 조치를 취할 경우 공정거래위원회에 통보하도록 하였고, 제67조에서 동일한 위반행위에 대하여 「표시·광고의 공정화에 관한 법률」 제9조에 따른 과징금 부과처분이 이루어진 경우에는 과징금(의료업 정지 처분을 포함한다)을 감경하여 부과하거나 부과하지 아니할 수 있다고 규정하였으나, 입법론으로는 중복규제를 지양하고 수범자가 근거조항을 명확하게 인식할 수 있도록 의료광고의 경우 표시·광고의 공정화에 관한 법률의 특별법으로 의료법의 의료광고 해당 조항을 적용하도록 하고, 의료법에 표시광고법상 동의의결제도, 손해배상책임에 관한 규정을 보완하는 방향으로 개선이 필요하다 할 것이다.

제3절 의료광고 심의

1. 서설

2005. 10. 27. 의료광고를 원칙적으로 금지한 의료법 제46조 3항에 대한 헌법재판소의 단순위헌결정[37] 이후 개정 의료법은 의료광고에 대한 규율을 네거티브 시스템으로 전환하고, 사전심의제도를 시행하였다. 그러나 사전에 광고 내용에 대한 심의를 받아야 하고, 심의받지 않은 광고가 금지되는 것에 대하여 논란이 있었다. 이에 대하여 헌법재판소는 2015. 12. 23. 2015헌바75 결정을 통해 보건복지부장관으로부터 위탁을 받은 각 의사협회의 사전심의를 받지 아니한 의료광고를 금지하고 이를 위반한 경우 처벌하는 의료법 제56조 제2항 제9호 중 '제57조에 따른 심의를 받지 아니한 광고' 부분 및 의료법 제89조 가운데 제56조 제2항 제9호 중 '제57조에 따른 심의를 받지 아니한 광고'에 관한 부분이 사전검열금지원칙에 위배된다고 보아 위헌결정을 하였다.[38] 위 위헌결정에 따라 의료법은 2018. 3. 27. 법률 제15540호에 의하여 의료광고의 사전심의를 자율심의제도로 개정하였다.

2. 의료광고 심의 대상 (제57조 제1항)

(1) 조문

◇ 제57조(의료광고의 심의)
① 의료인등이 다음 각 호의 어느 하나에 해당하는 매체를 이용하여 의료광고를 하려는 경우 미리 의료광고가 제56조 제1항부터 제3항까지의 규정에 위반되는지 여부에 관하여 제2항에 따른 기관 또는 단체의 심의를 받아야 한다. <개정 2008. 2. 29., 2010. 1. 18., 2011. 8. 4., 2016. 1. 6., 2018. 3. 27.>
 1.「신문 등의 진흥에 관한 법률」제2조에 따른 신문·인터넷신문 또는「잡지 등 정기간행물의 진흥에 관한 법률」제2조에 따른 정기간행물

---

37) 헌법재판소 2005. 10. 27. 2003헌가3 결정.
38) 헌법재판소 2015. 12. 23. 2015헌바75 결정.

2. 「옥외광고물 등의 관리와 옥외광고산업 진흥에 관한 법률」 제2조제1호에 따른 옥외광고물 중 현수막(懸垂幕), 벽보, 전단(傳單) 및 교통시설·교통수단에 표시(교통수단 내부에 표시되거나 영상·음성·음향 및 이들의 조합으로 이루어지는 광고를 포함한다)되는 것

3. 전광판

4. 대통령령으로 정하는 인터넷 매체[이동통신단말장치에서 사용되는 애플리케이션(Application)을 포함한다][39]

5. 그 밖에 매체의 성질, 영향력 등을 고려하여 대통령령으로 정하는 광고매체[40]

◇ 벌칙

– 제57조에 따른 심의를 받지 아니하거나 심의받은 내용과 다른 내용의 광고를 한 때: 1년 이하의 징역 또는 1천만원 이하의 벌금(제89조 제1호, 제56조 제2항 제11호)

◇ 행정처분

– 의료광고의 내용 및 방법 등에 대하여 사전에 심의를 받지 아니하거나 심의받은 내용과 다른 내용의 광고를 한 경우: 1차 위반: 경고, 2차 위반: 업무정지 15일, 3차 위반: 업무정지 1개월

---

39) 의료법 시행령 제24조(의료광고의 심의) ① 법 제57조제1항제4호에서 "대통령령으로 정하는 인터넷 매체"란 다음 각 호의 매체를 말한다. <개정 2012. 4. 27.>
  1. 「신문 등의 진흥에 관한 법률」 제2조제5호에 따른 인터넷뉴스서비스
  2. 「방송법」 제2조제3호에 따른 방송사업자가 운영하는 인터넷 홈페이지
  3. 「방송법」 제2조제3호에 따른 방송사업자의 방송프로그램을 주된 서비스로 하여 '방송', 'TV' 또는 '라디오' 등의 명칭을 사용하면서 인터넷을 통하여 제공하는 인터넷 매체
  4. 「정보통신망 이용촉진 및 정보보호 등에 관한 법률」 제2조제1항제3호에 따른 정보통신서비스 제공자 중 전년도 말 기준 직전 3개월 간 일일 평균 이용자 수가 10만명 이상인 자가 운영하는 인터넷 매체
40) 의료법 시행령 제24조(의료광고의 심의) ② 법 제57조제1항제5호에서 "대통령령으로 정하는 광고매체"란 전년도 말 기준 직전 3개월 간 일일 평균 이용자 수가 10만명 이상인 사회 관계망 서비스(Social Network Service)를 제공하는 광고매체를 말한다. <개정 2018. 9. 28.>

(2) 조문해설

의료광고 사전심의의 대상은 ① 신문·인터넷신문, 잡지 등 정기간행물, ② 현수막(懸垂幕), 벽보, 전단(傳單) 및 교통시설·교통수단에 표시(교통수단 내부에 표시되거나 영상·음성·음향 및 이들의 조합으로 이루어지는 광고를 포함한다)되는 것, ③ 전광판, ④ 대통령령으로 정하는 인터넷 매체, ⑤ 그 밖에 매체의 성질, 영향력 등을 고려하여 대통령령으로 정하는 광고매체이다. 교통시설·교통수단에 표시되는 광고는 2016. 1. 6. 개정법에서 사전심의대상에 포함되었는데, 버스나 지하철 내부에 표시된 광고의 영향력이 큼에도 불구하고 사전심의대상에 포함되지 않는 문제가 있어 2018. 3. 27. 개정 의료법은 교통수단 내부에 표시되거나 영상·음성·음향 및 이들의 조합으로 이루어지는 광고가 사전심의대상에 포함됨을 명확히 하였다.

동조 제4호의 '대통령령으로 정하는 인터넷 매체'는 인터넷뉴스서비스, 방송사업자가 운영하는 인터넷 홈페이지, 방송사업자의 방송프로그램을 주된 서비스로 하여 '방송', 'TV' 또는 '라디오' 등의 명칭을 사용하는 인터넷을 통하여 제공하는 인터넷 매체, 인터넷 포털과 같은 정보통신서비스 제공자 중 전년도 말 기준 직전 3개월간 일일 평균 이용자 수가 10만 명 이상인 자가 운영하는 인터넷 매체이다(의료법 시행령 제24조 제1항). 여기에는 이동통신단말장치에서 사용되는 애플리케이션(Application)이 포함된다. 스마트폰 사용 급증에 따른 당연한 결과이다.

동조 제5호의 '그 밖에 매체의 성질, 영향력 등을 고려하여 대통령령으로 정하는 광고매체'는 '전년도 말 기준 직전 3개월간 일일 평균 이용자 수가 10만 명 이상인 사회 관계망 서비스(Social Network Service)를 제공하는 광고매체'를 말한다(의료법 시행령 제24조 제2항). 여기에는 페이스북, 엑스(구 트위터), 밴드, 카카오톡 등이 포함된다. 2018. 9. 28. 의료법 시행령 개정으로 제24조 제2항이 신설됨으로써 급변하는 인터넷 환경에서 사회 관계망 서비스에 올라오는 광고가 사전심의대상에 포함되지 않았던 문제가 해결되었다. 사회 관계망 서비스는 의료법이 정한 고전적 매체들에 비해 영향력이 적지 않고, 오히려 개개인에게 미치는 영향력이 더욱 크다고 볼 수 있다는 점에서 바람직한 개정이다.

3. 의료광고 자율심의제도 (제57조 제2, 3, 4, 5, 6, 7, 8, 9, 10, 11항)

(1) 조문

◇ 제57조(의료광고의 심의)

② 다음 각 호의 기관 또는 단체는 대통령령으로 정하는 바에 따라 자율심의를 위한 조직 등을 갖추어 보건복지부장관에게 신고한 후 의료광고 심의 업무를 수행할 수 있다. <개정 2018. 3. 27.>

1. 제28조제1항에 따른 의사회·치과의사회·한의사회

2. 「소비자기본법」 제29조에 따라 등록한 소비자단체로서 대통령령으로 정하는 기준을 충족하는 단체

③ 의료인등은 제1항에도 불구하고 다음 각 호의 사항으로만 구성된 의료광고에 대해서는 제2항에 따라 보건복지부장관에게 신고한 기관 또는 단체(이하 "자율심의기구"라 한다)의 심의를 받지 아니할 수 있다. <개정 2018. 3. 27.>

1. 의료기관의 명칭·소재지·전화번호

2. 의료기관이 설치·운영하는 진료과목(제43조제5항에 따른 진료과목을 말한다)

3. 의료기관에 소속된 의료인의 성명·성별 및 면허의 종류

4. 그 밖에 대통령령으로 정하는 사항[41]

④ 자율심의기구는 제1항에 따른 심의를 할 때 적용하는 심의 기준을 상호 협의하여 마련하여야 한다. <개정 2018. 3. 27.>

⑤ 의료광고 심의를 받으려는 자는 자율심의기구가 정하는 수수료를 내야 한다.

---

[41] 의료법 시행령 제24조(의료광고의 심의) ⑦ 법 제57조제3항제4호에서 "대통령령으로 정하는 사항"이란 다음 각 호의 사항을 말한다. <신설 2018. 9. 28.>

1. 의료기관 개설자 및 개설연도

2. 의료기관의 인터넷 홈페이지 주소

3. 의료기관의 진료일 및 진료시간

4. 의료기관이 법 제3조의5제1항에 따라 전문병원으로 지정받은 사실

5. 의료기관이 법 제58조제1항에 따라 의료기관 인증을 받은 사실

6. 의료기관 개설자 또는 소속 의료인이 법 제77조제1항에 따라 전문의 자격을 인정받은 사실 및 그 전문과목

<신설 2018. 3. 27.>

⑥ 제2항제1호에 따른 자율심의기구가 수행하는 의료광고 심의 업무 및 이와 관련된 업무의 수행에 관하여는 제29조제3항, 제30조제1항, 제32조, 제83조 제1항 및 「민법」 제37조를 적용하지 아니하며, 제2항제2호에 따른 자율심의기구가 수행하는 의료광고 심의 업무 및 이와 관련된 업무의 수행에 관하여는 「민법」 제37조를 적용하지 아니한다. <신설 2018. 3. 27.>

⑦ 자율심의기구는 의료광고 제도 및 법령의 개선에 관하여 보건복지부장관에게 의견을 제시할 수 있다. <신설 2018. 3. 27.>

⑧ 제1항에 따른 심의의 유효기간은 심의를 신청하여 승인을 받은 날부터 3년으로 한다. <신설 2018. 3. 27.>

⑨ 의료인등이 제8항에 따른 유효기간의 만료 후 계속하여 의료광고를 하려는 경우에는 유효기간 만료 6개월 전에 자율심의기구에 의료광고 심의를 신청하여야 한다. <신설 2018. 3. 27.>

⑩ 제1항부터 제9항까지의 규정에서 정한 것 외에 자율심의기구의 구성·운영 및 심의에 필요한 사항은 자율심의기구가 정한다. <신설 2018. 3. 27.>

⑪ 자율심의기구는 제1항 및 제4항에 따른 심의 관련 업무를 수행할 때에는 제56조 제1항부터 제3항까지의 규정에 따라 공정하고 투명하게 하여야 한다. <신설 2018. 3. 27.>

◇ 벌칙

보건복지부장관 또는 시장·군수·구청장이 제57조 제11항 위반을 이유로 자율심의기구에 시정명령을 하였으나 이를 위반한 경우: 500만원 이하의 벌금(제90조, 제63조 제1항)

(2) 조문해설

2018. 3. 27. 개정 전 의료법은 의료광고에 대한 규율을 네거티브 시스템으로 전환하고 사전심의제도를 시행하였고, 제57조에서 사전심의제도에 관하여 규정하였다.

헌법재판소는 2015. 12. 23. 2015헌바75 결정에서 광고는 사상·지식·정보 등을 불특정 다수인에게 전파하는 것으로서 언론·출판의 자유에 의한 보호를 받는 대상인 점,[42] 헌법 제21조 제2항은 언론·출판에 대한 허가나 검열의 금지를 규정하고 있는데, 금지되는 사전검열의 요건으로 ① 일반적으로 허가를 받기 위한 표현물의 제출의무가 존재할 것, ② 행정권이 주체가 된 사전심사절차가 존재할 것, ③ 허가를 받지 아니한 의사표현을 금지할 것, ④ 심사절차를 관철할 수 있는 강제수단이 존재할 것을 전제한 다음,[43] 2018. 3. 27. 개정 전 의료법 제57조 제1항은 ① 의료광고를 하려는 경우 미리 광고의 내용과 방법 등에 관하여 보건복지부장관의 심의를 받도록 하였고, 구 의료법시행령 제25조 제1항은 의료광고의 심의를 받으려는 의료법인·의료기관·의료인은 신청서에 해당 의료광고 내용을 첨부하여 의료광고 심의업무를 위탁받은 기관에 제출하도록 하였는바, 이는 허가를 받기 위한 표현물의 제출의무를 부과한 것에 해당하고, ② 의료법은 심의주체를 보건복지부장관으로 정하고 있고, 심의업무를 위탁받은 대한의사협회, 대한치과의사협회, 대한한의사협회는 민간단체이나 심의위원회 구성에 행정권이 개입할 수 있으며, 심의기관이 의료광고 사전심의 업무를 처리함에 있어서도 행정기관인 보건복지부장관의 영향력 아래 있는 점 등에 비추어 심의기관인 대한의사협회, 대한치과의사협회, 대한한의사협회의 행정기관성을 부인할 수 없으며, ③ 사전심의를 받지 않은 의료광고행위를 금지함으로써 허가받지 않은 의사 표현을 금지하는 것에 해당하고, ④ 사전심의를 받지 않은 의료광고를 하는 경우 1년 이하의 징역이나 500만 원 이하의 벌금에 처하도록 형벌을 부과함으로써 사전심의절차를 관철하기 위한 강제수단이 존재한다는 이유로 종전 의료법상 의료광고 사전심의제는 위헌이라는 결정을 내렸다.[44]

　위 위헌결정에 따라 2018. 3. 27. 의료광고 사전심의제도에 관한 의료법 제57조는 행정기관이 아닌 독립된 민간 자율심의기구에서 의료광고에 대한 사전심의를 시행하도록 개정되었다. 개정 의료법 제57조는 사전심의의 주체를 대한의사협회, 대한치과의사협회, 대한한의사협회, 일정한 요건을 갖춘 소비자단체가 자

---

42) 헌법재판소 2002. 12. 18. 2000헌마764 결정, 헌법재판소 2014. 9. 25. 2013헌바28 결정 참조.
43) 헌법재판소 1996. 10. 31. 94헌가6 결정, 헌법재판소 2008. 6. 26. 2005헌마506 결정 참조.
44) 헌법재판소 2015. 12. 23. 2015헌바75 결정.

율심의를 위한 조직 등을 갖추어 보건복지부장관에게 신고한 후 의료광고 심의 업무를 수행하도록 하였고(동조 제2항), 소비자를 유인하거나 현혹할 우려가 없는 내용의 광고를 할 경우에는 사전심의를 받지 않을 수 있도록 하였으며(동조 제3항),[45] 심의기준을 자율적으로 정하도록 하였고(동조 제4항), 심의기구 구성 및 운영에 행정권의 영향을 배제함(동조 제6항, 제10항)으로써 위헌적인 사전검열의 요소를 제거하였다.

또한 종래 사전심의를 받은 의료광고를 제한 없이 사용함으로써 의료광고 당시 변화된 의료 환경, 의학의 발전, 의료기관의 구성 등을 반영하지 못하는 문제점을 해소하기 위하여 심의의 유효기간을 승인 후 3년으로 정하였고(동조 제8항), 유효기간 만료 후 계속하여 의료광고를 하려는 경우에는 유효기간 만료 6개월 전에 심의를 받도록 하였다(동조 제9항).

4. 의료광고 심의위원회 (제57조의2, 제86조의2)

(1) 조문

◇ 제57조의2(의료광고에 관한 심의위원회)
① 자율심의기구는 의료광고를 심의하기 위하여 제2항 각 호의 구분에 따른 심의위원회(이하 이 조에서 "심의위원회"라 한다)를 설치·운영하여야 한다.
② 심의위원회의 종류와 심의 대상은 다음 각 호와 같다. <개정 2020. 3. 4.>
  1. 의료광고심의위원회: 의사, 의원, 의원의 개설자, 병원, 병원의 개설자, 요양병원(한의사가 개설한 경우는 제외한다), 요양병원의 개설자, 종합병원(치과는 제외한다. 이하 이 호에서 같다), 종합병원의 개설자, 조산사, 조

---

45) 사전심의 없이 광고할 수 있는 사항은 의료법 제57조 제3항에 규정된 의료기관의 명칭·소재지·전화번호, 의료기관이 설치·운영하는 진료과목, 의료기관에 소속된 의료인의 성명·성별 및 면허의 종류 외에 의료법 시행령 제24조 제7항에 규정된 의료기관 개설자 및 개설연도, 의료기관의 인터넷 홈페이지 주소, 의료기관의 진료일 및 진료시간, 의료기관이 법 제3조의5제1항에 따라 전문병원으로 지정받은 사실, 의료기관이 법 제58조제1항에 따라 의료기관 인증을 받은 사실, 의료기관 개설자 또는 소속 의료인이 법 제77조제1항에 따라 전문의 자격을 인정받은 사실 및 그 전문과목이다.

산원, 조산원의 개설자가 하는 의료광고의 심의[46]

　2. 치과의료광고심의위원회: 치과의사, 치과의원, 치과의원의 개설자, 치과병원, 치과병원의 개설자, 종합병원(치과만 해당한다. 이하 이 호에서 같다), 종합병원의 개설자가 하는 의료광고의 심의

　3. 한방의료광고심의위원회: 한의사, 한의원, 한의원의 개설자, 한방병원, 한방병원의 개설자, 요양병원(한의사가 개설한 경우만 해당한다. 이하 이 호에서 같다), 요양병원의 개설자가 하는 의료광고의 심의

③ 제57조 제2항 제1호에 따른 자율심의기구 중 의사회는 제2항 제1호에 따른 심의위원회만, 치과의사회는 같은 항 제2호에 따른 심의위원회만, 한의사회는 같은 항 제3호에 따른 심의위원회만 설치·운영하고, 제57조 제2항 제2호에 따른 자율심의기구는 제2항 각 호의 어느 하나에 해당하는 심의위원회만 설치·운영할 수 있다.

④ 심의위원회는 위원장 1명과 부위원장 1명을 포함하여 15명 이상 25명 이하의 위원으로 구성한다. 이 경우 제2항 각 호의 심의위원회 종류별로 다음 각 호의 구분에 따라 구성하여야 한다.

1. 의료광고심의위원회: 제5항 제2호부터 제9호까지의 사람을 각각 1명 이상 포함하되, 같은 항 제4호부터 제9호까지의 사람이 전체 위원의 3분의 1 이상이 되도록 구성하여야 한다.

2. 치과의료광고심의위원회: 제5항 제1호 및 제3호부터 제9호까지의 사람을 각각 1명 이상 포함하되, 같은 항 제4호부터 제9호까지의 사람이 전체 위원의 3분의 1 이상이 되도록 구성하여야 한다.

3. 한방의료광고심의위원회: 제5항 제1호·제2호 및 제4호부터 제9호까지의 사람을 각각 1명 이상 포함하되, 같은 항 제4호부터 제9호까지의 사람이 전체 위원의 3분의 1 이상이 되도록 구성하여야 한다.

⑤ 심의위원회 위원은 다음 각 호의 어느 하나에 해당하는 사람 중에서 자율심의기구의 장이 위촉한다.

1. 의사

2. 치과의사

3. 한의사

---

46) 2020. 3. 4. 개정 의료법에서는 '정신병원, 정신병원의 개설자가 하는 의료광고의 심의'가 심의대상으로 추가되었다.

4. 「약사법」 제2조제2호에 따른 약사

5. 「소비자기본법」 제2조제3호에 따른 소비자단체의 장이 추천하는 사람

6. 「변호사법」 제7조제1항에 따라 같은 법 제78조에 따른 대한변호사협회에 등록한 변호사로서 대한변호사협회의 장이 추천하는 사람

7. 「민법」 제32조에 따라 설립된 법인 중 여성의 사회참여 확대 및 복지 증진을 주된 목적으로 설립된 법인의 장이 추천하는 사람

8. 「비영리민간단체 지원법」 제4조에 따라 등록된 단체로서 환자의 권익 보호를 주된 목적으로 하는 단체의 장이 추천하는 사람

9. 그 밖에 보건의료 또는 의료광고에 관한 학식과 경험이 풍부한 사람

⑥ 제1항부터 제5항까지의 규정에서 정한 것 외에 심의위원회의 구성 및 운영에 필요한 사항은 자율심의기구가 정한다.

[본조신설 2018. 3. 27.]

◇ 제86조의2(벌칙 적용에서 공무원 의제)

- 제57조의2 제4항에 따른 심의위원회 위원은 「형법」 제129조부터 제132조까지의 규정을 적용할 때에는 공무원으로 본다.

[본조신설 2018. 3. 27.]

(2) 조문해설

자율심의기구는 의사협회, 치과의사협회, 한의사협회, 소비자단체에서 구성할 수 있다. 2018. 3. 27. 개정 의료법은 형법상 뇌물죄와 관련하여 심의위원회 위원을 공무원으로 보는 조항을 신설함으로써 심의위원회 위원의 업무처리상 공정성을 강조하였다.

5. 의료광고 모니터링 (제57조의3)

(1) 조문

◇ 제57조의3(의료광고 모니터링)

자율심의기구는 의료광고가 제56조 제1항부터 제3항까지의 규정을 준수하는지 여부에 관하여 모니터링하고, 보건복지부령으로 정하는 바에 따라 모니터링 결과를 보건복지부장관에게 제출하여야 한다.

[본조신설 2018. 3. 27.]

(2) 조문해설

2018. 3. 27. 개정법에서는 행정권으로부터 독립된 자율심의기구가 심의를 하도록 하면서 자율심의기구에 의료광고 모니터링을 해야 할 의무를 부과하였다. 자율심의기구는 의료광고가 법 제56조 제1항부터 제3항까지의 규정을 준수하는지 여부에 관한 모니터링 결과를 매 분기별로 분기가 끝난 후 30일 이내에 보건복지부장관에게 제출하여야 한다(의료법 시행규칙 제61조의3).

감 독

Medical Law

제 5 장
감 독

제1절 의료기관 인증 (제58조, 제58조의2 · 3)

(1) 조문

◇ 제58조(의료기관 인증)
① 보건복지부장관은 의료의 질과 환자 안전의 수준을 높이기 위하여 병원급 의료기관 및 대통령령으로 정하는 의료기관에 대한 인증(이하 "의료기관 인증"이라 한다)을 할 수 있다. <개정 2020. 3. 4.>
② 보건복지부장관은 대통령령으로 정하는 바에 따라 의료기관 인증에 관한 업무를 제58조의11에 따른 의료기관평가인증원에 위탁할 수 있다. <개정 2020. 3. 4.>
③ 보건복지부장관은 다른 법률에 따라 의료기관을 대상으로 실시하는 평가를 통합하여 제58조의11에 따른 의료기관평가인증원으로 하여금 시행하도록 할 수 있다. <개정 2020. 3. 4.>
[전문개정 2010. 7. 23.]

◇ 제58조의2(의료기관인증위원회)
① 보건복지부장관은 의료기관 인증에 관한 주요 정책을 심의하기 위하여 보건복지부장관 소속으로 의료기관인증위원회(이하 이 조에서 "위원회"라 한다)를 둔다.

② 위원회는 위원장 1명을 포함한 15인 이내의 위원으로 구성한다.

③ 위원회의 위원장은 보건복지부차관으로 하고, 위원회의 위원은 다음 각 호의 사람 중에서 보건복지부장관이 임명 또는 위촉한다. <개정 2016. 5. 29.>

   1. 제28조에 따른 의료인 단체 및 제52조에 따른 의료기관단체에서 추천하는 자

   2. 노동계, 시민단체(「비영리민간단체지원법」 제2조에 따른 비영리민간단체를 말한다), 소비자단체(「소비자기본법」 제29조에 따른 소비자단체를 말한다)에서 추천하는 자

   3. 보건의료에 관한 학식과 경험이 풍부한 자

   4. 시설물 안전진단에 관한 학식과 경험이 풍부한 자

   5. 보건복지부 소속 3급 이상 공무원 또는 고위공무원단에 속하는 공무원

④ 위원회는 다음 각 호의 사항을 심의한다.

   1. 인증기준 및 인증의 공표를 포함한 의료기관 인증과 관련된 주요 정책에 관한 사항

   2. 제58조제3항에 따른 의료기관 대상 평가제도 통합에 관한 사항

   3. 제58조의7제2항에 따른 의료기관 인증 활용에 관한 사항

   4. 그 밖에 위원장이 심의에 부치는 사항

⑤ 위원회의 구성 및 운영, 그 밖에 필요한 사항은 대통령령으로 정한다.

[본조신설 2010. 7. 23.]

◇ **제58조의3(의료기관 인증기준 및 방법 등)**

① 의료기관 인증기준은 다음 각 호의 사항을 포함하여야 한다.

   1. 환자의 권리와 안전

   2. 의료기관의 의료서비스 질 향상 활동

   3. 의료서비스의 제공과정 및 성과

   4. 의료기관의 조직·인력관리 및 운영

   5. 환자 만족도

② 인증등급은 인증, 조건부인증 및 불인증으로 구분한다. <개정 2020. 3. 4.>

③ 인증의 유효기간은 4년으로 한다. 다만, 조건부인증의 경우에는 유효기간을 1년으로 한다. <개정 2020. 3. 4.>

④ 조건부인증을 받은 의료기관의 장은 유효기간 내에 보건복지부령으로 정하

는 바에 따라 재인증을 받아야 한다. <개정 2020. 3. 4.>

⑤ 제1항에 따른 인증기준의 세부 내용은 보건복지부장관이 정한다. <개정 2020. 3. 4.>

[본조신설 2010. 7. 23.]

◇ 제58조의4(의료기관 인증의 신청 및 평가)

① 의료기관 인증을 받고자 하는 의료기관의 장은 보건복지부령으로 정하는 바에 따라 보건복지부장관에게 신청할 수 있다.

② 제1항에도 불구하고 제3조제2항제3호에 따른 요양병원(「장애인복지법」 제58조제1항제4호에 따른 의료재활시설로서 제3조의2에 따른 요건을 갖춘 의료기관은 제외한다)의 장은 보건복지부령으로 정하는 바에 따라 보건복지부장관에게 인증을 신청하여야 한다. <개정 2020. 3. 4.>

③ 제2항에 따라 인증을 신청하여야 하는 요양병원이 조건부인증 또는 불인증을 받거나 제58조의10제1항제4호 및 제5호에 따라 인증 또는 조건부인증이 취소된 경우 해당 요양병원의 장은 보건복지부령으로 정하는 기간 내에 다시 인증을 신청하여야 한다. <개정 2020. 3. 4.>

④ 보건복지부장관은 인증을 신청한 의료기관에 대하여 제58조의3제1항에 따른 인증기준 적합 여부를 평가하여야 한다. 이 경우 보건복지부장관은 보건복지부령으로 정하는 바에 따라 필요한 조사를 할 수 있고, 인증을 신청한 의료기관은 정당한 사유가 없으면 조사에 협조하여야 한다. <신설 2020. 3. 4.>

⑤ 보건복지부장관은 제4항에 따른 평가 결과와 인증등급을 지체 없이 해당 의료기관의 장에게 통보하여야 한다. <신설 2020. 3. 4.>

[본조신설 2010. 7. 23.]

[제목개정 2020. 3. 4.]

◇ 제58조의5(이의신청)

① 의료기관 인증을 신청한 의료기관의 장은 평가결과 또는 인증등급에 관하여 보건복지부장관에게 이의신청을 할 수 있다.

② 제1항에 따른 이의신청은 평가결과 또는 인증등급을 통보받은 날부터 30일 이내에 하여야 한다. 다만, 책임질 수 없는 사유로 그 기간을 지킬 수 없었던 경우에는 그 사유가 없어진 날부터 기산한다.

③ 제1항에 따른 이의신청의 방법 및 처리 결과의 통보 등에 필요한 사항은 보건복지부령으로 정한다.
[본조신설 2010. 7. 23.]

◇ 제58조의6(인증서와 인증마크)

① 보건복지부장관은 인증을 받은 의료기관에 인증서를 교부하고 인증을 나타내는 표시(이하 "인증마크"라 한다)를 제작하여 인증을 받은 의료기관이 사용하도록 할 수 있다.

② 누구든지 제58조제1항에 따른 인증을 받지 아니하고 인증서나 인증마크를 제작·사용하거나 그 밖의 방법으로 인증을 사칭하여서는 아니 된다.

③ 인증마크의 도안 및 표시방법 등에 필요한 사항은 보건복지부령으로 정한다.
[본조신설 2010. 7. 23.]

◇ 제58조의7(인증의 공표 및 활용)

① 보건복지부장관은 인증을 받은 의료기관에 관하여 인증기준, 인증 유효기간 및 제58조의4제4항에 따라 평가한 결과 등 보건복지부령으로 정하는 사항을 인터넷 홈페이지 등에 공표하여야 한다. <개정 2020. 3. 4.>

② 보건복지부장관은 제58조의4제4항에 따른 평가 결과와 인증등급을 활용하여 의료기관에 대하여 다음 각 호에 해당하는 행정적·재정적 지원 등 필요한 조치를 할 수 있다. <개정 2020. 3. 4.>

　　1. 제3조의4에 따른 상급종합병원 지정
　　2. 제3조의5에 따른 전문병원 지정
　　3. 의료의 질 및 환자 안전 수준 향상을 위한 교육, 컨설팅 지원
　　4. 그 밖에 다른 법률에서 정하거나 보건복지부장관이 필요하다고 인정한 사항

③ 제1항에 따른 공표 등에 필요한 사항은 보건복지부령으로 정한다.
[본조신설 2010. 7. 23.]

◇ 제58조의8(자료의 제공요청)

① 보건복지부장관은 인증과 관련하여 필요한 경우에는 관계 행정기관, 의료기관, 그 밖의 공공단체 등에 대하여 자료의 제공 및 협조를 요청할 수 있다.

② 제1항에 따른 자료의 제공과 협조를 요청받은 자는 정당한 사유가 없는 한 요청에 따라야 한다.

[본조신설 2010. 7. 23.]

◇ 제58조의9(의료기관 인증의 사후관리)

보건복지부장관은 인증의 실효성을 유지하기 위하여 보건복지부령으로 정하는 바에 따라 인증을 받은 의료기관에 대하여 제58조의3제1항에 따른 인증기준의 충족 여부를 조사할 수 있다.

[본조신설 2020. 3. 4.]

[종전 제58조의9는 제58조의10으로 이동 <2020. 3. 4.>]

◇ 제58조의10(의료기관 인증의 취소 등)

① 보건복지부장관은 인증을 받은 의료기관이 인증 유효기간 중 다음 각 호의 어느 하나에 해당하는 경우에는 의료기관 인증 또는 조건부인증을 취소하거나 인증마크의 사용정지 또는 시정을 명할 수 있다. 다만, 제1호 및 제2호에 해당하는 경우에는 인증 또는 조건부인증을 취소하여야 한다. <2020. 3. 4.>

1. 거짓이나 그 밖의 부정한 방법으로 인증 또는 조건부인증을 받은 경우

2. 제64조제1항에 따라 의료기관 개설 허가가 취소되거나 폐쇄명령을 받은 경우

3. 의료기관의 종별 변경 등 인증 또는 조건부인증의 전제나 근거가 되는 중대한 사실이 변경된 경우

4. 제58조의3제1항에 따른 인증기준을 충족하지 못하게 된 경우

5. 인증마크의 사용정지 또는 시정명령을 위반한 경우

② 제1항제1호에 따라 인증이 취소된 의료기관은 인증 또는 조건부인증이 취소된 날부터 1년 이내에 인증 신청을 할 수 없다.

③ 제1항에 따른 의료기관 인증 또는 조건부인증의 취소 및 인증마크의 사용정지 등에 필요한 절차와 처분의 기준 등은 보건복지부령으로 정한다. <2020. 3. 4.>

[본조신설 2010. 7. 23.]

[제목개정 2020. 3. 4.]

◇ 제58조의11(의료기관평가인증원의 설립 등)
① 의료기관 인증에 관한 업무와 의료기관을 대상으로 실시하는 각종 평가 업무를 효율적으로 수행하기 위하여 의료기관평가인증원(이하 "인증원"이라 한다)을 설립한다.
② 인증원은 다음 각 호의 업무를 수행한다.
  1. 의료기관 인증에 관한 업무로서 제58조제2항에 따라 위탁받은 업무
  2. 다른 법률에 따라 의료기관을 대상으로 실시하는 평가 업무로서 보건복지부장관으로부터 위탁받은 업무
  3. 그 밖에 이 법 또는 다른 법률에 따라 보건복지부장관으로부터 위탁받은 업무
③ 인증원은 법인으로 하고, 주된 사무소의 소재지에 설립등기를 함으로써 성립한다.
④ 인증원에는 정관으로 정하는 바에 따라 임원과 필요한 직원을 둔다.
⑤ 보건복지부장관은 인증원의 운영 및 사업에 필요한 경비를 예산의 범위에서 지원할 수 있다.
⑥ 인증원은 보건복지부장관의 승인을 받아 의료기관 인증을 신청한 의료기관의 장으로부터 인증에 소요되는 비용을 징수할 수 있다.
⑦ 인증원은 제2항에 따른 업무 수행에 지장이 없는 범위에서 보건복지부령으로 정하는 바에 따라 교육, 컨설팅 등 수익사업을 할 수 있다.
⑧ 인증원에 관하여 이 법 및 「공공기관의 운영에 관한 법률」에서 정하는 사항 외에는 「민법」 중 재단법인에 관한 규정을 준용한다.
[본조신설 2020. 3. 4.]

(2) 조문해설

(가) 의료기관인증제도

보건복지부장관은 의료의 질과 환자 안전의 수준을 높이기 위하여 병원급 의료기관 및 대통령령으로 정하는 의료기관(의료 해외진출 및 외국인환자 유치 지원에 관한 법률 제6조 제1항에 따라 등록한 의료기관과 호스피스·완화의료 및 임종과정에 있는 환자의 연명의료결정에 관한 법률 제25조 제1항에 따른 호스피스전문기관)에 대한 의

료기관 인증을 할 수 있다. 의료기관 인증제도는 의료기관으로 하여금 환자 안전과 의료의 질 향상을 위해 자발적이고 지속적인 노력으로 의료소비자에게 양질의 의료서비스를 제공하기 위한 제도이다. 의원급 의료기관은 해당 사항이 없고, 30병상 이상의 병원급 의료기관에 한해서 의료기관 인증제도를 두고 있다.

(나) 의료기관 인증 업무 위탁

보건복지부장관은 의료기관 인증에 관한 업무를 법 제58조의11에 따른 의료기관평가인증원에 위탁할 수 있고, 의료기관평가인증원은 보건복지부장관의 지시에 따라 법률에 근거하여 의료기관을 대상으로 실시하는 평가를 통합하여 시행할 수 있다.

보건복지부장관은 법 제58조의11에 따른 의료기관평가인증원에 ① 법 제58조의3 제1항에 따른 인증기준 개발, ② 법 제58조의3 제4항에 따른 조건부인증을 받은 의료기관에 대한 재인증, ③ 법 제58조의4 제1항부터 제3항까지의 규정에 따른 인증신청의 접수, ④ 법 제58조의4 제4항 전단에 따른 인증기준의 적합 여부 평가, ⑤ 법 제58조의4제5항에 따른 평가 결과와 인증등급의 통보, ⑥ 법 제58조의5에 따른 이의신청의 접수 및 처리 결과의 통보, ⑦ 법 제58조의6 제1항에 따른 인증서 교부, ⑧ 법 제58조의7 제1항에 따른 인증을 받은 의료기관의 인증기준, 인증 유효기간 및 법 제58조의4 제4항에 따라 평가한 결과 등의 인터넷 홈페이지 등에의 공표, ⑨ 법 제58조의7 제2항 제3호에 따른 교육 및 컨설팅 지원, ⑩제58조의9에 따른 의료기관 인증의 사후관리에 관한 업무를 위탁한다(의료법 시행령 제29조 제1항).

의료기관평가인증원의 장은 위탁받은 업무의 처리내용을 보건복지부장관에게 보고해야 한다(의료법 시행령 제29조 제2항). 업무를 위탁받은 의료기관평가인증원의 장은 인증신청 접수, 평가결과 등 인증업무의 처리내용 및 이의신청 처리결과에 관한 내용을 매 분기마다 보건복지부장관에게 보고하여야 하고(시행규칙 제62조 제1항), 의료기관별 인증기준의 적합 여부에 대한 평가 결과와 인증등급을 지체없이 보건복지부장관에게 보고하여야 한다(의료법 시행규칙 제62조 제2항).

(다) 의료기관인증위원회 구성 및 심의사항

　　보건복지부장관은 의료기관 인증에 관한 주요 정책을 심의하기 위하여 의료기관 인증위원회(이하 '위원회'라 함)를 두어야 하고, 위원회의 위원장은 보건복지부차관이 되고, 위원장 1명을 포함하여 15인 이내의 위원으로 구성된다. 보건복지부장관은 위원회 위원을 임명하거나 위촉하는데 있어서, 의료인 단체 및 의료기관단체에서 추천하는 사람 5명, 노동계, 시민단체, 소비자단체에서 추천하는 사람 5명, 보건의료에 관한 학식과 경험이 풍부한 사람 3명, 보건복지부 소속 3급 이상 공무원 또는 고위공무원단에 속하는 공무원 1명으로 한다(의료법 시행령 제30조). 위원들 중 단체에서 추천하거나 보건의료에 관한 학식과 경험이 풍부한 사람으로 임명된 위원의 임기는 2년으로 하고, 위원의 사임 등으로 새로 위촉된 위원의 임기는 전임 위원 임기의 남은 기간으로 한다(의료법 시행령 제31조). 보건복지부장관은 위원회 위원이 심신장애로 인하여 직무를 수행할 수 없게 된 경우, 직무와 관련된 비위사실이 있는 경우, 직무태만, 품위손상, 그 밖의 사유로 인하여 위원으로 적합하지 아니하다고 인정되는 경우, 위원 스스로 직무를 수행하는 것이 곤란하다고 의사를 밝히는 경우에는 해당 위원을 해임하거나 해촉할 수 있다(의료법 시행령 제31조의2).

　　위원장은 인증위원회를 대표하고 인증위원회 업무를 총괄한다(의료법 시행령 제31조의3 제1항). 인증위원회 회의는 재적위원 3분의 1 이상의 요구가 있는 때 또는 위원장이 필요하다고 인정하는 때 소집하고, 위원장이 그 의장이 된다(제2항). 인증위원회의 회의는 재적위원 과반수의 출석으로 개의(開議)하고 출석위원 과반수의 찬성으로 의결한다(제3항). 위원장이 부득이한 사유로 직무를 수행할 수 없을 때에는 위원장이 미리 지명한 위원이 그 직무를 대행한다(제4항). 위 규정한 사항 외에 인증위원회의 운영 등에 필요한 사항은 인증위원회의 의결을 거쳐 위원장이 정한다(제5항).

　　인증위원회에 인증위원회의 사무를 처리하기 위하여 간사 1명을 두고, 간사는 보건복지부 소속 공무원 중에서 보건복지부장관이 지명한다(의료법 시행령 제31조의4). 인증위원회의 회의에 출석한 공무원이 아닌 위원에게는 예산의 범위에서 수당 및 여비를 지급할 수 있다(의료법 시행령 제31조의5).

위원회가 심의해야 하는 사항은 ① 인증기준 및 인증의 공표를 포함한 의료 기관 인증과 관련된 주요 정책에 관한 사항, ② 제58조 제3항에 따른 의료기관 대상 평가제도 통합에 관한 사항, ③ 제58조의7 제2항에 따른 의료기관 인증 활용에 관한 사항, ④ 그 밖에 위원장이 심의에 부치는 사항이다.

(라) 의료기관 인증기준

의료기관 인증기준은 환자의 권리와 안전, 의료기관의 의료서비스 질 향상 활동, 의료서비스의 제공과정 및 성과, 의료기관의 조직·인력관리 및 운영, 환자 만족도에 관한 내용을 포함해야 한다. 인증등급은 인증, 조건부인증 및 불인증으로 구분하고, 인증의 유효기간은 4년으로 하지만, 조건부인증의 경우에는 1년으로 한다. 조건부인증을 받은 의료기관의 장은 인증신청서와 의료기관 운영현황을 의료기관평가인증원의 장에게 제출하여 재인증을 받아야 한다(법 제58조의3 제4항, 의료법 시행규칙 제63조 제1항). 의료기관 재인증 절차는 인증신청, 조사계획 수립, 서면 및 현지조사 실시, 평가결과 분석 및 인증등급 결정, 이의신청 심의 및 처리결과 통보, 평가결과 및 인증등급 확정 및 공표순으로 진행하고, 재인증 절차의 세부적인 사항은 보건복지부장관의 승인을 받아 의료기관평가인증원의 장이 정한다(의료법 시행규칙 제63조 제2항).

(마) 인증신청절차

의료기관 인증을 받고자 하는 의료기관의 장은 보건복지부령으로 정하는 바에 따라 인증신청서와 의료기관 운영현황을 인증전담기관의 장에게 제출해야 한다(법 제58조의4, 의료법 시행규칙 제64조 제1항). 의료기관 인증 절차는 인증신청, 조사계획 수립, 서면 및 현지조사 실시, 평가결과 분석 및 인증등급 결정, 이의신청 심의 및 처리결과 통보, 평가결과 및 인증등급 확정 및 공표순으로 진행한다 (의료법 시행규칙 제64조 제2항). 의료기관평가인증원의 장은 의료기관 인증 신청을 접수한 날부터 30일 내에 해당 의료기관의 장과 협의하여 조사일정을 정하고 이를 통보하여야 한다(의료법 시행규칙 제64조의2).

법 제3조 제2항 제3호에 따른 요양병원(장애인복지법 제58조 제1항 제4호에 따른 의료재활시설로서 제3조의2에 따른 요건을 갖춘 의료기관은 제외한다)의 장은 보건복지

부령으로 정하는 바에 따라 보건복지부장관에게 인증을 신청하여야 하는데, 보건
복지부장관은 요양병원의 장에게 인증신청기간 1개월 전에 인증신청 대상 및 기
간 등 조사계획을 수립하고 통보하여야 하고(의료법 시행규칙 제64조 제3항). 보건
복지부장관으로부터 조사계획을 통보받은 요양병원의 장은 신청기간 내에 인증
신청서와 의료기관 운영현황을 의료기관평가인증원의 장에게 제출하여야 한다(의
료법 시행규칙 제64조 제4항).

법 제58조의4 제2항에 따라 인증을 신청하여야 하는 요양병원이 조건부인증
또는 불인증을 받거나 인증 또는 조건부인증이 취소된 경우 해당 요양병원의 장
은 보건복지부령으로 정하는 기간 내에 다시 인증을 신청하여야 하는데, 조건부
인증·불인증을 받은 날 또는 인증·조건부인증이 취소된 날부터 90일 이내에 인
증신청서와 의료기관 운영현황을 의료기관평가인증원의 장에게 제출하여야 한다
(의료법 시행규칙 제64조 제5항).

보건복지부장관은 인증을 신청한 의료기관에 대하여 인증기준 적합 여부를
평가하여야 하고, 이 경우 보건복지부령으로 정하는 바에 따라 인증등급을 결정
하기 전에 현지조사를 실시할 수 있으며, 인증을 신청한 의료기관은 정당한 사유
가 없으면 조사에 협조하여야 한다(의료법 시행규칙 제64조 제6항).

보건복지부장관은 평가결과와 인증등급을 지체 없이 해당 의료기관의 장에게
통보하여야 한다. 의료기관평가인증원의 장은 인증신청 접수대장과 인증서 발급
대장을 작성하여 최종 기재일로부터 5년간 보관하여야 하고, 이 경우 해당 기록
은 전자문서로 작성·보관할 수 있다(의료법 시행규칙 제64조 제5항).

(바) 이의신청

의료기관 인증을 신청한 의료기관의 장은 평가결과 또는 인증등급에 관하여
보건복지부장관에게 평가결과 또는 인증등급을 통보받은 날부터 30일 이내에 이
의신청을 할 수 있다. 책임질 수 없는 사유로 그 기간을 지킬 수 없었던 경우에
는 그 사유가 없어진 날부터 기산한다. 의료기관의 장은 통보받은 평가결과 및
인증등급에 대하여 이의가 있는 경우에는 그 통보받은 날부터 30일 내에 이의신
청의 내용 및 사유가 포함된 이의신청서에 주장하는 사실을 증명할 수 있는 서
류를 첨부하여 의료기관평가인증원의 장에게 제출하여야 한다(의료법 시행규칙 제

64조의4 제1항). 의료기관평가인증원의 장은 이의신청을 받은 경우 그 이의신청 내용을 조사한 후 처리 결과를 이의신청을 받은 날부터 30일 내에 해당 의료기관의 장에게 통보하여야 한다(의료법 시행규칙 제64조의4 제2항).

(사) 인증서 교부

보건복지부장관은 인증을 받은 의료기관에 인증서를 교부하고 인증을 나타내는 표시(이하 "인증마크"라 한다)를 제작하여 인증을 받은 의료기관이 사용하도록 할 수 있다. 누구든지 인증을 받지 아니하고 인증서나 인증마크를 제작·사용하거나 그 밖의 방법으로 인증을 사칭하여서는 아니 된다. 인증마크의 도안 및 표시방법 등에 필요한 사항은 보건복지부령으로 정한다. 시행규칙상 인증을 나타내는 인증마크의 도안 및 표시 예는 다음과 같다(의료법 시행규칙 제64조의6 제1항).

〈도안〉	〈표시 예〉

의료기관평가인증원의 장은 의료기관 인증을 받은 의료기관에 의료기관 인증서를 발급해야 한다(의료법 시행규칙 제64조의5 제1항). 의료기관 인증서를 발급받은 자가 인증서를 잃어버리거나 헐어 사용하지 못하게 된 경우나 의료기관 개설자 변경되는 사유로 의료기관 인증서의 재발급 받으려는 경우에는 의료기관 인증서 재발급 신청서에 의료기관 인증서(의료기관 인증서를 잃어버린 경우는 제외한다)와 증명서류(제2호의 경우만 해당한다)를 첨부하여 의료기관평가인증원의 장에

게 제출하여야 한다(의료법 시행규칙 제64조의5 제2항). 의료기관 인증서 재교부 신청을 받은 의료기관평가인증원의 장이 의료기관 인증서를 재발급한 때에는 인증서 발급대장에 그 내용을 적어야 한다(의료법 시행규칙 제64조의5 제3항).

(아) 의료기관 인증의 활용

보건복지부장관은 인증을 받은 의료기관에 관하여 인증기준, 인증 유효기간 및 제58조의4 제4항에 따라 평가한 결과 등 보건복지부령으로 정하는 사항을 인터넷 홈페이지 등에 공표해야 하고, 평가 결과와 인증등급을 활용하여 의료기관에 대하여 상급종합병원 지정, 전문병원 지정, 의료질 및 환자 안전 수준 향상을 위한 교육, 컨설팅 지원, 그 밖에 다른 법률에서 정하거나 보건복지부장관이 필요하다고 인정하는 사항에 해당하는 행정적·재정적 지원 등 필요한 조치를 할 수 있다. 의료기관평가인증원의 장은 해당 의료기관의 명칭, 종별, 진료과목 등 일반현황, 인증등급 및 인증의 유효기간, 인증기준에 따른 평가 결과, 그 밖에 의료의 질과 환자 안전의 수준을 높이기 위하여 보건복지부장관이 정하는 사항을 인터넷 홈페이지 등에 공표하여야 한다(의료법 시행규칙 제64조의7).

(자) 자료제공요청

보건복지부장관은 인증과 관련하여 필요한 경우에는 관계 행정기관, 의료기관, 그 밖의 공공단체 등에 대하여 자료의 제공 및 협조를 요청할 수 있고, 제1항에 따른 자료의 제공과 협조를 요청받은 자는 정당한 사유가 없는 한 요청에 따라야 한다(법 제58조의8).

(차) 의료기관 인증의 사후관리

보건복지부장관은 인증의 실효성을 유지하기 위하여 보건복지부령으로 정하는 바에 따라 인증을 받은 의료기관에 대하여 제58조의3 제1항에 따른 인증기준의 충족 여부를 조사할 수 있다(법 제58조의9). 보건복지부장관은 인증을 받은 의료기관에 대하여 의료기관 인증의 유효기간 내에 1회 이상 인증기준의 충족 여부를 조사할 수 있고, 서면조사 또는 현지조사의 방법으로 실시할 수 있으며, 위의 사항 외에 의료기관 인증이 사후관리에 관한 세부적인 사항은 보건복지부장관의 승인을 받아 의료기관평가인증원의 장이 정한다(의료법 시행규칙 제64조의8).

(카) 의료기관 인증 취소

보건복지부장관은 인증을 받은 의료기관이 인증 유효기간 중 ① 거짓이나 그 밖의 부정한 방법으로 인증 또는 조건부인증을 받은 경우, ② 법 제64조 제1항에 따라 의료기관 개설 허가가 취소되거나 폐쇄명령을 받은 경우, ③ 의료기관의 종별 변경 등 인증 또는 조건부인증의 전제나 근거가 되는 중대한 사실이 변경된 경우, ④ 제58조의3 제1항에 따른 인증기준을 충족하지 못하게 된 경우, ⑤ 인증마크의 사용정지 또는 시정명령을 위반한 경우에는 의료기관 인증 또는 조건부인증을 취소하거나 인증마크의 사용정지 또는 시정을 명할 수 있다. 다만, ①번과 ②번에 해당하는 경우에는 인증 또는 조건부인증을 취소하여야 한다. 인증이 취소된 의료기관은 인증 또는 조건부인증이 취소된 날부터 1년 이내에 인증 신청을 할 수 없고, 의료기관 인증 조건부인증의 취소 및 인증마크의 사용 정지 등에 필요한 절차와 처분의 기준 등은 보건복지부령으로 정한다(법 제58조의10). 의료기관 인증 또는 조건부인증이 취소된 의료기관의 장은 지체없이 인증서를 의료기관평가인증원의 장에게 반납하고, 인증마크의 사용을 정지해야하고, 의료기관의 인증 또는 조건부인증의 취소 및 인증마크의 사용정지 등에 관한 세부 기준은 시행규칙 별표 10과 같다(의료법 시행규칙 제64조의9).

(타) 의료기관평가인증원의 설립

법 제58조의11(의료기관평가인증원의 설립 등)은 민법상 비영리법인인 의료기관평가인증원[1]을 특수법인으로 전환하기 위하여 설립근거 등을 정하기 위해서 신설되었다. 인증기관 인증에 관한 업무와 의료기관을 대상으로 실시하는 각종 평가 업무를 효율적으로 수행하기 위하여 의료기관평가인증원을 설립하고 한다. 의료기관평가인증원은 ① 의료기관 인증에 관한 업무로서 제58조 제2항에 따라 위탁받은 업무, ② 다른 법률에 따라 의료기관을 대상으로 실시하는 평가 업무로서 보건복지부장관으로부터 위탁받은 업무, ③ 그 밖에 이 법 또는 다른 법률에 따

---

1) 의료기관평가인증원(https://www.koiha.or.kr).

라 보건복지부장관으로부터 위탁받은 업무를 수행한다. 의료기관평가인증원은 법인으로 하고, 주된 사무소의 소재지에 설립등기를 함으로써 성립하고, 정관으로 정하는 바에 따라 임원과 필요한 직원을 둔다. 보건복지부장관은 의료기관평가인증원의 운영 및 사업에 필요한 경비를 예산의 범위에서 지원할 수 있고, 의료기관평가인증원은 보건복지부장관의 승인을 받아 의료기관 인증을 신청한 의료기관의 장으로부터 인증에 소요되는 비용을 징수할 수 있으며, 제2항에 따른 업무 수행에 지장이 없는 범위에서 보건복지부령으로 정하는 바에 따라 교육, 컨설팅 등 수익사업을 할 수 있다. 의료기관평가인증원에 관하여 이 법 및 공공기관의 운영에 관한 법률에서 정하는 사항 외에는 「민법」 중 재단법인에 관한 규정을 준용한다.

제2절 주무관청의 감독행위

1. 지도와 명령 (제59조)

(1) 조문

◇ 제59조(지도와 명령)
① 보건복지부장관 또는 시·도지사는 보건의료정책을 위하여 필요하거나 국민보건에 중대한 위해(危害)가 발생하거나 발생할 우려가 있으면 의료기관이나 의료인에게 필요한 지도와 명령을 할 수 있다. <개정 2008. 2. 29., 2010. 1. 18.>
② 보건복지부장관, 시·도지사 또는 시장·군수·구청장은 의료인이 정당한 사유 없이 진료를 중단하거나 의료기관 개설자가 집단으로 휴업하거나 폐업하여 환자 진료에 막대한 지장을 초래하거나 초래할 우려가 있다고 인정할 만한 상당한 이유가 있으면 그 의료인이나 의료기관 개설자에게 업무개시 명령을 할 수 있다.
③ 의료인과 의료기관 개설자는 정당한 사유 없이 제2항의 명령을 거부할 수 없다. <개정 2008. 2. 29., 2010. 1. 18.>

(2) 조문해설

보건복지부장관 또는 시·도지사는 보건의료정책을 위하여 필요하거나 국민보건에 중대한 위해(危害)가 발생하거나 발생할 우려가 있으면 의료기관이나 의료인에게 필요한 지도와 명령을 할 수 있다. 보건복지부장관, 시·도지사 또는 시장·군수·구청장은 의료인이 정당한 사유 없이 진료를 중단하거나 의료기관 개설자가 집단으로 휴업하거나 폐업하여 환자 진료에 막대한 지장을 초래하거나 초래할 우려가 있다고 인정할 만한 상당한 이유가 있으면 그 의료인이나 의료기관 개설자에게 업무개시 명령을 할 수 있다.

의료기관들이 정당한 사유 없이 집단으로 휴업, 폐업하거나 진료를 중단하는 경우에 업무개시를 명령할 수 있는 법률적 근거를 마련하기 위한 조항이고, 업무개시명령권자에 시장·군수·구청장이 포함되는 점이 특징이다. 의료인과 의료기관 개설자는 정당한 사유 없이 제2항의 명령을 거부할 수 없다. 정당한 사유 없이 거부하면 3년 이하의 징역이나 3천만원 이하의 벌금에 처해질 수 있다(제88조). 제59조에 따른 명령을 위반하면 보건복지부장관 또는 시장·군수·구청장은 의료기관이 다음 각 호의 어느 하나에 해당하면 그 의료업을 1년의 범위에서 정지시키거나 개설 허가의 취소 또는 의료기관 폐쇄를 명할 수 있다(제64조 제1항 제3호). 보건복지부장관이나 시장·군수·구청장은 의료기관이 제64조 제1항 각 호의 어느 하나에 해당할 때에는 대통령령으로 정하는 바에 따라 의료업 정지 처분을 갈음하여 5천만원 이하의 과징금을 부과할 수 있으며, 이 경우 과징금은 3회까지만 부과할 수 있다. 다만, 동일한 위반행위에 대하여 「표시·광고의 공정화에 관한 법률」 제9조에 따른 과징금 부과처분이 이루어진 경우에는 과징금(의료업 정지 처분을 포함한다)을 감경하여 부과하거나 부과하지 아니할 수 있다(제67조 제1항).

2. 보고와 업무검사 (제61조)

(1) 조문

◇ 제61조(보고와 업무 검사 등)

① 보건복지부장관, 시·도지사 또는 시장·군수·구청장은 의료기관 개설자 또는 의료인에게 필요한 사항을 보고하도록 명할 수 있고, 관계 공무원을 시켜 그 업무 상황, 시설 또는 진료기록부·조산기록부·간호기록부 등 관계 서류를 검사하게 하거나 관계인에게서 진술을 들어 사실을 확인받게 할 수 있다. 이 경우 의료기관 개설자 또는 의료인은 정당한 사유 없이 이를 거부하지 못한다. <개정 2008. 2. 29., 2010. 1. 18., 2011. 8. 4., 2016. 12. 20., 2018. 3. 27., 2019. 8. 27.>

② 제1항의 경우에 관계 공무원은 권한을 증명하는 증표 및 조사기간, 조사범위, 조사담당자, 관계 법령 등이 기재된 조사명령서를 지니고 이를 관계인에게 내보여야 한다.

③ 제1항의 보고 및 제2항의 조사명령서에 관한 사항은 보건복지부령으로 정한다. <개정 2008. 2. 29., 2010. 1. 18., 2011. 8. 4.>

◇ 제61조의2(자료제공의 요청)

① 보건복지부장관은 이 법의 위반 사실을 확인하기 위한 경우 등 소관 업무를 수행하기 위하여 필요한 경우에는 의료인, 의료기관의 장, 「국민건강보험법」에 따른 국민건강보험공단 및 건강보험심사평가원, 그 밖의 관계 행정기관 및 단체 등에 대하여 필요한 자료의 제출이나 의견의 진술 등을 요청할 수 있다.

② 제1항에 따른 자료의 제공 또는 협조를 요청받은 자는 특별한 사유가 없으면 이에 따라야 한다.

[본조신설 2019. 8. 27.]

◇ 벌칙

- 제61조 제1항에 따른 검사를 거부·방해 또는 기피한 자(제33조 제2항·제10항 위반 여부에 관한 조사임을 명시한 경우에 한정한다): 1년 이하의 징역이나 1천만원 이하의 벌금(제89조 제4호)

◇ 행정처분
- 제61조 제1항에 따른 보고를 하지 아니하거나 검사를 거부·방해 또는 기피한 자(제89조 제4호에 해당하는 경우는 제외한다): 200만원 이하의 과태료(제92조 제2항 제4호)

(2) 조문해설

보건복지부장관, 시·도지사 또는 시장·군수·구청장은 의료법인, 의료기관 또는 의료인에게 필요한 사항을 보고하도록 명할 수 있고, 관계 공무원을 시켜 그 업무 상황, 시설 또는 진료기록부·조산기록부·간호기록부 등 관계 서류를 검사하게 하거나 관계인에게서 진술을 들어 사실을 확인받게 할 수 있다. 이 경우 의료법인, 의료기관 또는 의료인은 정당한 사유 없이 이를 거부하지 못한다. 제61조 제1항에 따른 보고를 하지 아니하거나 검사를 거부·방해 또는 기피한 자에게는 200만원 이하의 과태료를 부과한다(제92조 제2항 제3호). 제61조에 따른 관계 공무원의 직무를 행하게 하기 위하여 보건복지부, 시·도 및 시·군·구에 의료지도원을 둔다(제69조).

3. 시정명령 (제63조, 제84조 제4호)

(1) 조문

◇ 제63조(시정 명령 등)
① 보건복지부장관 또는 시장·군수·구청장은 의료기관이 제15조제1항, 제16조제2항, 제21조제1항 후단 및 같은 조 제2항·제3항, 제23조제2항, 제34조제2항, 제35조제2항, 제36조, 제36조의2, 제37조제1항·제2항, 제38조제1항·제2항, 제41조부터 제43조까지, 제45조, 제46조, 제47조제1항, 제58조의4제2항, 제62조제2항을 위반한 때, 종합병원·상급종합병원·전문병원이 각각 제3조의3제1항·제3조의4제1항·제3조의5제2항에 따른 요건에 해당하지 아니하게 된 때, 의료기관의 장이 제4조제5항을 위반한 때 또는 자율심의기구가

제57조제11항을 위반한 때에는 일정한 기간을 정하여 그 시설·장비 등의 전부 또는 일부의 사용을 제한 또는 금지하거나 위반한 사항을 시정하도록 명할 수 있다.

② 보건복지부장관 또는 시장·군수·구청장은 의료인등이 제56조제2항·제3항을 위반한 때에는 다음 각 호의 조치를 명할 수 있다.

1. 위반행위의 중지

2. 위반사실의 공표

3. 정정광고

③ 제2항 제2호·제3호에 따른 조치에 필요한 사항은 대통령령으로 정한다.

◇ 제84조(청문)

보건복지부장관, 시·도지사 또는 시장·군수·구청장은 다음 각 호의 어느 하나에 해당하는 처분을 하려면 청문을 실시하여야 한다.

1. 제23조의2제4항에 따른 인증의 취소

2. 제51조에 따른 설립 허가의 취소

3. 제58조의9에 따른 의료기관 인증 또는 조건부인증의 취소

4. 제63조에 따른 시설·장비 등의 사용금지 명령

5. 제64조제1항에 따른 개설허가 취소나 의료기관 폐쇄 명령

6. 제65조제1항에 따른 면허의 취소

(2) 조문해설

보건복지부장관 또는 시장·군수·구청장은 의료기관이 진료거부 금지 등 각종 의무규정을 위반한 때에는 일정한 기간을 정하여 그 시설·장비 등의 전부 또는 일부의 사용을 제한 또는 금지하거나 위반한 사항을 시정하도록 명할 수 있도록 규정하고 있다. 의료광고 금지 규정에 위반한 때에는 위반행위의 중지, 위반사실의 공표, 정정광고 등의 조치를 명할 수 있도록 규정하고 있다.

4. 의료업 정지 및 개설허가 취소와 과징금 처분(제64, 67, 84조 제2, 5호) (황윤정)

(1) 조문

◇ 제64조(개설 허가 취소 등)

① 보건복지부장관 또는 시장·군수·구청장은 의료기관이 다음 각 호의 어느 하나에 해당하면 그 의료업을 1년의 범위에서 정지시키거나 개설 허가의 취소 또는 의료기관 폐쇄를 명할 수 있다. 다만, 제8호에 해당하는 경우에는 의료기관 개설 허가의 취소 또는 의료기관 폐쇄를 명하여야 하며, 의료기관 폐쇄는 제33조제3항과 제35조제1항 본문에 따라 신고한 의료기관에만 명할 수 있다. <개정 2007. 7. 27., 2008. 2. 29., 2009. 1. 30., 2010. 1. 18., 2011. 8. 4., 2013. 8. 13., 2015. 12. 22., 2015. 12. 29., 2016. 5. 29., 2016. 12. 20., 2018. 8. 14., 2019. 4. 23., 2019. 8. 27., 2020. 3. 4., 2020. 12. 29.>

1. 개설 신고나 개설 허가를 한 날부터 3개월 이내에 정당한 사유 없이 업무를 시작하지 아니한 때

1의2. 제4조제2항을 위반하여 의료인이 다른 의료인 또는 의료법인 등의 명의로 의료기관을 개설하거나 운영한 때

2. 제27조제5항을 위반하여 무자격자에게 의료행위를 하게 하거나 의료인에게 면허 사항 외의 의료행위를 하게 한 때

3. 제61조에 따른 관계 공무원의 직무 수행을 기피 또는 방해하거나 제59조 또는 제63조에 따른 명령을 위반한 때

4. 제33조제2항제3호부터 제5호까지의 규정에 따른 의료법인·비영리법인, 준정부기관·지방의료원 또는 한국보훈복지의료공단의 설립허가가 취소되거나 해산된 때

4의2. 제33조제2항을 위반하여 의료기관을 개설한 때

4의3. 제33조제8항을 위반하여 둘 이상의 의료기관을 개설·운영한 때

5. 제33조제5항·제7항·제9항·제10항, 제40조, 제40조의2 또는 제56조를 위반한 때. 다만, 의료기관 개설자 본인에게 책임이 없는 사유로 제33조제7항제4호를 위반한 때에는 그러하지 아니하다.

5의2. 정당한 사유 없이 제40조제1항에 따른 폐업·휴업 신고를 하지 아니

하고 6개월 이상 의료업을 하지 아니한 때

6. 제63조에 따른 시정명령(제4조제5항 위반에 따른 시정명령을 제외한다)을 이행하지 아니한 때

7. 「약사법」 제24조제2항을 위반하여 담합행위를 한 때

8. 의료기관 개설자가 거짓으로 진료비를 청구하여 금고 이상의 형을 선고받고 그 형이 확정된 때

9. 제36조에 따른 준수사항을 위반하여 사람의 생명 또는 신체에 중대한 위해를 발생하게 한 때

② 제1항에 따라 개설 허가를 취소당하거나 폐쇄 명령을 받은 자는 그 취소된 날이나 폐쇄 명령을 받은 날부터 6개월 이내에, 의료업 정지처분을 받은 자는 그 업무 정지기간 중에 각각 의료기관을 개설·운영하지 못한다. 다만, 제1항제8호에 따라 의료기관 개설 허가를 취소당하거나 폐쇄 명령을 받은 자는 취소당한 날이나 폐쇄 명령을 받은 날부터 3년 안에는 의료기관을 개설·운영하지 못한다.

③ 보건복지부장관 또는 시장·군수·구청장은 의료기관이 제1항에 따라 그 의료업이 정지되거나 개설 허가의 취소 또는 폐쇄 명령을 받은 경우 해당 의료기관에 입원 중인 환자를 다른 의료기관으로 옮기도록 하는 등 환자의 권익을 보호하기 위하여 필요한 조치를 하여야 한다. <신설 2016. 12. 20.>

◇ 제67조(과징금 처분)

① 보건복지부장관이나 시장·군수·구청장은 의료기관이 제64조제1항 각 호의 어느 하나에 해당할 때에는 대통령령으로 정하는 바에 따라 의료업 정지 처분을 갈음하여 10억원 이하의 과징금을 부과할 수 있으며, 이 경우 과징금은 3회까지만 부과할 수 있다. 다만, 동일한 위반행위에 대하여 「표시·광고의 공정화에 관한 법률」 제9조에 따른 과징금 부과처분이 이루어진 경우에는 과징금(의료업 정지 처분을 포함한다)을 감경하여 부과하거나 부과하지 아니할 수 있다. <개정 2008. 2. 29., 2010. 1. 18., 2016. 5. 29., 2019. 8. 27.>

② 제1항에 따른 과징금을 부과하는 위반 행위의 종류와 정도 등에 따른 과징금의 액수와 그 밖에 필요한 사항은 대통령령으로 정한다.

③ 보건복지부장관이나 시장·군수·구청장은 제1항에 따른 과징금을 기한 안에

내지 아니한 때에는 지방세 체납처분의 예에 따라 징수한다. <개정 2008.
2. 29., 2010. 1. 18.>

◇ 제84조(청문)
보건복지부장관, 시·도지사 또는 시장·군수·구청장은 다음 각 호의 어느 하나
에 해당하는 처분을 하려면 청문을 실시하여야 한다. <개정 2008. 2. 29.,
2010. 1. 18., 2010. 7. 23., 2016. 12. 20., 2020. 3. 4.>
　　1. 제23조의2제4항에 따른 인증의 취소
　　2. 제51조에 따른 설립 허가의 취소
　　3. 제58조의10에 따른 의료기관 인증 또는 조건부인증의 취소
　　4. 제63조에 따른 시설·장비 등의 사용금지 명령
　　5. 제64조제1항에 따른 개설허가 취소나 의료기관 폐쇄 명령
　　6. 제65조제1항에 따른 면허의 취소

(2) 조문해설

　보건복지부장관 또는 시장·군수·구청장은 의료기관이 개설 신고나 개설 허
가를 한 날부터 3개월 이내에 정당한 사유 없이 업무를 시작하지 아니한 때 등
각 호의 어느 하나에 해당하면 그 의료업을 1년의 범위에서 정지시키거나 개설
허가의 취소 또는 의료기관 폐쇄를 명할 수 있다. 다만 의료기관 개설자가 거짓
으로 진료비를 청구하여 금고 이상의 형을 선고받고 그 형이 확정된 때에 해당
하는 경우에는 의료기관 개설 허가의 취소 또는 의료기관 폐쇄를 명하여야 한다.
　제64조 제1항에 따라 개설 허가를 취소당하거나 폐쇄 명령을 받은 자는 그
취소된 날이나 폐쇄 명령을 받은 날부터 6개월 이내에, 의료업 정지처분을 받은
자는 그 업무 정지기간 중에 각각 의료기관을 개설·운영하지 못한다. 또한, 의료
기관 개설 허가를 취소당하거나 폐쇄 명령을 받은 자는 취소당한 날이나 폐쇄
명령을 받은 날부터 3년 안에는 의료기관을 개설·운영하지 못한다. 보건복지부
장관 또는 시장·군수·구청장은 의료기관의 의료업이 정지되거나 개설 허가의
취소 또는 폐쇄 명령을 받은 경우 해당 의료기관에 입원 중인 환자를 다른 의료
기관으로 옮기도록 하는 등 환자의 권익을 보호하기 위하여 필요한 조치를 하여

야 한다.

보건복지부장관이나 시장·군수·구청장은 의료기관이 제64조 제1항 각 호의 어느 하나에 해당할 때에는 대통령령으로 정하는 바에 따라 의료업 정지 처분을 갈음하여 10억 원 이하의 과징금을 부과할 수 있으며, 이 경우 과징금은 3회까지만 부과할 수 있다. 다만, 동일한 위반행위에 대하여 「표시·광고의 공정화에 관한 법률」 제9조에 따른 과징금 부과처분이 이루어진 경우에는 과징금(의료업 정지 처분을 포함한다)을 감경하여 부과하거나 부과하지 아니할 수 있다.

5. 의료인 면허 취소와 재교부 (제65조, 제84조 제6호), 의료인 면허 자격정지 (제66조, 제66조의2)

이와 관련해서는 본서 제2장 제1절을 참조하기 바란다.

제3절 의료기관 회계기준 (제62조)

(1) 조문

◇ 제62조(의료기관 회계기준)
① 의료기관 개설자는 의료기관 회계를 투명하게 하도록 노력하여야 한다.
② 100병상 이상의 병원급 의료기관으로서 보건복지부령으로 정하는 일정 규모 이상의 병원급 의료기관 개설자는 회계를 투명하게 하기 위하여 의료기관 회계기준을 지켜야 한다. <개정 2008. 2. 29., 2010. 1. 18., 2020. 3. 4.>
③ 제2항에 따른 의료기관 회계기준은 보건복지부령으로 정한다. <개정 2008. 2. 29., 2010. 1. 18.>

(2) 조문해설

(가) 입법 배경

역사적으로 의료기관의 회계는 명확한 규정이 없이 자의적으로 이루어져 왔다고 하더라도 과언이 아니다. 이는 의료기관의 경영성과 등에 대한 공신력을 잃게 되었고, 상당한 불신을 초래하게 되었다. 이러한 문제는 매년 국민건강보험법령에 따른 수가 협상 당시 정확한 자료로 인식되지 못하였고, 의료기관의 경영성과 등에 관한 논란으로 이어졌다. 이에 의료기관 재정 투명성에 대한 사회적 요구 등에 따라 의료기관 회계정보의 투명성 제고가 계속 요구되었고, 이로 인하여 2002년 3월 30일자로 의료법이 개정되면서 위 규정이 신설되었다. 나아가 2003년 9월 15일 보건복지부령 제257호로 '의료기관회계기준규칙'을 제정되기에 이르렀다.

(나) 기업회계기준과 차이점

의료기관 회계기준은 의료기관 회계의 투명성을 확보하고자 기본적으로 기업회계기준을 기본으로 제정되었다. 그러나 보건복지부는 의료기관의 특수성 등을 고려하여 기업회계기준과 다소 차이가 있는 '의료기관 회계기준 규칙' 및 '재무제표세부작성방법고시'를 별도로 마련하였다.

(다) 의료기관 회계기준의 적용 대상

의료법에 따르면, 직전 회계연도 종료일 현재 100병상 이상의 종합병원의 개설자는 의료기관 회계기준을 준수하여야 한다. 따라서 모든 의료기관이 의료기관 회계기준을 준수하여야 하는 것이 아니라는 점에서 그 한계가 존재한다. 이에 그간 의료기관 회계기준의 적용 범위를 확대하여야 한다는 개정의 움직임이 있었으나 아직까지 그 성과가 없는 실정이다.

(라) 문제점

앞서 살펴본 바와 같이 우리나라는 미국과 달리 100병상 이상의 종합병원만이 의료기관 회계기준을 준수하도록 규정되어 그 적용 대상 의료기관이 제한적이다. 따라서 의료기관의 경영성과의 투명성을 확보하는 데는 일정한 한계가 존재할 수밖에 없다. 이에 대한 당초 목표를 달성하고자 한다면 의료법의 개정이 필수적이다.

또한 의료기관 회계기준에 따르면, 의료기관이 이익금을 고유목적사업준비금으로 계상한 경우, 고유목적사업준비금을 부채로 인식하고 고유목적사업준비금 전입액을 손익계산서에 의료외비용으로 계상한다. 그런데 이는 일반적인 기업회계기준과 다르다. 위와 같이 의료기관이 고유목적사업준비금을 설정한 경우에는 회계상 부채와 비용으로 인식되기 때문에 의료기관의 경영성과를 정확히 반영하지 못한다는 문제점이 발생한다. 그동안 위와 같은 문제의식으로 일반회계기준으로 개정을 고려하였으나 아직까지 개정되지 못하고 있다. 물론 비영리법인인 의료기관의 경우에는 고유목적사업준비금으로 목적사업인 의료사업에 지속적인 투자가 가능하여 의료기관의 안정적인 운영에 기여하는 측면이 있는 것은 부정할 수 없는 사실이기도 하다.

판례색인

제2판
의료법 주석서

초판발행	2020년 10월 20일
제2판발행	2025년 2월 3일

지은이	한국의료변호사협회
펴낸이	안종만·안상준

편 집	윤혜경
기획/마케팅	김한유
표지디자인	이영경
제 작	고철민·김원표

펴낸곳	(주) **박영사**
	서울특별시 금천구 가산디지털2로 53, 210호(가산동, 한라시그마밸리)
	등록 1959. 3. 11. 제300-1959-1호(倫)
전 화	02)733-6771
f a x	02)736-4818
e-mail	pys@pybook.co.kr
homepage	www.pybook.co.kr
ISBN	979-11-303-4851-3 93360

정 가   35,000원